首届全国教材建设奖

全国优秀教材二等奖

普通高等教育“十一五”国家级规划教材

新编21世纪中国语言文学系列教材

马克思主义文艺论著选讲

第六版

Selected Works on Marxist Literary and Aesthetic Theory

陆贵山　编著

中国人民大学出版社
·北京·

编著者简介

陆贵山，国务院学位委员会批准的文艺学博士生导师，中国人民大学荣誉一级教授。曾为全国社科规划（社科基金）中国文学组召集人，现任马克思主义理论研究和建设工程教材《马克思主义文艺理论》第一首席专家。重要著作有：《艺术真实论》《审美主客体》《宏观文艺学论纲》《人论与文学》《马克思主义文艺论著选讲》《马克思主义文艺学概论》《文艺理论与文艺思潮》《文艺理论与文艺批评》《中国当代文艺思潮》《唯物史观与文艺思潮》等，汇辑出版《陆贵山论集》（2卷本）和《陆贵山文集》（8卷本）。多次荣获国家级和省部级大奖：《马克思主义文艺论著选讲》荣获国家教委普通高等学校优秀教材一等奖；《马克思主义文艺学概论》荣获第五届国家图书奖提名奖；本人被中国中外文艺理论学会和全国马列文论研究会授予“中国文艺理论突出贡献奖”和“马列文论研究终身成就奖”。

内容简介

《马克思主义文艺论著选讲》是国内同类教材中优秀和经典的版本，力求从历史发展的不同阶段去理清马克思主义文艺思想的主要线索，从文艺思潮、文艺运动、文艺史等方面阐明马克思主义经典作家的观点和见解的基本精神及其主要意义，以避免使某些理论观点和个别结论僵化。

马克思主义文艺理论需要随着时代的发展而发展。新时代的马克思主义文艺理论，应当面对文艺中出现的新情况和新问题，遵循“守正创新”的原则，拓展和发掘理论创新的道路，作出新的学术阐释和理论回答。此次修订在前五版的基础上做了较大的改动，精简了很多内容，增加了习近平《在文艺工作座谈会上的讲话》相关内容，加强了对文学与人学、审美的关系和文学的主体论、本质论、本体论、价值论以及文艺批评和文艺思潮的阐释和研究。

此书荣获国家教委

普通高等学校优秀教材一等奖

第六版序

马克思主义文艺理论需要随着时代的发展而发展。新时代的马克思主义文艺理论，应当面对新时代文艺出现的新情况和新问题，作出新的学术阐释和理论回答，遵循“守正创新”的原则，拓展和发掘理论创新的道路。

发挥马克思主义文艺理论的综合学理优势

马克思主义文艺理论，以历史唯物主义和辩证唯物主义作为思想基础，具有宏大的视野，为解析各种文艺观念、批评模式和文艺思潮，提供了科学方法论的利器。马克思主义的唯物辩证法和辩证唯物论是观察文学现象的有效工具。运用马克思主义的社会理性、人文理性、认知理性、辩证理性、实践理性的综合优势解析文学现象，可以拓展和发掘其广度和深度，具有全方位的覆盖面和深层次的本质层。马克思主义文艺理论强调的人学观点、历史观点和美学观点，完整地体现出文学的人文精神、历史精神、时代精神和美学精神，构成大文艺学，即宏观文艺学的巨大框架，为研究文艺开辟了博大的空间。

优化马克思主义文艺理论的批评化

不应当将马克思主义文艺理论只理解为一种书斋中的学问，马克思主义文艺理论不应当只是静态化的，而更应当是动态化的。马克思主义的本质是批判的。在复杂多变的文论语境和文化背景下，马克思主义文艺理论的理论家和批评家要敢于站在中心，卓然挺立，迎接各种文论思潮的冲击和挑战，建构良性的学术生态。马克思主义的批判理论的生命在于运动，在于实践。批评是运动着的美学。文艺理论的运动产生文艺批评，文艺理论和批评模式是相互转化的。两者的良性互动，推动两者的共同发展。因此，批评的理论化和理论的批评化，都是必需的。马克思认为，思想本身并不能实现什么东西，再先进的思想也必须通过实践来实现，变成现实生活和文艺世界中的物化形态，转化为活生生的现实存在。加强理论的批评化，带着问题意识，通过批评，方能促进理论的创新性发展。

提倡对话精神

真理是相通的。除劣文化和丑文化外，只要是有益无害的，都“在场”，都要具有一定程度的、这样那样的合理性。黑格尔说，凡是存在的，都是合理的。当一种思想还具有一定的生命力的时候，暂时是不会消失的。我们应当强调先进思想之间的对话和交流，应当以开放的心态和创新的精神，运用马克思主义的先进世界观和科学方法论，梳理、审视和吸纳人类一切优秀的文化和文论的思想资源，内化为马克思主义文艺理论的学理，使马克思主义文艺理论更加丰富和深刻，增强和提升它的时代感和民族化。只有这样，才能使马克思主义文艺理论更有力量，更加坚实和强大。各种有价值的文论思想之间是相通的，同时又是有差异、有矛盾的。应当自觉地运用马克思主义的对立统一规律加以解析，进行综合创新研究。像马克思对待黑格尔和费尔巴哈那样，通过辩证综合，吸取精华，除去糟粕，创造出新的理论形态。例如：关于文艺的社会性和人文性的关系。"文学是人学"和"文学是社会生活的反映"这两个命题都是正确的。文艺可以向人学倾斜，也可以向社会倾斜，两者是不可以相互取代的。关于文艺的客体性和主体性的关系，理应主张两者的有机统一，反对两者的截然对立。关于文艺的人文精神和文艺的历史精神的关系，用历史精神颠覆人文精神，或以人文精神消解历史精神都是不妥当的。关于理性和非理性的关系，非理性破除僵化的理性，功不可没，但也不能抵制正确的、合理的、先进的理性，理性也不能一概地、笼统地、不加分析地反对一切非理性。理性和非理性的一体化的有机存在，是人类思想结构中的不可或缺的组成部分。有差异、有矛盾的文论思想往往存在三种形态：一是两者的统一形态；一是两者的倾斜形态；一是两者的极端形态。有智慧的学者应当赞赏两者的统一形态，鼓励两者的倾斜形态，抵制两者的极端形态。即便是极端形态，也要关注和吸收那些被称为"深刻的片面的真理"。只有这样，才能"海纳百川，有容乃大"，形成具有系统结构和有序格局的富于时代感、民族性和创新形态的马克思主义文艺理论。

陆贵山

第五版序

辩证唯物论和历史唯物主义的宏观视野、历史意识、辩证思维、实践观点、批判精神都是马克思主义文艺理论重要而独特的学术品格。借鉴西学文论和国学文论的理论资源，提升当代中国文学的实践经验，是推进马克思主义文艺理论建设的重要途径。重读、细读和精读马克思主义文艺理论的经典文本，对发展和重构马克思主义文艺理论是不可或缺的。

一、马克思主义经典文本中的人学理论

马克思主义文艺理论的经典文本仍然焕发着蓬勃的生命力。经典文本是常读常新的，由于历史和文化机缘的召唤和触发，可以从对经典文本的重新解读中，发现一些富有时代感和现实感的新思想和新理论。一方面，应当发挥马克思主义文艺理论的学理优势，把强项做得更强；另一方面，应当通过对经典文本的再阐释，开拓和发掘马克思主义文艺论著中所蕴藏着的马克思主义文艺理论中相对比较薄弱和空疏的理论空间，加以弥补和充实，使其更加充实、完整和系统。

一些中外学者通常把马克思主义和马克思主义文艺理论归属为社会历史学派。这种论断大体上是正确的，是符合马克思主义和马克思主义文艺理论的实际情况的。但这并不意味着马克思主义和马克思主义文艺理论中没有关于人学的思想、理论和观点。通过重读、细读和精读马克思主义与马克思主义文艺理论的经典文本，可以发现马克思主义的文艺论著中拥有丰富、深刻的人学理论和科学、系统的人学思想。梳理和提升这些人学理论和人学思想，可发展马克思主义文艺理论，增强、优化和弘扬马克思主义文艺理论的人文精神，应对西方新人本主义思潮的挑战，寻求创新和发展的机遇，这是马克思主义文艺理论工作者的学术使命。萨特曾断言，马克思主义“见物不见人”，独尊历史，无视人文。这种看法无疑是对马克思主义的误读。诚然，马克思主义特别强调社会存在的优先性和第一性的原则，但并没有忽略人，而是把人放在历史唯物主义的框架里加以考察，认为人是历史的、现实的、具体的人。马克思、恩格斯把人的社会称为“作为主体的社会”[1]。实质上，马克思主义的史学理论和人学理论、史学思想和人学思想、史学观点和人学观点、历史精神和人文精神是有机地结合在一起的。

在马克思主义看来，人是历史的人，历史是人的历史。历史活动是人的历史活动。人的劳动、实践和生产活动被视为人类生存的第一个前提、“人类生活的第一个基本条件”、人类第一个历史活动，从这个意义上说，“劳动创造了人本身”。[2]“现代唯物主义把历史看作人类的发展过程”[3]，认为“在社会历史领域内进行活动的，是具有意识的、经过思虑或凭激情行动的、追求某种目的的人”[4]。“历史什么事情也没有做……创造这一切、拥有这一切并为这一切而斗争的，不是‘历史’，而正是人，现实的、活生生的人。……历史不过是追求着自己目的的人

的活动而已。”[5]历史唯物主义认为，“历史中的决定性因素，归根结蒂是直接生活的生产和再生产”，同时也是“人自身的生产”。[6]

马克思、恩格斯既重视历史状态，也关注人的生态。当人的观念阻遏历史的发展时，他们主张通过社会革命，改变人的生存环境，推动历史转折和社会进步。恩格斯通过评巴尔扎克的创作，列宁通过评托尔斯泰的创作，肯定了从封建农奴制向市民共和制的社会变革，从经济、政治、文化、道德诸多方面，展现了新兴的市民阶级取代腐朽的贵族阶级的深刻的历史过程。当历史状态和社会情况压抑人的生存和发展时，他们又倡导人文精神，提振人文关怀，反对现实生活中的鄙俗气。他们满腔热忱地赞美和讴歌文艺复兴时代焕发出来的健全的和高昂的人文精神，对当时他们的祖国——德国的人文精神的低迷感到焦灼和忧虑。恩格斯说：“连歌德也无力战胜德国的鄙俗气；相反，倒是鄙俗气战胜了他……他的气质、他的精力、他的全部精神意向都把他推向实际生活，而他所接触的实际生活却是很可怜的。他的生活环境是他应该鄙视的，但是他又始终被困在这个他所能活动的唯一的生活环境里。”[7]“黑格尔……和他的同时代人歌德一样，拖着一根庸人的辫子。歌德和黑格尔在各自的领域中都是奥林波斯山上的宙斯，但是两人都没有完全摆脱德国庸人的习气。”[8]

马克思、恩格斯反对把历史拉向倒退的复古主义。他们抵制“用真正的田园诗的笔调”，“把已经在所有文明国家中成为严峻的社会变革的先驱者的现实社会运动，变为**安逸的、和平的改变，变为宁静的、舒适的生活**”。[9]他们反对社会变革风暴即将来临时，“反动势力便发出悲叹，祈求回到封建主义，回到美好的宗法式生活里，恢复我们祖先的淳朴的风尚和伟大的德行”[10]。恩格斯还反对掩盖和遮蔽社会矛盾的虚假意识，在《反杜林论》中尖锐批判那些替统治阶级否认或美化这些社会弊病的和谐派。只有新的社会状况和历史条件，才能为新人提供生存和发展良好的环境和土壤。

马克思、恩格斯非常重视人的解放问题。他们把人的解放问题理解为一种历史的运动。他们认为，从一定意义上说，“共产主义不是学说，而是**运动**”[11]。可见，人的解放问题不是靠语言修辞和审美救赎所能实现的。马克思、恩格斯曾反对克利盖等人主张的“用**爱**把人类**联合起来**”[12]，“用他那爱的纸炮吓唬”[13]和征服人们，“以‘共产主义’的名义所鼓吹的那些荒诞的伤感主义的梦呓”[14]。

马克思主义的经典文本中有一个极其重要的思想。马克思主义经典作家对理论，包括语言所承载和叙述的理论与实践的关系的论断是特别富有启发意义的。一方面，他们非常强调正确的、科学的、革命的理论的重要性。列宁曾说，没有革命的理论，便没有革命的运动。正确的科学的理论是达到预期目的和实现变革蓝图的必要前提，好比过河的船只和航行的灯塔，恰如率军的旗帜和进军的路标。但理论必须付诸实践。实践不仅是检验真理的唯一标准，而且是产生和实现真理的唯一途径。语言所承载的思想和理论都是有局限性的，理论和思想本身并不能实现什么东西。只有通过实践，转化为现实的物化形态，落实和兑现了的理论和思想才是具有实效性的，否则只能停留在人们的思维中和幻想里。语言承载着的理论和思想所蕴含的意义、价值与作用是很不相同的：有的关乎人类的命运和社会发展的前途，有的则非常低微。即便是高超的理论和思想，也必须或只有通过实践，才能挣脱、游离和超越人们的思维、心理和幻想的层面，变成现实生活中的事实。人类的发展、时代的变迁、历史的转折和社会的进步都不是说出来的和唱出来的，而是做出来的，是人类的社会实践的开拓性和创造性的伟大成果。马克思曾说，一步实际运动比一打纲领更重要。因为，新事物和新人物的诞生并不取决于理论本身的自我繁衍。“**思想**从来也不能超出旧世界秩序的范围：在任何情况下它都只能超出旧世界秩序的思想范围。思想根本不能**实现什么东西**。为了实现思想，就要有使用实践力量的人。”[15]妄图通过审美乌托邦和审美救赎的理论来实现人的解放问题，只不过是被压抑又耽于幻想的人文知识分子的浪漫的梦。马克思、恩格斯明确指出，“世俗社会主义的第一个原理就否认纯**理论领域内的**解放，认为这是幻想”[16]。

二、马克思主义经典文本中关于内部规律的理论

马克思主义经典文本中关于内部规律的论述是不多见的和相对薄弱的。正因为如此，更应当从经典文本中挖掘和发现关于文艺的内部规律的理论和思想。不应当把内部规律的研究领域，视为形式主义的专利。形式主义对内部规律研究所取得的有价值的成果，同样是文论家应当珍惜的学术成果和思想文化遗产。承接和吸取其中的合理内核，丰富和强化马克思主义文艺理论对内部规律的研究是完全必要的。只有梳理、建构和发展马克思主义关于内部规律的理论，才能有效地应对形式主义的膨胀、弥漫和挑战。应当承认，文艺是具有内部的结构和因素的，是存在着内部规律的。矛盾分为内部矛盾和外部矛盾；打仗分为内线作战和外线作战；事物发展和演变的原因分为内因和外因。实质上，文艺的外部规律即是文艺的外因，文艺的内部规律即是文艺的内因。一位中国当代著名的文艺理论家曾把文艺的外部规律和内部规律恰切地比喻为地球的公转和自转的关系，颇有启发性。我们一方面应当尊重文论家们研究形式语言符号等特殊的内部规律所取得的学术成果；一方面也要防止和克服强调文艺的普遍的外部规律时，忽视对文艺的特殊的内部规律的研究。问题的关键在于正确地理解和阐发文艺的内部规律和外部规律的相互关系。

关于形式和内容的理论。形式和内容的关系是既唯物又辩证的关系。经典文本中关于内容和形式的主要观点是：内容决定形式，形式依赖于内容，同时形式对内容具有反作用；内容是相对稳定的，而形式却是相对活跃的。新内容可以利用旧形式，新形式也可以表现旧内容。形式和内容的关系是复杂的，但两者之间的基本规定是不可随意消解、颠倒和互易其位的。从审美的意义上说，尽管审美具有相对意义上的独立性和自主性，但这种特殊规律应当是对普遍规律的丰富和补充，而不应当是对普遍规律的否定和颠覆。在形式和内容的辩证关系中，内容起着主导的、制约的乃至决定的作用。即便是一些当代著名文艺理论家也没有超越马克思主义关于形式和内容的一般性的理论原则。詹姆逊曾在20世纪70年代初出版《马克思主义与形式：20世纪文学辩证理论》一书，他所倡导的“辩证的文学理论”强调作品本身的辩证的统一性和整体性、形式与内容的适应性以及社会历史因素对构成形式的根源性。他认为，形式作为与内容相对应的“深层的社会和历史结构的符号”，实际上是内容在上层建筑领域的完成。形式主义的探索，深化和细化了对文学形式的研究，丰富和拓展了文学的外形式和内形式的理论空间。有选择地批判地吸取这些成果，对发展内容和形式的关系的理论是有益的，但有些形式主义的理论却极端地夸大了形式对内容的改制和重组的作用。完全脱离内容的形式实际上是不存在的。至于“内容是完成了的形式”和“内容是有意味的形式”等界说，在肯定形式组构作用的同时，也不可能排除“内容的意味”。诚然，在反作用的意义上，可以适度强调形式对内容的征服。席勒为了追求人的“审美自由”，曾在他的《美育书简》中表达和抒发“靠形式完成

一切”的奢望。受到康德和席勒的形式主义美学思想的影响，以海德格尔为代表的浪漫主义诗学，无限度地夸大了文本、形式和语言的作用，使作品中的内容被淡化和弱化，同时泛化和强化了主体的随意性，不同程度地消解了客体的先在性和对创作的制约性。

关于文本和语言的理论。语言本来是人的语言，本来是人的世界的语言。西方的“语言学转向”，尽管深化和细化了对语言的研究，但又极端地夸大了语言的功能，实质上把语言与人的关系和语言与人的世界的关系搞颠倒了。人和人的世界作为存在不是语言的家，反而说“语言是存在的家”；不是人说语言，而是语言说人；不是人塑造语言，而是语言塑造人。实质上把语言推崇为决定人和人的世界的神，发展了又片面地、极端地、无限度地夸大了语言的地位和作用。

西方现当代一些具有变革意识和批判精神的左翼人文知识分子，把对现实的变革转化为对语言的变革，幻想通过语言变革实现现实变革。他们的动机可能是真诚的，他们所使用的手段则是软弱的，或许一定程度上能起到组织意识舆论和社会心理的作用，但却是极其有限的。“语言学转向”是20世纪60年代“六月革命风暴”失败的产物。正如伊格尔顿等人所指出的，“语言学转向”是出于对现存的牢固的体制和政权的恐惧与怯懦所产生的向语言领域的转移和退却，也可以说是躲避和逃逸。有些语言学家的学术策略是通过修辞学从事语言改革，实现社会变革。这实质上是一种变相的“词句革命论”。阐释学的人文语言革命极端地夸大了语言的功能和作用。语言重组和文本颠覆并不能直接作用于生活，并不意味着对实在的现实发生什么实质性的改变。语言和文本的自主性和独立性是有边界的和有限度的。语言在文本中所经历的命运，从陷入“文字游戏”到打破“语言的牢笼”，都非常有说服力地证明：不是语言决定现实，而是现实决定语言。语言和“语言中的精神生产”包括语言所体现的思想、观念和意识都是人们的物质活动和实际生活过程的产物。精神生产中的语言，又是与现实生活中的语言交织在一起的。应当根据经验来揭示人们的生产，包括语言中的精神生产与社会结构和政治结构的联系，“而不应当带有任何神秘和思辨的色彩”[17]。不能把语言的生产和语言中的精神生产仅仅局限在和归结为语言和词句本身的封闭的自我增殖、自我繁衍。马克思、恩格斯说，“**语言**是思想的直接现实”，“无论思想或语言都不能独自组成特殊的王国，它们只是现实生活的**表现**”[18]。语言总会受到现实生活的“纠缠”，“语言和意识具有同样长久的历史；语言**是**一种实践的……现实的意识。语言也和意识一样，只是由于需要，由于和他人交往的迫切需要才产生的”[19]。用语言变革代替现实生活的变革，“从语言过渡到生活的整个问题，只存在于哲学幻想中”[20]。马克思、恩格斯在批判青年黑格尔派的思辨哲学时说，“他们之中最年轻的人……是为反对‘**词句**’而斗争。不过他们忘记了：他们只是用词句……反对现存世界的词句”，那么他们实际上只是通过词句来反对现实的、现存世界，而绝对不是“反对现实的、现存的世界”本身。[21]妄想通过对语言词句的主观解释和修辞，打乱和重组语言结构，来改变现实生活中的历史结构和政治结构是不可能的。把语言批判作为反对现实生活的手段，并不意味着对现实生活产生什么实质性的改变。因为“意识的一切形式和产物不是可以用精神的批判来消灭的……而只有实际地推翻这一切唯心主义谬论所由产生的现实的社会关系，才能把它们消灭”[22]，“要真正地、实际地消灭这些词句，要从人们的意识中消除这些观念，只有靠改变条件，而不是靠理论上的演绎”[23]。这种语言的变革行为实质上是在纯粹精神的领域中兜圈子，不会解决任何实际问题。因此，马克思、恩格斯指出：“尽管青年黑格尔派思想家们满口讲的都是‘震撼世界’的词句，而实际上他们是最大的保守分子。”[24]

西方的新历史主义社会文化思潮发现了文学文本和历史文本的互文性，企图通过对文学文本的带有解构主义意向和批判精神的阐释，对历史文本施加影响，以求按照人的主观愿望改变现实。这种互文性的理论既把历史和文本联系起来，同时又把历史和文本混为一谈。这种文本的历史观是有悖历史唯物主义的基本原则的。马克思、恩格斯主张应当把“文献的历史”和“现实的历史”严格地区分开来，反对把用语言和文本承载和包装的“意识、观念、**圣物**、固定观念的历史称为‘人’的历史并用这种历史来偷换现实的历史”[25]。马克思、恩格斯反对一些人“把文献的历史和现实的历史当作意义相同的东西而混淆起来……他们把自己的始终非常丰富的幻想和现实等量齐观，以此来掩饰他们在现实的历史上曾经扮演过的并且还在继续扮演的可怜的角色”[26]。

从归根结底的意义上说，文学文本不能不受到历史文本的影响和制约。文学文本所表现出来的复杂的思想矛盾，是由一定时代和历史条件下的复杂的社会矛盾决定的。文本结构非但无法超越和摆脱历史结构，反而是历史结构在文本结构中的投影和折光。正如恩格斯评论伟大诗人歌德的思想结构和文本结构时指出的：“歌德在德国文学中的出现是由这个历史结构安排好了的。”[27]马克思主义文艺理论经典文本中的这些思想，对正确分析和评价形式主义和新历史主义的理论观点都具有深刻的方法论启示。

我们注意到，一些人局限于对文本和语言层面的再创造中，只体现在各种形态的带有后结构主义或解构主义特征的修辞学、解释学、接受美学、读者反应理论的批评活动中。相对而言，在文艺创作的过程中，对语言本身的重释和重塑并不重要。文艺创作的基本问题是考虑人物塑造和情节设计。这种传统意义上的文艺创作的基本问题，反而被悬置或抛弃了。各式各样的批评理论，如修辞学、解释学、接受美学和读者反应理论，对文艺创作本身的意义十分有限，与之多所隔膜。研究人物塑造问题，仍然是文艺创作的首要问题。马克思主义经典文本中关于人物形象塑造，特别是关于新人形象塑造或塑造新人形象的思想，具有重要的指导意义。这些思想是：倡导塑造新人形象是一脉相承的，从呼吁塑造“革命的和叱咤风云的无产者”，到反映“新事物”，到“表现新人物，新的世界”，到塑造现代化事业中的“创业者”和“新人形象”；坚持塑造人物形象的唯物辩证法，强调社会历史环境对人物形象的制约作用，认为“人创造环境，同样环境也创造人”[28]；明确区别“新人”和“旧人”的首要标志是能否“改变这种环境”[29]；新人形象是具有变革意识和“实践力量的人”[30]；只有以新人形象作为新的历史使命的承载者，才能从正面体现出新的思想体系和核心的价值体系。

三、马克思主义经典文本中的美学理论

马克思主义经典文本，是从历史精神和人文精神的联系中提倡美学精神的，是从史学观点和人学观点的联系中提倡美学观点的。历史精神、人文精神和美学精神，史学观点、人学观点和美学观点是有机地融为一体的。

美和美感都是人的劳动的产物。人的劳动创造了属人的世界，创造了人本身，也创造了属人的世界的美和人本身的美。“五官感觉的**形成**是以往全部世界历史的产物”，“只是由于人的本质的客观地展开的丰富性，主体的、**人的**感性的丰富性，如有音乐感的耳朵、能感受形式美的眼睛，总之，那些能成为人的享受的感觉，即确证自己是**人的**本质力量的**感觉**，才一部分发

展起来，一部分产生出来”。[31]美的存在和发展都是有规律的。对“美的规律”的阐释，尽管各有不同，但“两个尺度”对美的存在和创造，都是无法回避的。同时，审美特性不同于物质属性和商品属性，是一种特殊的与人相关的价值属性。“凡是有某种关系存在的地方，这种关系都是为我而存在的。”[32]“忧心忡忡的穷人甚至对最美丽的景色都**没有什么感觉**；贩卖矿物的商人只看到矿物的商业价值，而看不到矿物的美和特性；他没有矿物学的感觉。”[33]审美感觉表现为一种富有个性的情感、激情和爱憎态度。

美学的基本问题是审美关系。马克思主义的经典文本对审美关系的论述是既唯物又辩证的。《在延安文艺座谈会上的讲话》既强调美的唯物论，认为现实生活是创作的源泉，主张艺术和艺术美是现实生活在作家的头脑中反映的产物，同时又超越了车尔尼雪夫斯基的“美是生活”的论断，特别强调美的辩证法，力倡艺术美应当比生活美更高、更强烈、更有集中性、更典型、更理想、更带普遍性。即便是在国难当头、民族危机的历史条件下，也并没有忽视对文艺创作的审美品位的要求。

审美主客体的关系是审美关系的核心问题。马克思、恩格斯抵制黑格尔的“**存在**和**思维**的思辨的**神秘同一**”[34]，反对“抱着这个目的，用虚幻的联系、神秘的主客体来代替世界秩序和世界事件之间的自然的合乎人性的联系”[35]。马克思非常强调审美主客体的关系的“规定性”。他在《1844年经济学哲学手稿》中说：“对象**如何**对他说来成为**他的**对象，这取决于**对象的性质**以及与**之**相适应的**本质力量**的性质；因为正是这种关系的**规定性**形成一种特殊的、**现实的**肯定方式。”[36]马克思反对“从现实的关系和运动中撷取一种规定性，把这种规定性变为想像的规定性、变为**范畴**，并把这个范畴充作产物、关系或运动的**观点**”，不在任何地方渗入现实的内容，甚至“把**现实的人**变成了**抽象的观点**”[37]。按照马克思的解释，“这种规定性”不能理解为抽象的和想象的“规定性”，而是主客体之间，即“**对象的性质**”和“与**之**相适应的”人的“**本质力量**的性质”这两方面的交互作用所形成的既唯物又辩证的关系的规定性。“正是这种关系的**规定性**形成一种特殊的、**现实的**肯定方式”：这种关系的规定性不可能是完全均衡的，如向客体方面倾斜，形成现实主义一类创作和作品，如向主体方面倾斜，形成浪漫主义一类创作和作品。马克思、恩格斯是侧重于倡导现实主义的创作和作品的。

反映在结构情节和塑造人物的问题上，马克思、恩格斯主张遵循客观对象的逻辑来结构情节和塑造人物，不认同像欧仁·苏书中的人物那样，“必须把他这个作家本人的意图……充作**他们自己**思考的结果，充作他们行动的自觉动机”[38]。《巴黎的秘密》中的人物形象玛丽花本来是一个“朝气蓬勃、精力充沛、愉快活泼、生性灵活”，像太阳和花一样的少女，而欧仁·苏通过思辨哲学和基督教的教义对她进行改造，使她变成有罪意识的奴隶，从“**本来的形象**”变成“**批判的变态**”，而当作者“打击了资产阶级的偏见”，“超出了他那狭隘的世界观的界限”时，读者“所看到的都是玛丽花本来的、非批判的形象”。[39]马克思、恩格斯反对用批判的原则改制人物和环境，这样做的实质是用“**思辨的黑格尔的形式恢复基督教的创世说**”[40]。崇拜语言批判的“自我意识”使其从“**人的属性**变成了**独立的主体**”，“这种自我意识的**本质**不是**人**，而是**理念**”，即“**人化了**的理念”。[41]

反映在对作家艺术家的评价上，马克思、恩格斯主张同样应当遵循客观和公正的原则。如对伟大诗人歌德的评价，恩格斯反对一些有偏见的评论家只对所谓的“歌德的人的内容”进行片面性的挖掘和夸张性的解释，认为应防止和克服只凸显歌德的所谓的“人的内容”中那些怯于变革，喜欢宁静、安逸、平庸、亲和，耽于幻想的一面，而故意遮蔽和掩盖歌德伟大的一面，甚至把歌德涂抹得与德国的小市民一模一样。作为阐释者的格律恩这样做的真正目的，实质上是用“被歪曲了的歌德的权威来支持自己的狭隘性”[42]。

我们坚信，当代中国的马克思主义文艺理论工作者，在重读、细读和精读马克思主义文艺理论经典文本的基础上，位于时代高端，增强问题意识，倾听实践呼声，一定会推进马克思主义文艺理论的时代化、中国化和大众化的历史进程，开创马克思主义文艺理论建设和发展的新生面。

编著者

2011年3月

[注　释]

[1] 马克思，恩格斯．马克思恩格斯全集：第3卷．北京：人民出版社，1960：42.

[2] 马克思，恩格斯．马克思恩格斯选集：第4卷．2版．北京：人民出版社，1995：373，374.

[3] 马克思，恩格斯．马克思恩格斯选集：第3卷．2版．北京：人民出版社，1995：364.

[4] 同 [2] 247.

[5] 马克思，恩格斯．马克思恩格斯全集：第2卷．北京：人民出版社，1957：118－119.

[6] 同 [2] 2.

[7] 马克思，恩格斯．马克思恩格斯全集：第4卷．北京：人民出版社，1958：256.

[8] 同 [2] 218－219.

[9] 同 [1] 639.

[10] 马克思，恩格斯．马克思恩格斯选集：第1卷．2版．北京：人民出版社，1995：183.

[11] 同 [7] 311.

[12] 同 [7] 16.

[13] 同 [7] 20.

[14] 同 [7] 3.

[15] 同 [5] 152.

[16] 同 [5] 121.

[17] 同 [1] 29.

[18] 同 [1] 525.

[19] 同 [1] 34.

[20] 同 [1] 528.

[21] 同 [1] 22－23.

[22] 同 [1] 43.

[23] 同 [1] 45.

[24] 同 [1] 22.

[25] 同 [1] 200.

[26] 同 [1] 551.

[27] 同 [7] 254.

[28] 同 [1] 43.

[29] 同 [1] 234.

［30］同［5］152.
［31］马克思，恩格斯．马克思恩格斯全集：第 42 卷．北京：人民出版社，1979：126.
［32］同［1］34.
［33］同［31］126.
［34］同［5］245.
［35］同［5］213.
［36］同［31］125.
［37］同［5］246.
［38］同［5］233.
［39］同［5］215－218.
［40］同［5］174.
［41］同［5］175－176.
［42］同［7］275.

第四版序

一、马克思主义文艺学的研究方法

文学和文学理论是多样的、丰富多彩的，都有各自存在和发展的空间。但是，文学和文学理论的指导思想不能搞多元化。马克思主义文学理论，以自身思想的先进性质作为文学研究的指导思想。

马克思主义文艺学研究的宏观视域。马克思主义的历史唯物主义和辩证唯物主义的世界观和方法论为观察和研究文学现象提供了科学的宏阔的理论视野。马克思主义作为与时俱进、开放创新的思想体系，对文学艺术问题的探讨带有明显的多学科和跨学科研究的性质，为全面地完整地考察文学的产生、存在和发展，提供了先进的理论工具和思想武器。

马克思主义文艺学研究的历史意识。“人类生存的第一个前提”即是“历史的第一个前提”，“这个前提是：人们为了能够‘创造历史’，必须能够生活”。[1]人类的第一个历史的活动，“不是‘自我意识’、宇宙精神或者某个形而上学怪影的某种纯粹的抽象行动，而是完全物质的、可以通过经验证明的行动”[2]。马克思、恩格斯说，“这种历史观和唯心主义历史观不同，它不是在每个时代中寻找某种范畴，而是始终站在现实历史的基础上，不是从观念出发来解释实践，而是从物质实践出发来解释观念的形成，由此还可得出下述结论：意识的一切形式和产物不是可以通过精神的批判来消灭的……而只有通过实际地推翻这一切唯心主义谬论所由产生的现实的社会关系，才能把它们消灭；历史的动力以及宗教、哲学和任何其他理论的动力是革命，而不是批判”[3]，要真正地、实际地“从人们意识中消除这些观念，就要靠改变了的环境而不是靠理论上的演绎来实现”[4]。包括文学艺术在内的一切精神活动和意识形态形式都只有把它们置放在一定的历史条件下、历史范围内、历史环境里和历史过程中，才能得到科学的解释。

马克思主义文艺学研究的辩证思维。历史唯物主义的辩证思维方式是观察包括文学艺术在内的一切社会现象的最灵验的钥匙。文学艺术的本质、功能、价值、意义和特殊的思维方式，作为相互关涉的系统结构都存在着辩证的联系。所有的理论和概念的辩证法“只是现实世界的辩证运动的自觉的反映”[5]。“我们头脑中的辩证法只是自然界和人类历史中进行的并服从于辩证形式的现实发展的反映。”[6]文学现象乃至文学本质实际上都是一种发生着辩证联系的系统存在。一点论、片面性、走极端、一种倾向掩盖另一种倾向、“非此即彼，除此以外，全是鬼话”等线性的运思方式，文学研究过程中屡屡出现的回归现象、轮回现象、钟摆现象和所谓“瞎子摸象”“坐井观天”“一叶障目”“只见树木，不见森林”等思维惰性，均属僵化的刻板的形而上学的思维模式，都可能成为妨碍人们全面认识和体验对象世界的理障。恩格斯这样告诫人们说："蔑视辩证法是不能不受惩罚的。"[7] 为了坚持和发展辩证唯物主义的世界观和方法论，马克思、恩格斯对唯心主义思辨哲学的思维方式，对判定经济是历史发展的唯一决定因素的庸俗唯物主义哲学的思维误区，对把马克思主义的基本原则不是作为行动的指南，而是当作标签、套语和教义的教条主义哲学的思维惰性，都进行了严肃的批评。

二、马克思主义文艺学的基本观点

关于文学是一种"意识形态形式"的观点。马克思在《〈政治经济学批判〉序言》中指出："人们在自己生活的社会生产中发生一定的、必然的、不以他们的意志为转移的关系，即同他们的物质生产力的一定发展阶段相适合的生产关系。这些生产关系的总和构成社会的经济结构，即有法律的和政治的上层建筑竖立其上并有一定的社会意识形式与之相适应的现实基础。物质生活的生产方式制约着整个社会生活、政治生活和精神生活的过程。不是人们的意识决定人们的存在，相反，是人们的社会存在决定人们的意识。……随着经济基础的变更，全部庞大的上层建筑也或慢或快地发生变革。在考察这些变革时，必须时刻把下面两者区别开来：一种是生产的经济条件方面所发生的物质的、可以用自然科学的精确性指明的变革，一种是人们借以意识到这个冲突并力求把它克服的那些法律的、政治的、宗教的、艺术的或哲学的，简言之，意识形态的形式。……这个意识必须从物质生活的矛盾中，从社会生产力和生产关系之间的现存冲突中去解释。"[8] 恩格斯认为："正像达尔文发现有机界的发展规律一样，马克思发现了人类历史的发展规律，即历来为繁芜丛杂的意识形态所掩盖着的一个简单事实：人们首先必须吃、喝、住、穿，然后才能从事政治、科学、艺术、宗教等等；所以，直接的物质的生活资料的生产，从而一个民族或一个时代的一定的经济发展阶段，便构成基础，人们的国家设施、法的观点、艺术以至宗教观念，就是从这个基础上发展起来的，因而，也必须由这个基础来解释，而不是像过去那样做得相反。"[9] 马克思和恩格斯论述的这个历史唯物主义的基本原理对理解文学艺术在社会历史结构中的地位以及它的性质和功能，具有重要的指导意义。在马克思、恩格斯看来，文学艺术是一种"社会意识形式"。这种飘浮在精神领域顶端的意识形态形式同其他社会意识形式相互影响，并通过一定的中介，反作用于经济基础。社会存在和现实生活同包括文学艺术在内的各种意识形态形式一般表现为决定和被决定、制约和被制约的关系，同时还表现为相互适应的关系。恩格斯在晚年特别重视精神、思想、意识形态对经济基础的能动作用和交互作用，强调两者的"合力"关系。必须全面地、辩证地把握物质活动和精神活动之间的决定关系、适应关系和由于交互作用所形成的"合力关系"的复杂性质及其表现形态。

关于文学是艺术掌握世界的"专有方式"的观点。马克思说："具体总体作为思想总体、作为思想具体，事实上是思维的、理解的产物；但是，决不是处于直观和表象之外……而是把直观和表象加工成概念这一过程的产物。整体，当它在头脑中作为思想整体而出现时，是思维着的头脑的产物，这个头脑用它所专有的方式掌握世界，而这种方式是不同于对于世界的艺术精神的，宗教精神的，实践精神的掌握的。实在主体仍然是在头脑之外保持着它的独立性；只要这个头脑还仅仅是思辨地、理论地活动着……在理论方法上，主体，即社会，也必须始终作为前提浮现在表象面前。"[10] 这里所说的"具体总体""直观和表象"均指外部世界的感性存在。"思想总体"所体现的"思想具体"，实际上蕴含着掌握世界的各种方式；"思维的理解的"

侧重体现人与世界的认知关系；“宗教精神”侧重体现人与世界的信仰关系；“实践精神”侧重体现人与世界的意志目的关系；而“艺术精神”则侧重体现人与世界的精神层面的感性的和“直观和表象”的关系。实质上，在体现人与世界的感性和表象关系的文学创作活动中，也必然不同程度地表现出抽象思维的作用、信仰、价值取向和达到行为目的的意志。这些因素总是这样那样地联系着，并通过实践协调互动。从思维上对世界的各种方式的掌握，首先是“外部世界对人的影响……反映在人的头脑中，成为感觉、思想、动机、意志，总之，成为‘理想的意图’，并且以这种形态变成‘理想的力量’”[11]。这种思维中的动机、感觉、信仰、意志等等只有通过实践的物化过程，才能使对象变成“**他的**作品和他的现实。因此……人不仅像在意识中那样在精神上使自己二重化，而且能动地、现实地使自己二重化，从而在他所创造的世界中直观自身”[12]，成为直接体现他的个性的对象。

关于文学是一种“特殊的”精神生产的观点。马克思指出：“宗教……法、道德、科学、艺术等等，都不过是生产的一些**特殊的**方式，并且受生产的普遍规律的支配。”[13]“表现在某一民族的政治、法律、道德、宗教、形而上学等的语言中的精神生产”[14]，同样受生产的普遍规律所制约。文学作为语言中的精神生产，既有作为精神生产的特殊性，又有作为一般生产的普遍性，表现为两者的辩证统一。“艺术对象创造出懂得艺术和具有审美能力的大众”，这种特殊的精神生产，经历着“生产者物化”和“所创造的物人化”的不断深化和完善的过程。[15]审美主客体交互作用，双向生成。“生产不仅为主体生产对象，而且也为对象生产主体。”[16]“语言是一种实践的、既为别人存在因而也为我自身而存在的、现实的意识。”[17]这种特殊的精神生产中，语言和劳动一起，成了两个最重要的推动力。属于语言艺术的文学作为一种特殊的精神生产是通过对文学语言的创造来实现的。精神生产虽然受制于物质生产，但与物质生产存在着发展的不平衡规律。两者宏观上是平衡的，微观上是不平衡的。而平衡是相对的，不平衡是绝对的。如经济落后的19世纪的德国，文学艺术可以表演第一把小提琴。古希腊神话具有恒久的意义和价值，以不可超越的艺术魅力，成为不可企及的范本。

关于艺术是“按照美的规律来构造”的观点。马克思把作为“类存在物”的人的生产和动物的生产区别开来。他说：“诚然，动物也生产。……动物的生产是片面的，而人的生产是全面的；动物只是在直接的肉体需要的支配下生产，而人甚至不受肉体需要的影响也进行生产……动物只生产自身，而人再生产整个自然界；动物的产品直接属于它的肉体，而人则自由地面对自己的产品。动物只是按照它所属的那个种的尺度和需要来构造，而人懂得按照任何一个种的尺度来进行生产，并且懂得处处都把内在的尺度运用于对象；因此，人也按照美的规律来构造。”[18]马克思的论述表明，作为社会存在物的人的生产，不论是物质生产，还是精神生产，都会不同程度地根据物种的尺度和内在的尺度，按照“美的规律来构造”。不管对两个尺度作何种解释，审美实践的感性的创造活动，都只能是审美主体和审美客体的交互作用。因为无客体的主体和无主体的客体的审美实践的感性的创造活动都是不存在的，也是无法进行的。

上述几种观点，都属于意识和精神范畴。关于意识形态形式的论述和关于通过思维艺术地掌握世界的论述属于反映论层面；关于艺术是一种特殊的精神生产的论述属于实践论层面；关于艺术是按照美的规律来构造的论述属于创造论层面。诚然，实践活动和创造活动的动机和构思都必然依靠和伴随思维活动。因此，这几种观点实际上都认为意识和精神领域中的认知活动、实践活动和创造活动是相统一的过程。创造性的生产活动和实践活动，都必须以对对象的把握为基础。任何一种意识生产和精神生产尽管具有自身的特殊性质，但都一定程度上受历史唯物主义的一般规律的决定、影响和制约。它们之间的共同性质，首先表现为感性和感性的整体性，即马克思所说的通过直接的直观的表象呈现出来的“具体总体”。受历史唯物主义普遍规律支配的意识和精神生产，都是作为“社会存在物”的人的有思维指向和预期目的的“感性活动”。应当把感性对象，从主体的能动方面理解为实践的批判的感性活动的产物。正如马克思所指出的：人们所面对的全部“感性世界”不是“直接存在的、始终如一的东西，而是……历史的产物，是世世代代活动的结果”[19]。

马克思、恩格斯肯定艺术是一种社会意识形态形式，但并没有明确指出文学艺术是一种特殊的审美意识形态。这里确实存在着一个审美和意识形态的关系问题。审美往往被界定为感性学，强调审美经验的个体性，一般不表现为纯粹的思维理性，并不承载强烈的功利性和政治倾向性；而意识形态则大不相同，它往往是群体、阶级、集团和国家的意志的集中体现，以思想体系和系统观念形态出现，具有强烈的功利性和政治倾向性。不管是虚假的意识形态，还是与社会历史的发展方向和大多数人的根本利益相一致的意识形态都是如此。

可以从“按照美的规律来构造”感性实践中引申出审美意识的概念。审美创造活动是实现审美意识的实践活动，而文学艺术作品实际上是审美意识的物化形态。审美意识只是一种形态，只是一种“以**全部**感觉在对象世界中肯定自己”[20]的意识形态的形式，不能直接等同于具有思想体系含义的意识形态。审美意识可以划分为感性形态和理性形态；审美意识一般呈现为感性形态。但也不应该把审美意识完全视为非理性的。美学的原意虽然被界定为感性学，但它追求感性的完善。审美的感性形态不是纯感性的。这种感性积淀着、贮存着理性，审美的实践创造活动作为人的“生命活动”往往表现为“自由的自觉的活动”[21]。感觉蕴含着理性的基质，“**感觉**通过自己的实践直接变成了**理论家**”[22]。因此，感性可以发展为、提升为理性范畴。只有发展和上升为理性范畴的审美意识，才能被称为审美意识形态。

三、马克思主义文艺学的学理优势

恩格斯主张用美学观点和史学观点来观察和评价作家和作品，并把美学观点和史学观点视为衡量作家和作品的“非常高的、即**最高的**标准”[23]。恩格斯这里所讲的虽然是文学批评的标准，但实际上是从文学批评的角度提出来的文学观念。因为批评是“运动着的美学”或“实践中的观念”。一定的批评模式总是折射、反射出与之相适应的文学观念。对文学怎么看，制约着、影响着，甚至决定着对文学怎么评。反过来说，对文学怎么评，确证对文学怎么看。应当强调文学观念和文学批评的观念、原则、方法和标准的互通性和一致性。美学观点和史学观点既是最高的原则、方法和标准，也是最高的观点。“美学观点”“史学观点”以及“美学观点”和“史学观点”的辩证统一与完美融合体现着马克思主义文艺学的学理优势。恩格斯实际上是把文学本质视为审美本质和社会历史本质的辩证统一。文学既是社会历史现象，又是审美现象。这种社会历史现象是带有审美属性的，或具有审美特质的；这种审美现象作为社会历史现象的特殊的构成部分，是富有社会历史内涵的。简言之，社会历史现象应当是审美的；审美现象应当是社会历史的。换言之，完全摆脱审美特性的社会历史现象和完全剥离社会历史内容的审美现象实际上都是不存在的。文学创作应当追求社会历史因素和审美因素的和谐统一。正如恩格斯所倡导的，文学创作要尽可能地实现具有“较大的思想深度和意识到的历史内容，同莎士比亚剧作的情节的生动性和丰富性的完美的融合”[24]。这种要求作为一种艺术的理想和戏剧的未来，体现了文学的社会历史因素和审美因素、外部因素和内部因素、内容因素和形式因素的有机统一。

历史是人的历史。从史学观点中，可以自然地引申出人学观点。这样，可以从美学观点、史学观点和人学观点的结合上，更加全面地完整地考察文学现象。这是马克思主义文学理论中影响最大的，最具有指导意义的思想。

从美学观点看文学，可以彰显文学的审美的本质、功能、价值和意义，以弘扬文学的美学精神。审美不是抽象的、空洞的，而是渗透着、蕴含着社会历史的、人文的，乃至自然的、文化的内容并通过这些相关因素表现出来。纯粹的审美主义和纯粹的形式主义实际上都是不存在的。恩格斯从结构、情节、韵律、格言等方面，提出美学要求，主张有卓越的个性刻画，反对垂死的模仿文学的恶劣的个性化，认为作品应当更加莎士比亚化，不应该为了观念的东西而忘掉现实主义的东西，为了席勒而忘掉莎士比亚，不要席勒式地把个人变成时代精神的单纯的传声筒。

从史学观点看文学，可以凸显文学的社会历史的本质、功能、价值和意义，以弘扬文学的历史精神，自觉地运用历史唯物主义基本的观点、原则和方法考察和研究历史发展和社会变革的规律和契机，追寻包括文学在内的一切精神现象的“根源的根源”和“动力的动力”。恩格斯指出诗人歌德的出现和他的复杂的思想结构是由他所处的当时的德国的历史结构安排好了的。列宁认为，托尔斯泰的世界观的矛盾是俄国的深层的社会矛盾在他的头脑中的投影和射光。任何人都难于摆脱鄙俗的充满历史惰性的社会环境对自身的濡染，即便是像歌德和黑格尔这样伟大的诗人和哲学家也不例外，他们尽管“在各自的领域中都是奥林波斯山上的宙斯，但是两人都没有完全摆脱德国庸人的习气”[25]。文学创作通过审美方式所表现出来的历史，应当反映社会生活的状态和风貌，包括真实表现一定的阶级关系和人物关系，正确表现历史结构、社会矛盾、社会运动以及历史发展的走向和趋势等等。马克思、恩格斯批评拉萨尔的剧作对济金根这个人物形象所围绕的历史状况、社会运动性质和阶级关系，作了完全违背历史唯物主义精神的错误描写。《济金根》把悲剧的主人公这个本来是一个“在统一和自由口号后面一直还隐藏着旧日的皇权和强权的梦想”的“垂死阶级的代表”，描写为实现德国统一的民族英雄，冲淡和抹杀了农民阶级和市民阶级应有的重要的历史地位和积极的历史作用。

从人学观点看文学，可以突出强调文学的人文的本质、功能、价值和意义，以弘扬文学的人文精神。正如马克思、恩格斯所指出的：“**历史什么事情**也没有做……创造这一切、拥有这一切并为这一切而斗争的，不是‘历史’，而正是**人**，现实的、活生生的人。……历史**不过是**追求着自己目的的人的活动而已。”[26] 市场经济条件下，坚守和重塑当代的人文精神，对提高文学创作的人文品位、提高人的思想文化素质和伦理道德情操具有特别重要的现实意义。

四、马克思主义文艺学的价值取向

反映社会变革和历史发展趋势。马克思、恩格斯称颂文艺复兴所带来的伟大的历史转折，赞扬巴黎公社的无产阶级革命运动。恩格斯对巴尔扎克的创作和列宁对托尔斯泰的作品中所表现出来的法国和俄国从宗法制农村公社向市民社会转型的历史进步过程给予了极高评价。正是这两位伟大的作家反映了“翻了一个身”的那个时代的经济结构的更替、政治制度的改革、社会关系的转变、思想文化的更新等一系列的重大的社会事件和历史过程。

马克思、恩格斯一方面肯定市民社会取代封建宗法制社会的历史变革，一方面对妄图倒退到田园式农村公社的保守主义和复古主义思潮进行尖锐的批判。他们认为，自然经济向市场经济的过渡，“意味着旧贵族的彻底没落和金钱贵族的最后形成”，“浪漫主义者为此流下的感伤的眼泪是我们所不取的”。[27]马克思批评那些诅咒历史前进的人“在轰轰烈烈的革命时代，在强烈的、激情的否定和背弃的时代，例如18世纪，出现了正直而善良的大丈夫，出现了以停滞状态的**田园生活**来同历史的颓废相对抗的素有教养、作风正派”[28]的“田园诗人”。他们反对“把已经在所有文明国家中成为严峻的社会变革的先驱者的现实社会运动，变为**安逸的、和平的改变，变为宁静的、舒适的生活**”[29]。马克思、恩格斯厌恶把历史人性化、情感化和道德化的倾向，反对一些政治势力“发出悲叹，祈求回到封建主义，回到美好的宗法式生活里，恢复我们祖先的淳朴的风尚和伟大的德行”[30]。他们对宗法制农村公社阻碍历史进步的负面作用具有清醒的理性认识，“从人的感情上来说，亲眼看到这无数辛勤经营的宗法制的祥和无害的社会组织一个个土崩瓦解，被投入苦海，亲眼看到它们的每个成员既丧失自己的古老形式的文明又丧失祖传的谋生手段，是会感到难过的；但是我们不应该忘记，这些田园风味的农村公社不管看起来怎样祥和无害，却始终是东方专制制度的牢固基础，它们使人的头脑局限在极小的范围内，成为迷信的驯服工具，成为传统规则的奴隶，表现不出任何伟大的作为和历史首创精神”[31]。

促进人的解放和全面自由发展。正如历史是人的历史一样，人也是历史的人。马克思主义的文学理论与马克思主义的人学理论是紧密相关的。把人的问题，置放在历史唯物主义的框架内加以考察，这是马克思主义的人学理论区别于其他人学理论的最大的特点和优点。马克思主义的文学理论的重要的功能、价值和意义以为最广大的人民服务为根本宗旨，以谋求全人类的解放为终极目标，同时又主张个人的全面自由发展。马克思主义把人的解放理解为一种改变现实，同时在改变现实的过程中改变自身，在创造环境的同时完善自身的社会实践活动。马克思、恩格斯认为：“‘解放’是一种历史活动，不是思想活动。”[32]他们指出：“世俗社会主义的第一个原理就否认**纯理论领域内的**解放，认为这是幻想”[33]，“对**实践的**唯物主义者即**共产主义者**来说，全部问题都在于使现存世界革命化，实际地反对并改变现存的事物”[34]。马克思主义不仅把人理解为社会关系的总和，更强调人是社会实践的主体，充分肯定人民群众作为历史主人公的社会地位和他们的历史的主动性和创造性。只有人的社会实践才是改变自身的命运，求得自身的自由和解放的最可靠和最有效的物质力量和精神力量。改变人的异化状态，消除压抑人的经济、政治和文化根源，建构一个“以人为本”的公平合理的社会家园，都需要依靠伟大的社会实践来实现。这不仅是人的解放的正确道路，而且是创作的源泉，同时也是文学艺术繁荣和发展的正确道路。只有通过实践改变违反人性的不合理的社会环境，才能使大多数人的生活得到与历史发展相适应的自由、幸福和解放。为此，马克思、恩格斯对那些空谈人的解放的虚假的人学理论，诸如抽象的人道主义、空洞的泛爱主义、空想社会主义、“真正社会主义”、审美乌托邦、语言革命、“词名革命”、道德说教、精神呼吁、舆论批判的正面作用和负面作用进行了历史唯物主义的剖析，并通过承接和改制，丰富和深化了马克思主义的人学理论，同时从人学视域，补充和完善了马克思主义的文学理论。

[注　释]

[1] 马克思，恩格斯．马克思恩格斯选集：第 1 卷．2 版．北京：人民出版社，1995：78-79.
[2] 同 [1] 89.
[3] 同 [1] 92.
[4] 同 [1] 95.
[5] 马克思，恩格斯．马克思恩格斯选集：第 4 卷．2 版．北京：人民出版社，1995：243.
[6] 同 [5] 714.
[7] 同 [5] 300.
[8] 马克思，恩格斯．马克思恩格斯选集：第 2 卷．2 版．北京：人民出版社，1995：32-33.
[9] 马克思，恩格斯．马克思恩格斯选集：第 3 卷．2 版．北京：人民出版社，1995：776.
[10] 同 [8] 19.
[11] 同 [5] 232.
[12] 同 [1] 47.
[13] 马克思，恩格斯．马克思恩格斯全集：第 42 卷．北京：人民出版社，1979：121.
[14] 同 [1] 72.
[15] 同 [8] 10，9.
[16] 同 [8] 10.
[17] 同 [1] 81.
[18] 同 [1] 46-47.
[19] 同 [1] 76.
[20] 同 [13] 125.
[21] 同 [13] 96.
[22] 同 [13] 124.
[23] 同 [5] 561.
[24] 同 [5] 557-558.
[25] 同 [5] 218-219.
[26] 马克思，恩格斯．马克思恩格斯全集：第 2 卷．北京：人民出版社，1957：118-119.
[27] 同 [13] 83.
[28] 马克思，恩格斯．马克思恩格斯全集：第 4 卷．北京：人民出版社，1958：329.
[29] 马克思，恩格斯．马克思恩格斯全集：第 3 卷．北京：人民出版社，1960：639.
[30] 同 [1] 183.
[31] 同 [1] 765.
[32] 同 [1] 74.
[33] 同 [26] 121.
[34] 同 [1] 75.

第三版序

本书自1982年问世，至今已有20多年了。这20多年间，中国大地上发生了翻天覆地的巨变，伴随着历史的转型，中国当代文坛进入了一个沸沸扬扬、纷纷扰扰的时期。特别是西方各种社会文化思潮的涌入、移植和引进，对中国当代文论的格局产生了重大的影响。仅仅20年，中国学术界几乎走过了西方文论近一个世纪的学术路程。现当代西方各种文艺思潮、批评模式、文艺观念、文艺思想都得到了不同程度的展示和演练，经过一定程度上的本土化过程，出现了一些发育不甚成熟的中国版。中国当代文论的结构正在发生重组与新变，特别是马克思主义文艺学面临着严峻的冲击与挑战，遭遇到前所未有的所谓"祛魅化"运动的磨砺和考验。然而各种理论资源和学术思想的碰撞、对话与竞争，只能给科学的文艺理论的发展提供开拓创新的动力和契机，使之通过承接和吸纳一切有益的、合理的思想因素，来丰富和优化自己。事实表明，经历了新变的马克思主义文艺学仍然蓬勃着旺盛的生命力。这不是偶然的，是由马克思主义文艺学自身的学科特色和学理优势所决定的。

马克思主义文艺学具有博大的宏观性质和开放的多维视野。毋庸讳言，马克思主义文艺学的基本原理主要是从现实主义文艺现象中总结、提炼、概括出来的理论体系，强调文艺与现实的关系，以真为基础，尽可能地求得真、善、美的和谐统一，是马克思主义文艺学追求的审美理想和价值目标。对现实主义，学界是有不同看法的，有的理解为现实主义创作原则，有的理解为现实主义创作方法，有的理解为现实主义创作精神。各种艺术样式尽管互不相同，至少各有倚重，但任何风格、流派的创作和作品，即便是浪漫主义的、表现主义的、形式主义的和现代主义的，甚至是后现代主义的，都必然这样那样地程度不同地多多少少地反映出、折射着一定时代的历史条件下的社会现实生活的某些方面，这使得各式各样的创作和作品都渗透着某种现实主义精神。从这个意义上说，马克思主义文艺学的基本原则所体现的基本精神对不同形式的创作和作品都具有一定的普适性。对马克思主义文艺学的基本精神，采取教条主义和取消主义的态度，都是不妥当的。

文艺作为人类社会中的一种精神现象，存在于历史发展过程中的物质关系和思想关系相互作用的错综复杂的网络之中。不仅需要从与人的历史和人的物质实践的总体联系上把握文艺的存在方式，而且需要从文艺作为一种社会意识形态形式同其他相关的意识形态形式，诸如政治、文化、哲学、道德、法律、宗教的互动关系中，阐释文艺的性质和功能。马克思主义文艺学对文艺的本质的理解不是单一的、直观的、静止的、孤立的，而是多维的、宏观的、立体的、开放的。从历史唯物主义的观点看，任何意识形态和精神现象，从归根结底的意义上说，都是一定社会历史条件下的产物，伴随着时代的发展而发展。这往往使一些学者把对文艺的社会学和反映论的理解，当作带有母元性质的首要的、主要的、基本的原则。这种见解仍然是正确的。但是，我们应当注意到，马克思主义经典作家对文艺的界定还有与此相关的一些不只是限于补充性的，而是带有开创性的新的理解和新的说明。例如，马克思、恩格斯把文艺阐释为：是一种特殊的社会意识形式；是一种特殊的社会精神生产；是“按照美的规律来构造”的产物；是人对世界的一种有别于哲学抽象思维的、宗教幻想的和“实践-精神”的特殊的“掌握”方式；是实现人的精神需要的一种既是感性的又是有意识的、自由自觉的生命活动；等等。所有这些论述都为文艺理论家在坚持和发展历史唯物主义原则的基础上，从事对文艺的审美意识形态研究，从事对文艺的生产论研究，从事对文艺的实践论研究，从事对文艺的价值论研究，从事对文艺的人学和生命美学研究，开掘和拓展新的探索领域，通过重新阐释，提供丰富、深化对文艺的本质和功能的新的理解和新的理论建构的可能性。

众所周知，恩格斯是主张用“美学观点和史学观点”来看待文艺的。恩格斯是从文艺批评的视角倡导一种包含着美学因素和社会历史因素的文艺观念的。恩格斯实际上是把文艺的本质理解为审美本质与社会历史本质的辩证统一。以“美学观点和史学观点”研究文艺的审美本质和文艺的社会历史本质都是需要的。历史是人的历史，人是历史的人。从史学观点必然引申出人学观点。这样，完全有理由把文艺的本质规定为文艺的审美本质、社会历史本质和人学本质的完美融合。用“美学观点”“人学观点”和“史学观点”研究文艺的审美本质、人学本质和社会历史本质以及彼此之间的丰富复杂的相互关系，从宏观视域研究文艺的美学精神、人文精神和历史精神的各自内涵和多向互动，将会大大扩展和拓宽文艺学的理论空间。马克思、恩格斯不仅对文艺的审美本质有不少精当的理论表述，而且他们承接、吸纳和弘扬了强大的传统的社会历史学派的理论资源，建构了以历史唯物主义为基本框架的科学的社会历史学说，形成了至今仍然难以超越的理论优势。存在主义者萨特曾指责马克思主义“见物不见人”，是他发现了所谓“人学的飞地”。这是对马克思、恩格斯的人学理论缺乏深入了解的表现。实际上，马克思、恩格斯对前辈的人学理论资源的发现、开掘与创新达到了人类思想史上的最高水平。马克思、恩格斯的人学理论相当丰富、完整和系统。他们对人学和文学的关系，发表了许多极其重要的论述。马克思、恩格斯所理解的人，不是抽象的人，不是生物学和生理学意义上的人，不是空想的或幻想的人即空想社会主义和审美乌托邦所想象和塑造出来的人，而是活生生的、现实的、具体的、社会的、历史的人。从人的群体性和人的个体性的关系看：马克思、恩格斯既倡导解放全人类，这是多么崇高的境界和伟大的善，又主张个人的全面的自由发展，这又是对个体的生命的理想生活状态的多么执着的追求和关爱。从人的客体性和人和主体性的关系看，马克思、恩格斯既认为人是社会关系的总和，自觉地把人放到整个社会历史结构系统中进行历史唯物主义的考察；又强调人是社会实践的主体，从而充分肯定了人作为实践主体的历史主动性、能动性和创造性。马克思、恩格斯对受到他们那个时代的资本、权力、体制和占统治地位的意识形态压抑和迫害的工人阶级，特别是处于社会底层的小人物充满深切的同情，对此发出愤怒的吼声，进行激烈的批判。马克思、恩格斯撰写了一系列政论和评论文章，对处于无权地位的普通人的非人的生活困境进行声讨和抗争。他们还鼓励作家表现贫苦人群的生活状态和命运。恩格斯曾把热心描写社会底层的小人物的困顿生活的现实主义作家狄更斯等人誉为“时代的旗帜”。

总之，马克思主义文艺学重视和尊重文本存在，运用“美学观点”“人学观点”和“史学观点”对作家作品进行审美的、人文的和社会历史的解读，形成了一个比较严谨的理论系统。马克思主义的文本理论是与文本包含着的审美因素、人文因素和社会历史因素有机相连的，不同于西方封闭的文本主义文论；从“美学观点”看文艺，认为美学因素作为文本的审美特性，负载着一定的人文因素和社会历史因素，有别于西方的纯粹的审美主义文论；从“人学观点”看文艺，认为作品中的人文因素是通过具有审美特性的文本表现出来的，作为历史的人与人的历史有着不可分割的联系，从而与西方的那些具有疏离社会历史倾向的人本主义文论大异其趣；从“史学观点”看文艺，认为作品中的社会历史因素同样是通过具有审美特性的文本表现出来的，作为人的历史必然同历史的人构成一个有机的整体，从而与那种“只见物不见人”的庸俗社会学、庸俗历史学和庸俗政治学划清了界限。

马克思主义文艺学把对文本的美学研究、人学研究和史学研究融为一个有机的整体，从而实现了文艺的美学精神、人文精神和历史精神的和谐统一。与此相联系，还尽可能地把对文艺的外部规律研究和对文艺的内部规律研究结合起来。我们注意到，文艺研究经常出现一种类似“轮回”“钟摆”那样的现象。当西方文论热衷于对文艺进行内部规律研究的时候，中国文论恰好把对文艺的外部规律的研究推向了极端，以至产生庸俗社会学的弊病；当中国文论倾心于对文艺的内部规律进行研究的时候，西方文论又开始突破文本主义文论和形式主义文论的囿限，向社会、历史和人生开放，极大地拓展了文艺外部规律的研究。中西文论的研究重心发生了明显的错位。现在，当代中国的文艺理论家们又紧跟着当代西方学者的脚步，沿着文化研究的路径，从对文艺的内部研究走向对文艺的外部研究。20世纪的西方文论出现了两次重大的“转向”：一次是深入内部研究的语言转向，一次是开拓外部研究的文化转向。至于其他转向，多得难以描述。现当代西方文论总是像走马灯那样不断地变换着。后学们具有强烈的反超意识，总想压倒和取代他们的前辈。这个转向，那个转向，转得人晕头转向。当然，西方文论的不断突破和更新，尽管某一领域和层面可能被片面地发展了，但毕竟深化了对这些问题的认识和体验，发现了许多新性质因素，为进一步整合和建构更加系统的文论体系提供了可资参照的丰富的有益的思想资源。

内部研究所取得的理论成果主要表现为纯粹的文本主义文论和审美主义文论；外部研究所取得的理论成果主要表现为各式各样的历史主义文论、新历史主义文论和各式各样的人本主义文论、新人本主义文论。西方文论的内部研究由于脱离文艺的外部规律，不同程度上躲避和逃避历史或人文。某些历史主义文论，特别是某些科学主义文论作为对文艺的外部规律研究所取得的理论成果，往往表现出非人文化、非主体化的倾向。有的人本主义文论和新人本主义文论作为对文艺的外部规律的研究成果又往往表现出非史化的倾向，即展示出自我化、主观化、内向化、本体化、非理化、幻想化，乃至虚无化的倾向。其实，对文艺的内部研究和外部研究都是不可或缺的。专攻文艺的内部研究，或与外部研究相比，侧重对文艺进行内部规律研究，或者专攻文艺的外部研究，或与内部研究相比，侧重对文艺进行外部规律研究都是需要的。应当深刻揭示文艺的内部规律和外部规律的辩证关系，努力把对文艺的内部研究和外部研究整合起来，建构一个更加有机的理论系统。

应当强化马克思主义文艺学的批判精神。马克思主义本身的性质和功能是革命的、批判的。马克思、恩格斯几乎所有的评论文章和政论文章都体现着和贯穿着对各种非人的和非史的社会文化思潮的批判。马克思的《评普鲁士最近的书报检查令》充满对文化专制主义的批判；马克思的《1844年经济学哲学手稿》充满对异化劳动的批判；马克思的《神圣家族》通过对欧仁·苏的长篇小说《巴黎的秘密》进行评论，充满对青年黑格尔派的思辨哲学原理和基督教教义对人性的压抑、扭曲和戕害的批判；马克思、恩格斯的《德意志意识形态》充满对德国的虚假的和有害的意识形态的批判；马克思、恩格斯的《共产党宣言》对剥削和压迫工人阶级的社会制度和思想体系，以纲领的形态，进行了深刻的全面的批判；等等。

马克思系统地提出了异化理论和关于人的解放的学说。马克思、恩格斯提出了通过对旧世界的革命批判，改变已经失去了历史的合理性和进步性的旧环境，实现社会的全面进步和人的全面自由发展的伟大构想。马克思、恩格斯对建立社会的自由民主和学术的自由民主发出了深情的呼唤。马克思、恩格斯对舆论批判和实践批判的不同的性质、作用和功能进行了科学分析。他们认为舆论批判是必要的，但取代不了对现实的实践批判。马克思主义的批判精神被西方马克思主义文论所传承，特别是被法兰克福学派的文化批判理论所发扬，随后被流行于整个当代西方的文化研究所强化，成为一直主导世界文论潮流的强势文化。我们应当以马克思、恩格斯为榜样，高举批判的旗帜，对一切伪科学的、非人性的、非历史的社会文化思潮和文艺思潮进行清醒的、有选择的、有目的的鉴别和分析，使马克思主义文艺学在批判的烈火中获得新生。

应当发扬马克思主义文艺学的实践品格。人类的社会实践和文艺实践是产生文艺思想的源泉和推动文艺思想不断向前发展的动力。马克思主义文艺学同样是对一定时代和历史条件下的社会实践和文艺实践进行理论抽象的产物。马克思的一些重要的美学思想是从对异化劳动的分析中提炼出来的。恩格斯关于“除细节的真实外，还要真实地再现典型环境中的典型人物”[1]这个现实主义的经典性定义是从巴尔扎克的创作和作品中总结出来的。恩格斯主张用“美学的和史学的观点”观察和评论文艺，是从歌德等人的创作和作品中抽取出来的。同理，没有托尔斯泰的创作和作品，绝不会有列宁的“如果我们看到的是一位真正伟大的艺术家，那么他在自己的作品中至少会反映出革命的某些本质的方面”[2]的著名论述。列宁的以反映论为主导的文艺思想同样是从托尔斯泰和高尔基的创作和作品中概括出来的。

实践的观点是马克思主义的首要的、重要的、基本的观点。倡导和注重变革世界的社会实践和精神实践是马克思主义哲学和马克思主义文艺学的突出的特点和优点。马克思主义认为，社会生活在本质上是实践的。哲学的伟大使命和根本目的不在于用不同的方式解释世界，而是改造世界。马克思、恩格斯为了强调实践的极其重要性，甚至把他们的哲学称为“实践唯物主义”，认为“对**实践的**唯物主义者即**共产主义者**来说，全部问题都在于使现存世界革命化，实际地反对并改变现存的事物”[3]。马克思、恩格斯承认舆论的和精神的批判对改造旧世界具有不可忽视的作用，但他们反对用舆论的和精神的批判取代对社会现实的实践的批判。他们认为思想“从来也不能超出旧世界秩序的范围”，“思想根本不能**实现什么东西**”，“为了实现思想”，“要有使用实践力量的人”。[4]马克思、恩格斯还把能否依靠实践力量改变旧环境作为区别“新人”与“旧人”的根本标志，他们祈盼造就能够掌握“实践理性”、使用“实践力量”改变旧世界的一代新人。一切舆论的精神的思想的批判，都不能最终地实际地有效地改变人的不合理的生存状态。为了实现人的真正的自由、幸福和解放，必须使先进的思想通过实践活动获得感性实现、变成物化形态。马克思、恩格斯指出：“世俗社会主义的第一个原理就否认**纯理论领域内**的解放，认为这是幻想”[5]。一切优秀的文艺和先进的文论，都应当为改变人类生存的社会环境和自然环境，实现社会的全面进步和人的全面发展，承担起神圣的社会责任和庄严的历史使命。人的意识和思想只有影响、引导、推动、激励和鼓舞群众参与变革现实的伟大实践活动，才有实际的意义。西方文论多半停留在舆论层面，诸如“语言革命”“词句革命”“符号革命”“解构革命”“本能革命”，乃至一些空泛的“文化批判”，实际上都不同程度地把重大严峻的社会问题转移到精神领域，这必然使对旧的社会环境和旧的语境的批判受到局限。尽管现当代西方文论取得了令人瞩目的成就，但由于主要徘徊和漫游于语言王国，带有明显的脱离历史和躲避现实的缺憾，因此不可能从根本上改变不合理的社会环境和人生状态。

重读马克思主义文艺学的经典文本，对推进马克思主义文艺学的建设具有十分重要的意义。对那些过去曾经阐释过的经典文本，随着时间的推移，由于现实生活的需要和文艺实践所提出的新问题的触发，重新解读，可能产生新的意义，取得新的发展。通过对经典文本的再学习和再阐释，还可以开掘出新的理论资源。近年来，我们从马克思、恩格斯文论的经典文本中，发现了许多马克思主义的人学思想、主体论思想、实践论思想、价值论思想、心理学思想、语言学思想，有的还相当丰富、系统，并与马克思主义的文艺思想紧密相关。只有回到完整的本真意义上的马克思、恩格斯，才能为进一步发展马克思主义文艺学确立正确的立脚点和出发点，奠定坚实的理论基础。

我们应当以开放的视野和广阔的襟怀，承接和吸纳古今中外一切先进的优秀的文论成果。凡是具有合理性和真理性的，凡是有益的、有价值的、有生命力的文论资源，都要努力运用马克思主义的观点和方法进行整合和重塑，以便建构富有民族特色和强烈时代感的全新的马克思主义文艺学。首先，通过对西方文论的本土阐释，努力解决文论的世界性与民族性的关系问题。其次，通过对古代文论的现代阐释，努力解决文论的传统性与当代性的关系问题。尤其要科学地理解和借鉴西方马克思主义文论的理论资源。当代欧美的一些国家中，西方马克思主义文论仍然是经久不衰的“显学”，尽管存在着流于片面和极端的思想成分，但围绕着文论的一些重要的层面，的确有了明显的推进、补充、丰富和发展。特别是新马克思主义、新历史主义和文化研究已经把关注的焦点集中在社会、历史、政治、种族、性别等重要视域。这些学术思潮，从一定意义上说，是新历史条件下的当代西方的学术思潮向马克思主义的转靠和回归。我们相信，经过一个艰辛的漫长的学术发展的历程，马克思主义文艺学一定会成为实际上真正能够起到主导作用的先进的强势文论。

经典文本的解读和理论资源的借鉴是十分必要的，但更应当重视社会实践特别是文艺实践对发展马克思主义文艺学的重要作用。应当正确理解“源”与“流”的关系。“流”一定条件下可能成为“源”，但“流”不能从根本上代替“源”。实践出真知，实践出新说。因此，应当强调实践理性的概念。只有实践理性才能实现认知理性和价值理性的一致性，只有实践才能催发文论的再生点，孕育文论的新构架。时代的变迁、历史的转折和社会的进步，必然带来文论的富有时代感和现实感的新面貌。我们要特别重视近百年来马克思主义同本土文艺实践相结合所产生的中国经验，紧跟时代的脚步，倾听实践的呼声，回答、总结、概括和提升中国当代文艺实践所提出的那些带有前沿性、前瞻性、全局性和具有重大理论意义的新问题，实现马克思主义文艺学的新发展。

编著者

2003 年 7 月

[注 释]

[1] 马克思，恩格斯．马克思恩格斯选集：第 4 卷．2 版．北京：人民出版社，1995：683.

[2] 列宁．列宁选集：第 2 卷．3 版．北京：人民出版社，1995：241.

[3] 马克思，恩格斯．马克思恩格斯选集：第 1 卷．2 版．北京：人民出版社，1995：75.

[4] 马克思，恩格斯．马克思恩格斯全集：第 2 卷．北京：人民出版社，1957：152.

[5] 同 [4] 121.

再版前言

“马克思主义文艺论著选讲”是我国高等院校中文系文学专业的一门重要基础课。它的任务是通过教学，引导学生系统深入地阅读原著，完整、准确地领会马克思主义文艺论著的基本内容，培养学生学习和运用马克思主义的立场、观点、方法分析和解决文艺问题的能力。

马克思主义的伟大学说，是科学的世界观和方法论。它不仅揭示了人类社会的一般规律，而且相应地揭示了人类意识形态领域包括文学艺术的特殊规律。马克思主义的文艺学，是整个马克思主义学说理论体系中不可分割的组成部分；马克思主义的文艺论著，是文艺理论科学的最高成就。它运用辩证唯物主义和历史唯物主义的基本原理，考察和阐述一切文艺现象，不仅探讨了诸如文艺的产生、文艺的社会本质、文艺在社会中的地位和作用以及文艺发展与社会发展的关系等一系列根本问题，而且探讨了文艺作品的构成、文艺掌握世界的特殊方式以及文艺创作、文艺批评和欣赏等方面的重要规律。马克思主义文艺理论的出现，是文艺理论史上的伟大革命。

马克思主义文艺学有其自身形成和发展的历史过程。马克思主义文艺论著中所包含的思想观点和理论见解，是历史地形成和历史地发展的。因此，我们在本书的编写过程中，力求从历史发展的不同阶段去阐明马克思主义文艺思想的主要线索，力求从文艺思潮、文艺运动、文艺史等方面去阐明马克思主义经典作家观点和见解的基本精神及其主要意义，以避免使某些理论观点和个别结论僵化。我们认为，这样做将有助于我们在理论和实践两个方面坚持马克思主义文艺学的基本原理，有助于进一步克服在马克思主义文艺理论研究中长期存在的教条主义倾向。

限于目前大学本科的教学时数，本书只编选、注释、讲解了马克思、恩格斯、列宁、斯大林、毛泽东、周恩来、邓小平有代表性的文艺论著，其他马克思主义美学家、文艺理论家的文艺论著从略。这里，仅就本书的特点和编写工作说明如下：

一、本书的结构。考虑到马克思主义文艺思想史发展的不同阶段，把马克思主义经典作家的文艺思想看作一个整体。编选时按照原著产生的历史顺序，力求反映马克思主义文艺思想形成和发展的主要线索。为此，我们在确定选目的起点和终点时，尽可能地前伸后延，前伸到马克思、恩格斯的早期著作，后延到毛泽东、周恩来、邓小平的著名篇章。编选、讲解《1844年经济学哲学手稿》《神圣家族》等论著，对了解马克思主义文艺思想的形成是不可缺少的；编选、讲解毛泽东、周恩来、邓小平的文艺论著，对了解马克思主义文艺理论在中国的传播和发展是不可忽视的。

二、由于马克思主义经典作家对文艺问题的论述，除了有关的通信、讲话外，大都散见于他们的哲学、经济学著作中，因此本书有些篇章只是摘录了其中与阐明艺术规律直接有关或具有深刻方法论启示的部分。编选时，既注意突出所摘录章节的理论重点，又考虑到章节之间的相互联系，以便于读者循着马克思主义文艺理论的历史发展和逻辑顺序，体会和掌握原著的基本内容和基本精神。

三、本书注释部分，除保留原著的有关注释外，根据读者的需要而作了适当补充。对于读者比较熟悉的人名、术语、典故，原则上从简；对于读者较陌生的人名、术语、典故以及某些疑难的语句作了较详细的注释，以便于读者理解原著。

四、本书采取单篇讲解和多篇综合讲解两种方式。这样可能使本书体例不够和谐统一，但由于某些篇章所论述的问题具有共同性或存在着密切的联系，为了避免重复，采取了综合处理的方式，使问题集中、重点突出，具有专题讲解的性质；讲解时力求科学严谨、忠实于原著，防止作任意发挥。为了帮助读者理解原著的理论观点，讲解尽可能地联系文艺实际，并作必要的分析论证；但考虑到教材的相对稳定性，没有更多地涉及学术界尚在争论的问题。

五、本书从拟定选目到编写成书，前后经过了三年时间。1981 年为应本科生和暑期讲习班教学之急需，曾校内铅印。1982 年初本书由教育部确定为统编教材，随即在教育部有关部门的主持下召开了审稿会议。参加审稿会的有中国社会科学院文学研究所、中国社会科学院外国文学研究所、中共中央宣传部文艺局、北京大学中文系等单位的专家。与会者对本书的选目、结构，以及各篇注释、讲解提出了宝贵意见。在本书出版之际，谨向他们表示诚挚的感谢！

六、此次修订，重新组织了写作人员，并对第一版中某些陈旧的观点进行了修改，篇目作了调整，以期适应 21 世纪大学生学习的需要。

本书编写过程中，曾参考和借鉴了兄弟院校的同类教材，特别是注释部分，有些条目直接吸收了兄弟院校的成果，这是必须说明并表示感谢的。

限于水平，本书在编选、注释、讲解等方面的不当和错误，在所难免，恳切希望专家、同行和读者们不吝赐教。

编著者

1999 年春

目 录

第一讲
评普鲁士最近的书报检查令*[1]

（摘录）

马克思

……真理是普遍的，它不属于我一个人，而为大家所有；真理占有我，而不是我占有真理。我只有构成我的精神个体性的**形式**。"风格就是人。"[2]可是实际情形怎样呢！法律允许我写作，但是我不应当用**自己的**风格去写，而应当用另一种风格去写。我有权利表露自己的精神面貌，但首先应当给它一种**指定的表现方式**！哪一个正直的人不为这种要求脸红而不想尽力把自己的脑袋藏到罗马式长袍[3]里去呢？在那长袍下面至少能预料有一个丘必特[4]的脑袋。指定的表现方式只不过意味着"强颜欢笑"而已。

你们赞美大自然悦人心目的千变万化和无穷无尽的丰富宝藏，你们并不要求玫瑰花和紫罗兰散发出同样的芳香，但你们为什么却要求世界上最丰富的东西——精神只能有**一种**存在形式呢？我是一个幽默家，可是法律却命令我用严肃的笔调。我是一个激情的人，可是法律却指定我用谦逊的风格。**没有色彩**就是这种自由唯一许可的色彩。每一滴露水在太阳的照耀下都闪耀着无穷无尽的色彩。但是精神的太阳，无论它照耀着多少个体，无论它照耀着什么事物，却只准产生一种色彩，就是**官方的色彩**！精神的最主要的表现形式是**欢乐、光明**，但你们却要使**阴暗**成为精神的唯一合法的表现形式；精神只准披着黑色的衣服，可是自然界却没有一枝黑色的花朵。精神的实质就是**真理本身**，但你们却想把什么东西变成精神的实质呢？**谦逊**。歌德说过，只有叫化子才是谦逊的[5]，你们想把精神变成叫化子吗？也许，这种谦逊应该是席勒所说的那种天才的谦逊[6]？如果是这样的话，那你们就先要把自己的全体公民、特别是你们所有的检查官变成天才。可是天才的谦逊和经过修饰、不带乡音土语的语言根本不同，相反地，天才的谦逊就是要用事物本身的语言来说话，来表达这种事物的本质的特征。天才的谦逊是要忘掉

---

* 摘自马克思，恩格斯．马克思恩格斯全集：第1卷．北京：人民出版社，1956：7-9.

谦逊和不谦逊，使事物本身突出。精神的普遍谦逊就是理性，即思想的普遍独立性，这种独立性按照**事物本质**的要求去对待**各种事物**。

其次，根据特利斯屈兰·善第所下的定义[7]：严肃是掩盖灵魂缺陷的一种伪装。如果**严肃**不应当适合这一个定义，如果严肃的意思应当是**对待事物**的严肃，那末整个命令就会失去意义。我把可笑的事物看成是可笑的，这就是对它采取严肃的态度；对不谦逊仍然采取谦逊的态度，这也就是精神的最严肃的不谦逊。

严肃和谦逊！这是多么不固定、多么相对的概念呵！严肃在哪里结束，诙谐又从哪里开始呢？谦逊在哪里结束，不谦逊又从哪里开始呢？我们的命运不得不由检查官的**脾气**来决定。给检查官指定一种脾气和给作家指定一种风格一样，都是错误的。要是你们想在自己的美学批评中表现得彻底，那就得禁止**过分严肃**和**过分谦逊地**去探讨真理，因为过分的严肃就是最大的滑稽，过分的谦逊就是最辛辣的讽刺。

最后，这里是以根本歪曲和抽象地理解**真理**本身为出发点的。作家的一切活动对象都被归结为**“真理”**这个一般的概念。可是，同一个对象在不同的个人身上会获得不同的反映，并使自己的各个不同方面变成同样多不同的精神性质；如果我们撇开一切**主观的东西**即上述情况不谈，难道**对象本身的性质**不应当对探讨发生一些即使是最微小的影响吗？不仅探讨的结果应当是合乎真理的，而且引向结果的途径也应当是合乎真理的。真理探讨本身应当是合乎真理的，合乎真理的探讨就是扩展了的真理，这种真理的各个分散环节最终都相互结合在一起。难道探讨的方式不应当随着对象改变吗？当对象欢笑的时候，探讨难道应当严肃吗？当对象悲痛的时候，探讨难道应当谦逊吗？因此，你们就像损害主体的权利那样，也损害了客体的权利。

[注　释]

[1] 这是马克思的第一篇政论性文章。马克思当时还是一个民主主义者。19 世纪 40 年代，德国处于资产阶级革命的前夜，争取自由和民主的运动和斗争高涨。普鲁士政府为了加强对出版的限制，于 1841 年 12 月 24 日颁布了新的书报检查令，表面上似乎不对作家的写作活动加以干涉，实际上强化了对民主和自由的防范。马克思撰写这篇文章是为了揭露普鲁士政府的虚伪的自由主义、真正的专制主义的面孔。此文 1843 年 2 月发表于《德国现代哲学和政论界轶文集》。本书的注释，除特别注明为“原书注”“编者注”“译者注”的，均为本书编著者注。

[2]“风格就是人”　这里马克思援引了 18 世纪法国作家、博物学家布封的话。布封在《论风格》一文中指出：“文章的风格仅仅是作者放在他的思想里的层次和气势”，“风格即人”，主张文章“要有思想、灵魂和趣味”。福楼拜说：“我惊讶地发现，在布封先生《论风格》里存在着地道的文艺理论。”布封实际上把风格理解为创作主体的思想情感和审美意识的表达方式，是作家的创作个性是否成熟的标志。

[3] 罗马式长袍　指罗马时代那种独特的几乎能遮蔽一切的厚大的袍子。

[4] 丘必特　又译丘比特或丘必德，另名阿摩尔。罗马神话中爱与美女神维纳斯和战神玛尔斯所生的美少年，在希腊神话中叫厄洛斯。他的形象是裸体的男性孩童，带有双翼金翅，持弓背箭。他是专门掌握一切天神和凡人爱情的小爱神。传说他的箭囊中装有两种作用完全相反的箭。一种是由黄金打成的箭，箭矢锋利，闪闪发光，如被射中会产生不可遏制的爱情。另一种箭却是铅铸的、秃头的，被射中后爱情火焰立即消散。在欧洲的文学中，“丘必特的神矢”成为爱情的象征。

[5] 只有叫化子才是谦逊的　引自歌德的《总结》一诗。

[6] 天才的谦逊　摘自席勒的《论纯朴的和感伤的诗》一文。

[7] 根据特利斯屈兰·善第所下的定义　参见斯特恩：《特利斯屈兰·善第先生的生平和见解》，第 1 卷，第 11 章。

讲　解

马克思的《评普鲁士最近的书报检查令》写于1842年初。这是马克思第一篇反对普鲁士君主专制和德国封建反动势力的思想统治的政论性文章。当时，普鲁士政府为了维护自己的统治，在意识形态领域采取高压政策，强化了对一切舆论媒体，特别是图书报刊，包括文学创作和文学作品的管理、监督和控制，以官方的名义，出台了一个书报检查令。利用行政手段，对精神生产进行检审，对带有异反倾向的著作和作品，加以封杀。整个普鲁士王国，充满着专制主义和禁锢主义的令人窒息的肃杀的氛围。发表改变现实的革命思想，必须创造宽松的舆论环境。为了赢得发表进步思想的自由和权力，马克思对普鲁士政府的文化专制主义和文化禁锢主义政策进行了严正的声讨。他撰写的这篇《评普鲁士最近的书报检查令》，呼吁解除书报检查令。

一、写作风格的主体特性

马克思引用法国作家布封的话："风格就是人。"风格是作为写作主体的人的精神个性，反映着思想家、著作家和创作家的心灵世界内在的独特的意向和质态。每个作家，都应当有"**自己的**风格"和"构成我的精神个体性的**形式**"。"我有权利表露自己的精神面貌。"马克思对普鲁士政府的书报检查官们这样诘难道："你们赞美大自然悦人心目的千变万化和无穷无尽的丰富宝藏，你们并不要求玫瑰花和紫罗兰散发出同样的芳香，但你们为什么却要求世界上最丰富的东西——精神只能有**一种**存在形式呢？我是一个幽默家，可是法律却命令我用严肃的笔调。我是一个激情的人，可是法律却指定我用谦逊的风格。"这种靠法律和指令推行舆论的一致性是有违于创作主体的个性与自由的专横和霸道的行为。无论作家作为自然界的一部分，作为与自然界相对应的主体，还是以自然界作为创作对象的主体，都应当同自然界一样，有权利表现出他们的个性、风格和精神意向的千差万别和千变万化的极其丰富的色彩。每一滴露水在太阳的照耀下都闪耀着无穷无尽的色彩。精神的太阳更是如此。

风格的丰富性和多样性，是衡量一个国家的思想自由度的重要尺度，是判断一个思想家、著作家和创作家的精神个性是否趋于成熟的重要标志。在精神和意识领域不断进行开拓和开掘，持续地向解放思想的深度和广度进军，是一个民族富有朝气和生命力的重要表现，是构成先进阶级的不可或缺的思想品格。只有那些失去了历史的合理性和进步性的腐朽、没落、反动的政治集团，为了抵制历史变革，维护和巩固旧的社会秩序，由于害怕真理和群众，才压抑和禁锢新思想。

二、对文化专制舆论的批判

普鲁士政府为了维护自己的思想统治，竭力控制书报和媒体，限制著作家和创作家的写作自由，大造推行文化专制主义的舆论。而这些还不能说是严格意义上的法律性质的条文，听起来并不冷酷，多半是用装扮成文明的语言修辞表达出来的。比如说“要谦逊”“要严肃”“要合乎真理”等等。

马克思认为，谦逊不能理解为像歌德所说的叫化子那样的谦逊，不能把精神变成“叫化子”。如果把谦逊理解为席勒所倡导的“天才的谦逊”，则是应当大加提升和充分肯定的。必须努力“把自己的全体公民、特别是你们所有的检查官变成天才”。天才的谦逊无须经过修饰来遮蔽事物的本质，相反，“天才的谦逊”恰好表现为“要用事物本身的语言来说话，来表达这种事物的本质的特征。天才的谦逊是要忘掉谦逊和不谦逊，使事物本身突出”。马克思明确地表述，精神的普遍性正是理性，“即思想的普遍独立性，这种独立性按照**事物本质**的要求去对待**各种事物**”。在马克思看来，谦逊意味着有助于揭示事物的本质特征、思想的普遍性，即真理。

马克思认为，如果不是把严肃理解为“掩盖灵魂缺陷的一种伪装”，而是理解为“**对待事物**的严肃”，那么规定“要严肃”的命令，则会完全失去意义。严肃的本质是要求按照事物本身的面貌来说话。把可笑的事物看成可笑的，这是采取了严肃的态度，而对不应当谦逊的事物采取谦逊的态度，则是“精神的最严肃的不谦逊”。“过分的严肃”会流于“最大的滑稽”；“过分的谦逊”会变成“最辛辣的讽刺”。这种过分的严肃和过分的谦逊都会妨碍对真理的探讨，都不可能使美学批评表现得彻底。思想家、著作家和创作家的命运不能“由检查官的**脾气**来决定”。“给检查官指定一种脾气和给作家指定一种风格一样，都是错误的。”

马克思认为，作家的一切活动都是这样那样追求真理的。但对真理本身存在着一个解释的问题。不应当从根本上歪曲真理和抽象地理解真理本身，然后再把这种被扭曲、被抽象化了的真理钦定为“官方的真理”和“官方的色彩”，化作禁锢和封杀作家的创作个性和艺术风格的手段。在马克思看来，这是不能容许的。太阳的光谱是极其丰富的。精神的太阳，照耀着不同的事物，必然发出绚丽的光辉，不能只表现官方的色彩。马克思责难说：“精神的最主要的表现形式是**欢乐**、**光明**，但你们却要使**阴暗**成为精神的唯一合法的表现形式；精神只准披着黑色的衣服，可是自然界却没有一枝黑色的花朵。”多样化而又带有普遍性的精神实质有助于对真理的探讨，否则人们将离真理更遥远。

三、风格的主体性因素和客体性因素

马克思论证了风格的主体性因素和客体性因素的辩证的统一性。一方面，马克思肯定了风格的主体性因素。他指出：“同一个对象在不同的个人身上会获得不同的反映，并使自己的各个不同方面变成同样多不同的精神性质。”表现同一个对象，由于创作主体的审美个性、审美意识、价值取向的差异，使反映不可能是纯客观的摄照和摹拟，而必然打上主观意志的印记，带有各不相同的精神特质。这是符合艺术创作的规律的。因此，作家“有权利表露自己的精神面貌”，展示主体的“精神个体性的**形式**”。另一方面，马克思又强调风格的客体性因素。重视客观对象的特征、属性，尤其是外部世界的客观真理性对作家的创作个性和创作风格的制约性。马克思说：“难道探讨的方式不应当随着对象改变吗？当对象欢笑的时候，探讨难道应当严肃吗？当对象悲痛的时候，探讨难道应当谦逊吗？”在马克思看来，学术研究和艺术把握对象的途径、方式、结果和目的都应当遵从和符合表现对象的客观属性，特别是要探讨和追求对象世界的客观真理性。马克思写道：“如果我们撇开一切**主观的东西**即上述情况不谈，难道**对象本身的性质**不应当对探讨发生一些即使是最微小的影响吗？不仅探讨的结果应当是合乎真理的，而且引向结果的途径也应当是合乎真理的。”对真理的探讨应当是“合乎真理”的探讨。“合乎真理”的探讨，应当把“这种真理的各个分散环节最终都相互结合在一起”，生发为“扩展了的真理”。这里，马克思所论述的风格虽然泛指一切文章的写作，但总体精神同样适合于作为精神生产的文艺创作。尽管文艺创作带有一定的诗学性质，往往表现出浓郁的强烈的主观色彩，但从根本上说，作家的创作个性和作品的风格必然会受到被反映对象的审美属性的影响和制约。换言之，文艺创作、文艺批评、文艺研究都应当有助于人们对真理的尊重、发现、扩展和推进，有利于青年一代树立追求和捍卫真理的信念和勇气。从风格的主体性因素和风格的客体性因素的辩证关系来看，正如马克思所指出的那样：损害了主体的权利，“也损害了客体的权利”；反之亦然，“损害了客体的权利”，也损害了主体的权利。因此“合乎真理”“扩展真理”理应成为一切理论工作者、舆论工作者和文艺工作者的座右铭。

第二讲
1844 年经济学哲学手稿*[1]

（摘录）

马克思

[异化劳动]

[XXII] 我们是从国民经济学的各个前提出发的。我们采用了它的语言和它的规律。我们把私有财产，把劳动、资本、土地的互相分离，工资、资本利润、地租的互相分离以及分工、竞争、交换价值概念等等当作前提。我们从国民经济学本身出发，用它自己的话指出，工人降低为商品，而且是最贱的商品；工人的贫困同他的产品的力量和数量成正比[2]；竞争的必然结果是资本在少数人手中积累起来，也就是垄断的更可怕的恢复；最后，资本家和靠地租生活的人之间、农民和工人之间的区别消失了，而整个社会必然分化为两个阶级，即**有产者**阶级和没有财产的**工人**阶级。

国民经济学从私有财产的事实出发，但是，它没有给我们说明这个事实。它把私有财产在现实中所经历的**物质**过程，放进一般的、抽象的公式，然后又把这些公式当作**规律**。它不**理解**这些规律，也就是说，它没有指明这些规律是怎样从私有财产的本质中产生出来的。国民经济学没有给我们提供一把理解劳动和资本分离以及资本和土地分离的根源的钥匙。例如，当它确定工资和资本利润之间的关系时，它把资本家的利益当作最后的根据；也就是说，它把应当加以论证的东西当作前提。同样，竞争无孔不入，人们却用外部情况来说明。国民经济学也根本没有告诉我们，这种似乎偶然的外部情况在多大程度上仅仅是一种必然的发展过程的表现。我们已经看到，交换本身在它看来是偶然的事实。**贪欲以及贪婪者之间的战争即竞争**，是国民经

* 摘自马克思，恩格斯．马克思恩格斯全集：第 42 卷．北京：人民出版社，1979：89－103；117－131；150－152.

济学家所推动的唯一的车轮。

正因为国民经济学不理解运动的相互联系，所以才会把例如竞争的学说同垄断的学说，营业自由的学说同同业公会的学说，地产分割的学说同大地产的学说对立起来。因为竞争、营业自由、地产分割仅仅被理解和描述为垄断、同业公会和封建所有制的偶然的、蓄意的、强制的结果，而不是必然的、不可避免的、自然的结果。

因此，我们现在必须弄清楚私有制，贪欲同劳动、资本、地产三者的分离之间的本质联系，以及交换和竞争之间、人的价值和人的贬值之间、垄断和竞争等等之间、这全部异化和**货币**制度之间的本质联系。

我们不象国民经济学家那样，当他想说明什么的时候，总是让自己处于虚构的原始状态。这样的原始状态什么问题也说明不了。国民经济学家只是使问题堕入五里雾中。他把应当加以推论的东西即两个事物——例如分工和交换——之间的必然的关系，假定为事实、事件。神学家也是这样用原罪来说明罪恶的起源，也就是说，他把他应当加以说明的东西假定为一种历史事实。

我们从**当前的**经济事实出发吧：

工人生产的财富越多，他的产品的力量和数量越大，他就越贫穷。[3] 工人创造的商品越多，他就越变成廉价的商品。物的世界的增值同人的世界的贬值成正比。劳动不仅生产商品，它还生产作为**商品**的劳动自身和工人，而且是按它一般生产商品的比例生产的。

这一事实不过表明：劳动所生产的对象，即劳动的产品，作为一种**异己的**存在物，作为**不依赖于**生产者的**力量**，同劳动相对立。劳动的产品就是固定在某个对象中、物化为对象的劳动，这就是劳动的**对象化**。劳动的实现就是劳动的对象化。在被国民经济学作为前提的那种状态下，劳动的这种实现表现为工人的**失去现实性**，对象化表现为**对象的丧失和被对象奴役**，占有表现为**异化、外化**[4]。

劳动的实现竟如此表现为失去现实性，以致工人从现实中被排除，直至饿死。对象化竟如此表现为对象的丧失，以致工人被剥夺了最必要的对象——不仅是生活的必要对象，而且是劳动的必要对象。甚至连劳动本身也成为工人只有靠最紧张的努力和极不规则的间歇才能加以占有的对象。对对象的占有竟如此表现为异化，以致工人生产的对象越多，他能够占有的对象就越少，而且越受他的产品即资本的统治。

这一切后果包含在这样一个规定中：工人同**自己的劳动产品**的关系就是同一个**异己的**对象的关系。因为根据这个前提，很明显，工人在劳动中耗费的力量越多，他亲手创造出来反对自身的、异己的对象世界的力量就越强大，他本身、他的内部世界就越贫乏，归他所有的东西就越少。宗教方面的情况也是如此。人奉献给上帝的越多，他留给自身的就越少。[5] 工人把自己的生命投入对象；但现在这个生命已不再属于他而属于对象了。因此，这个活动越多，工人就越丧失对象。凡是成为他的劳动产品的东西，就不再是他本身的东西。因此，这个产品越多，他本身的东西就越少。工人在他的产品中的**外化**，不仅意味着他的劳动成为对象，成为**外部的**存在，而且意味着他的劳动作为一种异己的东西不依赖于他而**在他之外**存在，并成为同他对立的独立力量；意味着他给予对象的生命作为敌对的和异己的东西同他相对抗。

［XXIII］现在让我们来更详细地考察一下**对象化**，即工人的生产，以及对象即工人的产品在对象化中的**异化**、**丧失**。

没有**自然界**，没有**感性的外部世界**，工人就什么也不能创造。它是工人用来实现自己的劳动、在其中展开劳动活动、由其中生产出和借以生产出自己的产品的材料。

但是，自然界一方面在这样的意义上给劳动提供**生活资料**，即没有劳动加工的对象，劳动就不能**存在**，另一方面，自然界也在更狭隘的意义上提供**生活资料**，即提供**工人**本身的肉体生存所需的资料。

因此，工人越是通过自己的劳动**占有**外部世界、感性自然界，他就越是在两个方面失去**生活资料**：第一，感性的外部世界越来越不成为属于他的劳动的对象，不成为他的劳动的**生活资料**；第二，这个外部世界越来越不给他提供直接意义的**生活资料**，即劳动者的肉体生存所需的资料。

因此，工人在这两方面成为自己的对象的奴隶：首先，他得到**劳动的对象**，也就是得到**工作**；其次，他得到**生存资料**。因而，他首先作为**工人**，其次作为**肉体的主体**，才能够生存。这种奴隶状态的顶点就是：他只有作为**工人**才能维持作为**肉体的主体**的生存，并且只有作为**肉体的主体**才能是工人。

（按照国民经济学的规律，工人在他的对象中的异化表现在：工人生产得越多，他能够消费的越少；他创造价值越多，他自己越没有价值、越低贱；工人的产品越完美，工人自己越畸形；工人创造的对象越文明，工人自己越野蛮；劳动越有力量，工人越无力；劳动越机巧，工人越愚钝，越成为自然界的奴隶。）

国民经济学以不考察工人（即劳动）**同产品的直接关系来掩盖劳动本质的异化**。当然，劳动为富人生产了奇迹般的东西，但是为工人生产了赤贫。劳动创造了宫殿，但是给工人创造了贫民窟。劳动创造了美，但是使工人变成畸形。劳动用机器代替了手工劳动，但是使一部分工人回到野蛮的劳动，并使另一部分工人变成机器。劳动生产了智慧，但是给工人生产了愚钝和痴呆。

劳动同它的产品的直接关系，是工人同他的生产的对象的关系。有产者同生产对象和生产本身的关系，不过是前一种关系的**结果**和证实。对问题的这另一个方面我们将在后面加以考察。

因此，当我们问劳动的本质关系是什么的时候，我们问的是**工人**同生产的关系。

以上我们只是从一个方面，就是从工人**同他的劳动产品的关系**这个方面，考察了工人的异化、外化。但异化不仅表现在结果上，而且表现在**生产行为**中，表现在生产活动本身中。如果工人不是在生产行为本身中使自身异化，那么工人怎么会同自己活动的产品象同某种异己的东西那样相对立呢？产品不过是活动、生产的总结。因此，如果劳动的产品是外化，那么生产本身就必然是能动的外化，或活动的外化，外化的活动。在劳动对象的异化中不过总结了劳动活动本身的异化、外化。

那么，劳动的外化表现在什么地方呢？

首先，劳动对工人说来是**外在的东西**，也就是说，不属于他的本质的东西；因此，他在自己的劳动中不是肯定自己，而是否定自己，不是感到幸福，而是感到不幸，不是自由地发挥自己的体力和智力，而是使自己的肉体受折磨、精神遭摧残。因此，工人只有在劳动之外才感到自在，而在劳动中则感到不自在，他在不劳动时觉得舒畅，而在劳动时就觉得不舒畅。因此，他的劳动不是自愿的劳动，而是被迫的**强制劳动**。因而，它不是满足劳动需要，而只是满足劳动需要以外的需要的一种**手段**。劳动的异化性质明显地表现在，只要肉体的强制或其他强制一停止，人们就会象逃避鼠疫那样逃避劳动。外在的劳动，人在其中使自己外化的劳动，是一种自我牺牲、自我折磨的劳动。最后，对工人说来，劳动的外在性质，就表现在这种劳动不是他自己的，而是别人的；劳动不属于他；他在劳动中也不属于他自己，而是属于别人。在宗教中，人的幻想、人的头脑和人的心灵的自己活动对个人发生作用是不取决于他个人的，也就是说，是作为某种异己的活动，神灵的或魔鬼的活动的，同样，工人的活动也不是他的自己活动。[6]他的活动属于别人，这种活动是他自身的丧失。

结果，人（工人）只有在运用自己的动物机能——吃、喝、性行为，至多还有居住、修饰等等的时候，才觉得自己是自由活动，而在运用人的机能时，却觉得自己不过是动物。动物的东西成为人的东西，而人的东西成为动物的东西。

吃、喝、性行为等等，固然也是真正的人的机能。但是，如果使这些机能脱离了人的其他活动，并使它们成为最后的和唯一的终极目的，那么，在这种抽象中，它们就是动物的机能。

我们从两个方面考察了实践的人的活动即劳动的异化行为。第一，工人同**劳动产品**这个异己的、统治着他的对象的关系。这种关系同时也是工人同感性的外部世界、同自然对象这个异己的与他敌对的世界的关系。第二，在**劳动**过程中劳动同**生产行为**的关系。这种关系是工人同他自己的活动——一种异己的、不属于他的活动——的关系。在这里，活动就是受动；力量就是虚弱；生殖就是去势；工人**自己的**体力和智力，他个人的生命（因为，生命如果不是活动，又是什么呢?），就是不依赖于他、不属于他、转过来反对他自身的活动。这就是**自我异化**，而上面所谈的是**物**的异化。

［XXIV］我们现在还要根据**异化劳动**的已有的两个规定推出它的第三个规定。

人是类存在物，不仅因为人在实践上和理论上都把类——自身的类以及其他物的类——当作自己的对象；而且因为——这只是同一件事情的另一种说法——人把自身当作现有的、有生命的类来对待，当作**普遍的**因而也是自由的存在物来对待。[7]

无论是在人那里还是在动物那里，类生活从肉体方面说来就在于：人（和动物一样）靠无机界生活，而人比动物越有普遍性，人赖以生活的无机界的范围就越广阔。从理论领域说来，植物、动物、石头、空气、光等等，一方面作为自然科学的对象，一方面作为艺术的对象，都是人的意识的一部分，是人的精神的无机界，是人必须事先进行加工以便享用和消化的精神食粮；同样，从实践领域说来，这些东西也是人的生活和人的活动的一部分。人在肉体上只有靠这些自然产品才能生活，不管这些产品是以食物、燃料、衣着的形式还是以住房等等的形式表现出来。在实践上，人的普遍性正表现在把整个自然界——首先作为人的直接的生活资料，其次作为人的生命活动的材料、对象和工具——变成人的**无机的**身体。自然界，就它本身不是人的身体而言，是人的**无机的身体**。人靠自然界**生活**。这就是说，自然界是人为了不致死亡而必须与之不断交往的、人的**身体**。所谓人的肉体生活和精神生活同自然界相联系，也就等于说自然界同自身相联系，因为人是自然界的一部分。

异化劳动，由于（1）使自然界，（2）使人本身，他自己的活动机能，他的生命活动同人相异化，也就使**类**同人相异化；它使人把**类生活**变成维持个人生活的手段。第一，它使类生活和个人生活异化；第二，把抽象形式的个人生活变成同样是抽象形式和异化形式的类生活的目的。[8]

因为，首先，劳动这种**生命活动**、这种**生产生活**本身对人说来不过是满足他的需要即维持肉体生存的需要的**手段**。而生产生活本来就是类生活。这是产生生命的生活。一个种的全部特性、种的类特性就在于生命活动的性质，而人的类特性恰恰就是自由的自觉的活动。生活本身却仅仅成为**生活的手段**。

动物和它的生命活动是直接同一的。动物不把自己同自己的生命活动区别开来。它就是**这种生命活动**。人则使自己的生命活动本身变成自己的意志和意识的对象。他的生命活动是有意识的。这不是人与之直接融为一体的那种规定性。有意识的生命活动把人同动物的生命活动直接区别开来。正是由于这一点，人才是类存在物。或者说，正因为人是类存在物，他才是有意识的存在物，也就是说，他自己的生活对他是对象。仅仅由于这一点，他的活动才是自由的活动。异化劳动把这种关系颠倒过来，以至人正因为是有意识的存在物，才把自己的生命活动，自己的**本质**变成仅仅维持自己**生存**的手段。

通过实践创造**对象世界**，即**改造**无机界，证明了人是有意识的类存在物，也就是这样一种存在物，它把类看作自己的本质，或者说把自身看作类存在物。诚然，动物也生产。它也为自己营造巢穴或住所，如蜜蜂、海狸、蚂蚁等。但是动物只生产它自己或它的幼仔所直接需要的东西；动物的生产是片面的，而人的生产是全面的；动物只是在直接的肉体需要的支配下生产，而人甚至不受肉体需要的支配也进行生产，并且只有不受这种需要的支配时才进行真正的生产；动物只生产自身，而人再生产整个自然界；动物的产品直接同它的肉体相联系，而人则自由地对待自己的产品。动物只是按照它所属的那个种的尺度和需要来建造，而人却懂得按照任何一个种的尺度来进行生产，并且懂得怎样处处都把内在的尺度运用到对象上去；因此，人也按照美的规律来建造。

因此，正是在改造对象世界中，人才真正地证明自己是**类存在物**。这种生产是人的能动的类生活。通过这种生产，自然界才表现为**他的**作品和他的现实。因此，劳动的对象是**人的类生活的对象化**：人不仅象在意识中那样理智地复现自己，而且能动地、现实地复现自己，从而在他所创造的世界中直观自身。因此，异化劳动从人那里夺去了他的生产的对象，也就从人那里夺去了他的**类生活**，即他的现实的、类的对象性，把人对动物所具有的优点变成缺点，因为从人那里夺走了他的无机的身体即自然界。

同样，异化劳动把自我活动、自由活动贬低为手段，也就把人的类生活变成维持人的肉体生存的手段。

因而，人具有的关于他的类的意识也由于异化而改变，以致类生活对他说来竟成了手段。

这样一来，异化劳动造成如下的结果：

（3）**人的类本质**——无论是自然界，还是人的精神的、类的能力——变成人的**异己的**本质，变成维持他的**个人生存的手段**。异化劳动使人自己的身体，以及在他之外的自然界，他的精神本质，他的**人的**本质同人相异化。

（4）人同自己的劳动产品、自己的生命活动、自己的类本质相异化这一事实所造成的直接结果就是**人同人相异化**。当人同自身相对立的时候，他也同**他**人相对立。凡是适用于人同自己的劳动、自己的劳动产品和自身的关系的东西，也都适用于人同他人、同他人的劳动和劳动对象的关系。

总之，人同他的类本质相异化这一命题，说的是一个人同他人相异化，以及他们中的每个人都同人的本质相异化。

人的异化，一般地说人同自身的任何关系，只有通过人同其他人的关系才得到实现和表现。

因而，在异化劳动的条件下，每个人都按照他本身作为工人所处的那种关系和尺度来观察他人。

［XXV］我们已经从经济事实即工人及其产品的异化出发。我们表述了这一事实的概念：**异化的、外化的**劳动。我们分析了这一概念，因而我们只是分析了一个经济事实。

现在我们要进一步考察异化的、外化的劳动这一概念在现实中必须怎样表达和表现。

如果说劳动产品对我说来是异己的，是作为异己的力量同我相对立，那么，它到底属于谁呢？

如果我自己的活动不属于我，而是一种异己的活动、被迫的活动，那么，它到底属于谁呢？

属于有别于我的**另一个**存在物。

这个存在物是谁呢？

是**神**吗？确实，起初主要的生产活动，如埃及、印度、墨西哥的神殿建造等等，是为了供奉神的，而产品本身也是属于神的。但是，神从来不单独是劳动的主人。**自然界**也不是主人。而且，下面这种情况会多么矛盾：人越是通过自己的劳动使自然界受自己支配，神的奇迹越是由于工业的奇迹而变成多余，人就越是不得不为了讨好这些力量而放弃生产的欢乐和对产品的享受！

劳动和劳动产品所归属的那个**异己的**存在物，劳动为之服务和劳动产品供其享受的那个存在物，只能是**人**本身。

如果劳动产品不属于工人，并作为一种异己的力量同工人相对立，那么，这只能是由于产品属于**工人之外的另一个人**。如果工人的活动对他本身来说是一种痛苦，那么，这种活动就必然给另一个人带来**享受**和欢乐。不是神也不是自然界，只有人本身才能成为统治人的异己力量。

还必须注意上面提到的这个命题：人同自身的关系只有通过他同他人的关系，才成为对他说来是**对象性的、现实的**关系。因此，如果人同他的劳动产品即对象化劳动的关系，就是同一个**异己的、敌对的**、强有力的、不依赖于他的对象的关系，那么，他同这一对象所以发生这种关系就在于有另一个异己的、敌对的、强有力的、不依赖于他的人是这一对象的主人。如果人把自身的活动看作一种不自由的活动，那么，他是把这种活动看作替他人服务的、受他人支配的、处于他人的强迫和压制之下的活动。

人同自身和自然界的任何自我异化，都表现在他使自身和自然界跟另一个与他不同的人发生的关系上。因此，宗教的自我异化也必然表现在俗人同僧侣或者俗人同耶稣基督（因为这里涉及精神世界）等等的关系上。在实践的、现实的世界中，自我异化只有通过同其他人的实践的、现实的关系才能表现出来。异化借以实现的手段本身就是**实践的**。因此，通过异化劳动，人不仅生产出他同作为异己的、敌对的力量的生产对象和生产行为的关系，而且生产出其他人同他的生产和他的产品的关系，以及他同这些人的关系。正象他把他自己的生产变成使自己失去现实性，使自己受惩罚一样，正象他丧失掉自己的产品并使它变成不属于他的产品一样，他也生产出不生产的人对生产和产品的支配。正象他使他自己的活动同自身相异化一样，他也使他人占有非自身的活动。

上面，我们只是从工人方面考察了这一关系；下面我们还要从非工人方面来加以考察。

总之，通过**异化的、外化的劳动**，工人生产出一个跟劳动格格不入的、站在劳动之外的人同这个劳动的关系。工人同劳动的关系，生产出资本家（或者不管人们给雇主起个什么别的名字）同这个劳动的关系。从而，**私有财产**是**外化劳动**即工人同自然界和自身的外在关系的产物、结果和必然后果。

因此，我们通过分析，从**外化劳动**这一概念，即从**外化的人**、异化劳动、异化的生命、**异化的人**这一概念得出**私有财产**这一概念。

诚然，我们从国民经济学得到作为**私有财产运动**之结果的**外化劳动（外化的生命）**这一概念。但是对这一概念的分析表明，与其说私有财产表现为外化劳动的根据和原因，还不如说它是外化劳动的结果，正象神**原先**不是人类理性迷误的原因，而是人类理性迷误的结果一样。后来，这种关系就变成相互作用的关系。

私有财产只有发展到最后的、最高的阶段，它的这个秘密才重新暴露出来，私有财产一方面是外化劳动的**产物**，另一方面又是劳动借以外化的**手段**，是**这一外化的实现**。

这些论述使至今没有解决的各种矛盾立刻得到阐明。

(1) 国民经济学虽然从劳动是生产的真正灵魂这一点出发，但是它没有给劳动提供任何东西，而是给私有财产提供了一切。蒲鲁东从这个矛盾得出了有利于劳动而不利于私有财产的结论。然而我们看到，这个表面的矛盾是**异化劳动**同自身的矛盾，而国民经济学只不过表述了异化劳动的规律罢了。

因此，我们也看到**工资**和**私有财产**是同一的，因为用劳动产品、劳动对象来偿付劳动本身的工资，不过是劳动异化的必然的后果，因为在工资中，劳动本身不表现为目的本身，而表现为工资的奴仆。下面我们要详细说明这个问题，现在不过再作出［XXVI］几点结论。

强制**提高工资**（不谈其他一切困难，也不谈这种强制提高工资作为一种反常情况，也只有靠强制才能维持），无非是**给奴隶以较多报酬**，而且既不会使工人也不会使劳动获得人的身分和尊严。

甚至蒲鲁东所要求的**工资平等**，也只能使今天的工人同他的劳动的关系变成一切人同劳动的关系。这时社会就被理解为抽象的资本家。

工资是异化劳动的直接结果，而异化劳动是私有财产的直接原因。因此，随着一方衰亡，另一方也必然衰亡。

(2) 从异化劳动同私有财产的关系可以进一步得出这样的结论：社会从私有财产等等的解放、从奴役制的解放，是通过**工人解放**这种**政治**形式表现出来的，而且这里不仅涉及工人的解放，因为工人的解放包含全人类的解放；其所以如此，是因为整个人类奴役制就包含在工人同生产的关系中，而一切奴役关系只不过是这种关系的变形和后果罢了。

正如我们通过**分析**从**异化的、外化的劳动**的概念得出**私有财产**的概念一样，我们也可以借助这两个因素来阐明国民经济学的一切**范畴**，而且我们将发现其中每一个范畴，例如商业、竞争、资本、货币，不过是这两个基本因素的**特定的、展开了的表现**而已。

但是在考察这些范畴的形成以前，我们还打算解决两个任务：

(1) 从私有财产同**真正人的**和**社会的财产**的关系来说明作为异化劳动的结果的**私有财产**的普遍**本质**。

(2) 我们已经承认**劳动的异化、外化**这个事实，并对这一事实进行了分析。现在要问，**人**怎么使他的**劳动外化、异化**？这种异化又怎么以人类发展的本质为根据？我们把**私有财产的起源**问题**变为异化劳动**同人类发展的关系问题，也就为解决这一任务得到了许多东西。因为当人们谈到**私有财产**时，认为他们谈的是人之外的东西。而当人们谈到劳动时，则认为是直接谈到人本身。问题的这种新的提法本身就已包含问题的解决。

补入（1）私有财产的普遍本质以及私有财产同真正人的财产的关系。

这里外化劳动分解为两个组成部分，它们互相制约，或者说它们只是同一种关系的不同表现，**占有**表现为**异化**、**外化**，而**外化**表现为**占有**，异化表现为真正得到**公民权**。

我们已经考察了一个方面，考察了**外化**劳动同工人本身的关系，也就是说，考察了**外化劳动同自身的关系**。我们发现，这一关系的产物或必然结果是**非工人同工人和劳动的财产关系**。**私有财产**作为外化劳动的物质的、概括的表现，包含着这两种关系：**工人同劳动、自己的劳动产品和非工人的关系**，以及**非工人同工人和工人的劳动产品**的关系。

我们已经看到，对于通过劳动而**占有**自然界的工人说来，占有就表现为异化，自我活动表现为替他人活动和他人的活动，生命过程表现为生命的牺牲，对象的生产表现为对象的丧失，即对象转归异己力量、**异己的**人所有。现在我们就来考察一下这个对劳动和工人是**异己的**人同工人、劳动和劳动对象的关系。

首先必须指出，凡是在工人那里表现为**外化、异化的活动**的，在非工人那里都表现为**外化、异化的状态**。

其次，工人在生产中的**现实的、实践的态度**，以及他对产品的态度（作为一种精神状态），在同他相对立的非工人那里表现为**理论的**态度。

［XXVII］**第三**，凡是工人做的对自身不利的事，非工人都对工人做了，但是，非工人做的对工人不利的事，他对自身却不做。

我们进一步考察这三种关系。［XXVII］

…………

［共产主义］

［Ⅰ］**补入第 XXXIX 页**。——但是，**无产**和**有产**的对立，只要还没有把它理解为**劳动**和**资本**的对立，它还是一种无关紧要的对立，一种没有从它的**能动关系**上、它的**内在**关系上来理解的对立，还没有作为**矛盾**来理解的对立。这种对立即使没有私有财产的进一步的运动也能以**最初的**形式表现出来，如在古罗马、土耳其等。所以它还不**表现为**由私有财产本身规定的对立。但是，作为财产之排除的劳动，即私有财产的主体本质，和作为劳动之排除的资本，即客体化的劳动，——这就是发展到矛盾状态的，因而也是有力地促使这种矛盾状态得到解决的**私有财产**。

补入同一页。——自我异化的扬弃同自我异化走的是一条道路。最初，对**私有财产**只是从它的客体方面来考察，——但劳动仍然被看成它的本质。因此，它的存在形式就是"本身"应被消灭的**资本**（蒲鲁东）。或者，劳动的**特殊方式**，即划一的、分散的因而是不自由的劳动，被理解为私有财产的**有害性**的和它同人相异化的存在的根源；**傅立叶**，他和重农学派一样，也把**农业劳动**看成至少是**最好的**劳动，而圣西门则相反，他把**工业劳动**本身说成本质，因此他渴望工业家**独占**统治和改善工人状况。最后，**共产主义**是扬弃私有财产的**积极**表现；开始时它作为**普遍的**私有财产出现。共产主义是从私有财产的**普遍性**来看私有财产关系，因而共产主义

（1）在它的最初的形式中不过是私有财产关系的**普遍化**和**完成**。这样的共产主义以两种形式表现出来：首先，**物质的**财产对它的统治那么厉害，以致它想把不能被所有人作为**私有财产**占有的**一切**都消灭；它想**用强制的方法**把才能等等舍弃。在它看来，物质的直接**占有**是生活和

存在的唯一目的；**工人**这个范畴并没有被取消，而是被推广到一切人身上；私有财产关系仍然是整个社会同实物世界的关系；最后，用普遍的私有财产来反对私有财产的这个运动以一种动物的形式表现出来：用**公妻制**（也就是把妇女变为**公有的**和**共有的**财产）来反对**婚姻**（它确实是一种**排他性的私有财产的形式**）。人们可以说，**公妻制**这种思想暴露了这个完全粗陋的和无思想的共产主义的**秘密**。正象妇女从婚姻转向普遍卖淫[9]一样，财富即人的对象性的本质的整个世界也从它同私有者的排他性的婚姻关系转向它同整个社会的普遍卖淫关系。这种共产主义，由于到处否定人的**个性**，只不过是私有财产的彻底表现，私有财产就是这种否定。普遍的和作为权力形成起来的**忌妒**，是**贪欲**所采取的并且仅仅是用**另一种**方式来满足自己的隐蔽形式。一切私有财产，就它本身来说，**至少**都对**较富裕的**私有财产怀有忌妒和平均化欲望，这种忌妒和平均化欲望甚至构成竞争的本质。粗陋的共产主义不过是这种忌妒和这种从**想象的**最低限度出发的平均化的顶点。它具有一个**特定的、有限的**尺度。对整个文化和文明的世界的抽象否定，向**贫穷的**、没有需求的人——他不仅没有超越私有财产的水平，甚至从来没有达到私有财产的水平——的**非自然的**［IV］单纯倒退，恰恰证明私有财产的这种扬弃决不是真正的占有。[10]

共同性只是**劳动**的共同性以及由共同的资本即作为普遍的资本家的**共同体**支付的**工资**的平等。相互关系的两个方面被提高到**想象的**普遍性的程度：**劳动**是每个人的本分，而**资本**是共同体的公认的普遍性和力量。

拿**妇女**当作共同淫乐的**牺牲品**和婢女来对待，这表现了人在对待自身方面的无限的退化，因为这种关系的秘密在**男人**对**妇女**的关系上，以及在对**直接的、自然的**、类的关系的理解方式上，都**毫不含糊地**、确凿无疑地、**明显地**、露骨地表现出来了。人和人之间的直接的、自然的、必然的关系是**男女之间的关系**。在这种**自然的**、类的关系中，人同自然界的关系直接就是人和人之间的关系，而人和人之间的关系直接就是人同自然界的关系，就是他自己的**自然的**规定。因此，这种关系通过**感性**的形式，作为一种显而易见的**事实，表现出**人的本质在何种程度上对人说来成了自然界，或者自然界在何种程度上成了人具有的人的本质。因而，从这种关系就可以判断人的整个教养程度。从这种关系的性质就可以看出，人在何种程度上成为并把自己理解为**类存在物、人**。男女之间的关系是人和人之间**最自然的**关系。因此，这种关系表明人的**自然的**行为在何种程度上成了**人的**行为，或者**人的**本质在何种程度上对人说来成了**自然的**本质，他的**人的本性**在何种程度上对他说来成了**自然界**。这种关系还表明，人具有的**需要**在何种程度上成了**人的**需要，也就是说，**别**人作为人在何种程度上对他说来成了需要，他作为个人的存在在何种程度上同时又是社会存在物。

由此可见，对私有财产的最初的积极的扬弃，即**粗陋的**共产主义，不过是想把自己作为**积极的共同体**确定下来的私有财产的卑鄙性的一种**表现形式**。

（2）共产主义（α）按政治性质是民主的或专制的；（β）是废除国家的，但同时是尚未完成的，并且仍然处于私有财产即人的异化的影响下。这两种形式的共产主义都已经把自己理解为人向自身的还原或复归，理解为人的自我异化的扬弃；但是它还没有弄清楚私有财产的积极的本质，也还不理解需要的**人的**本性，所以它还受私有财产的束缚和感染。它虽然已经理解私有财产这一概念，但是还不理解它的本质。

（3）**共产主义是私有财产即人的自我异化的积极的**扬弃，因而是通过人并且为了人而对**人的**本质的真正**占有**；因此，它是人向自身、向**社会的**（即人的）人的复归，这种复归是完全的、自觉的而且保存了以往发展的全部财富的。这种共产主义，作为完成了的自然主义，等于人道主义，而作为完成了的人道主义，等于自然主义，它是人和自然界之间、人和人之间的矛盾的**真正**解决，是存在和本质、对象化和自我确证、自由和必然、个体和类之间的斗争的真正解决。它是历史之谜的解答，而且知道自己就是这种解答。[11]

[V] 因此，历史的全部运动，既是这种共产主义的**现实的**产生活动即它的经验存在的诞生活动，同时，对它的能思维的意识说来，又是它的**被理解到**和**被认识到的生成**运动。而上述尚未完成的共产主义从个别的同私有财产相对立的历史形态中为自己寻找**历史的**证明，从现存的事物中寻找证明，同时从运动中抽出个别环节（卡贝、维尔加尔德尔等人尤其喜欢卖弄这一套），把它们作为自己的历史的纯种的证明固定下来；但是它这样做恰好说明：历史运动的绝大部分是同它的论断相矛盾的，如果说它曾经存在过，那么它的这种**过去的**存在恰恰反驳了对**本质**的奢求。

不难看到，整个革命运动必然在**私有财产**的运动中，即在经济中，为自己既找到经验的基础，也找到理论的基础。

这种**物质的**、直接**感性的**私有财产，是**异化了的**、**人的生命的**物质的、感性的表现。私有财产的运动——生产和消费——是以往全部生产的运动的**感性**表现，也就是说，是人的实现或现实。宗教、家庭、国家、法、道德、科学、艺术等等，都不过是生产的一些**特殊的**方式，并且受生产的普遍规律的支配。因此，**私有财产**的积极的扬弃，作为对**人的**生命的占有，是一切异化的积极的扬弃，从而是人从宗教、家庭、国家等等向自己的**人的**即**社会的**存在的复归。宗教的异化本身只是发生在人内心深处的**意识**领域中，而经济的异化则是**现实生活**的异化，——因此异化的扬弃包括两个方面。不言而喻，在不同的民族那里，这一运动从哪个领域**开始**，这要看一个民族的真正的、**公认的**生活主要是在意识领域中还是在外部世界中进行，这种生活更多地是观念的生活还是现实的生活。共产主义从一开始就是无神论（**欧文**）[12]，而无神论最初还远不是**共产主义**；那种无神论无宁说还是一个抽象。所以，无神论的博爱最初还只是**哲学的**、抽象的博爱，而共产主义的博爱则从一开始就是**现实的**和直接追求**实效的**。

我们已经看到，在被积极扬弃的私有财产的前提下，人如何生产人——他自己和别人；直接体现他的个性的对象如何是他自己为别人的存在，同时是这个别人的存在，而且也是这个别人为他的存在。但是，同样，无论劳动的材料还是作为主体的人，都既是运动的结果，又是运动的出发点（并且二者必须是**出发点**，私有财产的历史**必然性**就在于此）。因此，**社会**性质是整个运动的一般性质；**正象**社会本身生产**作为人的人**一样，人也**生产**社会。活动和享受，无论就其内容或就其**存在方式**来说，都是**社会的**，是**社会的**活动和**社会的**享受。自然界的**人的**本质只有对**社会的**人说来才是存在的；因为只有在社会中，自然界对人说来才是人与**人联系的纽带**，才是他为别人的存在和别人为他的存在，才是人的现实的生活要素；只有在社会中，自然界才是人自己的**人的**存在的**基础**。只有在社会中，人的**自然的**存在对他说来才是他的**人的**存在，而自然界对他说来才成为人。因此，**社会**是人同自然界的完成了的本质的统一，是自然界的真正复活，是人的实现了的自然主义和自然界的实现了的人道主义。

[VI] 社会的活动和社会的享受决不**仅仅**存在于**直接**共同的活动和直接**共同的**享受这种形式中，虽然**共同的**活动和**共同的**享受，即直接通过同别人的**实际交往**表现出来和得到确证的那种活动和享受，在社会性的上述**直接**表现以这种活动或这种享受的内容本身为根据并且符合其本性的地方都会出现。

甚至当我从事**科学**之类的活动，即从事一种我只是在很少情况下才能同别人直接交往的活动的时候，我也是**社会的**，因为我是作为**人**活动的。不仅我的活动所需的材料，甚至思想家用来进行活动的语言本身，都是作为社会的产品给予我的，而且我**本身的**存在**就是**社会的活动；因此，我从自身所做出的东西，是我从自身为社会做出的，并且意识到我自己是社会的存在物。

我的**普遍**意识不过是以**现实**共同体、社会存在物为**生动**形式的那个东西的**理论**形式，而在今天，**普遍**意识是现实生活的抽象，并且作为这样的抽象是与现实生活相敌对的。因此，我的普遍意识的**活动**本身也是我作为社会存在物的**理论**存在。

首先应当避免重新把"社会"当作抽象的东西同个人对立起来。个人**是社会存在物**。因此，他的生命表现，即使不采取**共同的**、同其他人一起完成的生命表现这种直接形式，也**是社会生活的**表现和确证。人的个人生活和类生活并不是**各不相同的**，尽管个人生活的存在方式必然是类生活的较为**特殊的**或者较为**普遍的**方式，而类生活必然是较为**特殊的**或者较为**普遍的**个人生活。

作为**类意识**，人确证自己的现实的**社会生活**，并且只是在思维中复现自己的现实存在；反之，类存在则在类意识中确证自己，并且在自己的普遍性中作为思维着的存在物自为地存在着。

因此，人是一个**特殊的**个体，并且正是他的特殊性使他成为一个个体，成为一个现实的、**单个的**社会存在物，同样地他也是**总体**、观念的总体、被思考和被感知的社会的主体的自为存在，正如他在现实中既作为社会存在的直观和现实享受而存在，又作为人的生命表现的总体而存在一样。

可见，思维和存在虽有**区别**，但同时彼此又处于**统一**中。

死似乎是类对**特定的**个体的冷酷无情的胜利，并且似乎是同它们的统一相矛盾的；但是特定的个体不过是一个**特定的类存在物**，而作为这样的存在物是迟早要死的。

（4）**私有财产**不过是下述情况的感性表现：人变成了对自己说来是**对象性的**，同时变成了异己的和非人的对象；他的生命表现就是他的生命的外化，他的现实化就是他失去现实性，就是**异己的**现实。同样，私有财产的积极的扬弃，也就是说，为了人并且通过人对人的本质和人的生命、对象性的人和人的**产品**的**感性的**占有，不应当仅仅被理解为**直接的**、片面的**享受**，不应当仅仅被理解为**占有**、**拥有**。人以一种全面的方式，也就是说，作为一个完整的人，占有自己的全面的本质。人同世界的任何一种**人的**关系——视觉、听觉、嗅觉、味觉、触觉、思维、直观、感觉、愿望、活动、爱，——总之，他的个体的一切器官，正象在形式上直接是社会的器官的那些器官一样，[VII] 通过自己的**对象性**关系，即通过自己**同对象的关系**而占有对象。对**人的**现实性的占有，它同对象的关系，是**人的现实性的实现**，是人的**能动**和人的**受动**，因为按人的含义来理解的受动，是人的一种自我享受。

私有制使我们变得如此愚蠢而片面，以致一个对象，只有当它为我们拥有的时候，也就是说，当它对我们说来作为资本而存在，或者它被我们直接占有，被我们吃、喝、穿、住等等的时候，总之，在它被我们**使用**的时候，才是**我们的**，尽管私有制本身也把占有的这一切直接实现仅仅看作**生活手段**，而它们作为手段为之服务的那种生活是**私有制的生活**——劳动和资本化。

因此，**一切**肉体的和精神的感觉都被这**一切**感觉的单纯异化即**拥有**的感觉所代替。人的本质必须被归结为这种绝对的贫困，这样它才能够从自身产生出它的内部的丰富性。（关于**拥有**这个范畴，见《二十一印张》文集中**赫斯**的论文。[13]）

因此，私有财产的扬弃，是人的一切感觉和特性的彻底**解放**；但这种扬弃之所以是这种解放，正是因为这些感觉和特性无论在主体上还是在客体上都变成**人的**。眼睛变成了**人的**眼睛，正象眼睛的**对象**变成了社会的、**人的**、由人并为了人创造出来的对象一样。因此，**感觉**通过自己的实践直接变成了**理论家**。感觉为了物而同**物**发生关系，但物本身却是对自身和对人的一种**对象性的**、**人的**关系；反过来也是这样。因此，需要和享受失去了自己的**利己主义**性质，而自然界失去了自己的纯粹的**有用性**，因为效用成了**人的**效用。

同样，别人的感觉和享受也成了我**自己的**占有。因此，除了这些直接的器官以外，还以社会的**形式**形成**社会的**器官。例如，直接同别人交往的活动等等，成了我的**生命表现**的器官和对**人的**生命的一种占有方式。

不言而喻，**人的**眼睛和原始的、非人的眼睛得到的享受不同，人的**耳朵**和原始的耳朵得到的享受不同，如此等等。

我们知道，只有当对象对人说来成为**人的**对象或者说成为对象性的人的时候，人才不致在自己的对象里面丧失自身。只有当对象对人说来成为**社会的**对象，人本身对自己说来成为社会的存在物，而社会在这个对象中对人说来成为本质的时候，这种情况才是可能的。

因此，一方面，随着对象性的现实在社会中对人说来到处成为人的本质力量的现实，成为人的现实，因而成为人**自己的**本质力量的现实，一切**对象**对他说来也就成为他自身的**对象化**，成为确证和实现他的个性的对象，成为**他的**对象，而这就是说，对象成了**他自身**。对象**如何**对他说来成为**他的**对象，这取决于**对象的性质**以及与之相适应的**本质力量**的性质；因为正是这种关系的**规定性**形成一种特殊的、**现实的**肯定方式。**眼睛**对对象的感觉不同于**耳朵**，眼睛的对象不同于**耳朵**的对象。每一种本质力量的独特性，恰好就是这种本质力量的**独特的本质**，因而也是它的对象化的独特方式，它的**对象性的**、**现实的**、活生生的**存在**的独特方式。因此，人不仅通过思维，[VIII] 而且以**全部**感觉在对象世界中肯定自己。

另一方面，即从主体方面来看：只有音乐才能激起人的音乐感；对于没有音乐感的耳朵说来，最美的音乐也**毫无**意义，不是对象，因为我的对象只能是我的一种本质力量的确证，也就是说，它只能象我的本质力量作为一种主体能力自为地存在着那样对我存在，因为任何一个对象对我的意义（它只是对那个与它相适应的感觉说来才有意义）都以**我的**感觉所及的程度为限。所以社会的人的**感觉不同于**非社会的人的感觉。只是由于人的本质的客观地展开的丰富性，主体的、**人的**感性的丰富性，如有音乐感的耳朵、能感受形式美的眼睛，总之，那些能成为人的享受的感觉，即确证自己是**人的**本质力量的**感觉**，才一部分发展起来，一部分产生出来。因为，不仅五官感觉，而且所谓精神感觉、实践感觉（意志、爱等等），一句话，**人的**感觉、感觉的人性，都只是由于**它的**对象的存在，由于**人化的**自然界，才产生出来的。五官感觉的**形成**是以往全部世界历史的产物。囿于粗陋的实际需要的**感觉**只具有**有限的**意义。对于一个忍饥挨饿的人说来并不存在人的食物形式，而只有作为食物的抽象存在；食物同样也可能具有最粗糙的形式，而且不能说，这种饮食与**动物的**饮食有什么不同。忧心忡忡的穷人甚至对最美丽的景色都**没有什么感觉**；贩卖矿物的商人只看到矿物的商业价值，而看不到矿物的美和特性；他没有矿物学的感觉。因此，一方面为了使人的**感觉**成为**人的**，另一方面为了创造同人的本质和自然界的本质的全部丰富性相适应的**人的感觉**，无论从理论方面还是从实践方面来说，人的本质的对象化都是必要的。

通过**私有财产**及其富有和贫困——物质的和精神的富有和贫困——的运动，正在产生的社会发现这种**形成**所需的全部材料；同样，**已经产生**的社会，创造着具有人的本质的这种全部丰富性的人，创造着**具有丰富的、全面而深刻的感觉**的人作为这个社会的恒久的现实。

我们看到，主观主义和客观主义，唯灵主义和唯物主义，活动和受动，只是在社会状态中才失去它们彼此间的对立，并从而失去它们作为这样的对立面的存在；我们看到，**理论的**对立本身的解决，**只有**通过**实践**方式，只有借助于人的实践力量，才是可能的；因此，这种对立的解决决不只是认识的任务，而是一个**现实**生活的任务，而**哲学**未能解决这个任务，正因为哲学把这**仅仅**看作理论的任务。

我们看到，**工业**的历史和工业的已经产生的**对象性**的存在，是一本**打开了的关于人的本质力量的书**，是感性地摆在我们面前的人的**心理学**[14]；对这种心理学人们至今还没有从它同人的**本质**的联系上，而总是仅仅从外表的效用方面来理解，因为在异化范围内活动的人们仅仅把人的普遍存在，宗教或者具有抽象普遍本质的历史，如政治、艺术和文学等等，理解为人的本质力量的现实性和**人的类活动**。[IX] 在**通常的、物质的工业**中（人们可以把这种工业看成是上述普遍运动的一部分，正象可以把这个运动本身看成是工业的一个**特殊**部分一样，因为全部人的活动迄今都是劳动，也就是工业，就是自身异化的活动），人的**对象化的本质力量**以**感性的、异己的、有用的对象**的形式，以异化的形式呈现在我们面前。如果**心理学**还没有打开这本书即历史的这个恰恰最容易感知的、最容易理解的部分，那么这种心理学就不能成为内容确实丰富的和**真正的**科学。如果科学从人的活动的如此广泛的丰富性中只知道那种可以用"**需要**"、"**一般需要**"的话来表达的东西，那么人们对于这种**高傲地**撇开人的劳动的这一巨大部分而不感觉自身不足的科学究竟应该怎样想呢？

自然科学展开了大规模的活动并且占有了不断增多的材料。但是哲学对自然科学始终是疏远的，正象自然科学对哲学也始终是疏远的一样。过去把它们暂时结合起来，不过是**离奇的幻想**。存在着结合的意志，但缺少结合的能力。甚至历史学也只是顺便地考虑到自然科学，仅仅把它看作是启蒙、有用性和某些伟大发现的因素。然而，自然科学却通过工业日益**在实践上**进入人的生活，改造人的生活，并为人的解放作准备，尽管它不得不直接地完成非人化。**工业**是自然界同人之间，因而也是自然科学同人之间的**现实的**历史关系。因此，如果把工业看成人的**本质力量**的**公开的**展示，那么，自然界的**人的**本质，或者人的**自然的**本质，也就可以理解了；因此，自然科学将失去它的抽象物质的或者不如说是唯心主义的方向，并且将成为**人的**科学的基础，正象它现在已经——尽管以异化的形式——成了真正人的生活的基础一样；至于说生活有它的**一种**基础，**科学**有它的另一种基础——这根本就是谎言。在人类历史中即在人类社会的产生过程中形成的自然界是人的**现实的**自然界；因此，通过工业——尽管以**异化**的形式——形成的自然界，是真正的、**人类学的**自然界。

感性（见费尔巴哈）必须是一切科学的基础。科学只有从**感性**意识和**感性**需要这两种形式的感性出发，因而，只有从自然界出发，才是**现实的**科学。全部历史是为了使"**人**"成为**感性**意识的对象和使"人作为人"的需要成为［自然的、感性的］需要而作准备的发展史。历史本身是**自然史**的即自然界成为人这一过程的一个**现实**部分。自然科学往后将包括关于人的科学，正象关于人的科学包括自然科学一样：这将是**一门**科学。

[X] **人**是自然科学的直接对象；因为直接的**感性自然界**，对人说来直接地就是人的感性

(这是同一个说法)，直接地就是**另一个**对他说来感性地存在着的人；因为他自己的感性，只有通过**另一个人**，才对他本身说来是人的感性。但是**自然界**是**关于人的科学**的直接对象。人的第一个对象——人——就是自然界、感性；而那些特殊的人的感性的本质力量，正如它们只有在**自然**对象中才能得到客观的实现一样，只有在关于自然本质的科学中才能获得它们的自我认识。思维本身的要素，思想的生命表现的要素，即**语言**，是感性的自然界。自然界的**社会的**现实，和**人的**自然科学或**关于人的自然科学**，是同一个说法。

//我们看到，**富有的人**和富有的**人的**需要代替了国民经济学上的**富有**和**贫困**。**富有的**人同时就是**需要**有完整的人的生命表现的人，在这样的人的身上，他自己的实现表现为内在的必然性、表现为**需要**。不仅人的**富有**，而且人的**贫困**，在社会主义的前提下同样具有**人的**、因而是社会的意义。贫困是被动的纽带，它迫使人感觉到需要最大的财富即**另一种**人。因此，对象性的本质在我身上的统治，我的本质活动的感性的爆发，在这里是一种成为我的本质的**活动**的**激情**。//

(5) 任何一个**存在物**只有当它用自己的双脚站立的时候，才认为自己是独立的，而且只有当它依靠自己而**存在**的时候，它才是用自己的双脚站立的。靠别人恩典为生的人，把自己看成一个从属的存在物。但是，如果我不仅靠别人维持我的生活，而且别人还**创造了**我的**生活**，别人还是我的生活的**泉源**，那么，我就完全靠别人的恩典为生；如果我的生活不是我自己的创造，那么，我的生活就必定在我之外有这样一个根源。所以，**创造**是一个很难从人民意识中排除的观念。自然界和人的通过自身的存在，对人民意识来说是**不能理解的**，因为这种存在是同实际生活的一切**明摆着的事实**相矛盾的。

大地创造说，受到了**地球构造学**(即说明地球的形成、生成是一个过程、一种自我产生的科学)的致命打击。自然发生说是对创世说的唯一实际的驳斥。

对个别人说说亚里士多德已经说过的下面这句话，当然是容易的：你是你的父亲和你的母亲生出来的；这就是说，在你身上，两个人的性结合即人的类行为生产了人。因而，你看到，人的肉体的存在也要归功于人。所以，你应该不是仅仅注意**一个**方面即**无限的**过程，由于这个过程你会进一步发问：谁生出了我的父亲？谁生出了他的祖父？等等。你还应该紧紧盯住这个无限过程中的那个可以直接感觉到的**循环运动**，由于这个运动，人通过生儿育女使自身重复出现，因而**人**始终是主体。但是你会回答说：我承认这个循环运动，那么你也要承认那个无限的过程，这过程驱使我不断追问，直到提出谁产生了第一个人和整个自然界这一问题。我只能对你作如下的回答：你的问题本身就是抽象的产物。请你问一下自己，你是怎样想到这个问题的；请你问一下自己，你的问题是不是来自一个因为荒谬而使我无法回答的观点。请你问一下自己，那个无限的过程本身对理性的思维说来是否存在。既然你提出自然界和人的创造问题，那么你也就把人和自然界抽象掉了。你假定它们是**不存在的**，然而你却希望我向你证明它们是**存在的**。那我就对你说：放弃你的抽象，那么你也就放弃你的问题，或者，你要坚持自己的抽象，那么你就要贯彻到底，如果你设想人和自然界是**不存在的**，[XI] 那么你就要设想你自己也是不存在的，因为你自己也是自然界和人。不要那样想，也不要那样向我提问，因为一旦你那样想，那样提问，你就会把自然界和人的存在**抽象掉**，这是没有任何意义的。也许你是一个假定一切都不存在，而自己却想存在的利己主义者吧？

你可能反驳我说：我并不想假定自然界是不存在的；我是问你自然界是如何**产生**的，正象我问解剖学家骨骼如何形成等等一样。

但是，因为在社会主义的人看来，**整个所谓世界历史**不外是人通过人的劳动而诞生的过程，是自然界对人说来的生成过程，所以，关于他通过自身而**诞生**、关于他的**产生过程**，他有直观的、无可辩驳的证明。因为人和自然界的**实在性**，即人对人说来作为自然界的存在以及自然界对人说来作为人的存在，已经变成实践的、可以通过感觉直观的，所以，关于某种**异己的**存在物、关于凌驾于自然界和人之上的存在物的问题，即包含着对自然界和人的非实在性的承认的问题，在实践上已经成为不可能的了。**无神论**，作为对这种非实在性的否定，已不再有任何意义，因为无神论是**对神的否定**，并且正是通过这种否定而肯定**人的存在**；但是社会主义，作为社会主义，已经不再需要这样的中介；它是从把人和自然界看作**本质**这种**理论上和实践上的感性意识**开始的。社会主义是人的不再以宗教的扬弃为中介的**积极的自我意识**，正象**现实生活**是人的不再以私有财产的扬弃即**共产主义**为中介的积极的现实一样。共产主义是作为否定的否定的肯定，因此它是人的解放和复原的一个**现实的**、对下一段历史发展说来是必然的环节。**共产主义**是最近将来的必然的形式和有效的原则。但是，这样的共产主义并不是人类发展的目标，并不是人类社会的形式。[XI]

…………

[货币]

[XLI] 如果人的**感觉**、激情等等不仅是在[狭隘]意义上的人类学的规定，而且是真正**本体论的**本质（自然）肯定；如果感觉、激情等等仅仅通过它们的**对象**对它们**感性地**存在这一事实而真正肯定自己，那么，不言而喻的是：（1）它们的肯定方式决不是同样的，相反，不同的肯定方式构成它们的存在、它们的生命的特殊性；对象以怎样的方式对它们存在，这就是它们的**享受**的特有方式；（2）如果感性的肯定是对采取独立形态的对象的直接扬弃（如吃、喝、对象的加工，等等），那么这也就是对象的肯定；（3）只要人是**人的**，因而他的感觉等等也是**人的**，那么对象为他人所肯定，这同样是他自己的享受；（4）只有通过发达的工业，也就是以私有财产为中介，人的激情的本体论本质才能在总体上、合乎人性地实现；因此，关于人的科学本身是人在实践上的自我实现的产物；（5）如果撇开私有财产的异化，那么私有财产的意义就在于**本质的对象**——既作为享受的对象，又作为活动的对象——对人的**存在**。

货币，因为具有购买一切东西、占有一切对象的**特性**，所以是最突出的**对象**。货币的这种**特性**的普遍性是货币的本质的万能；所以它被当成万能之物。货币是需要和对象之间、人的生活和生活资料之间的**牵线人**。但是在我和**我的**生活之间充当媒介的**那个东西**，也在**我**和他人为我的存在之间**充当媒介**。对我说来**他人**就是这个意思。

> "什么诨话！你的脚，你的手，
> 你的屁股，你的头，这当然是你的所有；
> 但假如我能够巧妙地使用，
> 难道不就等于是我的所有？
> 我假如出钱买了六匹马儿，
> 这马儿的力量难道不是我的？
> 我驾御着它们真是威武堂堂，

真好象我生就二十四只脚一样。”

歌德《浮士德》(靡菲斯特斐勒司的话)[15]

莎士比亚在《**雅典的泰门**》中说：

“金子！黄黄的、发光的、宝贵的金子！
不，天神们啊，
我不是一个游手好闲的信徒……
这东西，只这一点点儿，
就可以使黑的变成白的，丑的变成美的；
错的变成对的，卑贱变成尊贵，
老人变成少年，懦夫变成勇士。
…………
这东西会把你们的祭司和仆人从你们的身旁拉走，
把壮士头颅底下的枕垫抽去；
这黄色的奴隶可以使异教联盟，同宗分裂；
它可以使受咒诅的人得福，
使害着灰白色的癞病的人为众人所敬爱；
它可以使窃贼得到高爵显位，和元老们分庭抗礼；
它可以使鸡皮黄脸的寡妇重做新娘，
即使她的尊容会使那身染恶疮的人见了呕吐，
有了这东西也会恢复三春的娇艳。
…………
该死的土块，你这人尽可夫的娼妇，
你惯会在乱七八糟的列国之间挑起纷争。”

并且下面又说：

“啊，你可爱的凶手，
帝王逃不过你的掌握，
亲生的父子会被你离间！
你灿烂的奸夫，
淫污了纯洁的婚床！
你勇敢的玛尔斯[16]！
你永远年轻韶秀、永远被人爱恋的娇美的情郎，
你的羞颜可以融化了黛安娜女神膝上的冰雪！
你**有形的神明**，
你会使**冰炭**化为胶漆，仇敌互相亲吻！
[XLII] 为了不同的目的，
你会说任何的方言！

你动人心坎的宝物啊！
你的奴隶，那些人类，要造反了，
快快运用你的法力，让他们互相**砍杀**，
留下这个世界来给兽类统治吧！”[17]

莎士比亚把**货币**的本质描绘得十分出色。

[注 释]

[1]《1844年经济学哲学手稿》是马克思曾经打算撰写的《政治和政治经济学批判》一书的草稿。这部著作是马克思1844年4月到8月间在巴黎写成的，因此又被称为“巴黎手稿”。

[2] 原文是：“反比”。——编者注

[3] 这个结论在当时的社会批判性著作中相当流行。——原书注

[4] 马克思在手稿中经常并列使用“异化”和“外化”的概念。

[5] 马克思在这里以自己的理解复述了费尔巴哈把宗教看作人的本质的异化的观点。费尔巴哈说，为了使上帝富有，人必须穷，为了使上帝成为一切，人应当什么也不是。

[6] 马克思这里所论述的思想是与费尔巴哈的观点相呼应的。费尔巴哈认为宗教和唯心主义哲学都是人的存在和其精神活动的异化，都是人的幻想化了的客观本质；黑格尔的逻辑学的本质是主体的活动，是主体的被窃走的思维，而绝对哲学则使人自身的体质、人的活动在人那里异化。

[7] 马克思吸取并创造性地改造了费尔巴哈关于“类本质”的思想：人把人的社会的“类本质”异化在宗教中；宗教以意识为基础，而意识只存在于作为“类”的人的本质中；人不像动物那样是单个的存在物，而是普遍的、无限的存在物。

[8] 类、类生活、类本质都是费尔巴哈表示人的概念的术语。真正的人的生活以爱，即友善的关系为前提。这些都是属于人的类的自我感觉的能动意识。费尔巴哈认为，类本质使个人能在无限多的不同个人中实现自己；人们之间的对立关系不是来自阶级社会的经济生活条件，而是人的真正的类本质的异化所造成的。

[9] 卖淫不过是工人普遍卖淫的一个特殊表现而已，因为这种卖淫是一种不仅包括卖淫者，而且包括逼人卖淫者的关系，并且后者的下流无耻远为严重，所以，资本家等也包括到卖淫这一范畴中。

[10] 卢梭的《论科学和艺术》《论人间不平等的起源和原因》等著作中认为没有受过教育、文化和文明触动的状态对人来说才是自然的，而马克思则认为这种状态是非自然的。

[11] 马克思用费尔巴哈的术语表达了自己的辩证唯物主义和共产主义的思想，提供了对“历史之谜的解答”。马克思从对私有制所包含着的客观矛盾的分析中，得出了共产主义历史必然性的结论。

[12] 指欧文对一切宗教的批判言论。欧文认为，宗教给人以危险和可悲的前提；任何宗教观念都是极端谬误的；宗教的偏狭性是达到普遍的和谐和快乐的直接障碍。

[13]“拥有”(haben) 这一范畴引自莫·赫斯的著作。

[14] 费尔巴哈把自己的认识论称为心理学。他是在认识论的意义上使用这个术语的。

[15] 歌德《浮士德》第四场（《书斋》)。——编者注

[16] 玛尔斯是古代罗马人的精神。——编者注

[17] 莎士比亚《雅典的泰门》第四幕第三场。——编者注

讲　解

《1844年经济学哲学手稿》（以下简称《手稿》）是马克思曾经打算撰写的《政治和政治经济学批判》一书的草稿。《手稿》第一次试图从唯物主义和共产主义的立场出发，对资本主义经济制度和资产阶级经济学进行批判性考察。《手稿》是马克思的早期著作，带有费尔巴哈思想的痕迹。它是形成马克思主义科学世界观的一部重要著述。马克思亲身参加了欧洲先进工人阶级的革命运动，根据斗争实践的需要，批判地吸收了人类思想的优秀成果，并加以改造和发展。马克思批判地承接了德国古典哲学、英国古典政治经济学和法国空想社会主义的先进思想。《手稿》从政治经济学和哲学的结合上，对资本主义关系和生产方式进行了全面深刻的分析，特别是突出马克思主义的实践观点，从人类的生命活动和生产活动出发，系统地论述了人的精神领域中的一些重大的原则性问题，对审美问题、人的异化问题和艺术生产问题进行了具有奠基性和原创性的阐发，成为马克思主义的美学理论和文艺理论的权威性和经典性的著作。20世纪30年代，全球曾掀起《手稿》热。学习和研究《手稿》对建构和发展马克思主义美学和文艺学具有极其重大的价值和意义。人们对《手稿》中的美学、文艺学思想是有争论的。大体上存在着两种意见：一种意见认为，《手稿》是马克思的早期著作，带有比较浓重的费尔巴哈的人本主义痕迹，作为青年时代的马克思的思想是不成熟的；这部著作的宗旨是探讨和研究经济学与哲学问题，旁及一些个别的美学观点，很不系统。另一种意见认为，《手稿》中不但有美学思想，而且比较集中、系统，具有一定的科学上的严密性。编著者是赞同第二种意见的。马克思的《手稿》对建设马克思主义美学具有重要的价值和意义。在对待《手稿》的问题上，我们应该防止两种片面性：一种片面性是对《手稿》中的美学思想采取虚无主义的态度；另一种片面性是对《手稿》中的美学思想采取教条主义的态度。前者用没有根据的断语代替科学分析，否认《手稿》中的美学思想；后者认为《手稿》中有美学思想的现成答案。这两种意见、看法和态度都是值得研究的。我们既不赞成《手稿》中没有美学思想的答案，也不同意到《手稿》中去寻找美学思想的现成答案。《手稿》对建设和发展马克思主义美学的必要性和重要性不仅表现在它论述了一些重要的美学观点，更重要的是，《手稿》为创建马克思主义美学提供了打开玄奥的美学之门的钥匙，指明了正确研究美学的方向和途径，确立了美学之所以能够成为科学的理论基础，从而具有划时代意义的方法论意义上的指导作用。

一、审美论

（一）美学研究的根本变革

黑格尔和费尔巴哈的学术思想是马克思主义产生以前人类智慧发展的最高成就。但是，黑格尔和费尔巴哈作为自己学科体系中的巨人，尽管都对美学有过这样那样的贡献，然而由于他们都离开社会实践去探讨美学问题，因而都不能对美学问题得出科学的结论。

黑格尔在他自己杜撰的理念世界中去寻求美的问题，曾受到歌德的讽刺，歌德说："我对美学家们不免要笑，笑他们自讨苦吃，想通过一些抽象名词，把我们叫做美的那种不可言说的东西化成一种概念。"黑格尔有时也谈到"劳动"和"实践"这样的词，但他把这些词理解为"理念"的演化和外化，理解为使"绝对精神"得以获取"物性"的"精神劳动"。在《历史哲学》中，他把这种"精神劳动"作为演化"理念"的手段，使"主观精神"获得生动化的"外在性"或"物性"；在《小逻辑》中，以"理念"为内容的借助于一定的基本形式表现出来，并使两者达到彻底统一的，他才称为"真正的艺术品"；在《美学》中，他认为"美是理念的感性显现"，美是理念的演化和外化。他说，"理念必须进一步变成现实，而它之变成现实，只有通过本身符合概念的现实的主体性及其观念性的自为存在才行"，"所以我们所紧紧掌握的要点"，"是一种自为存在，这种主体性"，因为真实的统一都是有观念的主体性。[1]这是讲观念的主体性要求"外化"，要求变成具体的"物化形态"。黑格尔说："因为只有作为现实的理念，美的理念才能存在，而理念的现实性，只有在个别事物里才能得到。"在黑格尔看来，抽象的理念是不完满的，只有经过逻辑范畴里的"精神劳动"将之进行具体的演化和外化，表现为现实的个别事物的主体性才是充实的。从上面的介绍和分析中我们可以看出，黑格尔不但不谈社会实践，而且用抽象的精神劳动，靠逻辑上的推演取代社会实践和真正意义上的精神劳动，所以他只能局限在"理念世界"的圈子里谈美，或将美学问题禁锢在"绝对精神"的牢笼里，从而无法得出科学的结论。从这里我们看到，人的主观能动作用被黑格尔片面地、歪曲地发展了。

费尔巴哈与黑格尔相反。他批判了"理念论"，不满意"旧的绝对哲学将感觉排斥到现象的范围、有限的范围，相反地却将绝对的、神圣的东西规定为艺术的对象"，他认为"感觉乃是绝对的官能"，他把"艺术在感性事物中表现真理"加以修改，表述为"艺术表现感性事物的真理"。[2]费尔巴哈说，如果"哲学上最高的东西是人们的本质"，那么"艺术上最高的东西是人的形象"。费尔巴哈究竟怎样认识和理解人的本质与人的形象呢？正如马克思在《关于费尔巴哈的提纲》中所指出的："费尔巴哈把宗教的本质归结于**人的**本质。但是，人的本质不是单个人所固有的抽象物，在其现实性上，它是一切社会关系的总和。""费尔巴哈不满意**抽象的思维**而喜欢**直观**；但是他把感性不是看作**实践的**、人的感性的活动。"[3]马克思、恩格斯在《德意志意识形态》中曾精辟地分析过费尔巴哈的人本主义的唯物主义特点，对我们理解费尔巴哈学说的弱点和缺欠很有帮助。他们说："诚然，费尔巴哈比'纯粹的'唯物主义者有巨大的优越性：他也承认人是'感性的对象'。但是，毋庸讳言，他把人只看作是'感性的对象'，而不是'感性的活动'，因为他在这里也仍然停留在理论的领域内，而没有从人们现有的社会联系，从那些使人们成为现在这种样子的周围生活条件来观察人们；因此毋庸讳言，费尔巴哈从来没有看到真实存在着的、活动的人，而是停留在抽象的'人'上，并且仅仅限于在感情范围内承认'现实的、单独的、肉体的人'……除了爱与友情，而且是理想化了的爱与友情以外，他不知道'人与人之间'还有什么其他的'人的关系'。他没有批判现在的生活关系，因而他从来没有把感性世界理解为构成这一世界的个人的共同的、活生生的、感性的**活动**。"[4]总之，费尔巴哈只把人视为感性的对象，没有把人理解为社会关系的总和，把人的活动局限在抽象的理想化了的情感世界和感性世界里，这对"理念世界"虽是一个进步，但他没有也不可能理解为一种人类共有的社会实践活动。

因此，马克思、恩格斯认为："当费尔巴哈是一个唯物主义者的时候，历史在他的视野之外；当他去探讨历史的时候，他决不是一个唯物主义者。在他那里，唯物主义和历史是彼此完全脱离的。"[5]马克思、恩格斯创建的唯物史观"和唯心主义历史观不同，它不是在每个时代中寻找某种范畴，而是始终站在现实历史的**基础上**，不是从观念出发来解释实践，而是从物质实践出发来解释观念的东西"[6]。

社会实践的观点作为马克思主义的基本观点，是马克思、恩格斯反对唯心主义和机械唯物主义两种倾向的斗争的成果。马克思、恩格斯分别批判了黑格尔和费尔巴哈的片面性与消极因素，吸取了他们学说中的合理的内核和成分，克服并辩证地综合了两种片面性：既扬弃了黑格尔演化理念的精神劳动的能动性，并将这种唯心主义的能动性加以唯物主义的改造，引申出并肯定了以社会实践为基本内容和主要标志的辩证唯物主义所主张的人的主观能动作用，同时也克服了费尔巴哈把人的本质只看作感性对象的片面性，否定了他的人本主义学说，确立了人的本质是社会关系的总和，人的基本活动应当理解为人类的社会实践。可见，马克思、恩格斯用社会实践的观点和方法来观察美学现象不是偶然的，它的产生和出现是革命导师们反倾向斗争的产物，是马克思、恩格斯在批判继承先辈们的思想成果的基础上，经过新的发现和创造而形成的科学的方法和结论，是人类思想认识的合乎规律的发展，是美学研究史上的观点和方法论的革命变革。

在《手稿》中，马克思用经济学和哲学相结合的观点和方法阐明了人类的最基本的实践活动——劳动和社会实践的重要地位与巨大作用。这是《手稿》中的基本思想和宗旨所在。从经济学的角度说，经济生活和物质生产活动是经济学家们研究的主要课题；从哲学的角度说，实践的观点是哲学认识论的首要的基本的观点，也必须以实践作为研究一切哲学基本理论的出发点。马克思之所以从经济学和哲学的结合上研究社会现象包括美学现象，正因为这两门科学有着共同点，它们都以社会实践作为研究社会现象的焦点。社会实践的观点和方法好比一面聚光镜。马克思把一切社会现象包括美学现象放到这面聚光镜下加以检验和透视，收到了清晰的灵验的效果，能够洞察美学现象的奥秘和底蕴。因此，我们有理由说，从经济学和哲学的结合上，运用社会实践的观点和方法观察美学现象，是美学研究方法上的一次重大的突破。

（二）审美感觉的历史生成

正如我们上面所分析的，费尔巴哈尽管"创立了**真正的唯物主义**和**现实的科学**"[7]，但他根本不了解社会实践的意义和作用；黑格尔尽管看到劳动的作用，甚至"把**劳动**看作人的**本质**，看作人的自我确证的本质"[8]，但他所说的劳动，是"抽象的精神的劳动"，现实世界或物性"只是纯粹的创造物，是自我意识所**设定的东西**"[9]。马克思所说的劳动是指人类的社会实践活动，特别是指人类社会的最基本的实践活动——物质生产劳动。马克思在《手稿》中，从经济学和哲学的结合上，阐明了人类社会的最基本的实践活动——物质生产活动怎样创造着客观世界，并相应地改变着主观世界。以劳动这个中间环节作为桥梁和纽带，把人和自然紧密地联系起来、沟通起来，使人和自然的关系发生了根本性的变化，使两者从相互隔膜、陌生、敌对的状态，从异化和疏远的状态逐渐开始变得彼此接近、相互融合、相互渗透起来。劳动作为一把征服自然界和不断揭示人的心灵世界的钥匙，日益扩大着人和自然的接触，改变着自然的面貌，在自然的躯体上打上了人的印记，使自然成为一种"属人"的存在，成为人的身体的一部分，即成为人们的“无机的身体”。马克思称这种被人的劳动联系和改造过的自然为“人化的自然”或“自然的人化”。正如马克思所指出的，人的劳动实践产生了“人的肉体生活和精神生活同自然界相联系”，扩大了人与自然接触的广度和深度，“随着对象性的现实在社会中对人说来到处成为人的本质力量的现实，成为人的现实，因而成为人**自己的**本质力量的现实”，“成为确证和实现他的个性的对象”，于是，“对象成了**他自身**”。[10]被人化了的自然，即通过社会生产劳动给自然打上了人的印记的对象好像是人的作品，创造者面对他自己的作品，“不仅象在意识中那样理智地复现自己，而且能动地、现实地复现自己，从而在他所创造的世界中直观自身”[11]。这是问题的一个方面，说明劳动给自然和对象带来的变化。

此外，还有另外一个不可忽视的方面，劳动不但改造了自然，使自然成为属人的或人化的自然，而且也创造、完善、丰富和扩充着劳动者自己，使人的实践能力、智慧、机敏、灵巧，乃至要求、愿望和人的本质力量全面地、尽可能地“自然化”“对象化”，使人成为自然界的有机组成部分。马克思说，“**创造**是一个很难从人民意识中排除的观念”。他曾在1844年的上半年，在《詹姆斯·穆勒〈政治经济学原理〉一书摘要》一文中论述了劳动给人带来的变化，并提出“我们的生产同样是反映我们本质的镜子”[12]这样一个重要的命题。该文指明了下列一些重要观点：(1) 劳动能够获取“物化了的我的**个性**和我的个性的**特点**”，创造者从物化形态的个性中直观到“个人的**生命表现**”，从而“感受到个人的乐趣”；(2) 当产品能满足社会成员的需要时，生产者也会得到精神上的满足和愉悦；(3) 创造者的产品的价值被需要者的思想和爱所证实；(4) 产品“直接**证实**和**实现**了我的真正的本质”，“我的劳动是**自由的生命表现**，因此是**生活的乐趣**”。[13]这是我们看到的马克思对美感起源的最初的表述，和《手稿》中的有关思想彼此贯通，一脉相承。《手稿》指出，“人以一种全面的方式……作为一个完整的人，占有自己的全面的本质。人同世界的任何一种**人的**关系——视觉、听觉、嗅觉、味觉、触觉、思维、直观、感觉、愿望、活动、爱，——总之，他的个体的一切器官……通过自己的**对象性**关系，即通过自己**同对象的关系**而占有对象。对**人的**现实性的占有，它同对象的关系，是**人的现实性的实现**……是人的一种自我享受”，成为人的本质力量（一切属性、能力和意愿的总和）的表现和确证。

经过劳动和实践的创造活动，经过漫长的历史过程，人和自然产生和建立了一种亲和性和情感性的关系，自然成为精神上属人的自然，成为“人的无机身体”。长期农耕社会形成的农民和土地的关系，恰如一种人的有机身体和无机身体的关系。马克思说，农民的“风尚、性格等等依地块而各不相同”，“土地仿佛是它的主人的无机的身体”[14]，显示着农民的个性和人格。因此，以反映农村生活为题材的成功的文艺作品往往通过生动描绘被个性化和人格化了的土地，表现农民对土地的深情，从而有力展示农民的独特个性和人格。《红旗谱》描写勤劳、善良、淳朴而怯懦的农民严志和卖掉土地后，怀着悲愤的心情，失魂落魄地来到田头，和曾属于他的土地告别。他跪扑在田地上，抓起一把土，放在嘴里，咀嚼着，仿佛要吞吃下去，像失去母亲的孤儿般呜咽着，捶胸顿足，流出伤心的泪水……土地是农民的希望之所寄，生命之所系。这种成功的艺术描写，由于捕捉了能够“确证和实现”农民的“个性的对象”——被“个性化”和“人格化”了的土地加以描写，又着重从人物的心灵深处进行发掘和钻探，所以才能对严志和对他的“无机的身体”的深沉情感的独特表达方式作出创造性的描绘，才能对严志和作出精彩的个性描写；同时显示了由于作者谙熟中国农民的生活和性格，善于通过表现农民对土地的深情，能够别开生面地刻画农民性格的独特。

对象化的历史进程，使人和自然之间形成一种互有关系。人中有自然，自然中有人；人中有对象，对象中有人；对象成为人的对象，人成为对象的人；对象被人化了，人又被对象化了。这本是劳动过程中所常见的现象，是朴素的真理，但曾是一个深奥的理论问题。即使黑格尔、费尔巴哈也被这个问题迷惑过。他们对人和自然的关系的解释都是不科学的。因此，马克思用社会实践的观点和方法科学地阐述了人和自然的关系，无疑是一种划时代的伟大发现。

马克思说："五官感觉的**形成**是迄今为止全部世界历史的产物。""社会的人的**感觉不同于**非社会的人的感觉。只是由于人的本质客观地展开的丰富性，主体的、**人的**感性的丰富性，如有音乐感的耳朵、能感受形式美的眼睛，总之，那些能成为人的享受的感觉，即确证自己是**人的**本质力量的**感觉**，才一部分发展起来，一部分产生出来，……一句话，**人的**感觉、感觉的人性，都是由于**它的**对象的存在，由于**人化的**自然界，才产生出来的。"[15]人化的自然界和人化的审美感觉是通过现代工业创造出来的。对象人化的自然界作为人的本质力量的公开展示，表现出自然界的人的本质，或者人的自然的本质。在人类历史中即在人类社会形成过程中产生的自然界，是人的现实的自然界通过工业以异化的方式形成的自然界，是真正的人本学的自然界。"我们看到，**工业**的历史和工业的已经生成的**对象性的**存在，是一本**打开了的关于人的本质力量**的书，是感性地摆在我们面前的人的**心理学**。"[16]人的实践创造活动历史地、不断地促进人的对象化和对象的人化的互动和良性循环，推动社会和自然向合乎人性的人的复归。人的审美感官、审美感觉、审美活动的历史发展，潜藏于人和自然的辩证运动中。只有社会的人的生命活动，才能使人的对象性存在成为合乎人性的存在。因此，社会作为同自然界的完成了的统一，是自然界的真正的复活，是人实现了的自然主义和自然主义实现了的人道主义。"这种共产主义，作为完成了的自然主义，等于人道主义，而作为完成了的人道主义，等于自然主义，它是人和自然界之间、人和人之间的矛盾的**真正**解决，是存在和本质、对象化和自我确证、自由和必然、个体和类之间的斗争的真正解决。它是历史之谜的解答"[17]。

（三）审美关系的构成框架

马克思曾指出："人始终是主体。"[18]但作为创作对象来说，人又是客体。人、人的社会和人的对象化的自然都是外在于作家、艺术家的审美客体。人作为审美主体与作为对象世界构成审美关系。这是美学思想的核心问题，也是文艺创作和文艺欣赏的基本问题。

马克思特别强调审美主体性，描述了审美主体的丰富的开放性结构。他说，人始终是主体，但这种主体性不是黑格尔的"绝对的主体性"或笼罩在客体性上的主体性。作品或产品，从客体方面说，是对社会生活的表现和确证。审美客体和审美对象具有如下一些特性。

对象性关系。对象性是审美客体的基本属性，是产生审美感觉的基础。只有人与表现对象建立一种具有亲和性和情感性的精神联系，才可能产生肯定人的对象性关系。

对应性关系。审美主客体之间存在着价值关系的对应性。审美作为一种价值属性，一定会表现出基于物质属性的价值属性的吻合状态。比如只有音乐才能激起人的音乐感，对于没有音乐感的耳朵来说，最美的音乐也毫无意义。音乐和音乐家才能构成对应关系。对于一个忍饥挨饿的人来说并不存在人的食物形式，这种人的进食活动与动物几乎没有什么不同。美食和美食家才能构成对应关系。

同构性关系。主体与对象的价值同构性是十分明显的。美是有条件的。没有审美能力的耳朵对音乐没有审美感觉；缺乏审美能力的眼睛无法享受形式美的盛宴；忧心忡忡的贫穷的人对最美丽的景色都没有什么感觉。可见，审美学也需要起码的物质生活条件。给贫困地区的人们带来福祉的崇山峻岭，在务实的农民看来，只不过是一片影响耕地的石头群架。贩卖矿物的商人只看到矿物的商业价值，而看不到矿物的美和特性；他没有矿物学的感觉，出于赚钱的动机，只考虑矿物的交换价值，绞尽脑汁地思量矿物和货币增值的关系。科学家从求真的视域考察矿物的品质、构成和属性，研究它的功用并探索如何向工业生产转化。只有美学家鉴赏矿物晶体的色彩、光泽和形式美。可见，具有不同价值需求的人对与之相对应的矿物属性所产生的同构关系是判然有别的。

对象性、对应性和同构性关系是审美客体的基本特征。但一定境况下，也可能存在着片面性。马克思主张人与对象世界建立一种具有丰富性、全面性、深刻性的感性关系。

审美主体也具有如下一些特性。

审美主体的创造性。审美活动作为有意识的自由自觉的活动，是一种富有创造性的活动。审美主体从自己的价值观念出发，对具有对象性、对应性和同构性的审美对象进行选择、加工和创造，产生新质态的作品。一部新作品应当是对世界的新发现。人们的创造性活动所获得的成果不仅应当是对外部世界的新的开拓和新的开掘，而且应当成为对人的本质力量的新的证明和人的本质的新的充实。马克思说，创造是一个很难从人民意识中排除的观念。

审美主体的情感性。马克思认为："激情、热情是人强烈追求自己的对象的本质力量。"[19]激情和热情作为人的本质力量的重要组成部分总是伴随着人们的艺术活动，化为捕捉和追求表现"自己的对象"的一种强烈的心理上的欲望和冲动。这种欲望和冲动有时以想象和幻想的形式出现。审美主体的创造性活动具有一种本质的活动的激情，表现出本质活动的感性的爆发。马克思把创造主体的激情提升到本体论的高度加以强调，指出："人的激情的本体论本质才既在其总体上、又在其人性中存在；因此，关于人的科学本身是人在实践上的自我实现的产物。"[20]

审美主体的审美感觉的理性因素。审美主体的情感因素是同一定的理性因素相关联的。艺术的思想性和和情感性是不可分离的，并且总是以丰富多彩的方式水乳交融般地结合在一起。无情感的思想和无思想的情感都是不可思议的。"五官感觉的**形成**是以往全部世界历史的产物。"由于漫长的审美创造活动的经验的贮藏和历史的积淀，"**感觉**通过自己的实践直接变成了**理论家**"。

审美主体的审美感觉的个性特征。文艺创作个体自由自觉的活动所创造出来的作品必然是个性化的，表现出自己的风格和气派成为创作主体的"本质力量的确证"，肯定、实现和展示自己的个性的对象。作品能够"以**全部**感觉在对象世界中肯定自己"，"是你的**现实的个人**生活的、与你的意志的对象相符合的**特定表现**"。[21]你可以在你所创造的世界中看到自己、直观自身。创作主体在创作的过程中和成果上必然表现出自己独特的创作个性和创作风格。作家、艺术家的创作活动和人的其他创造性活动一样，他的"对象化的独特方式"的不同，决定他的"**对象性的**、**现实的**、活生生的**存在**的独特方式"[22]也必然存在着差异。换言之，创作主体的个性和风格的特征从主观方面制约着他的艺术构思和艺术作品的特点。因为创作和作品作为艺术家的活动和产品，不能不受他们自己的认识、意志、情感所支配。这势必使文艺作品成为直接体现他的个性的对象，成为一种"为我的存在"，一定程度上表现着被物化了的"我的本质的属性和特点"[23]。因此，创作主体的"自由状态"是进行文艺创作的前提。马克思曾针对资本主义剥削制度对处于无权和贫困地位的无产者进行摧残与作践的严酷事实，号召无产者要“保住自己的个性”，“使自己作为个性的个人确立下来”。[24]

精神变成叫花子。这只能使人干出一些违反规律的蠢事，好比“强使一个巨人住在侏儒的屋子里一样”[25]。马克思、恩格斯诘问道：要狮子遵循水螅的生命规律，这难道不是反常的要求吗？巴尔扎克深有体会地说：“有多少艺术家，便有多少见解独特的生活。”[26]屠格涅夫说：“我以为，也在一切天才身上，重要的有敢称之为自己的声音的一种东西。……重要的是生动的、特殊的、自己个人的音调，这些音调在其他每一个人的喉咙里是发不出来的……”没有作家和艺术家自己的独特声音与色彩，会使文艺的百花园变得单调、刻板和乏味。这是和艺术反映对象——生活本身的丰富性、人民群众对文艺的需要的多样性不相协调的。如果不提倡审美地把握生活的独特性，不提倡作家树立能够体现他的思想和形象的独特的途径和手段，锤炼、铸造自己的创作个性和创作风格，是不能创造出优秀作品的。然而，人“**是社会存在物**”，“人是**特殊的**个体”，“人也是**总体**”[27]，弘扬审美个性应当处理好与人的社会性、总体性和群体性的相互关系。

审美主体的审美感觉的通感性特征。人的审美感觉带有综合性的通感性质。“人对世界的任何一种**人的**关系——视觉、听觉、嗅觉、味觉、触觉、思维、直观、感觉、愿望、活动、爱，——总之，他的个体的一切器官……通过自己的**对象性**关系，即通过自己**同对象的关系**而对对象的占有。”“作为一个完整的人，占有自己的全面的本质。”[28]

审美客体和审美主体构成“审美关系”。从哲学意义上说，客体和主体具有三种关系：客体对主体的决定作用；主体对客体的能动作用；主客体之间的交互作用。一般而论，不恰当地夸大客体的作用，可能滑向直观反映论和庸俗社会学；不适度地强调主体的作用，可能陷于唯心主义和唯意志论。只有正确地理解和处理主客体的相互关系，尊重主客体的交互作用，才能完整地体现唯物论辩证法的思维方式。人的自由的、自觉的、有意识的生命活动和生产活动，由于生命主客体和审美主客体的交互作用才能构成审美关系。马克思说：“对象**如何**对他来说成为他的对象，这取决于**对象的性质**以及与**之**相适应的**本质力量**的性质；因为正是这种关系的**规定性**形成一种特殊的、**现实的**肯定方式。”[29]对象的性质体现“物种”的属性，人的本质力量的性质体现人的“固有的尺度”，正是审美主客体的互化，即人的本质力量的对象化和对象的人的本质力量化构成审美关系的基本条件，同时也是产生美和美感的重要前提。马克思既唯物又辩证地解决了审美主体和审美客体的相互关系问题。片面强调作为审美主体的人的本质力量的性质和一味地夸大作为审美客体的对象的性质都是不妥当的，而正是由于主体的性质和对象的性质的交互作用形成的审美关系的“规定性”，决定作品或产品的性质。换言之，作品和产品的性质不是由主客体的单方面决定的，而是由主客体之间的交互作用产生的“这种关系的**规定性**”决定的。而“这种关系的**规定性**”不是笼统、抽象的，表现为“一种特殊的、**现实的**肯定方式”，构成作品或产品的特殊性质：或表现为审美主客体的统一形态；或向审美客体倾斜，产生现实主义和写实主义，推向极端，可能滑向机械反映论和庸俗社会学；或向审美主体倾斜，产生浪漫主义、现代主义、表现主义和泛表现主义。加以夸大，势必导致唯心主义和唯意志论。

马克思特别强调审美主体性，描述了审美主体的丰富的开放性结构。他说：“人始终是主体。”但这种主体性不是黑格尔的“绝对的主体性”或笼罩在客体性上的主体性。作品或产品，从客体方面说，是对“**社会生活的**表现和确证”；从主体方面说，是“以**全部**感觉在对象世界中肯定自己”。马克思对审美关系的科学的系统论述，为当代中国的文艺工作者理解和处理审美主客体关系，提供了可资效仿的典范。

(四) 怎样理解“按照美的规律来建造”

“按照美的规律来建造”是马克思在《手稿》中提出来的一个重要的美学思想。正确理解这个重要的美学思想，对“按照美的规律”领导文艺，“按照美的规律”进行文艺创作、文艺欣赏和文艺评论，都是有益的。

马克思在《手稿》中对人和动物的生产作了比较和分析，指出人的生产是自觉的、自由的，是有意识、有目的的，是社会性的；而动物的生产是盲目的、受动的、下意识的，是属于一种本能性的肉体需要，仅限于维持自身和为了传宗接代，延续所属物种生命的再生产。马克思是这样阐述的：“诚然，动物也生产。动物为自己营造巢穴或住所，如蜜蜂、海狸、蚂蚁等。但是动物只生产它自己或它的幼仔所直接需要的东西；动物的生产是片面的，而人的生产是全面的；动物只是在直接的肉体需要的支配下生产，而人甚至不受肉体需要的影响也进行生产，并且只有不受这种需要的影响才进行真正的生产；动物只生产自身，而人再生产整个自然界；动物的产品直接同它的肉体相联系，而人则自由地对待自己的产品。动物只是按照它所属的那个种的尺度和需要来建造，而人却懂得按照任何一个种的尺度来进行生产，并且懂得怎样处处都把内在的尺度运用到对象上去；因此，人也按照美的规律来建造。”[30] 马克思的论述给破解“美学之谜”提供了正确的理路和明确的方向：到实践中去寻觅。我们可以从上面的阐发中，提炼出一些重要的思想。第一，马克思运用人类学、哲学、政治经济学相融合的跨学科的宏观思维方式，论述了人的生命的生产和再生产，提出一种与人的生命活动和生产活动紧密联系的宏大的审美观念。第二，“两个尺度”的内涵可以理解为主客体的统一，即客体的“种的尺度”既包括对象的外在的形象因素，也包括对象的内在的本质属性；作为主体的“固有的尺度”既包括主体的感官需要和“直接的肉体需要”，更包括主体的高级的生命需要，即高级的物质需要和精神需要，特别是人的高级的“精神需要”。第三，这种“固有的尺度”实质上指人所拥有的“本质力量”。人的生产是自身生命的生产和再生产，即体现“人的本质力量”和“满足人的精神需要”的生产。这种生产能“自由地面对自己的产品”，因为人首先是自由的存在。人的这种“自由”和动物不同，是有意识的，是自觉的。“**人是社会存在物**”，人的生命活动是自由的有意识的活动，“有意识的生命活动把人同动物的生命活动直接区别开来”。所以马克思说人的生命活动和生产活动是自由自觉的活动。人的创造活动，必然把人和对象的外在的、内在的主客体因素，把对象的本质属性和人的本质力量统一起来，并创造性地运用到对象上去。理解美的规律，应当从马克思的相关论述中综合考虑，美的规律即能满足人的高级的精神需要，体现人的本质力量的人的真正的、全面的、自由的、自觉的生命活动。这是一种出自人的高级精神需要和价值诉求的创造活动。第四，这种创造活动的特质是“人不仅通过思维……而且以**全部**感觉在对象世界中肯定自己”，“人的生产是全面的”，“作为一个完整的人，占有自己的全面的本质”，人“通过自己的**对象性**关系，即通过自己**同对象的关系**而占有对象”。这种完整地、全面地、自由地、自觉地占有自身本质的人，实际上是审美化的人。第五，人通过自由自觉的生命活动把满足人的高级的精神需要，把体现人的本质力量的目标和意愿创造性地运用到对象上去。换言之，这种“建造”活动大大超越了动物的那种直接的狭隘的“肉体需要”和

"接种传代"的生产，而满足人的生命需要，即包括人的审美需要在内的高级的、达到"自由自觉"境界的需要。在马克思看来，无论是人的生命存在还是人的生命活动，达到自由、自觉、自为的状态才是美的。马克思把对"美的规律"的探讨和人的生命活动、生产活动联系起来加以考察。这种宏观而又独特的研究既不同于抽象的、思辨的、空想的乌托邦式的研究，也有别于经验的、实证的、纯粹感性直观的研究，通过实践，人的生命活动的感性元素和理性元素完美融合，使人的生命活动和美的活动有机统一。马克思的这个具有统领性的思想，指导文艺创作和艺术生产"建造"美的活动，都必须遵循"美的规律"。

(五)《手稿》中的疑难问题解析

《手稿》中有一些美学的疑难问题，常常引起争论，甚至基于这些重要的美学观点的不同理解产生不同的美学学派。从理论根源上说，我国乃至苏联不同的美学学派的学术见解上的分歧，在很大程度上导源于对《手稿》中的美学思想的不同的理解和运用。因此，我们力图了解不同美学学派的理论分歧的根源，这对进一步深入地探讨美学的奥秘是有益的。

1. 如何理解"人的本质力量的对象化"?

到目前为止，对此有四种不同的理解，引申出对于美的四种不同观点。

一种理解是把人的本质力量理解为人的主观意识，认为人的本质力量的对象化即人的主观意识的"外化"和"物化"，自然界无所谓美和丑，美是主观意识、思想、情绪和趣味的产物，这种理解引申出美的主观说。一种理解是把人的本质力量的对象化理解为意识或观念的对象化，或将人的本质力量理解为人的意识和观念化了的对象，但承认自然界存在着美的属性，认为美是对象的属性和主观观念的一致，引申出美的主客观统一说。一种理解是人的本质力量不能对象化，作为审美对象的自然界是无须人化的，它本身便包含着美，或者说，美是自然界本身所固有的属性，是不以人的意识和意志为转移的客观存在，这种理解引申出美的客观说的自然学派。还有一种理解是承认对象世界有构成美的自然属性和条件，如色彩、光泽、整齐一律、平衡对称、多样性的统一、符合规律、和谐、节奏和韵律的适度感等。但对人的本质力量的对象化或人化自然的理解与美的客观学说的自然学派不同，认为没有经过人化的自然，没有美学意义；同时也与美的主观说不同，认为人的本质力量的对象化首先不是主观意识化，而是社会实践化，是社会实践在对象上打上人的印记，体现人的全部本质，不限于也不归结为只是人的主观意识化，而是长期历史过程中形成的一种具有社会性的客观属性。因此这种观点认为美是自然属性和社会属性的统一。它也不同于美的主客观统一说，因为尽管这两种看法都承认美的自然属性，但主客观统一说把对象化仅仅理解为主观意识化，而不是理解为以社会实践为基础长期形成的一种具有社会性的客观属性。自然属性经过实践的改造被社会化了，具有了社会的内容、意义和价值。主张美在自然属性和社会属性的统一的这种看法可以称为美的客观说的社会学派。中国美学界大体上有以上四种关于美的观点，即美的主观说、美的主客观统一说以及美的客观说分出的美的客观说的自然学派和美的客观说的社会学派。编著者赞同美的客观说的社会学派的观点，基本上同意美是自然属性和社会属性的统一；但主张对社会属性的理解不宜狭隘化，要研究社会属性的丰富性和深刻性，特别是要研究社会心理，人民的意志、愿望、智慧、技能对形成美和美感的历史作用。对美的社会性的理解不应局限于物质属性，还要研究社会性中所包含着的精神属性和价值属性，不要以为一谈精神和意识的作用便是唯心主义。只有将物质属性和精神属性结合起来，从这两个方面的对立和统一的关系上作辩证、综合的研究，才有可能取得对美和一系列美学问题的更深入的认识。《手稿》仿佛是一座蕴含着各种美学思想的宝库。新时期后，当代中国学者又从中发掘出多种不同的美学理念，如实践论美学、实践存在论美学、实践创造论美学、生命论美学、感性自由论美学、生态论美学等，特别是阐述出实践的各种不同的意义，如实践的存在论意义、实践的认识论意义、实践的价值论意义、实践的本体论意义等，从《手稿》中的各种相关论点出发，创构出各种丰富的美学思想的立论和新说。

2. 美和美感的界限问题

这是一个非常复杂的疑难问题。由于美和美感的界限的既确定又不十分确定的性质，由于历史上的美学家多半从美感的角度来研究美，有的还从美的角度来研究美感，因此美和美感的界限十分混乱。从理论上下定义比事实上划清界限虽容易些，但也不能完满地解决问题。如我们说美是一种以自然属性为基础的社会性的存在，美感是对这种美的反映或反应。但这只是哲学上的一种概括性的界说，并不能使我们心悦诚服。因此，寻求划清美和美感的界限的途径是美学研究的迫切的重要课题。

（1）美和美感所属的范畴不同。美属于本体论范畴；美感则属于认识论或反映论的范畴。美存在于人化的自然中，美感则是对人化自然的直观，是创造者对自己的产品所感到的愉悦和享受，是对人的本质力量的一种充实和确证。

（2）美和美感对人类和个人的规定性或制约性不同。美所以成为美，是因为它作为一种被人化了的社会性的存在，对整个人类社会，用马克思借用费尔巴哈的话来说，是一种类的存在，具有社会的质的规定性，带有约定俗成的性质，不以某社会成员的个人意志为转移。

（3）不同形态的美具有不同的质的规定性。对不同形态的美应作具体分析。说美感是主客观的统一是正确的，说艺术或艺术美是主客观的统一也是正确的，但说自然美和社会美是主客观的统一则显然是不妥的。怎样解释自然美和社会美的本质，仍然是一个需要深入研究的问题。

3. 怎样看待私有制社会，特别是资本主义社会异化状态下的审美关系？

马克思曾把人类历史的发展过程划分为三大阶段：从公有制社会到私有制社会，再到公有制社会；相应地可分为无阶级社会到有阶级社会，再到无阶级社会。马克思指出，在人类历史发展的不同阶段人和自然对象的关系的性质、表现形态，它的内容、范围以及作用是不同的。在以公有制为基础的无阶级社会，人和自然的关系基本上是和谐一致的，不受阶级局限，但充满着人和自然的矛盾，存在着因生产力水平低下所造成的人的种种窘境和艰辛。人的对象化和对象的人化往往是对人的本质力量的新的充实和新的丰富，是对人的本质力量的肯定；而在以私有制为基础的阶级社会，人和自然对象的关系基本上是不协调的，甚至是对立的，人化的自然或自然的人化不再是对人的本质力量的肯定，而成为压抑、摧残、否定人的异化的力量，甚至给人带来痛苦和灾难。这时，人的本质力量的对象化反转来和人相对立。“私有制使我们变得如此愚蠢而片面，以致一个对象，只有当它为我们拥有的时候……才是**我们的**。”因此，马克思说：“私有财产的扬弃，是人的一切感觉和特性的彻底**解放**。”马克思指出，是资本主义以私有制为基础的社会关系特别是资本主义的货币制度对审美关系具有破坏作用。但这只是问题的一个方面。

马克思同时充分肯定了资本主义的生产力和技术的高度发展对审美关系发展所起到的促进

和推动作用。从审美关系的客体——审美对象方面看，马克思说："我们看到，**工业**的历史和工业的已经产生的**对象性**的存在，是一本**打开了的关于人的本质力量的**书，是感性地摆在我们面前的人的**心理学**"，"自然科学却通过工业日益**在实践上**进入人的生活，改造人的生活"，因此，应当"把工业看成人的**本质力量**的**公开的**展示"。资本主义工业的发展，扩大了审美对象的范围，给它带来了新的内容。从审美关系的主体方面看，资本主义工业技术和高度物质文明的发展虽然一定程度上带来了精神文明的堕落和败坏，但也提高了人的审美能力，开拓并丰富了人从审美上把握世界的手段和途径，科学技术成就有可能使艺术家在创作中使用新的材料和新的技法，天体望远镜和高倍数的显微镜扩大延伸了人的视野，使人看到宏观世界和微观世界的美学现象，如此等等。费尔巴哈囿于孤寂的田园的生活环境，不曾看到资本主义条件下审美关系的发展。马克思、恩格斯在《德意志意识形态》中对他进行了批评，指出费尔巴哈的"可靠的感性"也是不可靠的，它不能把握由于社会发展给生活带来的变化。"大家知道，樱桃树……只是在数世纪以前依靠**商业**的结果才在我们这个地区出现"，樱桃树作为一种商业的树种，作为一种新的观赏对象，"只是**依靠**一定的社会在一定时期的这种活动才为费尔巴哈的'可靠的感性'所感知"。[31]可见，费尔巴哈的"'可靠的感性'的对象也只是由于社会发展、由于工业和商业往来才提供给他的"[32]。在马克思看来，人的实践活动、强有力的工业发展不断解决"人和自然的统一性"问题，而所达到的程度往往与生产力水平相适应。马克思、恩格斯在《德意志意识形态》中继续写道，"打个比方说，费尔巴哈在曼彻斯特只看见一些工厂和机器，而一百年以前在那里却只能看见脚踏纺车和织布机；或者他在罗马的康帕尼亚只发现一些牧场和沼泽，而奥古斯特时代在那里却只能发现到处都是罗马资本家的茂密的葡萄园和讲究的别墅。费尔巴哈特别谈到自然科学的直观，提到一些秘密只有物理学家和化学家的眼睛才能识破，但是如果没有工业和商业，自然科学会成为什么样子呢？甚至这个'纯粹的'自然科学也只是由于商业和工业，由于人们的感性活动才达到自己的目的和获得材料的"，最后，他们作出结论："这种活动、这种连续不断的感性劳动和创造、这种生产，是整个现存感性世界的非常深刻的基础。"[33]可见，对以私有制为基础的社会生活中的审美关系问题，要进行具体的、历史的、辩证的分析，简单地肯定和否定一切的看法，都是不足取的。

(六)《手稿》对理解一些重要美学文艺学问题的方法论启示

《手稿》用社会实践的观点和方法解释了人和自然的关系，指出人类的历史是人的对象化和对象的人化的无限发展的深刻过程。这是《手稿》中的一个总的思想，一个根本的思想，一个极其重要的思想。不弄懂这个总的、根本的、极其重要的思想，对其他的思想是不可理解的。因为其他的思想都是从这个总的、根本的、极其重要的思想中派生出来的，它们之间的关系不是并列的、平行的，而是其他的思想是由这个总的、根本的、极其重要的思想决定的。这个总的、根本的、极其重要的思想，对我们深入理解与研究艺术起源、文艺创作、文艺创作和欣赏中的移情作用和主客体关系，都具有重要的方法论的启示。

1. 对理解艺术起源的启示

马克思说，"劳动产生了美"，这是一个正确的科学判断。我们只能从人化的自然和社会生活中去寻求美。人类社会前，地球除按自身规律绕太阳旋转外，对人不能形成对象性关系，没有审美价值的意义。美和美感都是社会实践的产物。社会实践使自然具有属人的性质，同时在人同自然界发生的广泛深刻的联系中，丰富、深化了人的艺术感觉能力。

人类实践活动的初期，物质生产和精神生产是同时进行的，是互相联系、密不可分的。客观世界对于人，既是部分地作为实用的对象，同时又部分地作为艺术的对象，事物的两种属性是结合在一起的。人们在进行物质生产的同时，不仅为了满足实用的需要，也会“按照美的规律”来建造。建造首先是为了实用，也逐渐地考虑美观，一方面满足肉体的需要，另一方面又能引起人们精神上的愉悦、享受和情感上的反应。人们建造物体，同时也把自己的力量、智慧、机敏、灵巧、爱好、兴味、旨趣都体现在他所建造的物体上。当他们再看到他们所建造的物体时，便从他所创造的世界中直观自身，从而获得审美的享受。艺术正是在这样的基础上产生的。

人类社会初期，物质生产和精神生产是不分家的。原始人在采摘果实时，既是物质活动，又是精神活动，既是为了吃，也是为了玩。人们在瓦罐上画上兽图或鱼形，那般粗陋、稚拙而又古朴，一方面为了实用，另一方面也为了审美。民族部落狩猎前后大跳集体舞，显然是为了猎取食物，但也是和艺术活动结合着的。这种舞蹈简单而原始，野蛮而强悍，狂暴而炽烈，或作为一种战斗的动员，或作为胜利的庆典，或作为调动、组织人力向动物宣战的一种手段，或以猛烈、奇特的动作在野兽面前显示自己力量的强大和阵容的壮观，或作为哄赶动物的方式，或作为对狩猎对象进行恫吓和精神讹诈的方法。

黑格尔说，艺术在“‘自然物’元素和在感官的东西中间”。他认为，人以认识与实践这两种方式产生和实现人的“一种冲动”，“通过改变外在事物来达到这个目的，在这些外在事物上面刻下他自己内心生活的烙印，而且发现他自己的性格在这些外在事物中复现了”。[34] 费尔巴哈认为艺术首先起源于劳动，特别是那些多少带有技术性和技巧性的活动。他说：“一般来说，艺术与手艺之间，有什么鸿沟呢？难道不是只有当手工业者、陶器匠、玻璃匠、泥水匠成了艺术家时，真正的艺术才得以表现出来吗？艺术不是与最平常的生活需要有着联系的吗？除了使平常的、必需的东西高贵化之外，艺术还有什么干的呢？不需要房子，就不会建造起漂亮的房子；不再喝酒，不珍视酒，不会用漂亮的高脚杯来盛放它，以示敬重……如果不再感到伐木者的斧头和细木工师傅的锯子刺耳，那末，也不会欣赏七弦琴和笛子的音调。”[35] 费尔巴哈认为，实用的需要、社会生活的需要在先，审美的艺术的活动在后。他说：“难道不是在满足他的艺术感之先，有必要先满足他的饥饿吗？在腹中饥饿或充塞着人胃所不容的食物时，怎能再理会到美学上和道德上的感情呢？”[36]

马克思继承并发展了费尔巴哈的这个思想。他认为，人们首先考虑的是吃、喝、穿、住，然后才考虑满足精神上的需要。但在人劳动的过程中，既满足肉体生活的需要，也尽可能地满足精神生活的需要，两者总是达到某种程度的结合。马克思认为，人的生产实践使“人的肉体生活和精神生活同自然界相联系”，扩大了人与自然接触的广度和深度。“从理论领域说来，植物、动物、石头、空气、光等等，一方面作为自然科学的对象，一方面作为艺术的对象，都是人的意识的一部分，是人的精神的无机界，是人必须事先进行加工以便享用和消化的精神食粮；同样，从实践领域说来，这些东西也是人的生活和人的活动的一部分。”[37] 人们“通过这种生产，自然界才表现为**他的**作品和他的现实”。人们首先按照人的各种需要改造自然物，对象的审美属性开始便隐藏在使用价值中，正是使用的需要使人按照物本身的自然属性创造了它。

美感的观念产生后，和各种观念复杂地结合在一起。正如上面所指出的，首先和实用的观念结合在一起。人们首先考虑实用，其次考虑美观。人们制造物体首先是为了使用，其次才为了好看，得到精神上的愉悦和快感。人们对有用的东西感到可亲、可爱，随之产生一种观念，认为有用即是美的。美感有时和富有的观念结合在一起。铁器时代，妇女们的脖子上戴着铁环，铁环多而且重是富的，人们认为对富有的显示是美的。美感有时和心理的观念联系在一起。披上虎皮，说明自己比老虎更勇猛，显示自己的雄健；挂佩山羊的骨头，说明自己比山羊更敏捷，显示自己的灵巧。美感有时还和某种奇怪的道德观念联系在一起。有的原始部落规定把多病的老人杀死，分食其肉，以为这种行为是美的。因为在这些尚未完全开化的人看来，多病的老人拖累整个部落的行动，他的存在对这个人群是不道德的，如果遗弃他让野兽吃掉，也是不道德的，所以不如将其杀死，这样做才是合乎道德的，才是美的。

马克思在《手稿》中论述了提高审美感受能力对进行审美活动的必要性和重要性。他认为只有有艺术修养的人，才能得到艺术的享受，“你想得到艺术的享受”，你“必须是一个有艺术修养的人”。[38]而艺术修养和审美能力是人的本质力量的一个方面。审美能力的充实、提高和丰富，是长期社会实践的必然结果，正如他所指出的：只有通过人的本质力量在对象上所展开的丰富性才能培养出或引导出主体的即人的敏感的丰富性，才能“创造着**具有丰富的、全面而深刻的感觉**的人”[39]。“一句话，**人的**感觉、感觉的人性，都只是由于**它的**对象的存在，由于**人化的**自然界，才产生出来的。五官感觉的**形成**是以往全部世界历史的产物”，“**感觉**通过自己的实践直接变成了**理论家**”。[40]审美感觉不仅因历史发展不同呈现出时代性和阶级性，也因民族和地域的不同，表现出不同的特点。由于空间和时间上的差异性，审美感觉的内容和能力是不同的。从历史过程看，“**人的**眼睛和原始的、非人的眼睛得到的享受不同”；从民族和地域的特点看，游牧民族的审美观点和农业部落不同，以放牧为业的牧民对农业植物中的花草并不十分欣赏，因为农业在游牧民族中是没有地位的。生活环境和实际生活的不同需要对形成一定的审美观念和趣味具有不可忽视的作用。

审美和欣赏的能力是进行审美活动的必要的条件。费尔巴哈曾说：“如果你毫无音乐欣赏能力，那末，即使是最优美的音乐，你也只把它当作耳边呼呼的风声，只当作是足下潺潺的溪声。当音调吸引住你的时候，其实究竟是什么东西吸引住你呢？你在音调中究竟听到些什么呢？除了你自己的心的声音以外，还会是什么呢？所以，感情只对感情讲话，只有感情、感情本身，才能理解感情——因为只有感情，才是感情本身之对象。音乐是感情之独白。”[41]马克思吸收了费尔巴哈的这个思想。他认为“对于没有音乐感的耳朵说来，最美的音乐也**毫无**意义，不是对象”，用费尔巴哈的话来说，“你也只把它当作耳边呼呼的风声，只当作是足下潺潺的溪声”。当然，音乐的美妙是客观存在，并不因个别人“没有音乐感的耳朵”，便失去美学的意义和价值。马克思在《手稿》中深入发挥说：“对于一个忍饥挨饿的人说来并不存在人的食物形式……忧心忡忡的穷人甚至对最美丽的景色都**没有什么感觉**。”这说明审美感受是有条件的。

2. 对理解文艺创作的启示

按照马克思主义的说法，文艺创作是主观对客观世界的形象的反映和表现。马克思在《手稿》中虽然没有用“反映”这个概念，但全面地、科学地阐明了文艺创作是主客观两方面的统一，指出文艺创作活动同人的生产活动一样，都要处理好自然和人、对象和主体的关系。一般地讲，对艺术家来说存在着三个世界：一是外在于作家头脑的客观世界；一是艺术家头脑中的主观世界；一是主观世界对客观世界的形象反映所构成的艺术世界。艺术家所创造的以物化形态出现的艺术世界，即艺术作品和艺术形象，是由主观和客观两方面构成的。

从客观方面说，艺术作品是艺术家按照事物的“种的尺度”来创造的，是艺术家“按照美的规律来建造”的。这里所指出的“美的规律”和事物“种的尺度”都是自然社会、对象本身存在的本质和属性。艺术作品必须反映、表现事物本身所固有的本质和属性，形成作品的客观的思想内容。从主观方面说：作为创作成果的艺术作品也不能不表现出作家和艺术家“固有的尺度”，展示出“人的本质力量”，使创作和作品成为人的本质力量的新的显现和新的充实，成为对自己的确认和肯定。因此，作家和艺术家能够在他所创造的作品中，在他所创造的世界中直观自身。这样，作品也必然包含着作家的主观思想。

可见，文艺创作既要表现对象“种的尺度”，又要在按照“美的规律”再现生活的同时，表现出作家自己的思想感情和爱憎态度。这两方面是缺一不可的。马克思的观点为我们正确理解文艺创作的实质，防止或克服文艺创作中的种种片面性，提供了方法论的武器。文艺创作中往往表现出两种倾向：一种是唯心主义的倾向，只强调作家要表现主观世界，夸大创作的主观能动作用，用主观去消融客观，把文艺创作视为主体的观念和情绪的简单的“外射”，否认、抹杀艺术中的客观思想，背离乃至违反人物和事件的内在逻辑与固有的规律性。这是明显的唯心主义的倾向。还有一种倾向与之相反，看不到作家在文艺创作中的主观能动作用，无视作家的世界观和他的本质力量对创作的深刻影响，单纯地、片面地、孤立地强调生活对创作的作用，用对象本身所包含的客观思想等同于甚至取代作家的主观思想。这是一种自然主义和机械唯物主义的倾向。

文艺创作的性质既然取决于对象的性质以及与之相适应的人的本质力量的性质，一方面要反映对象“种的尺度”，另一方面又要展示出作家、艺术家本身所“固有的尺度”，展示自己的“本质力量”，那么，文艺创作必然要反映对象和主体两方面的“性质”。因此，文艺创作从总体和全局上看，必然反映本质，这是毋庸置疑的。《手稿》曾称赞“莎士比亚把货币的本质描绘得十分出色”。莎士比亚抨击了商品货币拜物教，揭露了货币的本质是颠倒黑白、支配一切的力量。他通过揭示货币的本质表现出资本主义社会中人与人的关系的本质，同时渗透着并流露出他的主观方面的爱憎、好恶等态度和评价。因此，我们在分析作品时，必然从主客观两方面进行分析。在文艺反映本质的问题上应注意“按照美的规律”解决好反映本质和选择现象的关系。如果不按照美的规律，不选择比较典型的现象，有可能使“写本质”变成赤裸裸的抽象的概念和标语口号，导致图解、注释和演绎等唯心主义倾向；同时也应防止或克服形式主义、唯美主义和自然主义等弊端。

在生活、世界观和创作的关系上，历来存在着不同的理解。一种观点认为是生活对创作起决定作用；一种观点认为是作家世界观对创作起决定作用。这两种说法都是有道理的。从马克思在《手稿》中论述的观点看，文艺创作一方面要反映对象的“种的尺度”，同时又要展示作家的“本质力量”，可见，两者对文艺创作都有作用，是两者的交互作用对文艺创作起决定作用，归根结底，是生活起决定作用。作家的世界观只在反作用的意义上起决定作用，而这种决定作用仍然必须遵循生活的逻辑和艺术的规律。总之，客体和主体两方面都具有不可忽视的作用。好比太阳、大气圈和地球的关系。太阳对地球的作用，产生了地球上的四季变化，但太阳的作用，只是外部条件，只有太阳，也不能决定地球有四季变化。同样有太阳的作用，土星、水星、火星、木星却没有四季变化。因地球除太阳的照射外，还有大气圈的作用。可见，太阳和大气圈对地球具有不同的决定作用。对文艺创作来说，生活决定艺术的基本内容，但以什么样的方式反映对象，反映对象的哪些方面，却和反映者有着重要关系。

马克思在《手稿》中实际上提出了文艺创作的个性问题。他指出对象和人的本质力量都是具体的，方式是独特的。对象的特殊性与人的本质和个性的特殊性都影响着创作和作品的面貌。马克思主张人的实际活动包括人的艺术活动都应当也必须“个性化”“人格化”，使对象能够成为“直接体现他的个性的对象”[42]。使创造物能够“属于我的本质”，表现“我的本质”的属性和特点。人对自己心爱的对象是有感情的，不流露他的个性是不可能的。不体现作家、艺术家的创作个性和风格的作品实际上是不存在的。鲁迅曾说，美术家的创作和作品，固然是生活的写真，同时也是作者的“人格的表现”，他还指出，唐伯虎画的纤腰细手的美人，正是他们一类人心目中的“欲得之物”。无个性的作品是没有的，不表现独特个性的作品是不成功的。

3. 对理解文艺创作和文艺欣赏中主客体关系的启示

不论是文艺创作，还是文艺欣赏，都要正确处理主客体的相互关系，否则，便不会有真正的创作和欣赏。创作和欣赏存在着共同的规律。创作和欣赏都要求主体方面的思想感情与客体对象的性质和属性相适应、相切合、相默契、相和谐。借用马克思的话来说，都应该是相互融化了的，既是人的本质力量的对象化，又是对象的人的本质力量化，对象的本质和属性的某些方面与人的相应品格相一致。创作是在反映对象的同时表现自己的“本质力量”；欣赏是在对象化了的作品中“直观自身”。如果主客体方面不相适应，既不能表现自己的“本质力量”，也不能通过欣赏对象，“直观自身”，发现自己的“本质力量”。换言之，创作是在表现物的本质和属性时相应地表现人的本质和属性，如郑板桥画竹，既表现竹的挺拔遒健，同时展示自己的高风亮节，如不通过表现竹的挺拔遒健，便无法表现他自己的清高和洒脱。作品所表现出来的物的属性和人的品性是统一的。再如宋代名士郑思肖，画露根和无根的兰花，以寄托他对异族进犯国土沦丧的感慨。元朝扫荡山河，使片土不存，连象征和隐喻着名人高士的兰花也没有扎根的地方了，成了无根和露根的花了。如果他画的不是无根和露根的花，怎么能有力地抨击进犯者，又怎么能表现他对国土沦丧寄托忧愤感慨的爱国情操？可见，描写客观对象和表现主观思想必须选择能把主客观两方面沟通起来的题材或素材。即便是写同一事物，作家、艺术家们也应注意选取同一事物中的不同属性来表现自己的不同的心情、思想和倾向。苏联有位雕塑家先后为果戈理雕了两个头像。同是果戈理的雕像，又是出自同一个人之手，但这两个头像很不相同。因为果戈理身上同时具有两种不同的素质，一种是喜剧性素质，一种是悲剧性素质。雕塑家可以根据他表现的不同思想和情绪的需要，侧重表现伟大的现实主义作家果戈理的某种素质，以再现他的性格和气质的不同方面，并通过雕刀，把它雕刻于他的作品中。我们可以设想，当果戈理自己观照他的这两个不同的雕像时，他从两个不同的雕像中都会发现自己的性格和气质的某些不同的方面，都会感到是对自己的本质力量的丰富和确证。即使是描绘同一种颜色，比如同是红色，也可以根据红色和其他景物的不同联系构成的不同的客观意境，表现出不同的社会效果。如宋祁有“红杏枝头春意闹”句，元稹的《行宫》却是“寥落古行宫，宫花寂寞红。白头宫女在，闲坐说玄宗”。一个“闹红”，一个却是“寂寞红”。红色本是暖色，说“闹红”是合情理的。那么说“寂寞红”是不是不合情理呢？不是！我们想，红得可以“闹”起来，这红色的花一定是很多，缀满枝头，乱纷纷的，所以这一定是初春盛开的杏花；红得之所以能使人感到“寂寞”，可以想见，这红色的花一定是深秋霜欺之下凋零败落、无精打采的，只剩下几朵孤零打蔫的。这样的花伴随着几个被冷落的白头宫女，有力地表现了安史之乱前后的沧桑变化和诗人抚今吊古的深沉感喟，勾画出当时国土的荒残破败和昔日的繁华兴盛所形成的鲜明对照。

文艺欣赏也是如此。人的心情、心境与物的本性和属性也应当是和谐默契的。人们通常形容欣赏过程中会发生物我交感、物我同一、物我两忘。西方有“移情说”，影响颇大。首倡者是里普斯，曾被人称为美学上的达尔文。他发现了欣赏过程中有移情作用，但他对移情作用的解释是唯心主义的，认为移情作用是主观随意的，可以不根据物的属性，可以不考虑是否和物的属性相适应，主观方面的情绪、情感和意志可以不受任何约束与任何限制“外射”到对象上去。移情学派对移情作用的解释是“把我的情感移注到物里去分享物的生命”，“艺术对人的目的在于让他在外界寻回自我”。这些说法都似乎有一定道理。人的心情要扩张、要抒发、要表现，但借以表现的物一定要与人的心境相适应。不应抹杀物的一定的客观属性对一定的移情作用的制约性，否认移情作用的客观动因和客观标准。人与物的关系，情与景的关系，有时可能是推己及物、由情寻景；有时也从客观方面引起，由物及人、触景生情。不管是从物到人，还是从人到物，主观和客观两方面都应有一定程度的协调相契。朱光潜的《文艺心理学》上说：“一朵花……对于你或许是凝愁带恨，对于另一人或许是‘欣欣向荣’。”人的不同心境对艺术欣赏是可能产生很大影响的，但同一朵花，用“凝愁带恨”和“欣欣向荣”这两个反义词来形容便显得不真实。可以引起“凝愁带恨”的感觉的花如果上面不挂着露珠，或黄昏晚照之中，或渐趋委顿之时，是不好理解的；同理，可以使人感到“欣欣向荣”的花，如果此花不是光艳照人、姿态挺拔、蓬勃生长，也是不好理解的。什么样的心情寻找与此相适应的景物来表现，或者说，什么样的景物引起与此相适应的心情。只有这样，才能物我交融，才能在物中“直观自身”。

总之，马克思的《手稿》对建立马克思主义美学具有重大的意义。如果从方法论的意义上，运用《手稿》中的美学观点解释一些重要的文艺现象和美学现象，则可以得出比较科学的结论。《手稿》中的美学思想是丰富的、深刻的，有待于我们进行全面的深入的研究。

二、异化论

《手稿》系统深入地阐发了人和审美的异化问题。重温《手稿》对人和审美的异化问题的相关论述，对防止与克服人和审美的异化现象，具有重要的学术价值和现实意义。

（一）关于异化问题

1.“异化”概念的基本内涵和历史演变

“异化”这个概念本来的含义，具有脱离、转让、出售、受异己力量支配和统治等多种意思。英国古典经济学用来说明物质的出售；社会契约学说用来表示原始自由的丧失；一些哲学家用以揭示矛盾双方相对立的情境和状态。总体上的意思是指，人制造出来的物质产品和精神产品，非但不肯定人，反而与作为生产主体的人的愿望和意旨相疏离、相违背、相悖立，成为一种与人相疏远、相异己的力量支配、作践、戏弄着生产主体，使人处于一种不由自主的奴隶状态，甚至给人带来破坏性和灾难性的影响。简而言之，异化即是由主体创造出来的客体，不再成为属人的客体，却总是作为主体的对立面，作为一种反在的力量否定和消解自身。诸如：工农大众和他们创造的成果，在旧的社会制度下，大半被统治者和剥削者掠夺走了，又反转来成为压迫生产者的手段；知识分子所创造的法、宗教和哲学多半没有被自己所享有，却被当权者作为治人和愚人的工具；宗教本来是富有想象的智者创构出来的树立信仰和进行精神抚慰的工具，却成了统治者用来从思想上奴役人们的“鸦片”；科学家发明了核能，却被侵略集团制造成核弹，变成悬在人们头上的生杀之剑；等等。所有这些类似的异化现象，都会一定程度上使人们沦为处于异化状态的“非人”。

据考证，第一个使用异化概念的人是霍布斯。他认为，不平等的社会中间，人与人之间的关系实际上处于一种“战争状态”。异化的根源在于人们恶的贪欲和私念，即都想夺取和占有财产与权利。为了避免这种异化现象的滋生和蔓延，人与人之间应当订立契约，约束自己收敛或放弃自己的妄想，把权利转交给可以信赖的君主制的国家和议会。卢梭从经济、政治和道德诸多方面对异化现象进行了描述和界说，他认为私有制和对财产的占有是造成异化的根源，封建社会的政治统治是导致人陷入异化状态的主要原因。他的关于人类不平等的起源的学说和关于社会契约的理论实际上都可以视为防止或克服异化现象的方剂。爱尔维修认为法国社会异化的根本原因是腐朽的封建君主制，把铲除封建社会的不合理的制度视为消除异化现象的根本途径。一切具有启蒙思想的学者，都把他们各自理解和表达的异化理论，作为反对腐败专制的封建主义制度，作为抒发自己的社会政治理想的强有力的政治舆论。

2. 马克思对黑格尔和费尔巴哈的异化思想的批判继承

(1) 黑格尔的异化思想。

在黑格尔看来，世界万物只不过是他的绝对理念或绝对精神发展到一定阶段的自我外化或异化的产物。他的异化思想主要指他的以绝对理念为中心的这个理想化的上帝不断转化、物化或对象化，这个过程是一个动态的路线图和循环圈。他的绝对理念发展的三段论公式是：1）从绝对理念开始。通过逻辑学阐释，向物质阶段异化或转化。2）中经物质阶段。通过自然哲学阐释，向精神领域异化或转化。3）终结于精神阶段。精神阶段又划分为三段论式：从低级的主观精神阶段，通过自我意识阐释，走向中级的客观精神阶段，通过国家、法律、道德把握，再向高级的绝对精神阶段攀升。而发展到绝对精神阶段，又通过低等的艺术，走向宗教，达于哲学的巅峰，即绝对精神的高端，又重新向绝对理念回归，完成大循环的路线图。异化成为黑格尔哲学的核心范畴，是人的哲学演进的机制，是他的全部哲学赖以发展和推进的杠杆。

黑格尔的异化思想的含义具有三个相互交错的界说：1）指他的绝对理念的外化或退化，通过精神阶段，回归自身。2）指思维逻辑的程序和系列的物化、客观化或对象化。3）指人与人之间的不平等关系。黑格尔的《精神现象学》把资本主义社会中的主奴、劳资之间的关系视为人与人之间的异化关系。

黑格尔的异化思想在纯粹的精神领域内谈论异化，带有明显的唯心主义性质。他的异化思想的主要弊端在于用绝对理念或绝对精神的异化，取代和掩盖现实生活中的矛盾、对立和冲突，用主观臆造的自我意识来消解、遮蔽时代、历史、社会中所存在的重大问题。主要表现为：绝对精神异化的演绎过程实质上是经过包装、改头换面的哲学化了的上帝创世记；扬弃异化的手段和途径是假想的、虚幻的，不可能变成生活中的事实。异化和扬弃只不过是绝对精神循环往复的逻辑圆圈中自我运作的各个环节。自我意识的异化和扬弃只能使现实生活中的问题被遮蔽，客观上阻滞社会变革，维护普鲁士王国的永世长存。

然而，黑格尔的异化理论存在着为马克思所承接和吸收的合理内核。1）黑格尔关于发展的辩证法思想，启发马克思思考物质与精神之间的相互转化问题。2）黑格尔的头脚倒置的理论形态，为马克思把被颠倒了的精神和历史的关系、主体和客体的关系再颠倒过来提供了逻辑前提与理论创新的可能性。特别是当黑格尔的哲学体系推演到社会和自然阶段之后，一定程度上挣脱了绝对精神的束缚和羁绊，或多或少反映出社会和历史的真实面貌。如黑格尔在他的《美学》中对荷兰绘画的解读是非常接近历史唯物主义的。正如马克思所指出的："全部逻辑学都证明，抽象思维本身是无，绝对观念本身是无，只有**自然界**才是某物。"[43] 3）即便黑格尔所论述的劳动主要是精神劳动，并且他看到的只是劳动的积极面，而忽视劳动的消极面，他也谈到了劳动的异化。但他认为人的劳动创造出来的产品一经变成他者的占有物必然与劳动者的愿望发生冲突，蜕变为他们的异己力量。他的哲学和美学著作中实践和劳动所造成的人的异化的思想，自我意识和自我对象相互转化的思想，都对青年马克思的思想走向成熟提供了动因和机缘。

（2）费尔巴哈的异化思想。

1）费尔巴哈对黑格尔异化思想的批判。

作为黑格尔的学生的费尔巴哈，对他的老师的哲学思想给予了高度评价。费尔巴哈赞美黑格尔"是最完美的哲学艺术家"，他的哲学体系好比"理性的绘画陈列馆、展览室"。但费尔巴哈遵循亚里士多德"吾爱吾师，吾更爱真理"的圣训，指出他的老师的哲学体系的最大弊端在于："颠倒了事物的自然秩序：他把真正意义的世界头朝下放着，把金字塔的塔尖当成了金字塔的基础——把在头脑中或对于头脑是第一位的东西，把某物之所以存在的理由，当成了在实际上是第一位的东西，当成了某物借以存在的原因。一件东西的理由在头脑中跑到这件东西本身的前面去了。"这是多么明白自然而又形象恰当的批驳和针砭。费尔巴哈指出，黑格尔把玩绝对理念的哲学体系是一种抽象的"头朝下放着的"哲学大厦，非但没有摆脱神学，反而只不过是塑造一种更加精巧的被哲学化了的新上帝。这实际上是维护神学，绝对理念只是一个披着哲学外衣的上帝的化身。费尔巴哈从人本主义的思想出发，指明真理是人，而不是抽象的理性，必须通过神学的批判而建立人学的批判。费尔巴哈确立了人本主义的异化思想，认为人不是神的自我异化，而神却是人的自我异化的结果。人把自己的本质属性集中起来，转寄到一个偶像上，再加以崇拜和敬仰，从而创造出神，归根结底，神是人的本质的异化。费尔巴哈揭露了基督教的本质，从人本主义的视角，指出上帝只不过是人的本质力量的幻化和异化。实质上，"上帝是一块白板"，是"一个空虚的实体"，上帝即是"我们自我"，上帝的本质即是我们的本质，上帝的威力即是我们"自己的本质的威力"。"人关于上帝的讲话"，即是"人关于自己的讲话"，"神学是神秘的人本学"，"宗教是人类精神之梦"。费尔巴哈认为，"人是宗教的始端，人是宗教的中心，人是宗教的尽头"，"人化了的上帝仅仅是神化了的人的显现而已"。他还说："我使神学下降到人本学，这倒不如说是人本学上升到神学了。"显而易见，费尔巴哈揭穿了基督教的隐秘，发现神学、宗教和上帝都是人的本质的异化，人必须从神那里讨回自身，把本来属于人的东西奉还给人，摆脱人向宗教的异化，追求宗教向人的回归。费尔巴哈主张把神降低为人，把人上升为上帝，"把人的本质当作神的本质来崇拜"。这样，费尔巴哈实际上又创立了一种爱的宗教。他相信只有创建这种抽象的充满道德和爱的人本主义的新宗教，才能消除人世间的异化现象。

2）费尔巴哈的异化思想的合理性和局限性。

费尔巴哈的异化思想是有局限性的。首先，他把异化和外化当作纯粹的哲学问题加以探讨，囿限和缩小了异化现象存在的范围。事实上，宗教所表现出来的异化并不能涵盖异化问题的全部，人世间的政治、经济、文化、道德领域都广泛普遍地存在着异化现象。费尔巴哈对这些领域中的异化问题予以躲避和保持冷漠，造成了他的异化理论的局限性和狭隘性。其次，费尔巴哈对之不加鉴别甚至完全抛弃了黑格尔的辩证法思想，酿成了他的哲学理论的形而上学的机械性质。事实上，黑格尔的辩证法尽管是一种在绝对精神领域中的批判活动，但多少隐藏着和反映出对现实生活的批判的元素与萌芽。全然舍弃这种批判的合理性是不妥当的。费尔巴哈不仅存在着用感性的直观排拒理性的倾向，还以抽象的人本主义和自然主义的观点考察现实的活生生的人，无视人的社会属性和阶级属性，使他的哲学理论和异化理论带有历史唯心主义的色彩，把宗教异化产生的最深刻的根源，即一定时代的社会历史条件仅仅归结为人的心理因素。这是比较肤浅的和片面的见解。费尔巴哈反对有神的宗教，却主张用一种无神的泛爱主义的宗教来取代它。这种人本学意义上的泛爱主义的新宗教，把人的“类”视为人的本质和人的共有的特性，上帝被推崇为最高的“类”和最高的“爱”。他只想用普遍的爱来变革社会，消除异化，建立人与人之间的泛爱主义的新宗教，这是一种不可能实现的幻想。马克思、恩格斯在充分肯定费尔巴哈在哲学上的思想贡献的同时，对他所钟爱和鼓吹的泛爱主义的新宗教，进行了批判。他们指出：“诚然，费尔巴哈比‘纯粹的’唯物主义者有巨大的优越性：他也承认人是‘感性的对象’。但是……费尔巴哈从来没有看到真实存在着的、活动的人，而是停留在抽象的‘人’上，并且仅仅限于在感情范围内承认‘现实的、单独的、肉体的人’……除了爱与友情，而且是理想化了的爱与友情以外，他不知道‘人与人之间’还有什么其他的‘人的关系’。他没有批判现在的生活关系。”[44]“法国人和英国人至少抱着一种毕竟是同现实最接近的政治幻想，而德国人却在‘纯粹精神’的领域中兜圈子，把宗教幻想推崇为历史的动力。”[45]恩格斯这样说：“可是爱啊！——真的，在费尔巴哈那里，爱随时随地都是一个创造奇迹的神，可以帮助克服实际生活中的一切困难，——而且这是在一个分裂为利益直接对立的阶级的社会里。这样一来，他的哲学中的最后一点革命性也消失了，留下的只是一个老调子：彼此相爱吧！不分性别、不分等级地互相拥抱吧！——大家都陶醉在和解中了！”[46]恩格斯还指出：“对抽象的人的崇拜，即费尔巴哈的新宗教的核心，必定会由关于现实的人及其历史发展的科学来代替。”[47]马克思认为，费尔巴哈否定了神学之后，又去肯定神学，是自相矛盾地去肯定神学。“**宗教**的苦难既是现实苦难的**表现**，又是对这种现实苦难的**抗议**。宗教是被压迫生灵的叹息，是无情世界的感情，正像它是没有精神的状态的精神一样。宗教是人民的**鸦片**。”[48]

(3) 马克思对黑格尔和费尔巴哈的异化思想的批判继承。

任何一个新思想和新理论的出现，都是以先人们所取得的成果和所积累的思想理论资源为前提，经过内化的加工和改造，继续加以传承和弘扬。19世纪40年代，正是马克思的思想转变时期。异化概念是黑格尔和费尔巴哈哲学中的核心概念。当时异化问题深入人心，被广为关注，当时的马克思还没有完全摆脱黑格尔和费尔巴哈的影响，因此，青年的马克思借用和接受“异化”这个概念是十分自然和顺理成章的事。马克思尽管在哲学上还属于青年黑格尔派，但政治上，他却是一个激进的革命民主主义者。他对德国的现状极为忧虑，充满仇恨。他不断地求索造成工人阶级苦难的根源，寻找摆脱这种苦难的出路。马克思觉察到，既然黑格尔和费尔巴哈的异化概念是指主体产生的产品作为对立面反转来奴役和支配自身，那么，用来说明工人阶级的苦难生活，恰如一幅绝妙的自我异化的图景。资本主义社会制度下，工人阶级创造出的巨大物质财富，反而被资本家所占有，并转化为资本，变成奴役生产者的异化力量。马克思认为，这种情形正是人的本质的自我异化，恰如人创造了上帝，上帝又反转来统治人一样。

马克思通过对黑格尔和费尔巴哈的异化理论的综合性分析和批判，克服并扬弃了黑格尔和费尔巴哈的异化思想的两个极端：一方面，把黑格尔的唯心主义的异化理论颠倒过来，吸取了他的辩证法中关于异化、外化、转化、对象化和否定之否定的思想。但这并非是简单的袭用。黑格尔的异化指绝对精神的自我转化，人不过是这个绝对精神演变和异化的产物。可见，黑格尔的绝对精神的异化思想，带有明显的思辨和神秘的色彩。黑格尔的《精神现象学》把人和人性的异化都视为"抽象精神的产物"，马克思则要求"把对象世界归还给人"。伴随着马克思的世界观的转变，他的异化理论逐渐清晰和深刻，开始从哲学转向政治经济学，挣脱哲学思辨，使异化渗透出社会生活的具体内容，奠基于坚实的物质基础之上。1859 年，马克思意识到了自己思想的转化。他说："我的研究得出这样一个结果：法的关系……根源于物质的生活关系……而对市民社会的解剖应该到政治经济学中去寻求。"[49] 早在《德法年鉴》时期，他对异化概念的理解仍然是不透彻的。后来从英国古典经济学家对黑格尔的异化思想的批判中得到启迪，认为人的异化，归根到底，是劳动的异化。这是人的一切异化的基础。只有把人的异化最终地归结为劳动的异化，才能揭开人的异化的隐秘，才能暴露出社会不平等的根源。马克思正是从政治经济学出发，提出了最富有原创性和概括性的"异化劳动"这个新概念，从而在人类的思想史上第一次规定了异化概念的确切含义。这样，马克思开始把头脑倒置的异化理论颠倒过来。《手稿》正是从政治经济学的视域对异化问题作出了深切的理论阐释，以坚实的社会生产的经济事实为依据，揭露了黑格尔的异化理论的"无批判的唯心主义"倾向。

另一方面，吸取了费尔巴哈异化理论的唯物主义观点，抛弃了它的机械性、直观性和形而上学性。费尔巴哈把精神领域中的异化还原到物质生活的感性层面，对黑格尔的异化理论加以颠倒扶正，但他理解的人的异化和异化的人并不是社会的、历史的、阶级的、现实的、具体的人，而是抽象的人，实质上是人本学和生物学意义上的人。马克思指出，费尔巴哈的异化理论的唯心主义性质，说明现实生活中的异化主体是苦难的无产阶级。马克思既批判了黑格尔的异化理论的客观唯心主义的迷误，又指明了费尔巴哈异化理论的机械唯物主义的局限，实现了既唯物又辩证的双重超越。黑格尔只把异化问题作为哲学的逻辑运演的中心，马克思则是从社会生活中的经济事实本身出发，对异化劳动进行了更加实际的说明和更加深刻的科学分析。

马克思的异化理论以及他对费尔巴哈和黑格尔的异化理论的批判继承，是马克思主义思想体系创立和发展的重要组成部分，为创建辩证唯物主义和历史唯物主义、阶级斗争学说和对立统一规律，做好了重要的思想准备。

（二）《手稿》中关于异化劳动的思想

（1）劳动成果与劳动者相异化。

"劳动所生产的对象，即劳动的产品，作为一种**异己的**存在物，作为**不依赖于**生产者的**力量**，同劳动相对立。"[50] "工人在他的产品中的**外化**，不仅意味着他的劳动成为对象，成为**外部的**存在，而且意味着他的劳动作为一种异己的东西不依赖于他而**在他之外**存在，并成为同他对立的独立力量；意味着他给予对象的生命作为敌对的和异己的东西同他相对抗。"[51] 异化劳动只能给劳动主体带来痛苦和灾难，使劳动产品的增值和劳动主体的贬值成正比。正如马克思所指出的："劳动为富人生产了奇迹般的东西，但是为工人生产了赤贫。劳动创造了宫殿，但是给工人创造了贫民窟。劳动创造了美，但是使工人变成畸形。劳动用机器代替了手工劳动，但是使一部分工人回到野蛮的劳动，并使另一部分工人变成机器。劳动生产了智慧，但是给工人生产了愚钝和痴呆。”[52]资本主义的货币制度掩盖着珠光宝气下的丑恶。金钱拜物教具有颠倒黑白的魔力。“它把坚贞变成背叛，把爱变成恨，把恨变成爱，把德行变成恶行，把恶行变成德行，把奴隶变成主人，把主人变成奴隶，把愚蠢变成明智，把明智变成愚蠢”，“货币能使冰炭化为胶漆，能迫使仇敌互相亲吻”。[53]

马克思描述：“工人生产得越多，他能够消费的越少；他创造价值越多，他自己越没有价值、越低贱；工人的产品越完美，工人自己越畸形；工人创造的对象越文明，工人自己越野蛮；劳动越有力量，工人越无力；劳动越机巧，工人越愚钝，越成为自然界的奴隶。”[54]私有制所必然造成的经济剥削，使工人的劳动产品和劳动成果被掠夺，反转来成为一种压迫和否定劳动主体的异己的力量。被资本支配的异化劳动酿成了可怕的恶果，造成了劳动者的生态的窘迫和命运的悲剧。

（2）劳动行为和劳动过程与劳动者相异化。

异化劳动过程中，劳动者感到，这种异化劳动不是体现他的本质的活动，而是一种外在于和强加于自身的重负。他们和这种劳动过程是疏远的，甚至感到它是可怕的。因为，“他在自己的劳动中不是肯定自己，而是否定自己，不是感到幸福，而是感到不幸，不是自由地发挥自己的体力和智力，而是使自己的肉体受折磨、精神遭摧残。因此，工人只有在劳动之外才感到自在，而在劳动中则感到不自在……他的劳动不是自愿的劳动，而是被迫的**强制劳动**”，正因为这种“不属于他自己”，无法满足自己维持生命的物质需要，把人的生理需要降低到动物的水平，甚至造成“自我牺牲、自我折磨”，工人才会“象逃避鼠疫那样逃避劳动”。[55]

（3）劳动与劳动者的“类存在”相异化。

“类”借以概括和表示一切人所共有的本质特性。人的生产理应满足整个社会的多方面的需要，但异化劳动只能把人的生产变成单纯的谋生手段，变成只能满足直接肉体需要的动物性活动，越来越与人的本质相分离，变成与人的本质相逆反的人，变成不是正常的人的人，变成非人，即降低为动物或直接变成动物。正如马克思所指出的，人是类存在物，“正因为人是类存在物，他才是有意识的存在物……他的活动才是自由的活动。异化劳动把这种关系颠倒过来”[56]，把人的类生活变成维持人的肉体生活的手段。异化劳动把人的自由自觉的生命活动变成动物式的只能维系低级的生理需求的手段。人的类生产不同于动物的生产。人“通过实践创造**对象世界**，即**改造**无机界，证明了人是有意识的类存在物……诚然，动物也生产。……但是动物只生产它自己或它的幼仔所直接需要的东西；动物的生产是片面的，而人的生产是全面的；动物只是在直接的肉体需要的支配下生产，而人甚至不受肉体需要的支配也进行生产……动物只生产自身，而人再生产整个自然界；动物的产品直接同它的肉体相联系，而人则自由地对待自己的产品”[57]。异化劳动把人的类生产变成一种非类性的动物式的生存手段，变成丧失了人的自由自觉意识的低等的生命活动，造成了异化劳动与劳动者的类存在和类生活相疏远、相异化。

（4）人与人的关系相异化。

马克思说，“当人同自身相对立的时候，他也同**他**人相对立”，“人的异化，一般地说人同自身的任何关系，只有通过人同其他人的关系才得到实现和表现”，“因而，在异化劳动的条件下，每个人都按照他本身作为工人所处的那种关系和尺度来观察他人”。[58]异化劳动不仅生产产品，而且还生产对产品的支配权，生产一种对生产资料和生活资料的占有关系与分配关系。

劳资双方的对立和矛盾正是这种异化劳动的深刻反映。物的关系既掩盖着又表现着人与人的关系。令无产者感到痛苦的东西，会给有产者带来幸福和欢乐。不是神和自然界压迫着人，而是掌握生活资料和生产资料的人对无产者进行奴役和剥削。这是马克思从异化劳动的视角对资本主义原始积累时期的社会制度和生产条件下的资产者与劳动者双方的剥削和被剥削、统治和被统治、压迫和被压迫的阶级关系的深刻表述。

（三）异化与审美

《手稿》对异化与审美的关系，具有一些精当的阐释。本来，审美，包括美和美感都是劳动的结晶，带有审美特质的“五官感觉的**形成**是以往全部世界历史的产物”。“只是由于人的本质的客观地展开的丰富性，主体的、**人的**感性的丰富性，如有音乐感的耳朵、能感受形式美的眼睛，总之，那些能成为人的享受的感觉，即确证自己是**人的**本质力量的**感觉**，才一部分发展起来，一部分产生出来。”[59]人类的生产不同于动物的生产。动物的生产仅限于延续自己的生命和为了传宗接代，而人类的生产是一种自由和自觉的活动，可以遵循“种的”和“固有的”两个尺度，按照“美的规律来建造”，并把自身的技能、智慧、激情等本质力量对象化到自己的产品中去，借以“能动地、现实地复现自己”。

马克思预见，如果人们都想不择手段地疯狂地“诱取黄金鸟”，审美可能会蜕变为金钱的奴隶。文化消费主义会激起人们的强烈的通过审美活动掠取金钱的不可遏制的欲望，马克思提醒说：“工业的宦官投合消费者的最下流的意念，充当他和他的需要之间的牵线人，激起他的病态的欲望。”[60]从一定的意义上说，疯狂的、下等的、粗鄙的消费至少会降低艺术生产的审美品位，可能造成对正常的审美活动和审美情趣的戕害和阉割。马克思、恩格斯反对粗暴排斥一般的正常的欲望，但又告诫人们必须抵制那种可怕和可恶的“惰性力量”，正是“这种惰性力量”使人们从“‘丑恶的世界’中获得片刻的解脱”，“得到瞬间的享乐”，“在这样的人那里，那些余下不多的与其说由于和外界交往而产生的、不如说由于人的身体结构而产生的欲望，只是以**反射的推动力**来表现的”。[61]马克思颇有预见地说：“**明亮的**居室，曾被埃斯库罗斯笔下的普罗米修斯称为使野蛮人变成人的伟大天赐之一，现在对工人说来已不再存在了。光、空气等等，甚至**动物**的最简单的爱清洁习性，都不再成为人的需要了。**肮脏**，人的这种腐化堕落，文明的**阴沟**……成了工人的**生活要素**。完全**违反自然**的荒芜，日益腐败的自然界，成了他的**生活要素**。”[62]我们不能不看到，由于当代社会中越演越烈的环境污染，空气浑浊，植被损坏，生态恶劣，大大降低了人们的生活质量和审美享受。如何在建设现代文明社会过程中，逐渐铲除“文明的阴沟”，增强生活的绿色，注重环境的美化，提高生活中的审美元素，优化自然伦理观念，建立“人与自然的友好型关系”，历史地实现人的“诗意地栖居”，是新时代的历史使命。

应当正确处理审美与功利的关系。审美的非功利主义和审美的超功利主义都是不妥当的。适度地强调审美的自主性、自律性和独立性是必要的。合理地倡导审美的功利主义的同时，应当抵制和反对审美的狭隘的超功利化与极端的超商品化倾向。

金钱、货币和财富，无疑都是具有两面性的。它们可以使人和社会摆脱贫困，变得富裕起来，同时也会酿成利益的膨胀对人心和社会价值观念的误导和扭曲。马克思、恩格斯在《德意志意识形态》中指出，“只要私人利益和公共利益之间还有分裂……只要分工还不是出于自愿”，“人本身的活动”对人来说必然“成为一种异己的、与他对立的力量，这种力量驱使着人，而不是人驾驭着这种力量”。[63]马克思、恩格斯在《共产党宣言》中这样说道，“资产阶级抹去了一切向来受人尊崇和令人敬畏的职业的神圣光环。它把医生、律师、教士、诗人和学者变成了它出钱招雇的雇佣劳动者”，“资产阶级撕下了罩在家庭关系上的温情脉脉的面纱，把这种关系变成了纯粹的金钱关系”，“它使人和人之间除了赤裸裸的利害关系，除了冷酷无情的‘现金交易’，就再也没有任何别的联系了。……它把人的尊严变成了交换价值”，“用公开的、无耻的、直接的、露骨的剥削”，把一切都“淹没在利己主义打算的冰水之中”。[64]马克思、恩格斯的叙说，无疑是针对原始积累时期的资本主义社会的现实生活状况的。时至今日，时代背景和历史条件发生了巨大变化，文学艺术活动多半已经成为一种文化产业，注重利益原则和资本增值，势不可免。但马克思、恩格斯的上述论点，对全面认识资本的性能，特别是看到资本的负面作用，正确理解审美与功利的关系，防止和克服片面追求精神生产的超功利化和超商品化，以提高文艺作品的文化内涵和思想品位，催生具有划时代意义和史诗般的精品力作是颇有助益的。

马克思认为，货币的力量是和人的力量成正比的。“我**是**什么和我**能够**做什么，这决不是由我的个性来决定的。我是**丑**的，但是我能给我买到**最美的**女人”；我“是个**跛子**，可是货币使我获得二十四只脚”；“我是一个邪恶的、不诚实的、没有良心的、没有头脑的人，可是货币是受尊敬的，所以，它的持有者也受尊敬”；“货币是最高的善，所以，它的持有者也是善的”。[65]“它把坚贞变成背叛，把爱变成恨，把恨变成爱，把德行变成恶行，把恶行变成德行，把奴隶变成主人，把主人变成奴隶，把愚蠢变成明智，把明智变成愚蠢。”可见，金钱和货币是一种颠倒真善美和假恶丑的力量，是一种改变和抹杀艺术个性的力量。只有抵制金钱和货币的这种颠倒黑白的魔力，才能唤回纯真和审美。马克思主张，要使大众得到艺术的享受，艺术家必须是一个“有艺术修养的人”；“如果你想感化别人”，艺术家“必须是一个实际上能鼓舞和推动别人前进的人”。[66]

莎士比亚曾经叙说过人的金钱和舌头的两面性。金钱好比人的舌头，同样是有双重性的。舌头可以赞美人，也可以诅咒人。金钱可以使人富裕，但不义之财也可以使人犯罪，亵渎道德，触犯刑律，变成非人，甚至把人送上断头台。

工业社会中的人与机器的关系，表现为一种双重的复杂关系。机器既减轻了人的劳动的艰辛与沉重负担，同时也产生了人对机器的屈从和奴役。工业革命后，不少作品都表现了机器劳动造成的人的异化状态。卓别林的喜剧电影《摩登世界》形象地表现了人对机器的依附、机器对人的碾压和吞噬。

异化问题，是现代派艺术所表现的重大问题之一。自19世纪后期起，直到20世纪中叶，流行于整个西方的现代派艺术。一方面，表现了现当代西方社会的文明危机；另一方面，多层面深入地反映了社会和社会生活中的人的异化现象。其中，以卡夫卡的《变形记》作为突出的代表性作品，叙述了人被异常的生活环境所压抑，失去了生存的自由，变成了大甲虫的悲惨遭遇。主人公蜷缩在桌面下喘息。严父的粗暴使他无法忍受，慈母竟然善良地一见他便吓得昏死过去，关心他的妹妹也逐渐失去了爱意和耐心，最后他抑郁而死。荒诞派戏剧《秃头歌女》表现了结发夫妻之间的隔膜、冷漠和陌生，凸显了人与人之间的关系的异化。《城堡》《审判》《第二十二条军规》等作品揭露了处于异化状态的国家机器、法律制度对人的捉弄和践踏。《西西弗的神话》描写了异化劳动对人的无休止的折磨。《等待戈多》表现失望的人们只能等待永远来不了的希望，抱着希望的人，等待着他们的却只有失望。新时期后，中国文坛也出现了一些西方现代派艺术的模仿作，诸如《我是谁》和《车站》等。最有原创性和影响力的作品当属王蒙的中篇小说《蝴蝶》。小说以"庄周梦蝶"为依托，演绎出一个完整的权力异化和人性复归的故事。小说主人翁张志远，孩提时代被呼为"小石头"，参加革命后被提升为"张团长"，转业后受任"县委书记"，"文化大革命"来袭受到冲击，下放农村劳动改造变成"老张头"。春华秋实，在一个金秋时刻，一阵阵令人陶醉的"枣雨"飘飘洒洒，从天而降，使"老张头"承接了精神的洗礼，得到了灵魂的净化，唤起了他童年的无邪的纯真和优美的天性，"老张头"又重生了，回归到孩提时代的"小石头"。张志远始终在自我和非我、丢魂和找魂、异化和复归之间寻觅和求索。"文化大革命"结束后，张志远落实政策，晋级升官，被任命为"张副部长"。在赴任的那一天，全村老百姓聚到村口送行，依依惜别，吐出肺腑之言，深情叮咛"老张头"当好"为老张头们服务的""张副部长"。张志远重新站在人生的十字路口上，面对和迎接权力的新考验。这个权力异化和人性复归的故事无疑是具有典型意义的。

（四）异化与人的解放问题

现代工业社会，由于现代化工业和科技的高度发展，社会和社会中的人的面貌发生了划时代的巨变。工业和科技的发展，给世界带来了空前的繁荣，增加了财富积累，提高和延展了劳动者的技能和智慧，改善了人们的生活方式、生命状态和生存环境；同时人依靠工业和科技的力量对自然资源的破坏性发掘和掠夺性开采，造成了人与自然和人与人之间的紧张关系。地球变暖、气候反常、生态破坏、大气污染、灾害多发、能源枯竭、人口爆炸、贫富悬殊、耕地面积锐减、粮食安全问题日趋突出、局部战争频仍、军备竞赛越演越烈，如此等等。可见，现代化工业和科技的高度发展所带来的人的解放和所造成的人的异化，几乎是同步共生的。

1856年，马克思在《人民报》创刊纪念会上的演说中，描述了当代工业社会所带来的具有两面性的异化图景："这里有一件可以作为我们十九世纪特征的伟大事实，一件任何政党都不敢否认的事实。一方面产生了以往人类历史上任何一个时代都不能想像的工业和科学的力量。而另一方面却显露出衰颓的征象"，"在我们这个时代，每一种事物好像都包含有自己的反面。我们看到，机器具有减少人类劳动和使劳动更有成效的神奇力量，然而却引起了饥饿和过度的疲劳。新发现的财富的源泉，由于某种奇怪的、不可思议的魔力而变成贫困的根源。技术的胜利，似乎是以道德的败坏为代价换来的。随着人类愈益控制自然，个人却似乎愈益成为别人的奴隶或自身的卑劣行为的奴隶。甚至科学的纯洁光辉仿佛也只能在愚昧无知的黑暗背景上闪耀。我们的一切发现和进步，似乎结果是使物质力量具有理智生命，而人的生命则化为愚钝的物质力量。现代工业、科学与现代贫困、衰颓之间的这种对抗，我们时代的生产力与社会关系之间的这种对抗，是显而易见的、不可避免的和无庸争辩的事实"。[67]

消除世间的异化现象，既是人们的理想和目标，又是现实的运动和过程。为了实现人类的彻底解放，必须铲除滋生异化现象的土壤和根源。马克思说："**扬弃**是使外化**返回到自身**的、对象性的运动。""共产主义作为私有财产的扬弃"，"是实践的人道主义的生成……是以扬弃私有财产作为自己的中介的人道主义"。[68]而"对私有财产的最初的积极的扬弃，即**粗陋的**共产主义，不过是想把自己作为**积极的共同体**确定下来的私有财产的卑鄙性的一种**表现形式**"[69]。

马克思指出，"人（工人）只有在运用自己的动物机能——吃、喝、性行为，至多还有居住、修饰等等的时候，才觉得自己是自由活动，而在运用人的机能时，却觉得自己不过是动物。动物的东西成为人的东西，而人的东西成为动物的东西”，“吃、喝、性行为等等，固然也是真正的人的机能。但是，如果使这些机能脱离了人的其他活动，并使它们成为最后的和唯一的终极目的”，则沦为“动物的机能”。[70]私有制不能把粗俗的需要变为人的需要，因为，在私有制范围内，每个人都千方百计在别人身上唤起某种新的需要，以便迫使他作出新的牺牲，每个人都力图创造一种支配他人的、异己的本质力量，以便在这里找到他自己的利己需要的满足。因此，随着对象的数量的增长，压制人的异己本质的王国也在扩展，而每一个新产品都是产生相互欺骗和相互掠夺的新的潜在力量，导致货币权力增加和膨胀，使无限制和无节制成为货币的真正尺度。“据说，资本的文明的胜利恰恰在于，资本发现并促使人的劳动代替死的物而成为财富的源泉”，“**资本家**对**土地所有者**的胜利，即发达的私有财产对不发达的、不完全的私有财产的胜利……公开的、自觉的卑鄙行为必然战胜隐蔽的、不自觉的卑鄙行为，**贪财欲**必然战胜**享乐欲**，公然无节制的、圆滑的、**开明的**利己主义必然战胜地方的、世故的、呆头呆脑的、懒散的、幻想的、**迷信的利己主义**”。[71]

“异化劳动”曾“被理解为私有财产的**有害性**的和它同人相异化的存在的根源”，而“**共产主义**是扬弃私有财产的**积极**表现”。[72]但“粗陋的共产主义”却是败坏和丑化真正的共产主义的，而只有真正的共产主义才能取代和超越“粗陋的共产主义”，逐步实现人类的社会理想。

只有在共产主义和社会主义的前提下，才能培育和满足人的需要的丰富性，使之成为“**人的**本质力量的新的证明和**人的**本质的新的充实”[73]。

“**共产主义**是**私有财产**即**人的自我异化**的**积极的**扬弃，因而是通过人并且为了人而对**人的**本质的真正**占有**；因此，它是人向自身、向**社会的**（即人的）人的复归，这种复归是完全的、自觉的而且保存了以往发展的全部财富的。这种共产主义，作为完成了的自然主义，等于人道主义，而作为完成了的人道主义，等于自然主义，它是人和自然界之间、人和人之间的矛盾的**真正**解决。是存在和本质、对象化和自我确证、自由和必然、个体和类之间的斗争的真正解决。它是历史之谜的解答。”[74]

历史真实发展到共产主义阶段，私有制度被扬弃，分工的严酷壁垒被打破。附着于人身上的阶级的、阶层的约束和囿限被淡化或被解除，人很大程度上向自身的自然本性回归。人所依存的有两种自然：一是人所面对的自然界；一是人本身所依属的自然本性。人所面对的自然界和人本身所依属的自然本性之间的关系不再强烈地表现为对立冲突的关系，而展现出具有亲和性的互补互动的良性生态的发展图景。自然人和自然界创构一种友好型互惠双赢、和谐共生的关系。人不断向自然亲近，自然不断向人生成，实现自然的人道主义和人道的自然主义的相互转化、彼此提升和帮助对方向己方投入，从而相互完成：人道主义等于完成了的自然主义，自然主义等于完成了的人道主义。人道主义和自然主义完美融合，形成理想的社会结构。

正如马克思所指出的：“正象一切自然物必须**产生**一样，**人**也有自己的产生活动即**历史**……历史是人的真正的自然史。”[75]“**私有财产**的积极的扬弃，作为对**人的**生命的占有，是……向自己的**人的**即**社会的**存在的复归。”[76]“因此，**社会**性质是整个运动的一般性质；**正象**社会本身生产**作为人的人**一样，人也**生产**社会”，“只有在社会中，自然界才是人自己的**人的**存在的**基础**。……因此，**社会**是人同自然界的完成了的本质的统一，是自然界的真正复活，是人的实现了的自然主义和自然界的实现了的人道主义”。[77]但人作为“社会的存在物”的活动，本质上是“社会的活动”，“他的生命表现，即使不采取**共同的**、同其他人一起完成的生命表现这种直接形式，也是**社会生活**的表现和确证”。[78]“私有财产的积极扬弃”，才能使“人以一种全面的方式……作为一个完整的人，占有自己的全面的本质”。[79]

共产主义的实现，需要经历一个漫长、深刻的理论的和实践的批判的历史过程。青年的马克思、恩格斯逐渐摆脱了黑格尔和费尔巴哈的影响，并转而揭穿了青年黑格尔派的思辨哲学和带有空想社会主义性质的基督教伦理道德学说所宣扬的唯心主义关于解放人的神话。他们不再停留在哲学和纯理论层面探索人的解放道路，而把人的解放问题视为一个现实的历史的社会实践的过程。一切幻想的、精神的、思想的、哲学的、宗教的、道德的批判，都是无济于事的，都不能取代实践的批判。马克思、恩格斯指出，“世俗社会主义的第一个原理就否认**纯理论领域内的**解放，认为这是幻想，为了**真正的**自由它除了要求唯心的‘**意志**’外，还要求完全能感触得到的物质的条件”[80]。他们认为，德国的理论批判与法国和英国的实践批判是很不相同的。“**费尔巴哈**在**理论**方面体现了和**人道主义**相吻合的**唯物主义**，而法国和英国的**社会主义**和**共产主义**则在**实践**方面体现了这种唯物主义。”[81]“他们的共产主义是这样一种社会主义，在这里面他们提出了显明的实际措施，这里面不仅体现着他们的思维，并且更主要的是体现着他们的实践活动。因此，他们的批判是对现存社会的生动的现实的批判。”[82]马克思、恩格斯在《德意志意识形态》中无情地批判了青年黑格尔派所鼓吹的“词句革命论”，认为青年黑格尔派的哲学家们想从思维过渡到现实，从语言过渡到生活的整个问题，只存在于哲学幻想中。马克思、恩格斯揭穿“词句革命论”的实质：“尽管青年黑格尔派思想家们满口讲的都是‘震撼世界’的词句，而实际上他们是最大的保守分子。”[83]可见，语言和词句对现实的批判是无效的、徒劳的。与之相反，“要真正地、实际地消灭这些词句，要从人们的意识中消除这些观念，只有靠改变条件，而不是靠理论上的演绎”[84]。即便是费尔巴哈所宣扬的纯粹的抽象的人的“感性的对象”，也不是靠“感性的直观”看出来的，而是通过“感性的活动”创造出来的。马克思、恩格斯指出，“他没有看到，他周围的感性世界决不是某种开天辟地以来就已存在的、始终如一的东西，而是工业和社会状况的产物，是历史的产物，是世世代代活动的结果……甚至连最简单的‘可靠的感性’的对象也只是由于社会发展、由于工业和商业往来才提供给他的”，如费尔巴哈所看到的“樱桃树只是**依靠**一定的社会在一定时期的这种活动才为费尔巴哈的‘可靠的感性’所感知”。[85]正是“这种活动、这种连续不断的感性劳动和创造、这种生产，是整个现存感性世界的非常深刻的基础”[86]。马克思、恩格斯这样说：“当费尔巴哈是一个唯物主义者的时候，历史在他的视野之外；当他去探讨历史的时候，他决不是一个唯物主义者。”[87]

马克思、恩格斯是这样论述无产阶级的解放的：他们不再更多地使用异化这个概念来说明底层大众的生态和命运，而主要是运用剩余价值、经济剥削、实践批判和阶级斗争的学说来阐述人的解放问题。他们认为，只有无产阶级把“劳动转化为自主活动”，并“同物质生活一致起来”，才能实现“联合起来的个人对全部生产力总和的占有”。[88]“这种联合只能是普遍性的，而且占有也只有通过革命才能得到实现，在革命中一方面旧生产方式和旧交往方式的权力以及旧社会结构的权力被打倒，另一方面无产阶级的普遍性质以及无产阶级为实现这种占有所必需的毅力得到发展，同时无产阶级将抛弃旧的社会地位所遗留给它的一切东西。”[89]“这种变化只有在实际运动中，在**革命**中才有可能实现；因此革命之所以必需，不仅是因为没有任何其他的办法能推翻统治阶级，而且还因为**推翻**统治阶级的那个阶级，只有在革命中才能抛掉自己身上的一切陈旧的肮脏东西，才能建立社会的新基础。”[90]

共产主义将是一个由全面自由发展的人组成的社会的“共同体”和“联合体”，“在那里，每个人的自由发展是一切人的自由发展的条件”[91]。共产主义社会是“以每一个个人的全面而自由的发展为基本原则的社会形式”[92]。“在共产主义社会里，没有单纯的画家，只有把绘画作为自己多种活动中的一项活动的人们。”[93]

马克思批判费尔巴哈对抽象的人的崇拜和泛爱主义的舆论呼吁，包括他对黑格尔的纯理论形态的绝对理念的颠倒，都没有触及历史的深处和现实生活的实质。黑格尔和青年黑格尔派的思辨哲学妄图在精神、思维、语言和词句的圈子里奢谈人的解放和社会的变革，这是不可能实现的，只能流于苍白的幻想。并非说理论是不重要的。没有正确的理论，绝不会有正确的举措、行为和运动。正确的理论是实现战略目标和科学发展的指导思想。这里，存在着两个层面的问题：从理论本身的层面看，存在着一个科学理论和伪科学理论的关系问题。应当防止和克服各种脱离现实的或只停留在语言和舆论层面的所谓“理论”，而必须坚持和发展能贴近和解决现实问题的科学理论。从理论与实践的关系的层面看，正如马克思所指出的，思想和理论本身并不能实现任何东西，只有把正确的和科学的理论付诸实践，才能变成巨大的物质力量，从而把思想转化为物化形态，转化为社会生活中的活生生的现实。

马克思指出：“全部社会生活在本质上是**实践的**。”[94]“环境的改变和人的活动或自我改变的一致，只能被看做是并合理地理解为**革命的实践**。”[95]哲学的伟大使命和根本目的不在于用不同的方式解释世界，而是改造世界。马克思为了强调实践的极其重要性，甚至把他们的哲学称为“实践唯物主义”，认为“对**实践的**唯物主义者即**共产主义者**来说，全部问题都在于使现存世界革命化，实际地反对并改变现存的事物”[96]。马克思、恩格斯指出，“思想根本不能**实现什么东西**”，“为了实现思想，就要有使用实践力量的人”。[97]他们企盼造就能够掌握“实践理性”、使用“实践力量”改变旧世界的一代新人。只有马克思、恩格斯为人类指明了谋求解放和实现共产主义伟大理想的正确道路。

三、艺术生产论

马克思把文艺创作、艺术生产和“美的规律”，都纳入社会实践的大系统中进行解析。

文艺创作和艺术生产是既相互区别又相互联系的两大系列。文艺既是创作又是生产。创作的主要对应活动是欣赏，而生产的主要对应活动是消费。两者既有差异性，又有共同性。马克思指出：“宗教、家庭、国家、法、道德、科学、艺术等等，都不过是生产的一些**特殊的**方式，并且受生产的普遍规律的支配。”[98]文艺创作和艺术生产既要面对和遵循生产的普遍规律和特殊规律，又要面对和遵循创作的“美的规律”和艺术规律。

马克思认为，正常境况下的生产应当是对人的肯定，对人的自由自觉的生命活动的展示，创作和生产都应当是人的生命体验和人的天性的自然流露。马克思在《剩余价值理论》中评论弥尔顿的《失乐园》时说：“密尔顿［弥尔顿］出于同春蚕吐丝一样的必要而创作《失乐园》。那是**他的**天性的能动表现。”[99]像“春蚕吐丝一样”的“天性的能动表现”正是艺术创作的灵魂。当艺术作品成为“商品”，艺术创作不可能再有像“春蚕吐丝一样”的“天性的能动表现”，而多半是要服从和适应商品生产的一般规律。马克思还说：“一个自行卖唱的歌女是**非生产劳动者**。但是，同一个歌女，被剧院老板雇用，老板为了赚钱而让她去唱歌，她就是**生产劳动者**，因为她生产资本。”[100]可见，文艺既具有遵循表现自己天性的特殊规律的一面，又具有服从生产资本的普遍规律的一面。文艺的性质、功能、作用和价值既可以通过欣赏，满足人们的精神需要和审美愉悦，也可以推向市场，通过消费，获得经济效益和资本增值。这两个方面彼此纠结、交互作用，形成极其复杂的结构形态。作家艺术家作为创作主体通过文艺创作追求作品的审美品位和艺术质量，有利于提升人民的综合文化素质，有利于加强社会的精神文明建设，有利于实现中华民族的伟大复兴；作为生产主体通过艺术生产追求产品的文化利益和经济效益，有利于增强国家的软实力和综合国力，有利于实现文明富裕和将我国建设成为发达繁荣的现代化强国，为民族创造财富，积累资金，功不可没。按照艺术规律和市场规律，应该重视作品的审美属性和产品的商品属性的交互作用。创作和生产，合法、合理、合情地谋取资本和财富是正当的和无可非议的。一个民族和国家，只有获取切实的利益，才能富强起来。利益原则对人的心理和行为的驱动，是不可低估的。一方面，马克思和恩格斯反对纯审美主义、形式主义所拒斥的极端的非功利主义。他们认为人们的行为"一旦离开**利益**"，"一定会使自己出丑"，"这种**利益**是如此强大有力，以至顺利地征服了马拉的笔、恐怖党的断头台、拿破仑的剑，以及教会的十字架和波旁王朝的纯血统"。[101]另一方面，马克思旗帜鲜明地反对唯利是图和拜金主义，规劝文艺家防止和克服对资本的痴迷和对金钱的崇拜。他提醒艺术生产者们不要醉心于无节制地攫取"黄金鸟"，奉行利益至上主义，导致"一切情欲和一切活动都必然湮没在**贪财欲**之中"[102]。他借用莎士比亚戏剧《雅典的泰门》中的一个人物的话，这样讽喻地写道，"莎士比亚把**货币**的本质描绘得十分出色"："金子！黄黄的、发光的、宝贵的金子！……这东西，只这一点点儿，……可以使黑的变成白的，丑的变成美的；错的变成对的，卑贱变成尊贵，老人变成少年，懦夫变成勇士。"[103]当艺术家被金钱所支配时，他变成雇佣劳动者，主体生产资本，产生产品和消费的关系。这里发生了文艺创作和艺术生产的二重化矛盾。创作为了欣赏，生产为了消费。两者之间的着重点和侧重点是很不相同的。文艺创作和艺术生产带有矛盾的双重性。一方面通过艺术创作满足人民大众的精神需要和审美愉悦；另一方面艺术生产面对金钱、资本和利益，作为一种特殊的生产，也一定会和普遍的一般生产一样，追求经济效益和文化利益，增强国家的综合国力。这同样是必要的。但文艺创作和艺术生产也具有一致性，它们都应体现为人民服务的宗旨，市场经济条件下的文艺创作和艺术生产既有统一的一面，又有矛盾的一面。这种对立统一的关系中，应当把握矛盾的主导方面。文艺创作和艺术生产所追求的社会效益和经济效益、艺术价值和交换价值、文化品位和市场利润、审美趣味和消费指数、审美规律和价值规律，是可以和能够双赢的。当经济效益和社会效益发生矛盾时，理所当然地应当把社会效益放在首位。

作家艺术家既是文艺创作者，同时又是艺术生产者。他们需要面对、遵循和处理好艺术规律、美的规律、市场规律、价值规律。作为文艺创作主体，他们应当提升作品的艺术思想水平，增强作品的审美品位，提高作品的文化文明程度，向大众输送最精美的精神粮食，满足人民群众的精神需要，担负着"创造出懂得艺术和能够欣赏美的大众"[104]的职能。作为文艺生产主体，作家艺术家应当具有一定的、适度的市场意识、商品意识、利益意识、资本意识、价值意识，兼顾作品的审美属性和商品属性，达到社会效益和经济效益的有机统一。

随着精神文明建设的发展，人民群众的鉴赏力和欣赏水平不断提高，他们的精品意识正开始觉悟和提升，为营造艺术价值与文化利益相一致的文化氛围提供了社会心理基础。受体大众有多方面、多层次、多种类的审美需要，他们更追求艺术精品。应当把握主导和多元相统一的原则，对不同的作品和产品采取不同的政策。支持和鼓励严肃的、高雅的、经典的、体现主旋律的精品力作。这样的作品，一般地说，社会效益和经济效益均较好。个别的作品和产品的艺术质量不佳，可采取包容的态度，不宜提出消费指数，更无须以票房价值作为衡量作品和产品好坏优劣的尺度。劝导文化精英服务人民，深入生活，体验社会，学习马克思主义，特别是中国化的当代形态的马克思主义。应当制定符合国情民意的文化政策。对大众文化和网络文化，只要是有益无害的作品和产品，都可以采取包容的态度，并加以疏导，使之提升。同时注意防止和克服俗文化、劣文化和丑文化的泛滥。

《手稿》对审美论、异化论和艺术生产论的科学的系统论述，对当代中国的美学文艺学的建构和发展，具有重大的指导意义，提供了可资效仿的方法论的典范。

[注　释]

[1] 黑格尔．美学：第1卷．朱光潜，译．北京：人民文学出版社，1958：183-185.

[2] 费尔巴哈．费尔巴哈哲学著作选集：上卷．北京：生活·读书·新知三联书店，1959：171.

[3] 马克思，恩格斯．马克思恩格斯选集：第1卷．3版．北京：人民出版社，2012：135.

[4] 马克思，恩格斯．马克思恩格斯全集：第3卷．北京：人民出版社，1960：50.

[5] 同[4] 51.

[6] 同[4] 43.

[7] 马克思，恩格斯．马克思恩格斯全集：第42卷．北京：人民出版社，1979：158.

[8] 同[7] 163.

[9] 同[7] 167.

[10] 同[7] 95，125.

[11] 同[7] 97.

[12] 同[7] 37.

[13] 同[7] 37，38.

[14] 同[7] 84.

[15] 马克思，恩格斯．马克思恩格斯文集：第1卷．北京：人民出版社，2009：191.

[16] 同[15] 192.

[17] 同[15] 185.

[18] 同[15] 195-196.

[19] 同[7] 169.

[20] 同[15] 242.

[21] 同[7] 155.

[22] 同[15] 191.

[23] 同[7] 26.

[24] 同[4] 87.

[25] 马克思，恩格斯．马克思恩格斯全集：第1卷．北京：人民出版社，1956：85.

[26] 巴尔扎克．巴尔扎克论文选．李健吾，译．上海：新文艺出版社，1958：9.

[27] 同[15] 188.

[28] 同[15] 189.

[29] 同[15] 191.

[30] 同[7] 96-97.

［31］同［4］49.
［32］同［4］49.
［33］同［4］49-50.
［34］同［1］39.
［35］同［2］319.
［36］同［2］320.
［37］同［7］95.
［38］同［7］155.
［39］同［7］126.
［40］同［7］126，124.
［41］费尔巴哈．费尔巴哈哲学著作选集：下卷．荣震华，王太庆，刘磊，译．北京：生活·读书·新知三联书店，1962：34.
［42］同［7］121.
［43］同［7］177.
［44］同［4］50.
［45］同［4］44.
［46］马克思，恩格斯．马克思恩格斯选集：第4卷.3版．北京：人民出版社，2012：246.
［47］同［46］247.
［48］同［25］453.
［49］马克思，恩格斯．马克思恩格斯全集：第13卷．北京：人民出版社，1962：8.
［50］同［7］91.
［51］同［7］91-92.
［52］同［7］93.
［53］同［7］155.
［54］同［7］92.
［55］同［7］93-94.
［56］同［7］96.
［57］同［7］96-97.
［58］同［7］98.
［59］同［7］126.
［60］同［7］133.
［61］同［4］296-297.
［62］同［7］133-134.
［63］同［4］37.
［64］同［3］403.
［65］同［7］152-153.
［66］同［7］155.
［67］马克思，恩格斯．马克思恩格斯全集：第12卷．北京：人民出版社，1962：3，4.
［68］同［7］174.
［69］同［7］119.
［70］同［7］94.
［71］同［7］110.

［72］同［7］117.
［73］同［7］132.
［74］同［7］120.
［75］同［7］169.
［76］同［7］121.
［77］同［7］121－122.
［78］同［7］122－123.
［79］同［7］123.
［80］马克思，恩格斯．马克思恩格斯全集：第2卷．北京：人民出版社，1957：121.
［81］同［80］160.
［82］同［80］195.
［83］同［4］22.
［84］同［4］45.
［85］同［4］48－49.
［86］同［4］50.
［87］同［4］51.
［88］同［4］77.
［89］同［4］76－77.
［90］同［4］78.
［91］同［3］422.
［92］马克思，恩格斯．马克思恩格斯选集：第2卷．3版．北京：人民出版社，2012：267.
［93］同［4］460.
［94］同［3］135.
［95］同［3］134.
［96］同［3］155.
［97］同［80］152.
［98］同［15］186.
［99］马克思，恩格斯．马克思恩格斯全集：第26卷Ⅰ．北京：人民出版社，1972：432.
［100］同［99］432.
［101］同［80］103.
［102］同［15］227.
［103］同［7］152.
［104］同［67］742.

第三讲
神 圣 家 族*[1]

（摘录）

马克思 恩格斯

第 八 章
批判的批判[2]之周游世界和变服微行，或盖罗尔施坦公爵鲁道夫[3]所体现的批判的批判

盖罗尔施坦公爵**鲁道夫**在他**周游世界**期间**赎补了双重的**罪行：他个人的罪行和**批判的批判**的罪行。他在跟父亲激烈争吵时向父亲挥动了宝剑；批判的批判在同群众激烈争吵时也为罪恶的激情所控制。批判的批判没有揭露**任何一个**秘密。鲁道夫赎补了这个罪过并揭露了**一切**秘密。

按照施里加[4]先生的评定，鲁道夫是人类**国家**的**头等**公仆（施瓦比亚人**埃基迪乌斯**[5]的**"人道国家"**。见卡尔·魏尔博士的"宪法年鉴"1844年第二卷）。

根据施里加先生的论断，为了使**世界免于灭亡**，必须有

> "敢于无情地批判的人出台……鲁道夫就正是**这样的人**……鲁道夫领会了**纯批判**的思想。而对于他和全人类来说，这个思想比人类在自己的**历史**上所获得的**全部**经验，比鲁道夫即使在良师指导下所能从这一历史中汲取的**一切**知识，都更有益处……鲁道夫借以使自己的**周游世界**留芳千古的公正裁判，**实际上**正是
>
> **对社会秘密的揭露**。"

---

* 摘自马克思，恩格斯．马克思恩格斯全集：第2卷．北京：人民出版社，1957：207-266.

他本人就是**“一切秘密本身的被揭露了的秘密”**。

鲁道夫比批判的批判的其他伟人拥有多得不可胜数的**外部**工具。但批判的批判却聊以自慰地说：

“时运较差的人是无法达到鲁道夫所获得的**成果**的（!）[6]，可是他却能达到美好的目的（!）。”

因此批判就让时运亨通的鲁道夫来**实现**它自己的**思想**。它对他唱道：

“哈内曼，走向前，
你有双大的防水靴！”[7]

现在我们就来看看鲁道夫的批判的周游世界怎样“对于**全人类**来说，比人类在自己的历史上所获得的**全部经验**，比……**一切知识，都更有益处**”，等等——我们来看看这个**两次**拯救世界于**灭亡**的鲁道夫吧！

（1）屠夫批判地变成了狗，或“刺客”[8]

“刺客”的职业本是屠夫。各种各样的经历使这个强悍的自然之子变成了杀人犯。他在凌辱玛丽花[9]的时候偶然为鲁道夫所见。鲁道夫在这个精明的闹事鬼的头上很内行地着实打了几拳。于是他博得了“刺客”的尊敬。随后，在罪犯麇集的酒吧间里，“刺客”显露了他那善良的性格。鲁道夫对他说：“你还是有心肝和骨气的。”鲁道夫用这句话激起了他的自尊心。“刺客”改邪归正了，或者如施里加先生所说，变成了**“有道德的**生物”。鲁道夫把他置于自己的保护之下。现在让我们来看看鲁道夫改造“刺客”的过程。

第一个阶段。“刺客”所上的第一课是练习伪善、背信、狡黠和**伪装**。鲁道夫利用为道德所感化的“刺客”同**维多克**[10]利用为道德所感化的罪犯是出于同一目的，这就是说，鲁道夫把“刺客”变成了**密探**和**奸细**。他教他在**“校长”**[11]面前**“伪装”**放弃了“不偷的信条”，怂恿这个“校长”去干偷盗的勾当，以便把后者诱入鲁道夫所设置的圈套。“刺客”感到有人想利用他来演“滑稽戏”。他对这种要他充当**密探**和**奸细**的计谋表示抗议。靠着批判的批判的**“纯粹”诡辩**，鲁道夫没有花多大功夫就说服了这个自然之子，使他相信：下流的勾当如果出于**“善良的、道德的”**动机，就不算是下流的勾当。于是“刺客”就充当了奸细，装着友好和守信的样子，把自己旧时的同伴诱入了致命的陷阱。他在他的一生中**第一次**做了一件**不光彩的事情。**

第二个阶段。现在我们看到“刺客”在鲁道夫病中充当他的**看护**，把他从垂危中挽救出来。

“刺客”成了这样**彬彬有礼的有道德的**生物，他为了怕把地毯弄脏，连黑人医生大卫[12]请他坐在地板上他都推辞了。他甚至**胆怯**到不敢在椅子上坐。他先把椅子放倒在地板上，然后坐在椅子的两个前脚上。每当他称呼被他从垂危中挽救出来的鲁道夫为“朋友”或《Monsieur》

（“先生”）而没有叫《Monseigneur》（“殿下”）[13]时，他总是忘不了道歉的。

冷酷无情的自然之子驯服得多么惊人呵！“刺客”给我们揭穿了自己的批判转变的最玄奥的秘密，他向鲁道夫表白说，他对他就像**看家狗**对自己的主人一样顺从：《Je me sens pour vous comme qui dirait *l'attachement* d'un *bouledogue* pour *son maître*》〔“我对您就像**看家狗**对**自己的主人**一样**顺从**”〕。昔日的屠夫变成了狗。从此，他的一切德行都将是狗的德行，是狗对主人的绝对“**忠顺**”。他的独立性、他的个性完全消失了。但是，和蹩脚的画家不得不在自己的画上题字来说明画的内容一样，欧仁·苏也在“刺客”这头“**看家狗**”的嘴上贴了一张标签，这就是“刺客”时刻诵之于口的一句话：“‘你有心肝和骨气’这几个字使我成了人。”一直到咽最后一口气，“刺客”都不是在自己的人类个性中寻求自己的行为的动机，而是到这句标签式的话中去寻找这种动机。他常常想到自己的长处和别人的缺点，以证明自己的道德修养的增进；而每当他滔滔不绝地高谈仁义道德的时候，鲁道夫总是对他说：“我喜欢你这样的**谈吐**。”“刺客”成了一头非比寻常的、**有道德的看家狗**。

第三个阶段。“刺客”的虽**粗犷**却**勇敢**的率直已被他那**小市民式的礼仪**所代替，对这种礼仪我们已经称颂过了。现在我们就要看到，同“**有道德的生物**”这种身分相适应，他也学会了**庸人**的举止和风度：

> “就他的举止而言，他可以算做世界上最不讨人厌的**市民**。”

比这外形更可悲的，是鲁道夫给他那批判地改革过的生活所赋予的内容。鲁道夫把他派到非洲，“给不信神的世界提示一个关于悔过的生动而有益的例证”。从此，“刺客”所表现的就不是他自己固有的人性，而是基督教的教义。

第四个阶段。批判的道德上的转变使“刺客”成了一个温顺的、谨小慎微的人，他的所作所为都被恐惧和世故所节制。

> 穆尔弗——他由于过分单纯，总是泄露家丑——告诉我们：“‘刺客’对惩罚‘校长’这件事闭口不谈，因为他**生怕**连累自己。”

可见，“刺客”知道这种惩罚是违法的行为。他不谈这件事，是因为他怕受牵连。好一个**聪明的**“刺客”呵！

第五个阶段。“刺客”在自己的道德修养方面已增强到这样一种程度，他甚至以文明的方式来领会他对鲁道夫的那种**狗式的**忠顺。“刺客”搭救了**热尔门**[14]的性命之后，对他说了这样几句话：

> “我有一位保护人，他之于我就如**上帝**之于**神甫**；我真愿意对他俯首跪拜。”

而在思想中他也确是跪拜在他的上帝面前了。

> 他继续对热尔门说道：“鲁道夫先生会保护你的。我说‘**先生**’，虽然我是应该说‘**殿下**’的。可是我已经习惯于称他为鲁道夫**先生**，而他也允许我这样称呼。”

"多么可贵的觉醒和振奋呵！"——施里加在一阵批判的狂喜中叫道。

第六个阶段。"刺客"最后在救他的殿下时被人刺死了，这样他就轰轰烈烈地结束了他那忠矢不二的有道德的看家狗式的一生。在斯凯莱特[15]正要用刀刺死公爵的那一瞬间，"刺客"抓住了暗杀者的手。斯凯莱特便刺杀了他。而"刺客"在临死时却对鲁道夫说：

> "我有理由说，像我这样的**一撮尘土**（这样的看家狗）对于像您这样**伟大的殿下**有时也许是有点用处的。"

这番狗式的自白以警句的形式概括地表明了"刺客"的全部批判的生涯；自白之外，他在嘴上又附了一张标签：

> "我们彼此算是了清宿债了，鲁道夫先生。您对我说过我是有心肝和骨气的。"

施里加先生竭尽全力地叫道：

> "鲁道夫把这个'刺客'还给了**人类**（?），这是他的一桩多么大的功绩呵！"

（2）揭露批判的宗教的秘密，或玛丽花

…………

（b）玛丽花

我们在罪犯当中看到的玛丽是一个卖淫妇，是那个罪犯麇集的酒吧间老板娘的奴隶。尽管她处在极端屈辱的境遇中，她仍然保持着人类的高尚心灵、人性的落拓不羁和人性的优美。这些品质感动了她周围的人，使她成为罪犯圈子中的一朵含有诗意的花，并获得了玛丽花这个名字。

对玛丽花必须从她初出场起就做细密的观察，这样才能把她的**本来的形象**和**批判的变态**做一个对比。

玛丽花虽然十分纤弱，但立刻就表现出她是朝气蓬勃、精力充沛、愉快活泼、生性灵活的，只有这些品质才能说明她怎样在**非人的**境遇中得以合乎人性地成长。

她拿起剪刀来抵抗用拳头打她的"刺客"。这是我们初次遇见她的情景。在这个场面中，她不是一个毫无反抗地屈服于暴力之下的没有防御能力的羔羊，而是一个善于捍卫自己的权利和能够坚持斗争的女郎。

在费维街的罪犯们的酒吧间里，她向"刺客"和鲁道夫叙述了自己的生活经历。在叙述时她用**笑**来回答"刺客"的挖苦。她埋怨自己在出狱以后没有去找工作，而把在狱中赚得的300法郎统统花在游逛和装饰上，"但是没有人劝告我呀"。回想起自己生活中的灾难——卖身于罪犯酒吧间的老板娘，她感到很悲伤。现在是她有生以来第一次追怀这一切往事。"真的，我想起过去就伤心……做个诚实的人想必是很好的。""刺客"嘲笑道："就让她做个诚实的人好啦！"于是她叫道："诚实，我的天！你说我有什么办法能够诚实！"她坚决声明，"我决不哭鼻

子”（《je ne suis pas pleurnicheuse》），但她的生活境遇是可悲的——“这是很不愉快的”。最后，跟基督教的**忏悔**相反，对于自己的过去，她提出了这样一条**斯多葛派**[16]**的**同时也是**伊壁鸠鲁派**[17]**的**人性原则，这是自由而坚强的人的原则：

“到头来，做过的事情就让它过去吧！”

现在我们来看看玛丽花和鲁道夫的第一次散步。

“你想到自己那种可怕的处境，恐怕是常常感到痛苦的吧？”——已经非常渴望来一场道德谈话的鲁道夫说。

> 她回答道：“是的，我曾经不止一次地透过河岸的栏杆凝视着塞纳河，可是，过后我又转过来看着花，看着太阳，并且自言自语地说：河始终会在这里，可是我还没有满十七岁呵，谁会知道呢？在这一刹那间，我觉得我不应该有这样的命运，我觉得自己身上有某些好的地方。我对自己说：我的苦是受够了，但是至少我从来没有害过什么人。”

玛丽花把她的处境不是看做她自己自由创造的结果，不是看做她自己的表露，而是看做她不应该遭受的命运。这种不幸的命运是可以改变的。她还很年轻。

玛丽所理解的**善**与**恶**不是善与恶的**抽象道德概念**。她之所以**善良**，是因为她不曾**害过**任何人，她总是**合乎人性地**对待非人的环境。她之所以**善良**，是因为太阳和花给她揭示了她自己的像太阳和花一样纯洁无瑕的天性。最后，她之所以**善良**，是因为她还**年轻**，还充满着希望和朝气。她的境遇是**不善的**，因为它给她一种反常的强制，因为它不是她的人的本能的表露，不是她的人的愿望的实现，因为它令人痛苦和毫无乐趣。她用来衡量自己的生活境遇的量度不是**善的理想**，而是她**固有的个性**、她**天赋的本质**。

在**大自然**的怀抱中，资产阶级生活的锁链脱去了，玛丽花可以自由地表露自己固有的天性，因此她流露出如此蓬勃的生趣、如此丰富的感受以及对大自然美的如此合乎人性的欣喜若狂，所有这一切都证明，她在社会中的境遇只不过伤害了她的本质的表皮，这种境遇大不了是一种歹运，而她本人则既不善，也不恶，就只是**有人性**。

> “鲁道夫先生，多么幸福呵！……青草、原野！……要是您允许我下车去就好啦……这里真好……我真想在这片草地上跑一下！”

她走下马车，给鲁道夫摘了许多花，“几乎高兴得说不出话来”，等等，等等。

鲁道夫告诉她，他要带她到**若尔日夫人**[18]**的农场**上去。在那里，她将会看到鸽房、马厩之类的东西；那里有牛奶、乳酪、水果等等。对这个孩子说来，这真是**上天的恩赐**。她会很**痛快**的——这就是她的主要的想法。“您甚至不能想像我是多么想痛快痛快呵！”她非常坦率地向鲁道夫说，她的不幸是她自作自受：“过去所发生的一切都是因为我不会节省钱的缘故。”于是她劝他节俭，并劝他把钱存入储蓄银行。她完全浸沉在鲁道夫为她建造的空中楼阁里。她之所以陷于悲哀，只是因为她“忘记了**现在**”，而“这种现在同关于愉快光明的生活的幻想相对照，使她想起了自己的境遇的极端可怕”。

到现在为止，我们所看到的都是玛丽花本来的、非批判的形象。在这里，欧仁·苏超出了他那狭隘的世界观的界限。他打击了资产阶级的偏见。现在他把玛丽花交到主人公鲁道夫的手中，以便弥补自己的孟浪无礼，以便博得一切老头子和老太婆、所有的巴黎警察、通行的宗教和“批判的批判”的喝采。

受鲁道夫之托照看玛丽花的若尔日夫人是一个不幸的、患忧郁病的、信教的妇人。她一见到这个年轻的姑娘，就马上说一些非常动听的话，说什么“**上帝**保佑那些又爱他又怕他的人、那些曾经不幸并已经**悔悟**的人”。“纯批判”的伟人鲁道夫唤来了一个可怜的、迷信极深的教士**拉波特**[19]。他指定这个牧师对玛丽花进行批判的改造。

玛丽欢欢喜喜、坦率天真地同这个老教士接近。**欧仁·苏**怀着他所固有的基督教式的粗暴，要“可惊叹的本能”对玛丽耳语：“在开始**忏悔**和**赎罪**的地方要结束**羞惭**”，这就是说，在唯一济度世人的教堂里不要害羞。他忘记了她在乘车遨游时的那种愉快的坦率、那种由大自然的美和鲁道夫的友好同情所引起的兴高采烈；当时她只是由于想起必须回到罪犯酒吧间老板娘的身边，这种兴高采烈的心情才沮丧下来。

拉波特教士立即摆出了**超凡出世的**姿态。他的第一句话就是：

> “**上帝**的仁慈是无穷尽的，我的亲爱的孩子！在你受苦受难的时候上帝都没有弃绝你，这就可以证明这一点……救你于绝境的这位宽大为怀的人实现了**圣经上的话**（注意：不是实现人的目的，而是实现圣经上的话）：人有呼主之名者，主将庇佑之；人有呼主者，主将成就其心愿；主将闻听其呻吟并拯救之……主将完成**自己的**事业。”

玛丽还没有明了教士这番说教的**险恶的**用意。她回答说：

> “对我仁慈并使我回到了上帝那里去的人，我将为他祈祷。”

她最先想到的**不是**上帝，而是她那**人世的**救星，她想为**他**祈祷，而不是为她**自己的**赦免祈祷。她希望自己的祈祷能使别人得救。此外，她竟天真到以为自己**已经回到**上帝面前了。教士认为自己必须来打破这种有违神道的错觉。

> 他打断了她的话，说道：“很快，你很快就会得到赦免，赦免你那深重的罪孽……因为，正如先知者所说，主保佑一切行将堕落的人。”

请注意牧师言谈中的违反人性的话。你很快就会得到赦免！你的罪恶**还没有得到宽恕**。

拉波特在同姑娘见面时竭力在她心中唤起**自己有罪这种意识**，而鲁道夫在同姑娘临别时则送了她一个金**十字架**，这是她即将受到**基督教磔刑**的象征。

玛丽在若尔日夫人的农场上已经住了一个时期。我们先来偷听一下老教士拉波特和若尔日夫人的谈话。他认为玛丽是不能“嫁人”的了，“因为，尽管有他拉波特担保，也没有一个男人有勇气忽视那玷污了她的青春的过去”。他接着又补充说，她“必须赎补大的罪恶”，而“如果她有道德感的话，她是不会堕落的”。他证明她有可能像那些下流到极点的小市民一样保持自己的清白：“在巴黎有很多乐善好施的人。”这个伪善的牧师知道得很清楚，这些乐善好施的巴黎人每时每刻都遇见那些直到半夜还在最热闹的街头叫卖火柴（玛丽也曾经这样做过）的七八岁的小女孩，可是他们总是无动于中地从她们面前走过；而这些小女孩未来的命运也几乎毫无例外地和玛丽的命运一样。

教士给自己提出的任务是要玛丽**赎罪**。他在自己的心中给玛丽**定了罪**。现在我们来看看玛丽花在傍晚送拉波特回家时两人散步的情形。

> “你看呵，我的孩子！”——他开始了热烈动人的谈话——“看那一望无涯的天际，这天际的界限现在无法分辨了（这已是黄昏时候了）。我觉得，万籁俱寂和无边无际几乎能使我们产生一种永恒的观念……玛丽，我对你说这些，是因为你易于感受造物之美……看到这造物之美在你心中，在你那长久丧失宗教感情的心中激起了宗教崇拜，我常常是深为感动的。”

教士已经成功地把玛丽对于大自然美的纯真的喜爱变成了**宗教**崇拜。对于她，自然已经被贬为适合神意的、**基督教化的**自然，被贬为**造物**。晶莹清澈的太空已经被黜为静止的**永恒性**的暗淡无光的象征。玛丽已经领悟到，她的本质的一切人性表现都是“**罪孽深重**”的，这些表现背弃了宗教，违悖了真正的神恩，这些表现是离经叛道、亵渎神灵的。教士必须使她感到自惭形秽，必须把她的自然的和精神的力量以及各种自然的赋与都化为灰烬，以便使她能够接受他所许给的超自然的赋与，即接受**洗礼**。

当玛丽想要对教士有所告白并祈求他**宽恕**的时候，他回答说：

> “**主**已经向你证明他是仁慈的。”

玛丽不应当把她所受到的宽恕看做同一种人类造物对她这同一种人类造物的自然的、理所当然的关系，而应当把这看做一种无限的、超自然的、超人类的仁慈和宽恕，应当把**人的宽恕**看做**上帝的仁慈**。她必须把一切自然的、人类的关系化为**对上帝的**彼岸**关系**。玛丽花对牧师关于上帝仁慈的空谈所做的回答，表明宗教教义已经把她腐蚀到什么样的程度了。

她说，她一进入新的、良好的环境，就只是感到**新的幸福**：

> “我曾经每一分钟都在想念着鲁道夫先生。我时常抬头望着天，但不是在那里找上帝，而是找鲁道夫先生，好向他道谢。是的，**我在这一点上责备了我自己**，我的神甫；**过去我想念他**比想念上帝为**多**；因为**他**为我做了唯有上帝才能做出的事情……我是**幸福**的，幸福得跟永远逃脱了大险的人一样。”

对新的、幸福的生活境遇只是**如实地**感到是一种新的幸福，也就是对这种境遇抱着自然的而不是超自然的态度，这在玛丽花看来已经是不可饶恕的了。她已经谴责自己不该把救她的人**如实地**看做自己的救星，而没有用想像中的救星——**上帝**来代替他。她已经为宗教的伪善所支配，这种伪善把我对**别人**的感恩拿过来归之于上帝，把人身上一切合乎人性的东西一概看做与人相左的东西，而把人身上一切违反人性的东西一概看做人的**真正的**所有。

玛丽告诉我们，她的思想、她的感情和她对生活的态度的**宗教的转变**，应该归功于若尔日夫人和拉波特的教诲：

“当鲁道夫把我带出巴黎最古老的地方的时候，我已经朦胧地意识到我的地位的卑下，但我从您和若尔日夫人那里所得到的教诲、劝导和榜样，使我能够领悟到……我过去与其说是不幸，还不如说是有罪……您和若尔日夫人使我**懂得了我的罪孽是无限深重的。**”

这就是说，她应当感谢拉波特教士和若尔日夫人的，是充满她心中的已经不是自己地位卑下这样一种人的、因而也是可以容忍的意识，而是自己罪孽无限深重这样一种基督教的、因而也是不可容忍的意识了。这个教士和这个巫婆教会了她从**基督教的观点**来谴责自己。

玛丽感到她所遭到的精神上的不幸是非常巨大的。她说：

“既然善恶意识的觉醒对于我是这样的可怕，那末为什么不让我由不幸的命运去摆布呢？……要是听我沦落在过去的火坑中，也许贫困和毒打很快就断送了我的性命，而对于这种无论我怎样渴望也始终得不到的纯洁，我至少是可以毫不知道便了此一生的。”

毫无心肝的教士回答道：

“就是品性最高尚的人，只要他在你被救出的污泥中呆过一天，出来后也会**在额上留下一个洗不掉的污点。**这就是**神的司法不可动摇的法则。**”

玛丽花被**教士**这种巧舌如簧的**诅咒**深深地刺痛了，她叫喊道：

“那末，您看出我是命定该绝望的罗！”

这个宗教的老奴回答说：

“你必须抛弃想从自己的生活中撕掉这可悲的一页的任何希望，但是你应该期望**上帝的无限仁慈。**在这里，**在尘世上，**可怜的孩子，你应得的一份是眼泪、忏悔、赎罪；但有一天在那里，**在天堂中，**你将得到赦免和**永恒的福祐。**”

玛丽还没有痴愚到要到天堂的永恒福祐和赦免中去寻求慰借的地步。

“可怜可怜我吧”，——她叫道，——“可怜可怜我吧，天呀！我还这样年轻……我多么不幸呵！”

这时，牧师的伪善的诡辩达到了极点：

“恰巧相反，这是你的幸福，玛丽，是你的幸福！主使你受到良心的谴责，这种谴责虽然充满了痛苦，但却是与人为善的。它证明你的灵魂有**宗教的**感受性……你所受到的每一点苦难都会在天上得到补偿。相信我的话，上帝一时把你放在邪路上，是为了以后让你能得到**忏悔的荣誉**和**赎罪**所应有的永恒的奖励。”

从这一瞬间起，玛丽便成了**自己有罪这种意识的奴隶**。如果说，以前她在最不幸的环境中还知道在自己身上培养可爱的人类个性，在外表极端屈辱的条件下还能意识到**自己的人的**本质是**自己的真正本质**，那末现在，却是从外面损伤了她的现代社会的污浊在她眼中成了她的内在本质，而因此经常不断地忧郁自责，就成了她的义务，成了上帝亲自为她预定的生活任务，成了她存在的目的本身。如果说以前她还自夸："我决不哭鼻子"，并且说"做过的事情就让它过去吧"，那末在现在，对于她，折磨自己就成了**美德**，而忏悔则成了**荣誉**。

后来发现，玛丽花原来是鲁道夫的女儿。我们再看到她的时候她已经是盖罗尔施坦郡主了。我们现在偷听一下她同她父亲的谈话：

“我祈求上帝把我从这些迷茫中解脱出来，让充满在我心中的单只是对上帝的虔诚的爱和神圣的希望，最后，我祈求上帝完全掌握着我，因为我想全心全意地皈依于他，但是我的这些祈求都落空了……他不听取我的祈祷……不用说，这是因为我**对尘世**的眷恋使我不配同上帝交往。”

一个人既然把自己的迷误看做渎犯上帝的**无限**罪行，那末他就只有**完全**皈依上帝，对尘世和世俗的事情**完全**死心，才能确信自己的**得救**和上帝的**仁慈**。玛丽花既然已经领悟到使她解脱非人的境遇是**神的奇迹**，那末她要配得上这种**奇迹**，她**自己**就必须成为**圣徒**。她的人类的爱必须转化为宗教的爱，对幸福的追求必须转化为对永恒福祐的追求，世俗的满足必须转化为神圣的希望，同人的交往必须转化为同神的交往。上帝应当完全掌握住她。她自己给我们揭穿了为什么上帝不肯把她完全掌握住的秘密。她还没有全心全意地**皈依**上帝，她的心还困惑于尘世的事情。这是她那健全的天性的最后一次闪光。她终于完全皈依上帝了，因为她完全脱离了尘世，入了**修道院**。

“人若有罪愆，
深重不可赎，
送进修道院，
朝以继暮，
旷日无间，
悔悟乐无穷。”
(歌德)[20]

在修道院中，由于鲁道夫的阴谋诡计，玛丽花得到了**女修道院长**的圣职。起初她认为自己不够格，拒绝接受这个职位。旧任女修道院长遂加以劝说：

“我再多两句嘴，我亲爱的女儿，你在进教会以前的生活是十分纯洁可嘉的，但如果说它也充满了迷惘的话，那末，自从你到我们这里以后所表现的**福音德行**的榜样，在主的眼中已经补救和赎偿了任何罪孽深重的既往。”

我们从女修道院长的话中可以看出，玛丽花的世俗德行已经变成了福音德行，或者更正确地说，她的实际德行必须采取福音的、漫画的形式。

玛丽回答女修道院长的话说：

“圣姑，我认为现在可以同意接受这个职位了。”

修道院的生活不适合于玛丽的个性，结果她死了。基督教的信仰只能在想像中给她慰借，或者说，她的基督教的慰借正是她的现实生活和现实本质的消灭，即她的死。

鲁道夫就这样先把玛丽花变为悔悟的罪女，再把她由悔悟的罪女变为修女，最后把她由修女变为死尸。在埋葬她的时候致悼词的，除了天主教的神甫以外，还有**批判的**神甫施里加。

施里加把她的“**无辜的**”存在称为她的“**短暂的**”存在，并把这种存在同“永恒而难忘的罪愆”相对照。他赞颂她，说她的“**最后一口气**”是“祈求仁慈和宽恕”。新教牧师在先叙说一遍主的恩赐的必然、死者对一般原罪的分担和自认有罪这种意识很强以后，接着就一定要转而对死者的德行来一番**世俗的**赞扬；同样，施里加先生也使用了一套这样的词句：

“而她**本人**还是没有什么需要宽恕的。”

最后，他在玛丽的墓上放了一束教会辞令的最枯萎干瘪的花朵：

“她怀着人所罕有的内心纯洁而与世长辞了。”

阿门！

（3）揭露法纪的秘密

(a)“校长”，或新的刑罚理论。单人牢房制的被揭露了的秘密。医学的秘密

“**校长**”是个海格立斯[21]型的、精力充沛的罪犯。按他的教育程度来说，他是个有教养有学识的人。他这个性如烈火的大力士同资产阶级社会的法律和习惯是相冲突的，因为资产阶级社会的一般标准是平庸无能、温文娇弱和暗中交易。他成了一个杀人犯，像一个秉性强悍而无从找到适当的合乎人性的活动的人那样放荡不羁、荒淫无度。

鲁道夫捉住了这个罪犯。他想批判地改造他，想用他给**法律**界创造一个范例。他同法律界的争端不是“**刑罚**”本身，而是刑罚的**种类和方式**。用黑人医生大卫的特殊的话来说，鲁道夫发明了这种刑罚理论，他就有资格成为一个“**最伟大的德国刑法学家**”，并且从此以后这种理论甚至有幸获得一个具有德国式的严肃和德国式的彻底的德国刑法学家的拥护。鲁道夫甚至没有想到他可以超出刑法学家**之上**；他的野心是想成为一个 primus inter pares〔庸中佼佼〕的“**最伟大的刑法学家**”。他命令黑人医生大卫**弄瞎**了“校长”的眼睛。

起初，鲁道夫重复着反对死刑的种种老生常谈，说什么死刑对罪犯没有任何效用，对人民也

没有任何效用，因为人民把杀人只当做一种聊以消遣的把戏来观赏。

此外，鲁道夫又把“校长”和“校长”的**灵魂**加以区别。他所关心的不是拯救**实际的**“校长”这个人，而是**从精神上拯救**他的**灵魂**。

> 他教训说：“拯救灵魂是神圣的事业……救世主说过，每一件罪行都能够**赎补**，但只有诚心想忏悔和**赎罪**的人才能如此。从法庭到断头台的过渡是太短促了……你（“校长”）曾经滥用自己的**力气**来为非作歹，现在我要叫你**使不出**你的力气……你将要在最软弱的人面前发抖……对你的惩罚将和你的罪行相等……但这种可怕的惩罚至少还会给你留下**悔改**的无限境界……我只使你离开外界，目的是要你沉没在漆黑如夜的昏暗中，**单独地**回想自己的恶行……你将不得不反躬自省……被你贬得一钱不值的意识将会觉醒并把你引向悔悟。”

鲁道夫认为**灵魂**是**神圣的**，而人的**肉体**则是**非神圣的**，所以他只把灵魂看做真正的本质，因为——按照施里加先生对人类的批判描述——灵魂是属于天国的；既然如此，所以“校长”的肉体和他的力气就不是属于人类的了，这种力气的生命表现就不应加以合乎人性的改造，不应归还给人类，不应把这种力气当做本质上是人类的东西来处理。“校长”曾经滥用自己的力气，现在鲁道夫则麻痹、摧残、消灭这种力气。要摆脱人类的某种本质力量的变态表现，除了消灭这种本质力量，就没有更**批判的**手段了。这也就是基督教的手段：眼睛作恶就挖掉眼睛，手作恶就砍掉手，总之，肉体作恶就杀害肉体，因为眼睛、手、肉体对于人本来都只是多余的、罪恶的附属品。要治愈人性的疾病，就必须消灭人性。群众的法学在这方面同“批判的”法学不谋而合，也认为**摧残**、麻痹人的力量是对这些力量的有害表现的解毒剂。

在普通的刑法学中使纯批判的伟人鲁道夫感到惶惑不安的，只是从法庭转到断头台的过程太快了。与此相反，他是想把对罪犯的**复仇**同罪犯的**赎罪**及**其对自身罪恶的认识**结合起来，把肉体的惩罚同精神的惩罚、感官的痛苦同忏悔的非感官的痛苦结合起来。世俗的惩罚同时必须是基督教道德教育的手段。

这种把**法学**和**神学**结合在一起的刑罚理论，这种“秘密本身的被揭露了的秘密”，不过是**天主教**教会的刑罚理论而已，这一点**边沁**[22]在他的著作“惩罚和奖赏的理论”中已经详尽地表明了。在这部著作中，边沁还证明了现今的各种刑罚在道德上是毫无效验的。他把法律所规定的种种刑罚称之为**“法庭打油诗”**。

…………

鲁道夫说出了他那讳莫如深的想法，也就是揭穿了弄瞎眼睛的目的，他对“校长”说：

> **“你的每一句话都将是祈祷。”**

他想教会他**祈祷**。他想把这个海格立斯型的强盗变成一个全部工作只是祈祷的修道士。跟这种基督教的残忍相比较，那种想消灭某人就干脆杀某人的头的普通刑罚理论，显得是多么的人道。最后，很显然，每当真正的群众的立法严肃地提出了感化罪犯的任务的时候，它所采取的行动比这个德国的赫仑·挨·力斯怯得[23]的行为要合理和人道得多。跟弄瞎“校长”的眼睛这回事比起来，四个荷兰农业移民区和亚尔萨斯的奥斯特瓦尔德罪犯移民区才是真正合乎人性的尝试。就跟鲁道夫毁了玛丽花和“刺客”一样，他也毁了“校长”：他让玛丽花去受教士的折磨，受自己有罪这种意识的折磨；他剥夺了“刺客”的人的独立性并把他贬低到看家狗的卑下地位；他为了使“校长”学会“**祈祷**”，便挖了他的双眼；他就这样把三个人都毁了。

受了“**纯批判**”的“**简单**”改造以后的各种现实就是这个样子，也就是说，这种种现实乃是对现实的歪曲和脱离现实的**毫无意义的抽象**。

…………

……现在我们来看看鲁道夫的**批判的**治疗所得到的**真正**结果。

首先，我们看到“校长”同“猫头鹰”[24]一起旅行到布克伐尔农场去，想在那里恶毒地愚弄玛丽花一番。支配着他的当然是向鲁道夫**报仇**的念头，而他也只能形而上学地向鲁道夫报仇，也就是故意跟鲁道夫作对，偏要挖空心思去做“**坏事**”。“他夺去了我的视力，但是没有使我丢掉作恶的念头。”“校长”告诉“猫头鹰”，为什么他叫人把她找来：

> “我感到很无聊，我在这些诚实的人当中完全是孤独的。”

如果说，欧仁·苏由于他对人的**自暴自弃**有僧侣般的、兽性的偏爱，以至于让“校长”跪在老泼妇“猫头鹰”和小恶棍“瘸子”[25]的跟前，哀求他们不要离弃他，那末，这个大道学家是忘记了，这样就会使“猫头鹰”感到恶魔式的自满。鲁道夫本来想要罪犯相信**肉体暴力**是微不足道的，可是他**用暴力弄瞎了**罪犯的眼睛，结果向罪犯证明了**肉体暴力**的强大；同样，欧仁·苏也在这里教“校长”恰如其分地承认了**完满的情欲**的有力。他教他懂得，没有这种完满的情欲，人就**不再是男子**，而变成了孩子们肆意嘲笑的对象。他使他相信，世界应该承受他的罪恶，因为他一失掉视力，就受到了这个世界的折磨。欧仁·苏现在剥夺了“校长”的最后一点人的幻想，因为“校长”曾经相信“猫头鹰”对他是忠诚的。他有一次对鲁道夫说：“她可以为我赴汤蹈火。”然而，欧仁·苏为了充分地满足自己的欲望，竟使“校长”在极度绝望之余，脱口喊出了：

> **“我的天，我的天，我的天哟！”**

他学会“**祈祷**”啦！于是欧仁·苏先生就在“这种对上帝仁慈的**无意的**祈求中”看到了“某种天意”。

这种**无意的祈祷**是鲁道夫的批判的第一个结果。接踵而来的是在布克伐尔农场上的**非自愿的忏悔**，在那里，“校长”梦见了被他杀害的人的幽灵。

我们暂且放过对这个梦的极其详细的描述，转过来看看“红手”的地窖中的情景，在那里我们会看到被批判地改造过的“校长”，他戴着镣铐，被老鼠咬得遍体鳞伤，饿得半死不活，被“猫头鹰”和“瘸子”折磨得疯疯癫癫，像一头野兽那样嗥叫着。“瘸子”把“猫头鹰”交到他手里。我们且看看“校长”在动手弄死“猫头鹰”时的情形。他不仅在表面上**模仿**主人公**鲁道夫**的样子，挖出了“猫头鹰”的**双眼**，而且也**在精神上**学习鲁道夫的榜样，重复他那伪善的言辞，用假仁假义的词句来掩饰自己的残暴行为。当“猫头鹰”刚刚落入“校长”的掌握中的时候，“校长”表现出“令人恐怖的高兴”，他的声音由于狂怒而发抖。

他说："你知道得很清楚，我不想马上就结束你的性命……我要以牙还牙，你折磨了我，我现在也要折磨你……在杀死你以前，我要跟你长谈一次……这对于你是可怕的。首先，你看到没有……自从我在布克伐尔农场做了那个梦以来，我有了很惊人的改变……在那个梦里，我们过去的一切罪行都显现在我的眼前，那个梦几乎使我发疯……它将来会使我发疯的……我对自己以往的残暴感到可怕……我没有容许你虐待夜莺[26]，不过这还是小事……你把我诱骗到这个地窖里，让我在这里挨饿受冻……你把我一个人留下，使我产生一些可怕的念头……呵，你不知道孤独是什么滋味……孤独洗净了我的灵魂。我不认为这是可能的……我也许没有以前那样坏了，证据就是，在这里抓住你，……抓住你这个恶魔，我感到无限的快乐……我抓住你不是为了给自己报仇，而是……而是为我们的受害者报仇……是的，我要履行自己的职责，亲手惩罚自己的同谋犯……现在我对自己以往的行凶杀人感到恐怖，虽然这样，但我还是要毫无恐惧、完全泰然自若地用非常残酷的手段狠狠地把你弄死，对这一点你不会感到奇怪吗？……你说……你说……你懂得这点吗？"

在这不多的几句话中，"校长"匆匆地弹出了**道德诡辩的**全部音阶。

他开头的几句话是复仇心的**公开**表露。他宣称要以牙还牙。他想杀死"猫头鹰"，他想用冗长的说教来延长她死前的痛苦，而他用来折磨她的那一套话（简直是不可思议的诡辩！）完全是**道德的说教**。他硬说在布克伐尔的那一场梦感化了他。同时他又给我们揭穿了这个梦的真正的作用，他承认这个梦几乎使他发疯，而且将来也还是会使他发疯的。为了证明自己的改邪归正，他举出了这个事实：他曾经阻止人们虐待玛丽花。欧仁·苏书中的人物（先是"刺客"，在这里是"校长"），必须把他这个作家本人的意图（这种意图决定作家使这些人物这样行动，而不是那样行动）充作**他们自己**思考的结果，充作他们行动的自觉动机。他们必须经常不断地说：我改正了这一点、那一点，以及那一点，等等。因为他们不是过着真正有内容的生活，所以他们就只得在自己的言谈中竭力强调一些微不足道的行为（在这里，保护玛丽花即是一例）的意义。

"校长"既然告诉了我们在布克伐尔的那场梦有着教人**行善积德**的作用，那末他就还应该向我们说明，为什么欧仁·苏把他关在地窖里。他应该表明小说作者的做法是合理的。他应该对"猫头鹰"说，你把我关在地窖里，让老鼠来咬我，害我饱受饥渴之苦，这种种做法促使我完全改邪归正了。孤独**洗净了**我的灵魂。

"校长"对"猫头鹰"发作出来的那种野兽般的嗥叫、那种肝胆欲裂的狂怒、那种极其可怕的复仇心，是对这种道德辞令的辛辣的嘲弄。这种种表现给我们揭穿了"校长"在牢房中所产生的那些念头的性质。

"校长"自己似乎也感觉到了这一点，但是既作为一个**批判的道学家**，他就能够调和这些矛盾。

他正是把由于"猫头鹰"落入自己掌握中而引起的"无限的快乐"宣布为自己改邪归正的标志。他的复仇心不是**自然的**复仇心，而是**道德的**复仇心。他不是想为自己报仇，而是想为他和"猫头鹰"的共同的**受害者**报仇。他杀死"猫头鹰"并不算**杀人**，而是履行**职责**。他不是向她**报仇**，而是以一个公正的法官的身分来**惩罚**自己的同谋犯。他对自己以往的行凶杀人感到恐怖，虽然如此（他自己都对自己的诡辩感到惊奇），但他却问"猫头鹰"：对这一点你不会感到奇怪吗？——我要毫无恐惧、完全泰然自若地杀死你！同时，由于某种未表明的道德原因，他竟然沉醉于他想去干的杀人勾当——“狠狠地弄死”，“用非常残酷的手段弄死”——的情景中了。

“校长”杀害“猫头鹰”这件事完全符合他的性格，特别是在她对他表现得这样残酷以后更是如此。但是，他的杀人之出于道德的动机，他对自己因即将“狠狠地把人弄死”、用“非常残酷的手段”杀人而惨无人性地感到快乐这一层给予道德的解释，他正好是以犯下新的杀人罪行来证明自己对以往的杀人行凶的忏悔，他从一个普通的杀人犯变成一个**暧昧的、有道德的杀人犯**；凡此种种都是鲁道夫的批判的治疗所获得的辉煌成果。

“猫头鹰”想从“校长”的手中挣脱出来。“校长”觉察到了这一点并牢牢地抓住她。

> “你还是站着别动的好，‘猫头鹰’！我必须彻底向你说明我是怎样逐渐达到悔悟的……这种解说你听起来是会不愉快的……它会向你证明，我在为我们的受害者向你报仇的时候必须残忍才行……我必须赶快讲完……当我想到我把你抓在手中的时候，我就快乐得全身的血液都沸腾起来……我要强迫你听我讲话，这样我就有足够的时间来使你感到死亡临近的恐怖……我的眼睛瞎了……但我的思想却变成了具体有形的，所以我能够在想像中不断鲜明地、几乎可以感触到地描绘出……我的受害者的轮廓。观念几乎像物质一样铭刻在我的头脑中。如果在忏悔之余再加上严酷得可怕的赎罪……这赎罪把我们的生活变为漫长的不眠之夜，其中充满了复仇的幻觉和绝望的思念……那末，在受到良心的苛责并终于悔悟以后，也许会得到人们的宽恕。”

“校长”继续滔滔不绝地大谈其虚伪的空话，这种空谈每时每刻都显露出它的伪善。“猫头鹰”必须听他讲他怎样一步一步地达到悔悟。这种解说对于她会是很不愉快的，因为它会证明，“校长”的**职责**就是不为他自己而为他们大家的受害者来无情地向她报仇雪恨。“校长”突然中断了他的训话。如他自己所说，他必须“赶快”结束他的训话，因为他想到他把她抓在手中的时候，就快乐得全身的血液完全沸腾起来，这是缩短训话的道德上的理由。然后他又使自己的血液平静下来。原来他对她说教的这一段长时间，对于他的报仇并不算是损失，因为这段时间“使她感到死亡临近的恐怖”。又是一个继续说教的道德上的理由！正是因为这些道德上的理由，所以“校长”能够泰然自若地又接着他刚才中断片刻的地方继续说起教来。

“校长”正确地描述了一个与外界隔绝的人的情形。一个人，如果对于他**感性世界**变成了**赤裸裸的观念**，那末他就会反过来把赤裸裸的观念变为**感性的实物**。他想像中的幻影成了有形的实体。在他的心灵中形成了一种可以触摸到、可以感觉到的幻影的世界。这就是一切虔诚的梦幻的秘密，也就是疯癫的共同的表现形式。“校长”老是重复着鲁道夫的口头禅，说什么“痛苦异常的忏悔和赎罪是强有力的”云云；他这样反复叨念，所以已经像个半疯半癫的人了；他的这种现身说法，鲜明地证明了，在基督教的自认有罪这种意识和神经错乱之间有真正的联系。同样，“校长”既把**生活**之变成充满幻影的**梦夜**看做忏悔和赎罪的真正结果，那末他就给我们揭穿了纯批判和基督教感化的真正的秘密。这种秘密也就正在于人变成幻影，人的生活变成一连串的**梦境**。

欧仁·苏在这里感到，这瞎眼强盗对“猫头鹰”的举动会败坏鲁道夫所启示给他的**拯救灵魂的思想**。所以他就在“校长”的口中塞进了下面这句话：

“这些思想的有益的影响就在于平息了我的狂怒。”

可见，“校长”供认了他的**道德愤懑**不外是**世俗的狂怒**而已。

“我没有足够的……勇气……力量……决心来杀死你……不，我不能叫你流血……这会是……**杀人**（他说出了事物的真正的名称）……也许是情有可原的杀人……但这终究是杀人。”

“猫头鹰”利用适当的时机用匕首刺伤了“校长”。现在欧仁·苏可以让“校长”动手杀死“猫头鹰”，而不再继续道德的诡辩了。

“他痛得大叫起来……这突如其来的袭击，立刻把他的复仇心、他的暴怒、他那嗜杀成性的本能全都激发起来，像一团烈火那样熊熊地燃烧起来，这一切突然以非常骇人的力量爆发出来。他那先前已被震动的神智现在完全混乱了……呵，你这条蛇！……我尝到了你的牙齿的滋味……你会像我一样的**没有眼睛**……”

他挖掉了她的双眼。

“校长”的天性通过鲁道夫的治疗只是被伪善和诡辩装饰起来，只是被禁欲般地压制下去；现在，当这种天性汹涌澎湃地冲出藩篱，造成**爆发**的时候，这种爆发就显得更有害更可怕。欧仁·苏承认，“校长”的理性已经被鲁道夫所策划的一切事件狠狠地震动了；承认这一点倒是值得感谢的。

“他的理性的最后一点闪光在这惊心动魄的嗥叫中、在这该死的家伙的嗥叫中消失了（他看见了被他杀害的人们的幽灵）……‘校长’像一头**被激怒了的野兽**那样怒吼着和咆哮着……他把‘猫头鹰’活活地折磨死了。”

施里加先生喃喃地叨念着：

“‘校长’不能有**‘刺客’**那样**快的**（！）和**幸运的**（！）**转变**（！）。”

正如鲁道夫使玛丽花成了修道院的住户一样，他也使“校长”成了**毕塞特**神经病院的住户。鲁道夫不仅麻痹了他的肉体力量，而且也麻痹了他的**精神**力量。而这也不是没有理由的，因为“校长”不仅用他的肉体力量作过孽，而且也用他的精神力量作过孽，而按照鲁道夫的刑罚理论，凡是**有罪的力量**都应当消灭。

…………

（8）鲁道夫，“一切秘密本身的被揭露了的秘密”

使鲁道夫能够实现其全部救世事业和神奇治疗的万应灵丹不是他的漂亮话，而是他的**现**

钱。道学家们就是这样的——傅立叶[27]说。要模仿他们心目中的英雄，就必须是百万富翁。

道德就是**"行动上的软弱无力"**[28]。它一和恶习斗争，就遭到失败。而鲁道夫甚至还没有提高到至少是建立在**人类尊严**这种意识之上的独立道德的观点。相反地，他的道德是建立在人类软弱无力这种意识之上的。他是**神学**道德的代表。我们已经详细考察了鲁道夫用衡量世界的**基督教的固执**观念（诸如"慈善事业"、"无比忠顺"、"克己"、"忏悔"、"善与恶"、"赏与罚"、"可怕的惩治"、"隐遁"、"拯救灵魂"，等等）所建立的英雄业绩，也表明了所有这些都不过是滑稽戏而已。现在我们只要再分析一下鲁道夫这个"一切秘密本身的被揭露了的秘密"或被揭露了的"纯批判"的秘密的**个人性格**就够了。

还在我们这位批判的海格立斯的少年时代，"善"与"恶"的对立就已经以两个化身——鲁道夫的两位教师**穆尔弗**[29]和**波利多里**[30]——出现在他的面前。前者教他行善，而且本人是**"善人"**。后者教他作恶，而且本人是**"恶人"**。为了使这种构思在平庸方面不逊于其他伦理小说的类似构思，**"善人"**穆尔弗必须被描写为不太"有学问"、"在智能方面"不"特别突出"的人。可是他**诚实、单纯、沉默寡言**，常常以高贵的姿态，用**可耻、下流**之类的字眼来痛斥邪恶的事情，对**卑鄙下贱的行为**感到深恶痛绝。如果用黑格尔的话来说，可以说他是诚实地把善和真的旋律变成了各种音调的平均化的东西，也就是变成了**一个音符**[31]。

相反地，**波利多里**却是一个聪明绝顶、学识渊博、教养有素的奇材，但同时也是一个"最没有道德"的人，并且满脑子都是**"最可怕的怀疑论"**，作为年轻的虔诚的法国资产阶级的代表，欧仁·苏对此是不能等闲视之的。对于欧仁·苏和他的主人公的精力和教养，可以根据**怀疑论**使他们感到惊惶失措这一点来加以判断。

施里加先生说："穆尔弗同时就意味着1月13日[32]的永世难忘的罪过和通过无比爱戴鲁道夫这个人物并为他作自我牺牲来永远赎补这个罪过。"

就跟鲁道夫是全世界的 deus ex machina〔从机器里出来的神〕[33]和耶稣基督一样，穆尔弗也是鲁道夫个人的 deus ex machina〔从机器里出来的神〕和耶稣基督。

…………

"天使要出来，从义人中把恶人分别出来。"（"马太福音"第十三章第四十九节）"将患难、困苦加给一切作恶的人；将荣耀、尊贵、平安加给一切行善的人。"（"保罗达罗马人书"第二章第九—十节）

鲁道夫自己把自己当做这种**天使**。他降临人世，以便从义人中把恶人分别出来，奖赏善人，惩罚恶人。善恶的观念在他那虚弱的头脑中铭刻极深，以至于他竟相信真有魔鬼，并且像昔日波恩的**扎克**[34]教授那样，竟想活捉恶魔。相反地，另一方面他又企图把魔与**神**的对立以缩图的形式复制出来。他爱"起一些天命的作用"。正像在**现实中一切**差别日益汇合为**贫富**之间的差别一样，在**观念中一切**贵族的差别也在变成**善恶**之间的对立。这种差别是贵族给自己的偏见所赋予的最后形式。鲁道夫把自己归入善人之列，而恶人之存在，是为了使他能因自身的完美而怡然自得。现在我们再进一步观察这个"善人"。

鲁道夫先生的行善和挥霍就跟"一千零一夜"中巴格达的哈利发[35]一模一样。如果他不像吸血鬼一样吸尽他那小小的德意志公国的膏血，他就不能过这样的生活。根据欧仁·苏先生本人的描写，鲁道夫要是没有一个法国**侯爵**的庇护因而免于被迫退位，那末他已经属于那些沦为附庸的德国公爵[36]之列了。根据这个事实就可以判断他那个公国的大小。其次，鲁道夫对**他自身的地位**的估价**批判**到何种程度，可以从下述事实看出：他这个小小的德国诸侯，竟认为在巴黎必须半匿名微行，以免引起别人对自己的注意。他有意随身携带一名**宰相**同行，其批判的目的就是要这个宰相为他代表"自主权力的戏剧性的和儿戏的一面"；好像一个小小的诸侯除了自己和自己的镜子以外，还需要第三个什么自主权力的戏剧性的和儿戏的一面的代表似的。鲁道夫也影响了自己的从人们，使他们同样**批判地不了解**自己的作用和意义。例如，仆从**穆尔弗**和公使**格劳恩**[37]就没有发觉，巴黎代办**巴第诺**[38]先生怎样嘲弄他们，假装把他们的私人委托看做国家大事，并且讥讽地信口开河，大谈其

> "在各种非常不同的利益和**国家的命运**之间可能存在的玄妙关系"。"是的"——鲁道夫的公使报告说——"有时他竟厚颜无耻地对我说：'在管理国家的事业中有多少为人民所不知道的错综复杂的纠葛呵！没有人会说，男爵先生，我呈交给您的报告书对于**欧洲事务**的进程有影响，可是事实的确如此。'"

公使和穆尔弗认为厚颜无耻的事不是有人期望他们去影响欧洲事务，而是巴第诺把自己的卑贱职业理想化到这种程度。

我们先来回忆一下**鲁道夫**的家庭生活中的一个场面。鲁道夫告诉穆尔弗说，他"现在突然间感到很骄傲和快乐"。可是马上他又发起脾气来了，因为穆尔弗不想回答他一个问题。他对穆尔弗喊道："我命令你说话！"穆尔弗请求他不要命令。鲁道夫对他说："我不喜欢沉默无言。"他不能自制，竟然有失身分地说起粗话来。他提醒穆尔弗说，对于他的一切效劳他都是**有报酬**的。一直到穆尔弗提醒他1月13日那件事以后，他才平静下来。在这场风波以后，穆尔弗的奴才本性又显露了出来，他只是在一刹那间才让自己忘其所以的。他揪自己的"头发"，不过幸好他没有头发；他感到心灰意懒，因为他曾一度对自己那位显贵的老爷表现得有些粗野，而这位老爷是把他称为"仆人的模范"，称为"我的善良、老成、忠实的穆尔弗"的。

鲁道夫并未因他自己有这些邪恶的表现而感到惶惑不安，他随后又重复他那固执的"善""恶"观念，并且宣扬他在行善中所做出的成绩。他把施舍和怜悯称为**他那**受到创伤的心灵的纯洁而虔诚的慰借。对于被唾弃的卑贱的众生滥加施舍和怜悯，据说是一种非常可怕的、离经叛道的**亵渎圣物的**行为。道理很清楚，怜悯和施舍是**他的**心灵的慰借，因此玷污它们就是亵渎圣物。这就等于"引起人们对上帝的怀疑；而凡有所施，均应感化人们信仰上帝"。对被唾弃者加以施舍，这真是不可思议的事呵！

鲁道夫认为自己的心灵的每一个运动都具有无限的重要性。因此，他经常对它们进行观察和评价。例如，在上面提到的那个场面中，狂人对穆尔弗发了一阵脾气，但他却聊以自慰地说，他之所以这样，是因为玛丽花的遭遇使他感到很伤心。"我伤心到流出了眼泪，可是人们还责备我漠不关心、冷酷无情、无动于中！"他这样证明了**自己固有的善良**以后，就对"**邪恶**"、对玛丽的无人知晓的母亲的恶行痛斥了一番，并且尽量装出郑重其事的样子对穆尔弗说："你知道，我非常重视某种复仇行为，非常珍贵某种痛苦。"同时他还扮出一付恶魔的怪相，吓得这个忠实的奴仆大声惊叫起来："唉哟，殿下！"这位显贵的老爷很像"**青年英国**"[39]社的活

动家，他们也想改革世界，建立丰功伟绩，并且染上了类似的歇斯底里症。

关于鲁道夫进行的种种猎奇和他经历的种种遭遇，我们首先可以在他那**热中于猎奇的天性**中找到缘由。他喜爱“风流韵事、消遣、猎奇、乔装”；他的“好奇心”是“贪得无厌”的；他感到“需要生气蓬勃的、火热的激情”；他“热烈地渴求**强烈的神经激动**”。

他这些天生的癖性，在他那想**起天命的作用**和想按照自己的固执的幻想来改革世界的渴望中获得了支持。

决定他对别人的态度的，不是某种抽象的固执观念，就是一些完全个人的、偶然的动机。

例如，他解救黑人医生大卫及其情妇[40]，不是出于这些人的命运所引起的直接的人类同情心，不是为了解放**他们本身**，而是为了要对奴隶主维里斯起**天命**的作用和惩罚他的**不信上帝**。例如，对他说来，“校长”是他为了**运用**自己早已泡制出来的刑罚理论所欲得之物。另一方面，穆尔弗跟格劳恩公使的一席谈话也使我们有可能更深入地观察那些决定鲁道夫的高尚行为的纯个人动机。

殿下所以关心玛丽花，正如穆尔弗所说，“如果撇开”穷人的命运所引起的怜悯不谈，是因为他的女儿（他因为失去了她而感到十分悲痛）如果还在的话这时也是这么大年龄了。鲁道夫对达尔维尔侯爵夫人[41]的同情，“如果撇开”他那博爱的怪癖不谈，是由于这样一种个人性质的原因：如果没有老达尔维尔侯爵及其和亚历山大皇帝的友谊，鲁道夫的父亲早就被排除于德国君主的行列之外了。

他对若尔日夫人的仁慈和对她儿子热尔门的关心也是由于同一原因。若尔日夫人属于达尔维尔家族[42]。

> “可怜的若尔日夫人之不断受到殿下的恩惠，与其说是由于**这种族谊关系**，还不如说是由于她自己的不幸和自己的德行。”

辩护士穆尔弗竭力用“主要是”、“如果撇开不谈”、“还不如说”这样一些词句来掩饰鲁道夫的暧昧的动机。

最后，鲁道夫的整个性格完全表现为一种**“纯粹的”伪善**，正因为这样，所以他竟可以当自己的面和当别人的面，巧妙地把**自己的邪恶的情欲的发泄**描述为**对恶人的情欲的愤怒**。这种手法使我们想起了批判的批判的类似手法；批判的批判也是把**自身的愚蠢**硬说成**群众的愚蠢**，把自己对世界在它之外的发展所进行的恶毒攻击，硬说成是这个世界对发展所进行的恶毒攻击，最后，把自己的利己主义（它以为自己汲取了、吸收了全部精神）硬说成群众对精神的利己主义式的抵抗。

我们将说明**鲁道夫**的“纯粹的”伪善怎样表现在他对“校长”、对**萨拉·麦克格莱哥尔**伯爵夫人[43]以及对公证人**雅克·弗兰**的行为中。

鲁道夫劝诱“校长”到他的住所去偷盗，以便将他诱入圈套并将他捕获。这时他所考虑的远不是全人类的利益，而是纯个人的利益。“校长”持有**麦克格莱哥尔伯爵夫人的文书夹**[44]，而鲁道夫很想把**这个文书夹**弄到自己手里。关于鲁道夫 tête-à-tête〔私下〕对“校长”的打算，在小说中有这样一段明显的描述：

> “鲁道夫感到了难以忍受的忧虑。如果他**放过了这个捕获‘校长’的有利机会**，那末，

> 毫无疑问，这样的机会就决不会再碰到了。而鲁道夫非常想占有的**那一切秘密**，则都会被这个强盗**随身带走。**”

鲁道夫捕获了“**校长**”，也就等于获得了麦克格莱哥尔伯爵夫人的**文书夹**。他**捕获**“校长”是出于个人利益。他**弄瞎**“校长”的**眼睛**也是出于个人的激情。

“刺客”对鲁道夫讲述“校长”同穆尔弗的争斗，并且认为“校长”之所以顽强抵抗是由于他知道什么命运将落到他的头上。这时，鲁道夫回答说：“他不知道。”他在说这句话的时候，“神色很忧郁，脸也由于前面谈到的那种近于凶恶的表情而显得变了样”。复仇的念头完全控制了他，他预先尝到了野蛮地惩罚“校长”的那种粗野的乐趣。

于是，当被鲁道夫定为**复仇**工具的黑人医生大卫出现的时候，鲁道夫就高喊：“**复仇**！……**复仇**！……”鲁道夫是在“**酷烈的盛怒**”之下喊出这几个字的。

他心中充满了酷烈的盛怒。于是他附着医生的耳朵密授他的计谋，当医生因恐怖而战栗的时候，他便马上巧妙地大谈其“纯”理论的动机来掩饰**个人的复仇心**。他说，这只是“**运用**”那早就时常闪现在他的高尚的头脑中的“**观念**”，并且他还没忘记油腔滑调地补充一句：“他将来还是有悔改的无限境界的。”他这是模仿西班牙宗教裁判所[45]的做法，这类宗教裁判所在把判定有罪的人交给世俗的法庭烧死的同时，总是要来一套虚伪的祈祷，祈求赐予悔过的罪人以仁慈。

自然，当审讯和惩处“校长”的时候，殿下就坐在自己那间异常舒适的私室里，穿一件长长的、黑得异常的袍子，脸色苍白得非常刺目，并且，为了完全和法庭的情景一模一样，他面前还摆着一张长桌，桌上陈列着各种物证。先前当他把弄瞎眼睛的计谋通知“刺客”和医生时所显露出的那种野蛮和复仇的表情，现在当然应该从他脸上消逝得无影无踪。现在他在我们面前必须表现得“沉静、忧愁而审慎”，摆出一付非常可笑的郑重其事的姿态，俨然以世界法官自居。

为了使人们对弄瞎眼睛一事的动机的“纯洁性”没有任何怀疑的余地，愚钝的**穆尔弗**对格劳恩公使表白了一番：

> “严厉惩罚‘校长’的目的**主要是**替我向这个**阴险的杀人犯报仇。**”

当鲁道夫单独跟穆尔弗在一起的时候，他吐露了自己的心思：

> “我对恶徒们的憎恨……更加强烈了，我对**萨拉**的厌恶愈来愈增长，当然罗，这是随着我女儿的死所给予我的悲痛的加深而增长的。”

鲁道夫告诉我们，他对恶徒们的憎恨是很强烈的。自然，他的憎恨是批判的、纯粹的、道德的憎恨，是对恶人的憎恨，**因为**他们是邪恶的。因此他把这种憎恨看做他在行善方面的一个进步。

但是马上就暴露出，道德憎恨的这种加深无非是一种**伪善的口实**，他就用这种口实来掩饰他对萨拉的**个人厌恶**的增长。不确定的道德的幻影——对恶人的憎恨的加深，只不过是确定的不道德的事实——对萨拉的厌恶的增长——的掩饰罢了。引起这种厌恶的是一种十分自然、十分个人性质的原因，即他个人的悲痛。这种悲痛也就是他的厌恶的尺度。当然罗！

鲁道夫在跟临终的麦克格莱哥尔伯爵夫人会面时[46]，表现了更加令人憎恶的伪善。

在揭露了玛丽花是鲁道夫和伯爵夫人的女儿这个秘密以后，鲁道夫“做出威胁的、残忍的样子”走近伯爵夫人身边。伯爵夫人祈求他的怜悯。

> 他回答说：“对你没有怜悯，你该死……你这个恶魔，我和我的家族的恶魔！”

这样看来，他是想为“家族”报仇了。接着他告诉伯爵夫人：他为了赎补弑父的罪过，发誓要周游世界，在世界上赏善罚恶。鲁道夫折磨伯爵夫人，他**忿激**如狂，但是在他**自己的**眼中，他只是在执行他在 1 月 13 日以后给自己提出的任务——“严究邪恶”。

当他起身走出门的时候，萨拉喊叫起来：“可怜可怜我吧，我快死啦！”

> “‘死就死吧，该死的东西！’鲁道夫怒不可遏地说。”

最后这句话——“**怒不可遏**”——给我们揭示了鲁道夫的种种行为的纯粹的、批判的和道德的动机。正是这种盛怒使他对他那——如施里加先生所说——**已经归天的**父亲挥动过宝剑。作为一个纯粹的批判家，他不同自己身上的这种邪恶作斗争，而是竭力去制服别人身上的邪恶。

最后，鲁道夫自己取消了他的天主教刑罚理论。他想废除死刑，想把惩罚变为忏悔，但这只是在杀人犯杀害别人和不触犯鲁道夫的家属的时候才是如此。只要鲁道夫的亲属中有一个人遭到杀害，他马上便会采用死刑；他需要双重的立法：一种适用于他这个伟人，另一种适用于凡人。

他从萨拉那里知道雅克·弗兰对玛丽花之死负有罪责。他自言自语地说：

> “不，这不够……复仇的火焰在我心中燃烧着！……真是嗜血的欲望！……真是不动声色的深思熟虑的盛怒！……**在我还不知道**这个坏蛋害死的人当中**有一个**是**我的孩子**的时候，我还对自己说，弄死这个人没有好处……生活而没有钱，生活而不能满足他那疯狂的情欲，这将是长久的、加倍的折磨……**但这是我的女儿呀**！……我要**杀死**这个人！”

他冲过去杀害雅克·弗兰，但是他发现雅克·弗兰已处于无需杀害的景况中了。

好一个“善良的”鲁道夫呵！他那狂热的复仇心，他那嗜血的欲望，他那不动声色的深思熟虑的盛怒，他那诡诈地掩饰自己心灵的每一种恶念的伪善，凡此种种，正是他用来作为挖出别人眼睛的罪名的那些**邪恶的**情欲。只是因为幸运、金钱和官衔，这个“**善人**”才得以免受**牢狱之灾**。

为了弥补这位唐·吉诃德[47]在其他各方面的渺小，“**批判的威力**”使他成了“善良的房客”、“善良的邻居”、“善良的朋友”、“善良的父亲”、“善良的资产者”、“善良的公民”、“善良的君主”；而且，施里加先生的赞歌的这个音阶还在那里回响不已。**这比“人类在其整个历史上”**所获得的**全部成果还要多**。单是这，就足以使**鲁道夫两次拯救“世界”于“灭亡”**了。

[注　释]

[1]《神圣家族》 全名为《神圣家族，或对批判的批判所做的批判。驳布鲁诺·鲍威尔及其伙伴》。这是马克思和恩格斯于1844年在巴黎开始了他们之间的友谊和合作之后首次共同撰写的一部论战性著作，写于1844年9月至11月，发表于1845年2月。这个时期，马克思和恩格斯已先后完成了从唯心主义向唯物主义、革命民主主义向共产主义的转变。这部著作是他们同“青年黑格尔派”决裂之后对该派的思想体系所作的首次系统清算，也是他们对前一阶段自己思想的一次清理。

[2] 批判的批判 指《文学总汇报》所体现的鲍威尔一伙的“批判哲学”，马克思在《神圣家族》中用它来作为对鲍威尔一伙的讽刺性称呼。

[3] 鲁道夫 《巴黎的秘密》中的主人公，德国一个小封建王公盖罗尔斯坦公爵的儿子。他在青年时代过着骄奢放荡的生活，曾爱上一个英国没落贵族的女儿萨拉。他父亲以门户不当为由反对他们的婚事，因而惹恼了鲁道夫，如果不是武术师穆尔弗的劝阻，他父亲也许会死于他的剑下。鲁道夫与萨拉同居并生了一个女儿。后来萨拉因对他不忠而被他逐出自己的领地。鲁道夫又同普鲁士的一个公主结了婚，婚后不久他就去周游世界，为的是奖善惩恶，帮助“穷人”，弄清使人类受苦受难的罪恶根源。在佛罗里达，他从一个残酷的种植园主手里解放了一个混血姑娘塞西莉，并把她嫁给自己的黑人侍医大卫。由于塞西莉生活淫荡，他判处她以终身监禁。最后他到了巴黎，而这时萨拉也已经在巴黎。萨拉自离开鲁道夫后就嫁给了一个有声望的伯爵，到了巴黎后又靠丧尽天良的公证人雅克·弗兰的帮助摆脱了她和鲁道夫所生的女儿。小说的主要情节是鲁道夫在巴黎的活动。这时的鲁道夫已不再是一个风流年少的贵族公子，而是一个中年的道德家了。鲁道夫为了寻找女儿的下落，为了忏悔杀父之罪，带着武术教师兼保镖穆尔弗在巴黎巡行。他眼看法国社会贫富悬殊、道德败坏、秩序不宁的现实，决心从事慈善事业。他开设“贫民银行”，创办“模范农场”，以拯救贫困；他变服微行，深入社会下层，宣传德行，在堕落的灵魂中撒播善良的种子，使堕落者变成基督教禁欲主义者和温良驯顺的公民。鲁道夫是作者心目中的理想人物，是拯救人类的“天使”，而实际上，不过是一个极端虚伪的利己主义者。

[4] 施里加 弗兰茨·齐赫林斯基（1816—1900）的笔名，普鲁士军官，青年黑格尔分子，批评家和政论家，鲍威尔主编的《文学总汇报》的主要撰稿人之一。他在该报1844年第7期发表了长篇评论《欧仁·苏的〈巴黎的秘密〉》一文。

[5] 埃基迪乌斯 即卡尔·魏尔（1806—1878），德国自由派政论家，《宪法年鉴》的出版者。

[6] 括号里的惊叹号是马克思加的。以下凡出现在马克思引文中括号里的话和标点都为马克思所加，不再注明。

[7]“哈内曼，走向前……” 引自德国民间滑稽故事《七个施瓦比亚人》。——原书注

[8]“刺客” 《巴黎的秘密》中的人物。他自幼贫苦，无父无母，无兄无弟，十一二岁就进入社会，以后以杀马为业，成为屠夫。16岁那年参加骑兵队伍，因不甘受辱，杀了上司（伍长），于是被判死刑，后经减刑改服苦役。刑满后，流浪巴黎街头，成为无业流民。一天，他遇见一位年轻貌美的女子，遂对她进行侮辱，后者奋力反抗。这时鲁道夫正巡行至此，他挺身制服了“刺客”，并把那个叫玛丽花的女子置于自己的保护之下。鲁道夫这一突如其来的行动竟博得“刺客”的尊敬，“刺客”从而结识了鲁道夫，并表示忏悔，决心改邪归正，重新做人。于是鲁道夫把“刺客”收为终身奴仆。“刺客”为保护主人而对付两个恶棍——“校长”和“猫头鹰”，因为这两人受萨拉的唆使在跟踪鲁道夫。他帮助鲁道夫抓住了“校长”。最后，“刺客”在救护他主人的搏斗中被暴徒刺死，结束了他“看家狗”式的一生。

[9] 玛丽花 《巴黎的秘密》中的主要人物。她是鲁道夫与萨拉所生的女儿。萨拉离开鲁道夫后，把女儿托给公证人雅克·弗兰抚养。6岁时，她落入了一个外号叫“猫头鹰”的凶悍妇人之手，成为她

的养女。年幼的玛丽花因不堪“猫头鹰”的折磨，就从其家中逃跑了；但又被人诬告偷盗，被送进了监狱，关了整整 8 年。出狱后她流落巴黎街头，被迫做了妓女，受到流氓、恶棍如“校长”“刺客”“红手”等的侮辱迫害，直至被鲁道夫从“刺客”手中救出；但鲁道夫当时还不知道她的身份。鲁道夫把她送到他办的农场，并委托牧师拉波特对她进行教诲，也就是对她进行宗教感化。但玛丽花不久又被“猫头鹰”、“校长”、雅克·弗兰等陷害，再次被关进监狱。第二次出狱后，他们又将她推入河里，企图淹死她，幸而被人救起。后来鲁道夫了解到玛丽花就是他的女儿，就和已经垂死的萨拉结婚（此时萨拉的丈夫已死），使玛丽花成为他们合法的女儿。他带着女儿回到德国，玛丽花成了埃米勒公主。玛丽花在鲁道夫的宗教感化下，悔悟到自己的“罪孽”，皈依了上帝，进了修道院。最后在她当上修道院院长的那天死去。

［10］维多克　弗朗斯瓦·欧仁（1775—1857），法国冒险家和警察局暗探，曾任巴黎的警察头子多年，他的名字已成为狡猾的密探和骗子的代名词。

［11］“校长”　《巴黎的秘密》中的人物，一个秉性凶悍、荒淫无度、狡诈多端的罪犯。他杀过许多人，作过许多案，由于用硝酸毁了自己的面容，一直得以逍遥法外。对于这样一个为非作歹、怙恶不悛的坏蛋，鲁道夫决心惩罚他。于是他同“刺客”一起设下圈套，诱捕了“校长”，并让黑人医生大卫弄瞎了他的双眼。目的是使“校长”离开现实世界，以拯救他的灵魂。但这一切并没有使“校长”改邪归正，反而激起了他对鲁道夫的报复心。结果，当他在实行这种报复的时候，又被鲁道夫所抓获，被“猫头鹰”关进了地窖。瞎眼的“校长”在地窖中经历了一番痛苦的内心斗争之后，终于悔悟了。他的这种悔悟的表现之一，则是采取同样的惩罚手段，弄瞎了曾经出卖过他的“猫头鹰”的眼睛，并最后把她弄死，而他自己也就成了连梦呓都在祈祷的悔罪者。

［12］大卫　《巴黎的秘密》中的人物，鲁道夫的侍医，小说中被描写成鲁道夫的忠实奴才。

［13］公爵和主教的称号。——编者注

［14］热尔门　《巴黎的秘密》中的人物。他是鲁道夫的保姆若尔日夫人和她的姘夫“校长”所生的儿子，曾被公证人雅克·弗兰陷害，为鲁道夫所救，并被委任为“贫民银行”的经理。

［15］斯凯莱特　《巴黎的秘密》中的暗杀者。

［16］斯多葛派　公元前 3 世纪由芝诺在雅典创立的一个哲学学派，一直存在到公元 6 世纪。它的发展分为古、中、新三个时期。古代斯多葛派有着明显的唯物主义倾向，而新斯多葛派则抛弃了唯物主义的因素，宣传禁欲主义、顺从命运等宿命论观点。马克思这里所说的斯多葛派，是就这个派别的总体而言的。伊壁鸠鲁主义、斯多葛主义和怀疑论都是在希腊衰落时期产生的哲学体系，具有共同性。它们的目的都是使人在发生普遍的社会灾难时成为不受外部命运支配的自由的人。马克思所说的斯多葛派和伊壁鸠鲁派的“自由而坚强的人的原则”，正是指的这一点。

［17］伊壁鸠鲁派　由古希腊唯物主义哲学家伊壁鸠鲁（前341—前 270）所创立的学派。伊壁鸠鲁否认神干预世事，主张无神论。他认为哲学的目的是追求人的幸福，他的格言是：“凡是幸福者和不灭者，自身既无烦恼，也不使任何他物烦恼。”其哲学思想的总的倾向，见上注。

［18］若尔日夫人　《巴黎的秘密》中的人物，鲁道夫的保姆，曾同“校长”姘居，为鲁道夫管理布克伐尔农场。

［19］拉波特　《巴黎的秘密》中的人物，鲁道夫农场中的牧师。——译者注

［20］“人若有罪愆……悔悟乐无穷”　引自歌德的《温和的讽刺诗》第 9 章，第 2 首。

［21］海格立斯　希腊神话中半神半人的英雄。他奉国王的命令和各种怪物斗争，立了 12 件大功。

［22］边沁　耶利米·边沁（1748—1832），英国伦理学家、法学家，资产阶级功利主义的主要代表。他认为个人利益是唯一现实的利益，社会利益只是一种抽象，不过是个人利益的总和。他主张所谓“最大多数的最大幸福”的“功利原则”，认为功利就是道德的标准。主要著作有《道德及立法的原理》《惩罚和奖赏的理论》《本务论或道德科学》等。

[23] 赫仑·挨·力斯怯得　《天方夜谭》中的人物，一个理想化的伊斯兰教国王。

[24]“猫头鹰”　《巴黎的秘密》中的一个凶悍的泼妇，一度是玛丽花的养母。“校长”与若尔日夫人断绝关系后，曾成为她的姘夫；而她则参与“校长”的一系列犯罪活动，成为“校长”的同谋犯。

[25]“瘸子”　《巴黎的秘密》中的人物，一个仅有十几岁的狡猾的恶棍，“校长”和“猫头鹰”的同伙。

[26]“夜莺”　即玛丽花。玛丽花在监狱里的时候，常常用尽情的歌唱来振奋自己，驱散笼罩着她的寂寞。因此难友们给她起了“夜莺”这个绰号。

[27] 傅立叶　萨尔·傅立叶（1772—1837），法国空想社会主义的创始人之一。

[28] 引自傅立叶《关于四种运动和普遍命运的理论》第2部的跋。

[29] 穆尔弗　《巴黎的秘密》中的人物，鲁道夫的武术教师，后来成为鲁道夫的仆人和保镖。

[30] 波利多里　《巴黎的秘密》中天主教神父，江湖医生。

[31] 参见黑格尔的《精神现象学》序言。

[32] 1月13日是鲁道夫和他父亲因其婚事发生冲突，其企图弑父的日子。

[33] 从机器里出来的神　在古代的戏院里，扮演神的演员由特殊的机械装置送出舞台。这句话的转义是指那种突然出现以挽救危局的人。——编者注

[34] 扎克　卡尔·亨利希·扎克（1789—1875），德国新教神学家、教授。

[35]“一千零一夜”　又名《天方夜谭》，是一部著名的阿拉伯民间故事集。其中多以当时阿拉伯帝国的首都巴格达为背景。哈利发是穆罕默德继承人的意思，后来成为一些伊斯兰教国家国王的称号。

[36] 那些沦为附庸的德国公爵　这里指的是那些丧失了自己权力的德国小公爵，在拿破仑战争和维也纳会议期间（1814—1815年），由于重新划分德国的政治地图，他们的领地被并入较大的德意志各邦的领土之内。——原书注

[37] 格劳恩　《巴黎的秘密》中的驻法公使。

[38] 巴第诺　《巴黎的秘密》中的人物，做过律师，熟悉巴黎各阶层的情况。格劳恩通过他为鲁道夫打听女儿的下落。

[39]“青年英国”　英国贵族托利党的一些政治家和文学家的集团，于19世纪40年代组成。它反映了封建贵族对资产阶级经济和政治实力增强的不满情绪。他们采取蛊惑性的手段，企图把工人阶级置于自己的影响之下，并利用他们来反对资产阶级。马克思、恩格斯在《共产党宣言》中把他们的观点确定为“封建的社会主义”。

[40] 情妇　即塞西莉，《巴黎的秘密》中的人物。她和大卫原来都是美洲种植园的奴隶主维里斯的奴隶。维里斯要霸占塞西莉，她不从，维里斯就把她和大卫一起囚禁起来。鲁道夫周游世界到美洲时，亲自带领随从，把他们救了出来。

[41] 达尔维尔侯爵夫人　《巴黎的秘密》中的人物。她在侯爵死后，成了鲁道夫的妻子。1815年德国重新划分政治地图时，鲁道夫父亲的小公国没有被并入较大的德国诸侯公国，是得到达尔维尔侯爵的父亲（沙皇亚历山大一世的好友）帮助的结果。

[42] 若尔日夫人和达尔维尔侯爵的母亲是堂姐妹。

[43] 萨拉·麦克格莱哥尔伯爵夫人　即萨拉。

[44] 萨拉的文书夹中藏有鲁道夫女儿的原寄养人给她的两封信。这个文书夹后来被“校长”抢走了。鲁道夫为了从“校长”那里夺回这两封信，作为他和玛丽花之间合法的父女关系的凭据，曾和“校长”进行过多次惊险的搏斗。

[45] 西班牙宗教裁判所　西班牙国王伊萨白拉和斐迪南于1479年西班牙王国统一后，为了加强专制统治，曾利用宗教裁判所，对一切反抗国王和教会的人都以“异端”的罪名加以镇压。

[46] 萨拉在“猫头鹰”抢她财物时被刺，受了致命伤。鲁道夫去看她时，她已处于垂危状态。鲁道

夫从萨拉口中证实了玛丽花就是他的女儿，由于当时听说玛丽花被人推入河中淹死，还不知道已被救起，所以他十分痛恨萨拉。

[47] 唐·吉诃德　现多译为堂·吉诃德，西班牙文艺复兴时期作家塞万提斯(1547—1616) 的小说《堂·吉诃德》中的主人公。他幻想做一个侠义的骑士，结果闹出了许多笑话。这是一个脱离实际，妄想消除人间不平而到处碰壁的典型。

讲　解

本篇所选章节是马克思和德国青年黑格尔派的代表人物施里加等人围绕《巴黎的秘密》进行论战的部分。青年时代的马克思撰写的这些闪耀着批判锋芒和充满着战斗激情的文字，表明他的哲学思想和文艺思想已经初步形成。马克思开始运用辩证唯物主义和历史唯物主义观察哲学思潮和文艺思潮，发表了许多深刻的精辟的学术见解。马克思在同唯心主义的哲学思潮和文艺思潮的论争中，确立了他的现实主义文艺理论的哲学基础，阐述了他的现实主义文艺理论的一些重要的观点、原则和方法。从马克思对《巴黎的秘密》的评论和马克思对青年黑格尔派对《巴黎的秘密》的评论的评论中，可以十分明显地感受到他的现实主义的文艺理论的辩证唯物主义的思想实质。

《神圣家族》是马克思、恩格斯围绕如何评价欧仁·苏的长篇小说《巴黎的秘密》同青年黑格尔派进行辩争的论战性著作。与其说是文艺论争中渗透着和显示着哲学论争的内容和实质，倒不如说是凭借和通过文艺论争的方式演示出哲学论争。《神圣家族》正是凭借和通过对《巴黎的秘密》的评论和青年黑格尔派对《巴黎的秘密》的评论的评论所进行的唯物主义思想和唯心主义思想的一次严肃的较量和交锋。

青年黑格尔派是一个具有“左”倾色彩的哲学-政治派别。这个从黑格尔学派分化出来的，由布鲁诺·鲍威尔、阿尔诺德·卢格、莫泽斯·赫斯等人为代表组成的哲学-政治团体，隶属于资产阶级，反对封建专制，呼吁政治改革，企图建立资本社会。但由于他们往往以“批判的批判家”，即傲睨一切的“天才人物”自居，极端地蔑视群众，他们看不到人民革命运动的伟力。他们所代表的阶级尚处于不成熟的培育和发展的过程中，涣散而又脆弱。这种软弱、怯懦、动摇、游移的政治势力不能承担起从根本上变革社会现实的重任。青年黑格尔派的这种政治上的病态也必然反映和折射到哲学中来。青年黑格尔派将黑格尔的客观唯心主义主观唯心主义化，用“自我意识”取代“绝对理念”，进而强化和极端夸大“自我意识”的批判功能，将其拥上“造物主”的宝座。青年黑格尔派自视为上帝，以天才的哲学家即“批判的批判家”自居，制造出一种富有蛊惑性和欺骗性的虚假观念，即不必用社会实践去触动现实的生活环境和社会制度，只要靠他们所推崇的思辨哲学的原则和幻想进行精神批判，便会改变世界。实质上，这只能流于空洞和苍白的幻想，丝毫不能触动旧的社会制度的根基。正如马克思、恩格斯在《德意志意识形态》中所揭露的那样：“青年黑格尔派的意识形态家们尽管满口讲的都是所谓‘震撼世界的’词句，却是最大的保守派。”[1]当时流行于德国社会中的青年黑格尔派的主观唯心主义的思辨哲学成为抵制和阻挡无产阶级革命胜利前进的思想障碍。为了指明人民解放的正确道路，马克思、恩格斯巧妙地利用对《巴黎的秘密》进行大论战的良机，共同撰写《神圣家族》，旨在“帮助广大读者识破思辨哲学的幻想”[2]。

一、社会思潮和文艺思潮

任何文艺思潮都是社会思潮的这样那样的反映。社会思潮又取决于一定时代的社会历史条件。文艺作品好比一朵鲜花，社会思潮好比文艺鲜花的枝干和叶茎，而一定时代的社会历史条件好比产生文艺鲜花的土壤。社会思潮往往表现为多种形态，诸如哲学思潮、法学思潮、宗教思潮、道德思潮、政治思潮等等。《神圣家族》对《巴黎的秘密》的评论和对青年黑格尔派对《巴黎的秘密》的评论的评论，实际上是从研讨和批判社会思潮的视角介入和展开的。马克思、恩格斯的批评理论和批评实践对我们认识和阐释文艺思潮和社会思潮以及同所处的一定时代的社会历史条件的相互关系，具有深刻的方法论的启示。

《巴黎的秘密》所表现的思想内容和青年黑格尔派学者们对这部长篇小说的评价所宣扬的思想倾向几乎全方位地展示出文艺思潮和诸多社会思潮之间的内在关联。文艺思潮不可能是封闭的、孤立的、纯粹的。文艺思潮和诸多社会思潮的存在和发展总是互渗和互动的。基于一定的历史条件所产生的诸多社会思潮总会一定程度上这样那样地反映和折射到文艺思潮中来，而文艺思潮又往往作为诸多社会思潮的载体和受体，使之得到形象化的呈现和张扬。当时流行于德国知识界的最有影响的社会思潮是：青年黑格尔派的唯心主义思辨哲学思潮、基督教的伦理道德思潮和空想社会主义的政治思潮。所有这些有代表性的社会思潮都在《巴黎的秘密》和青年黑格尔派对《巴黎的秘密》的吹捧中得到了比较集中的充分的表现。马克思、恩格斯通过论战，对这些有害的社会思潮进行了深入的批判。

（一）哲学思潮和文艺思潮

《巴黎的秘密》和青年黑格尔派对《巴黎的秘密》的赞扬，或从文艺创作的角度，或从文艺评论的角度，都十分露骨地表现出思辨哲学的思想内容和政治倾向。《巴黎的秘密》作为一部文艺作品用形象的手段图解和演绎了青年黑格尔派的思辨哲学的原则和幻想，实际上成为这种思辨哲学思潮的派生物和分泌物。正因为如此，青年黑格尔派的哲学家和批评家们才假手于对《巴黎的秘密》的吹捧，宣扬自己的思辨哲学的立场和主张。从这个意义上说，青年黑格尔派与其说是在称颂《巴黎的秘密》，倒不如说他们是为了把《巴黎的秘密》作为艺术广告，竭力推销和哄抬自己，借以贩卖思辨哲学的私货。

青年黑格尔派的主观唯心主义的思辨哲学同黑格尔的客观唯心主义的思辨哲学一样，都是极端夸大精神的作用，视之为万物之本原。马克思通过对“果实”这个概念和具体的果实的关系的分析，撕去了青年黑格尔派的“魔毯”，揭露了思辨哲学的秘密。这种哲学魔术是：从具体的果实中抽象出一般“果实”这个概念，然后再把这个抽象的概念孤立于具体的果实之外、凌驾于具体的果实之上，将这个虚假的“实体”，设定为具体的果实的本质和本原，而具体的果实只不过是这个虚假的“实体”的表现形式，只不过是这个虚假的“实体”的本质和本原的外射和物化。实际上，现实生活中人们所看到的只能是具体的果实，而不可能是“一般的果实”。所谓“一般的果实”作为理智和思维的抽象的产物，只存在于人们的头脑之中。如果从“一般的果实”回复、还原和落实到现实的具体的自然的果实，必然使这个“一般果实”带有超自然的神秘的色彩，赋予“绝对果实”以权威，拥有外化具体果实的“思辨属性”。青年黑格尔派的思辨哲学家认为：当“从‘一般果实’这个非现实的、理智的本质创造出了现实的自然的实物——苹果、梨等等”，无异于“从自己的抽象的理智中创造出这些果实”。

马克思嘲讽说：这简直是“完成了一个**奇迹**”[3]。然而，这是十分荒谬的。产生这个错误认识论的根源在于从学理上把个别和一般完全割裂和对立起来，只将个别当作一般的存在形式。实际上，一般既不能脱离个别，也不能创造个别。马克思揭露青年黑格尔派的思辨哲学的逻辑推理和概念演绎的荒谬性好比“结果产生起源”“城市先于工厂”和“儿子生出母亲”。青年黑格尔派的思辨哲学随意夸大“绝对主体”的自我活动比黑格尔的思辨哲学离现实更远。我们注意到，“黑格尔常常在**思辨的**叙述中作出把握住**事物**本身的、**真实的**叙述”；青年黑格尔派理论家们的叙述则往往“不在**任何地方**渗入**现实的内容**，所以他的思辨结构没有任何碍手碍脚的附属物”。[4]“如果说黑格尔的‘现象学’尽管有其思辨的原罪，但还是在许多方面提供了真实地评述人类关系的因素，那末鲍威尔先生及其伙伴却相反，他们只是提供了一幅毫无内容的漫画。”[5]

《巴黎的秘密》的创作和评论都从不同的角度宣扬了青年黑格尔派的思辨哲学的原则和幻想，以形象的或逻辑的手段，狂热地鼓吹思辨哲学的批判功能和改造世界的伟力。《巴黎的秘密》所表现的哲学观念和思想倾向为德国青年黑格尔派的思辨哲学作了形象的图解和艺术的广告。欧仁·苏的这部长篇小说以青年黑格尔派的思辨哲学作为理论基础，完全用他头脑中的思辨哲学的原则和幻想来塑造人物形象、改制人物性格和结构故事情节，用带有神秘色彩的虚假的主客体联系歪曲并代替了真正的现实生活中的人物和事件。《巴黎的秘密》按照思辨哲学的逻辑程序，用主观的、空洞的、虚幻的观念来剪裁和改制现实，结果只能像马克思所指出的那样，“受了‘**纯批判**’的‘**简单**’改造以后的各种现实”，“乃是对现实的歪曲和脱离现实的**毫无意义的抽象**”，“把**现实的人**变成了**抽象的观点**”。[6]正因为《巴黎的秘密》的思想内容适应了青年黑格尔派的代表人物们的理论宣传上的需要，才引起当时德国那些信奉和推崇思辨哲学的某些无政府主义者、“真正的社会主义者”、空想社会主义者的极端重视，以青年黑格尔派的首脑人物鲍威尔主编的《文学总汇报》为舆论阵地，发表百余篇文学评论文章，进行多声部的大合唱。青年黑格尔派的另一位显要代表施里加把欧仁·苏说成“批判的批判家”，把《巴黎的秘密》吹捧为“批判哲学”的“史诗”，把这部长篇小说的主人公尊奉为“上帝”，即创造万物和重整世界的神。

（二）道德思潮和文艺思潮

青年黑格尔派之所以重视《巴黎的秘密》，是因为这部长篇小说表现了流行于包括德国在内的整个西方社会的基督教伦理道德思潮。具有改良意向的青年黑格尔派的一些理论家妄想借助基督教的伦理道德思潮和伦理道德学说与思辨哲学联姻，以求强化批判功能，企图通过精神呼吁和思想宣传，从哲学改造和道德说教的配合和策应上，实现对社会的改良。

宗教意识和宗教伦理，包括宗教伦理的一切道德思潮、道德原则和道德规范，从来是具有两面性的。当然，这首先取决于宗教的性质。有的宗教有时起到积极的进步的作用。如社会改革时期通过宗教的名义和宗教的改革，举起义旗，策动社会变革；和平发展时期宗教的教化功能，有利于稳定生活秩序；对宗教的信仰和企盼，能够缓解人们内心的焦灼和痛苦，在逆境中得到精神寄托和心理平衡。然而，宗教的伦理道德意识也有不可忽视的消极的甚至反动的作用。因为有时宗教作为官方的意识形态，变成统治阶级用来宣传信仰主义和蒙昧主义、维护现状和抵挡社会大变动的工具。正当无产阶级革命风暴即将来临之时，《巴黎的秘密》所宣扬的基督教的伦理道德学说对广大群众具有很大的欺骗性、愚弄性和禁锢性，不利于革命事业的发动和开展。因而，马克思对《巴黎的秘密》所宣扬的基督教的伦理道德思潮是采取批判态度的。《巴黎的秘密》多半把有教养的富者描绘为善人，而把生活在社会底层的穷者描绘成恶人，把现实生活中的贫富对立和阶级分化说成抽象的"善恶斗争"，认为不必变革社会制度，只要依靠哲学批判和道德改造，凭借基督教的伦理道德原则对没有教养的穷人进行道德教化和道德惩治，使他们实现道德上的自我净化和自我完善，以便求得整个社会的善化。只有促进现实生活的道德化，才能破除和解决作者所设定的所谓"巴黎的秘密"，即文明中的野蛮（犯罪的存在）和国家中的无法纪。那么，究竟如何向穷人和恶人进行道德改造呢？扮演着"批判的批判家"即无异于上帝角色的《巴黎的秘密》的主人公鲁道夫所采取的办法是：法学手段和神学手段相结合；世俗的惩罚和宗教的规劝相结合；肉体上的折磨和精神上的疗救相结合；政治上的奴役和道德上的净化相结合；刽子手的职能和神父的职能相结合。在欧仁·苏笔下的理想人物鲁道夫看来，这是道德理论和刑罚理论上的一个重要的发现和突破。单纯的肉体消灭和单纯的道德感化都不能取得理想的效果，只有将这两方面兼施并用，才能使恶人们从肉体到精神全面屈服和就范，从而实现消灭"恶"的目的。马克思比较详细地分析了鲁道夫怎样施展上述方法和手段，把一个强悍的残忍的"刺客"，从屠夫变成小说主人公的忠实走狗。鲁道夫对"刺客""很内行地着实打了几拳"之后，进行了一系列道德感化和道德说教，诸如：教他伪善；培养他的忠顺和敬畏的心态；传授他小市民的礼仪和风度；使他具有被恐惧和节制所规范的温顺的谨小慎微的品性；树立他对主子的个人崇拜，称自己是"**一撮尘土**"，呼鲁道夫为"**伟大的殿下**"。这样，小说的主人公便用宗教的道德改造的力量，把这个粗野凶恶的屠夫变成了"**有道德的生物**"，变成了"一头非比寻常的、**有道德的看家狗**"，"他的一切德行都将是狗的德行，是狗对主人的绝对的'**忠顺**'"。[7] 对任何一种民族、社会和国家来说，道德教育都是不可或缺的，甚至是非常重要的。即便是《巴黎的秘密》所宣扬的一套刑罚惩治和宗教救赎相结合的理论也可能具有一定的合理因素和借鉴作用。但由于这种基督教的伦理道德思潮是作为社会革命的对立物出现的，因此，只能对历史进步起到消解和阻碍的负面作用。

（三）政治思潮和文艺思潮

青年黑格尔派之所以把欧仁·苏称为"批判的批判家"，使他的长篇小说《巴黎的秘密》拥有神一样的权威，还因为这部作品比较明显地宣扬了流行于西方的空想社会主义的政治思潮。这种空想社会主义的政治思潮不仅和青年黑格尔派的思辨哲学的原则和幻想是完全相通的，而且还是他们通过推行空想社会主义的政治主张来实施思辨哲学的原则和幻想的实践途径和实验手段。《巴黎的秘密》为人们勾勒了这样一幅黑暗而混乱的社会图景：贫富悬殊、道德堕落、生活动荡，到处发散着掺杂铜臭味和血腥味的腐朽气息，荒谬和犯罪充斥着每个角落……《巴黎的秘密》塑造了一个扮演"救世主"角色的"慈善家""社会改革家"的理想人物鲁道夫，他制定了一整套重建社会的改良方案，诸如由国家教育儿童、组织劳动、建立贫民银行和模范农场、举办各种名目的慈善事业，并向富人发出呼吁，规劝他们慷慨解囊，救济穷人，造福于民，谋建一个公平的“理想社会”，消除所谓“巴黎的秘密”即文明中的野蛮（犯罪的存在）和国家中的无法纪。作者的愿望也可能是真诚的。但是，广大穷人和无产者之所以处于贫困和无权的地位，根源在于统治阶级拥有政权和占有生产资料。法国1830年7月革命后，虽然推翻了波旁王朝，但胜利果实完全被金融贵族所窃取。路易-菲力浦政治集团不过是剥削法国国民财富的股份公司。《巴黎的秘密》尽管具有值得肯定的比较强烈的认识和批判功能，例如作品深刻地揭露了贵族和金融阶级上层社会的尔虞我诈、纸醉金迷、花天酒地的腐朽生活，对处于无权和赤贫地位的下层人民寄予怜悯和同情，但它所营造的政治的或审美的乌托邦是不可能实现的。空想社会主义的改良社会的理想蓝图，只能流于美妙而苍白的幻想，如用来抵制和抗拒无产阶级的社会革命的伟大实践，则是更加有害的。

欧仁·苏的长篇小说《巴黎的秘密》所表现的思想内容和政治倾向中，青年黑格尔派的思辨哲学同基督教的伦理道德学说和空想社会主义的政治理论是融会和缠结在一起的，同时，又总是以青年黑格尔派的思辨哲学作为贯穿全书和统摄全书的主线，将这种主观唯心主义的思辨哲学视为核心和灵魂，糅进基督教的伦理道德思潮和空想社会主义的政治思潮，利用它们的权威，扩大自身的影响。文艺思潮总是社会思潮，包括相应的哲学思潮、道德思潮和政治思潮的这样那样的反映。从马克思对《巴黎的秘密》这部文学作品所进行的文学评论中，可以深切地感受到文艺思潮同社会思潮，包括哲学思潮、道德思潮和政治思潮的密切关系。

二、思辨哲学和文学活动

文学活动主要包括文学创作、文学欣赏和文学批评等。青年黑格尔派的一些代表人物通过文学欣赏所进行的文学批评活动，十分露骨地表现出用他们的主观唯心主义思辨哲学的范畴、原则和幻想去解释和宰割文学作品的不良倾向。这样做的意图无非是想把《巴黎的秘密》当作艺术广告，宣扬自己的哲学观点和政治主张。青年黑格尔派用思辨哲学的范畴、原则和幻想来解析《巴黎的秘密》也不是完全没有根据的。因为，欧仁·苏的这部长篇小说确实形象地图解、演绎和宣示了与基督教的伦理道德学说和空想社会主义的政治理论相联系的青年黑格尔派的主观唯心主义的思辨哲学的范畴、原则和幻想，作为创作的核心的思想内容和精神意向。马克思、恩格斯面对这样的作品，并针对青年黑格尔派的代表人物施里加、鲍威尔之流的评论，进行了全面的深刻的揭露和批判。

从艺术构思方面看。马克思在抨击《巴黎的秘密》的创作及其青年黑格尔派的评论所表现出来的思辨哲学的倾向时指出：文学活动应当“真实地评述人类关系”[8]。马克思、恩格斯认为，在对待思维和存在的关系问题上，青年黑格尔派的思辨哲学比黑格尔的思辨哲学走得更远。黑格尔善于“利用感性直观和表象”，“常常在**思辨的**叙述中作出把握住**事物**本身的、**真实的**叙述”。[9]他的“‘现象学’尽管有其思辨的原罪，但还是在许多方面提供了真实地评述人类关系的因素，那末鲍威尔先生及其伙伴却相反，他们只是提供了一幅毫无内容的漫画，这幅漫画只是满足于从某种精神产物中或从现实的关系和运动中撷取一种规定性，把这种规定性变为想像的规定性、变为**范畴**，并把这个范畴充作产物、关系或运动的**观点**”[10]。施里加的“思辨结构没有任何碍手碍脚的附属物”，“不在**任何地方**渗入**现实的内容**”，“而是赤裸裸地表露出来的美”。[11]

这样，《巴黎的秘密》的小说主人公鲁道夫和他的吹捧者施里加、鲍威尔等人，实际上都是“把现实的问题变为**思辨的**问题”[12]，“把**现实的人**变成了**抽象的观点**”[13]。《巴黎的秘密》的创作及其青年黑格尔派的评论割断了艺术同生活的紧密联系，制造出一种“绝对的主客体”，使得“**存在**和**思维**的思辨的**神秘同一**，在批判那里以**实践**和**理论**的同样神秘的同一的形式重复着”，“并且抱着这个目的，用虚幻的联系、神秘的主客体来代替世界秩序和世界事件之间的自然的合乎人性的联系”。[14]被青年黑格尔派的思辨哲学家们称为“批判的史诗”的《巴黎的秘密》从绝对的自我意识出发，遵循主题先行论的先验原则，设定一个现实生活和私人生活的“秘密”。马克思、恩格斯讥讽道：“如果说施里加先生过去一直把现实的关系（例如法纪和文明）消溶在秘密这个范畴中，并且用同样的办法把‘**秘密**’变为实体，那末，现在他才第一次登上了真正思辨的、**黑格尔的**高峰，并把‘**秘密**’变成了**体现**为现实的关系和人的独立主体……起初他从现实世界造出‘**秘密**’这一范畴，而现在又从这一范畴造出现实世界”，“如果说**费尔巴哈**揭露了**现实的秘密**，那末**施里加**先生却反而把现实的**平凡的东西**变成了**秘密**。他的本领不是要揭露被掩盖的东西，而是要掩盖已经被揭露的东西。”[15]

从塑造人物上看。《巴黎的秘密》的理想人物鲁道夫以“批判的批判家”自居，挥动思辨哲学的利剑，套用思辨哲学的模式，对小说人物的性格和思想随意宰割，加以改制和重塑，使其发生严重的扭曲和病变。仅以欧仁·苏塑造的两个女性形象为例，说明思辨哲学的原则和幻想对小说人物的性格和命运的摆布和支配达到了何种严重的程度。丽果莱特本是一个非常漂亮的有魅力的浪漫女子，具有“巴黎浪漫女子的亲切的、富于人情的性格”，“她和那些虚伪、冷酷、自私自利的资产者的太太、和整个资产阶级的圈子即整个官方社会形成了一个真正人性的对比”，但由于作者“对资产阶级恭顺，而生性又好夸大”，“一定要把她的生活状况和性格的尖锐的棱角磨掉”[16]，从而完全背离和违反了她的性格和生活的固有的内在逻辑。再如，被污辱被损害的美丽少女玛丽花在鲁道夫用思辨哲学和基督教的伦理道德学说改制前后，简直判若两人，即从“**本来的形象**”变成了“**批判的变态**”。思辨哲学批判前的玛丽花是一个朝气蓬勃、精力充沛、愉快活泼、生性灵活、敢于坚持斗争、富于反抗精神的女郎。“尽管她处在极端屈辱的境遇中，她仍然保持着人类的高尚心灵、人性的落拓不羁和人性的优美。这些品质感动了她周围的人，使她成为罪犯圈子中的一朵含有诗意的花，并获得了玛丽花这个名字。”[17]但经过思辨哲学批判后的玛丽花开始皈依宗教。几经折磨，沦为自己有罪的意识的奴隶，成为上帝神谕的俘虏，于是把忍受当美德，把忏悔当荣誉，终于从美女—罪女—修女—死女，痛苦地走完了她的人生之旅，从一朵有诗意的花变成一朵枯萎的花。这无异于一个扼杀生灵的陷阱。这好比是一幅人的批判的异化的“神学漫画”，被驯化和重塑了的玛丽花的性格和“自我意识的**本质**不是人”，而是被神学化了的，被思辨哲学化了的，同时也是被“**人化了**的理念”。

从安排情节看。如果把情节理解为人物的性格、思想、遭遇、命运及其相互关系发展的历史，那么，支配故事从发端到结尾的全过程的驱动力量完全表现为主观唯心主义思辨哲学的自我意识和起策应作用的基督教的伦理道德观念以及空想社会主义的虚幻理论的精神意向。仅从对不同人物的性格的蜕变和命运的归宿而论，用思辨哲学的幻想和惩恶扬善的原则，使被侮辱被损害的少女玛丽花赎罪而死；使凶狠残忍的“刺客”悔罪变成鲁道夫的忠实的“看家狗”；使作恶多端的“校长”被治罪挖掉双眼。玛丽花和“刺客”处于小说情节中的行为过程都不是出自真正自我的固有人性和内在动机，而是思辨哲学的原则和基督教的教义。正如马克思、恩格斯所指出的：“欧仁·苏书中的人物……必须把他这个作家本人的意图……充作**他们自己**思考的结果，充作他们行动的自觉动机。”[18]这样，作品的故事叙述和情节演示都只不过是小说作者听命于某种先验的虚假理念和自我意识，以演绎、图解、宣扬和扩张青年黑格尔派的思辨哲学的原则、幻想和与之相配合的基督教的教义和空想社会主义的理论作为描写过程的出发点和归宿。换言之，情节的安排，变成了靠形象的动态操作阐释和论证青年黑格尔派的思辨哲学的原则和幻想、基督教的伦理道德规范、空想社会主义那种带有虚假空幻性质的改良社会的蓝图以求实现人的解放的愿望，来显示和宣扬主观唯心主义的自我意识推动事件进程和重塑人物性格的魔力和权威。这种情节设计，实际上是在撰写思辨哲学的讲义和宗教哲学的教义。正如马克思所指出的：“……**绝对的批判**从黑格尔的‘**现象学**’中至少学会了一种技艺，这就是把**现实的**、**客观的**、**在我身外**存在着的链条变成**只是观念的**、只是**主观的**、只是**在我身内**存在着的链条，因而也就把一切**外部的**感性的斗争都变成了纯粹观念的斗争。”[19]

三、创作思想和作品倾向

创作思想和作品倾向是紧密相关的。一般地说，有什么样的创作思想，便有什么样与之相对应的作品倾向。《巴黎的秘密》创作思想的主导的基本方面是思辨哲学，但也存在着起辅助作用的政治、法律和宗教思潮的诱导和驱动。换言之，《巴黎的秘密》的创作思想是一种以思辨哲学为灵魂为统摄的，将哲学、法学、宗教和政治等意识和观念融成一体的合力。

《巴黎的秘密》对所描写的法国社会具有一定的认识作用和批判功能，可以相信，这部长篇小说的评论家们表达了揭露巴黎的秘密、谋求解决社会问题和人的解放的真诚意愿和辛勤探索。但是，由于荒谬思想的误导，作品产生了明显的不良倾向。以基督教伦理道德戒律作为指导思想，把小说人物变成了皈依宗教的教徒和实践教义和教规的幽灵；以空想社会主义的学说作为指导思想，只能构想和编造出苍白而美妙的乌托邦图景。马克思、恩格斯曾在揭露空想社会主义为人们所勾勒的虚幻的社会蓝图时说，“世俗社会主义第一个原理”正在于“否认**纯理论领域内的**解放，认为这是幻想，为了**真正的**自由它除了要求唯心的‘**意志**’外，还要求完全能感触得到的物质的条件。‘群众’认为，甚至为了争得一些只是用来从事‘**理论**’研究的时间和经费，也必须进行物质的、实际的变革”。[20]

当欧仁·苏把青年黑格尔派的思辨哲学作为创作思想和作为批判社会现实、改造人物的性格、安排人物的命运的工具的时候，产生了一个用理论代替实践、用意识代替现实和现实的人的迷误。主观唯心主义思辨哲学的最大缺欠在于把现实生活和现实生活中的人进行理论抽象，制造出关于社会和人的虚假观念。“思辨的思维把现实的人看得无限渺小”，“思辨哲学家在其他一切场合谈到人的时候，指的都不是**具体的东西**，而是**抽象的东西**，即**理念**、**精神**等等”。[21]他们总是把社会的变革和人的解放这种极其现实的问题转移到精神、理念和意识领域。他们好像不知道，人总是历史的现实的人，为了实现人的真正的自由和解放，必须改变人的生存的社会环境。“**历史什么事情**也没有做”，“创造这一切、拥有这一切并为这一切而斗争的，不是‘历史’，而正是**人**，现实的、活生生的人。……历史**不过是**追求着自己目的的人的活动而已”，“‘批判的批判’之所以认为自己不应当承认这一点，是因为它已宣告自己是历史的唯一创造因素”。[22]在马克思、恩格斯看来，无产阶级只有改变和消灭本身的生活条件，才能解放自己。“由于在无产阶级的生活条件中现代社会的一切生活条件达到了违反人性的顶点，由于在无产阶级身上人失去了自己，同时他不仅在理论上意识到了这种损失，而且还直接由于不可避免的、无法掩饰的、绝对不可抗拒的**贫困——必然性**的这种实际表现——的逼迫，不得不愤怒地反对这种违反人性的现象，由于这一切，所以无产阶级能够而且必须自己解放自己。”[23]

可以看到这样一种符合规律的现象：当作家的创作思想中的唯心主义的思想成分极端膨胀和扩张的时候，一定会产生错误的作品倾向；当作家的创作思想中的唯物主义的思想成分占据上风和主导地位的时候,有可能表现出正确的作品倾向。例如，欧仁·苏用批判的思辨哲学原则改造丽果莱特时，因他的头脑中的忠于现实生活的体验起作用，所以毕竟描绘了她的内在固有的优美人性，写出了她的作为“巴黎浪漫女子的亲切的、富于人情的性格”。再如，作者刻画玛丽花的形象，竟然有时一定程度上松懈和挣脱了自己的思想束缚，表现出她的可爱的富有魅力的天性。当他写到玛丽花一经离开折磨她的令她感到压抑和痛苦的精神环境和物质环境时，她仿佛立刻表现出向人性的回归。玛丽花热爱生活，她激情勃发、充满狂喜地投入大自然的怀抱，流露出她的天然的人性美和人情美。马克思、恩格斯肯定地说：“到现在为止，我们所看到的都是玛丽花本来的、非批判的形象。在这里，欧仁·苏超出了他那狭隘的世界观的界限。他打击了资产阶级的偏见。”[24]这里，不难看到欧仁·苏的作为创作思想的世界观和作品倾向之间的复杂的双重性。当他的世界观中的唯物主义的创作思想占上风的时候，能够真实生动地表现出人性美的魅力和人物性格的内在逻辑，以至打破和超越他那个阶级的政治上和情感上的偏见；当他的世界观中的唯心主义的创作思想起支配作用的时候，必然会这样那样地歪曲和改变描写对象本身的客观属性，随意把他笔下的小说人物当作图解和演绎他所信奉和推崇的青年黑格尔派的思辨哲学、基督教的伦理道德教义和空想社会主义的乌托邦理论的传声筒。可见，一个作家的世界观和创作思想对决定和影响他的作品的思想倾向是何等的重要。

马克思、恩格斯通过对欧仁·苏的长篇小说《巴黎的秘密》的评论，参与了同青年黑格尔派的大论战，揭露和批判了主观唯心主义思辨哲学、基督教伦理道德学说和空想社会主义理论的实质，抵制和破除了这些错误思想的消极影响和欺骗作用；同时，阐明了文艺思潮同包括哲学思潮、道德思潮、宗教思潮在内的社会思潮的相互关系，对从与各种社会思潮的联系中理解和研究文艺思潮具有深刻的思想启示。马克思、恩格斯十分重视世界观对文艺创作的指导作用。他们反对以唯心主义的绝对理念和自我意识作为创作的指导思想对文艺创作和文艺评论所进行的图解、演绎、宣讲、套释、模铸和宰割；同时又非常强调唯物主义的哲学基础和理论根据对文艺创作和文艺评论具有重要的指导意义。

四、文学与人的解放问题

马克思、恩格斯在评论欧仁·苏的长篇小说《巴黎的秘密》时，科学地论述了人的解放问题。由于作者信奉青年黑格尔派的思辨哲学和带有空想社会主义性质的基督教伦理道德学说，利用他的作品和作品中的人物形象以及人物形象体系，系统地宣扬了这种被哲学化了的神学信仰和宗教教义对改造人、救赎人和解放人的魔力和权威。从思想渊源上说，青年黑格尔派的思辨哲学受到康德的耽于幻想的“善良意志”的影响。马克思、恩格斯指出：“软弱无力的德国市民只有‘善良意志’。康德只谈‘善良意志’，哪怕这个善良意志毫无效果他也心安理得，他把这个善良意志的**实现**以及它与个人的需要和欲望之间的协调都推到**彼岸世界**。康德的这个善良意志完全符合于德国市民的软弱、受压迫和贫乏的情况。”[25]青年黑格尔派的思辨哲学通过概念的膨胀和推演，把“**人的属性**变成了**独立的主体**。这是一幅讽刺人**脱离**自然的**形而上学的神学**漫画。因此，这种自我意识的**本质**不是**人**，而是**理念**……**人化了**的理念”[26]，成为能够创造对象，包括可以创造人的一种“绝对的主客体”。

这种带有空想社会主义色彩的基督教教义和伦理道德学说对人的救赎和解放，实质上是“以**思辨的黑格尔的形式恢复基督教的创世说**”[27]。欧仁·苏把他的小说人物玛丽花，通过鲁道夫这样的批判的神学家或神学的批判家的思辨哲学的批判和基督教伦理道德学说的感化和改造，从本来的形象变成了批判的变态，从一个美丽的、纯洁的、善良的、热爱生活和大自然的、像太阳和花一样的具有人性美和人格美的少女，变成一个有罪意识的奴隶，使她英华早逝，抑郁而死。这种救赎，不仅没有带来人的解放，反而导致对人的精神上的折磨和肉体上的屠杀。这种哲学和神学相结合的原则硬要把巴黎浪漫女子丽果莱特在道德上理想化，把她的生活状况和性格的尖锐的棱角磨掉。这种神学化了的哲学和哲学化了的神学的批判，把一切都“归之于上帝，把人身上一切合乎人性的东西一概看做与人相左的东西，而把人身上一切违反人性的东西一概看做人的**真正的**所有”[28]。鲁道夫利用基督教教义的道德感化，使凶恶的刺客改邪归正，被改造成有道德的生物和主人的看门狗。这种被神学化了的思辨哲学的魔毯，把感性世界变成了赤裸裸的观念，“把**现实的人**变成了**抽象的观点**”。鲁道夫竟然把自己视为“天使”，“他的道德是建立在人类软弱无力这种意识之上的。他是**神学**道德的代表。……鲁道夫用衡量世界的**基督教的固执**观念……所建立的英雄业绩，也表明了所有这些都不过是滑稽戏而已”。[29]

马克思、恩格斯揭穿了青年黑格尔派的思辨哲学和带有空想社会主义性质的基督教伦理道德学说所宣扬的唯心主义关于解放人的神话。他们把人的解放问题视为一个现实的历史的社会实践的过程。一切幻想的、精神的、思想的、哲学的、宗教的、道德的批判，都是无济于事的，都不能取代实践的批判。马克思、恩格斯指出，“世俗的社会主义的第一个原理”就“否认**纯理论领域内**的解放，认为这是幻想，为了**真正的**自由它除了要求唯心的‘**意志**’外，还要求完全能感触得到的物质的条件”。[30]他们认为，德国的理论批判与法国和英国的实践批判是很不相同的。“**费尔巴哈**在**理论**方面体现了和**人道主义**相吻合的**唯物主义**，而法国和英国的**社会主义**和**共产主义**则在**实践**方面体现了这种唯物主义”，“他们的共产主义是这样一种社会主义，在这里面他们提出了显明的实际措施，这里面不仅体现着他们的思维，并且更主要的是体现着他们的实践活动。因此，他们的批判是对现存社会的生动的现实的批判”。[31]

马克思是这样描述资产阶级的解放的：“革命［指资产阶级革命］还是把资产阶级社会从封建的桎梏中解放出来，并正式承认了这个社会。在**执政内阁**时代，**资产阶级社会**的生活浪潮迅速高涨起来。于是出现了创办商业和工业企业的热潮……法兰西的**土地**得到了**真正的**开发，土地的封建结构已经被革命的巨锤打得粉碎……解放了的工业也第一次活跃起来……于是资产阶级**开始**了自己的统治。**人权**已经不再**仅仅**是一种**理论**了。”[32]

马克思、恩格斯是这样论述无产阶级的解放的。只有无产阶级把劳动转化为自主活动，并同物质生活一致起来，才能实现联合起来的个人对全部生产力总和的占有。“这种联合只能是普遍性的，而且占有也只有通过革命才能得到实现，在革命中一方面旧生产方式和旧交往方式的权力以及旧社会结构的权力被打倒，另一方面无产阶级的普遍性质以及无产阶级为实现这种占有所必需的毅力得到发展，同时无产阶级将抛弃旧的社会地位所遗留给它的一切东西。”“这种变化只有在实际运动中，在革命中才有可能实现；因此革命之所以必需，不仅是因为没有任何其他的办法能推翻统治阶级，而且还因为推翻统治阶级的那个阶级，只有在革命中才能抛掉自己身上的一切陈旧的肮脏东西，才能建立社会的新基础。”[33]

马克思、恩格斯认为人改造环境，环境也改造人。同时，人的解放也意味着人的感觉和特性的彻底解放。“个人之间进行交往的条件是与他们的个性相适应的条件……因而它们是个人自主活动的条件，而且是由这种自主活动创造出来的。”[34]共产主义将是一个由全面自由发展的人组成的社会的“共同体”和“联合体”，“在那里，每个人的自由发展是一切人的自由发展的条件”。[35]共产主义社会是“以每一个个人的全面而自由的发展为基本原则的社会形式”[36]。“在共产主义社会里，没有单纯的画家，只有把绘画作为自己多种活动中的一项活动的人们。”[37]

马克思、恩格斯认为，社会生活在本质上是实践的。哲学的伟大使命和根本目的不在于用不同的方式解释世界，而是改造世界。马克思、恩格斯为了强调实践的极其重要性，甚至把他们的哲学称为“实践唯物主义”，认为“对实践的唯物主义者即共产主义者来说，全部问题都在于使现存世界革命化，实际地反对并改变现存的事物”[38]。马克思、恩格斯指出，为了实现思想，要有使用实践力量的人。他们企盼造就能够掌握“实践理性”、使用“实践力量”改变旧世界的一代新人。

[注　释]

[1] 马克思，恩格斯．马克思恩格斯选集：第1卷．3版．北京：人民出版社，2012：145.
[2] 马克思，恩格斯．马克思恩格斯全集：第2卷．北京：人民出版社，1957：7.
[3] 同 [2] 74.
[4] 同 [2] 76.
[5] 同 [2] 246.
[6] 同 [2] 230，246.
[7] 同 [2] 210.
[8] 同 [2] 246.
[9] 同 [2] 75，76.
[10] 同 [2] 246.
[11] 同 [2] 76.
[12] 同 [2] 115.
[13] 同 [2] 246.
[14] 同 [2] 245，213.
[15] 同 [2] 75，69.
[16] 同 [2] 97.
[17] 同 [2] 215.
[18] 同 [2] 233.
[19] 同 [2] 105.
[20] 同 [2] 121.

［21］同［2］49.
［22］同［2］118－119，45.
［23］同［2］45.
［24］同［2］218.
［25］马克思，恩格斯．马克思恩格斯全集：第3卷．北京：人民出版社，1960：211－212.
［26］同［2］175－176.
［27］同［2］174.
［28］同［2］221.
［29］同［2］256.
［30］同［2］121.
［31］同［2］160，195.
［32］同［2］157.
［33］同［25］76－77，78.
［34］同［25］80.
［35］马克思，恩格斯．马克思恩格斯选集：第1卷．3版．北京：人民出版社，2012：422.
［36］马克思，恩格斯．马克思恩格斯选集：第2卷．3版．北京：人民出版社，2012：267.
［37］同［25］460.
［38］同［35］155.

第四讲
德意志意识形态*[1]

（摘录）

马克思　恩格斯

德国哲学从天上降到地上；和它完全相反，这里我们是从地上升到天上[2]，就是说，我们不是从人们所说的、所想像的、所设想的东西出发，也不是从只存在于口头上所说的、思考出来的、想像出来的、设想出来的人出发，去理解真正的人。我们的出发点是从事实际活动的人，而且从他们的现实生活过程中我们还可以揭示出这一生活过程在意识形态上的反射和回声的发展。甚至人们头脑中模糊的东西也是他们的可以通过经验来确定的、与物质前提相联系的物质生活过程的必然升华物。[3]因此，道德、宗教、形而上学和其他意识形态，以及与它们相适应的意识形式便失去独立性的外观。它们没有历史，没有发展；那些发展着自己的物质生产和物质交往的人们，在改变自己的这个现实的同时也改变着自己的思维和思维的产物。不是意识决定生活，而是生活决定意识。前一种观察方法从意识出发，把意识看作是有生命的个人。符合实际生活的第二种观察方法则是从现实的、有生命的个人本身出发，把意识仅仅看作是**他们的**意识。

这种观察方法并不是没有前提的。它从现实的前提出发，而且一刻也不离开这种前提。它的前提是人，但不是某种处在幻想的与世隔绝、离群索居状态的人，而是处在一定条件下进行的、现实的、可以通过经验观察到的发展过程中的人。只要描绘出这个能动的生活过程，历史就不再像那些本身还是抽象的经验论[4]者所认为的那样，是一些僵死事实的搜集，也不再像唯心主义者所认为的那样，是想像的主体的想像的活动。

…………

……这种历史观和唯心主义历史观不同，它不是在每个时代中寻找某种范畴，而是始终站

* 摘自马克思，恩格斯．马克思恩格斯全集：第3卷．北京：人民出版社，1960：30，43，52，54，459.

在现实历史的**基础**上，不是从观念出发来解释实践，而是从物质实践出发来解释观念的东西，由此还可得出下述结论：意识的一切形式和产物不是可以用精神的批判来消灭的，也不是可以通过把它们消融在“自我意识”中或化为“幽灵”、“怪影”、“怪想”等等来消灭的，而只有实际地推翻这一切唯心主义谬论所由产生的现实的社会关系，才能把它们消灭[5]；历史的动力以及宗教、哲学和任何其他理论的动力是革命，而不是批判。这种观点表明：历史并不是作为“产生于精神的精神”消融在“自我意识”中，历史的每一阶段都遇到有一定的物质结果、一定数量的生产力总和，人和自然以及人与人之间在历史上形成的关系，都遇到有前一代传给后一代的大量生产力、资金和环境，尽管一方面这些生产力、资金和环境为新的一代所改变，但另一方面，它们也预先规定新的一代的生活条件，使它得到一定的发展和具有特殊的性质。由此可见，这种观点表明：人创造环境，同样环境也创造人。每个个人和每一代当作现成的东西承受下来的生产力、资金和社会交往形式的总和，是哲学家们想像为“实体”和“人的本质”的东西的现实基础，是他们神化了的并与之作斗争的东西的现实基础，这种基础尽管遭到以“自我意识”和“**唯一者**”的身分出现的哲学家们的反抗，但它对人们的发展所起的作用和影响却丝毫也不因此而有所削弱。[6]……

…………

统治阶级的思想在每一时代都是占统治地位的思想。这就是说，一个阶级是社会上占统治地位的**物质**力量，同时也是社会上占统治地位的**精神**力量。支配着物质生产资料的阶级，同时也支配着精神生产的资料，因此，那些没有精神生产资料的人的思想，一般地是受统治阶级支配的。占统治地位的思想不过是占统治地位的物质关系在观念上的表现，不过是表现为思想的占统治地位的物质关系；因而，这就是那些使某一个阶级成为统治阶级的各种关系的表现，因而这也就是这个阶级的统治的思想。此外，构成统治阶级的各个个人也都具有意识，因而他们也会思维；既然他们正是作为一个阶级而进行统治，并且决定着某一历史时代的整个面貌，不言而喻，他们在这个历史时代的一切领域中也会这样做，就是说，他们还作为思维着的人，作为思想的生产者而进行统治，他们调节着自己时代的思想的生产和分配；而这就意味着他们的思想是一个时代的占统治地位的思想。……

…………

……事情是这样的，每一个企图代替旧统治阶级的地位的新阶级，就是为了达到自己的目的而不得不把自己的利益说成是社会全体成员的共同利益，抽象地讲，就是赋予自己的思想以普遍性的形式，把它们描绘成唯一合理的、有普遍意义的思想。进行革命的阶级，仅就它对抗另一个**阶级**这一点来说，从一开始就不是作为一个阶级，而是作为全社会的代表出现的；它俨然以社会全体群众的姿态反对唯一的统治阶级。它之所以能这样做，是因为它的利益在开始时的确同其余一切非统治阶级的共同利益还多少有一些联系，在当时存在的那些关系的压力下还来不及发展为特殊阶级的特殊利益。因此，这一阶级的胜利对于其他未能争得统治的阶级中的许多个人说来也是有利的，但这只是就这种胜利使这些个人有可能上升到统治阶级行列这一点讲的。当法国资产阶级推翻了贵族的统治之后，在许多无产者面前由此出现了升到无产阶级之上的可能性，但是只有当他们变成资产者的时候才达到这一点。……

…………

……桑乔[7]以为，拉斐尔[8]的绘画跟罗马当时的分工无关。如果桑乔把拉斐尔同列奥纳多·达·芬奇[9]和提戚安诺[10]比较一下，他就会发现，拉斐尔的艺术作品在很大程度上同当时在佛罗伦萨影响下形成的罗马繁荣有关，而列奥纳多的作品则受到佛罗伦萨的环境的影响很深，提戚安诺的作品则受到全然不同的威尼斯的发展情况的影响很深。和其他任何一个艺术家一样，拉斐尔也受到他以前的艺术所达到的技术成就、社会组织、当地的分工以及与当地有交往的世界各国的分工等条件的制约。像拉斐尔这样的个人是否能顺利地发展他的天才，这就完全取决于需要，而这种需要又取决于分工以及由分工产生的人们所受教育的条件。

[注　释]

[1]《德意志意识形态》　全名为《德意志意识形态。对费尔巴哈、布·鲍威尔和施蒂纳所代表的现代德国哲学以及各式各样先知所代表的德国社会主义的批判》。这是继《神圣家族》后，马克思、恩格斯于1845年9月至1846年8月合写的又一部论战性巨著。这部著作脱稿后，由于种种原因，未能及时问世，直到1932年才发表于德文版《马克思恩格斯全集》第5卷。《德意志意识形态》所批判的“德意志意识形态”，主要指当时流行于整个德国的思辨哲学和“真正的社会主义”思潮。

[2] 德国哲学从天上降到地上；和它完全相反，这里我们是从地上升到天上　这是马克思、恩格斯对唯心主义哲学和唯物主义哲学的不同认识论的形象性表述，说明它们之间别之天壤，意识或思想比之“天”，社会存在或物质生活比之“地”。从黑格尔哲学到青年黑格尔派的哲学都是主张意识决定存在，好比天上的上帝创造、派生万物；而马克思、恩格斯的辩证唯物主义和历史唯物主义却认为存在决定意识，思想、概念、精神、思维和意识无不植根于物质生活的土壤。因此，认识客观事物、处理思想和存在的关系时，他们反对“从天上降到地上”，而主张“从地上升到天上”。

[3] 甚至人们头脑中模糊的东西也是……物质生活过程的必然升华物　人们头脑中模糊的东西，指远离于物质生活和存在，飘浮在意识形态上端的比较抽象的思想和观念形式，如哲学和宗教等。马克思、恩格斯指出，即便是这些看来是很“模糊的东西”也不可能是孤立于物质生活之外的纯粹精神的创造物，相反，而是“可以通过经验来确定的……物质生活过程的必然升华物”。

[4] 抽象的经验论　经验论即主张感性经验是知识的唯一来源的哲学学说。经验论有唯心主义的，也有唯物主义的。唯心主义的经验论把经验限定为感觉和表象的总和，否认外部世界是经验的根源；唯物主义的经验论认为客观事物是感性经验的基础。马克思、恩格斯这里所说的“抽象的经验论”是指把感性经验所获得的个别事实加以绝对化和抽象化的唯物主义的经验论。

[5] 意识的一切形式和产物不是可以用精神的批判来消灭的……推翻这一切唯心主义谬论所由产生的现实的社会关系，才能把它们消灭　青年黑格尔派的思辨哲学认为，意识及其一切形式和产物可以用“精神的批判”来消灭，只要把它们消融在“自我意识”中或把它们化为“幽灵”“怪影”“怪想”诅咒一番便会自行消灭。这只不过是唯心主义的妄想。马克思、恩格斯指出，消除意识及其一切形式和产物，不能依靠“精神的批判”，只能用物质的力量来摧毁，只有铲除某种思想意识的根源，推翻“一切唯心主义谬论所由产生的现实的社会关系”，才能最终地消灭它。

[6] 每个个人和每一代当作现成的东西承受下来的生产力、资金和社会交往形式的总和……对人们的发展所起的作用和影响却丝毫也不因此而有所削弱　这里，马克思、恩格斯是在批判德国思辨哲学颠倒社会存在和社会意识的关系的谬论，论证社会存在决定社会意识的根本原理。“自我意识”“实体”是鲍威尔的思辨哲学的用语，“唯一者”“人的本质”是施蒂纳的思辨哲学的基本概念，它们都属于意识范畴。马克思、恩格斯是这样分析鲍威尔的“自我意识”和“实体”的：“在他看来，一方面，现实的人以及他们对于从外表上看是独立在外而和他们对立的他们自己的社会关系的现实意识都非实有，实有的只是**自我意识**这种赤裸裸的抽象词句，正如现实的生产都非实有，实有的只是**这种自我意识的已经独立化的活动**一样；另一方面，现实的自然界和现实存在的社会关系都非实有，实有的只是这些关系的一切哲

学范畴或名称归结而成的赤裸裸的哲学词句，即**实体**；因为布鲁诺同所有哲学家和思想家一起，错误地把思想、观念、现存世界在思想上的独立化了的表现当作这个现存世界的基础。”（《马克思恩格斯全集》，第3卷，93页，北京，人民出版社，1960）

[7] 桑乔　塞万提斯的长篇小说《堂·吉诃德》中的主人公堂·吉诃德的侍从。堂·吉诃德是一个脱离现实、耽于幻想，为复活过时的骑士制度而执迷作战的主观唯心主义的艺术典型。马克思、恩格斯把施蒂纳比作桑乔，是对他的唯心主义思辨哲学的嘲弄和讥讽。在他们看来，像施蒂纳这样的人只配做堂·吉诃德的奴仆。

[8] 拉斐尔　意大利文艺复兴时期的罗马派画家，代表作有《文艺之山》《雅典学派》《西斯廷之圣母像》等。

[9] 列奥纳多·达·芬奇　意大利文艺复兴时期绘画艺术的一代宗师，代表作有《最后的晚餐》《蒙娜丽莎》等。

[10] 提戚安诺　又译韦切利奥（通译铁相或提香）（约1489—1576），意大利文艺复兴时期威尼斯画派的伟大画家，代表作有《人间的爱和天上的爱》《戴手套的男子》等。

讲 解

《德意志意识形态》一书是马克思主义的奠基作，标志着马克思和恩格斯创立的历史唯物主义开始趋于成熟。限于篇幅，这里只简要摘录了其中和文艺理论密切相关和对理解一些重要的文艺理论问题有深刻方法论启示的部分，着重阐释社会存在对社会意识的决定作用，以及人的本质和性格对社会环境的依赖关系。

19世纪初，欧洲的一些先进国家已经完成或正在进行着工业革命。资本主义的发展虽然打击或削弱了封建贵族的统治，但给无产阶级带来了赤贫。原始积累时期残酷的剥削方式激化了资产阶级同无产阶级的矛盾，被飞速运转着的机器驱赶、摆布、压榨着的雇佣劳动者已经意识到自己非人的境况，为了改变他们的奴隶地位，无产阶级开始向资本家进行抗争。工人运动日趋高涨，工人组织相继出现。1844年6月西里西亚织工暴动，犹如德国工人运动的一声惊雷。从此，德国无产者开始以历史主人翁的姿态登上了政治斗争的舞台。

当时德国和西欧的工人运动和工人组织急需正确的思想武装。然而，某些社会思潮，特别是德国的思辨哲学和"真正的社会主义"对德国和西欧的工人运动和工人组织产生了十分有害的影响，成为这些工人运动和工人组织健康发展的思想障碍。德国思辨哲学的理论代表鲍威尔，拼命鼓吹以"自我意识"为核心的主观唯心主义，宣扬只有能批判地思维的个人，即富有灵性的天才人物和通达理智的哲学家才配主宰世界，而被所谓利缰欲锁束缚着的昏昧的群众则缺乏"理智"和"自我意识"，非但不能成为革命的动力，而且只配做革命的对象。这种哲学思潮不仅宣扬轻蔑人民、鄙视群众的英雄史观，而且崇尚思维的批判功能至高无上、绝对权威，滑稽地认为只要在精神领域内消除了现实生活中的矛盾，便等于从实践上归于解决，故意用意识中的虚拟和假想的胜利掩盖真实存在着的阶级矛盾。德国思辨哲学的另一个代表施蒂纳把"唯一者"——"自我"视为创造万物的神，通过想象占有对象，使国家、宗教、道德、财产都变成"自我"的产物。这种依靠想象或通过玩弄词句的魔法实现对事物占有的途径和方式，同样具有纯粹虚幻的性质。"真正的社会主义"导源于费尔巴哈和赫斯的人道主义，按照空想主义者的思维方式，追求脱离现实的浮泛的社会理想；遵照思辨哲学家们虔信的精神万能的信条，热衷于将严峻的社会问题转变为诉诸情感的道德说教，企图用"爱"来实现人的解放；迷信社会慈善家和改良主义者以和平方式通过教育手段和灌输博爱精神去平息社会矛盾，废弃政治、经济方面的深刻革命。要清除思辨哲学和"真正的社会主义"思潮对德国和西欧工人运动和工人组织的危害和影响，必须创建科学的唯物史观和共产主义的理论体系，为战斗的无产者提供正确的思想武器。这是当时无产阶级解放斗争的伟大实践提出的战斗任务。马克思、恩格斯揭露了德国思辨哲学和"真正的社会主义"的思想渊源、阶级实质，及其欺骗性和反动作用。他们毫不掩饰写作《德意志意识形态》的真实动机，是使欧洲无产阶级，"首先是争取德国无产阶级拥护我们的信念"[1]，同时使"投合沉溺于幻想的精神萎靡的德国人民口味"的思辨哲学"得不到任何信任"[2]。为了使西欧，特别是德国的工人阶级摆脱思辨哲学的影响，马克思、恩格斯毅然戳穿青年黑格尔派所设置的“哲学骗局”，并揭露“整个青年黑格尔派运动的渺小卑微和地方局限性”，使“这些英雄们的真正业绩和关于这些业绩的幻想之间的啼笑皆非的对比”昭之于众。[3]

一、社会存在对社会意识的决定作用

社会的精神生产和社会的意识形态，包括每个社会成员的思想和观念，无论是它的内容和性质，还是它的存在和发展，都取决于一定社会的物质生活条件。“不是意识决定生活，而是生活决定意识”，这是马克思、恩格斯在《德意志意识形态》中作出的光辉的科学论断，应该成为一切意识形态工作者和文艺工作者的座右铭。世界上不存在无根之花、无因之果，思潮、思想、观点、概念都不能脱离它赖以产生、存在和发展的现实生活的土壤。这些精神领域中的东西只不过是“物质生活过程的必然升华物”，只不过是“这一生活过程在意识形态上的反射和回声”，只不过是一种被意识化了的或意识到了的社会存在。要使意识离开物质生活，这只能是一种幻想。没有完全游离于物质生活之外的纯粹的意识，即便是作为表达和交流思想的工具——语言，一开始也不能不“受物质的‘纠缠’”，只有靠“震动着的空气层”才能发声，况且，“语言也和意识一样，只是由于需要，由于和他人交往的迫切需要才产生的”。[4]从低级、狭隘的意识到高度自觉的意识是人类物质生活实践长期发展的结果。只有出现“真实的分工”即出现“物质劳动和精神劳动分离”时，才产生了以思维为职业的脑力劳动者，“从这时候起，意识才能摆脱世界而去构造‘纯粹的’理论、神学、哲学、道德等等”。[5]这一事实也恰好证明社会意识是由社会存在决定的。道理很明白，人们为了生活，首先“需要衣、食、住以及其他东西”，因此，“生产满足这些需要的资料，即生产物质生活本身”是生产者的“第一个历史活动”。[6]

唯心主义的思想家们颠倒了思维和存在的关系，要么把思维从存在中抽取出来加以绝对化，使之孤立于物质生活之外或凌驾于物质生活之上，捏造一个造物主——哲学化的神，当作历史发展的基因；要么将人们的物质生活及社会活动移入抽象思辨的领域内，把客观世界视为绝对精神或纯粹理性的演绎物和派生物。从黑格尔哲学演变而来的德国青年黑格尔派的思辨哲学比黑格尔哲学走得更远。鲍威尔、施蒂纳扬言要改造和推进黑格尔哲学，实际上是把黑格尔的辩证法变为形而上学，把黑格尔的客观唯心主义变为主观唯心主义。以“唯一者”“自我意识”为核心的德国思辨哲学抛弃了黑格尔哲学的合理内核，在自己的哲学思辨中排除了一切真实的现实内容，赋辩证法以绝对的主观性，将所有实体都一并统摄、包容于“唯一者”和“自我意识”等抽象的神秘虚幻的模式中，即所谓“把一切都归于**我**”[7]。这种大肆宣扬“唯一者”“自我意识”任意占有一切事物的哲学，事实上是在资本主义侵袭下变得越来越保守的小资产者软弱性和耽于幻想的表现。但由于思辨哲学将社会关系的改变寄托于或归结为意识的改变，不去触动旧制度本身，因而只能使他的倡导者们扮演堂·吉诃德的喜剧性角色，成为被捉弄被嘲笑的对象。

马克思、恩格斯对唯心主义和唯物主义哲学的基本分歧和不同的认识路线作了如下归结：“德国哲学从天上降到地上；和它完全相反，这里我们是从地上升到天上……我们不是从人们所说的、所想像的、所设想的东西出发，也不是从只存在于口头上所说的、思考出来的、想像出来的、设想出来的人出发，去理解真正的人。我们的出发点是从事实际活动的人，而且从他们的现实生活过程中我们还可以揭示出这一生活过程在意识形态上的反射和回声的发展。……前一种观察方法从意识出发，把意识看作是有生命的个人。符合实际生活的第二种观察方法则是从现实的、有生命的个人本身出发，把意识仅仅看作是**他们**的意识。”马克思、恩格斯这些精辟的论述深刻地阐明了意识和存在的关系，划清了两种认识论的原则界限，不仅为我们反对“唯意志论”“精神万能论”“上层建筑决定论”提供了锐利的理论武器，而且也为我们坚持现实主义的创作方法，贯彻唯物主义的认识论制定了科学的哲学基础和正确的指导思想。

二、从各阶级意识形态的复杂关系中把握其规律性

社会意识决定于社会存在。社会存在主要指各阶级的物质生活条件。阶级社会中，各阶级的物质生活条件及其所处的社会地位是不同的，支配着物质生产资料的阶级，同时也支配着精神生产的资料，因此，那些没有精神生产资料的人的思想，一般是受统治阶级支配的。占统治地位的思想不过是占统治地位的物质关系在观念上的表现，不过是表现为思想的占统治地位的物质关系。这里表现出阶级社会中各阶级的意识形态之间的相互关系的规律性，而这种规律性又往往通过极为复杂的现象形态表现出来。

例如，马克思、恩格斯曾指出，处于上升期的新生阶级，因为它的利益在开始时的确同其余一切非统治阶级的共同利益还多少有一些联系，在当时存在的那些关系的压力下还来不及发展为特殊阶级的特殊利益，为了孤立敌人，壮大对敌斗争的声势和阵容，新生的政治势力往往不是作为一个阶级，而是作为全社会的代表出现的，它俨然以社会全体群众的姿态反对唯一的统治阶级。为了达到这一目的，其机智地把自己的利益说成社会全体成员的共同利益，并尽可能地赋予自己的思想以普遍性的形式，把它们描绘成唯一合理的、具有普遍意义的思想，如取得政权以前的资产阶级所宣扬的“自由、平等、博爱”等等都属于这类具有某种“普遍性”的思想。

还有一种情况是，在统治阶级的腐朽没落时期，种种深刻的社会原因，有可能使黑暗的政治势力内部发生分化，或许一部分人脱离旧营垒站到先进阶级一边，或许一部分人看到本阶级不配有更好的命运，而一定程度上这样那样地流露出同情人民、反映群众的利益和愿望的思想和倾向。

即便是统治阶级平稳发展的和平时期，也有某些统治阶级的思想家和艺术家的著作和作品表现出一定的人民性和民主性。

所有这些统治阶级思想的复杂的表现形态，并非游离于意识形态的规律之外。复杂性不是对规律性的否定和修正，而是对规律性的确证、丰富和补充。不表现为复杂性的规律性是不存在的，应当力图从复杂性中发现规律性、把握规律性，而不致为某些表面的现象所迷惑。不论是上升期、没落期，还是和平发展期的统治阶级的某些思想，尽管采取“普遍性的形式”，甚至被描绘成唯一合理的、具有普遍意义的思想，即使客观上一定程度地体现出非统治阶级的利益、要求和愿望，也都掩盖不了“统治阶级的思想在每一时代都是占统治地位的思想”这样一个基本规律和基本事实。

把握这一基本规律和基本事实，有助于我们深入理解某些复杂的文学现象。我们从表现统

治阶级和被统治阶级思想相互影响、相互渗透的文艺作品中，看到被统治阶级的作家和作品由于自觉不自觉地接受统治阶级思想的影响，表现出一定的剥削阶级的思想情绪。如中国的民间口头文学中不乏郎才女貌、金榜题名、光宗耀祖、夫贵妻荣的庸俗说教。《伊索寓言》《安徒生童话》中的某些篇章也存在着宣扬侥幸发财、贪恋富贵、沉湎于个人幸福、追求剥削阶级生活方式的低级趣味。统治阶级的思想总要顽强地进行扩张，对被剥削阶级进行渗透和侵蚀。原始宗教，包括初期的基督教本来是人民的宗教，是劳动群众慑于自然和社会的令人恐怖的强大力量，用虚幻和神秘的方式，来摆脱现实的黑暗，从不堪忍受的苦难中辟出一条逃路，靠神来寄托自己的幻想和愿望，以求得精神上一种虚拟的安慰。后来，统治阶级的渗透和改造，使之蜕变为统治阶级对人民进行精神统治和思想麻痹的鸦片烟，沦为戕害群众灵魂的腐蚀剂。剥削者为了维护自己的统治，总是千方百计、无孔不入地向被压迫者灌输有害的精神毒素，以强化对劳动人民的思想奴役。鲁迅曾指出："士大夫是常要夺取民间的东西的，将竹枝词改成文言，将'小家碧玉'作为姨太太"，他们把本属于劳动人民的东西"从俗众中提出，罩上玻璃罩，做起紫檀架子来"，"但一沾着他们的手"，这东西也"跟着他们灭亡"。[8]

可见，从整体和全局上看，"统治阶级的思想在每一时代都是占统治地位的思想"无疑是一个正确的科学论断。分析历史上和当代的文学现象都不能离开这样一个基本事实。无产阶级从来不掩饰自己的观点。社会主义的文艺创作必须努力宣扬无产阶级的思想，确立并巩固无产阶级思想的领导地位，用无产阶级的世界观战胜并逐步取代一切非无产阶级的思想，以扩大马克思主义的思想阵地。这是历史赋予新时代的作家和艺术家们的神圣职责。

三、文艺创作应当确立正确的"出发点"

文艺创作究竟采取什么样的"观察方法"？是从实际生活出发，采取"符合实际生活"的观察方法，还是采取"从意识出发"的观察方法？人，是文艺描写的中心对象。写人，究竟是"从现实的、有生命的个人本身出发"，还是"从只存在于口头上所说的、思考出来的、想像出来的、设想出来的人出发"，抑或是从概念化了的人或人化了的意识出发，甚至"把意识看作是有生命的个人"？这关系到文艺创作中究竟遵循什么样的认识路线、要不要坚持现实主义的创作方法、要不要继承发扬现实主义的优良传统，从而密切文艺和生活的血肉联系等一系列原则性问题。

为了坚持文艺创作的唯物主义认识论，马克思、恩格斯曾对唯心主义的创作倾向进行过不懈的斗争。撰写《德意志意识形态》前，他们批评《巴黎的秘密》的作者欧仁·苏在人物塑造中把作家本人的意图充作人物自己思考的结果和行动的自觉动机，即由作家的主观意图去决定人物这样行动而不是那样行动，这实际上是把现实的人变成了抽象的观点。在文学创作中，这种用作家的主观动机和观念强加于人物自身的做法，多半会造成概念的人物化或人物的意识化，甚至"把意识看作是有生命的个人"，从而背离人物的内在的性格逻辑，违反生活规律和艺术规律，夸大作家的主观性，使创作中的这种主观性推向主观随意性，这只能歪曲乃至颠倒对生活和人物的描写。卢卡契指出，唯心主义的创作只能产生"一种纯粹的专擅：'万能的'主观性可以放进任何一个主题里去，而每次选择一个主题仅仅出于把主观经历放进某一毫不相干的素材中去的这样一种专擅行动"[9]。撰写《德意志意识形态》后，马克思、恩格斯又热心提倡伦勃朗式、莎士比亚化，反对夸张的拉斐尔式和概念化的席勒式。马克思、恩格斯不同意法国二月革命后的一些传记作者硬把小资产阶级的领袖人物加以神化，描绘成“脚穿厚底靴，头上绕着灵光圈”那种“被夸张了的拉斐尔式的画象”。[10]因为这种概念化、理想化的人物描写根本违反文艺创作的现实主义原则。他们还主张“不应该为了观念的东西而忘掉现实主义的东西，为了席勒而忘掉莎士比亚”，反对“**席勒式地**把个人变成时代精神的单纯的传声筒”。[11]对“席勒式”，卢那察尔斯基曾在《马克思论艺术》一文中作过这样的解释：“作者先从理论上研究某个时代，为自己总结出这个时代的某些原则，然后设计与此原则相适应的人物（或多或少地近似生活中的模特的），并将他们当作这些原则的体现者。”这种从理论原则出发的创作路子，不可能是充分现实主义的。《德意志意识形态》所表述的现实主义文艺创作的哲学基础是和马克思、恩格斯所先后提倡的现实主义文艺创作的基本原则一致的、贯通的。他们根据社会存在决定社会意识的根本原理，并用以观察作为观念形态的文学现象，始终主张文艺创作要从现实生活出发，从有生命有个性的人物出发。反对从意识和观念出发，从作家臆想的意图和动机出发，或图解理论原则，或注释政治条文，或演绎抽象概念，或用主观意念剪裁生活、改造人物，或以“自我意识”为核心，寻找个别素材为事先拟定的主题作印证……这一切都会使人物形象抽象化、模式化，有可能沦为某种观念的派生物和附属物。为了保证文艺创作沿着现实主义的道路健康发展，深刻理解马克思、恩格斯的上述论述是十分有益的。

四、德国意识形态的状况和性质

马克思、恩格斯对他们所处的那个时代的所属国家，即德国的意识形态状况、性质和功能进行了全面的科学分析。马克思、恩格斯指出，当时德国的意识形态是由青年黑格尔派的唯心主义思辨哲学制造出来的，统治和主宰整个的德国思想界和舆论界。思辨哲学的代表人物鲍威尔、施蒂纳等人，通过鼓吹“自我意识”，妄图实现“把一切都归于我”的哲学幻想，用极端膨胀了的个体的主体性取代外在的对象世界的客体性，把现实、社会和历史都变成了哲学观念，变成了思辨哲学家的“自我意识”的产物。

马克思、恩格斯指出，“这些唱高调的、爱吹嘘的思想贩子们”，竟然无视自己的“民族局限性”，甚至往往“以为他们无限地凌驾于任何民族偏见之上”，“他们在德国生活，依靠德国和为着德国生活。……他们不是剽窃法兰西国家，而是剽窃法兰西哲学，他们不是把法兰西的省份德国化，而是把法兰西的思想德国化”。[12]德国学者把富于革命精神的法国思想本土化的过程中表现出明显的思想错位。正如马克思、恩格斯所指出的那样：“德国的哲学家、半哲学家和美文学家，贪婪地抓住了这种文献［指法国大革命时期的文献］，不过他们忘记了：在这种著作从法国搬到德国的时候，法国的生活条件却没有同时搬过去。在德国的条件下，法国的文献完全失去了直接实践的意义，而只具有纯粹文献的形式。它必然表现为关于真正的社会、关于实现人的本质的无谓思辨。”[13]德国人把法国思想的革命精神和实践精神加以软化、抽象化和书斋化之后，变成自称代表所有人利益的，实质上只体现德国小市民利益的哲学幻想和无谓思辨。这些德国的哲学家还洋洋得意地宣布他们克服了法国人的片面性，竟然自夸“德意志民族是模范的民族，德国小市民是模范的人”[14]。这样，本来具有革命精神的法国著作经过德国哲学家的改制变成了令人萎靡的文献。这些理论的实际作用是拒绝革命，安于现状，维护现存的普鲁士的政治经济制度。这种理论的翻译所产生的变形导源于德国的鄙俗气，是这种鄙俗气在理论上的表现。马克思、恩格斯认为："在社会矛盾还没有因为阶级的明确分化和资产阶级迅速夺取政权而在德国采取较尖锐的形式以前，德国诗人在德国本部是根本没有出路的。一方面，他在德国社会中不可能以革命的姿态出现，因为革命分子本身还太软弱；另一方面，由四面八方包围着他的长期存在的鄙俗气起着使他衰弱无力的作用，他即使能够暂时超越它，摆脱它和嘲笑它，可是过一会却又重新跌进它的陷阱里面去了。对于一切多少有些才能的德国诗人暂时还只能有一个劝告，即搬到文明的国家去住。"[15]为了实现德国本身的革命化，德国学者应当体验和学习法兰西的革命精神、实践经验和变革了的现实生活。首先是法国生活的德国化，而法国思想的德国化，归根结底，是为了实现法国生活的德国化。但是，即便是德国学者在把法国思想本土化的过程中，也并没有承接和发扬法国思想的精华，反而实际上很大程度上是把科学的、富于实践精神和革命精神的法国意识形态德国化了。这种经过蹩脚的翻译的法国思想的德国版的意识形态，并没有改变德国历史的现实的文化胎记，表现出如下一些明显的特点：（1）非真实性。当时德国的意识形态具有明显的虚假性，甚至具有欺骗性和不可忽视的蛊惑作用。（2）非实践性。当时德国的意识形态是脱离、躲避、遮蔽和逃避现实的，不是在实践层面上，而是在语言上、词句上、口头上和舆论上对当时的德国社会进行精神的批判和思想的征伐，不去触动德国不合理的社会历史的制度和体制。马克思、恩格斯嘲讽道："神圣的战士现在已征服了历史，把历史化为思想、纯思想、仅仅是思想的思想。"[16]这种思想上的征服和理论上的演绎不可能使德国封建小邦的诸侯割据的现状发生什么实质性的改变。（3）非革命性。迷信以"自我意识"为核心的哲学观念的魔力，蔑视社会实践改造世界的伟大作用，轻视人民群众的历史作用，只能使这种个体的唯心主义的主体意识的自我活动，停留在思想层面，在"纯粹精神"的领域中兜圈子。这种精神批判只能起到维护和安于现状的保守作用。

马克思、恩格斯揭示了上述德国意识形态的根源。他们认为，这主要是由于德国市民的经济关系和阶级关系的不成熟。"德国人没有英法两国人所有的那种发达的阶级关系。所以，德国共产主义者只能从他们出身的那个等级的生活条件中攫取自己的体系的基础。因此，唯一存在着的德国共产主义体系是法国思想在受小手工业关系限制的那种世界观范围内的复制，这是十分自然的事。"[17]德国的市民阶级尚处于正在形成和发育的小市民阶段。德国的小市民生存在分散、贫困、落后、愚昧的社会环境里，充满着鄙俗气，没有形成独立的思想和改变现状的勇气，过于软弱，总是靠幻想过日子，不可能把个体利益发展为整个阶级利益，壮大并改变由诸多封建割据小王朝主宰的德国的现实生活，反映出德国现实的贫乏。马克思、恩格斯指明，改变德国的社会结构，必须改变德国的思想结构，即必须改变德国意识形态，特别是要改变德国意识形态中占统治地位和起主导作用的青年黑格尔派的思辨哲学，根本出路是应当把法国思想德国化。因为法国大革命的意识形态是富于学科精神、实践精神和变革精神的。而这些精神充分体现和彰显了从封建主义宗法制社会向市民社会转型，实现历史变革的先进性质。只有把德国的虚假的意识形态转化为法国的真实的科学的意识形态，把德国的拒斥实践和脱离实践的意识形态转化为法国的富于实践精神的意识形态，把德国的停留在词句上的、安于现状和痴迷于幻想的意识形态改制成法国的富于进取和变革精神的意识形态，才能真正地实现德国的法国化，即才能实际地把德国改变和建设成像法国那样的民主共和制国家。

马克思、恩格斯批判德国意识形态的目的是揭露在德国市民心中唤起他们引以为快的民族感情的哲学骗局，"把他们从幻想、观念、教条和想像的存在物中解放出来，使他们不再在这些东西的枷锁下呻吟喘息”，并通过“揭穿这种如此投合沉溺于幻想的精神萎靡的德国人民口味的哲学斗争，使这种斗争得不到任何信任”。[18]

五、语言的产生和作用

马克思、恩格斯对语言的生成、性质和功能进行了大量的科学的论述。马克思、恩格斯说，精神“一开始就很倒霉，注定要受物质的‘纠缠’，物质在这里表现为震动着的空气层、声音，简言之，即语言。语言和意识具有同样长久的历史；语言是一种实践的、既为别人存在并仅仅因此也为我自己存在的、现实的意识。语言也和意识一样，只是由于需要，由于和他人交往的迫切需要才产生的。凡是有某种关系存在的地方，这种关系都是为我而存在的”[19]。马克思、恩格斯认为“语言是从劳动中并和劳动一起产生出来的，这个解释是唯一正确的”[20]，“不仅我的活动所需的材料，甚至思想家用来进行活动的语言本身，都是作为社会的产品给予我的”[21]。

“思想、观念、意识的生产最初是直接与人们的物质活动，与人们的物质交往，与现实生活的语言交织在一起的。观念、思维、人们的精神交往在这里还是人们物质关系的直接产物。表现在某一民族的政治、法律、道德、宗教、形而上学等的语言中的精神生产也是这样。人们是自己的观念、思想等等的生产者，但这里所说的人们是现实的，从事活动的人们，他们受着自己的生产力的一定发展以及与这种发展相适应的交往……的制约。意识在任何时候都只能是被意识到了的存在。”[22]马克思、恩格斯强调语言的现实性，认为语言是思想的直接现实。而企图“把语言变成某种独立的特殊的王国”，恰好表现了语言的秘密，“在哲学语言里，思想通过词的形式具有自己本身的内容。从思想世界降到现实世界的问题，变成了从语言降到生活中的问题”，“哲学家们只要把自己的语言还原为它从中抽象出来的普通语言”，就可以认清这种抽象语言只不过是“被歪曲了的现实世界的语言”，同时可以懂得“无论思想或语言都不能独自组成特殊的王国，它们只是现实生活的表现”，可以把“关于现实问题的哲学**词句**”归结为“现实问题本身”。[23]马克思、恩格斯认为，语言是从人类的劳动实践中产生的，是为了实现人们社会交往的需要、思想交流的和思想发展的需要而发展的。语言的发展经历着与历史过程相适应的过程。语言的功能和作用总是与现实生活相联系的。语言既依赖人类的现实生活，同时又对人类的现实生活发生能动的反作用。语言只有相对的独立性。如果把语言说成创造世界和重塑人物的神，主观随意性地把语言的功能和作用最大化和极端化，甚而把语言的增殖、推演和阐释说成变革社会和改造历史的动力源泉，这只能是哲学家、思想家和语言学家的头脑中的不切实际的幻想，并不意味着对真实的现实生活会产生什么实质性的改变。

人们所面对的历史与其说是作为语言文本的历史，倒不如说是通过语言文本的形式所记载的人们的现实生活、人们的生产资料和生活资料丰富和发展的历史及其在相应的精神世界和意识形态领域中的投影和折光的全部历史过程。正如马克思、恩格斯所指出的，“任何人类历史的第一个前提无疑是有生命的个人的存在”，是“人们为了能够‘创造历史’，必须能够生活”，为了能够生活，必须“需要衣、食、住以及其他东西”，因此人们的第一个历史活动，正是“生产满足这些需要的资料，即生产物质生活本身”，“必须注意上述基本事实的全部意义和全部范围”，“已经得到满足的第一个需要本身、满足需要的活动和已经获得的为满足需要用的工具又引起新的需要。这种新的需要的产生是第一个历史活动”，马克思、恩格斯把人类的个体生命的物质生产、物质需要和物质活动，称为“人类生存的第一个前提”“第一个历史活动”“任何历史观的第一件事情”和“一切历史的一种基本条件”。[24]这充分表明人类的物质生产具有第一性和第一位的意义，而语言的生产只具有从属的第二性和第二位的意义。青年黑格尔派的代表人物只迷信历史的语言形式和文本形式，而无视一定时代的社会生活中的生产资料和生活资料的生产形式、占有形式和分配形式。这完全是把问题搞颠倒了。

六、“词句革命论”的实质

马克思、恩格斯指出，“人创造环境，同样环境也创造人。每个个人和每一代当作现成的东西承受下来的生产力、资金和社会交往形式的总和，是哲学家们想像为‘实体’和‘人的本质’的东西的现实基础”，因为“历史的每一阶段都遇到有一定的物质结果、一定数量的生产力总和，人和自然以及人与人之间在历史上形成的关系，都遇到有前一代传给后一代的大量生产力、资金和环境，尽管一方面这些生产力、资金和环境为新的一代所改变，但另一方面，它们也预先规定新的一代的生活条件，使它得到一定的发展和具有特殊的性质”。而改变历史状态、历史条件和历史基础以及相应的意识形态形式的最根本的途径和道路，不是靠文人的文本批判和文化批判。正如马克思、恩格斯所阐明的，“意识的一切形式和产物不是可以用精神的批判来消灭的，也不是可以通过把它们消融在‘自我意识’中……来消灭的”，“历史的动力以及宗教、哲学和任何其他理论的动力是革命，而不是批判”。[25]观念的历史主义者们迷信通过对历史的文本结构的解析达到颠覆历史社会结构的目的，这不过是天真而浪漫的幻想。这种企图假手于批判性地解析历史文本的叙述策略，决不会对一定时代的历史基础和生活条件的发展和改造发生什么实质性的改变。即便是有意义有价值的思想启蒙，总归也取代不了人民群众的革命实践的巨大的物质力量。“人创造环境”和“环境创造人”的关系是互为前提、辩证统一的。“人创造环境”的同时“环境也创造人”，况且“环境创造人”又以“人创造环境”为条件。人们所面对的现实环境和文字记载的历史环境，决不限于文本环境。虽然不能否认文本和历史存在着“互文性”的一面，但也确有“差异性”的一面。这种情况下，对历史文本的解读和评判往往与客观对象的本性和真实相背离、相违反，造成人为的纷扰和混乱。尽管重写历史文本具有双重性，有时可能纠正了那些被某些人所误读的历史，但有时又可能加重和加深了对历史文本的误写，铸成新错。须知，历史存在虽然不能排除和脱尽人文因素和主体因素，但必须承认，历史的存在和发展是遵循着客观规律的。这是不以个人的意志和愿望为转移的。历史规律可能表现出一定的相对性和概率性，然而总是通过偶然性为自己的发展开辟前进的道路。一方面，“人们总是通过每一个人追求他自己的、自觉预期的目的来创造他们的历史”；另一方面，“我们已经看到，在历史上活动的许多单个愿望在大多数场合下所得到的完全不是预期的结果，往往是恰恰相反的结果，因而它们的动机对全部结果来说同样地只有从属的意义”，同时又产生了一个新的问题：“在这些动机背后隐藏着的又是什么样的动力？在行动者的头脑中以这些动机的形式出现的历史原因又是什么？”[26]恩格斯的这些分析对通过解读历史的语言文本来顽强地表现自我意志的哲学幻想是完全适用的。令人感到可悲的是，他们解读历史的语言文本的政治目的“根本不提真正历史的事件，甚至不提政治对历史进程的真正历史的干预，他们的叙述不是以研究为根据，而是以任意的虚构和文学胡诌为根据”[27]。

历史尽管是在人们的意识中反映出来的，但这丝毫不能改变历史仍然是不依赖于意识而存在的客观的现实过程。历史观念和历史意识实际上只不过是社会存在和历史条件的产物。马克思、恩格斯在阐释唯物史观时说：“这种历史观和唯心主义历史观不同，它不是在每个时代中寻找某种范畴，而是始终站在现实历史的**基础**上，不是从观念出发来解释实践，而是从物质实践出发来解释观念的东西，由此还可得出下述结论：意识的一切形式和产物不是可以用精神的批判来消灭的，也不是可以通过把它们消融在‘自我意识’中……来消灭的，而只有实际地推翻这一切唯心主义谬论所由产生的现实的社会关系，才能把它们消灭；历史的动力以及宗教、哲学和任何其他理论的动力是革命，而不是批判。”[28]包括新历史主义者所创造出来的关于历史的观念、思想意识和理论词句，“要从人们的意识中消除这些观念，只有靠改变条件，而不是靠理论上的演绎”[29]。马克思、恩格斯曾对那些无限度地夸大意识和观念的作用的唯心主义思想家进行过无情的驳斥。他们说：“关于这些思想家应当指出，他们必然会把事物本末倒置，他们认为自己的思想是一切社会关系的创造力和目的，其实他们的思想只是这些社会关系的表现和征兆。”[30]这些思想家们总是幻想靠“假定观念和思想支配着迄今的历史，假定这些观念和思想的历史就是迄今存在的唯一的历史之后……亦即顺应逻辑规定之后，在他们根本把人们关于自身的意识的历史变为人们的现实历史的基础之后，——在所有这一切之后，把意识、观念、**圣物**、固定观念的历史称为‘**人**’的历史并用这种历史来偷换现实的历史”，“这样，历史便成为单纯的先入之见的历史，成为关于精神和怪影的神话”。[31]马克思、恩格斯把“文献的历史”和“现实的历史”严格地区别开来。他们批判“真正的社会主义者”时指出：“这些‘真正的社会主义者’像所有德国的思想家一样，经常把文献的历史和现实的历史当作意义相同的东西而混淆起来……他们把自己的始终非常丰富的幻想和现实等量齐观，以此来掩饰他们在现实的历史上曾经扮演过的并且还在继续扮演的可怜的角色。”[32]这是多么精当和深湛的分析。由于观念的历史主义者把抽象的人的观念描绘成历史发展的动力，这种本末倒置的做法公然舍弃了现实的历史条件，只能把整个历史变成意识发展的过程。马克思、恩格斯嘲讽道：“他把世界当作自己关于世界的观念来把握，而作为他的观念的世界，是他的想像的所有物、他的观念的所有物、他的作为所有物的观念、他的作为观念的所有物、他自身所有的观念或他的关于所有物的观念。他把所有这一切表达为一句无与伦比的话：‘**我**把一切都归于**我**。’”[33]将历史转换成语言文本，通过对语言文本的解析来改写和重塑历史，并融入自我的意识、倾向的幻想。这实际上是凭借文本的叙述、阅读、变换和组合来演绎和图解“把一切都归于我”的自我意识和历史观念。青年黑格尔派首先把语言的世界变成了“独立的世界”，然后再用“词句的世界”取代“现实的世界”。这种“从语言过渡到生活的整个问题，只存在于哲学幻想中”[34]。他们发现了一个“震撼世界的思想”，幻想用“改变了的意识、对现存诸关系的稍新的解释，能够把整个现存世界翻转过来”。[35]马克思、恩格斯指出：“尽管青年黑格尔派思想家们满口讲的都是‘震撼世界’的词句，而实际上他们是最大的保守分子。他们之中最年轻的人确切地表达了他们……仅仅是为反对‘**词句**’而斗争。不过他们忘记了：他们只是用词句来反对这些词句，既然他们仅仅反对现存世界的词句，那末他们就绝不是反对现实的、现存的世界。”[36]他们把“思辨的观念、抽象的观点变成了历史的动力”[37]，实际上是把历史变成了观念的历史或历史的观念史，即变成了“伪历史”，“这种在观念上的超出世界而奋起的情形”，正是这些“哲学家们面对世界的无能为力在思想上的表现”。[38]

马克思、恩格斯非常尊重人的实践的历史过程和人的实际的历史存在。他们认为人的历史科学，从一定的意义上说，可以涵盖几乎所有的科学。正是在这个意义上，马克思、恩格斯主张："我们仅仅知道一门唯一的科学，即历史科学。"[39]因此，轻视和蔑视历史的态度，拒斥和篡改历史内容和历史本质的企图，抹杀和抵制历史的客观真实性和客观规律性的非历史主义和唯意志主义的历史观念都是站不住脚的。马克思、恩格斯对语言的生成、性质、功能和作用的科学论述，对我们全面地完整地认识和理解现当代西方的"语言学转向"及与此相联系的新历史主义和后现代主义的文艺理论与文艺思潮具有深刻的方法论启示。

七、人的本质和性格对社会环境的依赖关系

马克思在《关于费尔巴哈的提纲》中指出："人的本质并不是单个人所固有的抽象物，实际上，它是一切社会关系的总和。"[40]《德意志意识形态》充分论证、发展了这个观点。马克思、恩格斯认为社会存在决定社会意识，同理，社会环境决定人的本质和性格。环境和人物的关系是马克思主义美学的一个重要问题。学习《德意志意识形态》，深刻理解人物的本质和性格对社会环境的依赖关系，对文艺创作和文艺理论发展都具有不可忽视的指导意义。

社会环境指围绕着人们的一切生活条件的总和，主要指社会赖以存在和发展的物质生活条件。诚然，除社会的物质条件外，所谓环境还应包括不同程度地被社会化了的自然条件（如"人们自身的生理特性""地质条件、地理条件、气候条件以及人们所遇到的其他条件"[41]）。与这两种条件相对应，人们不仅同社会，而且也同自然发生一定的关系，正如马克思、恩格斯所指出的，人们在生活和生产过程中"表现为双重关系：一方面是自然关系，另一方面是社会关系；社会关系的含义是指许多个人的合作，至于这种合作是在什么条件下、用什么方式和为了什么目的进行的，则是无关紧要的"[42]。马克思、恩格斯进一步论证了物质生产活动是整个社会关系和社会生活的基础，归根结底，生产力决定着历史的发展，生产力和生产关系之间的矛盾斗争是引起社会变革的内在机制。这一社会基本矛盾"每一次都不免要爆发为革命，同时也采取各种附带形式——表现为冲突的总和，表现为各个阶级之间的冲突，表现为意识的矛盾、思想斗争等等、政治斗争等等"[43]。因此，人们也必然生活于社会的思想关系、政治关系中。除这些关系外，并不意味着没有相对独立的其他方面的关系。如家庭关系(包括"夫妻之间的关系、父母和子女之间的关系")"起初是唯一的社会关系"，只不过随着历史的发展"家庭便成为……从属的关系"[44]罢了。了解人所处的社会关系、自然关系及其他关系之间的互相制约、互相联系的复杂性，有助于多方面地正确地认识和表现人物和环境的关系。

用社会实践的观点考察人物和环境的关系是马克思、恩格斯的伟大历史功绩。马克思主义以前的思想家们，如费尔巴哈总是离开人们的实践活动，用人本主义的观点对"单个人"进行"感性的直观"，因此，不能正确说明人和环境的相互关系。马克思指出："环境的改变和人的活动的一致，只能被看作是并合理地理解为**革命的实践**。"[45]费尔巴哈不了解人的实践，因而也无法了解人对自然的反作用。马克思、恩格斯把外在的自然条件和依靠人的劳动实践改造过的自然条件加以区别。他们指出，物质环境只不过是人们长期历史活动的产物，是先前世世代代的创造。他们认为，"这种活动、这种连续不断的感性劳动和创造、这种生产，是整个现存感性世界的非常深刻的基础"[46]。

马克思、恩格斯指出："人创造环境，同样环境也创造人。"人和环境的关系是辩证的，既是相互改造的前提，又表现为相互改造的结果，并通过长期不断的改造过程，相应地提到高一级的程度。不管是"人创造环境"，还是"环境创造人"，都依赖于一定的物质生活条件，都以一定的物质生活条件为基础。正如马克思、恩格斯所指出的："历史的每一阶段都遇到有一定的物质结果、一定数量的生产力总和，人和自然以及人与人之间在历史上形成的关系，都遇到有前一代传给后一代的大量生产力、资金和环境，尽管一方面这些生产力、资金和环境为新的一代所改变，但另一方面，它们也预先规定新的一代的生活条件，使它得到一定的发展和具有特殊的性质。"[47]

人们通过社会实践变革旧现实、旧环境，并在变革旧现实、旧环境的过程中相应地改造自己的主观世界。一方面，人们的社会实践改变着物质生产、精神生产包括艺术生产的对象，开拓、扩大"人化自然"的领域和范围，特别是大工业生产以它空前巨大的威力日新月异地改变着自然和社会的面貌。"打个比方说，费尔巴哈在曼彻斯特只看见一些工厂和机器，而一百年以前在那里却只能看见脚踏纺车和织布机；或者他在罗马的康帕尼亚只发现一些牧场和沼泽，而奥古斯都时代在那里却只能发现到处都是罗马资本家的茂密的葡萄园和讲究的别墅"，即便是樱桃树也是由于商业的繁荣"才在我们这个地区出现"，"才为费尔巴哈的'可靠的感性'所感知"。[48]可见，人们的社会实践活动不断改变着自然界和社会的面貌，同时开阔着艺术家们的视野，扩大着艺术认识和艺术表现的对象。另一方面，人们的社会实践也改变着物质生产和精神生产的主体，丰富、深化、提高人自身及其性格和种种能力。创造者赢得新环境，同时使自己成为"新人"。在马克思、恩格斯看来，是否能动地变革现实，是区分"新人"和"旧人"的主要标志。他们认为，不管人们口头上宣称"多么不愿再做'旧人'以及他们是多么不愿人们再做'旧人'"，但只要这些人安于旧环境，不去从事变革社会的实践，他们只能"依然是'旧人'"，"只有改变了环境，他们才会不再是'旧人'"。[49]马克思、恩格斯的这些思想是极其深刻的。"新人"正是新在不为旧环境所约束，以思想解放、变革旧现实为己任。

一定的人物性格总是由一定的社会环境决定的，不论是现实生活中的人物性格，还是艺术中的人物性格，都是如此。马克思、恩格斯曾对不同时代的人物形象作过历史的分析和评价。不同社会环境里的艺术典型都不可避免地打上历史的印记，具有独特而鲜明的时代感。马克思称古代的神话英雄普罗米修斯为"哲学历书上最高贵的圣者和殉道者"；恩格斯对"骑士的爱情诗"的评论，使我们隐约可见中世纪骑士那种英勇斗狠而又轻薄缠绵的脾气和风习；恩格斯还热情赞颂文艺复兴时期涌现出来的新人，认为他们气宇轩昂、胸襟开阔，具有"性格上的完整和坚强"；马克思评论鲁滨逊的形象时告诉我们，鲁滨逊那种苦于经营、勤于开拓和扩张的创业精神是资本主义原始积累时期具有典型意义的性格，这种18世纪的个人，一方面是封建社会形态解体的产物，另一方面是16世纪以来新兴的生产力的产物。[50]

人物性格不能不依赖于社会环境，没有不为社会环境所决定的性格。无论是个人的性格，还是某一民族中某一阶级、阶层的性格都必然受制于所处的物质生活条件。马克思、恩格斯指出："个人是什么样的，这取决于他们进行生产的物质条件。"[51]某一阶级、阶层的性格也是如此。如同是市民性格，因不同国家和民族所处的社会历史条件不同，也必然会表现出明显的差异。它们之间虽然有着某些共同性，但又以各自的特点相互区别开来，不能相互混淆和相互代替。恩格斯曾指出德国市民的性格不同于挪威市民的性格，批评了保尔·恩斯特教条主义地套用马克思对德国市民性格的论断，不加分析地硬栽到挪威市民的头上，抹杀挪威市民由于与德国相殊的社会历史条件所形成的独特的性格。德国市民性格也不同于荷兰市民的性格。马克思、恩格斯在《德意志意识形态》中，把德国的和荷兰的市民性格作了对比，分别阐明了两国市民性格的特点，深刻地揭示了这些特点的产生，根源于德国和荷兰这两个国家的不同的物质生活条件。由于德国的闭塞、分散和落后，不具备“政治集中所需要的一切经济条件”，阻碍着“小眼小孔的利益”发展成为一个阶级的共同的民族的利益，致使德国市民过于软弱，安于“虚假的独立性”，只能靠“微小的盘剥和伟大的幻想过日子”。[52]荷兰市民的性格则不同，由于它拥有比德国雄厚优裕的经济基础和物质条件，较之于德国市民坚强豁达，富有朝气和开拓精神。可见，不同的性格特征，归根结底，是由不同的社会环境和物质生活条件决定的。马克思、恩格斯阐述的社会环境决定人物性格的原理，对作家、艺术家们正确认识和深刻表现环境和人物的关系，尽可能“真实地再现典型环境中的典型人物”[53]，具有重要的指导意义。

人的本质作为一定的社会环境的产物，必然是一定的“社会关系的总和”，表现为共性和个性的统一。共性寓于个性之中，并通过个性表现出来。马克思、恩格斯既反对脱离共性谈个性，更反对脱离个性谈共性。《德意志意识形态》着重批判了后一种倾向。德国思辨哲学和“真正的社会主义”所鼓吹的“自我”正是离开人的具体个性，肆意把人的本质和性格抽象化、神秘化，使之孤立于现实之外，凌驾于社会之上，成为被“自我意识”装扮起来的“神”，俨然是世界的主宰。马克思、恩格斯主张用历史唯物主义的观点从社会环境、社会关系这些基本方面来考察社会的人。人是具体的、现实的，“不是某种处在幻想的与世隔绝、离群索居状态的人”，不是想象中的抽象的神秘的人，不是徜徉在“自我意识”的圈子里津津乐道于“自我发现”的人。人既然是具体的、现实的，则必然依赖于一定的社会环境，受制于他们自己的活动所创造出来的物质生活条件。马克思、恩格斯认为，作为社会成员的个人离不开集体，只有在集体中才能有个人自由，换言之，他们之所以有个人自由，正是因为他们是这一阶级的人，不管每个社会成员意识到与否，实际上，他们不是作为个人而是作为阶级的成员处于这种社会关系中的，他们的个性是受非常具体的阶级关系所制约和决定的。阶级社会中的人们，不能不“发生一定的社会关系和政治关系”[54]，虽然有时“单独的个人并不‘总是’以他所从属的阶级为转移”[55]，但从整体和全局上看，“个人利益总是违反个人的意志而发展为阶级利益”[56]，因为个人的生活条件总是和一定阶级的生活条件相一致。

马克思、恩格斯指出，人之所以是具体的，还由于“他的生活包括了一个广阔范围的多样性活动和对世界的实际关系，因此是过着一个多方面的生活，这样一个人的思维也像他的生活的任何其他表现一样具有全面的性质”[57]。

马克思、恩格斯的这些论点，对我们全面理解人的生活和人的本质，从而正确表现社会环境和人物性格的关系具有深刻的方法论的启示。

八、文艺复兴时期意大利绘画艺术繁荣的社会条件

马克思、恩格斯说：“……拉斐尔的艺术作品在很大程度上同当时在佛罗伦萨影响下形成的罗马繁荣有关，而列奥纳多的作品则受到佛罗伦萨的环境的影响很深，提戚安诺的作品则受到全然不同的威尼斯的发展情况的影响很深。”这里，他们有意把文艺复兴时期的三位绘画大师，即佛罗伦萨派的列奥纳多·达·芬奇、罗马派的拉斐尔、威尼斯派的提戚安诺（通译提

香）作了对比，论证由所处社会条件的同异制约着的不同画派之间的相互联系和各自特点。每一个画派的产生和发展，从艺术风格到创作个性，从思想内容到绘画技巧无不和一定的物质生活条件和状况紧密相关。佛罗伦萨是意大利的经济中心，优裕的物质生活促进了绘画、建筑和装饰艺术的发展。佛罗伦萨的艺术达到了顶峰状态，哺育了像达·芬奇、米开朗琪罗这样的一代宗师。在佛罗伦萨的影响下，罗马日趋繁荣，拉斐尔成为画坛圣手。拉斐尔的作品虽然思想深度不及达·芬奇的恢宏精深，却能以圆熟的技巧，勾勒出人物肖像的生动、亲切、和谐的风韵和神采。他的个别的圣母画虽然尚未脱尽灵光，他的大多数作品却带有浓郁的世俗气息，执拗地表现着人本主义的理想，闪耀着现实主义的光辉。以提戚安诺为代表的威尼斯画派的崛起也不是偶然的，是和威尼斯的政治经济情况分不开的：持续繁荣的手工业商业经济、带有民主色彩的贵族共和制的政体、独立自主的良好的社会生活条件、比较自由的思想意识，赋予画家以博大的胸襟和开阔的视野，使得威尼斯绘画的题材和主题都浸润着世俗风情，洋溢着乐观情绪。优美的风景画以绚丽和谐的色调，倾注了画家们对大自然的由衷的热爱和礼赞。

艺术的繁荣和发展除社会物质生活的原因外，还需要其他方面的条件。马克思、恩格斯指出："和其他任何一个艺术家一样，拉斐尔也受到他以前的艺术所达到的技术成就、社会组织、当地的分工以及与当地有交往的世界各国的分工等条件的制约"，并认为拉斐尔之所以能够顺利地发展他的天才，"完全取决于需要，而这种需要又取决于分工以及由分工产生的人们所受教育的条件"。可见，艺术的发展既依赖于条件，又"取决于需要"。意大利文艺的复兴，除基于政治、经济的内部条件外，同时也由于具备了种种外部条件。几个世纪以来的地域的交往，文化的沟通，被发现的古希腊精美绝伦的艺术杰作的刺激、启迪和影响，都对意大利文艺的复兴起到了发酵作用。正如恩格斯所指出的："拜占庭灭亡时抢救出来的手稿，罗马废墟中发掘出来的古代雕像，在惊讶的西方面前展示了一个新世界——希腊古代；在它的光辉的形象面前，中世纪的幽灵消逝了；意大利出现了出人意料的艺术繁荣。"[58]

此外，人们的物质生活和精神生活的需要对艺术的勃兴也具有不可忽视的影响。仅以拉斐尔而论，他之所以成为天才的作家，首先是因为宗教建筑的需要，由于绘制教皇宫殿的大量壁画，才促成了他纯熟的技巧。拉斐尔融合了意大利两个世纪以来艺术发展的精华，接受了他的艺术先辈们的教育和熏陶，求教于达·芬奇、米开朗琪罗等大师，并临摹了他们的作品，特别是达·芬奇给他以深刻的影响。丹纳曾说，"佛罗伦萨是意大利艺术与高峰艺术的中心"，"拉斐尔在他们那里用过功，他的天才一半得力于他们"。[59]

马克思、恩格斯的上述有关论述，对我们科学地分析艺术繁荣的物质根源，努力创造艺术繁荣的社会条件，具有重要的指导意义。

[注　释]

[1] 马克思，恩格斯．马克思恩格斯选集：第4卷．3版．北京：人民出版社，2012：203.

[2] 马克思，恩格斯．马克思恩格斯全集：第3卷．北京：人民出版社，1960：15-16.

[3] 同［2］20.

[4] 同［2］34.

[5] 同［2］35-36.

[6] 同［2］31.

[7] 同 [2] 127.
[8] 鲁迅．鲁迅全集：第5卷．北京：人民文学出版社，1981：579.
[9] 卢卡奇．卢卡契文学论文集（一）．北京：中国社会科学出版社，1980：232.
[10] 马克思，恩格斯．马克思恩格斯全集：第7卷．北京：人民出版社，1959：313.
[11] 同 [1] 442，437.
[12] 同 [2] 46-47.
[13] 马克思，恩格斯．马克思恩格斯选集：第1卷．3版．北京：人民出版社，2012：426.
[14] 同 [13] 429.
[15] 马克思，恩格斯．马克思恩格斯全集：第4卷．北京：人民出版社，1958：243.
[16] 同 [2] 208.
[17] 同 [2] 544.
[18] 同 [2] 15-16.
[19] 同 [2] 34.
[20] 马克思，恩格斯．马克思恩格斯选集：第3卷．3版．北京：人民出版社，2012：991.
[21] 马克思，恩格斯．马克思恩格斯全集：第42卷．北京：人民出版社，1979：122.
[22] 同 [2] 29.
[23] 同 [2] 525，93.
[24] 同 [2] 23，31-32.
[25] 同 [2] 43.
[26] 同 [1] 254-255.
[27] 同 [2] 46.
[28] 同 [2] 43.
[29] 同 [2] 45.
[30] 同 [2] 492.
[31] 同 [2] 200，132.
[32] 同 [2] 551.
[33] 同 [2] 127.
[34] 同 [2] 528.
[35] 同 [2] 95.
[36] 同 [2] 22-23.
[37] 同 [2] 131.
[38] 同 [2] 440.
[39] 同 [2] 20.
[40] 同 [2] 5.
[41] 同 [2] 23.
[42] 同 [2] 33.
[43] 同 [2] 83-84.
[44] 同 [2] 32-33.
[45] 同 [2] 4.
[46] 同 [2] 50.
[47] 同 [2] 43.
[48] 同 [2] 49.

[49] 同 [2] 234.
[50] 马克思，恩格斯．马克思恩格斯论艺术：第 2 卷．北京：人民文学出版社，1963：191.
[51] 同 [2] 24.
[52] 同 [2] 213，214.
[53] 同 [1] 9.
[54] 同 [2] 29.
[55] 同 [15] 344.
[56] 同 [2] 273.
[57] 同 [2] 296.
[58] 同 [20] 846.
[59] 丹纳．艺术哲学．北京：人民文学出版社，1963：370.

第五讲
卡尔·倍克"穷人之歌"，或"真正的社会主义"的诗歌*[1]

（摘录）

恩格斯

"穷人之歌"的第一首歌是献给一个富有的家族的。

致路特希尔德家族[2]

为了避免误解，诗人称上帝为"HERR"，称路特希尔德家族为"Herr"[3]。

一开始他就表现出他所固有的小资产阶级的幻想，认为黄金是"按照"路特希尔德的"脾气进行统治"的；这种幻想引出了一系列关于路特希尔德家族的势力的荒诞想象。

诗人并没有威吓说，要消灭路特希尔德的实际势力，消灭作为这一势力的基础的社会关系；他只是希望比较人道地来运用这一势力。他抱怨银行家不是社会主义博爱家，不是幻想家，不是人类的善士，而仅仅是银行家而已。倍克歌颂胆怯的小市民的鄙俗风气[4]。歌颂"穷人"，歌颂 pauvre honteux〔耻于乞讨的穷人〕——怀着卑微的、虔诚的和互相矛盾的愿望的人，歌颂各种各样的"小人物"，然而并不歌颂倔强的、叱咤风云的和革命的无产者。倍克对路特希尔德家族大加威吓和责难，尽管作者的意图是好的，但给读者的印象却比一位卡普勤教士的说教[5]还要滑稽可笑。所以会有这样的威吓和责难，是由于对路特希尔德家族的势力抱着幼稚的幻想，完全不了解这一势力和现存各种关系之间的联系，对路特希尔德家族为了成为一种势力并永远保存这种势力而必须使用的那些手段持有非常错误的见解。怯懦和愚蠢、妇人般的多情善感、可鄙的小资产阶级的庸俗气，这就是拨动诗人心弦的缪斯[6]，她们竭力使自己显得威严可怕，然而却徒劳无益，只是显得可笑而已。她们压低嗓子唱出来的男低音经常嘶裂成

---

* 摘自马克思，恩格斯．马克思恩格斯全集：第 4 卷．北京：人民出版社，1958：223－243.

可笑的尖声怪叫；在她们的戏剧性的描绘下恩泽拉德[7]的伟大斗争变成了滑稽小丑的翻跟斗。

“黄金按照你的脾气统治

……………………………

啊，但愿你的工作是这样美！但愿
你的心象你的权力这样伟大！”（第 4 页）

可惜，**权力**是路特希尔德的，而**心**却是我们的诗人的。“如果把它们融合在一起，对世界来说就太多了”（巴伐利亚的路德维希先生的话）[8]。

第一个和路特希尔德相对立的当然是歌者本人，也就是住在“高雅而神圣的阁楼”上的**德国**歌者。

“歌人们唱着歌曲弹着琵琶，
弹奏着正义、光明和自由，
弹奏着三位一体的真正的**上帝**：
注意倾听的人们跟随着
这些神灵。”（第 5 页）

这位从“莱比锡总汇报”[9]上的题词中借来的“**上帝**”，单是由于自己的三位一体性[10]，就不能对犹太人路特希尔德发生任何影响，而对德国青年倒起了非常大的作用。

“恢复了元气的青春在召唤

………………………………

兴奋的富有生机的种子
萌芽在千百个壮丽的名字里。”（第 6 页）

路特希尔德对德国诗人的估计则与此不同：

“你把神灵们给我们的歌曲，
叫作对于荣誉和面包的渴求。”

虽然青春在召唤并且出现了千百个壮丽的名字（它们的壮丽就在于它们只限于激发热情而已），虽然“战斗的号角声响得那样雄壮”，“心又在夜里跳得如此猛烈。”——

“这个愚蠢的心，它感到
一种神灵授胎的苦痛。”（第 7 页）

啊，这颗愚蠢的心，这个圣母马利亚！虽然

"青年人，一个更为阴郁的**扫罗**[11]"（见卡尔·倍克"扫罗"，
1840年在莱比锡由恩格曼书店出版），
"怨恨上帝，也怨恨自己"。

尽管这样，路特希尔德仍然维持着武装起来的和平，而这种和平，在倍克看来，也只是以路特希尔德一个人为凭借。

报纸上所刊载的关于神圣的教皇领地[12]授予路特希尔德救世主勋章的消息，成了我们的诗人证明路特希尔德不是救世主的理由；同样，这个消息也可以成为证明基督虽是救世主但不是救世主勋章的荣膺者的理由，这一证明也是很有意思的。

"你是救世主吗？"（第11页）

于是他向路特希尔德证明，说路特希尔德并没有象基督一样在可怕的黑夜里**战斗**，说他从来没有

"为了伟大的**神灵**委托给你的
一个温和的、给人幸福的使命"（第11页），

牺牲过骄傲的人世间的势力。

应该责备伟大的**神灵**在挑选自己的传教士时没有显示出神灵的伟大力量，并且在号召完成**为人们造福**的事业时找错了对象。它的**伟大**仅仅在于字很大而已。

路特希尔德没有能力充当救世主的角色，这可以用三个例子，即他对七月革命、对波兰人和犹太人的行为来对他做详细的证明。

"瞧，法兰西英勇的儿女起来了"（第12页），

一句话，七月革命爆发了。

"你曾否准备？你的黄金曾否象
云雀鸣啭一般欢乐而美妙地鸣响
迎接那唤醒了大地的春天？
春天使深深地沉睡在我们胸中的
所有渴念的愿望
又恢复青春，又得到生命。"（第12页）

唤醒了大地的春天是资产阶级的春天，对资产阶级来说，不言而喻，黄金（路特希尔德和任何其他人的黄金）就象云雀鸣啭一般欢乐而美妙地鸣响。不错，复辟时期的那种不仅沉睡在人们的胸中、而且沉睡在烧炭党人的"温特"[13]里的希望这时已恢复了青春，得到了生命，然而倍克的**穷人**却无动于衷。可是，一当路特希尔德确信新政府有牢固的基础时，他自然就毫不

犹豫地让他的云雀去为寻常的利息而歌唱。

倍克把拉菲特[14]和路特希尔德对立起来，他对拉菲特的崇拜表明，他已经完全沉溺于小市民的幻想中：

“一所授予圣者称号的市民住宅
紧密地蔓延在你令人羡慕的厅堂”（第13页），

这就是拉菲特的住宅。这位兴高采烈的小市民引以自豪的是他那路特希尔德的令人羡慕的厅堂相反的简朴的市民住宅。他的理想，即他想象中的拉菲特，当然也应该生活在简朴的市民环境里；拉菲特的大公馆被缩小成德国市民的住宅。拉菲特本人被他看做一位德高望重的家长，心地纯洁的大丈夫；他被拿来和穆西乌斯·赛沃拉[15]相比，他似乎会牺牲自己的财产来推动人和本世纪（倍克指的不是巴黎的“世纪”[16]吧?）向前迈进。倍克称拉菲特为富于幻想的孩童，最后竟称他为乞丐。他的葬仪被描写得十分动人：

“马赛曲在送殡的行列里
迈着抑制的步伐前进。”（第14页）

和马赛曲并排走着的是王室的车乘，紧跟着的是索泽先生、杜沙特尔先生[17]和众议院里所有的大腹便便和贪得无厌的吸血鬼。

在七月革命以后，当拉菲特意气洋洋地把自己的“教父”[18]奥尔良公爵请进市政厅大厦，同时说出**今后将由银行家来统治了**这种令人惊讶的话的时候，马赛曲的步伐应该**抑制**到什么样的程度啊!

至于说到**波兰人**，诗人只限于责备路特希尔德对侨民不够慷慨而已。对路特希尔德的攻击在这里变成了小城市里流行的趣闻，而且在攻击以路特希尔德为代表的金钱势力时所打的幌子也完全丧失了。大家知道，资产者在他们所统治的任何地方对波兰人都是非常客气的，甚至是很热情的。

下面就是表明这种呓语的一个例子：有一个波兰人跑来哀求周济，路特希尔德给了他一个银币，波兰人

“接过来银币，快乐得发抖，
并且为你和你的子孙祝福。”

巴黎的波兰委员会在此以前已经基本上使波兰人摆脱了这种境况。而我们的诗人写出波兰人的这幅景象来，只不过是为了给自己的装腔作势寻找借口而已：

“但是我把这乞丐的幸福
鄙视地抛回你的钱袋里，
以被侮辱的人们的名义。”（第16页）

要能够这样扔到钱袋里去，那就需要有投掷的高度技巧和丰富的经验。最后，万一有人控告倍克犯了侵犯人身的罪，他也可以化险为夷，因为他不是以自己的名义，而是以人们的名义行动的。

路特希尔德接受了豪华的奥地利首都授予他的公民权利证书，他因这件事还在第 9 页上就已遭到了责难，

“在那里，你的受迫害的教友
为他的阳光和他的空气付钱。”

倍克甚至以为路特希尔德获得了维也纳的公民权利证书，也就获得了自由人的幸福。

现在，在第 19 页上，他质问他：

“你解放了你自己的种族吗，
这永久希望着、永久忍受着的种族?”

这样说来，路特希尔德应该成为犹太人的救星了。但是，他应该怎样来做到这一点呢？犹太人把他奉为**大王**，因为他的钱最多。他应该教导他们鄙视金钱，“为了世界的幸福而摈弃它”。(第 21 页)

他应该使他们忘记利己主义，忘记欺诈和高利盘剥的手段，一句话，他应当以一个披麻蒙灰劝人行善和忏悔的传教士的姿态出现。我们的诗人的这个大胆的要求无异于要求路易-菲力浦教导那些受七月革命养育的资产者废除私有制。假使路特希尔德和路易-菲力浦竟这样疯癫，那末他们的权力很快就会丧失，但是犹太人决不会不做买卖，资产者也决不会忘记私有制。

第 24 页上倍克责备路特希尔德榨干了资产者的脂膏，好象不应该让资产者的脂膏被榨干似的。

第 25 页上说，路特希尔德带坏了君主们。**难道**他们不**应该**被**带坏**吗?

我们已经充分地证明了，倍克把多么神奇的势力强加在路特希尔德的身上。可是下面愈说愈 crescendo〔夸大〕。在第 26 页上他沉溺于这样的幻想中：如果他（倍克）是**太阳**的所有者，那末他将能做许许多多事情，就是说，还不到太阳没有他做主人时所能做到的事情的百分之一。在这以后，他突然想到，路特希尔德并不是唯一的**罪人**，除他以外还有其他许多富人。但

“你能说善辩地坐在讲座上，
富人们在你的学校里学习；
你必须把他们引入人世，
你能够是他们的**良心**。
他们粗狂放纵——你宽容忍受，
他们伤风败德——是你的罪孽!”（第 27 页）

因此，只要路特希尔德先生稍有**良心**，他就完全可以阻止商业和工业的发展、竞争、财产的积聚、国债和投机倒把，简言之，即可以阻止现代资产阶级社会的发展。必须真正地具有 toute la désolante naïveté de la poésie allemande〔德国诗歌的全部令人不能容忍的幼稚性〕，

才敢于刊登这样的童话。路特希尔德在这里变成了真正的阿拉丁[19]。

倍克并不满足于此，他赋予路特希尔德以

> “伟大得令人眩晕的使命：
>
> ……………………………
>
> 减轻**这个世界上全部的苦难**。”

这样的使命就是全世界的资本家合在一起也丝毫不能完成。难道我们的诗人没有看到，他愈想装得高尚和有力，就愈变得可笑；难道他没有看到，他对路特希尔德的一切责难都变成了最无耻的阿谀奉承，他对路特希尔德的势力的歌颂，甚至连最善于吹拍的人都要甘拜下风。当路特希尔德看到，他这个渺小的人物在德国诗人的头脑中成了这样一个巨大的纸老虎的时候，他也禁不住要为自己鼓掌欢呼。

在我们的诗人给德国小市民对大资本家的势力所抱的无知而浪漫的幻想和对他的善良愿望的信赖披上诗歌的外衣之后，在他由于意识到自己的伟大得令人眩晕的使命而令人眩晕地大事吹嘘关于这一势力的幻想之后，他对理想和现实相违背表示了小市民的愤慨，并且是那样慷慨激昂，甚至能把宾夕法尼亚的教友派[20]信徒惹得捧腹大笑：

> “我真痛苦，在漫漫长夜里（12月21日）[21]
> 我用灼热的头脑思索这一切，
>
> ……………………………
>
> 于是我的鬓发都**竖立**起来，
> 我觉得我好象扯动**上帝**的心，
> 象钟手扯动救火的警钟。”（第28页）

对这个老头子说来，这确实是给他的棺材钉上最后一个钉子了。他认为，“历史的神灵”在这里授给了他一些绝对不容许泄露出来的思想。于是，最后他绝望地决定在自己的棺材里跳康康舞[22]：

> “可是总有一天在霉烂的尸布里，
> 我的尸骨将要快乐得发颤，
> 如果这个消息下降到我（尸骨）[23]这里，
> 说供品在祭坛上冒烟。”（第29页）

我开始有点怕卡尔这个孩子了。

路特希尔德家族之歌到这里本来可以结束了。但是按照**现代**抒情诗人的惯例，下面是一段关于这首歌和诗人在这首歌中所起的作用的押韵的结语。

> “我知道，你有力的膀臂
> 能够把我打得鲜血淋淋。”（第30页）

也就是说会打他五十棍。奥地利人是决不会忘记毒打的。在面临着这种危险的时刻，崇高的感情赋予他以勇气：

“正如**上帝吩咐**，并且毫不迟疑，
我坦白地歌唱着我的胸怀。”

德国诗人总是遵照命令歌唱的。当然，应该负责的是主子，而不是仆人，因此，路特希尔德应该去找**上帝**而不是找他的仆人倍克算账。下面是**现代**抒情诗人惯用的方法：

（1）把他们似乎由于自己的无害的诗而遭到的危险加以夸大；

（2）挨了打以后，就把自己托付给上帝。

“致路特希尔德家族”这一支歌的结尾是一些吹嘘这首歌的话，关于这首歌，作者自欺欺人地说：

“它自由而骄傲，它可以支配你，
可以告诉你说，它发誓相信什么。”（第32页）

就是说，发誓相信那恰好在这几句结语中表现出来的自我完善。但是，我们耽心路特希尔德会去控告倍克的这个虚伪的誓言而不去追究他的诗歌。

…………

战 鼓 之 歌

在这首诗中，我们的社会主义诗人又一次表明，他由于已陷入德国小市民的鄙俗风气中，就总是把他给人留下的那点微弱的印象破坏了。

一团队伍在战鼓声中出发了。人民号召兵士和他们一起参加共同的事业。令人兴奋的是，诗人终于鼓起了勇气。但是很可惜，最后我们才了解到，这里所谈的仅仅是皇帝的命名日和人民的呼唤，而这个呼唤也不过是一个参加典礼的青年（也许是个中学生）偷偷地作下的一首幻想的即兴诗：

一个青年这样做梦，火烧着他的心。

情节大致相同的同样的题材，在海涅[24]的笔下会变成对德国人的极辛辣的讽刺；而在倍克那里仅仅成了对于把自己和无力地沉溺于幻想的青年人看做同一个人的诗人本身的讽刺。在海涅那里，市民的幻想被故意捧到高空，是为了再故意把它们抛到现实的地面。而在倍克那里，诗人自己同这种幻想一起翱翔，自然，当他跌落到现实世界上的时候，同样是要受伤的。前者以自己的大胆激起了市民的愤怒，后者则因自己和市民意气相投而使市民感到慰借。不过，布拉格的起义[25]使他有机会来描写和这种滑稽剧完全不同的另外一种东西。

…………

假 腿

诗人本想叙述故事，但是却失败得实在悲惨。整本书中所表现出来的这种对叙述和描写的完全无能为力，是“真正的社会主义”的诗篇的特征。“真正的社会主义”由于本身模糊不定，不可能把要叙述的事实同一般的环境联系起来，并从而使这些事实中所包含的一切特出的和意味深长的方面显露出来。因此，“真正的社会主义者”在自己的散文中也极力避免叙述故事。在他们无法规避的时候，他们不是满足于按哲学结构组织一番，就是枯燥无味地记录个别的不幸事件和**社会现象**。而他们所有的人，无论是散文家或者是诗人，都缺乏一种讲故事的人所必需的才能，这是由于他们的整个世界观模糊不定的缘故。

…………

老 处 女

我们不来仔细分析这首诗，因为它长得简直没有个完，一共扯了 90 页，枯燥无味得简直难以形容。在文明国家里多半只是在名义上还存在的老处女，在德国却是一种重大的“社会现象”。

社会主义的扬扬得意的议论的一种司空见惯的手法，就是唱这样的高调：从另一方面来看，只要没有穷人，那就会万事如意了。这种议论可以被应用到任何对象上去。它的真正内容就是在慈善掩饰下的伪善的小市民的庸俗气，它完全同意现存社会的**正面**，使它悲痛的是，除了正面外，还存在着**反面**——贫穷；这种庸俗气已和现代社会融为一体，而它的唯一的希望就是现代社会继续存在下去，但是**不要它存在的条件。**

倍克常常以极端庸俗的形式在自己的诗中重复这种议论，例如，关于圣诞节他写道：

啊时代，你慈祥地启迪人心，
你会更为慈祥，加倍的可亲——
如果在那个**穷**孩子的胸中
没有嫉妒用它原始的罪恶
疯狂地亵渎神灵，
当他无家可归向着阔孩子们的
节日盛装的室内观看的时刻！
是啊…………………………
……在圣诞夜的灯光下
孩子们的欢呼我听来更会甜美，
如果没有穷人在潮湿的洞穴
躺在腐烂的草席上挨冻受罪。

不过，在这首无定形的、长得没有个完的诗里，间或也有一些写得好的地方，例如，对流氓无产者的描写：

是谁天天地孜孜不息，
在传染病疫的阴沟里翻垃圾；
是谁象麻雀一般追求食粮，
是谁补锅罐磨剪子磨刀，
是谁僵冻着手指浆洗衣裳，
是谁喘吁吁推着一车重载，
装着些半生不熟的果子，
苦苦地喊着：谁买，谁买？
是谁为一个铜钱在泥土里打架；
是谁天天靠着街角的石壁
歌颂他所信仰的上帝，
几乎不敢伸出手来，
因为行乞不被允许；
是谁双耳聋聩忍受饥寒，
弹着竖琴，吹着笛箫，
在所有的窗前，在每个门旁——
一年又一年奏着同一的曲调——
引起看管儿童的阿姨舞蹈，
这个曲子自己却不能听到；
是谁在夜里使大的城市明亮，
自己在家里却没有一点灯光；
是谁负着重担，是谁劈着木柴，
是谁失掉主人，谁受尽主人的虐待；
是谁又祈祷、又撮合男女、又偷盗，
酗酒把良心的残余消磨尽了。

倍克在这里第一次超出了德国市民的一般道德水平，借一个老乞丐的口诵出了这些诗句。这个老乞丐的女儿请求父亲允许她去赴一个军官的约会。在上面这些诗句里，老乞丐向他的女儿描画出她的孩子将列身于其中的那些阶级的充满痛苦的景象，并且直接以她生存的环境为根据把他自己反对的意思表示出来，不过并没有（这一点是不能不承认的）向她作道德的说教。

…………

新的神灵和旧的痛苦

这首诗嘲笑（往往很中肯）的是隆格[26]、“光明之友”[27]、新一代犹太人、理发师、洗衣妇、抱有温和的自由思想的莱比锡市民。最后，诗人在庸人面前替自己辩白，因为他们将要因这一点而控告他，虽然他

在风暴和黑夜里唱出了

这首光明的歌。

然后他讲述了一篇用社会主义的词句修饰过的、以特殊的自然神论[28]为基础的、关于博爱和实践宗教的教义，从而把自己的敌人的一种性质和他们的另一种性质对立起来。这样一来，倍克就怎么也收不了场，直到他再次断送自己为止，因为他自己已深深地陷到德国的鄙俗风气中，并且过多地考虑自己，考虑沉溺于自己诗中的诗人。我们的诗人在**现代**抒情诗人眼中又成了一个把自己打扮得奇奇怪怪的、妄自尊大的人物。他不是在现实世界中生活和创作诗歌的活动着的人，而是一个飘浮在云雾中的“诗人”，但这些云雾不过是德国市民的朦胧的幻想罢了。倍克经常由极度夸张的高谈阔论转到干巴巴的小市民的散文，从一种向现状开火的小幽默转到和现状实行感伤的和解。他常常忽然发觉他自己原来就是 de quo fabula narratur〔所讲到的那个人〕。因此，他的诗歌所起的并不是革命的作用，而是

“止血用的
三包沸腾散”（第 293 页）。

所以，用下面这样一些表示恭顺的无力的悲叹作为整本书的结尾，是很合适的：

什么时候在这世界上，
啊上帝，会变得协调？
在渴望上我是双重地愉快，
在忍耐上我是双重地疲劳。

倍克无疑地比德国文坛上的大多数小卒具有更大的才能和更多的天赋的精力。他的唯一的不幸就是德国人的鄙俗气，他那装模做样的哭哭泣泣的社会主义和青年德意志派[29]的影响，是这种鄙俗气在理论上的表现。在社会矛盾还没有因为阶级的明确分化和资产阶级迅速夺取政权而在德国采取较尖锐的形式以前，德国诗人在德国本部是根本没有出路的。一方面，他在德国社会中不可能以革命的姿态出现，因为革命分子本身还太微弱；另一方面，由四面八方包围着他的长期存在的鄙俗气起着使他衰弱无力的作用，他即使能够暂时超越它，摆脱它和嘲笑它，可是过一会却又重新跌进它的陷阱里面去了。对于一切多少有些才能的德国诗人暂时还只能有一个劝告，即搬到文明的国家去住。

[注　释]

[1]《卡尔·倍克“穷人之歌”，或“真正的社会主义”的诗歌》这篇书评，同恩格斯在同时期写的另一篇书评《卡尔·格律恩〈从人的观点论歌德〉》一起，组成一组，总标题为《诗歌和散文中的德国社会主义》，写作时间是 1846 年底至 1847 年初。这里选录了前一篇书评的大部分内容，主要是批判德国 19 世纪 40 年代中期“真正的社会主义”文学倾向的。

卡尔·倍克（1817—1879）是德国小资产阶级诗人，19 世纪 30 年代曾参加“青年德意志”文学运动，至 19 世纪 40 年代中期，又成为“真正的社会主义”在文学上的代表人物之一。他的诗集《穷人之

歌》是“真正的社会主义”诗歌的代表作，于1846年在莱比锡出版。

[2] 路特希尔德家族　当时欧洲金融界最有实力的犹太资本家家族，在德国、法国、英国、意大利、奥地利等国都有这个家族开办的银行。法国在1830年革命后，政权由地主贵族转到金融贵族手中，路特希尔德和拉菲特等就是这个大金融贵族的代表。他们是路易-菲力浦王朝反动统治的主要支柱。

[3]“Herr”这个字有宗教意义的“主”，也有一般的“老爷”“主人”“先生”等意思。——译者注

[4] 鄙俗风气　指德国封建专制制度下小资产阶级所特有的气质、思想方式和习惯。这个阶级由于它所处的经济地位，形成了一种狭隘、保守、自私自利、耽于幻想以及对封建反动势力奴颜婢膝等庸人习气。由于德国小资产阶级是一个极其广大的阶层，这种庸人习气渗透到了德国社会生活的各个角落，成为德国18世纪末到19世纪上半叶的一种时代病。

[5] 卡普勒教士的说教　卡普勒教派是天主教圣芳济会的一支。“卡普勒教士的说教”充满一本正经的道德教诲。——译者注

[6] 缪斯　希腊神话中司文学和艺术的女神，共九个。——译者注

[7] 恩泽拉德　古希腊神话中和奥林帕斯山上诸神战斗的巨人之一。——原书注

[8]“如果把它们融合在一起，对世界来说就太多了”　这是根据巴伐利亚的路德维希的诗《对句》改写而成的。原诗句为：“罗马，你缺乏的，那不勒斯有，那不勒斯缺乏的，正好你有；假使你们两个城联合在一起，对于大地就是太多了。”路德维希即卡尔·奥古斯特·路德维希一世（1786—1866），做过巴伐利亚国王，他的诗是典型的辞藻华丽而毫无内容的诗。

[9]《莱比锡总汇报》　1837年到1843年期间出版的一种日报，它是19世纪40年代初进步资产阶级的机关报。该报的题词是：“真理和权利，自由和法律。”

[10] 三位一体性　指圣父、圣子、圣灵，源于基督教的教义。基督教神父们为上帝编造了这样一个故事：约瑟的未婚妻玛丽亚由于被圣灵（上帝的化身）所感而怀孕，生了一个儿子叫耶稣，所以耶稣就被视为圣子，同时他又是圣灵的化身，而圣灵又是上帝的化身（圣父）。于是，上帝就成了圣父、圣子、圣灵“三位一体”的东西了。

[11] 扫罗　公元前11世纪时的以色列国王。他的臣仆大卫非常聪明勇敢，屡次战败非力士人。扫罗因嫉妒大卫的才能而变得阴郁冷酷。——译者注

[12] 神圣的教皇领地　指罗马教皇政府。

[13] 烧炭党人的“温特”　这里的“烧炭党人”是指法国的一个秘密团体，它以19世纪意大利贵族自由派领导的同名秘密革命团体为榜样，成立于1820年底1821年初，其支部称为“温特”。这个秘密团体联合了各种政治派别的代表人物，目的是要推翻波旁王朝。1822年密谋策动在许多城市（伯尔福、罗舍尔等等）的驻军里同时举行起义。烧炭党人团体在密谋失败和几个领袖被处死刑后，停止了活动。

[14] 拉菲特　雅各·拉菲特（1767—1844），法国银行家，七月革命后在路易-菲力浦政权中担任财政部部长和内阁会议主席。

[15] 穆西乌斯·赛沃拉　公元前6世纪罗马的一个爱国青年，传奇式的英雄，相传他曾在公元前507年当着围困罗马的伊特剌斯坎王的面，焚烧自己的右手，以证明罗马人的勇敢和爱国精神。

[16]“世纪”　这里是双关语。巴黎一家报纸的名称叫《世纪报》，出版于1836年到1839年间。在19世纪40年代，它反映了一部分小资产阶级温和的宪政改革的要求。

[17] 索泽先生、杜沙特尔先生　索泽·让·彼尔（1800—1876），法国律师和保守的政治活动家，路易-菲力浦政权下的奥尔良主义者，下院议员。杜沙特尔·夏尔（1803—1867），法国反动国务活动家，曾任路易-菲力浦王朝的内政部长。

[18]“教父”　原文为“kompère”，来自法文“compère”，双关语。法文“教父”，也有阴谋、冒险参与者的意思。

[19] 阿拉丁　“一千零一夜”“神灯记”中的主人公。他由于得到了一盏神灯，便能做出许多神奇

的事情。——译者注

[20] 教友派　基督教的一个新教派，17 世纪产生于英国，后流行于北美。教友派信徒举止端方，道貌岸然，以沉默寡言著称。——译者注

[21] 括弧里的话是恩格斯的。——译者注

[22] 康康舞　法国游艺场里的一种下流舞蹈。——译者注

[23] 括弧里的话是恩格斯的。——译者注

[24] 海涅　亨利希·海涅（1797—1856），德国革命民主主义诗人。1830 年革命后，他移居巴黎，在那里他可以自由地发表自己的作品。他的诗歌和散文，揭露和批判了反动的德国封建专制制度，辛辣地讽刺和鞭挞了德国的庸人习气。1843 年，他结识了马克思，这对他的诗歌创作具有明显的影响。这个时期他写出了许多有力的诗歌，例如《西里西亚织工之歌》等等。海涅的主要作品有散文《旅行札记》和长诗《德国——一个冬天的童话》等。

[25] 布拉格的起义　指 1844 年 6 月布拉格纺织工人的自发的起义。这次起义也在捷克其他工业中心引起了工人的骚动，后来起义遭到反动政府的镇压。

[26] 隆格　约翰奈斯·隆格（1813—1887），德国牧师，“德国天主教徒”运动的发起人之一，利用天主教来为德国资产阶级服务。

[27]“光明之友”　新教教会内部的一个宗教派别，它反对官方新教中占统治地位的、神秘和虚伪的虔诚主义。这个宗教反对派反映了 19 世纪 40 年代德国资产阶级对反动的封建专制制度的不满情绪。

[28] 自然神论　一种宗教哲学学说，它承认神作为非人格的世界始因而存在，而否认神干涉自然的发展，认为世界是受自然规律支配的。在封建教会统治下，自然神论常常是无神论的隐蔽形式。在 17 世纪到 18 世纪资产阶级反封建、反教会的斗争中，曾起过积极作用。代表人物有英国的邱贝利（1583—1648）、法国的伏尔泰（1694—1778）和卢梭（1712—1778）。

[29] 青年德意志派　19 世纪 30 年代德国的一个政治-文学派别。它的名称来源于文巴尔克的文集《美学的出征》（1834）的献词：“献给你，青年德意志……”它的主要作家有谷兹科夫、文巴尔克、劳贝、蒙特等。他们的作品反映了小资产阶级的反抗情绪，但他们思想上不成熟，政治上也不坚定，后来他们中的大多数堕落为庸俗的资产阶级自由派。

讲　解

马克思、恩格斯通过参与关于《巴黎的秘密》的大论战，揭露和批判了青年黑格尔派的思辨哲学的主观唯心主义的思想实质及其对文艺创作的不良影响之后，紧接着又对“真正的社会主义”思潮进行了认真的梳理和剖析，全面深入地揭露和批判了这个思想派别的理论体系的阶级实质和欺骗作用。恩格斯发表的《真正的社会主义者》和《诗歌和散文中的德国社会主义》等论文，廓清了这个思想派别的理论观点对真正的社会主义的文艺创作的思想误导，并阐明了“真正的社会主义”的文艺创作的消极作用和反动倾向。马克思、恩格斯的文艺评论实践，对了解马克思主义现实主义文艺理论的思想体系的形成和发展，具有重要的学术价值。

“真正的社会主义”是19世纪中叶产生于德国的一个小资产阶级的思想派别。这个思想派别所张扬的所谓的“真正的社会主义”思潮的政治倾向是消极的，甚至是反动的。“真正的社会主义”这个思想派别的代表人物有莫泽斯·赫斯、卡尔·格律恩、海尔曼·克利盖以及信奉费尔巴哈的人道主义学说的海尔曼·皮特曼、格奥尔格·荣克等。他们组成“共产主义俱乐部”，通过自办刊物《社会明镜》《人民论坛报》《特利尔日报》《莱茵社会改革年鉴》《威斯特伐利亚汽船》，制造舆论，大肆宣扬所谓“真正的社会主义”学说。19世纪中叶，尽管德国的市民阶级开始勃兴，无产阶级有所觉醒，但封建专制和诸侯割据的局面没有得到根本改变，严重地阻碍着社会变动和历史转型。资产阶级性质的民主革命不可避免。即将来临的这种有震撼力的革命风暴，不仅使腐朽的贵族阶级濒于灭亡，而且也让妄图维护以行会制度和宗法制度为支柱的封建政体的软弱和保守的小资产阶级惶恐不安、胆战心惊。这些小资产阶级的理论家们——所谓“真正的社会主义”者们在政治思想上扮演了资产阶级民主革命的反对派的极不光彩的角色。他们创立一种有欺骗性的虚伪的社会主义，即“真正的社会主义”，阻挡和抵制无产阶级参与旨在摧毁封建专制的资产阶级民主革命，愚弄和煽动无产阶级同尚不成熟的新兴市民阶级相对抗。

“真正的社会主义”的思潮和学说的理论渊源来自空想社会主义、黑格尔的思辨哲学和费尔巴哈的人本主义。这个思想派别同样鼓吹对“抽象的人”即所谓“真正的人”的崇拜，把历史的现实的人还原为自然界的“类”。他们心目中的共产主义只不过是实现了“普遍的爱”的“爱的王国”。对人的超阶级的爱和对“人的宗教”的信仰以及对人的现实生活和人的现实斗争的冷漠和轻蔑，必然导致他们对正在兴起的资产阶级民主运动和无产阶级革命运动的恐惧和敌视。

任何一种社会政治思想必然反映到文学领域中来。集结在德国的小资产阶级的文学家，诸如卡尔·倍克、海·泽米希、鲁·奥托、阿·迈斯纳、摩·哈特曼、恩·德朗克等人，掀起了“美文运动”。“真正的社会主义”的文艺创作和文艺评论表现出一种以狂热地讴歌抽象的人和抽象的爱为灵魂的保守主义和唯心主义的政治思想倾向。其中卡尔·倍克的《穷人之歌》和格律恩的《从人的观点论歌德》恰好从文艺创作和文艺评论两方面比较充分地体现了“真正的社会主义”的文艺思想和从文艺思想折射出来的社会政治思想。马克思、恩格斯同形形色色的虚伪的社会主义思想论争，目的是划清真假社会主义的原则界限，以推动无产阶级革命和社会主义事业的发展。马克思、恩格斯曾在《共产党宣言》中明确指出“真正的社会主义”的阶级实质和危害作用。这种假社会主义的思想派别充作不配有更好命运的德国封建小邦用来恫吓来势汹汹的资产阶级夺权斗争的“稻草人”，是反动统治者用来破坏和镇压工人阶级运动的“毒辣的皮鞭和枪弹的甜蜜的补充”。

一、“真正的社会主义”文学的思想倾向

“真正的社会主义”的文艺创作和文艺评论从总体上表现出来的政治思想倾向是以信仰和推崇抽象的人道主义和空想的社会主义为基础、为灵魂的保守的反动的小资产阶级的社会改良的思潮。当时诸侯割据的德国十分封闭、落后，广大群众处于被奴役的赤贫状态。各个阶级都在寻求解决社会问题的出路，构想变革现实的方案。“真正的社会主义”的政论家和文艺家们通过他们的论著和作品都表达了营造人类未来的善良的愿望。但由于受到所属阶级的世界观的局限，他们不可能作为新的生产力的代表，指明人的解放和社会进步的正确道路。一种抽象的爱的喧嚣和空洞的人道主义的道德说教，不可避免地使他们的拯救社会的处方流于美妙而苍白的幻想，沦为社会和审美的乌托邦。

“真正的社会主义”者不理解现实的社会关系。贫富悬殊，阶级对立，这是现实生活中存在着的基本事实。由于政治权柄和生产资料掌握在大金融贵族和资本家的手里，处于无权和赤贫状态的劳苦群众受压迫、被剥削。为了实现人的解放，必须从根本上改变奴役人的社会体制和人赖以生存的社会条件。这必然引出社会革命的结论，消除人世间的非正义和不公平，实行权利和财产的再分配。“真正的社会主义”者既不愿意看到两极分化的现象，又不想去追究产生这种令人痛苦的社会现实的根源和求索消除人世间的黑暗的出路。他们抱着这样天真的幻想：只要没有穷人，便会万事如意。“它完全同意现存社会的**正面**，使它悲痛的是，除了正面外，还存在着**反面**——贫穷”，它维护现存社会，“但是**不要它存在的条件**”。从倍克的诗作《穷人之歌》中可以看出：“倍克对路特希尔德家族大加威吓和责难，尽管作者的意图是好的，但给读者的印象却比一位卡普勤教士的说教还要滑稽可笑。所以会有这样的威吓和责难，是由于对路特希尔德家族的势力抱着幼稚的幻想，完全不了解这一势力和现存各种关系之间的联系，对路特希尔德家族为了成为一种势力并永远保存这种势力而必须使用的那些手段持有非常错误的见解。”

“真正的社会主义”者同青年黑格尔派的思辨哲学家们一样，他们心目中的处于社会底层的劳苦大众丝毫不能自觉和自助，被视为消极的昏昧的群氓。他们认为，这些处于贫穷和异化状态的劳动者非但不是历史的主人和革命的动力，反而是他们或怜悯或厌恶或鄙视的被模塑、被恩泽、被拯救的对象。“真正的社会主义”者作为德国小资产阶级的思想代表具有软弱、动摇和耽于幻想的痼疾。他们抱着自身的偏见，不可能看到甚至随意歪曲工人阶级为改变自己的生存状态所进行的反叛和抗争。他们不理解劳苦大众的历史命运和社会责任，往往对无产阶级的革命运动感到怯懦、惊慌、恐怖和仇恨。

那么，究竟如何解决社会中的贫富对立和人世间的阶级纷争呢？“真正的社会主义”的思

想家和文艺家们企图用带有空想社会主义色彩的温和的改良、抽象人道主义的精神呼吁和泛爱主义的道德感化来规劝金融贵族和资产阶级改恶从善，慷慨解囊，济世救民，使社会道德化，缓冲现实生活中的尖锐矛盾。倍克的《穷人之歌》十分明显地“表现出他所固有的小资产阶级的幻想，认为黄金是‘按照’路特希尔德的‘脾气进行统治’的；这种幻想引出了一系列关于路特希尔德家族的势力的荒诞想象”。作者妄想人道地利用金融世家的财力来开展慈善事业用以接济和解救穷人。“他抱怨银行家不是社会主义博爱家 ，不是幻想家，不是人类的善士”，他号召富人帮助穷人。倍克的天真的小资产阶级的幻想，使他“对路特希尔德的一切责难都变成了最无耻的阿谀奉承，他对路特希尔德的势力的歌颂，甚至连最善于吹拍的人都要甘拜下风”。“怯懦和愚蠢、妇人般的多情善感、可鄙的小资产阶级的庸俗气”成为“拨动诗人心弦的缪斯”。倍克空喊和谐和友爱的高调，鼓吹幸福的廉价的幻想。恩格斯指出：“他应该使他们忘记利己主义，忘记欺诈和高利盘剥的手段，一句话，他应当以一个披麻蒙灰劝人行善和忏悔的传教士的姿态出现。我们的诗人的这个大胆的要求无异于要求路易-菲力浦教导那些受七月革命养育的资产者废除私有制。”令人遗憾的是“犹太人决不会不做买卖，资产者也决不会忘记私有制”。倍克根本不可能想到“要消灭路特希尔德的实际势力”，必须“消灭作为这一势力的基础的社会关系”。因此，倍克的带有思辨哲学的幻想和空想社会主义色彩的温和的改良和抽象的人道主义、泛爱主义的精神呼吁、道德说教的实际后果只能导致把充满鄙俗气的德国现实社会的宗法制度合法化和理想化。

二、“真正的社会主义”文学的创作方法

创作方法和创作思想是紧密联系着的。一般地说，创作方法可以理解为创作思想的运用；创作方法又可以体现和折射创作思想。正因为两者存在着相关性质和对应关系，有必要把创作思想和创作思想的实践结合起来加以阐发和剖析。

主观唯心主义的自我意识和抽象人本主义的人学理论构成“真正的社会主义”文学创作思想的具有统摄意义的核心和灵魂。

主观唯心主义自我意识以幻想形式的想象和扩张，使“真正的社会主义”的文学创作几乎完全挣脱了描写对象的客观属性的规范和制约，陷入一种空泛和虚妄的自由状态。倍克对路特希尔德金融世家的泛爱主义的道德说教和精神感化，妄图在不改变社会体制和生产资料私人占有制度的前提下，实行权利和财产的再分配，以谋求建立爱的宗教和爱的王国。这纯属异想天开。乞求金融贵族和资产阶级为了全人类的幸福而牺牲自身的利益，这无异于与虎谋皮。对这种荒唐可笑的单相思情结，恩格斯说，倍克的让天下的穷人摆脱苦难的妄想，即便是“全世界的资本家合在一起也丝毫不能完成”，他的作品只不过是“给德国小市民对大资本家的势力所抱的无知而浪漫的幻想和对他的善良愿望的信赖披上诗歌的外衣”，如此而已。“倍克经常由极度夸张的高谈阔论转到干巴巴的小市民的散文，从一种向现状开火的小幽默转到和现状实行感伤的和解”，“因此，他的诗歌所起的并不是革命的作用，而是‘止血用的三包沸腾散’”。[1]

抽象人本主义的人学思想和人文关怀充斥着“真正的社会主义”的文学创作。一种泛爱主义的善良意志和妄想以道德说教、人性感化和爱的魔力来征服世道人心的奢望和幻想主宰着“真正的社会主义”者们的头脑。对抽象的人的崇拜的人学观念必然驱使这些思想家和文艺家

用抽象的眼光看人，把人从复杂的现实关系中抽取和孤立出来，消解人的社会差别和阶级分野，蒸馏为只有普同性的“类”存在。实质上，这种抽象的人只存在于学者和作家的思维中。人与人之间尽管具有相互联系和彼此沟通的普同性，但作为个体的人总是历史的、现实的、具体的人。“真正的社会主义”正是从抽象的人或人的抽象出发，驰骋泛爱主义的虚假观念，以致模糊、掩盖和歪曲了历史的、现实的、具体的人和人的社会关系的真正本质，造成了消解阶级矛盾和世间纷争的幻想和幻象。事实上，他们所宣扬的并为其利益和愿望而呐喊的人既不普泛，更不抽象，绝不是他们所狂热呼喊的“穷人”，而正是经过理论包装的自己和自己所代表的小生产者。恰如恩格斯指出的，倍克等人“已深深地陷到德国的鄙俗风气中……又成了一个把自己打扮得奇奇怪怪的、妄自尊大的人物。他不是在现实世界中生活和创作诗歌的活动着的人，而是一个飘浮在云雾中的‘诗人’，但这些云雾不过是德国市民的朦胧的幻想罢了”，恩格斯承认“倍克无疑地比德国文坛上的大多数小卒具有更大的才能和更多的天赋的精力”，但他的不幸是由于受到了“德国人的鄙俗气”和“装模做样的哭哭泣泣的社会主义和青年德意志派的影响”。[2]当然，从费尔巴哈的抽象的人本主义那里也不难找到“真正的社会主义”者的思想根源。马克思、恩格斯指出：“这些‘真正的社会主义者’当了德意志意识形态的俘虏，因而看不清楚现实的关系”，“他们始终一贯地把各个具体的一定的个人间的关系变为‘人’的关系，他们这样来解释这些一定的个人关于他们自身关系的思想，好像这些思想是关于‘人’的思想”，让人“离开实在的历史基础而转到思想基础上去”，同时又由于他们不理解现实的关系，“很容易用‘绝对的’或者另外的思想方法虚构出幻想的联系”。[3]他们和费尔巴哈一样，由于执迷抽象的人和抽象的爱，从而将人和人的社会幻想化和理想化。马克思、恩格斯认为费尔巴哈“从来没有看到现实存在着的、活动的人，而是停留于抽象的‘人’……除了爱与友情，而且是观念化了的爱与友情以外，他不知道‘人与人之间’还有什么其他的‘人的关系’”[4]。倍克之所以把金融巨头吹捧为救世主，正在于完全不了解这一势力和现存各种关系之间的联系，从而虚构出关于人和人的社会的一系列荒诞不经的想象和幻想。

一般地说，有什么样的创作思想，便有什么样与之相应的作品面貌。作为创作的具有指导意义的思想和作为作品所表现出来的思想大体上是相通的和一致的。这说明创作思想对作家的创作和作品来说是至关重要的带有决定性的因素。恩格斯通过对倍克和海涅的诗歌创作的对比分析，极其深刻地阐明了这一点。这两位诗人都生活在同一国家，写的都是德国小市民的同一题材，却表现出大异其趣的政治思想倾向。恩格斯指出：“情节大致相同的同样的题材，在海涅的笔下会变成对德国人的极辛辣的讽刺；而在倍克那里仅仅成了对于把自己和无力地沉溺于幻想的青年人看做同一个人的诗人本身的讽刺。在海涅那里，市民的幻想被故意捧到高空，是为了再故意把它们抛到现实的地面。而在倍克那里，诗人自己同这种幻想一起翱翔，自然，当他跌落到现实世界上的时候，同样是要受伤的。前者以自己的大胆激起了市民的愤怒，后者则因自己和市民意气相投而使市民感到慰借。”[5]德国小市民的幻想和现实生活中的鄙俗气同主观唯心主义的思辨哲学缠结一体，对丑恶的德国现实采取卑躬屈膝的妥协态度，已经成为国民精神的赘瘤，沉淀着厚重的历史惰性，阻碍着对德国封建宗法制的社会变革。具有民主主义思想的海涅以冷峻严酷的笔触，表现出对德国小市民的幻想和鄙俗气的不满和义愤；而倍克因和德国小市民的幻想和鄙俗气“意气相投”，使理应得到改变的德国社会生活安于现状。

“真正的社会主义”者的作为创作思想的主宰、核心和灵魂的世界观是不坚定的，是模糊不清和游移不定的。恩格斯指出，倍克等人在进行文学创作的时候，“他们不是满足于按哲学结构组织一番”，便是“枯燥无味地记录个别的不幸事件和**社会现象**”，“‘真正的社会主义’由于本身模糊不定，不可能把要叙述的事实同一般的环境联系起来，并从而使这些事实中所包含的一切特出的和意味深长的方面显露出来”，“这是由于他们的整个世界观模糊不定的缘故”。[6] 恩格斯并没有离开作家的世界观单纯孤立地考察作家的创作思想和创作方法，相反，他正是从作家的世界观的高度来研究和探讨作家的创作思想和创作方法的成因和实质。这里，由于世界观的模糊不清，“真正的社会主义”者在创作的思想、方法和倾向上，表现出两种极端：或“按哲学结构组织一番”，坠入思辨哲学的幻想，陷于唯心主义；或“枯燥无味地记录个别的不幸事件和**社会现象**”，“以表面的世界观来反对本质的世界观”[7]，滑向自然主义。这两种交替或同时出现的片面性和游移性，使他们的创作和作品都“不可能把要叙述的事实同一般的环境联系起来，并从而使这些事实中所包含的一切特出的和意味深长的方面显露出来”。随意超越生活的唯心主义和执迷摹拟生活的自然主义，看上去似乎是对立的两极，但往往又在一定条件下互为口实、前提和条件，交互沟通、彼此转化、往返回流、相互走向。马克思、恩格斯在《德意志意识形态》中，既反对唯心主义的思想路线，也反对狭隘的经验主义的思想路线，他们认为：“德国哲学从天上降到地上……我们是从地上升到天上……我们不是从人们所说的……思考出来的、想像出来的、设想出来的人出发，去理解真正的人。我们的出发点是从事实际活动的人，而且从他们的现实生活过程中我们还可以揭示出这一生活过程在意识形态上的反射和回声的发展。……前一种观察方法从意识出发，把意识看作是有生命的个人。符合实际生活的第二种观察方法则是从现实的、有生命的个人本身出发，把意识仅仅看作是**他们**的意识。这种观察方法并不是没有前提的。……它的前提是人，但不是某种外在幻想的与世隔绝、离群索居状态的人，而是处在一定条件下进行的、现实的、可以通过经验观察到的发展过程中的人。只要描绘出这个能动的生活过程，历史就不再像那些本身还是抽象的经验论者所认为的那样，是一些僵死事实的搜集，也不再像唯心主义者所认为的那样，是想像的主体的想像的活动。”[8]

三、关于塑造工人阶级的新人形象

恩格斯在评论倍克的《穷人之歌》时明确指出，新时代的先进文艺，应当塑造、表现和“歌颂倔强的、叱咤风云的和革命的无产者”。他是这样说的：“倍克歌颂胆怯的小市民的鄙俗风气。歌颂‘穷人’，歌颂……〔耻于乞讨的穷人〕——怀着卑微的、虔诚的和互相矛盾的愿望的人，歌颂各种各样的‘小人物’，然而并不歌颂倔强的、叱咤风云的和革命的无产者。”[9] 恩格斯的这个主张表现和歌颂“倔强的、叱咤风云的和革命的无产者”，即塑造工人阶级新人形象的论点，是一个极其重要的具有划时代意义的文艺思想。

恩格斯首先明确提出了新时代的文艺的表现对象和描写对象问题。从历史唯物主义的观点来看，工人阶级作为与资产阶级相对立的社会力量，越来越成为历史的主人公和创造者。他们的生活和斗争属于历史，理应在现实主义的文艺中占有一席之地。只有无产阶级革命的新时代的新生活才能培育和造就出具有先进思想的一代新人。因为新的生产方式和新的生活方式必然“需要完全不同的人，并将创造出这种人来”[10]。新人通过变革社会环境的伟大实践完善自身，使主体的观念和性格同变化了的社会环境相适应。革命的无产者不仅创造了环境，也创造了自己，发展了自己，改造了自己，造成了新的观念、新的交际方式、新的需要和新的语言。马克思、恩格斯都主张新历史条件下的新文艺必须塑造和表现这种具有新的观念并以实现人类解放为历史使命的新生的人，即社会的新生力量。

恩格斯是从促进社会进步和人类解放的视角来提倡塑造工人阶级的新人形象的。革命的无产者和工人阶级的新人形象是新时代的新的社会生产力和新的社会思想的代表者和体现者。而倍克从抽象的人道主义和泛爱主义出发，为了谋建一个"人道化的社会"和营造一个"爱的王国"，带着一点有限的怜悯和同情，专事描绘不能自助的可怜的"穷人"和充满鄙俗气的、卑微的"小人物"。这样的人物形象，没有自觉的群体的阶级意识，缺乏改变社会环境的革命要求，非但不能扮演叱咤风云的和革命的无产者，反而总是充当屈服于统治者的淫威的带有奴性的可怜的角色。马克思、恩格斯在《德意志意识形态》中阐发了一个深刻的论点，即是否有改变社会环境的意图的能力是区分"新人"和"旧人"的根本标志。马克思、恩格斯最注重人民群众的历史创造性和变革现实的主动精神。工人阶级的新人形象之所以"新"，正"新"在他们不再是昏昧而麻木的消极群众，而是以历史主人公的决心和姿态，从事改天换地的伟大事业的先进人物和英雄人物。

塑造工人阶级的新人形象，是完整地反映现实生活的需要。现实生活中的真善美和假恶丑、先进面和落后面、积极面和消极面是共存的。只展现现实生活中的假恶丑和落后的消极面是不够的，只有反映现实生活中的真善美和先进的积极面，才能揭示人类社会发展的前景和未来，激发人们创造新生活的勇气，促进社会的进步和历史的变革以及人本身的全面的自由发展。工人阶级的先进人物抱有最崇高的、具有世界意义的宏伟目标，他们清醒地认识到，只有解放全人类才能最终解放自己。马克思衷心赞扬为造福人类而英勇献身的古希腊神话英雄普罗米修斯，称颂他是"哲学历书上最高贵的圣者和殉道者"。恩格斯力图捕捉宏伟的题材，预想写成真正的《浮士德》第二部，使浮士德从利己主义者变成为人类而牺牲自己者。恩格斯曾批评哈克奈斯的《城市姑娘》只表现工人阶级的消极面是不妥的。因为英国伦敦东头的无产者随着时代的发展已表现出新的面貌。他在1892年1月11日这样写道：比英国一般获得的成就更为重要的，是伦敦东头的觉醒。这个巨大的贫困的渊薮已不再是六年前那样的死水潭了。伦敦东头抖掉了绝望的冷漠，它复活了。"伦敦东头的觉醒仍然是本世纪末最伟大最有成果的事件之一，而我能活到现在，亲眼看到它，实在感到高兴和骄傲。"[11] 工人阶级经过50年的战斗历程，已经从"灰姑娘"变成了"大力士"，开始以新生活创造者的姿态登上了历史舞台。这种先进的社会力量代表人类的未来，体现历史发展的趋势。具有先进思想的文艺家应当在现实生活中有新的发现，通过捕捉和表现新人形象，使工人阶级和劳动人民的生活和斗争在各种样式的艺术领域占有重要的位置，以适应新时代的需要。"真正的社会主义"者之所以"不歌颂倔强的、叱咤风云的和革命的无产者"，是因为这些小资产阶级的作家"丧失了一切革命热情"，执迷于"宣扬对于人们的普遍的爱"，"不得不愈来愈多地只在小资产者中间寻找自己的群众，而在那些萎靡和堕落的著作家中寻找这些群众的代表"。[12]

塑造工人阶级新人形象是文艺自身发展规律的要求。任何时代、任何阶级都有自己的先进人物、英雄人物、理想人物。他们是一定历史条件下的社会理想和审美理想的化身，具有感召、激励和鼓舞人们开拓进取、奋勇向前的精神力量。文艺创作中的新人形象的塑造，既体现着社会的变革和进步，同时也必然给文艺自身的发展带来富有时代感的新的内容和新的形式，从而建构起文艺的新天地。马克思、恩格斯关于塑造工人阶级新人形象的论述，对发展和繁荣社会主义文艺，具有划时代的理论意义和现实意义。他们的这个文艺思想对作为后继者的马克思主义经典作家的文艺思想产生了极其重要的影响。列宁的关于文艺为千千万万劳动人民服务的论点以及中国共产党的领袖人物倡导的文艺要表现新的人物和新的世界、塑造四个现代化的创业者和社会主义新人形象的论点都是马克思、恩格斯的这个文艺思想的历史性的继承和发展。

[注　释]

[1] 马克思，恩格斯．马克思恩格斯全集：第4卷．北京：人民出版社，1958：242.
[2] 同[1] 242，243.
[3] 马克思，恩格斯．马克思恩格斯全集：第3卷．北京：人民出版社，1960：535，536.
[4] 马克思，恩格斯．马克思恩格斯选集：第1卷.3版．北京：人民出版社，2012：157.
[5] 同[1] 236.
[6] 同[1] 237.
[7] 马克思，恩格斯．马克思恩格斯论艺术：第4卷．北京：人民文学出版社，1966：212.
[8] 同[3] 30.
[9] 同[1] 223-224.
[10] 同[4] 307.
[11] 同[4] 79.
[12] 同[3] 537，538.

第六讲 卡尔·格律恩“从人的观点论歌德”*[1]

（摘录）

恩格斯

歌德[2]在德国文学中的出现是由这个历史结构安排好了的。莱辛[3]使之“依靠自身的人”只有在歌德的笔下才能完成进一步的进化。在歌德身上发现“人”的功劳正是应该归于格律恩[4]先生的，但这个人不是男人和女人所生的、自然的、生气蓬勃、有血有肉的人，而是在更高意义上的人，辩证的人，是提炼出圣父、圣子和圣灵的坩锅中的 caput mortuum[5]，是“浮士德”中的侏儒[6]的 cousin germain〔堂兄弟〕，总之，不是歌德所说的人，而是格律恩先生所说的“人”。但是格律恩先生所说的这个“人”究竟是什么样的人呢？

> “歌德身上除了**人的**内容外没有别的内容。”（第 XVI 页）在第 XXI 页上我们看到，“歌德把**人**想象和描写成**我们今天所希望实现的那样**。”在第 XXII 页上：“歌德在今天（他的著作也是如此）是**人类的真正法典**。”歌德就是“**完美的人性**”。（第 XXV 页）“歌德的诗篇是（！）**人类社会的理想**。”（第 12 页）“歌德不能成为民族的诗人，因为他的使命是作**人的诗人**。”（第 25 页）尽管如此，在第 14 页上“**我国人民**”即德国人仍然应该把歌德“看成自己本身的变态的本质”。

这里我们看到关于“人的本质”的第一个说明，我们完全可以信赖格律恩先生，相信他对“‘人’这个概念”毫无疑问地是有过极其深刻的“研究”的。歌德把“人”描写成格律恩先生所希望实现的那样，同时还描写了变态的德国人民，因此，“人”不外是“变态的德国人”。这是到处都可以得到证实的。正如歌德“不是民族的诗人”而是“人的诗人”一样，德国人民也

* 摘自马克思，恩格斯．马克思恩格斯全集：第 4 卷．北京：人民出版社，1958：254－275.

“不是民族的”人民而是“人的”人民。因此，在第XVI页上我们读到：“从生活中产生出来的歌德的诗篇……过去和现在都和现实没有任何共同之处。”“人”也是这样，德国人也是这样。而在第4页上：“直到现在**法国的**社会主义还只是希望替**法国**造福；而**德国的**作家却面对着全**人类**。”（可是“人类”在大多数场合下却不是用“面”而是用身体上离面相当远并且与面相反的部分“对着”德国的作家）格律恩先生对于歌德希望“**从内部**把人解放出来”这一点在许多地方也都表现出自己的喜悦（例如见第225页），但是这个纯粹德国人的解放却仍然是“**一场空**”。

那末，我们现在就来谈谈这第一个说明：“人”就是“**变态的**”**德国人**。

我们来看一看格律恩先生根据什么认为歌德是“人的诗人”，认为“歌德身上有人的内容”。这种承认将极清楚地告诉我们，谁是格律恩先生所说的“人”。我们将看到，正如格律恩先生平常为了想竭力大声压倒自己所有的伙伴而常常向世界说出了其他弟兄们宁肯闭口不谈的东西一样，他在这里泄露了“真正的社会主义”的最隐秘的思想。由于歌德自己时常在比较夸张的意义上使用“人”和“人的”这些字眼，格律恩先生就轻而易举地把歌德变成了“人的诗人”。歌德使用这些字眼自然仅仅是指当时的人们以及后来的黑格尔所使用的那种意义[7]而言，那时，“人的”这个词主要是用在同异教的和基督教的野蛮人相对立的希腊人[8]身上，是指远在费尔巴哈赋予这些术语以神秘的哲学内容[9]之前所使用的那种意义而言。这些字眼，特别是在歌德那里，大多具有一种完全非哲学的、肉体的意义。把歌德变成费尔巴哈的弟子和“真正的社会主义者”的功劳，是全部属于格律恩先生的。

关于歌德本人我们当然无法在这里详谈。我们要注意的只有一点。歌德在自己的作品中，对当时的德国社会的态度是带有两重性的。有时他对它是敌视的；如在“伊菲姬尼亚”[10]里和在意大利旅行的整个期间，他讨厌它，企图逃避它；他象葛兹[11]，普罗米修斯[12]和浮士德一样地反对它，向它投以靡非斯特菲勒司[13]的辛辣的嘲笑。有时又相反，如在“温和的讽刺诗”[14]诗集里的大部分诗篇中和在许多散文作品中，他亲近它，“迁就”它，在“化装游行”[15]里他称赞它，特别是在所有谈到法国革命的著作里，他甚至保护它，帮助它抵抗那向它冲来的历史浪潮。问题不仅仅在于，歌德承认德国生活中的某些方面而反对他所敌视的另一些方面。这常常不过是他的各种情绪的表现而已；在他心中经常进行着天才诗人和法兰克福市议员的谨慎的儿子、可敬的魏玛的枢密顾问之间的斗争；前者厌恶周围环境的鄙俗气，而后者却不得不对这种鄙俗气妥协，迁就。因此，歌德有时非常伟大，有时极为渺小；有时是叛逆的、爱嘲笑的、鄙视世界的天才，有时则是谨小慎微、事事知足、胸襟狭隘的庸人。连歌德也无力战胜德国的鄙俗气；相反，倒是鄙俗气战胜了他；鄙俗气对最伟大的德国人所取得的这个胜利，充分地证明了“从内部”战胜鄙俗气是根本不可能的。歌德过于博学，天性过于活跃，过于富有血肉，因此不能象席勒[16]那样逃向康德的理想[17]来摆脱鄙俗气；他过于敏锐，因此不能不看到这种逃跑归根到底不过是以夸张的庸俗气来代替平凡的鄙俗气。他的气质、他的精力、他的全部精神意向都把他推向实际生活，而他所接触的实际生活却是很可怜的。他的生活环境是他应该鄙视的，但是他又始终被困在这个他所能活动的唯一的生活环境里。歌德总是面临着这种进退维谷的境地，而且愈到晚年，这个伟大的诗人就愈是 de guerre lasse〔疲于斗争〕，愈是向平庸的魏玛大臣让步。我们并不象白尔尼[18]和门采尔[19]那样责备歌德不是自由主义者，我们是嫌他有时居然是个庸人；我们并不是责备他没有热心争取德国的自由，而是嫌他由于对当代一切伟大的历史浪潮所产生的庸人的恐惧心理而牺牲了自己有时从心底出现的较正确的美感；我们并不是责备他做过宫臣，而是嫌他在拿破仑清扫德国这个庞大的奥吉亚斯的牛圈[20]的时候，竟能郑重其事地替德意志的一个微不足道的小宫廷做些毫无意义的事情和寻找 menus plaisirs[21]。我们决不是从道德的、党派的观点来责备歌德，而只是从美学和历史的观点来责备他；我们并不是用道德的、政治的、或"人的"尺度来衡量他。我们在这里不可能结合着他的整个时代、他的文学前辈和同代人来描写他，也不能从他的发展上和结合着他的社会地位来描写他。因此，我们仅限于纯粹叙述事实而已。

我们将看到，就上述哪一方面来说，歌德的著作是"人类的真正法典"，是"完美的人性"，是"人类社会的理想"。

我们首先来谈谈歌德对现存社会的批判，然后再来谈对"人类社会的理想"的实际的描述。显然，由于格律恩先生这部书的内容很丰富，我们在这两方面都只能引述一些最独特最出色的地方。

歌德作为社会的批判家实际上是在制造奇迹。他"诅咒文明"（第 34—36 页），他时常发出一些浪漫的怨言，说文明抹杀了人的一切特点和个性。他在"普罗米修斯"里 tout bonnement〔简明地〕描写了私有制的起源，从而"预告了资产阶级世界的来临"（第 78 页）。他（在第 229 页上）是"世界的审判官……文明的米诺斯[22]"。但是这一切都不过是小事情而已。

在第 253 页上格律恩先生引证"教义问答讲授"[23]：

> 孩子，想一想，你的礼物都是从哪里来的？
> 你不能够从你自己那里得来。——
> 唉，一切都是从爸爸那里。
> 爸爸又从哪里得来？——从祖父那里。
> 可是祖父到底是从哪里得来的呢？
> 他是抢来的。

好啊！格律恩先生放开嗓子喊道，la propriété c'est le vol〔财产就是盗窃〕——这才是真正的蒲鲁东[24]！

勒维烈[25]可以带着他的行星回家，并且把他的勋章让给格律恩先生了，因为我们在这里看到了比勒维烈的发现，甚至比杰克逊[26]的发现和二乙醚蒸气的发现更伟大的东西。谁把蒲鲁东使许多安乐的资产者不安的关于盗窃的话和上述歌德的不伤害人的讽刺短诗混为一谈，谁就应该荣膺荣誉军团大十字勋章[27]。

"市民将军"[28]惹出的麻烦就更大了。格律恩先生把他从各方面打量了一番，破例地紧锁双眉，疑虑地说："当然……十分无味……革命在这里并未受到指责"（第 150 页）……且住！他终于发现了这里所谈的是什么问题！**是关于一瓶牛奶的问题**。因此："不要忘记……这仍然是……被提到了首要地位的**财产问题**。"（第 151 页）

当格律恩先生住的街上有两个老太婆为了一个咸鲱鱼头而争吵起来时，请格律恩先生不辞辛劳，从他的"飘荡着玫瑰花和木犀草的微香"的楼房里走下来，向她们说，她们所涉及的也是"被提到了首要地位的财产问题"。一切善意的人的感谢就是对他的最好的报酬。

歌德写成了**"维特"**[29]，是建立了一个最伟大的批判的功绩。"维特"绝不象那些"从人的观点"来读歌德的人至今所想的那样，是一部平凡的感伤的爱情小说。

在“维特”里，“人的内容给自己找到了如此恰当的形式，简直无法在世界上任何一部作品里找到哪怕是稍微可以和它媲美的东西。”（第96页）“维特对绿蒂的爱情，只不过是一种激情的泛神论[30]的悲剧的杠杆和体现……维特是个没有脊椎骨的、尚未成为主体的人。”（第93、94页）维特的自杀不是为了恋爱问题，而是“因为他（倒霉的泛神论的意识）无法弄清自己和世界的相互关系”。（第94页）“在‘维特’这本书里，用艺术的手法揭露了社会的一切腐败现象，指出了社会弊病的最深刻的根源，它们的宗教哲学基础（大家知道，这个“基础”的产生要比“弊病”晚得多）[31]以及和它们同时出现的认识上的模糊不清……关于真正人性的纯正、清晰的概念（不过首先是脊椎骨，格律恩先生，脊椎骨！）[32]，也就是那种鄙俗气，即那种被称为日常生活的周身被蠹蚀了的秩序的死亡。”

这就是在“维特”里用艺术手法揭露“社会的腐败现象”的范例。维特写道：

“奇闻异事？为什么我要用这个愚蠢的字眼？……我们的日常生活，我们的虚伪的关系，这才是真正的奇闻异事，这才是令人惊奇的事情！”[33]

富于幻想的好哭泣者对横跨在市民[34]的现实和自己对这个现实所抱的同样是市民的幻想之间的鸿沟所发出的这种绝望的哀号，这些完全由于缺乏起码的经验而发出的悲叹，格律恩先生在第84页上硬把它们说成对社会的一种尖锐而深刻的批判。格律恩先生甚至硬说，上述引文里所表现出的“生活的无限痛苦，这种想把一切颠倒过来，以便使它们（哪怕是一次也好）改头换面（！）的病态要求，归根到底给自己敷设了法国革命[35]的轨道”。革命在前面被看做马基雅弗利主义[36]的实现，而在这里却仅仅变成了少年维特的烦恼的实现。在革命的广场上树起的断头台原来不过是维特的手枪的可怜的摹制品。

此后我们就用不着惊奇：歌德在“**斯苔拉**”[37]中，如第108页上所说的那样，也研究了“社会的材料”，虽然在这部著作中只描绘了“极其可怜的情况”（第107页）。“真正的社会主义”无所不在，简直赛过我们的主耶稣。只要那里有两三人聚集在一起（虽然决不是因它而聚集起来的），它就出现在那里，并且硬说那里有“社会的材料”。就象它的信徒格律恩先生一样，它同“那种庸俗而又自满的、什么都要过问却什么也不懂得的、无孔不入的人”（第47页）是相似得颇为惊人的。

我们的读者也许还记得威廉·麦斯特[38]给他姐夫写的一封信（“修业时代”的最后一卷），他在信中说了些关于生长在富贵人家的优越性等十分庸俗的话之后，承认贵族对小市民的优势地位，确认小市民及其他一切非贵族阶级的不平权的地位在最近期间是不应改变的。只有个别的人在一定情况下才有可能上升到贵族的水平。关于这一点格律恩先生说：

“如果把社会的上层阶级和有教养的阶级看作同一的东西，那末歌德所说的关于上层阶级的优势地位的话，**无疑是正确的**，而歌德也正是这样做的。”（第264页）

这方面的问题就谈到这里为止。

现在来谈一下引起那么多议论的一个基本问题，即歌德对政治和法国革命的态度问题。在这里，格律恩先生的这部书可以告诉我们，什么是勇往直前的精神；也就在这里，格律恩先生表现了他的赤胆忠心。

要证明歌德对革命的态度是正当的，歌德自然就应该**站在**革命**之上**，应该还在革命爆发之前就制止它。因此，早在第 XXI 页上我们就已经看到，“歌德远远地超过了他的时代的**实际**发展，因而照他自己的看法，他只能对它采取否定的态度，只能摈弃它。”在第 84 页上，在谈到我们已经看到的那个蕴蓄着 in nuce〔处于萌芽时期的〕整个革命的“维特”的时候，作者写道：“历史处于 1789 年，而歌德则已处于 1889 年。”同样，在第 28 和 29 页上，格律恩先生迫使歌德“用不多的几句话彻底清除了所有关于自由的喊叫”，其根据是早在 70 年代歌德就已在“法兰克福学术通报”上发表了一篇文章[39]，其中根本没有谈到“空喊家”所要求的自由，而只是说了一些关于自由本身、关于自由这个概念本身的一般的十分平凡的话。其次，由于歌德在自己的博士论文[40]中提出了每个立法者都有做一种礼拜的义务的论点（歌德本人把这个论点只看做法兰克福僧侣们的粗鄙的对骂所引起的一种滑稽可笑的怪论，而格律恩先生**自己**却引证了这点），因此就说，“大学生时代的歌德已经把革命的和当代法国的整个二重性当做穿破了的鞋底扔掉了”（第 26、27 页）。显然，格律恩先生继承了“大学生时代的歌德的穿破了的鞋底”，并且把它们钉在自己的“社会运动”的七哩靴[41]上。

不用说，歌德关于革命的言论我们到现在才完全清楚了。现在我们才明白，高高地站在革命之上的歌德，在革命前十五年就“清除了”革命并把它“当做穿破了的鞋底扔掉”的歌德，超过了革命整整一个世纪的歌德，是不能同情革命的，是不能关心他在 1773 年就已与之绝交了的“空喊自由的”人民的。现在格律恩先生什么困难也没有了。让歌德随意地给老一套的传统智慧穿上二行诗[42]的华美的外衣吧，让他去用庸俗短浅的眼光论证它吧，让他在威胁着他那和平的诗人幽居生活的巨大冰流面前体验一下小市民的恐惧吧，让他表现出浅薄、怯懦和下贱吧，——无论什么都不能使他的耐心的注释者发火。格律恩先生把他举在自己的不知疲倦的肩上，扛着他走过泥泞；不仅如此，他认为踩踏泥泞的事全都由“真正的社会主义”来效力，只要不弄脏歌德的鞋子就行。从“法兰西之战”[43]到“私生女”[44]，格律恩先生毫无例外地把一切都承担在自己的肩上（第 133—170 页），表现出高度的忠诚，甚至可以使毕舍[45]这种人都感动得流泪。但是当一切都徒劳无益的时候，当泥泞太大的时候，就拿出一套高超的社会性的解释，于是格律恩先生就来解释下面的诗句：

> 法国的可悲的命运，大人物们要加以考虑，
> 但是说真的，小人物们更要多多地考虑。
> 大人物们消止了；可是谁来保护群众
> 抵抗群众？这时群众是群众的暴君。[46]

“谁来保护？”——格律恩先生竭尽全力地叫喊道，同时加上着重号，打上问号，还求助于一切“激情的泛神论的悲剧的体现”。“也就是说，谁将保护无产的群众即所谓平民以抵抗有产的群众，抵抗立法的平民呢！”（第 137 页）“也就是说，谁将保护”歌德以抵抗格律恩先生呢？

格律恩先生就是这样逐一解释“威尼斯警句”中所有非常明智的市民的教诲的。在他看来这些教诲“是**海格立斯**的巨掌打的耳光，而它们的声音只是在现在（在小市民没有危险之后）[47]我们才觉得是那样地悦耳，因为我们已经有了伟大而**苦痛**的（对于小市民无疑是非常苦痛的）[48]经验”。（第 136 页）

在“**美茵兹的被困**”[49]中格律恩先生

> “无论如何也不愿忽略以下的地方：‘星期二……我匆匆地去……向……我的**君主请安**，同时我**很荣幸地侍奉了**亲王……**我的殿下**’”等等。

至于歌德把自己的忠诚让普鲁士国王[50]的近侍、皮条匠、戴绿帽子的里茨[51]先生肆意践踏的地方，格律恩先生却认为是不便引证的。

关于“**市民将军**”和“**流亡者**”[52]我们看到：

> “歌德经常用诗的形式表现出来的对革命的全部反感，是由于这些永无止境的痛苦而引起的，是由于他看到人们**光明磊落地挣来的**和**光明磊落地获得的**地产被阴谋者、嫉妒者……所霸占而自己却被赶出来而引起的，是由于这种**抢劫的非正义性**而引起的……他的**善于持家的爱和平的**天性由于所有权的被侵害而被激怒了，这种侵害是**用专横的手段**造成的，它使大批的人流离失所，陷入贫困。”（第151页）

这里无须做任何评述，让文责由“人”来自负吧，他的“爱和平的和善于持家的天性”在“光明磊落地挣来的和光明磊落地获得的（简单地说，就是正当得来的）[53]地产”中间感到那样的舒适，竟使他把 sans façon〔毫不客气地〕扫荡了这些地产的革命风暴宣布为“专横”，宣布为“阴谋者、嫉妒者”等等的勾当。

在读了上面那段话之后，我们就再不会奇怪，为什么市民的牧歌“**赫曼与窦绿苔**”[54]和它的胆小而精明的小城市居民、它的由于极端害怕长裤汉军队[55]和战争灾祸而哭哭啼啼地四散奔逃的农民，竟唤起了格律恩先生的“最纯正的快感”（第165页）。格律恩先生

> “甚至心安理得地满足于最终……落在德国人民头上的狭隘的使命：
> 继续这种骇人听闻的骚乱，跟着人东奔西闯，
> 这样的态度和我们德意志人有点不相象。”[56]

对苦难时代的牺牲者洒下同情之泪，因这些命运的打击而怀着爱国的绝望仰求苍天，格律恩先生这样做是对的。要知道，本来就有不少腐化堕落的人，他们的胸膛里跳动着的不是“人的”心，他们宁愿在共和派阵营里随声应唱“马赛曲”[57]，甚至在窦绿苔的被遗弃的小屋子里开些猥亵的玩笑。象黑格尔这种人是那样冷酷无情地看待被历史的暴风雨摧残了的“宁静的花朵”，是那样冷酷无情地嘲笑那些为“反对具有世界历史意义的事业及其完成者”而发出的“对谦逊、恭顺、仁爱和慈善等私德的枯燥无味的抱怨”，[58]对这种冷酷无情格律恩先生是很恼恨的，他是一个正直的人。他这样做是对的。他将在天堂里受到应得的奖赏。

我们用下面的话来结束“人”对革命的解释：“真正的小丑会**认为国民公会**[59]**本身是极其可笑的**”；而在还没有找到这个“真正的小丑”之前，格律恩先生在这方面同时给了我们一些必要的指示（第151和152页）。

关于歌德在革命以后对政治的态度，格律恩先生又给了我们一些令人惊奇的解释。在这里只举出一个例子。我们已经知道，“人”的胸中对自由主义者怀着多么深的敌意。“人的诗人”

在没有同自由主义者彻底划清界限之前，在没有给韦尔凯尔[60]、伊茨施泰因[61]及其伙伴们留下一定的训示之前，当然是不能进坟墓的。我们这位“自满的无孔不入的人”在“温和的讽刺诗”中的下面一些诗句里找到了这一训示（见第319页）：

这只不过是旧日的污秽，
你们要变得更聪明！
若要永久不踩这块地方，
你们就继续前行！[62]

歌德发表了这样一种见解：“没有什么比**多数**更讨厌的了，因为它是由少数有力的首领、一些随机应变的骗子、被同化的弱者，以及尾随在他们后面的、完全不知道自己需要什么的群众所组成的。”[63]这种见解实在庸俗，它的特点是仅仅在德国这样的小国家里才能有的无知和近视，但在格律恩先生看来，它竟是“对最近的（即当代的）[64]法制国家的批判”。这一批判的重要性，可以“在，例如，任何一个众议院里”得到确证（第268页）。这样看来，法国众议院之“腹”[65]只是由于无知才那样深切地关心自己和自己的同类。在几页以后（第271页）就会看到“**七月革命**”在格律恩先生看来原来是“命定了的”，而早在第34页上**关税同盟**[66]就已经受到严厉的指责，因为它“为了稍事加强王座（!!）的支柱，即加强自由主义的金融巨头们的势力（大家知道，在一切关税同盟国家里，自由主义的金融巨头是同“王座”敌对的），而使得赤身露体的受冻者用以遮盖自己的赤身裸体的破衣褴衫**更加昂贵**”。大家知道，当问题涉及反对保护关税[67]或资产阶级某种别的进步措施的时候，德国小市民总是把“赤身露体的受冻者”提在前头，而“人”也附和小市民的意见。

关于“人的本质”，歌德对社会和国家的批判通过格律恩先生的介绍给了我们一些什么样的解释呢？

首先，照第264页上的说法，“人”对于“有教养的阶层”总是怀着深厚的敬意，对于上层贵族更是毕恭毕敬。其次，他的特点是极端畏惧一切巨大的群众运动、一切强大的社会运动；当运动迫近时，他不是胆怯地躲在火炉背后，就是急忙卷起铺盖溜之大吉。当运动在进行的时候，它对他来说只是一个“苦痛的经验”；但是运动刚一过去，他就从容不迫地站在舞台前面，用海格立斯的巨掌打耳光（这些耳光的声音只是现在他才感到那样的悦耳），并且认为所发生的一切都是“极其可笑的”。同时他全神贯注在“光明磊落地挣来的和光明磊落地获得的地产”上面，此外，他具有非常“善于持家的爱和平的天性”；他谦逊，知足，希望不要有什么暴风雨来打扰他享受他那微小的宁静的乐趣。“人是乐意生活在狭隘的环境里的”（第191页；这是“第二部分”的**第一句话**）；他什么人也不羡慕，只要让他安静地生活，他就谢天谢地。一句话，这个“人”（我们已经知道，他是道地的**德国人**）渐渐和**德国的小市民**一模一样了。

歌德对社会的批判通过格律恩先生的转述实际上变成了什么呢？“人”认为应该归罪于社会的是什么呢？首先，就是社会不符合于他的幻想。而这些幻想恰恰是那些喜欢空想的小市民的幻想，尤其是年轻的小市民的幻想。如果小市民的现实不符合这些幻想，那不过是因为幻想只是幻想而已。然而，这些幻想本身却更加符合小市民的现实。这些幻想和现实的不同只不过象空想中的某一状态和这一状态本身的不同一样，因而今后也就谈不上使它变为现实了。格律恩先生对“维特”的解释就是这方面的一个令人信服的例子。

其次，“人”所攻击的是一切威胁德国小市民制度的东西。他对革命的全部攻击就是小市民的攻击。他对自由主义者、对七月革命、对保护关税的憎恨极明显地表现出受压制的保守的小资产阶级对独立的进步的资产阶级的憎恨。现在再举两个例子来说明这一点。

大家知道，小市民阶层的兴盛是和行会制度[68]分不开的。在第 40 页上格律恩先生以歌德的即“人”的精神说道：“在中世纪，同业公会把**一个强者**同其他**强者**联合起来，从而给前者以保护。”在“人”看来，当时参加行会的市民都是“强者”。

但是行会制度在歌德的时代已经处于衰落状态，竞争已经从四面八方侵入了。歌德这个真正的小市民在他的回忆录中的一个地方[69]（格律恩先生在第 88 页上引证了这个地方），对正在开始的小市民阶层的分化、富裕家庭的没落、由此而引起的家庭生活的瓦解、家庭纽带的松弛以及在文明国家里受到应有的卑视的其他各种市民的不幸，倾泻出令人心碎的哀鸣。格律恩先生在这个地方看出了对当代社会的卓越批判，他喜不自胜，竟把这段引文里的全部“人的内容”加上着重号刊印了出来。

现在我们来看看歌德身上的实际的“人的内容”。我们现在可以前进得快一些，因为我们已经找到了“人”的足迹。

首先必须指出一个令人高兴的发现：“威廉・麦斯特从父母家里逃出”，“爱格蒙特”[70]里的“布鲁塞尔市民维护自己的权利和特权”，都不过是为了“成为人”，而不是由于别的什么原因（第 XVII 页）。

格律恩先生在蒲鲁东的道路上已经抓住了歌德老人一次。在第 320 页上他幸运地又一次抓住了他！

“他所希望的，我们大家所希望的，就是拯救我们的个性，就是真正的**无政府状态**；关于这一点歌德说道：

为什么却在最新的世界里
无政府状态是这样中我的心意？
每个人随心所欲地过活，
这也就是我的得获……”[71]

格律恩先生简直高兴得有些飘飘然了，因为在歌德那里也能找到由蒲鲁东首创并为德国“真正的社会主义者”热烈接受的这个真正“人的”社会的无政府状态。然而这一次他失算了。歌德在这里说的是已经存在的“在最新的世界里的无政府状态”，它“是”他的得获，每个人都可以依据它随心所欲地生活，也就是说，他所说的是那种由于封建制度和行会制度解体、由于资产阶级兴起和有教养的阶级的社会生活中的宗法制度[72]被废弃而出现在日常生活中的独立性。就是从**语法**上来推究，这里也谈不上格律恩先生所心爱的**将来的**无政府状态（更高意义上的无政府状态）。歌德在这里谈的根本不是“他所希望的”东西，而是他所发现的东西。

但是，这一点小小的失策算不了什么。我们还可以举出“财产”[73]这首诗来。

我知道，归我所有的，
只是从我的灵魂里

自然流露的思想，
以及良善的命运，
使我彻底享受的
每个幸福的瞬间。

如果看不到，在这首诗里“迄今存在的财产正在象烟一般地消失”（第 320 页），那末格律恩先生的理解力就完全不起作用了。

不过，让格律恩先生的这些细小琐碎的注释游戏去他的吧。它们实在多得不可胜数，而且一个比一个离奇。我们最好还是再来仔细瞧一下“人”吧。

我们已经听到，“人是乐意生活在狭隘的环境里的”。小市民也是如此。

> “歌德的最初的一些作品都带有**纯粹社会的**（即人的）[74]性质……歌德珍视**最靠近身边的、最不引人注意的、最舒适的东西**。”（第 88 页）

我们在人身上发现的第一件实际的东西，就是他的“最不引人注意的、最舒适的”、平静的小市民生活中的乐趣。

> 格律恩先生概述歌德的话：“如果我们在世界上找到一个地方，能够安安静静地生活和占有自己的财产，能够有足以供养我们的田地，能够有栖身之所，难道那里不就是我们的祖国吗？”

于是格律恩先生就大声喊道：

> “难道这些话不正是确切地表达出了我们今天的期望吗？”（第 32 页）

“人”无疑是穿着 à la propriétaire〔有产者式样的〕大礼服，但同时却暴露出自己是个道地的小市民。

谁都知道，德国市民只是在青年时代曾经迷恋过一会儿自由。“人”也有同样的特点。格律恩先生满意地指出，歌德在晚年“咀咒过”[75]那早在“葛兹”这部“放荡不羁的少年人的著作”里就已迸发出的“对自由的向往”，他甚至 in extenso〔详尽地〕引证了歌德的怯懦的否认（第 43 页）。格律恩先生所谓的自由是什么，可以从下面的事实看出来：他在这里把法国革命所宣布的自由和歌德在瑞士旅行期间[76]的瑞士人的自由，即把现代的立宪民主的自由和中世纪帝国城市[77]里的贵族和行会的统治，甚至和阿尔卑斯山游牧部落的古日耳曼人的粗野看做同一个东西。伯尔尼高原上的山岳人同国民公会里的山岳派[78]就是从名字上来看也毫无区别！

可敬的市民是一切轻佻和渎神行为的大敌，“人”也是如此。作为真正市民的歌德既然在各个地方都谈到这一点，那末在格律恩先生看来，这就是“歌德的人的内容”。为了使读者确信这一点，格律恩先生不但收集这些珍珠，而且在第 62 页上把他自己的某些宝贵启示也补充上去，例如，“渎神者……都是草包和蠢货”等等。这使他的心即“人”和市民的心感到无上的光荣。

市民离了“心爱的君主”，离了亲爱的国父，就不能生活。“人”也是如此。因此，连歌德

（在第 129 页上）也把卡尔-奥古斯特[79]视为“卓越的国王”。而英武的格律恩先生在 1846 年还热中于“卓越的国王”呢!

每个事件，只要直接涉及市民的私人生活，市民对它都感兴趣。

> “甚至日常的事件，在歌德看来，都成为对他的**市民的舒适**不有害就有利的外在的对象；它们能够引起他的美学方面的或**人的**兴趣，但绝不是政治的兴趣。”（第 20 页）

“因此，”一当格律恩先生发现，某一事物“对他的市民的舒适不有害就有利”，他“就对这一事物感到人的兴趣”。格律恩先生在这里极其直率地承认，市民的舒适对于“人”是最主要的东西。

…………

最后我们还要说明一点。如果我们在上面只是从一个方面观察了歌德，那末这完全是格律恩先生的罪过。他丝毫没有描写歌德伟大的一面。对于歌德的一切确实伟大的和天才的地方，例如，“浪荡公子”歌德的“罗马哀歌”[80]，格律恩先生不是匆匆地一闪而过，就是滔滔不绝地说一通言之无物的废话。但是他却以他少有的勤勉去搜罗一切庸俗的、一切小市民的、一切琐屑的东西，把所有这些收集在一起，用真正文学家的笔法加以夸张，并且每当他有可能利用歌德的权威，而且还常常是被歪曲了的歌德的权威来支持自己的狭隘性的时候，他就兴高采烈起来。

歌德每次和历史面对面时就背弃它，历史为此而给歌德的报复，并不是门采尔的叫骂和白尔尼的狭隘的辩驳。不是的，正如

> 蒂妲妮亚在仙宫，
> 发现自己在波顿的怀抱里，[81]

歌德也一度发现自己在格律恩先生的怀抱里。格律恩先生的辩解，他对歌德的每一句庸俗的言语所嘟嘟囔囔地说出来的感激不尽的话，这才是被侮辱的历史所能给予最伟大的德国诗人的最残酷的报复。

不过格律恩先生“死可瞑目，因为他没有玷污做人这个使命。”（第 248 页）

［注　释］

［1］关于这篇书评，恩格斯在 1847 年 1 月 15 日写给马克思的信中曾说道：“我将要改写关于格律恩论歌德的文章……这本书十分能说明问题，格律恩把歌德的一切**庸人**习气颂扬为**人的东西**，他把作为法兰克福人和**官吏**的歌德变成了‘真正的人’，而同时对于一切伟大的和天才的东西他却避而不谈，甚至加以唾弃。这样一来，这本书就提供了一个最光辉的证据：**人＝德国小资产者**。”（《马克思恩格斯全集》，第 27 卷，89 页，北京，人民出版社，1972）恩格斯的这篇文章，原打算改写后用于《德意志意识形态》第 2 卷的，但后来没有收入该著作，而同《卡尔·倍克“穷人之歌”，或“真正的社会主义”的诗歌》一文一起，刊载于《德意志布鲁塞尔报》（1847 年 9 月—12 月）上。

［2］歌德　约翰·沃尔夫冈·歌德（1749—1832），著名的德国诗人、剧作家、思想家。1749 年生于莱茵河畔法兰克福市一个中产阶级家庭，父亲得过法学博士学位，当过这个城市的参议员，母亲是法

兰克福市长的女儿。歌德青年时代曾积极投入18世纪70年代德国反对封建制度、争取个性解放的文学运动——“狂飙突进”运动，并成为这个运动的领袖。歌德大学毕业后，于1775年10月接受魏玛公爵的邀请，在魏玛公国供职达十年之久，先后任廷臣、枢密顾问和宰相，曾推行一些进步措施，但在文学创作上，却是沉默时期。1786年，他到意大利去旅行，相继访问了威尼斯、佛罗伦萨、罗马等文化古城，研究了古代艺术，接触了民间生活。1788年，他回到魏玛后，主要从事文艺创作和科学研究。1789年的法国资产阶级革命，震动了德国。歌德开始肯定和歌颂这场革命，但当革命进一步深入，他就一变而对革命憎恨了。18世纪90年代，歌德和席勒建立了文字之交，两人互相帮助，共同合作，各自完成了他们的重要作品。歌德在晚年埋头创作，完成了巨著《浮士德》。1832年3月22日歌德逝世。歌德一生创作了大量文学作品，代表作有历史剧《葛兹·冯·伯里欣根》，小说《少年维特之烦恼》《威廉·麦斯特》，诗剧《浮士德》等。

[3] 莱辛　哥特霍尔德·埃夫斯拉伊姆·莱辛（1729—1781），德国资产阶级启蒙运动时期的代表作家，文艺批评家。他的代表作是表现反封建思想的市民悲剧《爱密丽亚·迦绿蒂》和反映资产阶级人文主义思想的《智者纳旦》。文艺理论著作主要有《拉奥孔》和《汉堡剧评》等。

[4] 格律恩　卡尔·格律恩（1817—1887），德国小资产阶级政论家，“真正的社会主义”代表人物之一。原属于青年黑格尔派，费尔巴哈信徒。19世纪40年代中期，他把“真正的社会主义”学说同蒲鲁东主义结合起来，对当时工人运动和“正义者同盟”巴黎小组产生了极其恶劣的影响。著有《法兰西和比利时的社会运动》（1845年）一文，马克思、恩格斯在《德意志意识形态》中曾对它进行全面的批判。格律恩曾参加1848年德国革命，并任普鲁士国民议会议员。

[5] caput mortuum　拉丁文，原意是“骷髅”，转意是无用的残渣、废物。

[6]“浮士德”中的侏儒　侏儒，本义是矮小的人。这里指《浮士德》第二部里，浮士德的学生瓦格纳运用中世纪炼金术在坩埚里制造出来的小人，名叫何蒙古鲁士。这个“人造人”没有形状，只是曲颈玻璃瓶里的一个发光的胎形儿。它发的光曾照着失了魂的浮士德神游希腊，后来玻璃瓶撞上海神的女儿迦拉苔的车子，破裂燃烧，终至毁灭。

[7] 黑格尔所使用的那种意义　黑格尔青年时代曾幻想恢复古代的民主制度，因此曾对当时德国专制制度采取批判态度。他摒弃中世纪基督教艺术，认为古希腊文化艺术实现了内容与形式的和谐统一。因此他主张在古希腊文化艺术的基础上建设新的文化艺术。他使用“人的”这个词，指的是古代希腊人。

[8] 同异教的和基督教的野蛮人相对立的希腊人　文艺复兴以来，一些资产阶级学者把受异教（指占统治地位的基督教以外的宗教）和基督教束缚的中世纪人称为野蛮人，而十分推崇创造了灿烂完美的古典文化的古希腊人，认为古希腊人是文明人类的代表。

[9] 费尔巴哈赋予这些术语以神秘的哲学内容　路德维希·费尔巴哈哲学的核心是人本主义。他以生物学的观点来考察人，否定人的社会性、阶级性，赋予“人”这个字眼以神秘主义的色彩，这实际上是把生活在现实中的感性的人归结为一种抽象的人。“真正的社会主义”学说正是以费尔巴哈的这种抽象的人作为出发点的。

[10]“伊菲姬尼亚”　歌德旅居意大利时于1787年写成的一部悲剧。它取材于希腊神话，全名《伊菲姬尼亚在陶里斯岛上》。剧本描写主人公阿伽门农的女儿伊菲姬尼亚的生活遭遇和对希腊故土的怀念，表达了作者对当时德国社会的不满情绪和渴望祖国统一的信念。

[11] 葛兹　葛兹·冯·伯利欣根，歌德同名悲剧中的主人公。伯利欣根在历史上是16世纪德国的一个没落骑士，他拥护皇权，反对国家的分裂，对专横跋扈的诸侯和僧侣不满。他在以闵采尔为首的德国农民战争中，曾被迫参加起义军，并一度成为一支重要农民起义军——华美白军的总指挥，但他始终不同意起义农民的革命方法和革命行动，与农民队伍格格不入，后来他背叛了农民起义军。歌德以这个历史人物作为悲剧的主人公，把他写成一个对诸侯作战、反封建、争自由的英雄。歌德通过这部作品“向一个叛逆者表示哀悼和敬意”（《马克思恩格斯全集》，第2卷，634页，北京，人民出版社，1957）。

[12] 普罗米修斯　原为希腊神话传说中的一位因窃天火给人类而遭到天帝宙斯惩罚的英雄。歌德于1773年创作的诗剧《普罗米修斯》，以这个不畏强暴的英雄为主人公，通过这个形象突出地表现了反封建精神。

[13] 靡非斯特非勒司　《浮士德》中的魔鬼形象，歌德通过它对德国腐朽的封建专制制度进行了辛辣的嘲笑。

[14]“温和的讽刺诗”　歌德晚年创作的格言诗集，其中大部分作品反映了歌德对德国丑恶现实的妥协。

[15]“化装游行”　歌德为魏玛宫廷剧院创作设计的各种化装舞会的节目汇编。他曾任该剧院的经理、导演。

[16] 席勒　约翰·克里斯多夫·弗里德里希·席勒（1759—1805），德国文学古典时期的重要代表人物，著名诗人和剧作家。他青年时期参加“狂飙突进”运动，创作了剧本《强盗》《阴谋与爱情》等具有强烈的反封建精神的作品。1791年以后，席勒转而研究康德哲学，躲入了康德“绝对命令”的理想王国，致使他的作品表现出一种沉湎于不能实现的理想的庸人倾向。

[17] 康德的理想　康德从他的先验唯心主义哲学观点出发，认为人生来就有一种先验的、普遍的、永恒不变的、至高无上的“善良意志”，它是“绝对命令”，指挥着人们的一切行动。它要求人们只问引起行为的意志和动机是否善良，而不问行为的条件和效果，因此，它是无条件的、“绝对的”。正如康德在认识论上把主观与客观、认识和实践、现象和本质等等割裂开来，他在伦理学上则把现实和理想、动机和效果等等割裂开来。马克思、恩格斯曾经指出：“康德只谈‘善良意志’，哪怕这个善良意志毫无效果他也心安理得，他把这个善良意志的**实现**……推到**彼岸世界**。”（《马克思恩格斯全集》，第3卷，211-212页，北京，人民出版社，1960）黑格尔也曾十分尖锐地批评过康德的这种所谓“善良意志”“绝对命令”，认为这都是软弱无力的，实际上是一种“不切实际的幻想”。他嘲笑这种思想是一种“美的灵魂”，这种灵魂“为了保持它的纯洁而逃避接触现实”。尽管黑格尔是从客观唯心主义的立场来批判康德的，但他指出康德的这种思想脱离现实、软弱无力，却是中肯的。

[18] 白尔尼　卡尔·路德维希·白尔尼（1786—1837），德国激进的小资产阶级政论家、新闻记者、文艺批评家。他是19世纪30年代“青年德意志”文学运动的积极参加者。他痛恨暴君，主张建立能够给予人民自由的德意志共和国。但他从激进主义的立场出发，在《巴黎书信》等文章中对歌德进行了攻击。他责备歌德对资产阶级革命持怀疑态度，创作中缺乏自由主义的“倾向”；说歌德不过是一个“押韵的乡愿”。白尔尼晚年成为基督教社会主义的拥护者。

[19] 门采尔　沃尔弗干格·门采尔（1798—1873），德国资产阶级文艺批评家，19世纪20年代是自由主义者，后来反对“青年德意志”文学运动并成为反动作家，因恶毒攻击歌德而臭名远扬。

[20] 拿破仑清扫德国这个庞大的奥吉亚斯的牛圈　“奥吉亚斯的牛圈”出自希腊神话。神话中厄利斯国王奥吉亚斯有个大牛圈，极其肮脏，养牛3 000头，30年没有打扫。这里比喻极其肮脏的地方。“拿破仑清扫德国这个庞大的奥吉亚斯的牛圈”，喻指拿破仑一世对德国的占领，客观上起到了破坏德国境内封建专制制度和打破长期闭塞停滞状态的积极作用。

[21] menus plaisirs　法文“小小的乐趣”。

[22] 米诺斯　古希腊神话中冥府的审判官。——译者注

[23]“教义问答讲授”　歌德的诗作之一。

[24]〔财产就是盗窃〕——这才是真正的蒲鲁东　比埃尔·约瑟夫·蒲鲁东（1809—1865），法国小资产阶级政论家、经济学家和社会学家，无政府主义的创始人之一。蒲鲁东是小资产阶级利益的保卫者，首先是小农和小手工业者利益的保卫者。他从这一立场批判了资本主义所有制。他在1840年发表的《什么是财产》一书中所说的“财产就是盗窃”这句话，指的就是这种所有制形式。蒲鲁东的这句名言是从法国大革命时政治活动家布里索的著作《哲学研究·论自然界和社会中的所有权和盗窃》（1780年）中

抄来的，这说明他的观点并没有超出一般资产阶级的眼界。蒲鲁东写的第二部著作《贫困的哲学》，认为社会改造的目的就是通过改良的办法，消除资本主义的“坏的”方面，保留它的“好的”方面。这显然是一种“小市民的幻想”。马克思曾经在他写的《哲学的贫困》和《共产党宣言》等著作中，对蒲鲁东的理论进行了彻底的清算。格律恩与马克思相反，他不仅没有对蒲鲁东采取批判态度，反而吸收了蒲鲁东的理论，极力使自己的所谓“真正的社会主义”学说同蒲鲁东的学说结合起来。

[25] 勒维烈　乌尔班·让·约瑟夫·勒维烈（1811—1877），法国天文学家，曾任巴黎天文台台长。他观测到天王星运行的不规则性，并和英国天文学家亚当斯同时独立地用数学方法推算出那时尚未发现的海王星的位置。为此，他获得一枚英国皇家学会的柯普莱勋章。

[26] 杰克逊　查理·托马斯·杰克逊（1805—1880），美国化学家。他建议波士顿医生摩顿使用二乙醚做麻醉剂。摩顿于1846年10月16日首次获得成功。

[27] 大十字勋章　拿破仑战争中，授予作战有功的军官、将军和元帅的勋章。——译者注

[28] **“市民将军”**　歌德于1793年创作的一部独幕喜剧。写一个名叫施纳普斯的农村理发师冒充雅各宾党的将军，向另一个农民讲解如何进攻，把柜子当作堡垒，目的是喝里面的牛奶。为此农民主人大为恼火，两人便厮打起来。歌德以此来诋毁和嘲笑法国革命。

[29] **“维特”**　即歌德青年时代用第一人称书信体裁写的小说《少年维特之烦恼》。小说描写维特和绿蒂的爱情以及维特失望自杀的悲剧。作者通过这个爱情故事，反映了个性解放的要求，表示了他对封建专制制度的抗议；但小说描写维特的自杀的结局，也反映了作者对封建制度批判的软弱性。这部作品是歌德在“狂飙突进”时代创作的典型作品之一。

[30] 泛神论　一种把神融化在自然界中的哲学观点。它认为神不在自然界之外，而是在自然界之中，神就是自然界本身。十六七世纪，西欧的唯物主义自然观迫于宗教势力的压力，往往采取泛神论的形式，在神学的外衣下宣传唯物主义学说，当时泛神论的主要代表有意大利哲学家布鲁诺（1548—1600）和荷兰哲学家斯宾诺莎（1632—1677）。

[31] [32] 括弧里的话是恩格斯的。——译者注

[33] “奇闻异事……才是令人惊奇的事情！”　这段话见歌德的《瑞士通讯》（1797年）第一部。《瑞士通讯》是继《少年维特之烦恼》之后的又一部书信体小说。这些信是假托在《少年维特之烦恼》中的主人公维特的书信中发现的。

[34] 市民　即城市居民。欧洲封建社会后期，由于手工业和商品经济的发展，城市开始兴盛起来。城市居民主要是手工业者和商人，还有一部分从封建领主那里逃亡到城市谋生的农奴。市民经过反对封建领主、要求各种改革的长期斗争，终于获得被法律承认的自由。随着商品经济的不断发展和资本主义生产方式的形成，又从这个城市的自由居民中产生出最初的资产阶级。因此，一般所说的市民阶级即指的是初期的资产阶级，而小市民则指的是小资产阶级。最初的无产阶级也是从市民中分化而成的。

[35] 法国革命　指1789年法国资产阶级大革命。

[36] 马基雅弗利主义　指16世纪意大利政治家尼古洛·马基雅弗利（1469—1527）所宣扬的一种政治主张。马基雅弗利于1513年写的论文《霸术》（又译为《君主论》），主张不必重视诺言和道义，而要重视力量，因为力量比法律更重要。后来人们把崇拜暴力、不讲信义、不择手段、专事权谋的政治作风，称为马基雅弗利主义。

[37] **“斯苔拉”**　歌德于1775年写的一个悲剧。女主人公斯苔拉和费南多以及她的近亲凯西莉，陷入三角恋爱纠纷。最后各自寻找不同的解脱办法：费南多用手枪自杀，斯苔拉服毒自杀。只有凯西莉采取消极态度，得以脱身。

[38] 威廉·麦斯特　歌德同名小说中的主人公。这部小说分两部分：《威廉·麦斯特的学习时代》（写于1777年到1785年）和《威廉·麦斯特的漫游时代》（写于1821年到1829年）。麦斯特是德国市民阶层的代表，他少年离家入剧团，从事戏剧活动，受到挫折而失望，后来加入一个由一些开明贵族组成

的团体，从事社会改良活动，成为一个能干的人物。在这个人物身上，反映了市民阶层的理想，实际上也就是歌德的理想，这说明歌德思想的局限性。

[39]“法兰克福学术通报”上发表了一篇文章　《法兰克福学术通报》是1772年到1790年间于法兰克福出版的一份杂志。1772年歌德与一些进步作家和学者曾任该杂志的编辑委员。同年歌德在该杂志上发表对阿·封·约赫所著《论土耳其法律中的奖励和处罚》一书的评论，其中把自由（即不否认内在必然性）和个人专横这两个概念加以区别。

[40] 博士论文　歌德于1770年至1771年在斯特拉斯堡大学用拉丁文写成，题为《每个立法者都有义务确定一种僧俗都须遵行的礼拜仪式》。

[41] 七哩靴　德国童话中的巨人之靴，可以一步七哩（英里），相传能渡海腾云，瞬息即达。

[42] 二行诗　一种德国古典格律诗体，每二行诗为一句，每行用六脚韵律或五脚韵律作成。

[43]“法兰西之战”　歌德写的政治性散文，记录了他1792年4月初跟随魏玛公爵参加奥地利、普鲁士联军入侵法兰西的经过，反映了歌德对法国革命和国家政体改革的敌视态度，内容极为反动。

[44]“私生女”　歌德1803年写的诗体悲剧，描写法国路易·弗朗莎瓦亲王的私生女，在她父亲死后，致力于争取法王承认她是法国王室合法成员，始终未成，最后被她同父异母的哥哥强迫嫁给平民。歌德站在同情女主角的立场，攻击法国革命。

[45] 毕舍　菲力浦·毕舍（1796—1865），法国小资产阶级历史学家，后来成为基督教社会主义思想家之一，圣西门的信徒。1830年到1848年法国路易-菲力浦执政时期，他主张由“国家帮助”建立生产合作社来实现社会主义。

[46] 引自歌德的诗集《威尼斯警句》。——原书注

[47] [48] 括弧里的话是恩格斯的。——译者注

[49]**“美茵兹的被困”**　歌德于1793年写的一部散文作品，又译为《围攻美茵兹》。1792年，普鲁士组织联军参与镇压法国革命，法军反攻，一举进入普鲁士境内，占领美茵兹城。第二年，普军重新聚集力量于4月15日开始反攻。魏玛公国卡尔·奥古斯特公爵率领1 000多人参战，歌德随军参加。7月23日法军投降，歌德随军进城。他把这段经历用散文记载下来，命名为《围攻美茵兹》。

[50] 普鲁士国王　指弗里德里希·威廉二世（1770—1840）。

[51] 里茨　普鲁士国王威廉二世的侍从官长。

[52]**“流亡者”**　歌德写于1794年到1795年的一篇散文作品，又译为《逃亡德意志的人们》。它叙述法国大革命期间，法国贵族逃亡德国普鲁士境内的情况。歌德站在同情逃亡者的立场，反对法国革命。

[53] 括弧里的话是恩格斯的。——译者注

[54]**“赫曼与窦绿苔”**　歌德于1797年写成的一部描写德国农村市镇生活的叙事诗。作品描写18世纪90年代法军进占莱茵后，一个难民姑娘窦绿苔和当地一家饭馆的小老板赫曼的爱情故事，把赫曼一家和平、恬静、优美的田园生活和那些在战争年代的难民的离乡背井、仓皇逃命的情景相对比，反映出他对法国革命的否定态度，以及对小市民生活的颂扬。因此，恩格斯称这部作品为“市民牧歌”。

[55] 长裤汉军队　长裤汉（法文 sans-culottes 是不穿短裤的意思）是18世纪法国资产阶级革命时贵族对革命者、共和党人所起的绰号，因为他们和穿天鹅绒短裤的贵族不同，穿的是粗布做的长裤。长裤汉军队就是指当时法国的革命军队。——译者注

[56] 引自《赫曼与窦绿苔》第9章《乌拉尼亚》。

[57]“马赛曲”　原名《莱茵军战歌》，1792年斯特拉斯堡驻军军官卢日·得·利勒所作。后经改易成为法国国歌。

[58] 黑格尔．历史哲学．北京：生活·读书·新知三联书店，1956：108.

[59] **国民公会**　法国大革命期间的最高立法机关。

[60] 韦尔凯尔　卡尔·泰奥多尔·韦尔凯尔（1790—1869），德国法学家、自由派政论家，1848年

到 1849 年法兰克福国民议会议员。

[61] 伊茨施泰因　约翰·亚当·伊茨施泰因（1775—1855），德国政治活动家，巴登议会中自由主义反对派领袖之一。

[62] 引自歌德的《温和的讽刺诗》第五首。

[63] 引自歌德的《论自然科学。一些见解和格言》。

[64] 括弧里的话是恩格斯的。——译者注

[65] 法国众议院之“腹”　指路易-菲力浦时代法国国民代表议会中支持基佐政府的反动多数派。

[66] **关税同盟**　指当时德意志各邦所建立的关税同盟。德意志新兴的工业资产阶级，为了抵制英、法工业品的输入，于 1818 年迫使政府实行了保护关税的政策，并于 1834 年成立了德意志各邦的关税同盟，这个同盟对后来实现全德意志政治上的统一起了促进作用。

[67] 保护关税　以保护本国工农业发展而实行的关税政策。资本主义上升时期，美、德等后起的资本主义国家，为了保护本国工业，抵制英国的竞争，都采用过保护关税政策。

[68] 行会制度　封建制度下手工业者和商人的一种联合组织。在封建社会商品经济相当发展的条件下，手工业者或商人为了避免彼此之间激烈的竞争，由同行业或相关行业建立行会组织，共同规定各自的生产和业务范围，以保护同行业的利益。行会规定入会者必须共同遵守种种条规。行会建立之初，对工商业的发展不受封建主的侵害，曾起过一定作用。但因为它本身带有封建垄断性质，因循守旧，眼光狭隘，在商品交换范围扩大后，就成了生产力发展的障碍。随着资本主义生产的发展，行会也就逐渐瓦解了。

[69] 回忆录中的一个地方　见歌德自传《诗与真》第 7 卷。

[70]“爱格蒙特”　歌德于 1788 年写的一部历史悲剧。它描写 16 世纪尼德兰（荷兰）人民在爱格蒙特伯爵领导下为反抗西班牙统治、维护民族权利而进行的斗争。歌德在这个剧本中表现了他热爱自由和独立、反对民族压迫的思想，但也反映了他看不到人民力量的局限性。

[71] 引自歌德的《温和的讽刺诗》第 4 节。

[72] 宗法制度　封建社会中以家族为中心，按血统远近区别亲疏、分配权益，以维护贵族世袭统治的制度。

[73]“财产”　歌德的诗作。

[74] 括弧里的话是恩格斯的。——译者注

[75] 咀咒　应为“诅咒”。

[76] 歌德在瑞士旅行期间　歌德曾于 1775 年、1779 年、1797 年三次去瑞士旅行，当时瑞士属于神圣罗马帝国。

[77] 中世纪帝国城市　又叫自由帝国城市，是中世纪德国的直接由皇帝管辖的城市。

[78] 伯尔尼高原上的山岳人同国民公会里的山岳派　伯尔尼，瑞士西部的一个州，在阿尔卑斯山地区，这里是双关语。德文中这个字的原意是“山民”；同时又用来称呼 18 世纪末法国资产阶级革命时期国民公会中的山岳派，即雅各宾党人。

[79] 卡尔-奥古斯特　魏玛大公。

[80]“罗马哀歌”　歌德于 1790 年写成的一部回忆意大利旅行生活的诗作。意大利旅行期间，诗人接触了生动丰富的民间生活，这使他的思想感情发生了很大的变化，对创作也发生了有益的影响。这部诗作批判了当时社会上所流行的禁欲主义、宗教信仰和市民道德。

[81] 引自歌德《警句集》中的四行诗《警句》。蒂妲妮亚和波顿都是莎士比亚的喜剧《仲夏夜之梦》中的人物。仙王奥白朗为了报复仙后蒂妲妮亚拒绝把一个孩子给他做侍童，就把普通织工波顿变成一头驴子，让蒂妲妮亚去向他求爱。

讲解

德国的伟大作家、天才诗人歌德的世界观和思想无疑是有两面性的。既有体现社会发展方向的新兴市民阶级的先进思想，也存在着阻滞历史进步的德国小市民的鄙俗气和封建贵族的庸人气。卡尔·格律恩在他的《从人的观点论歌德》一书中，从抽象的人的观念出发来评论歌德。格律恩抱着固执的狭隘的小市民偏见，为了把小市民的意识形态、思想体系和社会制度合法化和理想化，故意一方面将歌德身上的所谓的“人的东西”加以吹捧和颂扬，一方面又将歌德思想中的伟大的天才的人文精神加以抹杀，进行歪曲、改制和摈弃。文学创作和文学评论的功能和作用从来不可能囿限于文学本身。恩格斯通过对格律恩对歌德的歪曲的揭露和批判，不仅对廓清无产阶级革命的思想障碍具有重要的政治意义，而且对正确开展文学评论和文学研究也具有原则性的指导意义。

恩格斯的《卡尔·倍克“穷人之歌”，或“真正的社会主义”的诗歌》写于1846年底至1847年初，《卡尔·格律恩“从人的观点论歌德”》约写于1847年1月15日至9月到12月之间。恩格斯在1847年1月15日写给马克思的信中说：“我将要改写关于格律恩论歌德的文章。”“关于格律恩论歌德的文章”当是《卡尔·格律恩“从人的观点论歌德”》。这篇文章，又同《卡尔·倍克“穷人之歌”，或“真正的社会主义”的诗歌》一起刊载于《德意志布鲁塞尔报》(1847年9月—12月)。两文的写作时期相同或相近，因而就不另写《卡尔·格律恩“从人的观点论歌德”》的写作背景，读《卡尔·格律恩“从人的观点论歌德”》，请参看《卡尔·倍克“穷人之歌”，或“真正的社会主义”的诗歌》写作的历史背景。

一、人学观点和批评模式

格律恩的《从人的观点论歌德》所宣扬和散布的人学观念的性质是唯心主义的。格律恩所说的“人”是经过包装的被抽象化了的人。这种人表面上看来是脱离历史、社会和现实生活的。格律恩正是把歌德说成抽象的人的代表者和这种抽象的人的利益和愿望的代言人。他所推崇的正是歌德所谓的作为“人的诗人”所表现出来的“人的内容”和“人的东西”及其借以展示出来的“完美的人性”。

尽管作为天才的作家和诗人的歌德的身上必然或至少无法完全摆脱德国的社会风气和费尔巴哈的人本主义思想的濡染和影响，他对人的理解和表现也会一定程度上流露出抽象的人的意向，但他的文学创作的现实主义精神促使他在观察和描写人的时候，总是打上他所属的那个时代的社会的历史的烙印，具体化为现实生活中的有血有肉的人。格律恩不仅把歌德加以抽象化，而且对歌德所描写的人进行理论抽象，概括为一种生理学意义上的、只具有肉体组织的“纯粹的人”，并把德国人的解放说成“纯粹德国人的解放”。实际上，歌德作为德国当时启蒙主义，即“狂飙突进”运动的旗手通过文学创作宣扬的人的个性解放，批判锋芒直指已经腐朽了的封建社会制度。可见，他的创作和作品所表现的人和人们之间的阶级关系是富有时代感的德国现实的人的生态和心态，而绝不是什么抽象的带有神秘性质的云雾中的人的精神幻想的飘荡和翱翔。格律恩正是把歌德和歌德所表现的人说成普泛的抽象的人，将歌德打扮为**“人的诗人”**、具有“除了**人的**内容外没有别的内容”的那种**“完美的人性”**、能够体现**“人类的真正法典”**和**“人类社会的理想”**。恩格斯指出：“在歌德身上发现‘人’的功劳正是应该归于格律恩先生的，但这个人不是男人和女人所生的、自然的、生气蓬勃、有血有肉的人，而是在更高意义上的人，辩证的人，是提炼出圣父、圣子和圣灵的坩锅中的 caput mortuum，是‘浮士德’中的侏儒的……〔堂兄弟〕，总之，不是歌德所说的人，而是格律恩先生所说的‘**人**’。”格律恩所说的包括歌德在内的这种人是“高高地站在革命之上”的“空喊自由”的人；是“热爱和平”、拥有地产、追求“舒适”、把“革命风暴宣布为‘专横’，宣布为‘阴谋者、嫉妒者’等等的勾当”的人；是对“自由主义者怀着多么深的敌意”的人；是面对由于法国革命军队而逃难的农民的狼狈状态产生“最纯正的快感”的人；是对有教养的上层贵族心怀敬意和毕恭毕敬，畏惧和躲避“一切巨大的群众运动”的人；是在革命风暴平静之后“用海格立斯的巨掌打耳光”进行自我忏悔的人；是具有“善于持家的爱和平的天性”，“希望不要有什么暴风雨来打扰他享受他那微小的宁静的乐趣”的人；是幻想用“社会的无政府状态”来“拯救我们的个性”的人……恩格斯指出：“一句话，这个‘人’……渐渐和**德国的小市民**一模一样了。”格律恩的功劳在于“把歌德变成费尔巴哈的弟子和‘真正的社会主义者’”。实质上，格律恩所说的抽象的人一点也不空泛，正如恩格斯指出的，它只不过是经过包装和打扮的“变态的德国人”。这种“‘人’无疑是穿着……〔有产者式样的〕大礼服，但同时却暴露出自己是个道地的小市民”。这种人的本质和本性必然归罪于社会。因为“社会不符合……那些喜欢空想的小市民的幻想”，“然而，这些幻想本身却更加符合小市民的现实”。正因为德国的现实不符合小市民的幻想，“由此而引起的家庭生活的瓦解、家庭纽带的松弛以及在文明国家里受到应有的卑视的其他各种市民的不幸，倾泻出令人心碎的哀鸣”。格律恩从抽象的“人”的观点对歌德的评论表现出“富于幻想的好哭泣者对横跨在市民的现实和自己对这个现实所抱的同样是市民的幻想之间的鸿沟所发出的这种绝望的哀号，这些完全由于缺乏起码的经验而发出的悲叹”。

马克思、恩格斯并不一般地反对谈论人的幻想和人的解放。他们往往从人的共同性和普泛性出发来论证人的生存和发展的群体性的利益、要求和愿望。他们在《手稿》《神圣家族》和《德意志意识形态》中都论述了人的本性和人的需要问题。格律恩从费尔巴哈的抽象的人本主义泛爱原则和德国思辨哲学和幻想出发，用脱离社会、历史和现实的人的观念来评论和改制歌德，实际上宣扬一种经过理论抽象的德国小市民的人文幻想。他的文学批评的内容、标准和模式，只不过是他的人学观点、人学理念和人学意识的实践而已。恩格斯通过对格律恩的人学理论和文学评论的思想实质的揭露和批判，进一步确立了历史唯物主义的人学理论和现实主义的文学评论的基本原则和方法，具有重要的指导意义。

二、历史结构和思想结构

恩格斯指出：“歌德在德国文学中的出现是由这个历史结构安排好了的。”[1]这是一个十分深刻和精辟的观点。恩格斯运用历史唯物主义的原理，阐明了历史结构和思想结构的关系。历史结构中的物质结构影响和决定思想结构。历史结构中的经济结构和政治结构影响和决定文化结构。一定历史条件下的包括以物质形态和制度形态表现出来的社会结构又往往转换为现实生活中的社会风气和社会心理，这主要指马克思、恩格斯非常厌恶的弥漫和浸染整个德国社会的小市民的鄙俗气。这里包含下面一些意思：从历史结构而论，德国这个诸侯割据、贵族纷争、封建专权的小邦国家贫穷、落后而又分散。封建宗法制的生产方式根深蒂固；地主阶级强横但已腐朽；小生产的农务操作和小资产阶级的世俗传统和历史惰性占据着主导地位；新兴市民阶级的发育尚不成熟，处于软弱状态。这种包括经济政治因素在内的社会历史结构酿成一种怯懦和耽于幻想的鄙俗的社会风气和社会心理，以潜在和泛化的形式，左右着人们的生态和心态，也不可避免地决定着作家和作品的思想倾向。德国社会的包括经济结构、政治结构、文化结构、思想结构和心理结构在内的历史结构的多元性，决定了歌德的世界观和他的思想结构的复杂性。在歌德的精神世界中，既有新兴市民阶级的思想结构，也有小资产阶级的思想结构，还有封建贵族阶级的思想结构。他和他的作品的思想结构和思想倾向是一个多维度和多向度的集合体。

歌德的创作和作品的复杂性与歌德对德国的现实生活的态度的复杂性，在不同的时间、地点、条件和境遇下表现出明显相互矛盾的差异性。恩格斯指出："歌德在自己的作品中，对当时的德国社会的态度是带有两重性的。有时他对它是敌视的；如在'伊菲姬尼亚'里和在意大利旅行的整个期间，他讨厌它，企图逃避它；他象葛兹，普罗米修斯和浮士德一样地反对它，向它投以靡非斯特非勒司的辛辣的嘲笑。有时又相反，如在'温和的讽刺诗'诗集里的大部分诗篇中和在许多散文作品中，他亲近它，'迁就'它，在'化装游行'里他称赞它，特别是在所有谈到法国革命的著作里，他甚至保护它，帮助它抵抗那向它冲来的历史浪潮。""在他心中经常进行着天才诗人和法兰克福市议员的谨慎的儿子、可敬的魏玛的枢密顾问之间的斗争；前者厌恶周围环境的鄙俗气，而后者却不得不对这种鄙俗气妥协，迁就。因此，歌德有时非常伟大，有时极为渺小；有时是叛逆的、爱嘲笑的、鄙视世界的天才，有时则是谨小慎微、事事知足、胸襟狭隘的庸人。"[2]

不难看出，歌德的世界观、思想结构和他对德国封建宗法制的政治态度是带有复杂的两面性和双重性的。当他作为"狂飙突进"运动的旗手时和游访于具有古希腊艺术魅力的意大利时期以及创作伟大诗剧《浮士德》的过程中，他的世界观、思想结构和他对变革现实的历史风暴的政治态度是积极的、先进的，带有革命倾向的，他对德国宗法制的政治态度是反叛的、厌恶的，甚至是敌视的。当他作为法兰克福市议员的儿子和当他成为魏玛公国的官员时，他竟然写出像《化装游行》那样粉饰现实，以供贵族的上流社会寻欢作乐的作品。这时他的世界观、思想结构和政治倾向则是十分保守的，简直变成了一个庸人。歌德的这种世界观、思想结构、政治倾向和政治态度上的两面性或双重性是同时或交替存在着的。

社会的历史结构和作家作品的思想结构往往表现出一定的同构性，换言之，具有大体上相统一的对应关系。恩格斯在分析歌德的创作和作品的思想结构同歌德的时代的社会历史结构的同构性和对应关系时，并没有把前者简单地视为后者的机械的等价物和简单的分泌物，而是着重阐发和剖析了作为联系两者的纽带和中介的社会文化环境和社会心理领域里的鄙俗气对歌德和他的文学活动的决定、制约和影响。恩格斯在《德国状况》一文中是这样描述德国的鄙俗的社会环境的："这是一堆正在腐朽和解体的讨厌的东西。没有一个人感到舒服。……一切都很糟糕，不满情绪笼罩了全国。……一切都烂透了，动摇了，眼看就要坍塌了，简直没有一线好转的希望，因为这个民族连清除已经死亡了的制度的腐烂尸骸的力量都没有。”[3]恩格斯对德国当时的社会环境的如此论述可能有些夸大，但歌德确实生活在鄙俗的历史氛围中。他和席勒、康德、黑格尔等天才人物都带有共同的两面性或双重性：一方面通过自己的作品表现了“反抗当时整个德国社会的叛逆的精神”；另一方面又“对自己祖国的前途不抱任何希望”。[4]歌德连同他的同时代的伟大思想家一样，尽管他们都是自己学科领域中的奥林匹斯山上的宙斯，也不能完全摆脱德国的鄙俗的庸人气息。正是这种弥漫和侵袭整个德国现实生活中的往往表现为社会心理和文化环境层面的鄙俗气成为濡染歌德的庸人气息、束缚和抑制歌德的文学天才、降低和恶化歌德的思想结构的历史导因。德国现实生活的鄙俗气使歌德的思想结构和文学创作陷于一种复杂的矛盾状态。歌德有时“厌恶周围环境的鄙俗气”，有时又“不得不对这种鄙俗气妥协，迁就”。“歌德总是面临着这种进退维谷的境地，而且愈到晚年，这个伟大的诗人就愈是……〔疲于斗争〕，愈是向平庸的魏玛大臣让步。”伟大的诗人歌德竟“无力战胜德国的鄙俗气；相反，倒是鄙俗气战胜了他；鄙俗气对最伟大的德国人所取得的这个胜利，充分地证明了‘从内部’战胜鄙俗气是根本不可能的。歌德……过于活跃，过于富有血肉，因此不能像席勒那样逃向康德的理想来摆脱鄙俗气；他过于敏锐，因此不能不看到这种逃跑归根到底不过是以夸张的庸俗气来代替平凡的鄙俗气。他的气质、他的精力、他的全部精神意向都把他推向实际生活，而他所接触的实际生活却是很可怜的。他的生活环境是他应该鄙视的，但是他又始终被困在这个他所能活动的唯一的生活环境里”。恩格斯在评论倍克的诗作时，同样感到德国的鄙俗气对作者和作品的损害。他并不否认倍克的才能和天赋的精力，但倍克的不幸是因为他迎合德国的鄙俗气。

即便如此，歌德与倍克也判然有别。歌德尽管生活在令人不畅的鄙俗的生活环境中，但有时竟能顽强地表现出对历史发展的企盼和对人类进步事业的热望和追求。他创作的《少年维特之烦恼》《普罗米修斯》《葛兹·冯·伯利欣根》《浮士德》等优秀作品都不同程度上反映出新兴市民阶级的思想感情和历史要求。歌德的世界观和思想结构中毕竟存在着先进的合理的，甚至是伟大的天才的一面。这实际上也是当时德国的现实生活中潜在的驱动社会发展的推动力所使然。德国现实生活中的鄙俗气只是德国的思想结构中的一种比较浓重的消极因素。然而，德国的社会历史结构是具有双重性和两面性的，反映到德国现实生活和作家头脑中的思想结构也必然是同样具有双重性和两重性的。正是这种人的思想结构和社会历史结构的同构性，昭示出两者之间的对应关系。恩格斯指出，格律恩只偏狭地夸大和鼓噪歌德思想结构中的庸人气质，“这完全是格律恩先生的罪过”，但“他丝毫没有描写歌德伟大的一面。对于歌德的一切确实伟大的和天才的地方”，例如“歌德的‘罗马哀歌’”，格律恩或“匆匆地一闪而过”，或“滔滔不绝地说一通言之无物的废话。但是他却以他少有的勤勉去搜罗一切庸俗的、一切小市民的、一切琐屑的东西，把所有这些收集在一起，用真正文学家的笔法加以夸张”。[5]格律恩之所以不能全面地观察和完整地评价歌德是因为他用“真正的社会主义”者的狭隘的党派的政治观点来迫使作家作品俯首就范所造成的迷误。

恩格斯对格律恩对歌德的评论的评论，具有深刻的思想启示。文学评论必须符合评论对象的性质和特征。文学评论家的自由意志和主体精神不应歪曲和篡改评论对象的本来面貌。恩格斯运用历史唯物主义的观点和方法阐明了历史结构和社会的思想结构同作家作品的思想结构的同构关系，特别指出了作为社会风气和社会心理层面的思想结构对作家的作品的思想倾向和精神意向的深刻影响，并特别注重分析一定时代的国家和地域的历史结构往往带有复杂的双重性或两面性，这样那样地不同程度地规定着艺术家的世界观和创作的矛盾。所有这些见解，对进行正确的科学的评论提供了范例。

三、美学观点和史学观点

恩格斯在评论歌德和他的作品时指出："我们决不是从道德的、党派的观点来责备歌德，而只是从美学和历史的观点来责备他；我们并不是用道德的、政治的、或'人的'尺度来衡量他。我们在这里不可能结合着他的整个时代、他的文学前辈和同代人来描写他，也不能从他的发展上和结合着他的社会地位来描写他。因此，我们仅限于纯粹叙述事实而已。"[6]恩格斯还在评论斐·拉萨尔的剧作《济金根》时认为："我是从美学观点和历史观点，以非常高的、即**最高的**标准来衡量您的作品的。"[7]必须首先说明的是，恩格斯这里所认定的不是用人的、道德的、政治的和党派的观点，应当理解为不能用抽象的"人"的观点和狭隘的偏私的道德的、政治的和党派的观点。恩格斯所倡导的用美学观点和史学观点来评论对象包括并理应体现着对作家作品是进行人学的、道德的和政治的评价。实际上，美学观点和史学观点的思想内涵必然蕴含着人学的、伦理道德的和政治的内容。因此，完全脱离人学的、伦理道德的和政治的内容的文学评论是不存在的。美学观点和史学观点同人学观点、伦理道德观点和政治观点总是这样那样地、程度不同地交融和联系在一起的。在熟练地运用美学观点和史学观点的同时，正确地恰当地运用人学的、伦理道德的和政治的观点，对文学作出相应的人学的、伦理道德和政治的评价是一个极其重要的课题。

恩格斯反对用抽象的"人"的观点来评价歌德和他的作品。像格律恩那样，把歌德说成"人的诗人"，是一个"面对着全**人类**"，具有能标示"人类社会的理想"和"人类的真正法典"的"完美的人性"，从而"把歌德变成费尔巴哈的弟子"。恩格斯指出，这种被格律恩抬到全人类高空云端的抽象的人，只不过是"变态的德国人"，即"是穿着……〔有产者式样的〕大礼服"的"道地的小市民"。恩格斯通过对格律恩对歌德的抽象的人学评价的分析，阐明了如何用正确的人学观点来评论作为一定历史条件下的作家的作品所反映出来的现实生活的社会内容和思想倾向。

恩格斯反对用狭隘偏私的道德的、政治的和党派的观点来评价作家作品。因为这些错误的观点同美学观点和史学观点的精神相违背、相悖谬，不仅脱离历史唯物主义观察现实生活的基本原则，而且容易忽视和践踏作品的艺术规律和审美特性。自由主义者白尔尼、门采尔和"真正的社会主义"者格律恩从两个极端粗暴地曲解和改制了歌德的形象。他们分别从各自狭隘的偏私的固执的政治的、党派的和道德的观点出发，对歌德的人性、思想和倾向进行为我所需的实用主义的重塑，把歌德蜕变为宣扬自己的政治主张和道德主张的工具。白尔尼和门采尔抱怨歌德不是一个"自由主义者"，对这位天才诗人大发微词，贬斥歌德没有爱国心，缺欠追求自由和解放的姿态和激情，嘲笑歌德是"押韵的乡愿"；格律恩则想把歌德自我化，打扮成他的同伙——"真正的社会主义"者。格律恩"丝毫没有描写歌德的伟大的一面"，却故意夸大歌德的平庸和鄙俗的一面，胡说歌德是一个"浪荡公子"，"高高地站在革命之上"，"希望不要有什么暴风雨来打扰他享受他那微小的宁静的乐趣"，沉迷于"小市民的幻想"，安于"无政府状态”，崇拜爱的亲和力……简直把歌德涂抹得“和德国的小市民一模一样了”。恩格斯一针见血地指出：格律恩实际上是用他所信奉和推行的“真正的社会主义”的伦理道德观点和政治党派观点来要求歌德，使之成为他们心目中所希望的和能被他们所利用的歌德，把歌德打扮成可以宣扬他们的政治主张和道德说教的舆论工具。恩格斯嘲笑格律恩将歌德“举在自己的不知疲倦的肩上，扛着他走过泥泞”，为“‘真正的社会主义’来效力”。[8]总之，格律恩为了达到自己的党派的政治道德目的，有意识地捏造了一个不是歌德的歌德，以便利用“被歪曲了的歌德的权威来支持自己的狭隘性”[9]。

恩格斯归结说：“我们并不象白尔尼和门采尔那样责备歌德不是自由主义者，我们是嫌他有时居然是个庸人；我们并不是责备他没有热心争取德国的自由，而是嫌他由于对当代一切伟大的历史浪潮所产生的庸人的恐惧心理而牺牲了自己有时从心底出现的较正确的美感；我们并不是责备他做过宫臣，而是嫌他在拿破仑清扫德国这个庞大的奥吉亚斯的牛圈的时候，竟能郑重其事地替德意志的一个微不足道的小宫廷做些毫无意义的事情和寻找 menus plaisirsl[10]。我们决不是从道德的、党派的观点来责备歌德，而只是从美学和历史的观点来责备他；我们并不是用道德的、政治的、或‘人的’尺度来衡量他。”[11]

那么，究竟怎样理解恩格斯所倡导的美学观点和史学观点呢？用美学观点来要求、衡量和评价作家作品，应当自觉地注重和强调文艺的特殊规律和审美属性。作家从事审美创造活动，对自身的发现和创造精神，对审美心理的结构和功能，对选择和驾驭形式语言符号的才能和娴熟的技巧，都必须达到较高的境界和水准。应遵从艺术把握生活的特殊规律，探寻审美创造的独有的方法、途径和目的，肯定作品的审美意义和审美价值。从恩格斯对歌德和他的作品的评论中，可以看出美学观点所包括的思想内涵涉及：作家应当具有“从心底出现的较正确的美感”；博学、敏锐、“有血有肉的”“活跃”的“天性”；把作家推向实际生活的气质、精力和“精神意向”；等等。用史学观点来要求、衡量和评价作家作品，应当考察艺术的社会位置和艺术的历史根源，对艺术所反映出来的社会内容应放到一定的历史范围内进行剖析。作家的创作要顺应和表现进步的历史潮流，使作品蕴含着巨大的生活容量、丰厚的思想内涵、幽邃的历史深度、浓郁的时代氛围，勾勒出可以观照一定的地域和民族的多姿多彩的民俗风情画。这一切，歌德的创作和作品中都有极其出色的描写。恩格斯之所以从史学观点批评歌德主要是他面对社会变革的历史风暴和历史浪潮表现出躲避，甚至恐惧的非历史主义的态度。恩格斯倡导和运用美学观点和史学观点评论歌德和拉萨尔的创作和作品时，对这个天才的学术思想的阐释还是意向性的和原则性的。应当结合马克思、恩格斯的相关论述，作出集中的系统的理论概括。

有比较充分的理由认为，从学理上说，对恩格斯提出的美学观点和史学观点可以也应当作出新的解读和阐发。如果仅把恩格斯倡导的美学观点和史学观点理解为一种文艺评论的标准和方法，虽然不无道理，但显得肤浅和偏狭。从文艺的观念模式和批评模式的关系看，文艺的批评模式是以文艺的观念模式为基础、为前提的。文艺批评作为运动着的美学，往往体现着、折射着一定的文艺的观念模式。文艺的批评模式和文艺的观念模式之间尽管存在着差异，但总会具有大体相通的对应关系。一般地说，人们怎样从观念上看文艺，制约着人们怎样从方法上批评文艺。因此，与其说恩格斯论述的是批评方法，倒不如说恩格斯是从批评的方法、标准和模式的角度和侧面提出来马克思主义对文艺本质的理解，即文艺观念。从美学观点看文艺，着重考察文艺的审美本质；从史学观点看文艺，着重揭示文艺的社会本质。恩格斯之所以倡导美学观点和史学观点，是他首先从文艺观念上把文艺的本质理解为审美本质和社会本质的辩证统一。反过来说,正因为他从文艺观念上认定文艺的本质是审美本质和社会本质的辩证统一,所以才主张用美学观点和史学观点作为批评的尺度、方法和标准来要求、评价和衡量作家作品。

这里还存在着一个值得深入探讨的重大的学术问题。恩格斯提倡的史学观点中应当包括人学观点。因为人是历史的人,历史是人的历史。既不存在无人的史,更不存在无史的人。从历史唯物主义的观点看人,必然从史学观点中引申出人学观点。况且,恩格斯在批判格律恩的带有浓重的费尔巴哈的人本主义的抽象的人学观点时,也正面阐述了历史唯物主义的人学观点。综合恩格斯对文艺的观念模式和文艺的批评模式的完整的系统的理论,可以概括为美学观点、人学观点和史学观点的完美融合,可以表述为由这三大观点所体现和昭示出来的艺术精神、人文精神和历史精神的有机统一。

[注　释]

[1] 马克思,恩格斯.马克思恩格斯全集:第4卷.北京:人民出版社,1958:254.
[2] 同[1]256.
[3] 马克思,恩格斯.马克思恩格斯全集:第2卷.北京:人民出版社,1957:633-634.
[4] 同[3]634.
[5] 同[1]274-275.
[6] 同[1]257.
[7] 马克思,恩格斯.马克思恩格斯全集:第29卷.北京:人民出版社,1972:586.
[8] 同[1]262.
[9] 同[1]275.
[10] 原意是:"小小的乐趣";转意是:花在各种怪癖上的额外费用。——编者注
[11] 同[1]257.

第七讲 共产党宣言*

（摘录）

马克思　恩格斯

一、资产者和无产者

…………

资产阶级在历史上曾经起过非常革命的作用。

资产阶级在它已经取得了统治的地方把一切封建的、宗法的和田园诗般的关系都破坏了。它无情地斩断了把人们束缚于天然尊长[1]的形形色色的封建羁绊，它使人和人之间除了赤裸裸的利害关系，除了冷酷无情的“现金交易”，就再也没有任何别的联系了。它把宗教虔诚、骑士[2]热忱、小市民伤感这些情感的神圣发作，淹没在利己主义打算的冰水之中。它把人的尊严变成了交换价值，用一种没有良心的贸易自由代替了无数特许的和自力挣得的自由。总而言之，它用公开的、无耻的、直接的、露骨的剥削代替了由宗教幻想和政治幻想掩盖着的剥削。

资产阶级抹去了一切向来受人尊崇和令人敬畏的职业的神圣光环。它把医生、律师、教士、诗人和学者变成了它出钱招雇的雇佣劳动者。

资产阶级撕下了罩在家庭关系上的温情脉脉的面纱，把这种关系变成了纯粹的金钱关系。

资产阶级揭示了，在中世纪深受反动派称许的那种人力的野蛮使用，是以极端怠惰作为相应补充的。它第一个证明了，人的活动能够取得什么样的成就。它创造了完全不同于埃及金字

* 摘自马克思，恩格斯．马克思恩格斯选集：第1卷．3版．北京：人民出版社，2012：402-404；419-421；422.

塔[3]、罗马水道[4]和哥特式教堂[5]的奇迹；它完成了完全不同于民族大迁徙[6]和十字军征讨[7]的远征。

资产阶级除非对生产工具，从而对生产关系，从而对全部社会关系不断地进行革命，否则就不能生存下去。反之，原封不动地保持旧的生产方式，却是过去的一切工业阶级生存的首要条件。生产的不断变革，一切社会状况不停的动荡，永远的不安定和变动，这就是资产阶级时代不同于过去一切时代的地方。一切固定的僵化的关系以及与之相适应的素被尊崇的观念和见解都被消除了，一切新形成的关系等不到固定下来就陈旧了。一切等级的和固定的东西都烟消云散了，一切神圣的东西都被亵渎了。人们终于不得不用冷静的眼光来看他们的生活地位、他们的相互关系。

不断扩大产品销路的需要，驱使资产阶级奔走于全球各地。它必须到处落户，到处开发，到处建立联系。

资产阶级，由于开拓了世界市场，使一切国家的生产和消费都成为世界性的了。使反动派大为惋惜的是，资产阶级挖掉了工业脚下的民族基础。古老的民族工业被消灭了，并且每天都还在被消灭。它们被新的工业排挤掉了，新的工业的建立已经成为一切文明民族的生命攸关的问题；这些工业所加工的，已经不是本地的原料，而是来自极其遥远的地区的原料；它们的产品不仅供本国消费，而且同时供世界各地消费。旧的、靠本国产品来满足的需要，被新的、要靠极其遥远的国家和地带的产品来满足的需要所代替了。过去那种地方的和民族的自给自足和闭关自守状态，被各民族的各方面的互相往来和各方面的互相依赖所代替了。物质的生产是如此，精神的生产也是如此。各民族的精神产品成了公共的财产。民族的片面性和局限性日益成为不可能，于是由许多种民族的和地方的文学形成了一种世界的文学[8]。

资产阶级，由于一切生产工具的迅速改进，由于交通的极其便利，把一切民族甚至最野蛮的民族都卷到文明中来了。它的商品的低廉价格，是它用来摧毁一切万里长城、征服野蛮人最顽强的仇外心理的重炮。它迫使一切民族——如果它们不想灭亡的话——采用资产阶级的生产方式；它迫使它们在自己那里推行所谓的文明，即变成资产者。一句话，它按照自己的面貌为自己创造出一个世界。

…………

二、无产者和共产党人

…………

人们的观念、观点和概念，一句话，人们的意识，随着人们的生活条件、人们的社会关系、人们的社会存在的改变而改变，这难道需要经过深思才能了解吗？

思想的历史除了证明精神生产随着物质生产的改造而改造，还证明了什么呢？任何一个时代的统治思想始终都不过是统治阶级的思想。

当人们谈到使整个社会革命化的思想时，他们只是表明了一个事实：在旧社会内部已经形成了新社会的因素，旧思想的瓦解是同旧生活条件的瓦解步调一致的。

当古代世界走向灭亡的时候，古代的各种宗教[9]就被基督教[10]战胜了。当基督教思想在18世纪被启蒙思想[11]击败的时候，封建社会正在同当时革命的资产阶级进行殊死的斗争。信仰自由和宗教自由的思想，不过表明自由竞争在信仰领域里[12]占统治地位罢了。

“但是”，有人会说，“宗教的、道德的、哲学的、政治的、法的观念等等在历史发展的进程中固然是不断改变的，而宗教、道德、哲学、政治和法在这种变化中却始终保存着。

此外，还存在着一切社会状态所共有的永恒真理，如自由、正义等等。但是共产主义要废除永恒真理，它要废除宗教、道德，而不是加以革新，所以共产主义是同至今的全部历史发展相矛盾的。”

这种责难归结为什么呢？至今的一切社会的历史都是在阶级对立中运动的，而这种对立在不同的时代具有不同的形式。

但是，不管阶级对立具有什么样的形式，社会上一部分人对另一部分人的剥削却是过去各个世纪所共有的事实。因此，毫不奇怪，各个世纪的社会意识，尽管形形色色、千差万别，总是在某些共同的形式中运动的，这些形式[13]，这些意识形式，只有当阶级对立完全消失的时候才会完全消失。

共产主义革命就是同传统的所有制关系实行最彻底的决裂；毫不奇怪，它在自己的发展进程中要同传统的观念实行最彻底的决裂。

…………

代替那存在着阶级和阶级对立的资产阶级旧社会的，将是这样一个联合体，在那里，每个人的自由发展是一切人的自由发展的条件。

[注　释]

[1] 天然尊长　宗法制封建社会的上层统治者按血缘关系延续着世袭世禄的政治体制，不论怎样改朝换代，最高统治者的继承人理所当然地拥有不可侵犯的权力，所以被称为“天然尊长”。

[2] 骑士　中世纪服骑兵军役的下层士兵，一般有英勇斗狠和放浪形骸的习性。他们的职能是镇压农民起义，参与领主之间的掠夺战争。骑士制度盛行于11世纪到14世纪，随着封建主义制度的解体和军事技术的发展而走向衰落。

[3] 金字塔　古代埃及法老（国王）的陵墓，形如汉文的“金”字，故译为金字塔。埃及最大的金字塔占地约52 900平方米，高146多米，用经过磨制的巨石约2 300 000方，历时20年建成。金字塔高大、雄伟、壮观、肃穆，是世界建筑史上的奇迹，被称为古代的七大奇迹之一。

[4] 罗马水道　古罗马帝国在公元1世纪前建造的通向该国首都的引水渠道。全部工程由14条水渠通道组成，最长的水渠长约50英里（约合80.5千米）。

[5] 哥特式教堂　12世纪到15世纪西欧流行的一种教堂建筑样式，具有高耸的尖顶和尖塔，表现向上的气势和升腾超脱的意境。这种建筑样式最早起源于哥特民族，故称哥特式教堂，也被称为“直高式”教堂。哥特式教堂以其独特的风采在世界建筑史中占有重要的位置。

[6] 民族大迁徙　公元四五世纪之交，迫于匈奴人入侵欧洲，居住在北海和黑海一带的日耳曼人，包括整个部落的西哥特人，纷纷南渡多瑙河，向罗马帝国迁移，被称为历史上所说的“民族大迁徙”。

[7] 十字军征讨　1069年到1291年，天主教教会为了扩大势力范围，勾结一些封建主和大商人，以解放圣地耶路撒冷为名，先后八次对东方伊斯兰国家发动侵略战争。因参与入侵的军人的前胸都佩戴十字标志，故称为“十字军”，历史上把这场长时期向东方扩张的战争称为“十字军东征”。

[8] 这里的“文学”泛指科学、艺术、哲学、政治等一切书写的著作和文本。

[9] 古代的各种宗教　指基督教产生以前的各种宗教信仰。到了罗马帝国时代，古代的各种多神教

和民族神，逐渐被基督教所取代。

［10］基督教　产生于公元1世纪到2世纪，是世界三大宗教之一。

［11］启蒙思想　18世纪欧洲一些国家和民族的主流的意识形态。启蒙主义思想家的主要代表人物有法国的孟德斯鸠、伏尔泰、卢梭、狄德罗等人。他们不承认任何外界的权威，以资产阶级的理性主义为武器，对宗教、自然、社会、国家和一切传统的封建主义思想进行了全面深入的批判。

［12］在信仰领域里　德文版改为“在知识领域里”。

［13］1890年的德文版删去了“这些形式”。

讲　解

《共产党宣言》写于1847年12月到1848年1月。作者马克思和恩格斯都是30岁左右的青年人。这两位无产阶级革命家的思想已经成熟。1847年11月，在伦敦举行的共产主义者同盟代表大会，委托马克思和恩格斯起草一个准备公布的完备的理论和实践的党的纲领。共产主义者同盟的前身是正义者同盟。随着形势的发展，该同盟的领导成员终于确信马克思和恩格斯的革命理论的正确性，遂于1847年邀请马克思和恩格斯入盟。马克思、恩格斯协助改组该同盟，并建议把正义者同盟改名为共产主义者同盟，用“全世界无产者，联合起来”的战斗口号取代了正义者同盟的“人人皆兄弟”。同年11月29日到12月8日举行的共产主义者同盟的第二次代表大会通过了章程，大会委托马克思和恩格斯为共产主义者同盟起草一个纲领性的文献，即1848年2月问世的《共产党宣言》。《共产党宣言》以天才的革命思想，为无产阶级和共产主义运动提供了科学的强大的思想武器。为了应对反动势力的围攻和排除各种错误的和有害的思潮的干扰，特别是为了抵制各种所谓的社会主义思潮和形形色色的“社会庸医”对无产阶级和共产主义运动的误导，马克思和恩格斯宣称：“现在是共产党人向全世界公开说明自己的观点、自己的目的、自己的意图并且拿党自己的宣言来反驳关于共产主义幽灵的神话的时候了。”[1]

一、历史发展的基本规律

历史的发展不是随意的，是有客观规律可循的。新社会生长的因素是从旧社会的母胎中逐渐形成的，经过一个相当长期的积累和发展的过程，以至作为旧社会的反叛和颠覆的力量，最终走上历史舞台，占据统治地位，从而取代旧社会，实现历史的新变革。可见，“旧思想的瓦解是同旧生活条件的瓦解步调一致的”。社会发展的历史“证明精神生产随着物质生产的改造而改造”，“人们的观念、观点和概念，一句话，人们的意识，随着人们的生活条件、人们的社会关系、人们的社会存在的改变而改变”。因此，世界上不存在永恒的真理。《共产党宣言》中的这个思想，马克思在1859年撰写的《〈政治经济学批判〉序言》中进行了经典性的表述：“人们在自己生活的社会生产中发生一定的、必然的、不以他们的意志为转移的关系，即同他们的物质生产力的一定发展阶段相适合的生产关系。这些生产关系的总和构成社会的经济结构，即有法律的和政治的上层建筑竖立其上并有一定的社会意识形式与之相适应的现实基础。物质生活的生产方式制约着整个社会生活、政治生活和精神生活的过程。不是人们的意识决定人们的存在，相反，是人们的社会存在决定人们的意识。社会的物质生产力发展到一定阶段，便同它们一直在其中运动的现存生产关系或财产关系……发生矛盾。于是这些关系便由生产力的发展形式变成生产力的桎梏。……随着经济基础的变更，全部庞大的上层建筑也或慢或快地发生变革。……我们判断这样一个变革时代也不能以它的意识为根据；相反，这个意识必须从物质生活的矛盾中，从社会生产力和生产关系之间的现存冲突中去解释。”[2]恩格斯在1883年所作的《在马克思墓前的讲话》中对《共产党宣言》的这个核心思想进行了更加清晰的表述：“正像达尔文发现有机界的发展规律一样，马克思发现了人类历史的发展规律，即历来为繁芜丛杂的意识形态所掩盖着的一个简单事实：人们首先必须吃、喝、住、穿，然后才能从事政治、科学、艺术、宗教等等；所以，直接的物质的生活资料的生产，从而一个民族或一个时代的一定的经济发展阶段，便构成基础，人们的国家设施、法的观点、艺术以至宗教观念，就是从这个基础上发展起来的，因而，也必须由这个基础来解释，而不是像过去那样做得相反。”[3]后来恩格斯在1888年英文版的序言中明确指出：这个构成“《宣言》核心的基本思想是属于马克思的。……每一历史时代主要的经济生产方式和交换方式以及必然由此产生的社会结构，是该时代政治的和精神的历史所赖以确立的基础，并且只有从这一基础出发，这一历史才能得到说明”[4]。

一定社会的思想结构和意识形态都是一定时代和历史条件下的社会结构的产物。包括政治、法律、哲学、宗教和艺术等一切社会意识形态和社会意识形式都伴随着历史的发展而发展，都由于时代的更替而变迁。这些社会的意识形态和意识形式，乃至所隶属的一切思想、观念和思潮，都是从它们所赖以存在的社会的历史条件中产生出来的，并逐渐成长为社会文化的主潮。正如马克思、恩格斯所指出的：“任何一个时代的统治思想始终都不过是统治阶级的思想。”[5]马克思、恩格斯指出，资本主义社会的意识和观念，只不过是资本主义社会存在和社会关系决定的。马克思、恩格斯对资产阶级的自由、教育和法的观念进行历史唯物主义的分析，他们对资产阶级的思想家说：“你们的观念本身是资产阶级生产关系和所有制关系的产物，正像是你们的法不过是被奉为法律的你们这个阶级的意志一样，而这种意志的内容是由你们这个阶级的物质生活条件来决定的。你们的利己观念使你们把自己的生产关系和所有制关系从历史的、在生产过程中是暂时的关系变成永恒的自然规律和理性规律。”[6]事实上，不存在永恒的真理。各个世纪的社会意识，尽管在某些具有普同性的共同形式中运动着，然而从形式到内容都表现出一定的差异、矛盾和冲突，往往伴随着社会的转型和历史的变革而更新。

马克思、恩格斯以宗教和宗教文化的演变为例，阐明了社会意识形式伴随着历史的发展而发展的规律。古代社会的终结，使基督教取代了古代宗教而占据信仰领域中的主导地位；当资本主义社会战胜了封建主义社会，18世纪的资产阶级启蒙主义思想击败了传统的基督教的思想和文化，为确立资产阶级的“理性王国”奠定了理论基础。

文学艺术的嬗变也是如此。与社会和社会的政治、哲学、道德、法和宗教这些意识形式紧密相连的文学艺术，大体上也要遵从历史发展的一般规律。文学艺术作为一种社会意识形式，尽管多少会受到物质生产和精神生产的发展的不平衡规律的影响，但总的来说，仍然伴随着历史的变革而变革。如基督教文化取代古代文化，具有启蒙主义思想的文化使曾经占据统治地位的基督教文化失去主导作用，都是时代变迁和历史转型所使然。伴随着资本主义社会不断扫除和涤荡宗法制封建主义残余的深刻的历史过程，古典主义文学艺术不再成为主潮，而逐步让位于积极的或消极的浪漫主义的文学艺术、革命的或批判的现实主义的文学艺术，相继催发了现代主义文学艺术的萌生。马克思、恩格斯关于社会存在决定社会意识的历史发展的基本原理的论述，对理解和阐释文学艺术的存在规律和发展规律，具有深刻的思想启示。

二、资本主义社会的两面性

资本主义社会的历史作用带有明显的两面性或双重性。

从正面看，正如马克思、恩格斯所指出的，“资产阶级在历史上曾经起过非常革命的作用”，主要表现为结束了漫长黑夜般的中世纪历史，取代了封建社会占统治地位的社会所有制关系，破除了以农业小生产为主导的宗法制的生产方式，冒犯、亵渎、扫荡了君权和神权的威严。“资产阶级在它已经取得了统治的地方把一切封建的、宗法的和田园诗般的关系都破坏了。它无情地斩断了把人们束缚于天然尊长的形形色色的封建羁绊。”生产的不断变革，使“一切固定的僵化的关系以及与之相适应的素被尊崇的观念和见解都被消除了……一切等级的和固定的东西都烟消云散了，一切神圣的东西都被亵渎了。人们终于不得不用冷静的眼光来看他们的生活地位、他们的相互关系”。

资产阶级确立了新型的以资本、市场、商品交换为轴心的资本主义的生产关系、生产方式和生活方式，工业革命极大地推进了社会的物质生产力和科技生产力。正如《共产党宣言》所描绘的那样：“资产阶级揭示了，在中世纪深受反动派称许的那种人力的野蛮使用，是以极端怠惰作为相应补充的。它第一个证明了，人的活动能够取得什么样的成就。它创造了完全不同于埃及金字塔、罗马水道和哥特式教堂的奇迹；它完成了完全不同于民族大迁徙和十字军征讨的远征。”“资产阶级在它的不到一百年的阶级统治中所创造的生产力，比过去一切世代创造的全部生产力还要多，还要大。自然力的征服，机器的采用，化学在工业和农业中的应用，轮船的行驶，铁路的通行，电报的使用，整个整个大陆的开垦，河川的通航，仿佛用法术从地下呼唤出来的大量的人口——过去哪一个世纪料想到在社会劳动里蕴藏有这样的生产力呢？”[7]资本主义的工业大生产，通过商品交换关系在全世界范围内的泛化和扩展，开创了社会现代化和经济全球化的新局面。

从负面看，资本主义社会存在着非人化的弊端。资本一来到世上，便滴着血和肮脏的东西。资本主义社会，金钱主宰一切，冷酷无情的现金交易和唯利是图成为至高无上的原则。一切情感都淹没在利己主义的冰水之中，“把人的尊严变成了交换价值”。“资产阶级抹去了一切向来受人尊崇和令人敬畏的职业的神圣光环。它把医生、律师、教士、诗人和学者变成了它出钱招雇的雇佣劳动者。”这必然导致人的异化和人文精神的堕落。马克思在《手稿》中曾经深刻动人地描绘出由于雇佣劳动的异化所造成的审美异化。他这样写道：“工人在他的对象中的异化表现在：工人生产得越多，他能够消费的越少；他创造价值越多，他自己越没有价值、越低贱；工人的产品越完美，工人自己越畸形；工人创造的对象越文明，工人自己越野蛮；劳动越有力量，工人越无力；劳动越机巧，工人越愚钝，越成为自然界的奴隶。”并进一步指出：“劳动为富人生产了奇迹般的东西，但是为工人生产了赤贫。劳动创造了宫殿，但是给工人创造了贫民窟。劳动创造了美，但是使工人变成畸形。劳动用机器代替了手工劳动，但是使一部分工人回到野蛮的劳动，并使另一部分工人变成机器。劳动生产了智慧，但是给工人生产了愚钝和痴呆。”[8]

道德败坏和两极分化是资本主义生产关系和生产方式的必然产物。马克思在《人民报》创刊纪念会上的演说中说：“在我们这个时代，每一种事物好像都包含有自己的反面。我们看到，机器具有减少人类劳动和使劳动更有成效的神奇力量，然而却引起了饥饿和过度的疲劳。财富的新源泉，由于某种奇怪的、不可思议的魔力而变成贫困的源泉。技术的胜利，似乎是以道德的败坏为代价换来的。随着人类愈益控制自然，个人却似乎愈益成为别人的奴隶或自身的卑劣行为的奴隶。甚至科学的纯洁光辉仿佛也只能在愚昧无知的黑暗背景上闪耀。我们的一切发明和进步，似乎结果是使物质力量成为有智慧的生命，而人的生命则化为愚钝的物质力量。现代工业和科学为一方与现代贫困和衰颓为另一方的这种对抗……是显而易见的、不可避免的和毋庸争辩的事实。”[9]

马克思、恩格斯对作为人类一个历史发展阶段的资本主义社会的两面性和双重性的论述，对启发我们完整地认识这个社会形态的全部面貌，对启发我们解读资本主义社会中的作家和作品，对启发我们体察金钱、利润和商品交换关系对人文精神和精神生产的影响、侵袭和污染，对启发我们正确地分析文艺的商品化，特别是对如何评价作为文化产业的精神产品和大众文化，都具有重要的理论价值和现实意义。

三、生产的世界性和“世界的文学”

《共产党宣言》中最早提出了关于生产的世界性和经济的全球化的思想。马克思和恩格斯指出：“资产阶级，由于开拓了世界市场，使一切国家的生产和消费都成为世界性的了。使反动派大为惋惜的是，资产阶级挖掉了工业脚下的民族基础。古老的民族工业被消灭了，并且每天都还在被消灭。它们被新的工业排挤掉了，新的工业的建立已经成为一切文明民族的生命攸关的问题；这些工业所加工的，已经不是本地的原料，而是来自极其遥远的地区的原料；它们的产品不仅供本国消费，而且同时供世界各地消费。旧的、靠本国产品来满足的需要，被新的、要靠极其遥远的国家和地带的产品来满足的需要所代替了。过去那种地方的和民族的自给自足和闭关自守状态，被各民族的各方面的互相往来和各方面的互相依赖所代替了。物质的生产是如此，精神的生产也是如此。各民族的精神产品成了公共的财产。民族的片面性和局限性日益成为不可能，于是由许多种民族的和地方的文学形成了一种世界的文学。”马克思、恩格斯还进一步阐明：“资产阶级，由于一切生产工具的迅速改进，由于交通的极其便利，把一切民族甚至最野蛮的民族都卷到文明中来了。它的商品的低廉价格，是它用来摧毁一切万里长城、征服野蛮人最顽强的仇外心理的重炮。它迫使一切民族——如果它们不想灭亡的话——采用资产阶级的生产方式；它迫使它们在自己那里推行所谓的文明，即变成资产者。一句话，它按照自己的面貌为自己创造出一个世界。”

资本主义生产的世界性的目的性，不论是自发的，还是自觉的，都是为了扩大资本主义生产的国际市场，通过泛化的无孔不入的商品交换原则，把全球的经济纳入资本增值系统，逐步实现资本对世界的主宰和统治，即所谓资产阶级按照自己的面貌，自己创造了一个世界。由于科技和资本相融合所产生的神奇的魔力，世界各民族、各地区、各国家的经济都一定程度上被卷入全球经济的大循环中。这是优胜劣汰的竞技场，同时又是一个表现国际化资本运作的大舞台，使世界范围内的财产和权力的分配和再分配愈演愈烈。

资本主义世界性生产强化和扩展了全球范围内的以经济联系为基础的各种联系。“不断扩大产品销路的需要，驱使资产阶级奔走于全球各地。它必须到处落户，到处开发，到处建立联系。”资本和市场的触角尽可能地伸展到各个领域。带有国际性质的经济的大运用和大循环，使各民族、各地区和各国家的生产和消费被纳入全球化的网络之中。那种封闭的、孤立的、自给自足的宗法制和田园牧歌式的经济体制、生产方式乃至生活方式，沦为和呈现出过时的、滞后的和沉寂的边缘状态，从整体和发展趋势上说，越来越成为历史的陈迹。

资本主义世界性生产带有明显的扩张性和征服性。其通过经济的、政治的、文化的，乃至军事的各种手段，向弱小的、落后的民族、地区和国家不断进行渗透、侵占、扩张和征服，使之日甚一日地被卷入世界性的经济潮流之中。由于小生产的农业经济向大生产的工业经济转型，通过市场和资本的力量，“资产阶级使农村屈服于城市的统治。它创立了巨大的城市，使城市人口比农村人口大大增加起来，因而使很大一部分居民脱离了农村生活的愚昧状态。正像它使农村从属于城市一样，它使未开化和半开化的国家从属于文明的国家，使农民的民族从属于资产阶级的民族，使东方从属于西方”[10]。这种被强大的资本和资本主义所征服、一定程度上所同化的情景，令人信服地说明了逐渐国际化的资本具有不可遏制的扩张性和征服性。

资本主义世界性生产的扩张性和征服性同时展示出前所未有的广泛性和深刻性。这不仅表现在商品交换原则所能达到的不同的国家、地区和民族，而且涵盖经济、政治、文化各个方面。正如马克思和恩格斯所指出的那样：“物质的生产是如此，精神的生产也是如此。各民族的精神产品成了公共的财产。民族的片面性和局限性日益成为不可能，于是由许多种民族的和地方的文学形成了一种世界的文学。”马克思、恩格斯提出了“世界的文学”的概念。当然，这里所说的“文学”不是狭义的，德文“Literatur”泛指包括科学 、哲学、宗教、艺术等一切书写的著作和文本，扩而大之，实际上泛指一切精神生产的产品和文化。因此，不能简单地狭义地套用马克思和恩格斯这个论断，而应该理所当然地在作为精神生产的共同性和一般意义上来理解马克思和恩格斯对“世界的文学”的论述。我们应当注意到，在马克思和恩格斯提出关于“世界的文学”这一思想的早一些时候，德国的伟大诗人歌德和俄国的著名的民主主义文学批评家别林斯基也曾对“世界文学”发表过一些有启发性的深刻见解。歌德确信世界文学正在形成，他在同艾克曼的谈话中认为“世界文学的时代已经到来了”。这里，歌德所理解的世界文学主要是指作家和作品都要尽可能地扩大视域，摆脱周围环境的局限，提倡各民族文学之间的交流。别林斯基比较辩证地阐释了文学的人类性和民族性之间的相互关系。他说：“只有那种既是民族的同时又是一般人类的文学，才是真正的民族性的；只有那种既是一般的人类的同时又是民族性的文学，才是真正人类的。”[11]文学的人类性和民族性、全球化和本土化、世界性和地域性是富有时代感的文学理论和文学实践中带有根本性的问题。

马克思和恩格斯认为，不仅物质生产，而且包括文学和文化在内的精神生产，都会受到资本主义世界性生产的深刻影响。人类的精神生产既要遵从生产的一般规律，又要遵从作为精神生产自身的特殊规律。精神生产的世界性和民族性之间既存在着差异、矛盾和冲突的一面，同时又表现出互渗、补充和交融的一面。既要看到全球化背景下文学的世界性对文学的民族性的激荡、冲击和挑战，又要增强弘扬和发展优秀的民族文化和民族文学的自觉意识。关键在于在同世界文化和世界文学的交流、对话和竞争中，建设自己的先进的民族文化和民族文学。

四、共产主义革命与人的解放

资本主义，特别是原始积累时期的资本主义历史条件下的工人阶级的社会地位是十分低下的。他们作为雇佣劳动者，沦为会说话的生产工具，实际上是资本的奴隶。工人阶级仅仅为增值资本而活着，处于一种无法摆脱的窘迫和困顿的异化状态。

然而，正是工人阶级代表着历史发展的未来。工人阶级具有历史的主动性、积极性和创造性。正如马克思和恩格斯所指出的："无产阶级能够而且必须自己解放自己。"只有无产阶级才能改变资本主义原始积累时期已经"达到了违反人性的顶点"的非人的社会环境和低劣的生活条件，引发和预示"它的目的和它的历史任务"[12]，承担和扮演资产阶级的"掘墓人"的历史角色。历史发展规律是无法违抗的，"资产阶级的灭亡和无产阶级的胜利是同样不可避免的"[13]。

历史变革的决战关头，一定会引发和促进统治阶级内部的瓦解和分化过程，使得"已经提高到能从理论上认识整个历史运动的一部分资产阶级思想家""脱离统治阶级而归附于革命的阶级，即掌握着未来的阶级"[14]，转变成为共产主义革命理论家，充当工人阶级的革命智囊和领袖人物，使共产主义运动变得更加自觉。工人阶级为了求得自身的解放，首先要"争得民主"；进而夺取政权；取得政治统治后，尽可能快地增加生产力的总量；努力同传统的所有制关系和传统的观念实行最彻底的决裂；"炸毁构成官方社会的整个上层"，使自己"抬起头来，挺起胸来"。[15]共产主义运动的长远目标和根本途径是通过废除私有制，实现人类的全面的自由发展和解放。

实现人类的全面发展和解放应当力戒空谈和幻想。共产主义者关于人的解放的理论的突出表现只不过是对眼前的历史运动的真实表述，并了解无产阶级运动的条件、进程和一般结果。"共产党人为工人阶级的最近的目的和利益而斗争，但是他们在当前的运动中同时代表运动的未来。"[16]这种代表未来的现实的革命实践运动，体现着人类的眼前利益和根本利益、现实目标和远大理想的有机结合，体现着共产党人为实现人类解放的最低纲领和最高纲领的连续性和一致性。超前的理想主义和只囿于眼前利益、安于现状的非理想主义，都是不妥当的。

马克思和恩格斯预测："代替那存在着阶级和阶级对立的资产阶级旧社会的，将是这样一个联合体，在那里，每个人的自由发展是一切人的自由发展的条件。"马克思和恩格斯的这一论述深刻地阐明了每个人的自由发展和一切人的自由发展的相互关系，即揭示了人的个体解放和群体解放的相互关系。一方面，主张个体的解放和全面自由发展，另一方面又认为个体的解放和全面自由发展应当是群体的解放和全面自由发展的条件，从而把每个人的解放和全面自由发展同全人类的解放和全面自由发展紧密地联系起来。

马克思和恩格斯关于人的解放的思想和关于人的全面发展的理论，对深入地完整地理解文学与人学的关系，对文学如何表现人的解放和人的全面自由发展具有重要的指导意义和学术价值。

五、对各种错误的社会政治文化思潮的批判

（一）对反动的社会主义政治文化思潮的批判

1. 对封建社会主义政治文化思潮的批判

这是对已经失势了的封建地主贵族对正在走上历史舞台的资产阶级的批判的批判。为了争

夺群众，他们把维护和保持自己私利的企图隐藏起来，装出关心工人阶级命运的虚假模样，向新兴的资产者进行控诉和诅咒。他们发出的实际上是阻碍历史进步的哀音，“半是挽歌，半是谤文，半是过去的回音，半是未来的恫吓；它有时也能用辛辣、俏皮而尖刻的评论刺中资产阶级的心，但是它由于完全不理解现代历史的进程而总是令人感到可笑”[17]。“为了拉拢人民，贵族们把无产阶级的乞食袋当做旗帜来挥舞。但是，每当人民跟着他们走的时候，都发现他们的臀部带有旧的封建纹章，于是就哈哈大笑，一哄而散。”[18]从封建社会主义派生出来的僧侣的社会主义和基督教的社会主义，“只不过是僧侣用来使贵族的怨愤神圣化的圣水罢了”[19]。封建社会主义显然是一种企图把革命拉向倒退的复古主义和政治文化思潮。

2. 对小资产阶级社会主义政治文化思潮的批判

现代文明国家中，形成一个摇摆于无产阶级与资产阶级之间的小资产阶级。这是一个经常分化，缺乏独立性的、极不稳定的社会阶层。“那些站在无产阶级方面反对资产阶级的著作家，自然是用小资产阶级和小农的尺度去批判资产阶级的，是从小资产阶级的立场替工人阶级说话的。”[20]这种社会主义政治文化思潮，对资本主义社会的矛盾和弊端进行了比较深入、全面的揭露，为工人阶级认识资本主义社会的负面存在提供了富有启发和可资参照的思想资料。但是，这种社会主义仍然带有保守和空想的性质。它企图恢复旧的社会和所有制关系。当顽强的历史事实轰毁了它想恢复工业中的行会制度、农业中的宗法经济的梦幻，这种思潮只能化为一种可怜的哀愁和怯懦的悲叹。小资产阶级“同资产阶级作斗争，都是为了维护他们这种中间等级的生存，以免于灭亡。所以他们不是革命的，而是保守的。不仅如此，他们甚至是反动的，因为他们力图使历史的车轮倒转”[21]。

3. 对“真正的社会主义”政治文化思潮的批判

这是对德国的虚假的思辨哲学对资产阶级的一种舆论批判的批判。德国的一些思辨哲学家置不同的社会历史条件于不顾，采取教条主义的态度，竭力把法国的思想德国化。这种政治文化思潮崇尚“纯粹的意志”，把真正的历史变革问题转换为对“真正的社会、关于现实人的本质的无谓思辨”[22]。德国的思辨哲学家们对社会、历史、真理都进行抽象化的哲学提升，抹去一切事物的现实的具体的特殊的规定性，让它们“存在于云雾弥漫的哲学幻想的太空”[23]。德国的思辨哲学家实际上把小市民的意志和愿望说成“永恒真理”，然后，再给“那几条干瘪的‘永恒真理’披上一件用思辨的蛛丝织成的、绣满华丽辞藻的花朵和浸透甜情蜜意的甘露的外衣”[24]来对工人阶级进行哲学的蒙蔽与欺骗。他们以表面上不偏不倚的姿态，抨击工人阶级革命的“野蛮破坏”，维护和美化德国小市民，实质上是保存德国的现存制度。他们运用思辨哲学的原则，妄图通过舆论手段解决来改造社会，实现人的解放。这只能是一种虚假和苍白的幻想。

马克思、恩格斯在《德意志意识形态》《神圣家族》等著作中对这种虚假的思辨哲学政治文化思潮进行了深刻的批判。德国思辨哲学家把严酷冷峻的重大的现实问题，转移到精神领域，把现实的问题变为思辨的问题，企图通过哲学批判来解决，这是不可能实现的梦呓。马克思、恩格斯指出：“世俗社会主义的第一个原理就否认纯**理论领域内**的解放，认为这是幻想，为了**真正的**自由它除了要求唯心的‘**意志**’外，还要求完全能感触得到的物质的条件。”[25]唯物主义的历史观与“唯心主义历史观不同，它不是在每个时代中寻找某种范畴，而是始终站在现实历史的**基础**上，不是从观念出发来解释实践，而是从物质实践出发来解释各种观念形态，由此也就得出下述结论：意识的一切形式和产物不是可以通过精神的批判来消灭的……而只有通过实际地推翻这一切唯心主义谬论所由产生的现实的社会关系，才能把它们消灭；历史的动力以及宗教、哲学和任何其他理论的动力是革命，而不是批判”[26]。一切躲避和抵制实践变革的哲学意向都是不利于社会的进步和现实的人的解放的。从这个意义上说，“青年黑格尔派的意识形态家们尽管满口讲的都是所谓‘震撼世界的’词句，却是最大的保守派”[27]。

（二）对保守的社会主义政治文化思潮的批判

这是对资本主义思想家对资本主义社会的守护和肯定的批判。资产阶级中的一部分思想家，诸如一些博爱主义者、人道主义者、慈善主义者，特别是改良主义者，通过消除资本主义社会的弊端，保障和巩固资本主义社会的生存。正如马克思和恩格斯所说的那样：“社会主义的资产者愿意要现代社会的生存条件，但是不要由这些条件必然产生的斗争和危险。他们愿意要现存的社会，但是不要那些使这个社会革命化和瓦解的因素。他们愿意要资产阶级，但是不要无产阶级。在资产阶级看来，它所统治的世界自然是最美好的世界。资产阶级的社会主义把这种安慰人心的观念制成半套或整套的体系。它要求无产阶级实现它的体系，走进新的耶路撒冷，其实它不过是要求无产阶级停留在现今的社会里，但是要抛弃他们关于这个社会的可恶的观念。”[28]

这种资产阶级的社会主义的理论功能是使工人阶级厌恶和抛弃一切革命企图和革命运动，使他们相信只有进行改良才能给自身带来实惠和好处，而不是通过革命的途径和手段，从根本上废除和改变资本主义社会的生产关系、所有制关系和资本雇佣劳动关系。这种保守的资产阶级的社会主义往往是打着改善和增加工人阶级的利益的旗号来宣扬他们的改革主张的，目的是消弭工人阶级的自觉的革命意识，使被美化了的资本主义社会永世长存。

（三）对空想社会主义政治文化思潮的批判

空想社会主义者只把无产阶级视为“一个受苦的阶级”。他们尽管看到了资本主义社会中的两极分化、阶级对立、种种社会弊端，但是看不到工人阶级具有可以改变和摧毁这个不合理的社会制度的历史主动性，当然也看不到工人阶级解放的物质条件。他们迷信自己所创造的空想社会主义的理论，幻想“社会的活动要由他们个人的发明活动来代替，解放的历史条件要由幻想的条件来代替，无产阶级的逐步组织成为阶级要由一种特意设计出来的社会组织来代替。在他们看来，今后的世界历史不过是宣传和实施他们的社会计划”，他们自夸的“美好社会的最美好的计划”实际上只不过是“倡导普遍的禁欲主义和粗陋的平均主义”。[29]他们“狂热地迷信自己那一套社会科学的奇功异效”，为了建构现代社会的“空中楼阁”，描绘各种“袖珍版的新耶路撒冷”，[30]“不得不呼吁资产阶级发善心和慷慨解囊”[31]，拒绝一切革命行动，幻想通过和平的途径达到自己的目的，甚至进行不成功的实验，用示范的力量制造和传达新社会的福音。

这些空想社会主义者的著作与早期不成熟的工人阶级的幻想相适应，尽管含有积极的批判的思想成分，“提供了启发工人觉悟的极为宝贵的材料”，但“这些主张本身还带有纯粹空想的性质”。[32]随着共产主义运动的深入发展，超乎阶级和拒绝革命的思想越来越失去任何实践意义和任何理论根据，因为这些空想社会主义者“无视无产阶级的历史进展，还是死守着老师们的旧观点”[33]。

马克思和恩格斯对上述各种社会政治文化思潮的批判，对我们正确认识相同的、相近的和相似的各种社会政治文化思潮以及它们同文艺思潮的关系，或从文艺思潮视角解析各种社会政治文化思潮，或从各种社会政治文化思潮视角研究文艺思潮，或探讨文艺创作、文艺批评和文艺研究中所蕴含着的上述各种社会政治文化思潮，都具有方法启迪和示范作用。

[注　释]

[1] 马克思，恩格斯．马克思恩格斯选集：第1卷．3版．北京：人民出版社，2012：399.
[2] 马克思，恩格斯．马克思恩格斯选集：第2卷．3版．北京：人民出版社，2012：2-3.
[3] 马克思，恩格斯．马克思恩格斯选集：第3卷．3版．北京：人民出版社，2012：1002.
[4] 同［1］385.
[5] 同［1］420.
[6] 同［1］417.
[7] 同［1］405.
[8] 马克思，恩格斯．马克思恩格斯全集：第42卷．北京：人民出版社，1979：92-93.
[9] 同［1］776.
[10] 同［1］405.
[11] 别林斯基．别林斯基选集：第3卷．满涛，译．上海：上海译文出版社，1980：187.
[12] 马克思，恩格斯．马克思恩格斯全集：第2卷．北京：人民出版社，1957：45.
[13] 同［1］413.
[14] 同［1］410.
[15] 马克思，恩格斯．马克思恩格斯全集：第1卷．北京：人民出版社，1972：262.
[16] 同［1］434.
[17] 同［1］423.
[18] 同［1］423-424.
[19] 同［1］425.
[20] 同［1］425.
[21] 同［1］411.
[22] 同［1］426.
[23] 同［1］427.
[24] 同［1］428.
[25] 同［12］121.
[26] 同［1］172.
[27] 同［1］145.
[28] 同［1］429-430.
[29] 同［1］431.
[30] 同［1］433.
[31] 同［1］433.
[32] 同［1］432.
[33] 同［1］433.

第八讲
《政治经济学批判》 序言*[1]

（摘录）

马克思

……人们在自己生活的社会生产中发生一定的、必然的、不以他们的意志为转移的关系，即同他们的物质生产力[2]的一定发展阶段相适合的生产关系[3]。这些生产关系的总和构成社会的经济结构，即有法律的和政治的上层建筑竖立其上并有一定的社会意识形式与之相适应的现实基础。物质生活的生产方式[4]制约着整个社会生活、政治生活和精神生活的过程。不是人们的意识决定人们的存在，相反，是人们的社会存在决定人们的意识。社会的物质生产力发展到一定阶段，便同它们一直在其中运动的现存生产关系或财产关系（这只是生产关系的法律用语）发生矛盾。于是这些关系便由生产力的发展形式变成生产力的桎梏。那时社会革命的时代就到来了。随着经济基础的变更，全部庞大的上层建筑也或慢或快地发生变革。在考察这些变革时，必须时刻把下面两者区别开来：一种是生产的经济条件方面所发生的物质的、可以用自然科学的精确性指明的变革，一种是人们借以意识到这个冲突并力求把它克服的那些法律的、政治的、宗教的、艺术的或哲学的，简言之，意识形态的形式。我们判断一个人不能以他对自己的看法为根据，同样，我们判断这样一个变革时代也不能以它的意识为根据；相反，这个意识必须从物质生活的矛盾中，从社会生产力和生产关系之间的现存冲突中去解释。无论哪一个社会形态，在它所能容纳的全部生产力发挥出来以前，是决不会灭亡的；而新的更高的生产关系，在它的物质存在条件在旧社会的胎胞里成熟以前，是决不会出现的。所以人类始终只提出自己能够解决的任务，因为只要仔细考察就可以发现，任务本身，只有在解决它的物质条件已经存在或者至少是在生成过程中的时候，才会产生。大体说来，亚细亚的[5]、古希腊罗马的[6]、封建的和现代资产阶级的生产方式可以看做是经济的社会形态演进的几个时代。资产阶

* 摘自马克思，恩格斯．马克思恩格斯选集：第2卷．3版．北京：人民出版社，2012：2－3.

级的生产关系是社会生产过程的最后一个对抗形式，这里所说的对抗，不是指个人的对抗，而是指从个人的社会生活条件中生长出来的对抗；但是，在资产阶级社会的胎胞里发展的生产力，同时又创造着解决这种对抗的物质条件。因此，人类社会的史前时期[7]就以这种社会形态而告终。

［注　释］

［1］《〈政治经济学批判〉序言》成篇于1859年1月，同年与《政治经济学批判》第1分册一起在柏林首次出版。这篇序言的主要内容，曾于1859年6月4日在伦敦的德文报《人民报》上发表。

［2］生产力　人们征服自然、改造自然，取得物质生活资料的能力，又称为物质生产力或社会生产力。生产力的诸要素为：具有一定生产经验和劳动技能的劳动者（生产力的主体和决定要素）；生产工具（生产力性质和水平的标志，是人改造自然程度的标志）；劳动资料。生产力是生产中最活跃、最革命的因素。它的发展变化必然引起生产关系的发展变化。

［3］生产关系　人们在生产过程中所形成的社会关系，也称为社会生产关系。它包括：生产资料所有制形式；人们在生产中的地位和相互关系；产品的分配形式。其中生产资料所有制是决定生产关系性质的主要方面。

［4］生产方式　人类获得生活资料的方式，也叫物质资料的生产方式、物质生活的生产方式。人们为了生产物质生活资料，必须具有一定的生产力及与之相适应的生产关系，二者的对立统一即构成一定的生产方式。其中生产力是生产方式的物质内容，生产关系是生产方式的社会形式。生产方式的性质是由生产关系的性质决定的。每一个社会，都建立在一定生产方式基础之上。生产方式归根到底决定全部社会制度、政治制度和社会意识形态。

［5］亚细亚的（生产方式）　马克思在1857至1858年所写的手稿《资本主义生产以前各形态》中曾指出，它是以公社集体土地所有制为基础的形态，单独个人的财产并不存在，所存在的只有单独个人的占有，财产只是作为集体的土地财产而存在；有一个高居于各小公社之上的专制政府，它以最高的所有者或唯一的所有者的资格而出现，掌握起非常重要作用的灌浇河渠、交通工具等等；城市和乡村不分，农业和手工业结合为一；因此这种形态必然保持得最牢固也最长久。虽然人们对“亚细亚的”尚有各种不同的理解（有人理解为原始公社制，有人理解为未发达的奴隶制，还有人理解为原始公社向奴隶制的过渡），但仍以理解为原始公社制为宜。

［6］古希腊罗马的（生产方式）　指以古希腊罗马为代表的欧洲奴隶制社会的生产方式。

［7］人类社会的史前时期　一般是指原始公社社会，那时人尚处在幼稚时期，尚无文字记载的历史可考。而马克思在《〈政治经济学批判〉序言》中所说的“人类社会的史前时期”是从劳动人民受从物质到精神的奴役的意义上来讲的，它包括资本主义社会在内的以及以前的一切社会形态。因为在社会主义以前的漫长的剥削社会条件下，劳动人民长期处于被压迫被剥削的地位，是无法掌握自己的命运的。恩格斯在《反杜林论》中也说过，只有到了生产资料为社会占有的社会主义，“人在一定意义上才最终地脱离了动物界，从动物的生存条件进入真正人的生存条件”，成为社会和自然的真正的主人，“只是从这时起，人们才完全自觉地自己创造自己的历史；只是从这时起，由人们使之起作用的社会原因才大部分并且越来越多地达到他们所预期的结果。这是人类从必然王国进入自由王国的飞跃”。（《马克思恩格斯选集》，3版，第3卷，671页，北京，人民出版社，2012）马克思在这里所说的“人类社会的史前时期”，正是从这个意义上来说的。

《政治经济学批判》 导言*[1]

（摘录）

马克思

（6）**物质生产的发展例如同艺术生产的不平衡关系**。进步这个概念决不能在通常的抽象意义上去理解。现代艺术等等。这种不平衡在理解上还不是像在实际社会关系本身内部那样如此重要和如此困难。例如教育。美国同欧洲的关系。可是，这里要说明的真正困难之点是：生产关系作为法的关系怎样进入了不平衡的发展。例如罗马私法[2]（在刑法和公法中这种情形较少）同现代生产的关系。

（7）**这种见解表现为必然的发展**。但承认偶然。怎样。（对自由等也是如此。）（交通工具的影响。世界史不是过去一直存在的；作为世界史的历史是结果。）

（8）**出发点当然是自然规定性**；主观地和客观地。部落、种族等。

关于艺术，大家知道，它的一定的繁盛时期决不是同社会的一般发展成比例的，因而也决不是同仿佛是社会组织的骨骼的物质基础[3]的一般发展成比例的。例如，拿希腊人[4]或莎士比亚[5]同现代人相比。就某些艺术形式，例如史诗[6]来说，甚至谁都承认：当艺术生产一旦作为艺术生产出现，它们就再不能以那种在世界史上划时代的、古典的形式创造出来；因此，在艺术本身的领域内，某些有重大意义的艺术形式只有在艺术发展的不发达阶段上才是可能的。如果说在艺术本身的领域内部的不同艺术种类的关系中有这种情形，那末，在整个艺术领域同社会一般发展的关系上有这种情形，就不足为奇了。困难只在于对这些矛盾作一般的表述。一旦它们的特殊性被确定了，它们也就被解释明白了。

我们先拿希腊艺术同现代的关系作例子，然后再说莎士比亚同现代的关系。大家知道，希腊神话[7]不只是希腊艺术的武库，而且是它的土壤。成为希腊人的幻想的基础、从而成为希腊

---

* 摘自马克思，恩格斯．马克思恩格斯全集：第12卷．北京：人民出版社，1962：760－762.

[神话] 的基础的那种对自然的观点和对社会关系的观点，能够同自动纺机、铁道、机车和电报并存吗？在罗伯茨公司[8]面前，武尔坎[9]又在哪里？在避雷针面前，丘必特[10]又在哪里？在Crédit Mobilier[11]面前，海尔梅斯[12]又在哪里？一切神话都是在想像中和通过想像以征服自然力，支配自然力，把自然力形象化；因此，随着自然力在实际上被支配，神话也就消失了。在印刷所广场[13]旁边，法玛[14]还成什么？希腊艺术的前提是希腊神话，也就是已经通过人民的幻想用一种不自觉的艺术方式加工过的自然和社会形式本身。这是希腊艺术的素材。不是随便一种神话，就是说，不是对自然（这里指一切对象，包括社会在内）的随便一种不自觉的艺术加工。埃及神话[15]决不能成为希腊艺术的土壤或母胎。但是无论如何总得是**一种**神话。因此，决不是这样一种社会发展，这种发展排斥一切神话地对待自然的态度和一切把自然神话化的态度；并因而要求艺术家具备一种与神话无关的幻想。

从另一方面看：阿基里斯[16]能够同火药和铅丸并存吗？或者，“伊利亚特”[17]能够同活字盘甚至印刷机并存吗？随着印刷机的出现，歌谣、传说和诗神缪斯岂不是必然要绝迹，因而史诗的必要条件岂不是要消失吗？

但是，困难不在于理解希腊艺术和史诗同一定社会发展形式结合在一起。困难的是，它们何以仍然能够给我们以艺术享受，而且就某方面说还是一种规范和高不可及的范本。

一个成人不能再变成儿童，否则就变得稚气了。但是，儿童的天真不使他感到愉快吗？他自己不该努力在一个更高的阶梯上把自己的真实再现出来吗？在每一个时代，它的固有的性格不是在儿童的天性中纯真地复活着吗？为什么历史上的人类童年时代，在它发展得最完美的地方，不该作为永不复返的阶段而显示出永久的魅力呢？有粗野的儿童，有早熟的儿童。古代民族中有许多是属于这一类的。希腊人是正常的儿童。他们的艺术对我们所产生的魅力，同它在其中生长的那个不发达的社会阶段并不矛盾。它倒是这个社会阶段的结果，并且是同它在其中产生而且只能在其中产生的那些未成熟的社会条件永远不能复返这一点分不开的。

[注　释]

[1]《〈政治经济学批判〉导言》写成于1857年9月，它是马克思为计划要撰写的一部经济学巨著所作的《总导言》的草稿。这个草稿在当时并没有最后完成，也没有公开发表。《〈政治经济学批判〉导言》的手稿，是1902年才在马克思的文稿中被发现，1903年才在柏林《新时代》杂志上首次发表的。

[2] 罗马私法　即民法，它是在一定生产关系的基础上规定社会成员之间的权利、义务与财产关系的法律，如财产法、义务法、家庭法等。罗马私法是罗马法典的组成部分，它于公元553年由查士丁尼皇帝命令公布。罗马法典是维护奴隶主财产私有制的，它保障奴隶主对奴隶的占有、压迫和剥削，是巩固奴隶主专政的法律。

[3] 仿佛是社会组织的骨骼的物质基础　马克思这里所说的物质基础，是指物质生产，而且主要是指生产资料的生产。马克思把社会的物质生产比喻为支撑整个人类社会大厦的骨架。

[4] 希腊　指古希腊，即由原始公社制社会进入奴隶制社会和奴隶制社会由盛至衰的公元前8世纪至公元前2世纪的希腊。古希腊于公元前5世纪至公元前4世纪为全盛时期，公元前4世纪末以后逐渐衰败。

[5] 莎士比亚　威廉·莎士比亚（1564—1616），英国伟大的戏剧家、诗人。著有戏剧37部、长诗2首、十四行诗154首，其代表作有悲剧《哈姆雷特》《奥赛罗》《李尔王》《麦克白》，喜剧《威尼斯商人》《第十二夜》，历史剧《亨利四世》等。

［6］史诗　古代叙事诗的一种形式，它记叙和描写具有重大历史意义的事件，多方面地反映社会生活，塑造典型形象，结构宏伟，风格崇高，富有幻想和神话色彩。一般认为史诗大都是在古人口头传说的基础上，经诗人整理而成的。这里的“史诗”是指古希腊史诗《伊利亚特》《奥德赛》。这两部史诗据传系盲诗人荷马整理、创作而成，所以又称作《荷马史诗》。

［7］希腊《神话》　反映古希腊人对世界起源、自然现象与社会现象的原始观念的传说故事。它约流传于公元前 9 世纪以前，包括神和英雄人物的传说。它是借助想象把自然力拟人化的产物，艺术地概括了人们对自然和社会现象的初步认识，以及人们对战胜自然的理想的追求。希腊神话是希腊艺术的土壤，它对欧洲文艺的发展有着深远的影响。

［8］罗伯茨公司　19 世纪英国曼彻斯特一家著名的机器制造公司，这家公司生产纺织机器、铁路机车等。该公司在机器制造方面有所创造，曾在 1848 年发明了铁板凿孔机，使轮船、铁桥、机车和一般机械有可能转为大规模的机器生产。

［9］武尔坎　古代罗马神话中的火神，冶炼金属的神，传说他拥有一座冶炼炉，能造出各种精良的武器、盔甲等等。在希腊神话中为赫菲斯托斯。

［10］丘必特　古代罗马神话中的雷神，是最高权威的神，它相当于希腊神话中的宙斯。

［11］Crédit Mobilier（动产信用公司）　法国的一家大股份银行，由贝列拉兄弟创办，并为 1852 年的法令所批准。该公司参加了法国、奥地利、匈牙利、瑞士、西班牙和俄国的铁路建设，它充当信贷的中介并监督企业。它的资金主要来源于用它所开办的股份公司的有价证券在交易所进行的投机。动产信用公司用发行股票所获得的资金收买其他公司的股票，其股票以其所持有的其他企业的有价证券作担保。动产信用公司在 19 世纪 50 年代作为新型金融企业出现，是那个时代交易所买空卖空、投机倒把成风的必然产物。马克思在《纽约每日论坛报》上，曾多次揭露该公司的真正本质。

［12］海尔梅斯　希腊神话中的传达使者和商业之神，也是牧人的保护神。

［13］印刷所广场　英国伦敦的一个广场，《泰晤士报》总社的所在地。

［14］法玛　罗马神话中的传闻女神，善于迅速传播消息和流言。在希腊神话中为俄萨。

［15］埃及神话　是世界上最早的神话。埃及神话中所描写的神是各种自然现象、自然物和自然力的化身。

［16］阿基里斯　古希腊神话中的英雄人物，荷马史诗《伊利亚特》中的主要人物之一。传说他出生时，被母亲握住脚跟倒浸在冥河水中，因而除脚跟以外浑身刀枪不入。

［17］《伊利亚特》　著名的古希腊史诗之一。传说是公元前 9 世纪至公元前 8 世纪由盲诗人荷马根据口头流传的短歌编成。这部史诗描写了古代特洛伊战争的神话和英雄传说。它和荷马的另一作品《奥德赛》并称为《荷马史诗》。《伊利亚特》的故事大意是：古希腊斯巴达国王的美貌妻子海伦，被小亚细亚的特洛伊王子巴里斯拐骗。希腊各部落推阿伽门农为首领，联合进攻特洛伊。战争进行了十年，众神各助一方，相持不下，最后希腊人用木马计潜入城内，里应外合，攻破了特洛伊，大肆掠夺而还。

讲　解

马克思的《〈政治经济学批判〉序言》（以下简称《序言》）和《〈政治经济学批判〉导言》（以下简称《导言》）是历史唯物主义学说的奠基作。这两篇论著极其简明精湛地阐述了社会存在决定社会意识的基本原理。马克思开始从法学、哲学、历史学的研究自觉地转向对社会结构的政治经济学探讨。他发现并创造性地阐明了社会的结构和发展的一般规律，从经济基础、社会存在、物质生产方式和过程的视角考察了社会意识形态的性质和功能，对把握艺术作为一种特殊的社会意识形态的本质和作为与社会物质生产密切相关的社会精神生产的特性及其运作的方式和规律，具有重要的指导意义和深刻的方法论的启示。

《序言》和《导言》写作于19世纪50年代后期。1848年革命失败后，欧洲陷入社会黑暗、政治动荡的年代，工人运动陷入低潮。马克思受到迫害，离开祖国，侨居英国。为了准备和迎接革命高潮的到来，马克思开始过着平静而艰辛的书斋生活，他利用伦敦图书馆的丰富而新鲜的思想材料，潜心从事政治经济学研究。当时的英国是资本主义发展得最充分最完备的典型国家。一方面，工人阶级的赤贫和生活境况的恶化达到了惊人的程度；另一方面，资产阶级对劳动者的盘剥所实现的财富和金钱的聚敛与日俱增。在资本主义生产方式和经济制度的扼制下，阶级矛盾愈演愈烈。为了创建无产阶级的革命理论，必须以严肃的科学态度，阐明当代社会的“历史之谜”，揭示资本主义的社会结构、生产方式所隐藏着的秘密，马克思作出了睿智的选择，以全部精力投入对社会的政治经济学的研究。

马克思当时所面临的文化背景是极其复杂的。以空想社会主义为代表的历史学和社会学理论只呼喊“和平改良”的口号，丝毫不能触动当代资本主义社会的根基；黑格尔哲学遗风的影响，诱使人们仍然在理念的王国中遨游，脱离和逃遁冷峻而严酷的现实生活；法的理论和原则并不能揭示社会结构的实质，正如马克思本人所指出的，“法的关系正像国家的形式一样，既不能从它们本身来理解，也不能从所谓人类精神的一般发展来理解，相反，它们根源于物质的生活关系，这种物质的生活关系的总和”[1]；至于流行于当时社会的资产阶级经济学掩盖经济学的政治倾向，则抽象地论述商品和交换的关系，流于对资产者的维护和对无产者的欺骗。马克思坚定地认为，只有从政治经济学入手，才能揭示和阐明当代资本主义社会的经济结构的实质，因此，他利用发展最完备的英国所提供的经济事实，“用批判的精神来透彻地研究新的材料”，以敢于“入地狱”般的无畏的气概，勇于求索，得出了“不管它多么不合乎统治阶级的自私的偏见”的严正的科学的结论。[2]

《序言》和《导言》对唯物史观的基本原理的揭示，对社会结构和社会生产规律的深刻而精辟的阐述曾得到恩格斯的高度评价。恩格斯认为马克思的政治经济学和唯物史观所作出的基本论断“对于一切历史科学（凡不是自然科学的科学都是历史科学）都是一个具有革命意义的发现”，“不仅对于理论，而且对于实践都是最革命的结论”。[3]马克思在《序言》和《导言》中对唯物主义历史观的基本原理和思想实质所作的经典性表述具有巨大的理论意义和科学价值，对我们深入理解一切社会意识形态形式和一切社会生产活动，包括文学艺术的本质、特征、形成、存在和发展规律都具有重大的指导意义。

一、文艺的意识形态性质及其在社会结构中的地位和作用

马克思的《序言》揭示了社会结构，即生产力与生产关系、经济基础与上层建筑、社会存在与社会意识的相互关系。

（一）文艺属于一定社会中的上层建筑、意识形态，它产生并服务于一定社会的经济基础、社会存在

马克思指出："人们在自己生活的社会生产中发生一定的、必然的、不以他们的意志为转移的关系，即同他们的物质生产力的一定发展阶段相适合的生产关系。这些生产关系的总和构成社会的经济结构，即有法律的和政治的上层建筑竖立其上并有一定的社会意识形式与之相适应的现实基础。物质生活的生产方式制约着整个社会生活、政治生活和精神生活的过程。不是人们的意识决定人们的存在，相反，是人们的社会存在决定人们的意识。"马克思的这段话，是对历史唯物主义基本原理的经典性表述。人们在社会生活和社会生产过程中，必须也必然发生不以自身的意志为转移的关系，即生产力发展到一定阶段，必然产生与之相适应的生产关系；这种关系可以划分为两大序列，正如列宁所指出的那样，即人们对社会的物质关系和人们对社会的思想关系。一定的经济结构决定相应的思想结构；一定的社会存在决定相应的社会意识；一定的物质生活和物质生产决定和制约相应的经济生活和精神生产；一定的现实的社会基础决定和制约相应的上层建筑和意识形态形式。马克思所揭示并阐明的这种完整的科学的社会结构理论作为历史唯物主义的灵魂和核心内容，对理解上层建筑领域中的各种意识形式，诸如哲学、宗教、法律和文艺的发生及其历史内容和表现形态，都具有十分重要的指导意义。

一种特殊样式和水准的文学艺术的出现绝不是偶然的，是由一定的历史基因和一定的社会物质生活条件所决定和催生的。因此，只有现实的社会生活，才是产生特定的文学艺术的源泉。任何一种意识形态形式，包括文学艺术，都不能从自身中求得正确的阐发，也不能从所谓人类精神的一般发展来理解，相反，它们根源于物质的生活关系的总和，正如马克思所一再强调的，任何一种意识形式必须从物质生活的矛盾中，从社会生产力和生产关系之间的现存冲突中去解释。对文学艺术而言，也是如此。一切从文艺本身来理解和阐释文艺的意愿和企图都是不科学的，甚至必然自觉或不自觉地陷入迷茫和虚妄之中。一定历史阶段的文艺，包括它的产生、内容、性质和功能都应当而且必须从所属时代的社会结构和特定的物质生活条件中才能得到正确的科学的解释。文艺作为一种属于社会上层建筑的特殊的意识形态形式，是由一定的经济基础和社会存在决定的，它既是一定的历史条件的产物，又是作家、艺术家对他们所属时代的社会生活的反映的结晶。因此，我们有理由从唯物史观和辩证唯物论的反映论的有机结合上来把握文艺的性质、内容和功能。脱离唯物史观单纯地运用反映论来理解文艺，或撇开反映论孤立地依据唯物史观来阐释文艺，都是失之偏颇的。应当而且必须坚持观察和认识文艺现象的

理论基础和方法论的总体统一性的原则。

(二) 文艺随着经济基础和社会存在的变化而变化

文艺同任何事物一样，都必然经历发生、发展的过程。它的动态的流变不居的历史形态大体上是与历史本身的发展相协调的。它的变革和创新不是盲目的，而是有规律可循的。文艺作为一种属于上层建筑的特殊的意识形态同其他所有的社会意识形态形式一样，其发展变化的契机和基因都植根于一定历史阶段的社会基本矛盾，即生产力和生产关系的基本矛盾之中。正如马克思指出的："社会的物质生产力发展到一定阶段，便同它们一直在其中活动的现存生产关系或财产关系（这只是生产关系的法律用语）发生矛盾。于是这些关系便由生产力的发展形式变成生产力的桎梏。……随着经济基础的变更，全部庞大的上层建筑也或慢或快地发生变革。在考察这些变革时，必须时刻把下面两者区别开来：一种是生产的经济条件方面所发生的物质的、可以用自然科学的精确性指明的变革，一种是人们借以意识到这个冲突并力求把它克服的那些法律的、政治的、宗教的、艺术的或哲学的，简言之，意识形态的形式。……我们判断这样一个变革时代也不能以它的意识为根据；相反，这个意识必须从物质生活的矛盾中，从社会生产力和生产关系之间的现存冲突中去解释。"因为，"物质生活的生产方式制约着整个社会生活、政治生活和精神生活的过程"。马克思的《序言》中所表达的这些思想明确地阐释和启示我们，应当这样理解文艺这种特殊的"意识形态的形式"的变化和发展的规律：

(1) 文艺作为人们的"精神生活"和社会的"意识形态的形式"的存在和发展是一个"过程"，即是一个不断变化着的动态的思想关系和样式。

(2) 文艺的发展规律蕴藏在社会基本矛盾之中，必须从生产力和生产关系的矛盾和对抗中去发现和捕捉它的变化的历史基因。是社会变革决定文艺变革，不能用文艺自身的意识形态性质作为主要依据来解释文艺自身，文艺不是意识形态的自我生成和自我繁衍，而必须坚信，"物质生活的生产方式制约着整个社会生活、政治生活和精神生活的过程"。

(3) 文艺这种"意识形态的形式"所发生的变革不能用自然科学的精确性指明，它作为一种精神变革与物质性的经济基础的变革不同，人们只能"意识到"，无法作出定量性的明晰的把握、判断和表述。

(4) 尽管包括文艺在内的"全部庞大的上层建筑"和"意识形态的形式"的变革根本上或大体上与经济基础的变革同步，但必然出现"或慢或快"的情况和态势：或文艺变革超前于经济基础的变革，或文艺变革滞后于经济基础的变革；或作为社会变革的先声，或作为社会变革的回响。然而，无论怎样，文艺必然这样那样地随着经济基础和社会存在的变革而改变自己的内容、性质和形态。

(5) 文艺变革不可能是凭空的、偶然发生的，必须具备引发这种变革的成熟的历史条件。正如马克思所指出的："无论哪一个社会形态，在它所能容纳的全部生产力发挥出来以前，是决不会灭亡的；而新的更高的生产关系，在它的物质存在条件在旧社会的胎胞里成熟以前，是决不会出现的……只有在解决它的物质条件已经存在或者至少是在生成过程中的时候，才会产生。"因此，必须认真地考察一定社会中所形成的"母胎"，把握文艺变革即将被引发的趋于成熟的历史条件，方能对文艺发展趋势作出预测。

无疑，文艺发展规律具有自己的相对独立性，然而它归根结底仍然不可避免地受到社会发展规律的决定和制约。从社会的历史的物质关系和生活条件之外孤立地囿限于文艺自身来探寻文艺的所谓“内部规律”是不可取的。文艺变革的客观规律必须得到尊重，那种置文艺变革的客观规律于不顾，主观随意性地呼吁和制造文艺变革的意愿和图谋并非都能有效地推动文艺的发展。只有用历史唯物主义的基本原理来考察文艺在整个社会结构中的位置，才能发现它的发展和变革的客观规律，从而驾驭这些客观规律，发挥主体的能动作用，顺应时代和人民的要求，推动文艺随着社会的不断进步而健康发展。

二、关于艺术思维问题

马克思的《导言》在论述“政治经济学的方法”时，针对17世纪以来的某些经济学将经济现象绝对纯粹抽象化的缺欠和弊病，阐明了科学的提炼、概括和抽象的实质及其过程，并指出了思维的不同方式和类型，对我们认识和理解艺术思维的特性和规律具有深刻的指导意义。

马克思指出：“具体总体作为思维总体、作为思维具体，事实上是思维的、理解的产物；但是，决不是处于直观和表象之外或驾于其上而思维着的、自我产生着的概念的产物，而是把直观和表象加工成概念这一过程的产物。整体，当它在头脑中作为思维整体而出现时，是思维着的头脑的产物，这个头脑用它所专有的方式掌握世界，而这种方式是不同于对世界的艺术的、宗教的、实践-精神的掌握的。实在主体仍然是在头脑之外保持着它的独立性；只要这个头脑还仅仅是思辨地、理论地活动着。”[4]这里，马克思指明了人类思维的几种不同形态，它们都是依靠不同的思维形式掌握世界的独特的或专有的方式。马克思主要论述了哲学抽象及理论思维的客观根源、思维规律、过程和特点。抽象的理论思维所蒸馏、提炼和概括的思维中的具体或总体或具体的总体或总体的具体只是思维着的头脑的产物，只是客观对象被思维加工后的理论和理念形态，“实在主体”仍然在头脑之外保持着自己的独立性，“必须始终作为前提浮现在表象面前”[5]，而决不能从根本上否认抽象的理论思维的对象的客观实在性，甚至像主、客观唯心主义那样，将被思维着的对象世界视为自我意识和绝对理念的派生物和演绎物。马克思阐明了正常的思维的行程总是从具体上升为抽象，再由抽象转化为具体。他区分了两种不同的抽象，即正确的科学抽象和错误的伪科学抽象。错误的伪科学抽象只从对象出发上升为“抽象的一般的关系”，形成“关于整体的一个混沌的表象”，作出“越来越稀薄”“越来越简单”的“规定”；正确的科学的抽象不仅使具体上升为一般，而且可以从“关于整体的一个混沌的表象”，转换为“一个具有许多规定和关系的丰富的总体”，“具体之所以具体，因为它是许多规定的综合，因而是多样性的统一”。这样，“在第一条道路上，完整的表象蒸发为抽象的规定；在第二条道路上，抽象的规定在思维行程中导致具体的再现”。最后，马克思归结说：“其实，从抽象上升到具体的方法，只是思维用来掌握具体、把它当做一个精神上的具体再现出来的方式。但决不是具体本身的产生过程。”[6]

对马克思在《导言》中列举的几种不同的思维方式，即哲学或理论思维的、艺术精神的、宗教精神的和实践精神的掌握世界的方式，学术界存在着不同看法。主要有两种代表性的观点。一种见解是将以上四种思维形态视为平列的对等的不同的掌握世界的方式，认为：哲学或理论思维是抽象的；艺术是形象的；宗教是虚幻的；实践精神是现实的或世俗的。另一种见解是将以上四种思维形态视为思维的两大系列，即抽象思维和实践精神的掌握世界的专有方式，把艺术精神和宗教精神看作属于后者的具有各自特性的表现形态。这两种学术见解都自有道理，各有存在的理论依据。我们应当综合吸取两种见解中的有益的思想成分，从马克思有关论述的总体精神意向上理解和把握艺术掌握世界这种独特的方式的实质。

从思维的特殊规律和普遍规律的关系看，艺术的思维方式应遵从逻辑思维的一般规律，同样经历从具体到抽象再到具体的思维过程，尤其应当强调的是，艺术思维的对象作为表象一直是思维运动的前提，而艺术概括中的具体决不是最简单的规定和最稀薄的最纯粹的抽象，而总是表现为“一个具有许多规定和关系的丰富的总体”，即“它是许多规定的综合，因而是多样性的统一”。[7]这便意味着艺术思维作为一种特殊的思维方式，往往受到思维的一般规律和普遍规律的制约和影响，它经常表现为遵从和实现思维共性的个性形态。

马克思在《导言》中不仅阐释了理论思维的行程和一般规律，而且不止一次地指出了艺术思维的特征和功能，特别强调诸如“意象”“想象”和“幻想”在艺术思维中的地位和作用。他指出，艺术生产和艺术思维所创造的对象同物质生产和抽象思维所创造的对象一样首先作为内心的意象，作为需要、作为动力和目的而存在着。他在论述希腊神话时指出，“一切神话都是用想象和通过想像以征服自然力，支配自然力，把自然力形象化”，又说它是“通过人民的幻想用一种不自觉的艺术方式加工过的自然和社会形式本身”。马克思的所有这些论述对我们认识艺术掌握世界方式的特点是颇有助益的。

艺术掌握世界的方式不仅具有自身的特性，而且兼有马克思所阐释的不同思维方式的多种品格。它既离不开抽象的理性思维的渗透和影响，也存在着宗教的幻想和虚化的因素，更强烈地表现着实践精神的意向。艺术掌握世界的方式，既是精神的，又是实践的。它反映着思维主体和思维客体的统一，体现着艺术“按照美的规律”进行艺术构思和艺术创造的统一，即艺术思维和艺术实践的统一。因此，不能将艺术掌握世界这种独特的方式狭义地限定在头脑中和思维领域之内，而应延伸到艺术活动的全过程和全方位，从艺术思维和艺术实践的总体意向和内在联系上理解，即应当把“掌握”不限于思维，也不限于实践，而应理解为从思维到实践的完整的全面的统一。

三、关于艺术生产问题

马克思在《序言》和《导言》中对物质生产和精神生产以及两者之间的相互关系发表了许多重要的深刻见解。他的这些见解对认识和理解艺术生产的性质和规律，具有不可忽视的指导意义和方法论启示。

(一) 物质生产和精神生产

任何一个社会阶段，物质生产创造并构成社会的经济基础，精神生产依赖并受制于物质生产，作为与经济基础相适应的上层建筑和意识形态形式而存在。艺术生产作为精神生产的一种特殊的样式是由一定的物质生产决定的。正如马克思所指出的，“物质生活的生产方式制约着整个社会生活、政治生活和精神生活的过程”，作为精神生产的一种样式的艺术生产必然受生产的普遍规律和一般规律的支配，但又具有自身的特性。马克思在《手稿》中明确地说：“宗教、家庭、国家、法、道德、科学、艺术等等，都不过是生产的一些**特殊**的方式，并且受生产的普遍规律的支配。”[8]其实，即便是任何一种形式的物质生产，也会由于创作主体考虑到自己的产品应既实用又美观，有时自觉不自觉地由于“按照美的规律来建造”，使个人和社会的审美意识和艺术趣味辐射和渗透到所创造的对象上去。只是发展到一定的历史阶段，艺术作为人类审美创造的高级形态才从物质生产中分离出来，成为一种相对独立的精神生产的特殊部门。因此，无论艺术生产是否依附和相对独立于物质生产，研究这种精神生产的特殊形式同社会物质生活的生产方式的相互关系都是不可忽视的理论课题。

（二）艺术生产与意识形态

马克思的《序言》和《导言》中，对文艺的解释和界说提出两种论点：一种认为艺术是一种精神生产，一种认为艺术是一种意识形态。这里，很自然地出现了一个艺术生产和意识形态的关系问题。由于学术界的研究视角的差异，先后出现了两种有代表性的阐释艺术本质的观念，即“意识形态论”和“艺术生产论”。“意识形态论”认为艺术的本质是一种特殊的社会意识形态，它的哲学基础是辩证唯物论的反映论；“艺术生产论”则主张艺术本质是一种特殊的精神生产，它的哲学基础是历史唯物主义的实践论。这两种有代表性的论点都各自有其存在的依据，有时形成一种对峙的局面，甚而出现相互论争的情形，或用“意识形态论”排斥“艺术生产论”，或用“艺术生产论”贬抑“意识形态论”。用马克思本人的一个论点消解他的另一个论点，似为不妥。应当弄清“艺术生产论”和“意识形态论”之间的相互关系和内在联系。从马克思有关论述的总体精神意向来看，两者并不相悖，只不过是从不同的视角，用不同的语言对艺术本质问题作出的相同的统一的理论表述。马克思所说的“艺术生产”即指精神生产，指意识形态性质的生产；马克思所讲的意识形态也是指一定历史时期内与物质生产相联系的处于生产过程中或被生产出来的“精神生活”包括审美活动的高级形态——艺术。因此，“艺术生产论”应理解为从生产的视角谈意识形态；“意识形态”应理解为从意识形态的视角谈精神生产和艺术生产。从这个意义上，有理由说，“意识形态论”规定着艺术的基本性质，“艺术生产论”只不过是“意识形态论”的运作和实践。社会存在决定社会意识，物质生产决定精神生产包括艺术生产，这既是历史唯物主义的根本原理，同时也是辩证唯物论的反映的理论根据。可见，自觉不自觉地将“艺术生产论”同“意识形态论”以及它们共同赖以存在和发展的哲学基础割裂和对立起来是有违于马克思本人的意旨的。

（三）生产的个体性和群体性

马克思在《导言》中论述了生产活动中的个体性和群体性、社会性的关系。他指出，“人是最名副其实的政治动物，不仅是一种合群的动物，而且是只有在社会中才能独立的动物”[9]，“在社会中进行生产的个人”所从事的活动实质上是“这些个人的一定社会性质的生产”，而“孤立的一个人在社会之外进行生产——这是罕见的事”，是“不可思议的”。[10]马克思指出，某些文化史学家将鲁滨逊式的人物和行为解释为“仅仅表示对过度文明的反动和要回到被误解了的自然生活中去”，“这是假象，只是大大小小的鲁滨逊一类故事所造成的美学上的假相”，这种“缺乏想象力的虚构”掩盖、扭曲了生产的社会性[11]。他们并不了解，鲁滨逊这种人物故事的涌现是历史发展的必然结果，它一方面是封建社会形式解体的产物，另一方面是16世纪以来新兴生产力的产物，体现出18世纪大踏步走向成熟的市民社会的预感。鲁滨逊式的生产关系正是市民社会生产方式的胚芽和雏形。鲁滨逊式的“自然人”的这种假象，正是新的历史条件下的产物。从这种意义上说，脱离群体性和社会性所进行的纯粹个人的孤立的行为、活动和生产只不过是一种苍白和虚妄的幻想。马克思关于生产的个体性和群体性、社会性的论述对认识和理解艺术生产的个体性和群体性、社会性的关系是大有助益的。

（四）生产的主体性和客体性

马克思的《导言》比较系统地论述了生产包括艺术生产过程中的主、客体之间的辩证关系。在生产和消费的整个过程中，往往进行着主客体之间的转换、深化和升华，不断地进行着“生产者物化”“生产者所创造的物人化”，或表现为“在生产中，人客体化，在消费中，物主体化”的循环往复、螺旋式上升的过程。一方面，主体所生产的客体的品位和适应人们所需要的程度和质量达到更高的水准；另一方面，主体也在生产客体的过程中“发展自己的能力”，提高自身的智慧、素质和驾驭对象的熟练程度，在主体客体化和客体主体化的不断深化的过程中，将生产的主、客体关系推向更高的境界。正如马克思所指出的：“艺术对象创造出懂得艺术和具有审美能力的大众，——任何其他产品也都是这样。因此，生产不仅为主体生产对象，而且也为对象生产主体。”[12]研究生产包括艺术生产活动中的主体和客体之间的双向互动、相互推进的深层联系和内在规律对深化艺术审美关系的研究具有十分重要的意义。

（五）生产与消费

马克思的《导言》用大量的篇幅论述了生产和消费的相互关系。两者中间的“每一方表现为对方的手段；以对方为中介；这表现为它们的相互依存；这是一个运动，它们通过这个运动彼此发生关系，表现为互不可缺，但又各自处于对方之外”[13]。从生产主体来说，“生产和消费表现为一个行为的两个要素”[14]。马克思说，“生产是消费”，“消费是生产”，两者存在着“直接的同一性”。[15]

从生产对消费的关系来说，生产的消费提出和创造对象，成为一种有目的的为了满足和适应某种需求所从事的公益性活动。不仅如此，生产还使消费得以完成。正如马克思所指出的饥饿总是饥饿，但是用刀叉吃熟肉来解除的饥饿不同于用手、指甲和牙齿吃生肉来解除的饥饿。这意味着生产可以而且必然不断为消费培养它的主体和它的标准。

从消费对生产的关系来说，只有在消费中生产的产品才能成为现实的产品。如没有通车的铁路不是现实的铁路；无人居住的房屋不成其为现实的房屋。通过消费生产才得以确认和最后完成，作为产品之所以是产品，不是它作为物化了的活动，而只是作为活动着的主体的对象。另外，消费还为生产提出新的需要，通过培养和树立消费观念上的内在动机，为生产创造出新的动力和目的，从而通过消费的中介和杠杆，为生产的发展提供刺激和驱动力。

马克思的这些论点，对认识、理解艺术的生产、需要、接受和消费的相互关系也是很有启迪的。

四、关于物质生产和艺术生产发展的关系问题

（一）艺术生产的发展同物质生产的发展是不平衡的

马克思指出："关于艺术，大家知道，它的一定的繁盛时期决不是同社会的一般发展成比例的，因而也决不是同仿佛是社会组织的骨骼的物质基础的一般发展成比例的。"

为了论证艺术生产和物质生产发展的不平衡关系，马克思分析了希腊时期的生产力水平并不很高，当时社会的发展也很有限，然而却产生了许多史诗般的神话和传说，这些杰出的文艺作品的出现带来了古代希腊艺术的空前繁荣、趋于辉煌的巅峰状态。古代希腊以后，艺术生产和物质生产的关系又被颠倒过来，形成另外一种强烈的反差，即社会的物质生产非但没有引起艺术生产的发展，反而使之处于相对的萎缩和停滞状态。这一事实有说服力地表明，物质生产和艺术生产的关系是失调的，两者的发展是不平衡或不成比例的。

马克思所指出的"在整个艺术领域同社会一般发展的关系上"存在着不平衡现象，是符合社会发展史和艺术发展史的事实的。这种不平衡现象往往表现为两种情况。一种情况是物质生产的高度发展非但不促进艺术的繁荣，反而阻滞和妨碍艺术的发展或造成艺术的堕落和畸变，如资本主义生产往往"同某些精神生产部门如艺术和诗歌相敌对"[16]。另一种情况是经济落后、物质生产发展水平低下的国家在特定历史时期内却由于各种复杂的社会的、政治的和文化心理等方面的原因，出现了前所未有的艺术的繁荣和发展。如20世纪30年代的旧中国，新文化运动显示出蓬勃的生命力，造就了一大批优秀的文艺家，使几乎所有的艺术部门都表现出赫赫实绩。如18世纪末19世纪初的经济落后、政治割据而又专权的德国，物质生产带有浓重的封建宗法制印记，社会处于向资本主义社会转型的极其艰难的过程中，资产阶级软弱、怯懦而又耽于幻想，社会生活中弥漫着龌龊的鄙俗气，正是在这样的境况下，却涌现出一批杰出的思想家和艺术家，如黑格尔、歌德、席勒等一代天之骄子。正如恩格斯所指出的那样，经济上落后的国家在哲学上仍然能够演奏第一提琴：18世纪的法国对英国来说是如此，后来的德国对英法两国来说也是如此。再如19世纪30年代到20世纪初农奴制居于统治地位的黑暗专制的沙俄帝国却出现了一大批不同程度上带有民主主义色彩的伟大的批判现实主义作家，普希金、莱蒙托夫、果戈理、别林斯基、车尔尼雪夫斯基、杜勃罗留波夫、赫尔岑、屠格涅夫、冈察洛夫、奥斯特洛夫斯基、涅克拉索夫、谢德林、陀思妥耶夫斯基……这些灿若星群的闪闪发光的名字镌刻在人类文艺史的丰碑上，成为令人敬仰和崇拜的楷模。所有这些史实说明，艺术生产的发展超越物质生产的发展绝非偶然的个别现象。

那么，究竟应当怎样解释这种艺术生产同物质生产发展的不平衡现象呢？首先，应当指出的是，这种不平衡现象的产生不是偶然的，说到底，仍然是所属那个时代的社会历史条件的产物，即便是希腊神话的出现也植根于当时社会生活的土壤。正如马克思所指出的："某些有重大意义的艺术形式只有在艺术发展的不发达阶段上才是可能的。"这意味着那种分工不精细、生产尚未高度发展的社会初级形态，反而容易作出朴素的宏观的艺术把握，希腊神话的史诗般性质便是由当时的社会结构决定的。其次，文学艺术作为一种意识形态形式飘浮于上层建筑的顶端，与经济基础有所疏隔，被一系列中间环节所阻滞而变得模糊，它只能通过诸多中介因

素，间接地反映社会的经济基础。况且，正如恩格斯所指出的，“这并不是说，只有经济状况才是**原因，才是积极的**，其余一切都不过是消极的结果”[17]，唯经济决定论的观点是不科学的。再次，一定的政治氛围、文化心理、社会精神意向对引发和推动文艺的发展往往起到重大的不可忽视的作用。特别是在阶级斗争激烈的社会大变动时期，统治阶级的政治和精神的高压政策所激起的作为社会的最敏感神经的作家艺术家的政治反弹和道德义愤更为强烈，这些作家艺术家适应代表先进生产力的先进阶级的呼唤和感召，利用艺术手段进行抗争和声讨，文艺趋于繁荣，以至达于巅峰状态。最后，我们还应该看到，文艺自身的传统、态势和趋向，也会在相对独立的意义上对文艺自身的发展起到特殊的作用。

（二）怎样理解希腊神话艺术的不朽魅力

作为欧洲文化发源地的古代希腊早在公元前5世纪就已发展到全盛时期。诗人荷马将民间口头传说，诸如关于神和英雄的故事编成有口皆碑的长诗《伊利亚特》和《奥德赛》，即流传千古的著名的《荷马史诗》。

马克思高度评价了希腊神话，揭示了它借以产生和消失的社会历史条件。他说：“大家知道，希腊神话不只是希腊艺术的武库，而且是它的土壤。”它的产生出于当时人们在生产力水平很低的情况下用想象和借助想象以征服自然力、支配自然力的心理和愿望。然而，“随着自然力在实际上被支配”，神话必然消失，马克思诘问道：“在罗伯茨公司面前，武尔坎又在哪里？在避雷针面前，丘必特又在哪里？在 Crédit Mobilier 面前，海尔梅斯又在哪里？”当神话所赖以产生的历史条件不复存在时，希腊神话也必然或悄然撤出历史舞台。

马克思说，困难不在于揭示希腊神话同历史所发生的联系，而在于解释为什么它“能够给我们以艺术享受”并成为“一种规范和高不可及的范本”。马克思认为，这主要是因为古希腊神话再现了人类正常的童年时代的“真实”。希腊神话所再现出来的正常儿童的天真使处于历史发展更高阶段的成年的现代人感到愉悦，使他们由于回忆自己的童年时代的生活和心态而兴奋，被一种天真的健康的情态和稚趣所吸引，因此，希腊神话蕴藏着一种永恒的不朽的魅力。

希腊神话具有不可取代的认识功能。它用想象和幻想的形式，用一种不自觉的艺术方式加工“自然和社会形式本身”，表现了当时希腊人用想象和借助想象以征服自然力、支配自然力的英勇的进取精神和风貌。后人可以从这些希腊人的幻想中了解他们“那种对自然的观点和对社会关系的观点”，仿佛是现代人本身的自我观照。

希腊神话作为艺术上的“一种规范和高不可及的范本”是当之无愧的。它的艺术成就是辉煌的，从艺术内容到艺术形式，从题材的宏阔到人物形象的深刻和生动都达到了完美的境界。希腊艺术对人的命运的观照和描绘，对神秘的神谕的昭示和演绎，都不同程度上表现出对自然的征服力量，抒发了古代人的幻想和愿望及对未来的憧憬，特别是塑造了一批如普罗米修斯为正义和自由而坚贞不屈、奋斗不息的“圣者”形象，成为古代劳动人民优秀品质的化身，激励后人以无畏的英雄气概去追求光明美好的前途。

“希腊神话不只是希腊艺术的武库，而且是它的土壤。”这里所说的“土壤”非指生活的本原和源泉，系指艺术创作的素材。不但是希腊艺术，即便是后来的一些不同历史时代的艺术也适应当时的需要，从希腊神话中选取恰当的题材，创造性地加以描写和发挥，如莎士比亚、雪莱、歌德和某些现代派作家都对希腊神话加以选用和鉴照。这一事实再次表明希腊神话的艺术魅力和在历史上不断被活化和延伸的生命力。因此，希腊神话确是“一种规范和高不可及的范本”。

[注 释]

[1] 马克思，恩格斯．马克思恩格斯选集：第 2 卷．3 版．北京：人民出版社，2012：2.
[2] 马克思，恩格斯．马克思恩格斯全集：第 13 卷．北京：人民出版社，1962：10，11.
[3] 同 [1] 8.
[4] 马克思，恩格斯．马克思恩格斯全集：第 12 卷．北京：人民出版社，1962：751-752.
[5] 同 [1] 702.
[6] 同 [1] 701.
[7] 同 [1] 700，701.
[8] 马克思，恩格斯．马克思恩格斯全集：第 42 卷．北京：人民出版社，1979：121.
[9] 同 [1] 684.
[10] 同 [1] 683-684.
[11] 同 [1] 683.
[12] 同 [1] 692.
[13] 同 [1] 693.
[14] 同 [1] 694.
[15] 同 [1] 692.
[16] 马克思，恩格斯．马克思恩格斯全集：第 26 卷（Ⅰ）．北京：人民出版社，1972：296.
[17] 马克思，恩格斯．马克思恩格斯选集：第 4 卷．3 版．北京：人民出版社，2012：649.

第九讲
致斐迪南·拉萨尔*[1]

柏　　林

1859年4月19日于伦敦

马克思

亲爱的拉萨尔[2]：

我没有特地写信告诉你，十四英镑十先令已经收到了，因为来的是挂号信。但是，如果不是该死的“荷兰兄弟”[3]拜访我，极残酷地占去了我的剩余劳动时间，那我早就写信了。

现在他已经走了，所以我又自由地呼吸了。

弗里德兰德[4]已经写信给我。条件不如我原先告诉你的那样好，但还“过得去”。解决了在我们之间还有的几个次要问题以后——我想，在这个星期内这就会商妥——我将给他写东西。

在英国这里，阶级斗争的进展是极其令人高兴的。遗憾的是，在这种时候连一家宪章派的报纸[5]也不再存在了，所以，差不多两年以来，我不得不停止通过写作参与这个运动。

我现在来谈谈《弗兰茨·冯·济金根》[6]。首先，我应当称赞结构和情节，在这方面，它比任何现代德国剧本都高明[7]。其次，如果完全撇开对这个剧本的纯批判的态度，在我读第一遍的时候，它强烈地感动了我，所以，对于比我更容易激动的读者来说，它将在更大的程度上引起这种效果。这是第二个非常重要的方面。

现在来谈谈缺点的一面：**第一，**——这纯粹是形式问题——既然你用韵文写，你就应该把你的韵律安排得更艺术一些。但是，不管**职业诗人**将会对这种疏忽感到多大的震惊，而总的说来，我却认为它是一个优点，因为我们的专事模仿的诗人们除了形式上的光泽，就再没有别的什么了。**第二，**你所构想的冲突[8]不仅是悲剧性的，而且是使1848—1849年的革命政党必然灭亡的悲剧性的冲突[9]。因此我只能完全赞成把这个冲突当作一部现代悲剧的中心点。但是我

* 马克思，恩格斯．马克思恩格斯全集：第29卷．北京：人民出版社，1972：571-575.

问自己：你所选择的主题[10]是否适合于表现这种冲突？巴尔塔扎尔[11]的确可以设想，如果济金根不是借骑士纷争的形式举行叛乱，而是打起反对皇权和公开向诸侯开战的旗帜，他就一定会胜利。但是，我们也可以有这种幻想吗？济金根（而胡登[12]多少和他一样）的覆灭并不是由于他的狡诈。他的覆灭是因为他作为**骑士**[13]和作为**垂死阶级的代表**起来反对现存制度，或者说得更确切些，反对现存制度的新形式[14]。如果从济金根身上除去那些属于个人和他的特殊的教养，天生的才能等等的东西，那末剩下来的就只是一个葛兹·冯·伯利欣根[15]了。在后面这个**可怜的**人物身上，以同样的形式表现出了骑士对皇帝和诸侯所作的悲剧性的反抗，因此，歌德选择他作主人公是正确的[16]。在济金根——甚至胡登在某种程度上也是如此，虽然对于他，正象对某个阶级的一切思想家一样，这种说法应当有相当的改变——同诸侯作斗争时（他反对皇帝，只是由于皇帝从骑士的皇帝变成诸侯的皇帝[17]），他实际上只不过是一个唐·吉诃德，虽然是被历史认可了的唐·吉诃德[18]。他以骑士纷争的形式发动叛乱，这只是说，他是**按骑士的方式**发动叛乱的。如果他以另外的方式发动叛乱，他就必须在一开始发动的时候就直接诉诸城市和农民，就是说，正好要诉诸那些本身的发展就等于否定骑士制度的阶级。

因此，如果你不想把这种冲突简单地化为《葛兹·冯·伯利欣根》中所描写的冲突[19]——而你也没有打算这样做，——那末，济金根和胡登就必然要覆灭，因为他们自以为是革命者（对于葛兹就不能这样说），而且他们完全象1830年的**有教养的**波兰贵族一样[20]，一方面使自己变成当代思想的传播者，另一方面又在实际上代表着反动阶级的利益。革命中的这些**贵族**代表——在他们的统一和自由的口号后面一直还隐藏着旧日的帝国和强权的梦想——不应当象在你的剧本中那样占去全部注意力，农民和城市革命分子的代表（特别是农民的代表）倒是应当构成十分重要的积极的背景。这样，你就能够在更高得多的程度上用最朴素的形式把最现代的思想表现出来，可是现在除**宗教**自由以外，实际上，国民的**一致**[21]就是你的主要思想。这样，你就得更加**莎士比亚化**[22]，而我认为，你的最大缺点就是**席勒式**[23]**地**把个人变成时代精神的单纯的传声筒。你自己不是也有些象你的弗兰茨·冯·济金根一样，犯了把路德[24]式的骑士反对派看得高于闵采尔[25]式的平民反对派这样一种外交错误吗？

其次，我感到遗憾的是，在性格的描写方面看不到什么特出的东西。我是把查理五世[26]、巴尔塔扎尔和理查·冯·特利尔[27]除外。然而还有别的时代比十六世纪有更加突出的性格吗？[28]照我看来，胡登过多地一味表现"兴高采烈"[29]，这是令人厌倦的。他不也是个聪明人、机灵鬼吗？因此你对他不是很不公平吗？

甚至你的济金根——顺便说一句，他也被描写得太抽象了——也是多么苦于不以他的一切个人打算为转移的冲突，这可以从下面一点看出来：他一方面不得不向他的骑士宣传与城市友好等等，另一方面他自己又乐于在城市中施行强权司法[30]。

在细节的方面，有些地方我必须责备你让人物过多地回忆自己，这是由于你对席勒的偏爱造成的。例如，在第121页上，胡登向玛丽亚[31]叙述他的身世时，如果让玛丽亚把从"感觉的全部音阶"等等一直到"它比岁月的负担更沉重"这些话说出来，那就极为自然了。

前面的诗句，从"人们说"到"年纪老迈"，可以摆在**后面**，但是"一夜之间处女就变成妇人"这种回忆（虽然这指出玛丽亚不是仅仅知道纯粹抽象的恋爱），是完全多余的；无论如何玛丽亚以回忆自己"年老"来开始，是最不能容许的。在她说了她在"一个"钟头内所叙述的一切以后，她可以用关于她年老的一句话把她的情感一般地表现出来。还有，下面的几行中，"**我认为这是权利**"（即幸福）这句话使我愤慨。为什么把玛丽亚所说的她迄今对于世界持有的天真看法斥为说谎，因而把它变成关于权利的说教呢？[32]也许下次我将更详细地对你说明我的意见。

我认为济金根和查理五世之间的一场是特别成功的，虽然对话有些太象是公堂对质；还有，在特利尔的几场也是成功的。胡登关于剑的格言是非常好的[33]。

这一次已说得够多了。

你的剧本获得了一个热烈的赞赏者，那就是我的妻子。只是她对玛丽亚不满意。

祝好。

你的　**卡·马·**

顺便说一下：恩格斯的《波河与莱茵河》里面有严重的刊误，我在这封信的最后一页上附了一个勘误表。

［注　释］

［1］马克思的这封信同恩格斯于同年5月18日致斐迪南·拉萨尔的信，是这两位革命导师逝世后发表的，最早见于1922年德文版斐迪南·拉萨尔的《书信文稿遗集》第3卷。这两封信，都是对拉萨尔的历史剧《弗兰茨·冯·济金根》的批评。在这以前，拉萨尔曾分别给马克思和恩格斯寄去了剧本，并征求他们对剧本的意见。

［2］拉萨尔　斐迪南·拉萨尔（1825—1864），德国和国际工人运动中的机会主义者代表，出身于德国一个犹太绸缎商人家庭。早年曾包揽一个贵族夫人的离婚案件，想以此捞取政治资本。1848年革命中，他卷入革命洪流进行政治投机。他一方面与马克思主编的《新莱茵报》建立联系，并声称自己是马克思的"忠实学生"和"拥护者"，另一方面又积极参加资产阶级民主派的活动，成为它的领导人之一。革命失败后，他悲观失望，继续为上述离婚案件奔走。19世纪50年代，他写了很多著作，鼓吹机会主义观点。19世纪60年代初德国工人运动重新高涨时，又进行政治投机，担任"全德意志工人联合会"主席的职务，但暗中却与俾斯麦勾结，把"全德意志工人联合会"的组织状况和行动计划向俾斯麦告密。

拉萨尔在任工人联合会主席期间，把他的一套机会主义观点塞进联合会章程。他反对无产阶级的暴力革命，热衷于争取所谓普选权，企图通过和平与合法的方式使普鲁士国家变为"自由的人民国家"。马克思、恩格斯称拉萨尔的所谓社会主义为"普鲁士国家政府的社会主义"。由于拉萨尔的机会主义观点严重地毒化了工人的意识，阻碍了工人运动的健康发展，马克思、恩格斯自19世纪50年代起就与之进行了不调和的斗争；在1875年写的《哥达纲领批判》中，马克思对拉萨尔的错误观点作了彻底的清算。

［3］荷兰兄弟　指马克思的妹妹路易莎的丈夫，荷兰商人约翰·卡尔·尤塔。

［4］弗里德兰德　麦克斯·弗里德兰德（1829—1872），拉萨尔的表弟，维也纳《新闻报》的编辑。他曾约请马克思写文章并任该报电报通讯人，条件是只能抨击路易·波拿巴，不能抨击当时的英国首相帕麦斯顿，遭到了马克思的拒绝。后来他放弃了这个先决条件。马克思为了为党尽一切可能占领阵地，同意了他的约请。

［5］宪章派的报纸　1836年英国工人创立了"伦敦工人协会"，并于1838年公布了一份以争取普选权为基本内容的《人民宪章》，同时掀起了向国会请愿的运动，这就是"宪章运动"，参加这个运动的人就被称为"宪章派"。宪章运动持续了将近20年，宪章派曾办过《北极星报》《红色共和党人》《人民之友》《民主评论》《寄语人民》和《人民报》等报刊。《人民报》是宪章派所办的最后一份报纸。1858年6月，由于领导人厄内斯特·查理·琼斯的叛变，该报转到了资产阶级实业家手里，从此宪章派就没有报纸了。马克思、恩格斯在《人民报》转向以前，一直为它撰稿，支持宪章派运动。

[6]《弗兰茨·冯·济金根》　拉萨尔于1857年到1858年初写成的五幕历史悲剧。剧本以济金根为主人公，描写他领导的一次骑士叛乱的经过。关于这个剧本的内容，请参阅中译本。

拉萨尔的这个剧本，是以德国16世纪初以济金根和胡登为首的一次骑士反对皇帝和诸侯的叛乱为题材的，但是，拉萨尔对这个历史事件作了歪曲的描写。16世纪初的德国，工业已经有显著的进步，开始出现资本主义的萌芽。但是，工商业的发展并没有促成政治上的中央集权，而是形成许多利益集团，促成了政治上的分离。随着德意志神圣罗马帝国的解体，统一的纽带割断了，形成了分崩离析的割据局面，出现了大大小小的封建诸侯独立王国，统治阶级内部矛盾和阶级矛盾尖锐复杂。当时德国社会各阶级形成了三大阵营：皇帝、诸侯、高级僧侣属于反动派；市民阶级和大量低级贵族属于改良派；农民和平民则属于革命派。改良派的活动主要是路德领导的宗教改革运动，革命派的活动主要是闵采尔领导的农民战争。济金根和胡登则是改良派中低级贵族在军事和政治上的代表。济金根是一个没落的骑士，他于1522年在兰都组成了一个以6年为期的莱茵、士瓦本、法兰克尼亚贵族同盟，以自卫为名组成了一支军队，于同年9月向特利尔选帝侯大主教宣战。但当他的队伍进抵特利尔城郊的时候，其增援部队被诸侯军迅速出兵截断，黑森伯爵和普法尔茨选帝侯都驰援特利尔，济金根不得不退守兰德施士尔城堡，贵族同盟的成员不敢往救，结果济金根负伤而死，胡登则流亡瑞士，不久死于苏黎世。这次骑士叛乱就这样很快被诸侯镇压下去了。济金根和胡登领导的这次骑士暴动具有改良性质。他们提出的要求是“改革帝国”，即废除一切诸侯，将教会的主权和产业全部还俗，建立以君主为首的贵族民主制，并实现帝国的重新统一。

《济金根》的梗概如下：

第一幕　叶贝隆堡的一个房间

第一场

济金根的女儿玛丽亚和巴尔塔扎尔(济金根的秘书和心腹)对话,颂扬济金根的功绩。

第二场

济金根赞扬胡登。

第三场

胡登诉说新选的皇帝查理没有接见他，罗马教皇一派的人要加害于他。济金根收容了他。

第二幕　瓦尔姆斯城附近的一个城堡

第一场

皇帝查理五世和帝国大臣兼皇帝顾问莱纳的对话。莱纳吹捧查理五世。

第二场

莱纳想让济金根同意延期偿付借款。济金根宣布忠于皇帝，同意延期偿付借款。皇帝封济金根为伯爵。任命他为统帅、侍从长，还兼皇家顾问。

第三场

普法尔茨选帝侯路德维希、特利尔大主教理查和黑森伯爵菲力浦，请求皇帝接见。

第四场

前场人物诉说济金根也借钱给了他们。

第五场

皇帝查理五世只接见济金根，而不接见其他贵族。皇帝应允了不打普法尔茨选帝侯。

第六场

皇帝查理五世和济金根的长篇对话。济金根力劝皇帝反对教皇，向皇帝颂扬了马丁·路德，希望皇帝依靠马丁·路德反对教皇和诸侯。

第七场

教皇特使和大主教对话，谈到黑森、特利尔和普法尔茨的结盟。他们还谈到马丁·路德代表人文主义者反对宗教。

第三幕　乌尔利希（胡登）在叶贝隆堡的房间

第一场

乌尔利希自言自语，颂扬马丁·路德。乌尔利希表示要保护新生的嫩芽。

第二场

乌尔利希和玛丽亚对话，乌尔利希怕把她父亲推向毁灭的道路。

第三场

叶可拉姆巴迭斯（济金根的路德派家庭教师）和乌尔利希对话，透露皇帝要加害马丁·路德。他们商讨是否组织暴动。

第四场

叶可拉姆巴迭斯反对骑士暴动，让玛丽亚去开导乌尔利希。

第五场

乌尔利希鼓动济金根领导暴动。济金根准备攻打特利尔，走先成选帝侯后称帝的道路。他委托乌尔利希参见阿尔布莱希特选帝侯，争取他的帮助，起码让他保持中立。

第六场

乌尔利希和玛丽亚在离别前互诉衷肠，表白爱情。

第七场

兰德城市政厅中的骑士厅。济金根请求骑士结盟反对教皇和诸侯。

第八场

巴尔塔扎尔从斯特拉斯堡飞马赶来，说人们在传播济金根即将攻打特利尔的谣言，济金根对他说：不是谣言，已派信使向特利尔下了战书。

第四幕　海得尔堡普法尔茨选帝侯城堡中的大厅

第一场

普法尔茨选帝侯的机要秘书和特利尔大主教的一个骑士对话，后者向普法尔茨选帝侯求救，特利尔大主教的骑士挑拨说：济金根要当选帝侯。普法尔茨选帝侯答应备战。

第二场

济金根在特利尔城外安营扎寨，准备攻城。

第三场

帝国的传令官来到，带来了皇帝的圣旨。

第四场

传令官宣布圣旨，命令济金根和将士们重返家园，否则就格杀勿论。济金根等拒绝皇帝命令。

第五场

特利尔的市民不愿抵抗，去劝说大主教。

第六场

市民要求大主教出城打仗，以免城市受损失。

第七场

大主教的军队抓住济金根军队的一个士兵，他宁死不屈，被处死。大主教强硬地命令士兵和市民共同守城。

第八场

特利尔城外的战场。索姆布莱夫受了伤，乌尔利希来看他，两人议论战斗的前景。

第九场

济金根部队打了八个钟头仍没攻破特利尔。城里射来一箭，上有一信，言及要求谈判。济金根等拒绝谈判，仍继续攻城。

第十场

两个使者给济金根带来两个坏消息，两支援兵到不了了。一个使者又带来一个坏消息，另一支援兵被消灭了。菲力浦选帝侯又亲率大军来解特利尔城之围。不久，济金根又接到普法尔茨选帝侯不宣而战的坏消息。济金根四面楚歌，只得撤兵，但他宣布明年再战。

第五幕　受到诸侯联军紧紧包围的兰德施土尔堡中一间墙壁厚实的拱形圆顶塔楼房间

第一场

诸侯联军轰塌了一垛墙。

第二场

巴尔塔扎尔提出，用放弃城堡作为撤退的条件。济金根派出使者，提出放弃城堡。

第三场

农民鼓动家约斯·弗里茨约来了15个农民。

第四场

乌尔利希和约斯·弗里茨在小店里相遇。

第五场

济金根束手无策，一筹莫展。

第六场

巴尔塔扎尔回来，说明联盟拒绝济金根弃城撤退的条件。

第七场

济金根指挥将士保卫城堡。在敌人不断进攻下，济金根率众将士突围。

第八场

巴尔塔扎尔告诉玛丽亚，济金根受了重伤。

第九场

济金根和女儿玛丽亚话别，他希望见到乌尔利希。

第十场

普法尔茨选帝侯路德维希等选帝侯、大主教来同手下败将济金根见面。

第十一场

乌尔利希和济金根见面。乌尔利希告诉济金根他已组织了10万农民大军。济金根说，他组织的人来晚了。济金根伤重将死。乌尔利希表示，德意志祖国随着济金根一起崩溃，“我把复仇的任务遗留给未来的世纪”。

但是，他们的这种要求在当时是不可能实现的。因为贵族民主制是“属于最原始的社会形态中的一种形态，以后都很自然地发展成为完备的封建等级制度，而封建等级制度显然已经是更高的阶段了”（《马克思恩格斯全集》，第7卷，438页，北京，人民出版社，1959）。另外，贵族骑士在当时是得不到同盟者支援的。市民阶级深深地领教过贵族，绝不会信任贵族；农民深受贵族的剥削和虐待，他们视贵族为死敌。而骑士暴动如果不同一切反对派结成联盟，尤其是与农民结成联盟，就不可能取得胜利。因此，济金根、胡登的失败是必然的，这是历史的悲剧。拉萨尔采取这个历史性悲剧事件作为剧本的题材是完全可以的，但他却从他的唯心主义“悲剧观念”出发，完全歪曲了这一历史事件的真实面目，抹杀了济金根和胡登的阶级本质及其失败的阶级根源和历史根源。

[7] 比任何现代德国剧本都高明　马克思这里说的现代德国剧本是指 19 世纪 20 年代到 40 年代的德国戏剧。这个时期的戏剧文学以消极浪漫主义为主。40 年代后，出现了现实主义的戏剧，但一开始即受到自然主义的影响，远远不如英、法等国的现实主义。例如弗里德里希·赫勃尔（1813—1863）的剧本，无论在思想性上或艺术性上，都没有值得称道的地方。正是针对这个时期德国戏剧文学不振的状况，马克思称赞《济金根》“比任何现代德国剧本都高明”。

[8] 你所构想的冲突　指济金根、胡登与皇帝、僧侣和诸侯的冲突。这个冲突之所以是悲剧性的，是因为济金根和胡登领导的贵族运动，在当时历史条件下一定程度上反映了历史的必然要求，但贵族改良派的阶级局限性，决定了这个运动不可能得到平民和农民革命派的支持，因而其失败是必然的。

[9] 1848—1849 年的革命政党必然灭亡的悲剧性的冲突　指德国资产阶级立宪派在 1848 年革命开始时，依靠无产阶级和人民群众的力量迅速地打败了封建势力，取得了统治的权力，但当革命取得初步胜利后，就马上叛变革命，向反动派实行妥协，并与后者勾结起来镇压革命。结果反动派很快恢复了元气，猛扑过来，不但民主力量被残酷地镇压下去，连立宪党派也被一脚踢开。1848—1849 年的革命，就这样给葬送了。

这次资产阶级立宪派的失败，也是由其阶级本性决定的。他们与人民利益的对立，使他们得不到人民的支持，是与历史上的济金根、胡登极为类似的。因此，马克思说拉萨尔在剧本中构想的悲剧冲突，也是“使 1848—1849 年的革命政党必然灭亡的悲剧性的冲突”。

[10] 你所选择的主题　指的是拉萨尔剧本的艺术构思。具体地说，就是马克思所指出的那个巴尔塔扎尔“设想”。马克思在谈到这个问题时说：“巴尔塔扎尔的确可以设想，如果济金根不是借骑士纷争的形式举行叛乱，而是打起反对皇权和公开向诸侯开战的旗帜，他就一定会胜利。”巴尔塔扎尔的这个“设想”实际上就是拉萨尔的这样一个唯心主义的“悲剧观念”：济金根的覆灭是由于他在策略上玩弄了狡诈手段，即所谓“观念的无限目的和妥协的有限的狡智之间的辩证矛盾”（拉萨尔：《关于悲剧观念的手稿》）。

[11] 巴尔塔扎尔　剧本《济金根》中一个虚构的人物，济金根的秘书。他在第五幕第二场曾指出济金根的失败是由于犯了“策略错误”。

[12] 胡登　乌尔利希·冯·胡登（1488—1523），出身于骑士家庭的人文主义者，骑士阶层的思想家，曾参加路德的宗教改革，又于 1522 年参加济金根的骑士叛乱，是济金根的朋友和顾问。他和济金根一样，相信只要把贵族的统治建立起来，把分裂国家的祸首即诸侯废除掉，取消僧侣的权力，把德国从罗马教权统治下解脱出来，就可以重建自由、强盛和统一的帝国。但是，在当时德国条件下，他的理想是不可能实现的，随着济金根的失败，这种理想也就彻底破灭了。济金根的叛乱失败后，他逃往瑞士，不久死于苏黎世湖中的乌福瑙岛上。

[13] 骑士　属低级贵族阶层。在西欧中世纪封建统治阶级中，骑士最初是国王和封建领主的侍从，后被用于战争，在军队中服骑兵役。他们通过服役获得的领地可以继承，从而成为低级贵族。他们是封建国家的社会支柱，很有势力。12 世纪至 14 世纪，是骑士阶层的鼎盛时期；14 世纪末，封建关系开始瓦解，骑士阶层开始没落。这一方面是由于军事技术的发展，步兵作用增大，火药武器改善，他们在军事上失去了重要的作用；另一方面也是由于他们为了弄到足够的钱而残酷地剥削农民、掠夺城市，因而激起了市民和农民的强烈反抗，越来越陷于孤立。济金根、胡登时代的骑士已经是一个“垂死阶级”了。

[14] 现存制度的新形式　现存制度是指封建等级制度。这是从封建社会初期的贵族民主制发展而来的更高更完备的封建制度。现存制度的新形式，指的是诸侯割据的形式。

[15] 葛兹·冯·伯利欣根　16 世纪和济金根同时的一个没落骑士，在德国农民战争中，曾被迫参加农民起义军，一度成为一支重要农民起义军的总指挥，后来叛变。

[16] 歌德选择他作主人公是正确的　指歌德于历史剧《葛兹·冯·伯利欣根》中选择伯利欣根为主人公。歌德的选择之所以正确，是因为他在基本点上忠实于历史，把葛兹的反抗如实地描写成骑士的反抗，而没有像拉萨尔描写济金根那样把葛兹描写成革命领袖。正是在这一点上，拉萨尔和歌德在对人物的处理上存在着原则的区别，马克思指出了这一点并肯定了歌德。

[17] 皇帝从骑士的皇帝变成诸侯的皇帝　这是指这样一个历史事实：皇帝与骑士的利益在封建社会早期是完全一致的，那时皇帝依靠骑士对外实行侵略，对内加强王权；骑士从皇帝那里获得领地，成为贵族。但自13世纪下半叶起，随着王权的衰微和诸侯的崛起，皇帝开始屈从于诸侯。1519年登上德意志皇位的查理五世，就曾一再向僧侣和诸侯妥协，在宗教改革和骑士叛乱时，公然站到了僧侣和诸侯一边。这在拉萨尔的剧本中也有所反映。

[18] 被历史认可了的唐·吉诃德　“认可”也可译为“证实”。唐·吉诃德（现一般译为堂·吉诃德）是文学作品中的一个典型人物，而济金根是历史上实有的人物。所谓“被历史认可了的唐·吉诃德”，是说济金根在历史上是一个唐·吉诃德式的人物。

[19]《葛兹·冯·伯利欣根》中所描写的冲突　指骑士与诸侯、皇帝的冲突。

[20] 完全象1830年的**有教养的**波兰贵族一样　指1830年到1831年波兰爆发的反对沙皇统治的民族起义。这次起义的领导权基本上掌握在贵族手里。由于他们拒绝满足广大农民废除农奴依附地位的要求，得不到农民的支持，结果为沙皇残酷镇压。波兰贵族在这次起义中对农民所采取的态度，同德国的济金根、胡登在1522年起义中对农民所采取的态度极为相似。他们一方面把自己打扮成民族解放的领袖，另一方面又不愿放弃对农民的封建特权，并发动农民；他们之所以发动起义，不过是为了保卫已得的权利不受帝王方面的侵犯。

[21] **宗教**自由……国民的**一致**　所谓“**宗教**自由”，指路德式的宗教改革；所谓“国民的**一致**”，就是通过骑士叛乱来消灭诸侯，实现自上而下的帝国统一。马克思指出“国民的**一致**”是拉萨尔的主要思想，实际上是批评拉萨尔在现代条件下想通过普鲁士王朝战争实现德国统一的主张。

[22] **莎士比亚化**　莎士比亚的戏剧创作，是欧洲现实主义文学的一个重要里程碑。马克思、恩格斯十分重视莎士比亚在戏剧发展史上的意义，主张借鉴莎士比亚的创作经验。所谓莎士比亚化，就是指继承和借鉴莎士比亚的现实主义的创作原则和方法。

[23] **席勒式**　指席勒创作中部分地存在的从观念出发的概念化、抽象化倾向。

[24] 路德　马丁·路德（1483—1546），16世纪德国宗教改革运动的领袖，新教即路德教的创始人，市民阶级的思想家。他出身于富裕的企业主家庭，当过神父。1517年10月31日，路德发表了有名的《九十五条论纲》。这个《论纲》成了宗教改革的导火线。正如恩格斯所说的，“路德放出的闪电引起了燎原之火。整个德意志民族都投入运动了”。但是，随着运动的迅速发展，参加运动的各个派别的分歧也就愈来愈暴露出来，迫使路德抉择自己的立场。结果，他毫不犹豫地“抛弃运动中的下层人民，倒向市民、贵族和诸侯一边去了”。先前，他号召“不用语言而用武器”去惩办那些身为教皇、红衣主教、大主教而又伤风败俗的“罗马罪恶城的蛇蝎之群”；而现在却宣布，“世界是靠语言来征服的，教会是靠语言来维持的，也还是要靠语言来复兴”。1525年农民战争爆发了，开始路德采取调解的态度，但当起义冲出了市民阶级“慎重考虑”的改良范围，他就撕去了和平的外衣，完全站到了农民的对立面。这时，在他看来，“罗马罪恶城的奴仆们都成了无罪的羔羊，上帝的驯良儿女”，而农民则成了“杀人越货”的“暴徒”。他扬言要把他们戳碎、扼死、刺杀，像打死疯狗一样。路德所经历的这种转变，反映了德国早期资产阶级的软弱性和两面性。（以上参见恩格斯：《德国农民战争》，收入《马克思恩格斯全集》，第7卷，北京，人民出版社，1959）

[25] 闵采尔　托马斯·闵采尔（约1490—1525），16世纪德国农民战争的领袖、农民和平民革命的思想家。他原是赫尔一个女修道院的见习牧师，1522年，任图林根的阿尔斯特德城的牧师。早期他接近马丁·路德，支持路德的宗教改革，但不满路德的妥协改良。当路德转向后，他称路德为“维登堡的行

尸走肉”，宣布与之决裂。从此他深入民间，组织秘密革命组织，宣传农民革命思想。1525 年他发布《致阿尔斯特德人民书》，号召城市贫民和农民联合起来，举行起义。同年 3 月，他领导 8 000 名未经训练的农民军，对抗 9 000 名有极好训练和装备的诸侯军，结果失败，闵采尔被俘，受到严刑拷打，始终不屈，最后从容就义。闵采尔主张通过暴力打倒封建诸侯贵族，废除封建制度，建立没有阶级差别，没有私有财产，没有高高在上的、同社会成员作对的国家政权的社会，他的理想是“把天堂即天国在现世上建立起来”（《马克思恩格斯全集》，第 7 卷，413 页，北京，人民出版社，1959）。恩格斯称闵采尔为“革命的平民”，说“闵采尔的纲领，与其说是当时平民要求的总汇，不如说是对当时平民中刚刚开始发展的无产阶级因素的解放条件的天才预见”（《马克思恩格斯全集》，第 7 卷，414 页）。闵采尔的学说带有空想社会主义的性质。

[26] 查理五世　“神圣罗马帝国”皇帝，占有西班牙、德意志和意大利的一部分疆土。在他统治期间，国内阶级矛盾十分尖锐，1522 年发生了济金根领导的骑士暴动，1525 年爆发了伟大的德国农民战争。拉萨尔以他为剧本中皇帝查理的原型。

[27] 理查·冯·特利尔　特利尔大主教，七个选帝侯之一。在拉萨尔剧本中他是济金根的死敌。

[28] 还有别的时代比十六世纪有更加突出的性格吗？　16 世纪，按恩格斯的说法，是一个“伟大的时代”，这个时代德国人“称之为宗教改革，法国人称之为文艺复兴，而意大利人则称之为 16 世纪”。（《马克思恩格斯选集》，3 版，第 3 卷，846 页）这是“一个需要巨人并且产生了巨人的时代，那是一些在思维能力、激情和性格方面，在多才多艺和学识渊博方面的巨人。给资产阶级的现代统治打下基础的人物，决没有市民局限性。……他们几乎全都置身于时代运动中，在实际斗争中意气风发，站在这一方面或那一方面进行斗争，有人用舌和笔，有人用剑，有些人则两者并用。因此他们具有成为全面的人的那种性格上的丰富和力量”（《马克思恩格斯选集》，3 版，第 3 卷，847 页）。恩格斯的这段话可以作为本条最确切的注释。

[29] 胡登过多地一味表现“兴高采烈”　指剧本中胡登所作的大量激昂慷慨的抒情性议论。拉萨尔在《关于悲剧观念的手稿》中自称他塑造的胡登这个角色是一个“富于抒情色彩”的人物，是“精神上的革命者”，他“除了狂热之外”“不会有别的手段”。这正好暴露了拉萨尔在人物塑造上的“席勒化”倾向。

[30] 甚至你的济金根……他自己又乐于在城市中施行强权司法　这一段也是批评拉萨尔在性格描写方面的抽象化的。马克思举了这样一个例子：一方面，在第三幕第七场里，济金根不得不向他的骑士宣传与城市友好等等；另一方面，在围城时，又无视市民的生命财产，任意炮击，对城市施行强权司法。这说明，济金根的言行是矛盾的，他“多么苦于不以他的一切个人打算为转移的冲突”。但是，拉萨尔在剧本中并没有揭示和描写济金根性格中的这种矛盾冲突，因此，人物性格不可能不是抽象化的。

[31] 玛丽亚　《济金根》中的人物，济金根的女儿，胡登的女友。

[32] 胡登向玛丽亚叙述他的身世时……因而把它变成关于权利的说教呢？　这里马克思所分析的诗句，见剧本第三幕第六场玛丽亚听了胡登向她叙述自己的身世、经历后所说的一段话：

一夜之间处女就变成妇人，
人们说一天的辛酸愁苦，
就足以使满头浓发变成雪白！
我觉得在这一个钟头里我变得
成熟了，我几乎可以说——年纪老迈了！
您在短短的一个钟头里
教我尝遍了感觉的全部音阶，
从狂喜的顶峰一直到
深沉的痛苦的最低音，

它的分量比我度过的岁月更沉重。
——就算是像您说的那样吧，我已经学了很多。
我觉得过去我把世界看错了，
正如在阳光照耀下一切都觉得温暖，
正如在大自然敦厚的光辉之中，
最微小的昆虫都欢欣地游嬉；
从前我相信幸福！我认为这是权利，
是每个生物的共同权利。
现在我知道我错了，人世间和大自然不一样，
大自然对每个人一视同仁，
而人世间人们的仇恨
给动荡的生活制造负担。
现在我明白了，幸福并不是人人都有；
我能够这样认识，
虽然很迟，但它却更为辛酸。

[33] 胡登关于剑的格言是非常好的　见剧本第三幕第三场。济金根的家庭牧师叶可拉姆巴迭斯劝阻胡登用武力反对皇帝。胡登回答说：

可敬的先生！不要把剑看得那样糟！
您所宣扬的那套有血有肉的语言，
就是一把为自由而挥舞的剑，
剑就产生在现实中的上帝身上。
基督教曾依靠它来传播教义，
我们今天赞叹地称之为大帝的
那位查理，就曾用剑给德意志行过洗礼。
异教在剑下灭亡，
救世主的坟墓凭借剑而获得解放，
塔魁尼乌斯被剑赶出罗马，
萨克西斯被希腊的剑赶回老家，
剑使我们发展了科学和艺术，
大卫用剑杀死过参孙、基甸！
历史上能看到的壮丽事业，
从来都是用剑来完成，
今后将要进行的一切伟大事业，
最后也都要靠剑才能成功！

致斐迪南·拉萨尔*

柏　　林

1859 年 5 月 18 日于曼彻斯特
特隆克利夫小林坊 6 号

恩格斯

亲爱的拉萨尔：

我这样久没有写信给您，特别是我还没有把我对您的《济金根》的评价告诉您，您一定觉得有些奇怪吧。但是这正是我延迟了这样久才写信的原因。由于现在到处都缺乏美的文学，我难得读到这类的作品，而且我几年来都没有**这样**读这类作品：在读了之后提出详细的评价、明确的意见。没有价值的东西是不值得这样费力的。甚至我间或还读一读的几本比较好的英国小说，例如萨克雷[1]的小说，尽管有其不可辩驳的文学和文化历史的意义，也从来没有能够引起我的这样的兴趣。但是我的判断能力，由于这样久没有运用，已经变得很迟钝了，所以需要比较长的时间，我才能发表自己的意见。但是和那些东西相比，您的《济金根》是值得另眼看待的，所以我对它不吝惜时间。第一二次读您这部从题材上看，从处理上看都是德国民族的戏剧，使我在情绪上这样地激动，以致我不得不把它搁一些时候，特别是因为在这个贫乏的时期里，我的鉴赏力迟钝到了这样的地步（虽然惭愧，我还是不得不说）：有时甚至很少有价值的东西，在我**第一次**读时也不会不给我留下一些印象。为了有一个完全公正、完全“批判的”态度，所以我把《济金根》往后放了一放，就是说，把它借给了几个相识的人（这里还有几个多少有些文学修养的德国人）。但是，“书有自己的命运”[2]——如果把它们借出去了，就很少能再看到它们，所以我不得不用暴力把我的《济金根》夺了回来。我可以告诉您，在读第三遍和第四遍的时候，印象仍旧是一样的，并且深知您的《济金根》经得住批评，所以我现在就把我的意见告诉您。

当我说任何一个现代的德国官方诗人都远远不能写出这样一个剧本时，我知道我对您并没

* 马克思，恩格斯．马克思恩格斯全集：第 29 卷．北京：人民出版社，1972：581－587.

有作过分的恭维。同时，这正好是事实，而且是我们文学中非常突出的，因而不能不谈论的一个事实。如果首先谈形式的话，那末，情节的巧妙的安排和剧本的从头到尾的戏剧性使我惊叹不已。在韵律方面您确实给了自己一些自由，这给读时带来的麻烦比给上演时带来的麻烦还要大。我很想读一读舞台脚本；就眼前的这个剧本看来，它肯定是不能上演的。我这里来了一个德国青年诗人（卡尔·济贝耳[3]），他是我的同乡和远亲，在戏剧方面做过相当多的工作；他作为普鲁士近卫军的后备兵也许要到柏林去，那时我也许冒昧叫他带给您几行字。他对您的剧本评价很高，但是认为，由于道白很长，根本不能上演，在做这些长道白时，只有一个演员做戏，其余的人为了不致作为不讲话的配角尽站在那里，只好三番两次地尽量做各种表情。最后两幕充分证明，您能够轻易地把对话写得生动活泼，我觉得，除了几场以外（这是每个剧本都有的情况），这在前三幕里也是能做到的，所以我毫不怀疑，您在为这个剧本上演加工的时候会考虑到这一点。当然，**思想内容**必然因此受损失，但是这是不可避免的。而您不无根据地认为德国戏剧具有的较大的思想深度和意识到的历史内容，同莎士比亚剧作的情节的生动性和丰富性的完美的融合，大概只有在将来才能达到，而且也许根本不是由德国人来达到的。无论如何，我认为这种融合正是戏剧的未来。[4]您的《济金根》完全是在正路上；主要人物**是**一定的阶级和倾向的代表，因而也是他们时代的一定思想的代表，他们的动机不是从琐碎的个人欲望中，而正是从他们所处的历史潮流中得来的。[5]但是还应该改进的就是要更多地通过剧情本身的进程使这些动机生动地、积极地、也就是说自然而然地表现出来，而相反地，要使那些论证性的辩论（不过，我很高兴在这些辩论中又看到了您曾经在陪审法庭和民众大会上表现出来的老练的雄辩才能[6]）逐渐成为不必要的东西。您自己似乎也承认这个标准是区分舞台剧和文学剧的界限[7]；我相信，在这个意义上《济金根》是能够变成一个舞台剧的，即使确实有困难(因为达到完美的确绝不是简单的事)。与此相关的是人物的性格描绘。您完全正确地反对了现在流行的**恶劣的**个性化[8]，这种个性化总而言之是一种纯粹低贱的自作聪明，并且是垂死的模仿文学的一个本质的标记。此外，我觉得一个人物的性格不仅表现在他做**什么**，而且表现在他**怎样**做[9]；从这方面看来，我相信，如果把各个人物用更加对立的方式彼此区别得更加鲜明些，剧本的思想内容是不会受到损害的。**古代人**的性格描绘在今天是不再够用了[10]，而在这里，我认为您原可以毫无害处地稍微多注意莎士比亚在戏剧发展史上的意义。然而这些都是次要的事情，我提到它们仅仅是为了使您看到，我在您的剧本的形式方面也用过一些心思而已。

至于谈到历史内容，那末您以鲜明的笔调和对以后的发展的正确提示描述了您最关心的当时的运动的两个方面：济金根所代表的贵族的国民运动和人道主义理论运动[11]及其在神学和教会领域中的进一步发展，即宗教改革。在这里我最喜欢济金根和皇帝之间，教皇使节和特利尔大主教之间的几场戏（在这里，您把世俗的受过美学和古典文学教育的、在政治上和理论上有远见的使节同目光短浅的德国僧侣诸侯加以对比，从而成功地直接根据这两个人物的**有代表性的**性格作出了卓越的个性刻画）；在济金根和查理的那场戏中对性格的描绘也是很动人的。您对胡登的自传（您公正地承认它的**内容**是本质的东西）的确采取了一种令人失望的做法，您把这种内容放到剧本中去了[12]。第五幕里的巴尔塔扎尔和弗兰茨的对话也非常重要，在这段对话里前者向自己的主人说明他应当遵循的**真正革命的**政策[13]。在这里，真正悲剧的因素出现了；而且正是由于这种意义，我认为在第三幕里应当对这方面更强调一些，在那里是有很多机会这样做的。但是，我现在又回到次要问题上来了。——那个时期的城市和诸侯的态度在许多场合都是描写得非常清楚的，因此那时的运动中的所谓**官方**分子差不多被您描写得淋漓尽致了。但是，我认为对非官方的平民分子和农民分子，以及他们的随之而来的理论上的代表人物[14]没有给予应有的注意。农民运动象贵族运动一样，也是一种国民运动，也是反对诸侯的运动，遭到了失败的农民运动的那种斗争的巨大规模，与抛弃了济金根的贵族甘心扮演宫廷侍臣的历史角色的那种轻率举动[15]，正是一个鲜明的对照。因此，在我看来，即使就您对戏剧的观点（您大概已经知道，您的观点在我看来是非常抽象而又不够现实的）而言，农民运动也是值得进一步研究的[16]；那个有约斯·弗里茨[17]出现的农民场面的确有它的独到之处，而且这个“蛊惑者”的个性也描绘得很正确，只是同贵族运动比起来，它却没有充分表现出农民运动在当时已经达到的高潮。我认为，我们不应该为了观念的东西而忘掉现实主义的东西，为了席勒而忘掉莎士比亚，根据**我**对戏剧的这种看法，介绍那时的五光十色的平民社会，会提供完全不同的材料使剧本生动起来，会给在前台表演的贵族的国民运动提供一幅十分宝贵的背景，只有在这种情况下，才会使这个运动本身显出本来的面目。在这个封建关系解体的时期，我们从那些流浪的叫化子般的国王、无衣无食的雇佣兵和形形色色的冒险家身上，什么惊人的独特的形象不能发现呢！这幅福斯泰夫式的背景[18]在**这种**类型的历史剧中必然会比在莎士比亚那里有更大的效果。此外，我觉得，由于您把农民运动放到了次要的地位，所以您在一个方面对贵族的国民运动作了不正确的描写，同时也就忽视了在济金根命运中的**真正**悲剧的因素。据我看来，当时广大的皇室贵族并没有想到要同农民结成联盟；他们必须压榨农民才能获得收入这样一种情况，不容许这种事情发生。同城市结成联盟的可能性倒是大一些；但是这种联盟并没有出现或者只是小部分地出现了。而贵族的国民革命只有同城市和农民结成联盟，特别是同后者结成联盟才能实现；据我看来，悲剧的因素正是在于：同农民结成联盟这个基本条件是不可能的；因此贵族的政策必然是无足轻重的；当贵族想取得国民运动的领导权的时候，国民**大众**即农民，就起来反对他们的领导，于是他们就不可避免地要垮台。您假定济金根和农民确实有某种联系，这究竟有多少历史根据，我无法判断，而这个问题也是完全无关紧要的。此外，就我的记忆所及，在向农民呼吁的文件中胡登只是微微地触及这个和贵族有关的麻烦问题，而且企图把农民的愤怒都特别集中到僧侣身上去[19]。但是我丝毫不想否认您有权把济金根和胡登看做是打算解放农民的。但这样一来马上就产生了这样一个悲剧性的矛盾：一方面是坚决**反对过**解放农民的贵族，另一方面是农民，而这两个人却被置于这两方面之间。在我看来，这就构成了历史的必然要求和这个要求的实际上不可能实现之间的悲剧性的冲突。您忽略了这一因素，而把这个悲剧性的冲突缩小到极其有限的范围之内：使济金根不立即向皇帝和帝国宣战，而只向**一个**诸侯宣战（这里虽然您也非常恰当地把农民引进来），并且使他仅仅由于贵族的冷漠和胆怯就遭到了灭亡。但是，如果您在此以前就先比较有力地强调了气势凶猛的农民运动以及由于先前的“鞋会”和“穷康拉德”[20]而必然变得更加保守的贵族的心情，那末这一点就会得到完全不同的论证。然而这一切都不过是可以把农民运动和平民运动写入戏剧的**一种**方法而已；此外至少还有十种同样好的或者更好的其他的方法。

您看，我是从美学观点和历史观点，以非常高的、即**最高**的标准来衡量您的作品的，而且我必须这样做才能提出一些反对意见，这对您来说正是我推崇这篇作品的最好证明。是的，几年来，**在我们中间**，为了党本身的利益，批评必然是最坦率的；此外，每出现一个新的例证，证明我们的党不论在什么领域中出现，它总是显出自己的优越性时，这始终使我和我们大家感到高兴。而您这次也提供了这个例证。

此外，世界局势似乎要向一个十分令人喜悦的方向发展。未必能够设想，还有什么比法俄同盟[21]能为彻底的德国革命提供更好的基础。我们德国人只有水淹到脖子时，才会全都发起条顿狂[22]来；这一次淹死的危险似乎十分逼近了。这倒更好些。在这样一个危机中，一切现存的势力都必然要灭亡，一切政党都必然要一个跟一个地复灭，从《十字报》[23]到哥特弗利德·金克尔[24]，从莱希堡伯爵[25]到“黑克尔、司徒卢威、布伦克尔、齐茨和勃鲁姆”[26]。在这样一个斗争中，必须出现一个时刻，那时只有最不顾一切的、最坚决的党才能拯救民族，同时必然会出现一些条件，只是在那些条件下，才有可能彻底清除一切旧的垃圾，即内部的分裂以及波兰和意大利附属于奥地利的情况。我们不能放弃普鲁士波兰的一寸土地，而且……[27]

[注　释]

[1] 萨克雷　威廉·麦克皮斯·萨克雷（1811—1863），英国小说家，19世纪批判现实主义文学的重要代表之一，《名利场》为其代表作。

关于萨克雷及狄更斯等批判现实主义作家，马克思曾有过这样的评价：“现代英国的一批杰出的小说家，他们在自己的卓越的、描写生动的书籍中向世界揭示的政治和社会真理，比一切职业政客、政论家和道德家加在一起所揭示的还要多。他们对资产阶级的各个阶层，从‘最高尚的’食利者和认为从事任何工作都是庸俗不堪的资本家到小商贩和律师事务所的小职员，都进行了剖析。狄更斯、沙克莱［即萨克雷。——编著者注］、白朗特女士和加斯克耳夫人把他们描绘成怎样的人呢？把他们描绘成一些骄傲自负、口是心非、横行霸道和粗鲁无知的人；而文明世界用一针见血的讽刺诗印证了这一判决。这首诗就是：‘上司跟前，奴性活现；对待下属，暴君一般。’”（《马克思恩格斯全集》，第10卷，686页，北京，人民出版社，1962）马克思的这个评价，也就是具体地肯定了这一派小说家的作品所具有的“不可辩驳的文学和文化历史的意义”。

[2]“书有自己的命运”　忒伦底乌斯·摩尔《论贺雷西的用词、音节和韵律》。——编著者注

[3] 卡尔·济贝耳　卡尔·济贝耳（1836—1868），激进的德国诗人。

[4] 而您不无根据地认为德国戏剧具有的较大的思想深度和意识到的历史内容……我认为这种融合正是戏剧的未来　从字面上看，恩格斯这段话中所提出的二者“融合”的观点似乎是拉萨尔先于恩格斯表述过的，但事实上拉萨尔并没有作过如此明确的表述，他只是在《济金根》“原序”中表明过这样的观点：歌德，特别是席勒首先创造了狭义的历史剧，因而取得了超越莎士比亚的进步；席勒的戏剧具有“伟大的思想深度”，反映了“历史精神的重大矛盾”，但是，这种“历史精神的重大矛盾”，不过是“悲剧冲突得以进行的基础”，而不是悲剧冲突本身，“作为戏剧本身的情节出现的，并且构成情节的灵魂的”，则还是“纯粹个人的利害和命运、露骨的虚荣心、家庭和皇室所欲达到的目的等等”。针对席勒戏剧中的这种情况，拉萨尔提出历史悲剧的，也是一切悲剧的主要任务，是“使时代和人民，首先是本国人民的伟大的文化历史过程成为悲剧的真正主题，成为可以在戏剧上加以刻画的悲剧人物，把这样的转折时代的伟大文化思潮及其激烈斗争作为戏剧化的真正对象”。拉萨尔在这里强调了戏剧应该具有“伟大的思想深度”，应该反映时代文化思潮的重大矛盾和斗争，应该把这种矛盾斗争作为悲剧冲突来描写，使之成为戏剧本身的情节的灵魂。如果撇开拉萨尔对席勒和莎士比亚的错误评价，撇开他对“历史精神”“文化思潮”之类的唯心主义理解，那么，应该说他的上述观点还是有可取之处的。恩格斯正是在拉萨尔的这种观点基础上提出了二者“完美的融合”的艺术理想，也就是说，他扬弃了拉萨尔观点中的唯心主义成分，对其中的合理因素作了革命的改造。

[5] 您的《济金根》完全是在正路上……而正是从他们所处的历史潮流中得来的　恩格斯的这段话，也是对拉萨尔“原序”中有关观点的扬弃和改造。除了我们在上一个注文中所引述的拉萨尔关于历史悲剧的任务的论述外，他还曾说过：“在这样的一出悲剧中，问题不再是关于个人，它只不过是这种普遍精

神的最深刻的对抗性矛盾的代表和化身罢了，而问题却在于那个伟大的、最有影响的民族命运。这种命运决定着整个普遍精神的祸福，具有历史意义的强烈感情的戏剧人物，就使这种命运成为他们自己的生死问题。”他在谈到如何处理历史事件和历史人物时还说：“我主要是这样来处理的：使这个转折时期的具有最内在的世界历史意义的思想和思想冲突能十分清楚地在戏里得到展现和塑造。固然，这样就更有可能陷入一种抽象的、学究式创作的危险。但我深信这个危险是完全可以避开的。另一方面，面对着这些具有世界历史意义的伟大目的及其所能产生出来的动人感情，凡是与描写个人命运的悲剧有关的和所能涉及的一切问题，都会为之黯然失色，并且退居到远远不是重要的地位上去。”这里，拉萨尔强调了人物与历史潮流的联系，强调了所谓“民族命运”与人物命运的联系，反对戏剧仅仅去描写“个人命运的悲剧”。如果撇开他对时代“普遍精神”之类的唯心主义理解，那么，应该说他的上述观点也是有可取之处的。恩格斯说《济金根》完全是在正路上，正是就此而言的。接着恩格斯用历史的、阶级的观点对拉萨尔的观点作了全新的表述，形成了关于人物塑造的一个重要原则，同时针对拉萨尔在人物塑造上想避免而没有避免的抽象化倾向，提出了改进的意见。

［6］您曾经在陪审法庭和民众大会上表现出来的老练的雄辩才能　指 1849 年 5 月 3 日至 4 日对拉萨尔的审判。当时拉萨尔被控的罪名是 1848 年 11 月 22 日在诺伊斯（杜塞尔多夫附近）举行的民众大会上号召武装起来反对国家政权。拉萨尔发表演说后当天被捕并被审前羁押。马克思和恩格斯曾以《拉萨尔》为标题在《新莱茵报》上发表一系列文章，揭露司法当局和监狱当局对拉萨尔的迫害。恩格斯也可能指的是 1848 年 9 月 18 日拉萨尔在沃林根（科伦附近）民众大会上的讲话。恩格斯参加了这次大会并当选为大会书记。

［7］您自己似乎也承认这个标准是区分舞台剧和文学剧的界限　这指的是拉萨尔在《济金根》“原序”中说的一段话：“1858 年春，我把剧本改编成舞台脚本，并针对舞台上的要求，把内容大大地加以压缩……”

［8］您完全正确地反对了现在流行的**恶劣的**个性化　指拉萨尔在《济金根》“原序”中的一段话：“只有那种近来在我们艺术中十分流行的拙劣的细节描写法，那种对偶然性人物的既空空洞洞，又非本质的特征不厌其烦地去描写，在我这样一个主要是受古代文艺及其光辉的作品所哺育而获得艺术观的人看来，对于这个剧本是完全不适用的。”

［9］我觉得一个人物的性格不仅表现在他做**什么**，而且表现在他**怎样**做　恩格斯的这个思想是从黑格尔那里来的。黑格尔在他的《美学》中谈到莎士比亚的人物描写时说：“莎士比亚的特点正在于他把人物性格描绘得果断而坚强，纵然写的是些坏人物，他们单在形式方面也是伟大而坚定的，哈姆雷特固然没有决断，但是他犹疑的不是应该做什么，而是应该怎样去做。”恩格斯对黑格尔的话做了改造，并把它作为刻画人物性格的一个原则。恩格斯的这个原则同样是对莎士比亚创作经验的总结，因此，下文他就提请拉萨尔“稍微多注意莎士比亚在戏剧发展史上的意义”。

［10］**古代人**的性格描绘在今天是不再够用了　这是对拉萨尔的批评。拉萨尔反对当时流行的人物描写上的“拙劣的细节描写法”，但却只注意到古代艺术中去寻找方法，而不注意莎士比亚所提供的经验。因此，恩格斯说古代人的性格描绘在今天已经不够用了。所谓古代人，指古希腊罗马的作家，当时在人物性格刻画上流行的是按人的性格分类的“类型化”描绘方法。

［11］贵族的国民运动和人道主义理论运动　贵族的国民运动指由贵族骑士领导的反对皇帝和诸侯的运动。人道主义理论运动，即文艺复兴时期资产阶级的人文主义运动，在德国就是 16 世纪由马丁·路德领导的宗教改革运动。人道主义运动反对封建束缚和教会统治，要求个性解放等等。

［12］您对胡登的自传……放到剧本中去了　指剧本第三幕第六场胡登向玛丽亚叙述自己的身世、经历。马克思对这一段也有类似的批评：“有些地方我必须责备你让人物过多地回忆自己，这是由于你对席勒的偏爱造成的。”

［13］**真正革命的**政策　指剧本第五幕第二场巴尔塔扎尔劝说济金根采取放弃城堡，投向人民，同他

们结盟的策略。

［14］他们的随之而来的理论上的代表人物　指托马斯·闵采尔。

［15］抛弃了济金根的贵族甘心扮演宫廷侍臣的历史角色的那种轻率举动　指济金根被诸侯联军围困，与济金根结盟的贵族骑士慑于诸侯军的威力，食言不救济金根。济金根失败后，“贵族只得为诸侯服务和听从诸侯指挥”（《马克思恩格斯全集》，第7卷，440页，北京，人民出版社，1959）。

［16］即使就您对戏剧的观点……也是值得进一步研究的　“您对戏剧的观点”指拉萨尔在剧本序言中阐述的关于悲剧任务的观点（见本篇注释［4］）。拉萨尔声称悲剧要使人民和人民的伟大文化历史过程成为悲剧的真正主题。而农民运动无疑也应该是属于人民和人民的文化历史过程的，所以也应加以重视并进行研究。

［17］约斯·弗里茨　约斯·弗里茨（约死于1517年），德国16世纪农民战争中南部农民运动的杰出组织者，曾于1512年到1513年间恢复莱茵河上游的“鞋会”秘密团体。恩格斯称他为“在各方面都杰出的人物”（《马克思恩格斯全集》，第7卷，426页）。拉萨尔在剧本中把他写成农民运动的鼓动者和组织者。

［18］福斯泰夫式的背景　福斯泰夫是莎士比亚的《亨利四世》和《温莎的风流娘儿们》两剧中的人物。他是个破落的骑士、流氓头子，倚仗他和太子的亲密关系，招摇撞骗以至打家劫舍，无恶不作。他是个酒色之徒，他谋生的手段是吹牛、欺骗、诡辩、看风使舵、趁火打劫、浑水摸鱼。他在战场上保持一种“有分寸的勇敢”，为了苟全性命，不惜装死和谎报军功。他虽然出身封建贵族，但对于这一阶级视为最珍贵的品质——荣誉，则弃之如敝屣。福斯泰夫正是封建关系解体时期“无衣无食的雇佣兵和冒险家”的典型。莎士比亚在《亨利四世》中，围绕着国王与太子之间的矛盾和国王与贵族之间的战争，把广泛的社会生活有机地组织起来，描写了各种各样的人物和生活场面：宫廷和贵族城堡中的生活，公路上的抢劫，政府的搜捕，四乡的征兵骚扰，官吏的层层敲诈，农民和手工艺人的失业贫困，以至酒店、妓院的情景，构成了一幅16世纪英国动荡社会的五光十色的画面。而这幅画面的中心就是福斯泰夫及其一伙人的活动。

［19］就我的记忆所及……集中到僧侣身上去　恩格斯在《德国农民战争》里曾说：“贵族们主张帝国改革的主要目的是要抬高贵族的地位，那末他们能够有什么好处许给市民和农民呢？在这种情况之下，胡登也没有其他办法，只有在他的宣传文件中绝少提到或绝口不提贵族，城市和农民将来的相互关系问题，他把一切罪恶都归之诸侯和僧侣以及对罗马的依赖关系，并且劝说市民为自身利益计也应在未来的诸侯和贵族的斗争中至少要保持中立。关于废除农奴制以及农民对贵族的负担，胡登都一字不提。”（《马克思恩格斯全集》，第7卷，439页）

［20］“鞋会”和“穷康拉德”　15世纪末16世纪初南德意志农民和平民的两大秘密结社。“鞋会”建立于1493年，在自己的旗帜上画上农民的一只草鞋，表示与穿长靴的贵族相对抗。恩格斯在《德国农民战争》中高度赞扬了这个组织：“南德的农民，坚忍不拔，从1493年起，密谋造反，历时30年之久，把他们因住地分散而造成的种种困难都一一克服，并在无数次溃散，失败，首领被杀之后，总是再接再厉重整旗鼓，直到最后大规模起义的机会来到——这样的顽强坚忍，实在令人敬佩。”（《马克思恩格斯全集》，第7卷，424-425页）“穷康拉德”（康拉德是德国农民中常见的名字，意为“没有办法”）与“鞋会”有直接联系。16世纪初“鞋会”的部分会员在士瓦本起义失败后，与“穷康拉德”联合。“穷康拉德”的活动中心在斯图加特附近。1514年发动起义，因参加起义的市民叛变而失败。“鞋会”和“穷康拉德”的纲领主要是要求废除封建依附关系、分配教会及寺院土地以及取消赋税等等。

［21］法俄同盟　指1859年3月3日法俄签订的密约。

［22］条顿狂　条顿，一个古代的民族，是公元前居住在北欧的日耳曼部落的名称，一般指日耳曼人及其后裔德国人。条顿狂一词的来历与“十字军”东征时的条顿骑士团有关，它的狂暴在历史上是很出名的。恩格斯在这里指德国人只有当危机迫近时才奋起斗争。

[23]《十字报》　即《新普鲁士报》，1848 年 6 月起在柏林出版，是反革命的宫廷奸党和容克地主的喉舌。因报头画有十字，故被称为《十字报》。

[24] 哥特弗利德·金克尔　哥特弗利德·金克尔（1815—1882），德国诗人，政论家，小资产阶级民主主义者，曾参加 1849 年巴登-普法尔茨起义，被普鲁士法庭判处无期徒刑。1850 年越狱后流亡伦敦，成为流亡者领袖，反对马克思和恩格斯。

[25] 莱希堡伯爵　即约翰·伯恩哈特·莱希堡（1806—1899），奥地利反动政客，曾任首相和外交大臣。

[26]"黑克尔、司徒卢威、布伦克尔、齐茨和勃鲁姆"　弗里德里希·卡尔·黑克尔(1811—1881)、古斯达夫·司徒卢威（1805—1870)、路德维希·布伦克尔（1812—1863)、弗兰茨·齐茨（1803—1877)、罗伯特·勃鲁姆（1807—1848)，这些人都是 1848 年到 1849 年革命中小资产阶级民主派领袖。恩格斯这里指的是当时南德意志一首流行歌曲中的一句歌词。这首歌的副歌中写道："黑克尔、司徒卢威、布伦克尔、齐茨和勃鲁姆，把所有德意志君主都打倒杀死!"

[27] 而且……　信的结尾部分残缺。——编者注

讲 解

《弗兰茨·冯·济金根》（以下简称《济金根》）是斐迪南·拉萨尔（以下简称拉萨尔）于1857年到1858年初写成的五幕历史悲剧。马克思、恩格斯给拉萨尔的这两封信写于1859年。19世纪50年代，这是马克思、恩格斯文艺学、美学思想发展史上的一个重要时期。在这一时期，他们对文艺学、美学一些基本问题进行了更加广泛和深入的探讨。马克思、恩格斯的文艺学、美学思想是通过评拉萨尔的剧作《济金根》论述出来的。

拉萨尔，政治上是一个具有革命倾向的德国工人阶级运动的领导人，哲学上属于青年黑格尔派，思想上是一个带有修正主义倾向的机会主义者。

《济金根》是拉萨尔用韵文写成的一部历史悲剧。这个历史悲剧取材于历史上真实发生的事件，即16世纪20年代德国历史上以胡登和济金根为首的低等贵族发动的反对封建贵族的武装起义。这个历史悲剧的主要情节是：为反对诸侯割据和实现国家统一，胡登和济金根1522年组成军队，向特利尔地区的大诸侯宣战。进军之前，他们进行串联，搞统战活动，邀请一些反诸侯特权的低等贵族集团聚会，企图结成军事同盟，共同对敌。但济金根并无真诚合作的愿望，他没有也不可能把出兵讨伐对手的真正目的，即夺取皇权的野心明示友军，只凭如簧之舌，使那些前来赴会的友军代表坠入他所设计的圈套，与他签订了盟约。这个盟约是很不真诚和非常脆弱的。各部友军之间，相互猜疑，权衡利弊，见风使舵，处于一种离心和游移状态。济金根被表面的假象所迷惑，踌躇满志，得意忘形，自以为胜券在握。与他的愿望相反，当他的军队进袭敌部的核心地区时，敌对势力却抱成一团，分进合击，使济金根的军队腹背受敌，危如累卵，四面楚歌，即将崩溃。面对这种险恶的情景，济金根的友军将帅们不敢擅动，背失前言，隔岸观火，坐视济金根的部队孤军奋战，终因寡不敌众而一败涂地，使义军首领与义军士兵同归于尽。这个剧本，把历史上曾经发生过的起义的领导者描写成实现民族利益和国家统一的代表、人民的救世主、反对贵族专制和铲除诸侯割据的革命家和英雄人物。

一、关于恩格斯的悲剧理论

（一）怎样理解恩格斯的悲剧理论

恩格斯对悲剧的界说是："历史的必然要求和这个要求的实际上不可能实现之间的悲剧性的冲突。"[1]历史是按照自身的规律向前发展的。历史中的人遵循和驾驭着历史的规律，推动和促进历史的进步。人们应适应历史发展的必然要求，提出一定历史阶段的历史使命。当时德国所面临的历史要求和历史使命是：铲除封建割据，实现国家统一。具体到《济金根》这个悲剧所描写的历史事件而论，济金根所发动的德国的小贵族反对大贵族的骑士起义，主观上是想实现铲除封建割据，促进国家统一，并解放农民的历史要求和历史使命的，但由于济金根并不是先进势力的代表，不是当时能起到积极的历史作用的农民和平民的代表，而本质上是一个“垂死阶级的代表”，所以完成这个历史使命和历史要求是不可能的，于是形成历史要求和历史人物之间的悲剧性冲突，而不能实现这个历史要求和历史使命的历史人物便成了一个悲剧性的人物，他的命运是一个悲剧性的命运。

对恩格斯的这个悲剧定义，学界一直存在着不同的理解：有的认为，这是历史悲剧和革命悲剧的定义；有的认为这个悲剧定义是不完整和不准确的，未能概括出悲剧的各种类型，反映出悲剧的特殊效果。恩格斯的悲剧定义主要是对悲剧性冲突的性质及其产生的社会历史根源所作出的理论界说。马克思、恩格斯的悲剧理论是从对《济金根》的评论中概括出来的。从宏观的视域看，这个定义不能说是很全面的，但不能据此认为这个界说没有普遍的适用性。对一种对象的把握，可以从不同的层面加以界定，如可以从引发人的感受效果方面来界定，把悲剧说成一种美好的事物或具有一定的合理性的事物被毁灭引发人们怜悯、同情、悲痛和崇高情绪的剧种。当然，同样可以像马克思、恩格斯那样，从悲剧性冲突的性质及其产生的社会历史根源来界定。有的学者认为恩格斯的这个悲剧定义没有普遍的适用性，只适用于革命的历史悲剧，但悲剧是多种形态的，如性格悲剧，并不直接反映带有悲剧性的社会历史冲突。事实上，马克思、恩格斯评论济金根这个人物时，并没有忽视他的性格、思想方面的弱点和行为上的过失。因此，完全否定恩格斯的悲剧定义的普遍适用性是不妥当的。

根据笔者的研究，马克思、恩格斯的悲剧理论是丰富的，除了上面的论述之外，还至少存在着两种理解。一种是马克思在《〈黑格尔法哲学批判〉导言》中所阐发的：“当旧制度本身还相信而且也必定相信自己的合理性的时候，它的历史是**悲剧性的**。当旧制度作为现存的世界制度同新生的世界进行斗争的时候，旧制度犯的是世界历史性的错误，而不是个人的错误。因而旧制度的灭亡也是悲剧性的。”[2]不但美好的事物或客观上具有合理性的事物被毁灭构成悲剧，而且旧事物本身还相信自己具有某种合理性而被新生力量所毁灭，同样可以构成悲剧。此外，马克思、恩格斯还认为，人物的性格上的弱点、愚昧无知、不学无术，也可以酿成悲剧。马克思在《第179号“科伦日报”社论》中说：“不学无术是一股魔力，因而我们耽心它还会造成更多的悲剧。难怪最伟大的希腊诗人在以迈锡尼和忒拜的王室生活为题材的惊心动魄的悲剧中都把不学无术描绘成悲剧的灾星。”[3]可见，个体的学识、修养、品质方面的缺失，都能酿成性格的悲剧。各式各样的性格悲剧是大量存在的，哈姆雷特的怯懦和犹豫不决，奥赛罗的猜疑和忌妒，周瑜的忌才和偏狭，张飞的暴躁和凶残，关羽的骄狂和傲慢，如此等等，都是性格悲剧的典型例证。性格悲剧，应当包括在马克思、恩格斯的悲剧理论之中。因此，更加全面地、完整地理解马克思、恩格斯的悲剧理论，通过深入的文本发掘，建构马克思、恩格斯悲剧理论的系统形态，是学界的一个尚未完成的事业。多样的悲剧形态中，不管是革命的具有合理性的新生事物的毁灭，客观上具有合理性的事物的毁灭，主观上自以为具有合理性的事物的毁灭，还是由于性格上的悲剧使这样那样的人物被毁灭，都会存在一些具有规律性的共同因素。我们应当特别强调那种关涉人民、民族和国家命运的革命历史悲剧，鼓励和倡导艺术家去表现革命的新生的具有历史的合理性和进步性的事物如何被毁灭，以培育和强化人们的怜悯、同情、痛惜、悲壮、崇高的情操，通过美的悲剧来肯定美的永生，提升人们的思想境界，净化人们的人格灵魂。

（二）悲剧的社会历史根源

马克思、恩格斯认为，《济金根》这部悲剧表现了济金根这个人物行为的历史的合理性和进步性，一定程度上反映出历史发展的必然要求。悲剧的普常概念是：美好的事物被毁灭。既然济金根本质上是一个垂死阶级的代表，为什么说他是一个具有悲剧命运的悲剧人物呢？因为这个人物的行为客观上反映了当时德国的时代精神和历史要求。反对封建割据，实现德国统一，成为当时德国社会人心所向和大势所趋的历史潮流。济金根所领导的起义，尽管以骑士纷争的形式出现，但毕竟是一种义举。这种战事所铲除的对象、打击的目标、斗争的锋芒指向是阻碍德国的统一和历史发展的封建大诸侯统治下的皇权制、僧侣制和农奴制。济金根主观上具有反对封建割据、实现德国统一的愿望，具有“打算解放农民”的愿望，客观上适应了德国历史发展的必然要求，从而体现出一定程度上的历史的合理性和进步性，从这个意义上说，济金根的行为带有悲剧的因素和色彩。与其说济金根是一个悲剧人物，倒不如更加准确地说，济金根是一个悲剧性的人物。

马克思、恩格斯指出，拉萨尔构想的冲突是悲剧性的冲突，济金根这个人物的行为和命运确实存在着真正的悲剧因素。那么，济金根悲剧的根源究竟是什么呢？马克思、恩格斯和拉萨尔的回答是不同的。拉萨尔认为造成济金根悲剧的根源是“观念的无限目的和妥协的有限的狡智之间的辩证矛盾”；恩格斯则认为是“历史的必然要求和这个要求的实际上不可能实现之间的悲剧性的冲突”。我们不妨把这两种见解比较一下。（1）拉萨尔把现实生活中的悲剧归结为“观念”和“狡智”的矛盾，而“观念”和“狡智”均属主观范畴，根本没有涉及造成悲剧的客观因素。这种说法至少是不全面的，附带着浓厚的唯心主义色彩。马克思、恩格斯从历史要求和是否存在实现这种历史要求的现实可能性出发，从现实生活中的阶级关系和阶级力量的对比所形成的客观情势中，去寻找造成悲剧的社会历史根源，体现出注重客观分析的科学态度。（2）拉萨尔从主观方面探讨悲剧产生的原因，特别强调所谓“观念的无限目的”，而这种“观念的无限目的”系指所谓“革命的狂热”。在拉萨尔看来，济金根之所以失败，是由于没有把这种“革命的狂热”贯彻到底，而他所说的“狡智”是指济金根的外交手段和斗争韬略上的失策。济金根没有公开打出反对封建割据和解放人民的旗帜，只考虑施展诡计，蒙骗盟友，这种狡黠的小权术，被友军识破，被敌人看穿。正是这种计谋和策略上的失误，导致失败，造成悲剧。马克思、恩格斯却认为，即便是济金根再“狂热”，他的斗争策略再正确，他的“观念”再无限，他的“狡智”再超群，也不配有更好的命运，他的失败是必然的，是被历史老人按照现实条件和发展规律安排好了的。（3）与拉萨尔只强调济金根悲剧的个人主观因素相反，马克思、恩格斯运用历史唯物主义的观点和方法，深刻揭示出济金根悲剧产生的社会历史根源。济金根的个人悲剧，折射出他所属的阶级的悲剧命运。济金根所属的骑士营垒已经腐朽没落，没有力量战胜强大的高等贵族的经济政治军事集团。济金根等人没有意识到，他们所追求和想恢复的贵族的民主制已经消亡，从总体上说，已经成为历史的遗迹。妄图从等级制归返民主制，让时钟倒转，这实质上是逆历史的潮流而动，是不可能实现的幻想。恩格斯曾在《德国农民战争》中指出，贵族民主制是“最原始的社会形态中的一种形态，以后都很自然地发展成为完备的封建等级制度，而封建等级制度显然已经是更高的阶段了。所以纯粹的贵族民主制在16世纪的德国是不可能的事”[4]。济金根不识时务，幻想把贵族等级制拉回贵族民主制，这实质上是一种历史的倒退行为，这种带有滑稽和喜剧成分的悲剧人物的行为如同与强大的风车搏斗。济金根所处的那个时代的真正的革命动力是新崛起的平民和农民，由于阶级本性的囿限，济金根是不可能依靠他们的，因为这两个阶级之间的利益是根本对立的。尽管济金根主观上是“打算解放农民的”，实质上他和他所代表的政治军事集团是从根本上脱离人民大众的。尽管济金根打着铲除封建割据、实现德国统一的旗号，但最深层的动机，正如马克思所揭露的：“在他们的统一和自由的口号后面一直还隐藏着旧日的帝国和强权的梦想。”

(三) 艺术真实和历史真实

以历史为题材的悲剧艺术创作所面对的历史真实，主要指一定历史结构中的社会生活中的政治经济关系，在阶级社会首先表现为阶级关系。当时的德国社会的阶级结构和阶级关系主要呈现为：(1) 上层的大贵族阶级。统一的德国分裂和解体后，贵族阶级急剧分化，形成许多并存的贵族群体，其中一些高等贵族，封疆为王，实际上是封建小邦的土皇帝，成为这些独立王国中的实权人物，其势力大到拥有常备军，有权宣战和议和，可以自行征收赋税、发行货币。(2) 以低等贵族，特别是以没落骑士为代表的改良派。这个改良派根本不想推翻封建制度，只是反对封建割据，企图恢复分裂前的统一状态的封建制度。对于他们而言，重要的不是要不要皇帝，而是要一个什么样的皇帝的问题。反对皇帝，并不是反对皇帝制度本身，而是因为这个皇帝由骑士的皇帝变成了封建制领主的皇帝，他们希冀农奴制的皇帝变成民主制的皇帝。他们想铲除领主的皇帝，恢复他们的骑士的皇帝。这只不过是一种与历史进程相违背的幻想。这个阶层的力量已经衰微，分化十分严重，失去了历史存在的独立性，有的依附于大贵族，有的屈从于皇权，从整体上趋于没落，实质上是一个“垂死阶级”。(3) 平民和农民以及不同阶层的革命派。他们是推动德国历史变革和社会进步的最主要的革命力量。

以上三种政治势力中，平民、农民和低等贵族是大贵族的反对派：一是属于“闵采尔式的反对派”；一是属于“路德式的反对派”。这两种反对派虽然所反对的目标是一致的，但其性质、目的、表现方式和激烈程度是不一样的。从历史发展的总体趋向看，低等贵族和没落骑士反对高等诸侯和封建割据虽然客观上具有一定的进步性，但其动机和目的是想把历史拉向后转。小贵族和大贵族之间的矛盾属于同一阶级的内部的矛盾，表现为选择什么样的皇帝的矛盾，表现为权力和财产的占有与分配的矛盾，而两者都是当时社会中的压迫者和统治者。

拉萨尔的剧作《济金根》严重地歪曲了历史真实。

从性质上看：颠倒了革命的动力和对象。剧作把实质上是革命的对象的低等贵族和封建骑士当作革命的动力，描写为德国革命运动的主体和中心，把低等贵族和封建骑士视为铲除封建割据、实现德国统一的生力军，把“路德式的”骑士反对派看得高于“闵采尔式的”的平民反对派，把实际上是垂死阶级的代表即没落骑士起义军的领袖人物——济金根描绘成铲除封建割据、实现德国统一的民族英雄，打扮成人民的救世主，而把革命的主要动力——平民和农民描写为消极的群众，只当作贵族运动的附庸和陪衬，从根本上颠倒了革命的动力和对象，严重地违反了历史真实。

从目的上看：骑士纷争背后，隐藏着夺权和称帝的野心。马克思指出：这些没落阶级所高呼着的“统一和自由的口号后面一直还隐藏着旧日的帝国和强权的梦想”。然而，作者却故意遮蔽骑士纷争恢复旧日的帝国和重建强权的梦想的深层动机和真实目的，非但不予以揭露，反而公开美化，把主人公打扮成铲除封建割据、实现德国统一的民族英雄；义军的将帅们本来是拥有一域疆土、盘剥农民的剥削者，作者却把他们称颂为造福农民的恩人；本来想重新爬回到旧日帝国的强权的宝座上的野心家，却被描写为拯救祖国、解放人民的革命家。这些没落骑士的义军领袖的内在的深层目的和动机被遮盖了。

从失败的原因看：剧作完全歪曲地表现了骑士纷争失败的原因。义军之所以失败，从更深的层面上说，是因为他们实质上是“垂死阶级的代表”，没有力量推翻强大的高等贵族政治经济集团，由于阶级性质所囿限，也不可能和农民结成利益一致的同盟。这势必使低等贵族发起的运动势单力薄，陷于孤军奋战的绝境。因此，它的失败是必然的，它的命运是历史老人安排好了的。正如恩格斯所指出的，“悲剧的因素正是在于：同农民结成联盟这个基本条件是不可能的……当贵族想取得国民运动的领导权的时候，国民大众即农民，就起来反对他们的领导”，于是，他们“不可避免地要垮台”。

从总体和实质上说，艺术真实必须尊重历史真实。但艺术创作又不能完全拘泥于历史事实，应当允许和倡导合理的艺术想象和艺术虚构。马克思、恩格斯评论《济金根》时，是肯定作者的想象和虚构的。恩格斯说：“我丝毫不想否认您有权把济金根和胡登看做是打算解放农民的。”可见，恩格斯认为，艺术家是“有权”进行想象和虚构的。事实上，只有放弃贵族自身的利益，向农民靠拢，才能依靠农民的力量，取得战争的胜利，相反，如果不废除农奴制，只高喊解放农民的空洞口号，是不可能得到农民的真诚支持的。既要固守贵族的利益和领导权，又不考虑农民解放的历史需要，这样的想象和虚构是不合逻辑的，是违反历史真实的。艺术创作的想象和虚构并不是目的，而是借以达到目的的手段，以更加深刻地反映历史的本质真实。历史题材的文艺创作，既是历史的，又是艺术的，从性质上来说，是艺术的，从反映的内容来说，归根结底，又是历史的。换言之，既有历史元素，又有艺术元素。在两者的关系问题上，可以偏重，却不可以偏废。当代中国文论界，曾发生过历史剧“是历史，还是剧”的讨论，有的学者认为历史剧是艺术呈现的历史，有的学者则主张历史剧是以历史事实为内容的剧。这两种观点或许都有各自的道理。既不能以史代剧，完全拘泥于历史，消解必要的合理的艺术想象和艺术虚构；又不该以剧代史，使艺术想象和艺术虚构完全失真离谱，甚而找不到一点历史的影子。前者可能会流于没有艺术性的史实展览，后者可能滑向毫无史实根据的主观臆想。对历史剧来说，排拒想象和虚构，或使历史失真，都是不妥当的。

二、关于文艺创作的现实主义理论

（一）人物塑造的现实主义原则

马克思、恩格斯不仅阐发了比较完整的悲剧理论，而且论述了艺术创作的一系列重要的原则和方法。运用现实主义创作的原则和方法塑造人物形象，必须做到人物的个性和共性的有机统一。各种人物形象都具有鲜明的个性特征，同时又通过这种个性特征表现出一定的共性。共性寓于个性之中，又通过个性表现出来。个性之中，都不同程度地孕育、蕴藏和体现出一定的普遍性、概括性和代表性。正如恩格斯所指出的：“主要人物是一定的阶级和倾向的代表，因而也是他们时代的一定思想的代表，他们的动机不是从琐碎的个人欲望中，而正是从他们所处的历史潮流中得来的。”与拉萨尔通过把人物抽象化来体现铲除封建割据、实现德国统一的时代精神和历史精神相反，马克思、恩格斯则主张通过具有鲜明个性的人物来昭示这种时代精神和历史精神，认为艺术的典型人物是一定的时代和一定时代的思想的代表，是从一定时代的历史潮流中汲取来的。从一个人可以看出一个时代。我们从普罗米修斯可以看出奴隶主的专横与残暴，以及代表下层人民的殉道者对人的自由、幸福和解放的追求；文艺复兴时期涌现出一批巨人和大师级的人物形象，我们可以通过他们的气宇轩昂、胸襟豁达、才思横溢、英姿勃发以及超群出众的人格和品质，呼吸到那个时代的昂扬清新的空气；从《红楼梦》的各种人物的身上，我们可以读到没落时期中国封建社会的“百科全书”，感受到这种宗法制行将就木的衰亡史，如此等等。然而，成功的艺术形象，都具有鲜明的个性特征。恩格斯批评拉萨尔把剧中的人物写得太抽象，“看不到什么特出的东西”，应当使性格描写力争做到老黑格尔所说的“这一个”。恩格斯主张，为了使人物体现有代表性的性格，必须作出卓越的人物刻画。马克思、恩格斯关于人物塑造的总体精神是既反对无个性的共性化，也拒绝去共性的个性化，而主张把人物的个性化和共性化有机地统一起来。

（二）文艺创作的现实主义方法

恩格斯劝导拉萨尔说，“我们不应该为了观念的东西而忘掉现实主义的东西”，“我认为您原可以毫无害处地稍微多注意莎士比亚在戏剧发展史上的意义”。马克思感到《济金根》的最大缺点是把个性“消融到原则里”，“**席勒式地**把个人变成时代精神的单纯的传声筒”，建议他的剧作应当“更加**莎士比亚化**”。

根据笔者的研究，马克思、恩格斯评《济金根》，第一次把现实主义作为一种他们所共同倡导的创作方法引入创作领域。但他们的现实主义的文艺思想的发展经历过一个从发育逐步走向成熟的过程。19 世纪 40 年代，马克思、恩格斯评论欧仁·苏的长篇小说《巴黎的秘密》时，赞同文艺应当真实地评述和描写人类的现实关系的见解；恩格斯评论“真正的社会主义者”的诗歌时，提出必须研究表现与所处周围环境的关系问题，指出“‘真正的社会主义’由于本身模糊不定，不可能把要叙述的事实同一般的环境联系起来，并从而使这些事实中所包含的一切特出的和意味深长的方面显露出来”。因此，他们或者“满足于按哲学结构组织一番”，或者“枯燥无味地记录个别的不幸事件和**社会现象**”，要么打上了唯心主义思辨哲学的烙印，要么显露出自然主义的痕迹。19 世纪 50 年代初，马克思、恩格斯写的一篇书评里，同样反对这两种创作倾向；既反对过于理想化的倾向，又反对自然主义的倾向；既反对疏离现实生活、过于夸张和理想化的拉斐尔式，也反对拘泥于现象的自然主义描写。拉斐尔式的艺术创作把 1848 年革命时期的小资产阶级领袖“画成一种官场人物”，画成“脚穿厚底靴，头上绕着灵光圈”的被神秘化了的人物，在“这些形象被夸张了的拉斐尔式的画象中，一切绘画的真实性都消失了”。他们同时又抵制自然主义的倾向，指出七月王朝的密探谢努所著的书，却毫无选择地有闻必录，虽然“已经去掉了二月革命的‘伟人’以往常常穿着的厚底靴和灵光圈”，“但是，它们并没有因此而稍微真实地描绘了人物和事件”，马克思、恩格斯否定了这两种倾向，他们所追求的真实性是“用伦勃朗的强烈色彩把革命的领导人……栩栩如生地描绘出来”。[5]

可见，马克思、恩格斯并不喜欢过于理想化的拉斐尔式，而比较赞赏既真实又附丽着理想色彩的伦勃朗式。这两种创作意向是很不相同的。即便是同画圣母像也大异其趣。拉斐尔画的圣母马利亚，双手捧抱着圣子，头上环绕着灵光圈，氛围庄严肃穆，神秘超拔。而伦勃朗画的圣母马利亚坐在小木凳上，捧读着《圣经》，为睡在摇篮里的圣婴祝福。圣父正在做木工活，运斤如风，圣母生怕丈夫的剥木声惊扰儿子的美梦，探起身子，用右手轻轻地掀开摇摆的一角，向儿子送去春天般幸福和慈爱的目光。整个家庭沉浸于无声的欢乐的气氛里。马克思赞赏说：伦勃朗“把圣母马利亚的像画成尼德兰的农妇”[6]，这样的艺术魅力，竟然使伟大作家巴尔扎克看到这幅画时，“想到自己亲切的母亲”。

19世纪50年代末，马克思、恩格斯又提出文艺创作的席勒式和莎士比亚化问题，这是他们对文艺创作的拉斐尔式和伦勃朗式的看法的进一步发展。席勒式主要指席勒的晚期作品所表现出来的概念化倾向。马克思、恩格斯对席勒的早期创作是充分肯定的。席勒和歌德一道，作为狂飙运动的旗手，通过他们的作品，向腐朽没落的封建贵族进行声讨，表现出强烈的民主意识和反叛精神。席勒注重揭示重大严峻的社会问题，并对丑恶的现实生活进行大胆的揭露和抨击，显示出艺术家的胆识和勇气。恩格斯曾赞扬他的剧作《阴谋与爱情》“是德国第一部有政治倾向的戏剧”[7]，还称颂他的另一部剧作《强盗》“歌颂一个向全社会公开宣战的豪侠的青年”[8]。当时的席勒受到歌德和康德的双重影响：歌德早期的先进思想对席勒的政治态度和创作方法产生了良好的培育和促进作用，而康德的先验的哲学思想和审美幻想却使席勒的创作产生了观念化和概念化的症候。但是，决不能因为席勒的作品存在着观念化和概念化的毛病，便否定他的创作的价值和意义。尽管席勒的戏剧带有“时代精神的单纯的传声筒”的印记，但毕竟以昂然的意气，表现了当时德国的铲除封建割据、实现全国统一的时代精神。席勒和歌德的戏剧都敲响了消灭封建割据和贵族专制的振奋人心的战鼓声，张扬了反抗旧制度的决心和勇气。正如恩格斯所指出的：他们的“每一部杰作都渗透了反抗当时整个德国社会的叛逆的精神”[9]。拉萨尔受到席勒式创作的影响，把带有观念化和概念化烙印的所谓“普遍精神”作为“戏剧化的真正对象”。这种概念化、观念化、抽象化、过度理想化地演绎时代精神的剧作，只能重复和加深席勒式的倾向，“把个人变成时代精神的单纯的传声筒”。受到马克思、恩格斯批评的拉萨尔辩解说：“诗人有权利把自己的历史上的人物理想化。”尽管拉萨尔的这个观点不无合理之处，但理想化讲究一个度和一个质。这个度是必须合理，把济金根所率领的骑士起义描写成推动历史发展的动力，是有违历史真实的；这个质是不能把“**垂死阶级的代表**”打扮成铲除封建割据、实现德国统一的爱国英雄和解放人民的救星。拉萨尔把济金根作为体现时代精神和普遍精神的智慧的智者，赋予他那个时代才可能有的意识，集中体现那个时代的光芒，实际上是把这个历史人物的性质搞颠倒了。拉萨尔采用席勒式的创作方式，归根结底，是受到康德的影响。他和席勒一样，都听命于康德的“绝对命令”和“善良意志”，效法席勒的样子，通过创作，竟然把实质上是“垂死阶级的代表”推崇为“纯粹理想的人”，于是，和席勒、康德一样，毫无例外地“沉湎于不能实现的理想的庸人习气”[10]。为了防止和克服文艺创作中的席勒式倾向，马克思、恩格斯提出文艺创作必须“莎士比亚化”的主张。

三、关于现实主义的文艺批评标准

恩格斯对《济金根》的批评是公正的和坦率的。他把“美学观点和历史观点”视为衡量作品的“非常高的、即最高的标准”。探讨文艺批评标准，首先应当阐明文艺批评和文艺观念之间的相互关系。文艺批评实质上是一种运动着的美学，运动着的美学体现文艺观念，文艺观念是对文艺本质的概括。文艺批评的观点，受到文艺观念的影响和制约，并体现和折射相对应的文艺观念。恩格斯实际上是把文艺的本质理解为审美本质和社会历史本质的统一，运用到文艺批评中，形成"美学观点和历史观点"。其次要充分考虑到文艺观念和批评标准、批评观点的一致性。文艺批评使美学和文艺观念运动着、实践着，同时丰富着、发展着。理论家、批评家促进文艺理论和文艺批评的良性循环。

《济金根》是历史悲剧。历史悲剧作为评论对象，历史观点是不可或缺的，从根源和内容方面说，是带有根本性的。恩格斯为了表示对艺术特点的尊重和强调，把美学观点放在首位。从马克思、恩格斯评论《济金根》的行文中可以看出，美学观点要求创作和作品具有下列一些审美元素和艺术元素：内容和主题、结构和情节、情节的巧妙安排和剧本的戏剧性、形式上的光泽、韵文和韵律、"**古代人**的性格描绘在今天是不再够用了"，应当把各个人物用更加对立的方式彼此区别得更加鲜明，倡导"卓越的个性刻画"，反对"**恶劣的**个性化"、"人物的性格不仅表现在他做**什么**，而且表现在他**怎样**做"、"情节的生动性和丰富性的完美的融合"、"用最朴素的形式把最现代的思想表现出来"、莎士比亚化而非席勒式，防止"把个人变成时代精神的单纯的传声筒"，"不应该为了观念的东西而忘掉现实主义的东西，为了席勒而忘掉莎士比亚"，"福斯泰夫式的背景"等等。

史学观点是带有基础性和本源性的。史学观点提出社会进步和历史发展的要求。创作和作品所表现的史实要正确，历史剧允许虚构，但对历史的时间、状态、阶段、过程和发展趋势的描写要符合当时的历史的整体真实和基本面貌。《济金根》表现的是封建关系解体的时期。16世纪初的德国，工业已经有显著的进步，开始出现资本主义的萌芽。时间和空间是历史存在的形态和方式，体现历史的本质和走向。史学观点要求正确地表现历史变革的对象，反映历史变革的主体和历史发展的动力。对上述带有根本性的诸多方面，该剧都进行了歪曲的甚至是完全颠倒的描写。历史变革的主体和动力应当是市民和农民，农民和城市革命分子的代表应当构成积极的历史背景，《济金根》却把一个没落的骑士、一个垂死阶级的代表，作为以叛乱的方式铲除诸侯割据、实现德国统一的英雄人物，他只要打起反对皇权和公开向诸侯开战的旗帜，就一定会胜利的。但他实际上代表着反动阶级的利益，在他们的统一和自由的口号后面一直还隐藏着旧日的帝国和强权的梦想。该剧把路德式的骑士反对派看得高于闵采尔式的平民反对派。他和农民结成联盟是不可能的。当贵族想取得国民运动的领导权的时候，国民大众即农民一定会起来反对他们的领导，他们就不可避免地会垮台。这种抛开作为先进阶级的市民和农民的行动必然遭到覆灭，沦为被历史认可了的堂·吉诃德。正如恩格斯所指出的："主要人物**是**一定的阶级和倾向的代表，因而也是他们时代的一定思想的代表，他们的动机不是从琐碎的个人欲望中，而正是从他们所处的历史潮流中得来的。"历史发展的要求往往是通过人心所向的历史潮流彰显出来的。主要人物是这个历史潮流的推动者和代表者，应防止宣泄琐碎的个人欲望。《济金根》没有正确表现历史发展要求和代表历史前进潮流的历史人物之间的关系。

美学观点和史学观点是一个不可分割的整体。这个最高的批评标准体现文艺的本质。批评模式和文艺观念是相互关联的。一般地说，有什么样的文艺观念，一定会有与之相适应的批评模式，特定的批评标准折射与之相适应的文艺本质。文艺中的历史元素和审美元素构成一个有机的整体，应当把文艺中的历史元素和审美元素辩证统一起来，偏爱历史或侧重审美都是可以的，但应防止和克服把两者对立起来。非历史化和非审美化都是片面的，用历史化非审美化，或以审美化去历史化都是不妥当的。

四、关于“艺术的未来”和“艺术的理想”

恩格斯这样对拉萨尔说：“您不无根据地认为德国戏剧具有的较大的思想深度和意识到的历史内容，同莎士比亚剧作的情节的生动性和丰富性的完美的融合，大概只有在将来才能达到，而且也许根本不是由德国人来达到的。无论如何，我认为这种融合正是戏剧的未来。”这里需要说明的是，“较大的思想深度”和“意识到的历史内容”本来都是拉萨尔的话，是拉萨尔对马克思、恩格斯对他的批评和劝勉的辩解。拉萨尔的意思是说，莎士比亚化追求“莎士比亚剧作的情节的生动性和丰富性”，现在的德国人达不到，或许将由他国人来完成，而德国人的戏剧只能像他所强调的这样，突出表现“较大的思想深度”和“意识到的历史内容”。马克思、恩格斯对拉萨尔的观点进行了扬弃，肯定文艺创作应当表现“较大的思想深度”和“意识到的历史内容”，但要努力做到与“莎士比亚剧作的情节的生动性和丰富性”相融合，认为这是戏剧的理想和未来。马克思、恩格斯通过倡导“莎士比亚化”、去“席勒式”，疏导拉萨尔树立现实主义的文艺观，实际上或多或少折射出英国和德国这两个国家之间的哲学精神和思想传统的差异。莎士比亚主要是受到英国经验主义社会文化思潮的熏陶，而拉萨尔则主要是拘泥于德国思辨哲学的传统，反映在文艺创作上，自然而然地表现出“莎士比亚化”和“席勒式”两种不同的倾向。前者强调戏剧与现实生活的联系，后者则着重演绎戏剧与思想观念的逻辑关系，从而附带上概念化、抽象化和过于理想化的痕迹。

马克思、恩格斯对“莎士比亚化”的总体论述中，主要包括但并不只限于“莎士比亚剧作的情节的生动性和丰富性”。对人物和事件的动态的情节描绘是与表现对象的静态存在的广度和深度相关涉的。为此，恩格斯提出“莎士比亚化”的文艺创作应当勾勒出福斯泰夫式背景。福斯泰夫是一个多次穿插和反复现身于莎士比亚戏剧中的大体上相当于济金根那样的堂·吉诃德式的没落骑士。这个角色的穿插反复出现，好像一条贯穿线，使莎翁的戏剧所展示的英国社会的历史结构与历史过程更加全面和深入。福斯泰夫出现于《亚瑟王之死》《亨利四世》《温莎的风流娘儿们》中。从横向上，福斯泰夫这个人物是个流氓首领、军中兵痞、酒色之徒，倚仗他和太子的亲密关系，招摇撞骗。这个出身封建贵族的人物把这一阶级视为最珍贵的荣誉弃之如敝屣。莎士比亚在《亨利四世》中，围绕着国王与太子之间的矛盾和国王与贵族之间的战争，把广泛的社会生活有机地组织起来，围绕福斯泰夫一伙人的活动，揭示了各式各样的人物的生活场面，包括宫廷和贵族城堡中的生活，官吏的敲诈，农民和手工艺人的失业和贫困，以至酒店、妓院的喧嚣龌龊的情景，构成了一幅16世纪英国动荡社会的五光十色的画面。通过他的活动所接触的英国社会的各个阶层和各色人等，表现出极其广阔的社会生活面。从纵向上，由一个人物的兴衰折射一个贵族阶级逐渐走向颓败的命运，《亚瑟王之死》中的福斯泰夫是一个锐气十足、英勇斗狠的骑士，《亨利四世》和《温莎的风流娘儿们》中的福斯泰夫已经变成苍老驼背、庸劣不堪、腐败无能、贪婪猥琐而又耽于幻想的喜剧性人物，他是封建关系解体时期无衣无食的雇佣兵和冒险家的典型。从福斯泰夫的沧桑巨变，可以窥见封建制度的解体，阶级关系、经济关系、伦理道德关系的更替和演变，表现出新兴的市民阶级必然取代腐朽的封建贵族的历史发展的必然趋势。

马克思、恩格斯用“莎士比亚化”去“席勒式”的创作模式，对拉萨尔的文艺观念加以唯物主义改造，进行现实主义解释，可以引申出如下一些现实主义的基本原则：不是先有“较大的思想深度”，才产生“意识到的历史内容”，恰恰相反，既然人物的思想是从所处的一定的历史潮流中得来的，“意识到的历史内容”首先是从现实生活和历史潮流中吸取出来的，而“较大的思想深度”是从“意识到的历史内容”中提炼出来的，并非从先验的观念和逻辑关系中推演出来的。作家、艺术家们首先要深入和体验生活，从中捕捉“意识到的历史内容”，经过典型化的艺术概括，形成“较大的思想深度”，通过“莎士比亚剧作的情节的生动性和丰富性”生动地展现出来，揭示社会生活的广度和深度。而“莎士比亚剧作的情节的生动性和丰富性”只是一种形式因素，“意识到的历史内容”和“较大的思想深度”都是寓于“莎士比亚剧作的情节的生动性和丰富性”之中，并通过“莎士比亚剧作的情节的生动性和丰富性”呈现出来的。

恩格斯提倡的“意识到的历史内容”和“较大的思想深度”与“莎士比亚剧作的情节的生动性和丰富性”的完美融合，比较全面深刻地体现了艺术的内容和形式的完美融合、思想性和艺术性的完美融合。“意识到的历史内容”和“较大的思想深度”隶属于“史学观点”，而“莎士比亚剧作的情节的生动性和丰富性”则附丽于“美学观点”，两者的完美融合体现文艺本质和批评标准的最充分的实现。这种内容和形式、思想性和艺术性、史学观点和美学观点的完美融合的艺术境界，是艺术家的创作和作品应当追求的审美的理想和艺术的未来。

[注　释]

[1] 马克思，恩格斯．马克思恩格斯选集：第4卷．3版．北京：人民出版社，2012：443.

[2] 马克思，恩格斯．马克思恩格斯选集：第1卷．3版．北京：人民出版社，2012：5.

[3] 马克思，恩格斯．马克思恩格斯全集：第1卷．北京：人民出版社，1956：129.

[4] 马克思，恩格斯．马克思恩格斯全集：第7卷．北京：人民出版社，1959：438.

[5] 同 [4] 313.

[6] 同 [3] 83.

[7] 马克思，恩格斯．马克思恩格斯全集：第36卷．北京：人民出版社，1975：385.

[8] 马克思，恩格斯．马克思恩格斯全集：第2卷．北京：人民出版社，1957：634.

[9] 同 [8] 634.

[10] 同 [1] 238.

第十讲
致敏娜·考茨基*[1]

维　也　纳

1885年11月26日于伦敦

恩格斯

亲爱的考茨基夫人[2]：

（请您允许我用这样简单的称呼，象我们这样的两个人，过分的礼貌有什么用呢?）首先我衷心地感谢您对我的亲切回忆[3]。我很惋惜同您在这里的会晤不能更长一些。我可以肯定地告诉您，结识一位始终象普通女人一样的德国女作家，是使我无限愉快的，——在这方面我很不幸只认识了一些装腔作势的“有教养的”柏林女人，这类人，人们之所以不想把炒勺重新交到她们手里，只是因为她们拿炒勺结果会比拿笔杆惹出更多的灾难。因此，我希望不久以后您再一次渡过海峡到这边来，而那时我可以同您一道在伦敦和近郊散散步，彼此谈谈各种各样的笑话，以免我们的谈话过于严肃。

我很相信，您是不喜欢伦敦的。几年以前，我也是这样。要习惯于这种阴郁的天气和大部分阴郁的人们，习惯于社会生活中的互不往来和等级森严，习惯于气候条件所造成的门窗紧闭的室内生活，实在是困难的事情。人们必须把大陆上带来的活力稍许加以抑制，把生活乐趣的气压计譬如说从760毫米降低到750毫米，直到逐渐地习惯下来。这时，人们就会逐渐地适应这种环境，就会发现：它也有它好的方面；这里的人们一般讲来比别的任何地方的人都更直率和可靠；没有一个城市象伦敦这样适合于科学工作；而且没有警察局的刁难，这也弥补了一些东西。我熟悉和喜爱巴黎，但是，如果要我选择的话，我宁愿定居在伦敦，而不愿在巴黎。为了真正享受巴黎，自己就要变成巴黎人，具有巴黎人的一切偏见，首先只对巴黎的事物感到兴趣，惯于相信巴黎是世界的中心，是一切的一切。伦敦不如巴黎漂亮，但是比巴黎雄伟，它是世界贸易的真正的中心，而且也多样化得多。此外，伦敦还容许对整个周围世界保持中立，而

* 马克思，恩格斯．马克思恩格斯全集：第36卷．北京：人民出版社，1974：382－386.

这对于科学的、甚至艺术的公正态度是必要的。人们都喜欢巴黎和维也纳，人们憎恨柏林，而对伦敦则持着中立的冷漠和客观态度。这也是有些好处的。

顺便谈谈柏林。我很高兴这个倒霉的地方终于成了世界的城市。但是，早在七十年前拉希尔·万哈根[4]就曾经说过：柏林的一切都是**粗俗的**，看起来柏林是想向世界表明，一个世界的城市可以粗俗到什么程度。要是您把一切“有教养的”柏林人都毒死，用魔术在那里变出一个至少还不错的环境，并且把这个地方从上到下进行改造，那末，也许还能够把它变成一个象样的地方。但是，只要那里还说着**这样**的方言，这就是困难的。

《旧人和新人》[5]我已经看过了，衷心地感谢您寄给我这本书。您在这本书里对盐矿工人生活的描写，就象在《斯蒂凡》[6]里对农民生活的描写一样出色。对维也纳社交界的描写大部分也是很好的。维也纳的确是唯一有社交界的德国城市[7]，柏林只有一些“固定的小圈子”，而更多是不固定的，因此，在那里只有描写文人、官僚和优伶的那种小说的地盘。在您的作品的这一部分里，情节有的地方是否发展得太急促了一些，您比我更能作出判断；使我们的人得到这种印象的许多东西，在维也纳可能是完全自然的，因为那里具有把南欧和东欧的各种因素混合在一起的独特的国际性质。对于这两种环境里的人物，我认为您都用您平素的鲜明的个性描写手法给刻画出来了；每个人都是典型，但同时又是一定的单个人，正如老黑格尔所说的，是一个“这个”[8]，而且应当是如此。但是，为了表示公正，我还要指出某种缺点来，在这里我来谈谈阿尔诺德[9]。这个人确实太完美无缺了，如果他最终在一次山崩中死掉了，那末，除非人们推说他不见容于这个世界，才能把这种情形同文学上的扬善惩恶结合起来。可是，如果作者过分欣赏自己的主人公，那总是不好的，而据我看来，您在这里也多少犯了这种毛病。爱莎[10]即使已经被理想化了，但还保有一定的个性描写，而在阿尔诺德身上，个性就更多地消融到原则里去了。

可是，产生这个缺点的原因从小说本身就能感觉到。显而易见，您认为需要在这本书里公开表明您的立场，在全世界面前证明您的信念。这您已经做了，已经是过去的事了，您用不着再以这种形式重复了。我决不是反对倾向诗[11]本身。悲剧之父埃斯库罗斯[12]和喜剧之父阿里斯托芬[13]都是有强烈倾向的诗人，但丁[14]和塞万提斯[15]也不逊色；而席勒的《阴谋与爱情》[16]的主要价值就在于它是德国第一部有政治倾向的戏剧。现代的那些写出优秀小说的俄国人和挪威人全是有倾向的作家。可是我认为倾向应当从场面和情节中自然而然地流露出来，而不应当特别把它指点出来；同时我认为作家不必要把他所描写的社会冲突的历史的未来的解决办法硬塞给读者。此外，在当前条件下，小说主要是面向资产阶级圈子里的读者，即不直接属于我们的人的那个圈子里的读者，因此，如果一部具有社会主义倾向的小说通过对现实关系的真实描写，来打破关于这些关系的流行的传统幻想，动摇资产阶级世界的乐观主义，不可避免地引起对于现存事物的永世长存的怀疑，那末，即使作者没有直接提出任何解决办法，甚至作者有时并没有明确地表明自己的立场，但我认为这部小说也完全完成了自己的使命。您对奥地利农民和维也纳“社交界”的透彻了解以及您对他们的惊人的生动描写，表明在这方面的素材是很多的，而在《斯蒂凡》中您已证明您还善于用恰当的讽刺处理您的主人公，这种讽刺证明作家是有支配自己的作品的能力的。

但是，我必须就此搁笔，否则我将使您太厌烦了。在我们这里一切照旧，卡尔[17]和他的妻子在艾威林[18]的夜校学习生理学并且都很勤勉，我也完全埋头于工作，琳蘅[19]、彭普斯和她的丈夫[20]今晚都去剧院看一出动人的戏剧。在这个时期内，古老的欧洲又有些要动起来了，这也逐渐地是时候了。我仅仅希望，让我有时间还把《资本论》第三卷完成[21]，在这以后就让它开始吧！

致衷心的亲切的问候和真诚的敬意。

您的　**弗·恩格斯**

[注　释]

[1] 恩格斯的这封信，最早发表于德文版马克思、恩格斯《致A. 倍倍尔、W. 李卜克内西、K. 考茨基诸人书信集》第1卷。

这封信是对敏娜·考茨基1885年10月15日来信的复信。这年夏天，敏娜·考茨基来到伦敦她儿子卡尔·考茨基那里，同时认识了恩格斯。回维也纳后，她随信把新作小说《旧人和新人》的样本寄给了恩格斯，上面写有这样的献词："怀着衷心的情谊和崇敬，献给弗里德里希·恩格斯——敏娜·考茨基。祝愿我的作品能以任何形式引起你的兴趣和欣喜，这样，它对于我自己就显得把意思说清楚了。"恩格斯的这封信，就是他读了《旧人和新人》之后给敏娜·考茨基的答复。

[2] 考茨基夫人　即敏娜·考茨基（1837—1912），19世纪八九十年代社会民主主义作家，第二国际机会主义者卡尔·考茨基的母亲。她出身于奥地利格拉兹的一个小市民家庭，父亲是当地州立剧院的布景画家，因而她很早就接触戏剧。后来全家迁居布拉格。1851年她开始了舞台生涯。1862年，她由于患肺病被迫离开舞台，并于次年随全家迁居维也纳，一直到1904年。之后，她又迁居柏林，在她儿子卡尔·考茨基家里度过了晚年。她在她儿子的影响下，接近了社会民主运动，成为社会民主党作家和该党理论刊物《新时代》的撰稿人。

敏娜·考茨基的写作生涯是从1870年左右开始的。1878年，她发表了描写奥地利农民生活和斗争的第一部长篇小说《格里兰霍夫的斯蒂凡》，受到马克思和恩格斯的好评。马克思曾把它介绍给自己的大女儿燕妮，称它是"现代杰出的长篇小说之一"。敏娜·考茨基的第二部长篇小说是1882年写的《统治还是服务?》。这部作品描写了无产阶级的斗争，但存在着严重的公式化、概念化倾向。《旧人和新人》（1884）是她的第三部长篇小说。接着，她又写了《胜利》（1887）、《叶莲娜》（1894）等小说。

敏娜·考茨基对恩格斯十分尊重，在旅行伦敦期间，她和恩格斯谈过文学，恩格斯劝她学习巴尔扎克（见1885年8月8日恩格斯给劳·拉法格的信。收入《马克思恩格斯全集》，第36卷，348页，北京，人民出版社，1974），她接受恩格斯的意见，研读了巴尔扎克的著作。据1885年8月21日卡尔·考茨基给恩格斯的信中说，"巴尔扎克的精辟的观察才能使她大为惊赞和深受鼓舞"。女作家对恩格斯对《旧人和新人》的评论极为重视，在1886年5月10日给恩格斯的回信中，她写道："您在来信中如此热情地分析我的作品，认为它们值得详细的评论；您这封十分热忱和亲切的信对于我是最值得高兴的、最富有思想的，而且由于出自象您这样的人的手，更是我所收到的一切信中最值得引以为荣的。"（转引自《马克思恩格斯论艺术》，第1卷，379页，北京，人民文学出版社，1960）但是，由于长期受资产阶级改良主义的影响，她实际上并没有很好地理解恩格斯对她作品所作的分析。她后期的一些作品，虽然力图提出当代工人运动中的某些重要问题，但由于她对工人运动并没有深入地观察和正确地理解，因而始终没有克服创作中的弱点；到了晚年，甚至写出了《叶莲娜》那样的坏小说，被恩格斯批评为"低级趣味小说的拙劣模仿"（《马克思恩格斯全集》，第39卷，216页，北京，人民出版社，1974）。

[3] 您对我的亲切回忆　敏娜·考茨基于1885年10月15日给恩格斯的信中，曾谈到她于同年夏天在伦敦和恩格斯会面并谈论文学问题的情景。

[4] 拉希尔·万哈根　拉希尔·万哈根（1771—1833），德国文学家、历史学家卡尔·万哈根

(1785—1858）的妻子。19世纪二三十年代，她是柏林文化界有影响的妇女之一。她创办的沙龙是当时浪漫派和青年德意志派作家们聚会和活动的地方。她还是海涅的女友。

[5]《旧人和新人》　敏娜·考茨基的长篇小说，1884年发表于《新世界》杂志上，次年在莱比锡出版单行本。小说描写了一个同情革命的小资产阶级青年女子爱莎的故事。她父亲巴尔是个有自由思想的社会哲学家。父亲去世后，爱莎到了维也纳的亲戚家，在维也纳她接触了一些贵族和资产阶级人物，这些就是“旧人”。她本来是在无神论的教养下长大的，现在却被交给一个天主教神父去受感化。不久，她逃到“新人”中间去，和他们的代表——她父亲的助手与学生阿尔诺德·勃费保、瓦伦丁·霍费和他的弟弟青年矿工格奥尔格一起在盐矿宣传社会主义。爱莎热爱阿尔诺德。人们在搜寻她时，发现阿尔诺德和格奥尔格在矿工中进行政治宣传，警察搜查了矿工的宿舍，没收了格奥尔格等人最喜爱的书籍，激起了工人的愤怒抗议。工人要把被非法搜去的书籍等物夺回来，格奥尔格却加以阻拦，认为这会违反法律。接着资本家经理来到工人中间，以开除威胁大家立即上班，结果工人都顺从地全部上班去了。后来，由于违反章程，矿坑塌方，震倒了宿舍，阿尔诺德和瓦伦丁在救护工作中牺牲了。于是，爱莎到了美洲，格奥尔格则到了德国，去参加那里的革命运动。

[6]《斯蒂凡》　即敏娜·考茨基的第一部长篇小说《格里兰霍夫的斯蒂凡》（“格里兰霍夫”有“古怪庄园”的意思）。1878年发表于《新世界》杂志，1881年于莱比锡出版单行本。

斯蒂凡是一个奥地利农民的儿子。他曾从老祖父那里受过自由精神的教育，青年时代和一位自然科学研究者结成朋友，后者赏识斯蒂凡的才能，鼓励他上进。他准备上学，但是被征去当兵，参加了1866年反对普鲁士的战争。他受伤致残后回到了家乡，后又到了维也纳，想继续上学，但为思想反动的教师所阻，不得已又回到家乡。此时原先爱他的一位贵族姑娘又抛弃了他，最后和一个女友——一个合作社园艺场的创办人结了婚，并在那里工作。马克思、恩格斯曾赞许过这部小说，认为它对社会民主主义运动是有益的。

[7] 维也纳的确是唯一有社交界的德国城市　维也纳，奥匈帝国的首都，全国政治、经济、文化中心。统治奥匈帝国的哈布斯堡王朝是欧洲史上统治时期最长的王朝，它的历代统治者不断向南欧和东欧邻国扩张，致使境内民族成分极其复杂。当时住在维也纳的不仅有奥地利人，还有匈牙利人、捷克人、斯洛伐克人、罗马尼亚人、波兰人、意大利人等，这就使维也纳具有了把南欧和东欧的各种因素混合在一起的独特的国际性质。

[8] 正如老黑格尔所说的，是一个“这个”　“这个”，在黑格尔的哲学著作中就是“这一个”。这个哲学命题最早见于黑格尔的《精神现象学》第一章：“感性确定性：这一个和意谓。”黑格尔认为，人们获得知识的最初阶段是通过感官的确认来得到直接的知识。这个认识阶段是从“这一个”，即具体的、个别的事物开始的。但是，随着认识的向前推移，作为个别事物的“这一个”，也就发展成为作为“共相”的“这一个”。这时，“这一个”已不再是具体的、个别的东西，而是一个普遍的东西了。至于前一个“这一个”怎样变成后一个“这一个”，黑格尔把这个过程说成“这一个”的自我活动。这里暴露了黑格尔哲学的思辨性质。黑格尔在《精神现象学》中论述的“这一个”，体现于他的艺术哲学，就是他在《美学》中对“这是一个人”的论述（参见黑格尔：《美学》，第1卷，275、295页，朱光潜译，北京，人民文学出版社，1958）。恩格斯所说的“一个‘这个’”，吸取了黑格尔典型理论的精华，并运用唯物主义观点作了根本的改造。

[9] 阿尔诺德　《旧人和新人》中的主人公，“新人”的代表。他是一个男爵的私生子，爱莎父亲的助手和学生，一个无神论青年科学家。他相信社会主义“不用战斗和宝剑”，而“专凭宣传思想”就能实现。他脱离社会现实斗争，只知道在寂静的书斋里和伦敦图书馆制造自己的“新原则”。

[10] 爱莎　《旧人和新人》中的主要人物之一。哲学家巴尔的女儿，热爱阿尔诺德，她从她那远离社会、独居孤岛的父亲那里接受了“新”的原则，她不信宗教，性格开朗，没有来世观念，只会用自己的主观设想来认识和对待现实世界。

[11] 倾向诗　即倾向文学。欧洲长期以来以“诗”来代替文学这个概念。

[12] 悲剧之父埃斯库罗斯　埃斯库罗斯（约前525—前456），古希腊三大悲剧作家之一。相传他写

了 90 部悲剧，现存《波斯人》《被缚的普罗米修斯》《俄瑞斯忒亚三部曲》等 7 部。他的作品反映了雅典民主制建成时期的社会生活，表现了自由公民的民主精神和爱国精神。他笔下的悲剧人物具有崇高的品质和英雄气概，具有强烈的倾向性。他是古希腊悲剧的真正创始人，把早期悲剧由一个演员发展为两个演员，并缩减合唱，把对话变为悲剧的主要部分。他首先采用三部曲的形式，每部既能独立，又有密切的联系，使希腊悲剧渐趋完善。因此，恩格斯称他为“悲剧之父”。

[13] 喜剧之父阿里斯托芬　阿里斯托芬（约前 448—前 380），古希腊三大喜剧作家之一。相传他写过大约 40 部喜剧，现存《蛙》《马》《阿卡奈人》等 11 部。他的喜剧触及当时的一切重大政治问题和社会问题，反映了雅典奴隶主民主制危机时期的社会生活。他的喜剧想象丰富，情节荒诞，但主题却是现实的。他善于运用讽刺，以抨击当时不合理的社会现象。他的喜剧对后来喜剧形式的发展具有重大影响，因而他被称为“喜剧之父”。

[14] 但丁　但丁·阿利基利（1265—1321），意大利诗人。出身于佛罗伦萨一个没落的小贵族家庭，早年参加政治活动，1300 年被选为佛罗伦萨共和国的行政官。他坚决反对教皇干涉佛罗伦萨市的内政，于 1302 年遭到放逐。他写有《新生》《飨宴篇》《神曲》等作品。他的代表作《神曲》，虽然采取了中古梦幻文学的形式，却具有反对教皇和封建专制的鲜明倾向。这部作品透露出了文艺复兴时期人文主义思想的曙光。恩格斯在《共产党宣言》1893 年意大利文版序言中指出：“封建的中世纪的终结和现代资本主义纪元的开端，是以一位大人物为标志的。这位人物就是意大利人但丁，他是中世纪的最后一位诗人，同时又是新时代的最初一位诗人。”（《马克思恩格斯全集》，第 22 卷，430 页，北京，人民出版社，1965）

[15] 塞万提斯　米盖尔·台·塞万提斯·塞阿维德拉（1547—1616），西班牙文艺复兴时期代表作家。他出生于西班牙中部一个没落贵族家庭。1569 年他到意大利，后来参加西班牙军队，在对土耳其的海战中负重伤，1575 年回国途中又被土耳其海盗劫去，服苦役五年。重返西班牙后，从事写作，著有悲剧《奴曼西亚》《训诫小说集》，长篇小说《堂·吉诃德》等。《堂·吉诃德》反映了 16 世纪、17 世纪初西班牙各方面的社会生活，尖锐地讽刺和打击了封建制度、宫廷贵族和骑士制度。小说还揭露了骑士传奇的荒唐和危害，这部小说出版后，西班牙再也没有出现骑士传奇。

[16]《阴谋与爱情》　德国诗人席勒青年时代的代表作，写于 1783 年。这个悲剧的主人公斐迪南爱上了音乐师的女儿露伊斯·米勒，可是，斐迪南的父亲、宰相瓦尔特为了争得更大的权势，逼迫儿子和公爵的情妇英国女子米尔佛特夫人结婚。斐迪南拒绝了这一无理要求。这时，宰相的秘书伍尔牧为了占有露伊斯，便和宰相密谋，逮捕音乐师，要露伊斯在严守秘密的誓言下，写一封“情书”给宫廷侍卫长，换取她父亲出狱。他们故意使“情书”落到斐迪南手里，斐迪南信以为真，毒死了露伊斯，自己也服了毒。露伊斯临死时说出真情，可悲剧已无可挽回。这个悲剧反映了 18 世纪德国市民与封建统治者之间的矛盾，具有强烈的反封建精神，因而被恩格斯称赞为“德国第一部有政治倾向的戏剧”。

[17] 卡尔　指卡尔·考茨基（1854—1938），敏娜·考茨基的儿子，德国社会民主党人。后来成为德国社会民主党和第二国际的机会主义领袖。

[18] 艾威林　爱德华·艾威林（1851—1898），英国社会主义者，作家、政治家。1884 年起为社会民主联盟成员，后为“社会主义同盟”创始人之一，工人运动的积极活动家。1884 年与马克思的小女儿爱琳娜·马克思结婚。

[19] 琳蘅　琳蘅·德穆特（1823—1890），原名海伦·德穆特，随马克思夫人燕妮来马克思家帮助料理家务，是马克思一家多年的亲密朋友。1883 年马克思逝世后，她又给恩格斯料理家务。1890 年逝世，葬于马克思和燕妮的墓地。

[20] 彭普斯和她的丈夫　彭普斯（约生于 1860 年）即玛丽·艾伦·罗舍（父姓白恩士），恩格斯夫人的侄女。彭普斯的丈夫是派尔希·怀特·罗舍，英国商人。

[21] 让我有时间还把《资本论》第三卷完成　《资本论》在马克思生前只完成一卷，第二、三、四卷都是手稿。马克思逝世后，整理手稿的繁重任务落到了恩格斯肩上。恩格斯写这封信时，正整理《资本论》第三卷，他希望在革命高潮到来之前，能完成这项工作，以便腾出手来领导革命运动。

讲　解

恩格斯的这封信写于1885年11月26日。当时，西欧资产阶级革命已经结束，无产阶级革命处于和平准备时期。第一国际已经解散，第二国际尚未成立，但国际无产阶级革命运动的形势渐好，正在缓慢而持续地向前发展。许多先进工人越来越迫切地要求学习马克思主义。这一时期，马克思、恩格斯出版了一些新的著作，主要有：《社会主义从空想到科学的发展》(1880)、《家庭、私有制和国家的起源》(1884)、《费尔巴哈与德国古典哲学的终结》(1888)以及由恩格斯整理的马克思的《资本论》第2卷(1885)。这些著作的出版，对指导各国无产阶级斗争和反对形形色色的"社会主义"起了巨大作用。这一时期，在马克思和恩格斯的教育引导下，涌现出了一批马克思主义的宣传家和鼓动家，如德国的李卜克内西、法国的拉法格、美国的左格尔以及英国的艾威林夫妇等。这一时期的社会主义文学艺术运动，涌现出一批具有社会主义倾向的作家。他们头脑中的社会主义，带有抽象的人道主义的性质。敏娜·考茨基虽然有上述弱点，但她的身上存在着积极性的一面。她是具有社会主义倾向的女作家，参加了德国社会民主党，同德国工人运动的领袖倍倍尔、李卜克内西、卢森堡、梅林等都有比较密切的联系。她以炽热的天性和全部感情投身于无产阶级的解放斗争。奥地利工人运动的蓬勃发展，使她感受到了"一个光辉的时代开始了，一切都沉浸在灿烂的阳光里，新的能力觉醒了，生活变得美好而有意义"，激发了她的创作欲望。她说："我开始去写作，我有话要说。"她力图站在无产阶级一边，向群众宣传社会主义思想。她的长篇小说《旧人和新人》正是一部具有社会主义倾向的作品。敏娜·考茨基的作品对于无产阶级的革命斗争有所帮助。恩格斯从当时革命的根本利益出发，热情地帮助她，引导她在创作上有所前进。恩格斯《致敏娜·考茨基》的这封信，通过对《旧人和新人》的评论，围绕着艺术的典型性、倾向性和真实性及其相互关系和艺术的社会职责等问题，进行了理论探索，批判了当时流行的"倾向文学"中存在的主观唯心主义创作倾向，进一步阐明了自己的现实主义理论，是马克思主义现实主义理论宝库中的一篇重要文献。

一、关于文艺的典型性

恩格斯《致敏娜·考茨基》用相当长的篇幅谈几个城市的环境和气候。从表面上看，这种轻松的聊天似乎和恩格斯致信的主旨没有关系。实际上，恩格斯是讲天才的写作者应当选择什么样的治学的典型环境。柏林的一切是粗俗的。柏林可以向世界表明，"一个世界的城市可以粗俗到什么程度"。巴黎是浪漫漂亮的，但也拥有一些偏见。伦敦不如巴黎漂亮，但是比巴黎雄伟。伦敦虽然有阴郁的天气和等级森严的人际关系，但这里的人们都更加直率和可靠，有相对自由的多样化的文化氛围，适合于科学工作。"伦敦还容许对整个周围世界保持中立，而这对于科学的、甚至艺术的公正态度是必要的。”伦敦的阴郁有助于熏陶著作家的深沉和忧患意识。思想家应该适当抑制喜爱巴黎的浪漫和美丽，着意追求科学的质朴和真诚。“如果要我选择的话，我宁愿定居在伦敦，而不愿在巴黎。”伦敦还拥有世界一流的大英博物馆，贮藏丰盛，吸引着科学家们前来从事研究工作。马克思生活窘迫，却在大英博物馆雄坐几十年，写出了震撼世界的《资本论》，揭示出资本主义的秘密。可见，伦敦无愧是伟大著作家写作的典型环境。

恩格斯《致敏娜·考茨基》的信中认为作者通过对维也纳盐矿工人的困苦生活的描写，对德国城市柏林社交界的那些“固定的小圈子”中的一些文人、官僚和优伶，对维也纳把南欧和东欧的各种因素混合在一起的独特的国际性质，都有出色的艺术表现。“对于这两种环境里的人物，我认为您都用您平素的鲜明的个性描写手法给刻画出来了。”可以说，《旧人和新人》的人物和情节的大背景是典型的。

《旧人和新人》对带有“独特的国际性质”的维也纳的一个盐矿工人的生活和斗争的描写，揭示了这个国家所存在着的深刻的社会矛盾。这些矛盾都具有一定的真实性和典型性。

关于劳动者和资产者的矛盾。矿工像“鼹鼠”一样长年累月地被禁闭在阳光和暖气之外，日夜苦干，饥寒交迫。产盐的工人吃面包用一点盐也得不到矿主的恩赐。穷人们更害怕矿场停工，这样会失去维系生命的最后一块面包。女作家强烈感受到社会上劳资矛盾的现实存在。作品里，维也纳社交界的豪华奢侈场面，同矿工的窘迫的生活形成了鲜明的对比。矿工说，有钱的和游手好闲的人一夜晚所浪费的比他们穷人一年辛苦到头所挣到的还要多，正是讲出了贫富的悬殊。女作家还以犀利的笔锋，揭露了奥地利“上层社会”的贪得无厌、尔虞我诈和虚伪奢侈。敏娜·考茨基并没有停留在对上层社会生活的简单披露上，而且还深入到这伙人的内心世界，表现他们精神的龌龊和卑劣。矿主为了榨取工人的血汗可以不顾工人的安危，炸山开矿，最后酿成山崩人亡的惨剧。艰难的时世、严酷的生活，使下层群众丧失了生活的希望和勇气。

关于科学和宗教的矛盾。孱弱而又贫困的人们从现实生活中看不到摆脱非人命运的道路，难免去追求迷信和幻想，特别是它们的精致的表现形式宗教。宗教可以安抚那些没有文化的人们，以祈盼虚幻的天国的美好未来，化解现实生活中的痛苦。敏娜·考茨基认为，这样的人们由于丧失接受教育的条件，他们唯一的权利是接受基督的“仁爱”教义，带着赎罪的心情忍受现实的折磨。他们虔诚地崇拜上帝，企望上帝降福于人世，以免遭遇更大的不幸。“世道太艰难了，只有天神显灵，才能拯救世人。”小说把祈祷游行描写成盛大节日，表现人们对上帝的忠心。这个女作家写道：唯有这神圣的习俗，才能“给他们贫穷愁苦的生活带来一点儿诗意的火星，激发他们的想象，使他们至少在短短的几小时中摆脱掉现实的苦难”。无产者和上流社会的矛盾，也是新与旧的矛盾。无产者的社会地位的真正改变，靠的是接受教育、学习科学和从迷信无知中解脱出来。为了形象地展现这个理解，女作家塑造了爱莎这个形象。爱莎从她的父亲那里接受了自由主义无神论的教育。女作家为了表现新与旧的冲突，让爱莎进入上流社会。没有宗教信仰的爱莎，由于受到神父的花言巧语的诱惑和挑逗，一度发生动摇，准备接受洗礼。但是，她从新人那里吸取了力量，于是以新的自信和勇气，使神父的诡计破产。敏娜·考茨基通过这样的艺术描写告诫人们：相信科学，消除迷信，拒绝宗教。这位女作家把无产者的解放道路仅限于精神领域内的解放，不理解政治解放和经济解放才是实现现实的人的解放的根本道路。

关于旧人和新人的矛盾。敏娜·考茨基认为，那些没有文化的、抱有宗教幻想的人，墨守成规、僵化守旧的人都是旧人，而热爱科学、追求真理、推动社会改革的人都是新人。阿尔诺德是女作家殚精竭虑、重彩浓墨所塑造的第一号新人形象和理想人物。他是爱莎的父亲巴尔这个富有自由思想的社会哲学家的学生和助手，后成为爱莎的伴侣。阿尔诺德为了探求真理，宣传科学，抛弃优越的生活条件和男爵的继承权。他是一个纯洁、正直、毫无杂念的完美无缺的人。阿尔诺德宣称："当今之世，唯有科学万人崇仰，才能滋生创造的活力，才能接受不断进化的法则，形成一种薪新的世界观。"阿尔诺德反对暴力革命，"不用战斗和宝剑"，妄图"专凭宣传思想"实现社会变革。他脱离社会现实斗争，只在阔大的图书馆和寂静的书斋里制造自己的"新原则"，放弃社会实践活动对变革历史的至关重要的关键性作用，尊崇思想和理论的权威。这种没有实践力量的图谋是无效的，不可能达到改变环境的目的。最后，女作家特意设计了这样一个结局：阿尔诺德和爱莎，陷入搜捕的包围之中，突然发生山崩，阿尔诺德竟然不顾爱妻，带领搜捕者，奔向灾区，抢救灾民，表现出英勇无私的献身精神。这个品格高尚的英雄，不顾个人安危，从废墟中救出新生婴儿。然而，接着发生了更加凶猛的山崩，无情的飞石夺去了阿尔诺德的生命。这个情节，把他描绘得更加崇高，几乎完美无缺。从对爱莎和阿尔诺德的描写中，可以发现敏娜·考茨基对旧人和新人的理解是不准确的。新人必须具有新思想和新文化，不具备新思想和新文化的肯定不会是新人。马克思、恩格斯在《德意志意识形态》中对新人的性质的界定是能否"改变环境"。他们认为，能不能改变旧环境是区分新人和旧人的根本标志，能改变旧环境和创造新环境的人，才配称为"新人"。变革旧环境，需要正确的先进的思想为指导，但必须诉诸实践，才能变成现实。马克思和恩格斯指出："思想根本不能实现什么东西"，"为了实现思想"必须"要有使用实践力量的人"。[1]只要"安于旧环境"，他们"依然是'旧人'"，"只有改变了环境，他们才会不再是'旧人'"。[2]在马克思和恩格斯看来，只有靠有实践力量的新人和新人的实践力量才能改变旧环境和创造新环境。马克思和恩格斯揭示了人和环境相互关系的辩证法。他们指出："人创造环境，同样环境也创造人。"人创造环境是通过实践来实现的。阿尔诺德这样的艺术典型夸大了思想和文化的作用，但不理解实践的功能。这个人物还不能说是一个改变环境、创造世界的新人形象。忽视社会实践对推动历史进步的作用，只能使人们的理想和愿望落空。可见，敏娜·考茨基塑造出阿尔诺德这样的新人，显然是受到了改良主义、空想社会主义和德国思辨哲学的影响。在恩格斯看来，阿尔诺德这个人确实太完美无缺了，让他在一次山崩中死去，可能是为了凸显作家的扬善惩恶的道德诉求。爱莎虽然被理想化了，但还保有一定的个性描写，而在阿尔诺德身上，人物的个性多半消融到原则里去了。

恩格斯奉劝敏娜·考茨基，塑造艺术的典型人物，应当遵循老黑格尔所倡导的一个"这个"。"这个"，黑格尔的哲学含义是"这一个"。这个哲学命题最早见于黑格尔的《精神现象学》：一种"感性确定性"。黑格尔认为，人们获得知识的最初阶段是通过感官的确认。"这一个"，是感性的、现象的，是从具体的、个别的事物开始的。但是，随着认识的深化和不断向前推移，作为个别事物的"这一个"，演变和发展为"共相"的"这一个"，即抽象原则的"这一个"。"这一个"已不再是具体的、个别的、现象的东西，而是一个普遍的东西。从前面的"这一个"变成后面的"这一个"，源于"这一个"的自我活动。这里暴露了黑格尔唯心主义的思辨哲学性质。黑格尔在《精神现象学》中论述的"这一个"，体现于他的艺术哲学，在他的《美学》中译为"这是一个人"[3]。恩格斯所说的"一个'这个'"，吸取了黑格尔关于艺术典型理论的精华，并运用唯物主义观点作了根本的改造。恩格斯的意图是强调通过感性表现理性，通过鲜明的个性描写表现美好的理念，防止和克服粗劣的个性描写，也反对把人物的个性完全“消融到原则里”。恩格斯说：“每个人都是典型，但同时又是一定的单个人，正如老黑格尔所说的，是一个‘这个’，而且应当是如此。”这几句话的严谨的逻辑关系是，既要求典型人物有共性、代表性和普遍性，又要求典型人物有鲜明的个性和特殊性，把典型人物的共性和个性这两方面互相融合渗透、综合统一起来，体现黑格尔所说的一个“这个”，即活生生的“单个人”。黑格尔主张塑造典型的个性必须使之具有形象化和独立自主性，而“一般思想或抽象观念，不是属于艺术领域的”[4]。黑格尔评论《荷马史诗》时指出，每个人都是一个整体，是一个世界，“每个人都是一个完整的有生气的人，而不是某种孤立的性格特征的寓言式的抽象品”。“关于阿喀琉斯，我们可以说：‘这是一个人！高贵的人格的多方面性在这个人身上显示出了它的全部丰富性。’”[5]

二、关于文艺的倾向性

文艺是具有倾向性的。文艺倾向性实际上是一个系统。

从客观对象本身来说。世界上的人物、事件多半都是具有倾向性的。这种倾向性是真实地存在于对象本身的，真实性不同程度地带有倾向性，真实性和倾向性是共同存在于对象本身的。文艺的倾向性是对客观倾向性的表现，并非只是作家的主观倾向性的展示。恩格斯《致敏娜·考茨基》的信中认为维也纳盐矿工人的困苦生活、反抗和斗争的事件本身，表明这个国家存在着深刻的社会矛盾和劳资矛盾。这些矛盾不但具有一定的真实性和典型性，也理所当然地具有一定的倾向性。这是一种客观存在着的现实的倾向性。这种客观的现实的倾向性是产生创作主体的倾向性、文艺作品的倾向性和阅读主体接受的倾向性的基础。

从作为创作主体的作家艺术家来说，他们都具有情感、好恶、爱憎态度，都带有一定的倾向性。严格地说，没有创作倾向性的作家和艺术家实际上是不存在的。创作主体都有程度不同的倾向性，或强烈，或平和，或鲜明，或隐蔽，表现程度和展露方式是有所不同的。鉴于革命运动的发展程度、无产者的阶级觉悟程度和阅读对象的接受程度，恩格斯劝说敏娜·考茨基的主观倾向不要过于强烈和鲜明，比较适合选择和采取一种自然平和的抒发方式。他说：“您认为需要在这本书里公开表明您的立场，在全世界面前证明您的信念。这您已经做了，已经是过去的事了，您用不着再以这种形式重复了。”“我决不是反对倾向诗本身。”“悲剧之父埃斯库罗斯和喜剧之父阿里斯托芬都是有强烈倾向的诗人，但丁和塞万提斯也不逊色；而席勒的《阴谋与爱情》的主要价值就在于它是德国第一部有政治倾向的戏剧。现代的那些写出优秀小说的俄国人和挪威人全是有倾向的作家。”

从作品来说，文艺创作活动的成果，既要反映客观对象的倾向性，又要表现创作主体的倾向性，使两者达到这样那样的融合。悲剧之父埃斯库罗斯和喜剧之父阿里斯托芬以悲剧和喜剧不同的方式表现出强烈的政治倾向。意大利诗人但丁坚决反对教皇干涉佛罗伦萨的内政。他的代表作《神曲》，虽然采取了梦幻文学的形式，但具有反对教皇和封建专制的鲜明倾向。这部作品透射出了文艺复兴时期人文主义思想的曙光。恩格斯在《共产党宣言》1893 年意大利文版序言中指出：“封建的中世纪的终结和现代资本主义纪元的开端，是以一位大人物为标志的。这位人物就是意大利人但丁，他是中世纪的最后一位诗人，同时又是新时代的最初一位诗人。”[6]西班牙文艺复兴时期代表作家塞万提斯的代表作《堂·吉诃德》不仅表现了骑士传奇的荒唐和危害，而且深刻反映了西班牙全面的社会生活，尖锐地讽刺和打击了封建贵族和骑士制度。被恩格斯称赞为“德国第一部有政治倾向的戏剧”的《阴谋与爱情》是诗人席勒青年时代的代表作。这个悲剧的主人公斐迪南爱上了音乐师的女儿露伊斯。斐迪南的父亲、宰相瓦尔特逼迫儿子和公爵的情妇结婚。宰相秘书为了霸占露伊斯，便和宰相密谋，破坏这对青年男女的自由婚姻，造成这对恋人服毒身亡。这部悲剧揭露和批判了封建统治者的阴毒、丑恶和秽行，反映了德国新兴市民与专横、腐朽的旧贵族之间的矛盾，具有强烈的反封建精神。易卜生被称为现实主义戏剧的创始人，是一位影响深远的挪威剧作家。他的代表性著作《人民公敌》描写工厂污染了温泉水源，导致旅客患上重病的事件。为了保护浴场的经济利益，市政府领导和大多数人竟然反对这个事件的发现者，并以民主表决的方式，宣布他为人民公敌。这种采用民主和法制手段否定公平和正义的举措令人惊异。《钦差大臣》是俄国讽刺作家果戈理的代表作。他用喜剧这面镜子照出了俄国社会达官显贵们的丑恶原形，揭露了俄国农奴制社会的黑暗、腐朽、荒唐和反动。作家作品对不同对象的好恶和爱憎态度是判然有别的。果戈理的灵魂中有两股流水。当他描绘他所喜爱的人物和事件时，会涌现出温润的暖流；当他刻画他所讨厌的人物和事件时，会涌现出凛冽的寒流。正如赫尔岑所指出的，当他揭露他所憎恨的身居高位的邪恶势力时，他便“火冒三丈，铁面无私，充满最尖锐的讽刺嘲弄”；当他描写他同情的那些被凌辱的小人物时，他的笔则是“温柔的、怀着爱的、人道的”，坦露出“印象深刻的、诗意的、感情奋发的灵魂”。[7]别林斯基是这样解释果戈理的作品的主观性的，他说：“在《死魂灵》里，可以说，到处可以感到他的主观性渗透出来。我们所说的主观性，不是那种由于自己的局限性或片面性而把诗人所描写的对象的客观现实加以歪曲的主观性，而是深刻的……主观性。”别林斯基强调作家应该“具有天才的客观性”，要求作家不要过于拘泥于“自己的个性”，必须“按照实在情况来理解对象，移居到对象里面去，以对象的生活为生活”。[8]

从读者，即阅读主体来说，也要考虑其对由主客体倾向形成的作品倾向的适应程度，关注阅读主体的接受程度和文艺的社会效果。由于《致敏娜·考茨基》的作品的阅读对象多半是资产阶级的圈子，这些接近和靠拢革命的知识分子多处于观望状态、中间状态和动摇状态，他们所看到的作品的政治倾向不宜过于鲜明和刺激，否则会把这些人吓跑的，不利于组成革命的统一战线。围绕革命的作家作品，应当通过“富有诗意的裁判”[9]把政治倾向表现得质朴、平和、适度为好。作者的见解越隐蔽，越会取得有益的社会效果。所以，恩格斯说：“我认为倾向应当从场面和情节中自然而然地流露出来，而不应当特别把它指点出来；同时我认为作家不必要把他所描写的社会冲突的历史的未来的解决办法硬塞给读者。”恩格斯反对作家作品通过表现哲学的和政治的观念，把倾向生硬地强加给读者的各种企图。当时德国社会流行的思辨哲学思潮成为一种创作的指导思想。《巴黎的秘密》的作者欧仁·苏运用思辨哲学的抽象原则、基督教的伦理道德学说和空想社会主义思想，来塑造人物，安排情节，表现思辨哲学的批判功能和改造力量，最后把人和世界都“变成了抽象的观点”。以思辨哲学为基础的所谓“青年德意志”的“真正的社会主义”文学，同样表现了以抽象观念改造社会、取代现实的主观唯心主义的创作倾向。这些作者主张公开鼓吹自己的社会观点和政治观点。恩格斯曾批评过这种“倾向文学”习惯于“用一些定能引起公众注意的政治暗喻来弥补自己作品中才华的不足……在诗歌、小说、评论、戏剧中，在一切文学作品中，都充满所谓的‘倾向’，即反政府情绪的羞羞答答的流露”[10]。恩格斯的时代，包括席勒在内的不少作家，都不同程度地忽视文艺的形象特点。

他们的作品，用思想淹没形象，用哲学思辨代替具体描绘，政治讽喻往往掩饰着艺术上的浅陋，使人物往往变成了作者的傀儡和时代精神的单纯的传声筒。这种把个性消融到原则里去的“席勒式”的创作模式，使作品丧失了丰满的血肉，也减弱了作品使人心荡神驰的感人力量。恩格斯强调文艺的特质和形象可感性，他致敏娜·考茨基的信，不仅是对敏娜·考茨基个人的创作倾向的善意的批评，同时更是对流行于西欧的各种唯心主义创作思潮的匡正。

这并不是说也不意味着无产阶级文艺可以随意消解和淡化作品的倾向性和战斗性。恩格斯主张作者的观点愈隐蔽愈好，适用于敏娜·考茨基那样的作家，同时有助于理解一切创作倾向自然流露的重要性和有效性。文学需要面对已经觉悟和正在觉悟的无产者，启发他们的阶级意识，调动他们的战斗激情，促进无产阶级事业的前进。恩格斯的时代，随着无产阶级革命事业的蓬勃发展，特别是英国声势浩大的宪章运动的兴起和扩大，宪章派文学敲起了雄壮的战鼓。巴黎公社的勇士们在巴黎街头的浴血战斗中唱起了豪迈的战歌，写下了激越的诗篇。海涅的《西里西亚的纺织工人》，对罪恶的现实发起猛烈的诅咒和抗议。无产阶级的卓越歌手鲍狄埃的《国际歌》，响彻云霄。这首战歌是宣言，唱出了无产者的历史主体性，恩格斯高度赞扬了这首战歌。《国际歌》已经成为全世界共产党人的信仰和旗帜。

三、社会主义文艺的社会职责

根据当时的历史条件，恩格斯提出：“如果一部具有社会主义倾向的小说通过对现实关系的真实描写，来打破关于这些关系的流行的传统幻想，动摇资产阶级世界的乐观主义，不可避免地引起对于现存事物的永世长存的怀疑，那末，即使作者没有直接提出任何解决办法，甚至作者有时并没有明确地表明自己的立场，但我认为这部小说也完全完成了自己的使命。”具有社会主义倾向的文艺创作应当高扬怀疑精神、批判精神和变革精神。事物是运动的，世界是发展的。一切对象的存在都是具有暂时性的，都必须理解为一个过程。关于旧社会的传统幻想不是凝固不变的，资产阶级的乐观主义是可以破除的，旧世界和旧秩序的永世长存只不过是一种幻想。无论经过怎样的艰难曲折，人类的伟大理想是一定要实现的。随着无产阶级革命运动的历史发展，恩格斯号召文艺通过对现实关系的真实描写，打破传统幻想，动摇资产阶级世界永世长存的乐观主义的思想，不断被赋予新的内容，创造性地得到了新的理解和新的阐释。具有先进思想的作家艺术家应当以马克思主义的世界观和文艺观为指导，透过现象发掘事物的本质，讴歌人民群众的历史主动性和创造性，揭示资本主义制度必然走向灭亡的历史发展趋势，展现人类光明美好的未来。这是社会主义作家艺术家的光荣的社会职责和历史使命。

[注　释]

[1] 马克思，恩格斯．马克思恩格斯全集：第2卷．北京：人民出版社，1957：152.
[2] 马克思，恩格斯．马克思恩格斯全集：第3卷．北京：人民出版社，1960：234.
[3] 黑格尔．美学：第1卷．朱光潜，译．北京：人民文学出版社，1958：275，295.
[4] 同［3］275.
[5] 同［3］295.

[6] 马克思，恩格斯．马克思恩格斯全集：第22卷．北京：人民出版社，1965：430.
[7] 赫尔岑．赫尔岑论文学．辛未艾，译．上海：上海文艺出版社，1962：81-82.
[8] 别林斯基．别林斯基选集：第1卷．满涛，译．上海：上海文艺出版社，1963：443.
[9] 马克思，恩格斯．马克思恩格斯全集：第36卷．北京：人民出版社，1974：77.
[10] 马克思，恩格斯．马克思恩格斯选集：第1卷．3版．北京：人民出版社，2012：575.

第十一讲
致玛格丽特·哈克奈斯*[1]

（伦敦）

1888年4月初于伦敦

恩格斯

尊敬的哈克奈斯[2]女士：

多谢您通过维泽泰利[3]出版公司把您的《城市姑娘》[4]转给我。我无比愉快地和急切地读完了它。的确，正像我的朋友、您这本书的译者艾希霍夫[5]所说的，它是一件小小的艺术品。他还说——您听了一定会满意的——，他几乎不得不逐字逐句地翻译，因为任何省略或试图改动都只能损害原作的价值。

您的小说，除了它的现实主义的真实性以外，给我印象最深的是它表现了真正艺术家的勇气。这种勇气不仅表现在您敢于冒犯傲慢的体面人物[6]而对救世军[7]所作的处理上，这些体面人物也许从您的小说里才第一次知道救世军**为什么**竟对人民群众产生这样大的影响；而且还主要表现在您把无产阶级姑娘被资产阶级男人所勾引这样一个老而又老的故事作为全书的中心时所使用的朴实无华的手法。平庸的作家会觉得需要用一大堆矫揉造作和修饰来掩盖这种他们认为是平凡的情节，然而他们终究还是逃脱不了被人看穿的命运。您觉得您有把握叙述一个老故事，因为您能够如实地叙述它，使它变成一个新故事。

您对阿瑟·格兰特[8]先生的刻画十分出色。

如果我要提出什么批评的话，那就是，您的小说也许还不够现实主义。据我看来，现实主义的意思是，除细节的真实外，还要真实地再现典型环境中的典型人物。您的人物，就他们本身而言，是够典型的；但是环绕着这些人物并促使他们行动的环境，也许就不是那样典型了。在《城市姑娘》里，工人阶级是以消极群众的形象出现的，他们无力自助，甚至没有试图作出自助的努力。想使他们摆脱其贫困而麻木的处境的一切企图都来自外面，来自上面。如果说这

* 马克思，恩格斯．马克思恩格斯选集：第4卷．3版．北京：人民出版社，2012：589-592.

种描写在1800年前后或1810年前后，即在圣西门和罗伯特·欧文时代[9]是恰如其分的，那么，在1887年，在一个有幸参加了战斗无产阶级的大部分斗争差不多50年之久的人看来，就不可能是恰如其分的了。工人阶级对压迫他们的周围环境所进行的叛逆的反抗，他们为恢复自己做人的地位所作的令人震撼的努力，不管是半自觉的或是自觉的，都属于历史，因而也应当在现实主义领域内占有一席之地。

我决不是责备您没有写出一部直截了当的社会主义的小说，一部像我们德国人所说的“倾向性小说”[10]，来鼓吹作者的社会观点和政治观点。我决不是这个意思。作者的见解越隐蔽，对艺术作品来说就越好。我所指的现实主义甚至可以不顾作者的见解而表露出来。让我举一个例子。巴尔扎克[11]，我认为他是比过去、现在和未来的一切左拉[12]都要伟大得多的现实主义大师，他在《人间喜剧》[13]里给我们提供了一部法国“社会”，特别是巴黎上流社会的无比精彩的现实主义历史，他用编年史的方式几乎逐年地把上升的资产阶级在1816—1848年这一时期[14]对贵族社会日甚一日的冲击描写出来，这一贵族社会在1815年以后又重整旗鼓，并尽力重新恢复旧日法国生活方式的标准。他描写了这个在他看来是模范社会的最后残余怎样在庸俗的、满身铜臭的暴发户的逼攻之下逐渐屈服，或者被这种暴发户所腐蚀；他描写了贵妇人（她们在婚姻上的不忠只不过是维护自己的一种方式，这和她们在婚姻上听人摆布的情况是完全相适应的）怎样让位给为了金钱或衣着而给自己丈夫戴绿帽子的资产阶级妇女。围绕着这幅中心图画，他汇编了一部完整的法国社会的历史，我从这里，甚至在经济细节方面（诸如革命以后动产和不动产的重新分配[15]）所学到的东西，也要比从当时所有职业的史学家、经济学家和统计学家那里学到的全部东西还要多。不错，巴尔扎克在政治上是一个正统派[16]；他的伟大作品是对上流社会无可阻挡的衰落的一曲无尽的挽歌；他对注定要灭亡的那个阶级寄予了全部的同情。但是，尽管如此，当他让他所深切同情的那些贵族男女行动起来的时候，他的嘲笑空前尖刻，他的讽刺空前辛辣。而他经常毫不掩饰地赞赏的唯一的一批人，却正是他政治上的死对头，圣玛丽修道院的共和党英雄们[17]，这些人在那时（1830—1836年）的确是人民群众的代表[18]。这样，巴尔扎克就不得不违背自己的阶级同情和政治偏见；他**看到了**他心爱的贵族们灭亡的必然性，把他们描写成不配有更好命运的人；他在当时唯一能找到未来的真正的人的地方**看到了**这样的人，——这一切我认为是现实主义的最伟大胜利之一，是老巴尔扎克最大的特点之一。

为了替您辩解，我必须承认，在文明世界里，任何地方的工人群众都不像伦敦东头[19]的工人群众那样不积极地反抗，那样消极地屈服于命运，那样迟钝。而且我怎么能知道：您是否有非常充分的理由这一次先描写工人阶级生活的消极面，而在另一本书中再描写积极面呢？

[注　释]

[1] 恩格斯致玛格丽特·哈克奈斯的信，是恩格斯逝世后在他的遗稿中发现的一份草稿，原稿没有日期，从哈克奈斯1888年4月5日给恩格斯的回信推测，此信约写于1888年4月初。恩格斯同时还赠给女作家一本《社会主义从空想到科学的发展》。哈克奈斯收到信和书后，于4月5日给恩格斯写了回信。恩格斯的这封信于1932年首次发表。

[2] 哈克奈斯　笔名约翰·洛劳。英国19世纪80年代倾向于社会主义的现实主义女作家。19世纪50年代末出生于伦敦一个普通的牧师家庭（生卒年不详），但她始终是一个无神论者。她曾当过护士，

并对政治经济学产生过兴趣。19世纪80年代初，她开始深入伦敦工人区，调查了解工人生活。19世纪80年代中期开始接近社会主义运动，与马克思的女儿爱琳娜有一定联系。1886年参加社会民主联盟，并担任联盟机关刊物《正义》的编辑。哈克奈斯的主要作品有《城市姑娘》（1887）、《失业者》（1888）、《洛布队长》（1889）、《曼彻斯特的衬衣工人》（1890）等。

[3] 维泽泰利　亨利·理查德·维泽泰利（1820—1894），当时英国的激进派新闻记者、出版家，英国画报的创始人。

[4]《城市姑娘》　哈克奈斯的第一部中篇小说。她在书名下特意加了“现实主义的故事”这样一个副题。小说出版于1887年4月。写的是伦敦东头一个年轻的缝纫女工被资产阶级绅士阿瑟·格兰特诱骗遗弃的故事。请参阅中译本。

[5] 艾希霍夫　卡尔·威廉·艾希霍夫（1833—1895），德国社会党人和政论家，1868年加入第一国际，1869年起为德国社会民主党党员。他是马克思和恩格斯的朋友，恩格斯曾把《城市姑娘》介绍给他翻译。

[6] 傲慢的体面人物　指当时英国社会主义团体的一些上层领导人物，他们坚持宗派主义和教条主义立场，高踞于工人群众之上。恩格斯讽刺地称他们为“革命的大人物”，好“教训世界的人”。

[7] 救世军　资产阶级的宗教慈善团体，由传教士威廉·布斯在英国创立。1865年他在伦敦贫民区组织“东伦敦复兴社”，后改名为“基督教贫民救济会”。1880年按军队编制后采用“救世军”这个名称。“救世军”进行广泛的宗教宣传，建立医院、廉价食堂、妇女收容所等慈善机构，在群众中有较大的影响。“救世军”表面上谴责富人的利己主义，实际上利用小恩小惠收买群众，诱使人民群众脱离反抗斗争，以此来维护资本主义制度。

[8] 阿瑟·格兰特　《城市姑娘》中的主要人物，他是伦敦东西头之间一家妇婴医院的会计主任，一个所谓“激进派”的资产阶级绅士。他在诱骗并抛弃了耐丽之后，竟认为这是“很普通的事情”。女作家通过对这个形象的成功的刻画，有力地揭露了在当时英国政治舞台上活动着的所谓“激进派”“工人之友”的丑恶面目。

[9] 圣西门和罗伯特·欧文时代　昂利·克劳德·圣西门（1760—1825），法国空想社会主义创始人之一。罗伯特·欧文（1771—1858），英国空想社会主义创始人。

“圣西门和罗伯特·欧文时代”，指19世纪初叶圣西门、欧文等的空想社会主义学说最初形成的时代。这个时候，“资本主义生产方式以及随之而来的资产阶级和无产阶级之间的对立还没有得到充分发展”（《马克思恩格斯选集》，3版，第3卷，644页，北京，人民出版社，2012）。

[10] 我们德国人所说的“倾向性小说”　指忽视艺术形象的塑造，忽视对现实关系作真实描写，单纯地通过作者或小说中人物的嘴宣传某种抽象的社会政治观点的小说。

[11] 巴尔扎克　奥诺瑞·德·巴尔扎克（1799—1850），法国杰出的批判现实主义作家。

[12] 一切左拉　艾米尔·左拉（1840—1902），法国著名小说家，自然主义文艺理论的代表。“一切左拉”，指自然主义文学流派。

[13]《人间喜剧》　巴尔扎克所创作的一系列小说汇合的一个总集，最初定名为《社会研究》，后来受但丁《神曲》（直译为《神圣的喜剧》）的启示，改为《人间喜剧》。整部《人间喜剧》的写作时期是1829年到1848年。原计划写一百四五十部，实际写成了包括长篇和中、短篇在内的96部，共写了2 000多个人物。全部作品分成三大部分：“风俗研究”“哲学研究”和“分析研究”。“风俗研究”是其中的主要部分。这个部分又分为六个方面：“私人生活场景”“外省生活场景”“巴黎生活场景”“政治生活场景”“军事生活场景”和“乡村生活场景”。《人间喜剧》中最著名的作品有《欧也妮·葛朗台》（1833）、《高老头》（1834）、《贝姨》（1846）、《邦斯舅舅》（1846—1847）、《农民》（1848）等。1842年，巴尔扎克为《人间喜剧》写了前言，集中地反映了他的现实主义文学观点。

[14] 在1816—1848年这一时期　1815年，波旁王朝第二次在法国复辟，从这时起到1830年七月革

命时止，称为王政复辟时期。这个时期，波旁王朝力图全面恢复封建贵族地主的统治。但是，法国经历了资产阶级革命和拿破仑统治时期，封建制度已被摧毁。1830年的七月革命，推翻了波旁王朝，路易·菲力浦继承王位，政权转到大资产阶级即金融贵族手里。从这时起，到1848年二月革命时止，称为“七月王朝”时期。七月革命摧毁了封建反动势力在法国重建封建专制统治的企图，但是封建残余并没有彻底扫清。在“七月王朝”期间，工业资产阶级逐步得势，封建贵族日趋没落。1848年革命，为资本主义的发展进一步扫清了道路，而政权形式也从君主政体过渡到了资产阶级共和国。

［15］革命以后动产和不动产的重新分配　指法国经过1789年革命由资产阶级取代了贵族、僧侣的统治地位以后所经历的财产和权力的再分配。这里所说的动产，是指金、银、珠宝、货币等流动资产；不动产指领地、房屋等固定资产。

［16］正统派　指法国1792年被推翻的代表世袭大地主利益的波旁王朝长系的拥护者。在1830年该王朝第二次被推翻以后，正统派就结成了政党。

［17］圣玛丽修道院的共和党英雄们　指在法国1832年6月5日到6日巴黎起义中的左翼共和党人。在这次起义中参加准备工作的有共和党左翼和一些秘密团体；起义以反对路易-菲力浦的拉马克将军的出殡为导火线。参加起义的工人构筑了街垒，异常英勇顽强地进行了保卫战。有一个街垒构筑在圣玛丽修道院原来所在的圣马丁街。这个街垒是最后陷落的街垒之一。巴尔扎克的长篇小说《失去的幻想》和中篇小说《卡金尼扬公爵夫人的秘密》中描绘了在圣玛丽修道院墙下阵亡的共和党人米歇尔·克雷田。巴尔扎克称他为“能够改变社会面貌的伟大的政治家”和“法兰西土地上诞生的最高贵的人物之一”。

［18］这些人在那时（1830—1836年）的确是人民群众的代表　1830年法国波旁王朝被推翻后建立起来的七月王朝，只代表一小撮金融贵族的利益，当时包括工业资产阶级在内的所有其他阶级都成了反对派。资产阶级、小资产阶级的主要政治代表是共和党人，他们先后成立了“人民之友社”“人权社”等秘密革命团体，它们的政治主张是推翻王政，建立共和。这时无产阶级还没有自己独立的政治组织，许多工人参加了共和主义运动，把实现共和当作自己的理想。1834年里昂工人起义的战斗口号就是：“不共和毋宁死!”这说明，当时共和党人有着比较广泛的群众基础，确实同人民群众有较多的联系，代表着群众的一定利益。1835年，反动政府对共和主义运动实行大规模镇压，并宣布“共和主义者”的称呼为非法。共和主义运动遭到失败。

［19］伦敦东头　这里是伦敦无产者和贫民的居住区。由于改良主义思潮的影响，这里的工人运动在当时比其他地区落后。当时的一些社会主义者如艾威林夫妇等都曾深入该区进行过宣传活动。哈克奈斯也曾对该区的工人生活，特别是女工生活进行过调查，她的小说《城市姑娘》就是取材于该区的工人生活。19世纪70年代末，英国出现了工人运动的新高潮，伦敦东头的工人也觉醒起来了。

讲 解

恩格斯给哈克奈斯写信的历史时期，无产阶级运动有了更大的发展。与空想社会主义时代相比，工人阶级的政治思想觉悟有了很大的提高，无产阶级反对资产阶级的斗争更加高涨。1886年，伦敦东头失业工人举行了声势浩大的示威。恩格斯在《英国工人阶级状况》中说：几年前还是“一潭死水”的伦敦东头的觉醒“是本世纪末最伟大最有成果的事件之一”。[1]从文学方面看，英国以狄更斯为代表的批判现实主义文学的全盛时期已经成为历史，当时还有一些现实主义作家比较温和地反映了阶级对立的现实。这一时期，特别是以左拉为代表的法国自然主义文学思潮开始盛行。这种文学思潮也影响和波及了英国文学界。从哈克奈斯的《城市姑娘》中，可以明显看到这位倾向于革命的作家受到了自然主义文艺思潮的影响。恩格斯给哈克奈斯写这封信，是为了调动和提升她的无产阶级的革命积极性，同时疏导哈克奈斯尽力摆脱左拉的自然主义思潮的影响，向现实主义大师巴尔扎克学习，创作出更加现实主义的作品。哈克奈斯在给恩格斯的回信中写道：“非常感激您的来信和您惠赠的书。……对于您，我一向怀有无限的钦佩和崇敬。我从未想到，竟然有幸收到您这样的帮助和创造世界历史的人的来信。……您关于我的小说所讲的话，很多是非常公允的，特别是谈到书中现实主义不够充分。”恩格斯的指引和帮助，对哈克奈斯的创作产生了积极的影响。

恩格斯通过对《城市姑娘》和巴尔扎克创作的评论，集中地阐述了现实主义的一些基本原则，深刻系统地论证了诸如现实主义艺术家的勇气、典型环境和典型性格、“现实主义的伟大胜利”、作家的世界观和文艺创作的关系、现实主义文艺的认识功能和历史使命等重大问题。恩格斯的这些论述，揭示了现实主义文艺理论的框架体系，是马克思主义文艺理论思想系统的完整表述，至今仍有重要的指导意义。

一、现实主义艺术家的勇气

哈克奈斯的中篇小说《城市姑娘》运用朴实无华的手法，表现了无产阶级姑娘被资产阶级男人所勾引这样一个普通的故事。这个故事的男主角是阿瑟·格兰特。他是伦敦东西头之间一家妇婴医院的会计主任，一个所谓“激进派”的资产阶级绅士。故事的女主角是耐丽，她是伦敦东头一个年轻的缝纫女工。小说真实地描写了资产阶级绅士诱骗、遗弃无产阶级女工的过程，揭露了伦敦东头和西头的两个判然不同的世界。这两个有天壤之别的区域贫富悬殊，充满阶级对立。无论是伦敦东头夏绿蒂公寓里无产者的贫困生活，还是伦敦西头上流社会的奢侈腐化，无论是工人无产者之间那种真诚而淳朴的关系，还是资产阶级的虚伪和冷酷，都给人以一种现实主义的真实感。小说无情地批判了资产阶级绅士道德的恶行和人格的卑劣，有力地揭露了在当时英国政治舞台上活动着的所谓“工人之友”的丑恶面目。

哈克奈斯以艺术家的勇气和敏锐的洞察力揭露了资产阶级的救世军的欺骗和伪善。这个被称为“救世军”的宗教慈善团体创立于英国，在伦敦贫民区组织“东伦敦复兴社”，之后扩展到许多国家。“救世军”通过实施一些慈善福利举措，安慰和争取群众，表面上谴责富人的利己主义，实质上利用小恩小惠消解和麻痹工人阶级的革命意识和反抗精神，使其屈从于资本主义制度。“救世军”的慈善福利举措和改良主义、空想社会主义相配合，对无产阶级和广大群众具有不可忽视的麻痹作用。哈克奈斯以艺术家的勇气，揭露和批判了“救世军”并不能救世救人的虚伪性，对唤醒和提高无产阶级的革命意识具有一定的启蒙作用。

哈克奈斯以艺术家的勇气，敢于冒犯浑身充满官僚主义、宗派主义和教条主义作风的傲慢的体面人物。这是特别难能可贵的。所谓“傲慢的体面人物”指当时英国社会主义团体中的一些上层领导人物，他们以官僚主义、宗派主义和教条主义的作风，高踞于工人群众之上。恩格斯把他们讽为脱离群众的“革命的大人物”和“教训世界的人”。没有正确的领导，不可能有正确的革命运动。哈克奈斯敢于冒犯傲慢的体面人物，对确立和改善无产阶级对革命事业的领导工作是有益的。

恩格斯说：“《城市姑娘》里，工人阶级是以消极群众的形象出现的，他们无力自助，甚至没有试图作出自助的努力。想使他们摆脱其贫困而麻木的处境的一切企图都来自外面，来自上面。”这种描写如果对圣西门和罗伯特·欧文的时代是“恰如其分的”，那么对无产阶级斗争了50年之久的现实状况来说却“不可能是恰如其分的了”。恩格斯娴熟地运用历史唯物主义的观点，认为对已经变化了的、不同历史境况下和不同时空条件下的无产阶级运动和无产阶级运动的主体应当具有不同的艺术描写。空想社会主义时代的无产阶级运动多半存在着消极面，但已经时过半个世纪的有了显著发展的无产阶级运动的积极面增强了。这种变化了的现实，几乎没有被哈克奈斯注意到。她笔下的无产者昏昧而麻木，缺乏阶级意识和革命自觉，没有自我解放的要求。《城市姑娘》的女主角耐丽失身后，似乎很平静，没有愤怒和抗争，那样屈服于命运。她羡慕和迷恋资产阶级的生活方式。她由于愚昧和麻木，被资产阶级绅士所猎取。这是一个典型的消极人物。恩格斯肯定了哈克奈斯对消积面的描写，称赞她表现出真正艺术家的勇气。但恩格斯更希望哈克奈斯描写无产阶级和无产阶级革命运动的积极面。恩格斯以热情诚恳的态度，劝说、疏导和期待哈克奈斯表现积极面。他说：“我必须承认，在文明世界里，任何地方的工人群众都不像伦敦东头的工人群众那样不积极地反抗，那样消极地屈服于命运，那样迟钝。而且我怎么能知道：您是否有非常充分的理由这一次先描写工人阶级生活的消极面，而在另一本书中再描写积极面呢？”在恩格斯看来，真正艺术家的勇气不仅表现在描写工人阶级生活的消极面上，而且更重要的是应当反映无产阶级和无产阶级运动的积极面，启发和调动无产阶级的自觉的阶级意识、革命要求和追求自我解放的决心，激励无产阶级的反抗和战斗精神，推动无产阶级解放事业的发展。这种“真正艺术家的勇气”，是现实主义的作家最可宝贵的品格。恩格斯敏锐地注意到了哈克奈斯创作中的这一可贵之处，并且及时地给予赞扬和鼓励。恩格斯给哈克奈斯的信，对疏导进步的现实主义作家选择和坚持走正确的创作道路，至今仍然具有重大的意义。

二、典型环境和典型人物

（一）真实性和倾向性

恩格斯说："如果我要提出什么批评的话，……您的小说也许还不够现实主义。"恩格斯说"不够现实主义"的意思是讲这种现实主义是一种"不充分的现实主义"。"不够"或"不充分"的现实主义的内涵是指作品所反映的内容、事件和人物的真实性并不深切。《城市姑娘》"如实地叙述"了一个"无产阶级姑娘被资产阶级男人所勾引"的"老而又老的故事"：伦敦东头贫民区缝纫女工耐丽，由于羡慕资产阶级生活方式，被资产阶级绅士、"工人之友"阿瑟·格兰特诱骗失身，又被母亲和哥哥赶出家门，走投无路，被宗教慈善团体"救世军"收留入"妇女收容所"。这种朴实无华的描写，使作品具有一定的现实主义真实性。这和受到自然主义影响的作家用琐碎的细节来掩盖阶级矛盾、阶级对立判然有别，正如恩格斯所说，他们"用一大堆矫揉造作和修饰来掩盖这种他们认为是平凡的情节"。这些故事，有所谓"细节的真实"，没有情节的真实，没有典型环境和典型性格的真实。恩格斯在批评 19 世纪前叶喧嚣一时的"真正社会主义"者时说，他们"不可能把要叙述的事实同一般的环境联系起来，并从而使这些事实中所包含的一切特出的和意味深长的方面显露出来"，他们只是"枯燥无味地记录个别的不幸事件和社会现象"。[2]

恩格斯批评《城市姑娘》所描写的工人阶级过于消极和昏昧，没有表现出他们试图作出自助的努力，使这样的工人阶级摆脱其贫困而麻木的处境的一切企图都来自外面，来自上面。这种描写是"不够"或"不充分"的。包括伦敦东头贫民区的无产阶级运动有了迅猛的发展，作家应当看到无产阶级运动所取得的胜利，更加充分地表现工人阶级的革命和斗争的现实生活。我们从恩格斯关于"够"和"不够"或"充分"和"不充分"的现实主义的论述中，可以领悟现实主义反映生活的不同程度和相对内涵。现实主义同样要体现主元与多元、肤浅与深刻、积极与消极等不同层级的差异。这是唯物辩证法观察文艺现实主义的生动体现。

恩格斯认为表现现实生活的深刻性和积极面应当尽可能地避免生硬的、概念化的所谓的"倾向性"。真实本身是带有倾向性的，实际上不存在完全脱离倾向性的真实性，但倾向性不能歪曲和损害甚或颠倒作品的真实性。恩格斯并不责备哈克奈斯没有写出一部直截了当的社会主义的小说、一部像德国人所说的"倾向性小说"来鼓吹作者的社会观点和政治观点。席勒尽管也写出了如《阴谋与爱情》那样的优秀小说，但总体上说，这种"席勒式"的带有公式化、模式化和概念化的倾向性破坏了作品的真实性，引发了不良的社会效果。倾向性应当适合社会生活的主要内容和推动历史发展的大趋势。艺术真实应当服从历史真实。从作者和读者、写作和阅读的关系看，写作主体必须考虑接受对象的适合程度。当时的阅读对象主要是那些同情革命的中间性群体人物，政治倾向过于强烈，反而不利于团结他们。为了组成革命的统一战线，作品的观点越隐蔽，甚至不顾作者的见解表露出来，越有益于扩充革命的宏大队伍。

（二）真实性和典型性

恩格斯指出："据我看来，现实主义的意思是，除细节的真实外，还要真实地再现典型环境中的典型人物。您的人物，就他们本身而言，是够典型的；但是环绕着这些人物并促使他们行动的环境，也许就不是那样典型了。""除细节的真实外，还要真实地再现典型环境中的典型人物"这个经典性论述被视为现实主义理论的定义，具有准确的概括性。恩格斯认为哈克奈斯的《城市姑娘》表现出现实主义艺术的真实性。艺术真实包括三个部分：一是典型细节；二是典型环境；三是典型人物。

从艺术真实和典型细节的关系看，典型细节是必不可少的。精彩的寓意深刻的细节可以起到画龙点睛的作用，一部作品往往由于描写了几个闪闪发光的细节，使读者永远不能忘怀。但细节总归属于现象范畴，要通过现象反映本质。本质寓于现象之中，并通过现象表现出来。典型细节是凸显艺术真实的重要手段。哈克奈斯的《城市姑娘》里的细节真实是很好的。这是由于她对伦敦东头工人阶级的生活比较熟悉，或许同时受到自然主义思潮的影响。恩格斯劝勉她，这是不够的，除典型细节外，还要真实地再现典型环境中的典型人物。

从真实性和典型性的关系看，真实性是典型性的基础，文艺作品具有了真实性，也意味着具有了一定程度的典型性。真实性和典型性是同一系列的概念。没有真实性，不会有典型性。典型性是真实性的升华，是高水平、高层级、高档次的真实性，是概括性强和涵盖面大的真实性。典型性广度上有拓展，深度上有开掘，动态上能揭示社会变革和历史发展的必然趋势。哈克奈斯的《城市姑娘》描写的所处环境里的人物是"够典型"的，但从整个无产阶级运动的大背景而言，又是"不够典型"的。这种典型不是"那样充分的"。哈克奈斯的《城市姑娘》中没有描写伦敦东头工人阶级的觉醒和斗争，没有表现工人群众的力量，没有表现蕴藏在这潭死水底下的潜流和水面上的微澜，也没有表现工人运动的蓬勃的生命力和远大的发展前途，因而《城市姑娘》的真实性和典型性是不充分的。从恩格斯对哈克奈斯的《城市姑娘》的"够典型"和"不典型"的辩证解析中，我们可以感受和体认到典型是具有相对性和多样性的，是具有提炼和概括的程度之分的，是具有消极和积极之分的，是具有主导和多元之分的，是具有局部和整体之分的。典型可以是正面的，也可以是负面的，可以是真善美的，也可以是假恶丑的。作家艺术家应当追求典型的最高境界，努力描写真善美，深刻表现人在社会关系中的本质和历史发展的必然趋势。

（三）典型环境和典型人物

典型环境和典型人物是两个相互联系的概念。典型环境是典型人物存在和活动的环境，典型人物是典型环境的产物。自然主义强调环境的重要作用，机械唯物主义主张环境的决定作用，辩证唯物主义充分肯定人对环境的能动作用。对典型环境和典型人物同样应当作相对的、多样的理解。恩格斯要求再现典型环境中的典型人物的真实，他对典型人物的要求是"每个人都是典型，但同时又是一定的单个人，正如老黑格尔所说的，是一个'这个'"[3]。"这个"是典型环境和典型人物的共性和个性的统一体。但作为无产阶级革命导师的马克思、恩格斯特别关注表现正面的、积极的、变革的典型环境中的典型人物，从宏观的大视野考察一个时代的社会环境。“历史的每一阶段都遇到一定的物质结果，一定的生产力总和，人对自然以及个人之间历史地形成的关系，都遇到前一代传给后一代的大量生产力、资金和环境，尽管一方面这些生产力、资金和环境为新的一代所改变，但另一方面，它们也预先规定新的一代本身的生活条件，使它得到一定的发展和具有特殊的性质。”[4]马克思和恩格斯把人的感性的实践活动理解为“生产物质生活本身”的“人类生存的第一个前提”和“历史的第一个前提”。[5]通过典型环境中的典型人物的实践活动改变旧环境、创造新环境是马克思主义典型理论的核心。马克思说：“哲学家们过去只是用不同的方式解释世界，而问题在于改变世界。”[6]诚然，解释世界也是重要的。不能正确地认识世界，便不能有效地改造世界。应当把唯物论、辩证法和实践论铸成一个有机的整体，把科学理性、认知理性和实践理性融通起来，在真知的基础上，发挥实践的功能和作用。马克思非常重视实践理性和实践理性所指导的人的感性的实践活动，因为“社会生活在本质上是实践的”。人只有在实践中才能证明自己思维的真理性，即自己思维的现实性和力量。马克思和恩格斯把他们的哲学称为“感性实践活动的唯物主义”，“对**实践的**唯物主义者即**共产主义者**来说，全部问题都在于使现存世界革命化，实际地反对并改变现存的事物”。[7]认知活动所获取的思想是十分重要的，但“思想根本不能实现什么东西”，要实现这些东西，只有依赖“实践”。“环境的改变和人的活动或自我改变的一致，只能被看做是并合理地理解为**变革的实践**。”[8]费尔巴哈只钟情“感性的直观”，他不理解“他周围的感性世界决不是某种开天辟地以来就直接存在的、始终如一的东西，而是工业和社会状况的产物，是历史的产物，是世世代代活动的结果”[9]。马克思和恩格斯在《德意志意识形态》中指出：“凡是有某种关系存在的地方，这种关系都是为我而存在的。”[10]人的实践把外部世界与人的关系变成“为我而存在的”关系，使对象从自在的存在变成自为的存在。环境正是由人来改变的，环境的改变和人的活动一致，只能被看作并合理地理解为革命的实践。人的全部发展取决于环境，“既然人的性格是由环境造成的，那就必须使环境成为合乎人性的环境”[11]。因此，应当通过实践的手段，改变旧环境，创造适合于人的生长和发展的新环境。变革旧环境，需要正确的先进的思想为指导，但必须诉诸实践，才能变成现实。马克思和恩格斯指出：“思想根本不能**实现什么东西**”，“为了实现思想”必须“要有使用实践力量的人”。[12]马克思和恩格斯把是否能改变旧环境、创造新环境视为区分“旧人”和“新人”的重要标准。只要“安于旧环境”，他们“依然是‘旧人’”，不管“他们本身是多么不愿再做‘旧人’以及他们是多么不愿人们再做‘旧人’。……只有改变了环境，他们才不再是‘旧人’”。[13]在马克思和恩格斯看来，只有靠有实践力量的新人和新人的实践力量才能改变旧环境和创造新环境。

马克思和恩格斯提出的通过塑造用实践理性武装起来的“有实践力量”的新人，去改变旧环境，创建新环境，实现人的现实的、实际的解放的思想具有首创意义。马克思和恩格斯揭示了人和环境相互关系的辩证法。他们指出：“人创造环境，同样环境也创造人。”人创造环境是通过实践来实现的。只有通过实践和有实践力量的人，创构新环境，才能把人们从旧环境中救赎出来，实现人们的最实际、最现实的解放。他们认为，解放是一种历史活动，共产主义是改变旧环境和创造新环境的现实运动。解放是由现实的历史状况、工业状况、就业状况、农业状况、交往状况促成的。“当人们还不能使自己的吃喝住穿在质和量方面得到充分保证的时候”，“根本不能获得解放”。[14]因此，塑造有实践力量的人，描写典型人物，如劳动者、建设者、创业者、先进人物、英雄人物和社会主义新人形象，对改变环境，实现人的现实的、实际的解放，具有特别重要的意义。有实践力量的典型人物和新人形象是先进的生产关系和生产力的代表，是先进的世界观、人生观和价值观的代表，是新思想和核心价值体系的载体。新人对历史发展具有重要作用。改变旧环境，创立新世界的典型人物和一代新人的身上所承载的怀疑精神、批判精神、创造精神、变革精神，实际上是推动历史发展和社会进步的发动机。他们是引领当代中国从几千年的小生产封建宗法制农耕社会向高度文明的现代化社会过渡和转型的火车头。一个新人形象可以代表一个时代。每个时代都有高举变革旗帜的标志性人物，如中国古代神话中的愚公，希腊神话中的普罗米修斯，启蒙运动时期歌德笔下的浮士德，俄国民主主义革命时期车尔尼雪夫斯基笔下的拉赫美托夫，等等。这些典型人物的怀疑精神、批判精神、创造精神、变革精神，揭示时代变迁和历史转折，是孕育和催生划时代史诗般的精品力作和培育伟大作家的精神动力。

三、作家的世界观和文艺创作的关系

恩格斯在给哈克奈斯的这封信中指出："巴尔扎克在政治上是一个正统派；他的伟大作品是对上流社会无可阻挡的衰落的一曲无尽的挽歌；他对注定要灭亡的那个阶级寄予了全部的同情。但是，尽管如此，当他让他所深切同情的那些贵族男女行动起来的时候，他的嘲笑空前尖刻，他的讽刺空前辛辣。而他经常毫不掩饰地赞赏的唯一的一批人，却正是他政治上的死对头，圣玛丽修道院的共和党英雄们，这些人在那时（1830—1836 年）的确是人民群众的代表。"可见，巴尔扎克的政治态度和他在作品中所表现出来的文学倾向是相矛盾的。巴尔扎克的作品所表现出来的文学倾向，违反了他的阶级同情和政治偏见。恩格斯把这样一种状况称为"现实主义的最伟大胜利之一"。恩格斯还指出，这是巴尔扎克的最重大的特点之一。一些明智的人也曾表达了巴尔扎克这个特点。雨果的《巴尔扎克葬词》中说，巴尔扎克以他的庞大的作品向世人显示了一个奇特的事实，"在他自己不知道的时候，加入了革命作家的强大的行列"。左拉这样写道："尽管他有保王党的政见和天主教的信仰，可是他把贵人和富翁描写得都在他那嬉笑怒骂的笔锋下送命。"

恩格斯深刻指出，巴尔扎克的作品之所以违反了他自己的阶级同情，是因为"他**看到了**他心爱的贵族们灭亡的必然性，把他们描写成不配有更好命运的人；他在当时唯一能找到未来的真正的人的地方**看到了**这样的人"。恩格斯强调巴尔扎克两次"看到了""不配有更好命运"这样的人，说明巴尔扎克是个清醒的智者，他对现实的阶级关系及其历史发展趋势具有深刻的理解，形成了他的世界观中的新因素。这种新因素必然会同他世界观中原有的阶级同情和政治偏见发生冲突。这种自己头脑中的理智与偏见的矛盾，实质上反映着作家世界观的矛盾。

巴尔扎克之所以取得"现实主义的最伟大胜利"不是偶然的。

第一，他对真理的追求和对历史发展规律的膺服。这个政治上的正统派，违反他的阶级同情和政治偏见，"看到了"新兴资产阶级取代贵族阶级的历史转型，描写了包括婚姻领域在内的政治经济变革。围绕着这幅中心图画，他汇集了法国社会的全部历史，他的伟大作品是对上流社会无可阻挡的衰落的一曲无尽的挽歌。深刻地、真诚地、忠实地反映现实，是作家艺术家的神圣职责。恰如巴尔扎克所说的，社会是历史家，作家只能是它的书记。[15] 深入生活，体验生活，研究生活，从中获得对生活的真正的认识：巴尔扎克出色地实现了他誓当法国社会历史"书记官"的志向。作家艺术家要真诚和正直，这是作家艺术家的"良心"。巴尔扎克颇为自豪地宣称：“艺术家有一种难以克服的自尊心，一种艺术感情，一种难以磨灭的人对事物的良心。你败坏不了，也永远收买不了这颗良心……即使面对断头台，也永远忠实于他们的天才。”[16]

第二，他对人民大众的利益和愿望的顺从。法国共和运动的领导人物那时的确是人民群众的代表，历史的发展和人的进步与解放是同步的、一致的。贵族阶级已经腐朽了。1830 年法国波旁王朝被推翻后建立起来的七月王朝，只代表一小撮金融贵族的利益。新兴资产阶级走向历史舞台宣扬代表全民普遍利益，还没有发展成自己阶级特殊利益的代表，客观上是代表人民大众的。巴尔扎克肯定和热爱共和运动，实际上是站在人民大众一边的。

第三，他对共和运动英雄的崇敬。巴尔扎克经常毫不掩饰地赞赏的人物，正是他政治上的死对头——圣玛丽修道院的共和党英雄们，他的长篇小说《失去的幻想》和中篇小说《卡金尼扬公爵夫人的秘密》中描绘了在圣玛丽修道院墙下阵亡的共和党人米歇尔·克雷田。巴尔扎克称他为“能够改变社会面貌的伟大的政治家”和“法兰西土地上诞生的最高贵的人物之一”。正是这些共和党的英雄形象摄取、震撼和征服了巴尔扎克的心灵。

总而言之，巴尔扎克取得的“现实主义的最伟大胜利”，是真理对偏见的胜利，是世界观中的先进因素对落后因素的胜利，是世界观中的符合真理的认识论对阻碍历史发展的政治观的胜利，是历史发展的规律和趋势对作家的错误信仰的胜利。

世界观和创作的矛盾是经常的、大量存在着的，是个带有普遍性的思想文化现象。即使伟大的作家的创作也概莫能外。马克思、恩格斯、列宁都对歌德、欧仁·苏、托尔斯泰的创作和世界观的矛盾进行过精当的分析。这种矛盾的表现形式各有特色。

巴尔扎克的创作和世界观的矛盾是背叛型的。他作为政治上的正统派，抛弃了他的阶级同情和政治偏见，为他心爱的贵族阶级唱挽歌。

歌德的世界观和创作的矛盾，早期和晚年是不同的。恩格斯指出：歌德“对当时的德国社会的态度是带有两重性的”。他在青年时代，作为狂飙运动的旗手，写出《浮士德》那样的作品，为新兴市民阶级鼓与呼；到了晚年，由于疲于斗争，隐身于魏玛公国，写出《化装游行》之类的东西，供贵族男女寻欢作乐。不同时期，他对德国社会的态度是很不一样的：或敌视，或讨厌，或反对，或亲近，或称赞。“在他心中经常进行着天才诗人和法兰克福市议员的谨慎的儿子、可敬的魏玛的枢密顾问之间的斗争。”[17]歌德的精神世界中，具有新兴市民和封建贵族多种因素。他的世界观中的矛盾不是偶然的，正如恩格斯所指出的：“歌德在德国文学中的出现是由这个历史结构安排好了的。”[18]

欧仁·苏的小说《巴黎的秘密》塑造了一个小说人物玛丽花。玛丽花本来是一个天真活泼、热爱生活、酷爱大自然的美丽少女。欧仁·苏运用德国的思辨哲学、基督教的伦理道德学说和空想社会主义的世界观对玛丽花进行改造和批判，使其变成失去灵性、终日以忏悔为使命的修女。当欧仁·苏世界观中的唯物主义因素占上风的时候，小说中又再现出玛丽花的天真可爱的形象。恩格斯和马克思在评欧仁·苏的小说《巴黎的秘密》时说：“到现在为止，我们所看到的都是玛丽花本来的、非批判的形象。在这里，欧仁·苏超出了他那狭隘的世界观的局限。他打击了资产阶级的偏见。”[19]

托尔斯泰是俄国伟大的现实主义作家。列宁在《列夫·托尔斯泰是俄国革命的镜子》一文中指出：“托尔斯泰的作品、观点、学说、学派中的矛盾的确是显著的。”[20]列宁批评了他的世界观中的消极面，认为他是一个发狂地信仰基督的地主，同时高度肯定和赞扬了他的世界观中的积极面。托尔斯泰“是一个天才的艺术家”，“他对社会上的撒谎和虚伪提出了非常有力的、直率的、真诚的抗议”，他“无情地批判了资本主义的剥削，揭露了政府的暴虐以及法庭和国家管理机关的滑稽剧”，他“是最清醒的现实主义，撕下了一切假面具”，他是一面农民在俄国“革命中的历史活动所处的矛盾条件的镜子”。[21]他不理解历史发展进程，厌恶资产阶级的贪婪，鄙视贵族阶级的腐朽和没落。他同情和热爱农民，他的世界观从贵族的世界观转变为农民的世界观，成为代表农民的思想家。

从上述马克思、恩格斯对几个著名作家的世界观和文艺创作的关系的论述中，可以看到世界观对文艺创作的重要性。一个作家的世界观对他们的创作和作品具有引领性的指导作用。世界观制约着他们的书写立场和文艺创作的性质和倾向。一般而言，从总体和全局的意义上说，作品的思想内容和价值取向是与世界观的指导方向相适应的。

然而，作家的创作和世界观的关系的表现形式不是雷同的，而是具有特殊性和多样性的。作家的书写立场随着世界观的变动而转换。巴尔扎克从贵族的改变为新兴资产阶级的；歌德从新兴资产阶级的退化为贵族的；托尔斯泰从贵族的转化为农民的；欧仁·苏固守他原来的书写立场，但有时也逸出他的僵硬固执的思想牢笼，“打击了资产阶级的偏见”。

作家的世界观和书写立场的特殊性和多样性中表现出普遍性和一致性。世界观和文艺创作的关系中往往出现一种合乎规律性的现象：当一个作家的创作活动中，世界观中的唯心主义因素占上风、起主导作用时，他的作品是不会具有真实性和典型性的；当一个作家的创作活动中，世界观中的唯物主义因素占上风、起主导作用时，他的作品一定会具有高度的真实性和典型性，肯定会不同程度地取得“现实主义的胜利”。

四、现实主义文学艺术的认识功能和历史使命

哲学的任务不在于说明和解释世界，而在于改造世界。然而不能正确地说明和解释世界，也不可能真正有效地达到改造世界的目的。正确地认识世界是真正有效地改造世界的前提。创造新的历史，必须了解旧的历史。恩格斯在给哈克奈斯的信中，充分地揭示了现实主义文艺的认识功能。他说，《人间喜剧》给我们提供了一部法国社会，特别是巴黎“上流社会”的卓越的现实主义历史。它用编年史的方式几乎逐年地把上升的资产阶级在1816—1848年这一时期对贵族社会日甚一日的冲击描写出来，这一贵族社会是在1815年以后又重整旗鼓的，并尽力恢复旧日法国生活方式的标准。《人间喜剧》勾勒了当时法国历史的中心图画。“围绕着这幅中心图画，他汇编了一部完整的法国社会的历史，我从这里，甚至在经济细节方面（诸如革命以后动产和不动产的重新分配）所学到的东西，也要比从当时所有职业的史学家、经济学家和统计学家那里学到的全部东西还要多。”《人间喜剧》所提供的这些关于社会环境和历史状况的资料，对进行社会历史变革是必需的和可贵的。在当时法国的历史社会境遇中，面临着争取工人阶级存在和发展的历史社会地位问题。恩格斯指出：“工人阶级对压迫他们的周围环境所进行的叛逆的反抗，他们为恢复自己做人的地位所作的令人震撼的努力，不管是半自觉的或是自觉的，都属于历史，因而也应当在现实主义领域内占有一席之地。”根据当时法国的历史条件，恩格斯恰当地、如实地提出工人阶级应当拥有相应的社会历史地位。恩格斯的要求，是为工人阶级争取社会权利和文艺权力的。恩格斯的这个思想是非常深刻和十分宝贵的。

恩格斯指出，当时革命现实主义的历史使命是通过对资本主义制度下现实关系的真实描

写，揭示这个制度走向衰落和必然灭亡的历史趋势，把工人阶级如实地描写成叛逆旧制度的能动因素，反映他们对旧制度的反抗和斗争，塑造能够充分表现他们阶级本质的典型形象，通过对现实关系的真实描写揭露资本主义制度所固有的、自身所无法克服的种种矛盾，从而“打破关于这些关系的流行的传统幻想，动摇资产阶级世界的乐观主义，不可避免地引起对于现存事物的永世长存的怀疑”。恩格斯要求革命现实主义文艺应当表现社会主义倾向，为实现变革社会环境和改变资本主义制度服务。这是革命现实主义文艺的历史使命。

19世纪80年代，出现了德国《西里西亚纺织工人之歌》、鲍狄埃的《国际歌》、敏娜·考茨基的《旧人和新人》和哈克奈斯的《城市姑娘》等作品，这些作品不同程度地表现了工人阶级的革命精神和变革现实、改变非人的社会环境的革命意识。恩格斯劝勉和疏导具有革命倾向的作家哈克奈斯向“比过去、现在和未来的一切左拉都要伟大得多的现实主义大师”巴尔扎克学习，勇于描写像共和党英雄米歇尔·克雷田那样的典型人物，即“法兰西土地上诞生的最高贵的人物之一”和“能够改变社会面貌的伟大的政治家”，为无产阶级变革资本主义的社会环境和政治制度，逐步实现人类的伟大理想而奋斗。

[注　释]

[1] 马克思，恩格斯．马克思恩格斯选集：第1卷．3版．北京：人民出版社，2012：78，79.
[2] 马克思，恩格斯．马克思恩格斯全集：第4卷．北京：人民出版社，1958：237.
[3] 马克思，恩格斯．马克思恩格斯选集：第4卷．3版．北京：人民出版社，2012：578.
[4] 同[1] 172.
[5] 马克思，恩格斯．马克思恩格斯全集：第3卷．北京：人民出版社，1960：31.
[6] 同[1] 4.
[7] 同[1] 155.
[8] 同[1] 134.
[9] 同[1] 155.
[10] 同[5] 34.
[11] 马克思，恩格斯．马克思恩格斯全集：第2卷．北京：人民出版社，1957：167.
[12] 同[11] 152.
[13] 同[5] 234.
[14] 同[1] 154.
[15] 王秋荣．巴尔扎克论文学．上海：新文艺出版社，1958：62.
[16] 同[15] 57.
[17] 同[2] 256.
[18] 同[2] 254.
[19] 同[11] 218.
[20] 列宁．列宁选集：第2卷．3版修订版．北京：人民出版社，2012：242.
[21] 同[20] 242-243.

第十二讲
致保尔·恩斯特*[1]

柏　　林

1890年6月5日于伦敦

恩格斯

尊敬的先生：

很遗憾，我不能满足您的请求而给您写一封您可以用来反对巴尔[2]先生的信。这会使我卷入同他的公开争论，而我根本没有这个时间。因此，我给您写的东西只供您个人参考。

况且我完全不了解您所谓的北方妇女运动[3]。我只看过易卜生[4]的几出戏剧，因此根本不知道，资产阶级和小市民中追名逐利的妇女们有点歇斯底里地彻夜读书，这是否要由易卜生负什么责任。

可是，人们习惯于叫做妇女问题的范围很广，在一封信里要把它讲透彻或者哪怕是讲得少许令人满意是不可能的。但是，有一点是毫无疑问的：马克思决不会“采取”巴尔先生强加于他的“观点”。他不可能得出如此荒谬的东西。

至于谈到您用唯物主义方法处理问题的尝试，那末，首先我必须说明：如果不把唯物主义方法当作研究历史的指南，而把它当作现成的公式，按照它来剪裁各种历史事实，那末它就会转变为自己的对立物。如果巴尔先生认为他抓住了您的这种错误，我看他是有一点道理的。

您把整个挪威和那里所发生的一切都归入小市民阶层的范畴，接着您又毫不迟疑地把您对**德国**小市民阶层的看法硬加在这一挪威小市民阶层身上。这样一来就有两个事实使您寸步难行。

第一、当对拿破仑的胜利在整个欧洲成了反动派对革命的胜利的时候[5]，当革命还仅仅在自己的法兰西祖国引起这样多的恐惧，使复辟的正统王朝不得不颁布一个资产阶级自由主义宪法[6]的时候，挪威已经找到机会争得一个比当时欧洲的任何一个宪法都要民主得多的宪法[7]。

* 马克思，恩格斯．马克思恩格斯全集：第37卷．北京：人民出版社，1971：409-412.

第二、挪威在最近二十年中所出现的文学繁荣[8]，在这一时期，除了俄国以外没有一个国家能与之媲美。这些人无论是不是小市民，他们创作的东西要比其他的人所创作的多得多，而且他们还给包括德国文学在内的其他各国的文学打上了他们的印记。

在我看来，这些事实使我们有必要把挪威小市民阶层的特性作一定程度的研究。

在这里，您也许会发现一个极其重大的区别。在德国，小市民阶层是遭到了失败的革命[9]的产物，是被打断了和延缓了的发展的产物；由于经历了三十年战争[10]和战后时期，德国的小市民阶层具有胆怯、狭隘、束手无策、毫无首创能力这样一些畸形发展的特殊性格，而正是在这个时候，几乎所有的其他大民族都在蓬勃发展。后来，当德国再次被卷入历史的运动的时候，德国的小市民阶层还保留着这种性格；这种性格十分顽强，在我国的工人阶级最后打破这种狭窄的框框以前，它都作为一种普遍的德国典型，也给德国的所有其他社会阶级或多或少地打上它的烙印。德国工人“没有祖国”[11]，这一点正是最强烈地表现在他们已经完全扔掉了德国小市民阶层的狭隘性。

可见，德国的小市民阶层并不是一个正常的历史阶段，而是一幅夸张到了极点的漫画，是一种退化，正如波兰的犹太人[12]是犹太人的漫画一样。英法等国的小资产者决不是和德国的小资产者处于同一水平的。

相反地，在挪威的小农和小资产阶级中间稍稍掺杂着一些中等资产阶级（大致和十七世纪时英法两国的情形一样），这在好几个世纪以来都是正常的社会状态。在挪威，谈不上由于遭到了失败的伟大运动和三十年战争而被迫退回到过时的状态中去。这个国家由于它的隔离状态和自然条件而落后，可是，它的状况是完全适合它的生产条件的，因而是正常的。只是直到最近，这个国家才零零散散地出现了一些大工业的萌芽，可是在那里并没有资本集聚的最强有力的杠杆——交易所[13]，此外，海外贸易的猛力扩展也正好产生了保守的影响。因为在其他各地汽船都在排挤帆船的时候，挪威却在大规模地扩大帆船航行，它所拥有的帆船队即使不是世界上最大的，无疑也是世界上第二个最大的，而这些船只大部分都为中小船主所有，就象1720年左右的英国那样。但是这样一来，多年来处于停滞状况的运动毕竟开始了，这种运动也表现在文学的繁荣上。

挪威的农民**从来都不是农奴**[14]，这使得全部发展（加斯梯里亚[15]的情形也是这样）具有一种完全不同的背景。挪威的小资产者是自由农民之子，在这种情况下，他们比起堕落的德国小市民来是**真正的人**。同时，挪威的小资产阶级妇女比起德国的小市民妇女来，也简直是相隔天壤。例如易卜生的戏剧不管有怎样的缺点，它们却反映了一个即使是中小资产阶级的但是比起德国的来却有天渊之别的世界；在这个世界里，人们还有自己的性格以及首创的和独立的精神，即使在外国人看来往往有些奇怪。因此，在我对这类东西作出判断以前，我是宁愿把它们彻底研究一番的。

现在再回到我们开头谈的，即巴尔先生的问题，我必须说，使我感到惊奇的是，在德国，人们彼此相处非常庄重。看来，俏皮和幽默现在比任何时候都更加受到严格禁止，而沉闷却成了公民的义务。否则，您无疑会稍微细致地考察一下巴尔先生的失掉一切“历史发展”特点的“妇女”[16]的。妇女的皮肤是历史的发展，因为它必定是白色或黑色、黄色、棕色或红色的，——因此，她不会有人类的皮肤。妇女的头发是历史的发展——是卷的或波纹的、弯的或直的；是黑色、红黄色或淡黄色的。因此，她也不可能有人类的头发。如果把她身上一切历史形成的东西同皮肤和头发一起统统去掉，“在我们面前呈现的原来的妇女”还剩下什么东西呢？

干脆地说，这就是雌的类人猿。那就让巴尔先生把这个“容易感触到和看清楚的”雌类人猿，连同其一切“自然本能”抱进自己的被窝里去吧。

［注　释］

［1］恩格斯的这封信写于1890年6月5日，是对恩斯特同年5月30日来信的答复。这里收录的是这封信的草稿。同年10月1日，恩格斯又写了《答保尔·恩斯特先生》一文，发表在1890年10月5日德国《柏林人民报》上，其中抄引了这封信的主要部分。

保尔·恩斯特（1866—1933），德国政论家、作家。从事文学活动初期属自然主义派，后成为唯美主义者和颓废主义新古典派的创始人。19世纪80年代末加入德国社会民主党，以大学生和青年作家为核心，组成党内的小资产阶级半无政府主义的反对派。恩斯特作为“青年派”的领导者和思想家，以极左的面目出现，煽动所谓“大学生骚动”，“通过党的刊物来指挥党”，企图迫使党推行机会主义路线。以恩斯特为代表的反对派极力歪曲和篡改马克思主义。恩格斯批评他们宣扬和鼓吹的是“被歪曲得面目全非的‘马克思主义’，其特点是：第一，显然不懂他们宣称自己在维护的那个世界观；第二，对于在每一特定时刻起决定作用的历史事实一无所知；第三，明显地表现出德国文学家所特具的无限优越感”（《马克思恩格斯全集》，第22卷，81页，北京，人民出版社，1965）。恩斯特于1891年被开除出党，后来宣扬“复归于神”的邪说，堕落成法西斯主义者。

［2］巴尔　海尔曼·巴尔（1863—1934），奥地利资产阶级政论家、作家。他在《妇女问题。马克思主义的模仿者》一文中批评了恩斯特，同时歪曲马克思主义关于人的学说，胡说马克思主义同自然主义、实证主义一样，都认为人不是社会生物，而是生物学上的生物，“人不过是一块肉”。巴尔在“批判”了自己杜撰出来的这种所谓的“马克思自己的主义”后，又进一步鼓吹，除了在环境和遗传影响下的妇女之外，还存在着“原来的妇女”——真正的妇女，即“第三妇女”。于是，他把妇女问题说成“性别问题”。

［3］北方妇女运动　指欧洲北部的妇女运动。北方指斯堪的纳维亚半岛上的挪威、瑞典等国。妇女运动指妇女在政治、经济、文化和社会方面争取和男子权利平等、争取解放而进行的斗争。

［4］易卜生　亨利克·易卜生（1828—1906），挪威著名剧作家。他的创作不仅是挪威批判现实主义文学的高峰，而且也是整个欧洲19世纪现实主义戏剧的一面旗帜。他出身于破产的商人家庭，当过药房学徒，工作繁重，收入低微，经常受到权贵们的白眼。1848年的欧洲革命浪潮，激发了易卜生的民族觉悟和政治热情。他从1849年开始创作活动。前期侧重浪漫主义历史剧，富有爱国主义精神。后来主要创作反映当时挪威资本主义社会矛盾的“社会问题剧”，不同程度上揭露和抨击了现实的黑暗、鄙俗和虚伪。妇女解放问题是他的剧作中的一个重要内容，其中《玩偶之家》是代表作。此外，他的作品还有《社会支柱》《人民公敌》《群魔》等。

［5］当对拿破仑的胜利在整个欧洲成了反动派对革命的胜利的时候　拿破仑即拿破仑·波拿巴（1769—1821），法国大革命期间，因镇压王党叛乱和对外战争有功，被大资产阶级重用。随后，发动军事政变，建立独裁统治。他代表大资产阶级的利益进行大规模的侵略战争。1815年被英俄联军击败。拿破仑的失败，导致了法国封建王朝的复辟和欧洲封建势力的联合。1815年9月，俄、普、奥三国成立了封建主义的反革命“神圣同盟”，控制了整个欧洲，取得了封建势力反动派对资产阶级革命的胜利。

［6］资产阶级自由主义宪法　复辟的波旁王朝面对经过资产阶级革命和拿破仑帝国时期实力空前壮大的资产阶级，不得不对之迁就、妥协。波旁王朝1814年颁布的宪法，实质上是资产阶级自由主义的宪法。

［7］挪威已经找到机会争得一个比当时欧洲的任何一个宪法都要民主得多的宪法　指挪威在1814年

5 月 17 日颁布的埃斯伏尔宪法。这一宪法吸收了欧美几个国家的宪法的长处，比较完备和具体，所以比当时欧洲的任何一个宪法都要民主得多。

[8] 挪威在最近二十年中所出现的文学繁荣　指 19 世纪七八十年代，在欧洲各国革命运动的影响和挪威民族解放运动的冲击下出现的文学繁荣。代表作家除易卜生外，还有小说家比昂松（1832—1910）、克兰德（1849—1906），诗人西弗勒（1857—1904）等。

[9] 遭到了失败的革命　指德国 16 世纪初的宗教改革和农民战争。

[10] 三十年战争　最初是德国新教（基督教）同盟与德国皇帝及旧教（天主教）同盟之间相互争夺权力的内战，后来演变成欧洲各国争夺权力的国际战争。从 1618 年战争爆发，直至 1648 年战争结束，历时 30 年之久。因德国是主要战场，受害甚烈，国内经济遭到严重破坏，分裂局面十分严重，使德国人产生了深刻的沮丧心理。恩格斯指出："当和平到来的时候，德意志已经无望地倒在地下，被踩得稀烂，撕成了碎片，流着鲜血。但是受苦最深的，又是农民。"（《马克思恩格斯全集》，第 19 卷，366 页，北京，人民出版社，1963）

[11] 德国工人"没有祖国"　《共产党宣言》中提出"工人没有祖国"这个口号，说明在资本主义条件下工人阶级国际联系、国际斗争的意义。这里指德国工人已经完全摆脱了德国小市民的狭隘性，具有较高的国际主义觉悟。

[12] 波兰的犹太人　波兰的犹太人是欧洲商业发展最低阶段的代表，是因受压制而被迫倒退的产物，是一个畸形发展的典型，他们以在商业活动中采取哄骗和欺诈手段为主要特征。

[13] 交易所　资本主义国家里大宗商品和证券的交易市场。

[14] 挪威的农民从来都不是农奴　挪威没有农奴制，农民从未当过农奴。特别是在玛格鲁斯·厄林桑政权被推翻后，教会和贵族的势力受到削弱和局限，农民争得了某些利益，赢得了一定程度上的人身自由。持续多年的反贵族和反教会的斗争，使农民的利益和愿望在第一部挪威宪法上得到了某些肯定。

[15] 加斯梯里亚　西班牙中部的一个州，11 世纪时成立王国。农民在 12 世纪摆脱了农奴地位，组成农村公社，获得人身自由。

[16] 巴尔先生的失掉一切"历史发展"特点的"妇女"　巴尔认为妇女问题首先是"性别问题"而不是社会问题。巴尔胡说在每一个妇女身上除了"环境的影响"（经济）和"祖先的遗传"（自然界）之外，还应当分析出"第三种性质"——纯粹的雌性。他认为具备这"第三种性质"的妇女才是真正的妇女。

讲 解

恩格斯致保尔·恩斯特的信，集中论述了唯物主义方法是研究历史的指南，揭露了恩斯特把唯物主义方法“当作现成的公式，按照它来剪裁各种历史事实”的卑劣行径，从而捍卫了马克思主义理论的纯洁性。恩格斯用历史唯物主义的观点和方法精辟地剖析了以易卜生为代表的挪威文学及其形成的社会历史根源，对正确理解和运用历史唯物主义的观点和方法研究文艺现象，具有普遍的指导意义。

1871年1月18日，德意志帝国成立，继续实行容克地主和资产阶级的联合专政。正如马克思所指出的，德意志帝国实质上是一个“以议会形式粉饰门面、混杂着封建残余、同时已经受到资产阶级影响、按官僚制度组成、以警察来保护的军事专制国家”[1]。19世纪七八十年代，德国实现了工业革命，成为近代化的工业国，开始从“自由”资本主义向帝国主义过渡。此时，国际工人运动的中心从法国转移到德国。德国无产阶级在马克思、恩格斯的直接指导下，积极发展自己的革命力量。特别是在反对非常法的斗争中，马克思主义得到进一步传播，工人运动更加蓬勃发展。社会民主党人灵活地运用合法斗争和非法斗争相结合的手段，团结并积聚革命力量，组织有效的斗争，给俾斯麦的高压政策以有力打击。俾斯麦看到“鞭子”政策镇压不了社会主义运动，改用“糖果”政策来收买工人，腐蚀、瓦解工人阶级的革命斗志。从1881年开始，政府颁布了一系列迷惑工人的“社会立法”：1883年的疾病保险法、1884年的意外灾难保险法、1889年的残废和老年保险法，1890年，又被迫取消了反社会党人非常法。德国社会民主党取得了合法地位。

随着工人阶级斗争环境的改变，随着容克资产阶级统治手法和政策、策略上的改变，机会主义思潮开始在德国社会民主党和工人运动内部滋生并泛滥开来。一方面出现了以福尔玛为代表的右倾机会主义，宣扬放弃党的全部纲领，废除暴力革命，主张通过议会提出改良主义的要求，鼓吹阶级合作，诱骗工人阶级与同意改良要求的政府改善关系，竭力想把德国社会民主党变成无产阶级和小资产阶级联合的政党，并和农村中的富农建立联盟。另一方面也出现了以“青年派”为代表的德国的无政府主义派别。“青年派”的主要成员是一些以党的理论家和领导者自居的狂妄的大学生和青年作家。他们在德国社会民主党内拉帮结伙，组成了一个小资产阶级无政府主义的机会主义集团。他们从无政府主义的立场出发，反对利用合法地位进行合法斗争，鼓吹和迷信无政府主义的冒险活动，主张离开党的有组织的领导，搞所谓“直接行动”，幻想通过国际性的总罢工，使生产资料归工会所有，以消灭资本主义，从而消灭任何形式的国家。恩格斯指出：这个小资产阶级无政府主义政治派别的理论和实践，对德国党和工人运动来说，是更危险得多的危险。恩格斯把这个集团的行为称为“大学生骚动”或“大学生先生们的合唱”，因为他们以同样的无能和狂妄拼命表演“厚颜无耻、胆小怯懦、自吹自擂、夸夸其谈这些特有的柏林习气”。[2]以恩斯特为代表的这个集团的“理论”特点是：“他们只是用历史唯物主义的套语（**一切**都可能被变成套语）来把自己的相当贫乏的历史知识（经济史还处在襁褓之中呢!)尽速构成体系”,而显然不懂得他们所维护的那个世界观,只不过是一种“被歪曲得面目全非的‘马克思主义’”;他们的“实践”方面的特点是“完全不顾党进行斗争的一切现实条件,而幻想置生死于不顾地‘拿下障碍物’”,“如果把这种幻想搬到现实中去,则可能把一个甚至最强大的、拥有数百万成员的党,在所有敌视它的人的完全合情合理的嘲笑中毁灭掉”。[3]由于恩格斯的带动和支持,德国社会民主党对这个有害的宗派集团进行了坚决的斗争,终于在1891年10月举行的爱尔福特代表大会上把“青年派”的一些主要头目清除出党。

恩格斯在1890年6月5日给保尔·恩斯特写信的起因是恩斯特和马果尔、巴尔关于文艺中妇女运动问题的论战。当时马果尔在德国印象派杂志《自由论坛》上发表了几篇以《斯堪的纳维亚文学中的妇女》为总题目的文章。文章用生物学的观点看待妇女问题,贬斥挪威作家易卜生、比昂松在作品中所表现的妇女解放运动的思想。恩斯特反对马果尔的论点,撰写《妇女问题和社会问题》一文与之争论。恩斯特指出妇女问题的社会性质,但贩卖一种庸俗唯物主义的历史观。作为《自由论坛》的编辑的奥地利资产阶级作家巴尔支持马果尔的观点,发表《妇女问题。马克思主义的模仿者》一文,认为妇女问题首先是“性别问题”,指责恩斯特是“马克思主义的模仿者”。对此,恩斯特写信给恩格斯,妄图利用恩格斯的崇高威望,压服论敌。恩格斯在回信中拒绝恩斯特同巴尔论战时利用他的信,并严肃地批判了恩斯特的反马克思主义观点。

一、正确评价以易卜生为代表的挪威文学

恩格斯示范地用历史唯物主义为指南,科学地分析和评价了以易卜生为代表的挪威文学,具体地揭露、批判了恩斯特怎样把唯物主义方法当作现成的公式,按照它来剪裁各种历史事实,从而转变为自己的对立物。

恩格斯指出,恩斯特在评价挪威文学及其产生的社会历史条件时,是这样剪裁历史事实的:他“把整个挪威和那里所发生的一切都归入小市民阶层的范畴”,接着“又毫不迟疑地”把他“对德国小市民阶层的看法硬加在这一挪威小市民阶层身上”。这样,他无法解释下列“两个事实”:一是为什么在1814年挪威能够制定出“一个比当时欧洲的任何一个宪法都要民主得多的宪法”;二是为什么从19世纪70年代以后,挪威会出现“除了俄国以外没有一个国家能与之媲美”的文学繁荣。

恩格斯指出,恩斯特“把整个挪威和那里所发生的一切都归入小市民阶层的范畴”之所以错误,是因为在挪威也和在“十七世纪时英法两国的情形一样”,是“小农和小资产阶级中间稍稍掺杂着一些中等资产阶级”;恩斯特把他“对德国小市民阶层的看法硬加在这一挪威小市民阶层身上”之所以错误,是因为他不懂得矛盾的特殊性,不了解德国和挪威这两个国家所固有的彼此不能代替的特点。紧接着,恩格斯运用历史唯物主义的基本观点,从经济、政治诸多因素的交互作用中,对德国和挪威这两个国家的不同的社会历史条件及由此形成的这两个国家的小市民的不同的阶级特性,进行了深刻精辟的分析。

恩格斯指出,德国小市民所处的社会历史条件“并不是一个正常的历史阶段,而是一幅夸张到了极点的漫画,是一种退化”,“而正是在这个时候,几乎所有的其他大民族都在蓬勃发展”。恩格斯不仅指出这种“退化”的不正常的历史阶段和社会条件对形成德国小市民的特殊

性格的作用，而且指出阶级斗争特别是它的最激化的表现形态——战争对形成德国小市民的特殊性格的影响。他阐明，“在德国，小市民阶层是遭到了失败的革命的产物，是被打断了和延缓了的发展的产物；由于经历了三十年战争和战后时期，德国的小市民阶层具有胆怯、狭隘、束手无策、毫无首创能力这样一些畸形发展的特殊性格”。

同德国小市民的这种“畸形发展的特殊性格”相比，挪威小市民却与之“相隔天壤”，他们“还有自己的性格以及首创的和独立的精神”。恩格斯认为，挪威小市民的这种首创的和独立的性格和精神同样是由于挪威特定的社会历史条件即经济、政治等情况决定的。

从政治条件看：挪威的政治局势比较稳定，没有像德国那样遭受革命失败后反动封建势力的压迫和后来“三十年战争”的摧残。

从经济条件看：挪威好几个世纪以来都是正常的社会状态。挪威的小农、小资产阶级和少许中产阶级是挪威经济的主体，历史上曾拥有即使不是世界上最大的，也是第二大的帆船队。这种独立的比较有实力的经济地位对形成独立的和具有首创精神的性格是有重要作用的。由于地处北欧边陲和本身自然条件的限制，挪威不仅农业经济落后，而且与欧洲大陆长期处于隔绝状态，很大程度上避免了欧洲大民族资本主义势力的侵蚀和冲击，保持有国家和人民的独立的地位和精神。即使是“挪威的小资产阶级妇女比起德国的小市民妇女来，也简直是相隔天壤”。

从历史传统方面看：“挪威的农民从来都不是农奴”，这使得全部发展具有一种完全不同的背景。“挪威的小资产者是自由农民之子，在这种情况下，他们比起堕落的德国小市民来是真正的人。”

恩格斯不仅对形成德、挪两国小市民性格的社会历史条件进行了历史唯物主义的分析，而且用辩证唯物论的反映论的观点明确指出，德、挪两国的小市民，包括小市民妇女的生活和性格必然反映到德国文学和挪威文学中。恩格斯说：“易卜生的戏剧不管有怎样的缺点，它们却反映了一个即使是中小资产阶级的但是比起德国的来却有天渊之别的世界；在这个世界里，人们还有自己的性格以及首创的和独立的精神，即使在外国人看来往往有些奇怪。”在恩格斯看来，正是挪威的特定的社会历史条件形成挪威小市民（包括妇女）的特定的性格，反映到挪威文学中，决定了易卜生作品的独特的内容、思想和风格。特别是易卜生的“社会问题剧”，曾以着重表现挪威小市民的独特的思想和性格，在欧洲和世界产生过很大的社会影响。

易卜生的代表性剧作《玩偶之家》和《人民公敌》都从不同侧面表现了挪威小市民和妇女的独立的富有反叛精神的性格。《人民公敌》塑造了一个小资产阶级个人反抗的英雄形象。剧中主人公斯多克芒医生，为了养病者的健康和人身安全，提出了改建有毒的温泉浴场的建议，触犯了受益者的权益，遭到资产者和官僚们的激烈反对，最终被宣布是“人民公敌”。但斯多克芒医生认为掌握真理可以使自己成为“最有力量的人”。他不屈不挠，敢于公开揭露不顾人民死活的剥削者的贪婪、残忍和伪善，单枪匹马地与他们周旋到底。《玩偶之家》中的女主人公娜拉也是一个具有强烈反叛精神的典型形象。她不安于做丈夫的“小鸟儿”“泥娃娃”，一个偶然的机会使她终于看清了她的丈夫——资产阶级代表人物海尔茂的伪善、自私和冷酷的真面目而觉醒，于是和海尔茂一刀两断，毅然离家出走。娜拉愤然向资本主义社会的法律、宗教、道德和婚姻提出大胆的挑战。剧本成功地表现了资本主义社会以娜拉为代表的民主主义的妇女解放思想和以海尔茂为代表的资产阶级男权中心思想之间的矛盾。不论是《人民公敌》，还是《玩偶之家》，都反映了挪威小市民和妇女的人格的独立尊严和反叛、抗争的精神。这和歌德在《少年维特之烦恼》等作品中所表现的德国小市民和妇女的那种怯懦、感伤、悲观的思想情绪和性格形成了比较鲜明的对照。

易卜生和歌德的思想性格也是不同的。易卜生富于一种人的精神的反叛。他说："我的朋友们认为我是个怪人；我的敌人们很愤愤，因为一个社会地位如此之低的人，竟然胆敢评判他们自己也不敢评判的事情。……总之，当时整个的世界为革命思想所激荡，我跟我由于命运和境遇的意志而生活在那里面的那个小社会处于公开的战争状态。"[4] 易卜生所具有的反叛精神正是歌德所缺少的。歌德的"心中经常进行着天才诗人和法兰克福市议员的谨慎的儿子、可敬的魏玛的枢密顾问之间的斗争；前者厌恶周围环境的鄙俗气，而后者却不得不对这种鄙俗气妥协，迁就。因此，歌德有时非常伟大，有时极为渺小；有时是叛逆的、爱嘲笑的、鄙视世界的天才，有时则是谨小慎微、事事知足、胸襟狭隘的庸人"[5]。易卜生和歌德的这些思想和性格必然带到他们的作品中去，而他们的这些思想和性格，说到底，仍然是挪威和德国的不同的社会历史条件的产物。

恩格斯曾指出："现代的那些写出优秀小说的俄国人和挪威人全是有倾向的作家。"[6] 这里所说的挪威人，首先是指易卜生。作为一个伟大的批判现实主义作家，易卜生剧作的进步的倾向性和历史的阶级的局限性都是十分明显的。如《玩偶之家》写娜拉深夜出走，屋外一团漆黑，前途无限渺茫。娜拉自己也说："我不知道我以后会怎样。"对此，普列汉诺夫曾在《亨利克·易卜生》一文中作过解释，认为这是由于挪威社会生活的停滞状态。丑陋的小资产阶级现实显示给她应该避免什么，但是不能够显示应该往哪里走。事实上，不从根本上触动资本主义社会的基础，不可能有真正的妇女解放。易卜生当时受到唯心主义哲学的影响，不能深刻认识社会发展的历史趋向，甚至给他的晚年作品涂抹上一层神秘的象征主义色彩。但易卜生的剧作，特别是他的"社会问题剧"，无情地暴露了旧世界的丑态，热情地抒发了对新天地的渴望，依然是我们一宗珍贵的文化遗产。

二、开展文学评论和文学研究要正确地理解和运用历史唯物主义的观点和方法

怎样对待历史唯物主义的观点和方法？是把它当作研究和解决问题的指南，还是把它当作僵死的教条？这涉及能不能发扬理论联系实际的学风，能不能端正文学评论和文学研究工作的思想路线的重大原则问题。

以易卜生问题的"专家"自居的恩斯特之所以不能对挪威文学及其社会阶级根源作出正确的评价，不仅因为他"对于在每一特定时刻起决定作用的历史事实一无所知"，而且因为他对历史唯物主义的观点和方法采取了教条主义的态度。恩格斯提到怎样正确理解和运用历史唯物主义的观点和方法这样的问题，批评了恩斯特用反马克思主义的方法对待马克思主义的错误倾向。他明确指出："如果不把唯物主义方法当作研究历史的指南，而把它当作现成的公式，按照它来剪裁各种历史事实，那末它就会转变为自己的对立物。"因为"原则不是研究的出发点，而是它的最终结果；这些原则不是被应用于自然界和人类历史，而是从它们中抽象出来的；不是自然界和人类去适应原则，而是原则只有在符合自然界和历史的情况下才是正确的"[7]。恩斯特不了解原则和历史事实之间的关系。他把历史唯物主义当作标签、套语、现成的公式和僵死的教条，按照它去剪裁挪威的历史事实，使之削足适履地合于这些原则，结果，必然使历史

唯物主义的原则和方法“转变为自己的对立物”，沦为唯心主义的先验论。恩斯特这样做，不仅歪曲了历史事实，而且篡改了马克思主义。

恩斯特用违反历史唯物主义的态度对待历史事实的错误主要表现在如下两个方面：

(1) 恩斯特把历史唯物主义歪曲为庸俗社会学和机械唯物主义的历史观。

他非但不理解历史唯物主义承认经济因素和政治等因素的交互作用，反而把经济因素从交互作用中抽出并孤立起来，夸大为决定历史发展的唯一动力。

恩格斯对恩斯特的谬论进行了严肃的批判。恩格斯指出，经济基础归根到底是历史发展的决定性因素，但上层建筑也会对历史的进程和经济本身的发展产生不可忽视的影响。他说：“如果政治权力在经济上是无能为力的，那么我们何必要为无产阶级的政治专政而斗争呢？”[8]

反之，在经济和政治、经济基础和上层建筑的交互作用中，如果把政治和上层建筑从这种交互作用中抽出并孤立出来，脱离经济基础的决定作用，而绝对化为历史发展的主要的或唯一的动力，同样是反马克思主义的。例如，当初林彪、“四人帮”正是通过把政治和上层建筑的反作用夸大为决定作用，大肆宣扬政治决定论、上层建筑决定论、唯意志论，给社会经济和党的事业造成了极大的危害。

(2) 恩斯特在运用历史唯物主义方法解决实际问题时，犯了教条主义的错误。

他不是从挪威文学及其社会历史条件的实际情况出发，以历史唯物主义为指南，从科学分析中得出正确的结论，而是把被他歪曲了的历史唯物主义的原则和方法，当作标签、套语、僵死的教条或现成的公式，用对德国小市民的看法代替对挪威小市民的具体分析。马克思主义认为，“在分析任何一个社会问题时……要把问题提到**一定的**历史范围之内……要估计到在同一历史时代这个国家不同于其他各国的具体特点”，“马克思的辩证法要求对每一特殊的历史情况进行具体的分析”。[9] 恩斯特从主观出发，用抽象的东西来偷换具体的东西，把挪威小市民和德国小市民等同起来，结果必然歪曲历史。

恩格斯对易卜生创作的社会历史条件的具体分析，为我们正确运用历史唯物主义分析文艺现象提供了范例。他运用历史唯物主义的观点和方法，对挪威的历史和现状，对挪威的经济因素和阶级状况进行具体的历史的全面的分析，深刻阐明了形成挪威小市民阶层特征的社会阶级根源，从而对易卜生创作和挪威文学作出了真正历史唯物主义的科学评价。

列宁曾指出：“用抽象的东西来偷换具体的东西，这是革命中一个最主要最危险的错误。”[10] 用抽象的概念代替具体分析，把马克思主义当作教条和公式去剪裁历史事实，这是一切机会主义，特别是“左”倾机会主义“最主要最危险的错误”。

我们一定要完整、准确地领会和掌握马克思主义的思想体系，发扬“理论联系实际”的学风，进一步端正文艺评论和文学研究工作的思想路线。

[注　释]

[1] 马克思，恩格斯．马克思恩格斯选集：第 3 卷．3 版．北京：人民出版社，2012：374.

[2] 马克思，恩格斯．马克思恩格斯选集：第 4 卷．3 版．北京：人民出版社，2012：603.

[3] 同 [2] 599，8，280.

[4] 普列汉诺夫．亨利克・易卜生//普列汉诺夫．论西欧文学．吕荧，译．北京，人民文学出版社，1957：30.

[5] 马克思，恩格斯．马克思恩格斯全集：第 4 卷．北京：人民出版社，1958：256.
[6] 同 [2] 579.
[7] 同 [1] 410.
[8] 同 [2] 613.
[9] 列宁．列宁选集：第 2 卷．3 版修订版．北京：人民出版社，2012：375，700.
[10] 列宁．列宁选集：第 3 卷．3 版修订版．北京：人民出版社，2012：92.

第十三讲
党的组织和党的出版物*[1]

（1905 年 11 月 13 日 [26 日]）

列宁

十月革命[2]以后在俄国造成的社会民主党[3]工作的新条件，使党的出版物问题提到日程上来了。非法报刊和合法报刊的区别[4]，这个农奴制专制俄国时代的可悲的遗迹[5]，正在开始消失。它还没有灭绝。还远远没有灭绝。我们首席大臣[6]的伪善的政府还在胡作非为[7]，以致《工人代表苏维埃消息报》[8]还在“非法地”出版，但是，政府愚蠢地企图“禁止”它所无法阻止的事情，除了给政府带来耻辱、带来道义上新的打击以外，是不会有什么结果的。

当存在着非法报刊和合法报刊的区别的时候，党的报刊和非党报刊的问题解决得非常简单而又非常虚假，很不正常。一切非法的报刊都是党的报刊，它们由各个组织出版，由那些同党的实际工作者团体有某种联系的团体主办。一切合法的报刊都是非党的报刊（因为党派属性是不准许有的），但又都“倾向”于这个或那个政党。畸形的联合、不正常的“同居”和虚假的掩饰是不可避免的[9]；有些人没有成熟到具有党的观点，实际上还不是党的人，他们认识肤浅或者思想畏缩，另一些人想表达党的观点，出于无奈而吞吞吐吐，这两种情况混杂在一起了。

伊索式的笔调[10]，写作上的屈从，奴隶的语言，思想上的农奴制[11]——这个该诅咒的时代！无产阶级结束了这种使俄国一切有生气的和新鲜的事物都感到窒息的丑恶现象。但是无产阶级暂时为俄国只争得了一半的自由[12]。

革命还没有完成。沙皇制度[13]**已经没有**力量战胜革命，而革命**也还没有**力量战胜沙皇制度。我们生活在这样的时候，到处都看得到公开的、诚实的、直率的、彻底的党性和秘密的、隐蔽的、“外交式的”、支吾搪塞的“合法性”之间的这种反常的结合。这种反常的结合也反映在我们的报纸上：不管古契柯夫[14]先生如何嘲讽社会民主党的专横，说它禁止刊印自由派资产

* 列宁．列宁选集：第 1 卷．3 版修订版．北京：人民出版社，2012：662－667.

阶级[15]的温和报纸，但事实终究是事实，俄国社会民主工党中央机关报《无产者报》[16]，仍然被摈斥在警察横行的**专制**俄国的大门之外。

不管怎样，已经完成了一半的革命，迫使我们大家立即着手新的工作安排。出版物现在有十分之九可以成为，甚至可以“合法地”成为党的出版物。出版物应当成为党的出版物。与资产阶级的习气相反，与资产阶级企业主的即商人的报刊相反，与资产阶级写作上的名位主义和个人主义、“老爷式的无政府主义”[17]和唯利是图相反，社会主义无产阶级应当提出**党的出版物**的原则，发展这个原则，并且尽可能以完备和完整的形式实现这个原则。

党的出版物的这个原则是什么呢？这不只是说，对于社会主义无产阶级，写作事业不能是个人或集团的赚钱工具，而且根本不能是与无产阶级总的事业无关的个人事业。无党性的写作者滚开！超人的写作者滚开！写作事业应当成为整个无产阶级事业的**一部分**，成为由整个工人阶级的整个觉悟的先锋队所开动的一部巨大的社会民主主义[18]机器的“齿轮和螺丝钉”。写作事业应当成为社会民主党有组织的、有计划的、统一的党的工作的一个组成部分。

德国俗语说：“任何比喻都是有缺陷的。”我把写作事业比作螺丝钉，把生气勃勃的运动比作机器也是有缺陷的。也许，甚至会有一些歇斯底里的知识分子对这种比喻大叫大嚷，说这样就把自由的思想斗争、批评的自由、创作的自由等等贬低了、僵化了、“官僚主义化了”。实质上，这种叫嚷只能是资产阶级知识分子个人主义的表现。无可争论，写作事业最不能作机械划一，强求一律，少数服从多数。无可争论，在这个事业中，绝对必须保证有个人创造性和个人爱好的广阔天地，有思想和幻想、形式和内容的广阔天地。这一切都是无可争论的，可是这一切只证明，无产阶级的党的事业中写作事业这一部分，不能同无产阶级的党的事业的其他部分刻板地等同起来。这一切决没有推翻那个在资产阶级和资产阶级民主派看来是格格不入的和奇怪的原理，即写作事业无论如何必须成为同其他部分紧密联系着的社会民主党工作的一部分。报纸应当成为各个党组织的机关报。写作者一定要参加到各个党组织中去[19]。出版社和发行所、书店和阅览室、图书馆和各种书报营业所，都应当成为党的机构，向党报告工作情况。有组织的社会主义无产阶级，应当注视这一切工作，监督这一切工作，把生气勃勃的无产阶级事业的生气勃勃的精神，带到这一切工作中去，无一例外，从而使“作家管写，读者管读”这个俄国古老的、半奥勃洛摩夫[20]式的、半商业性的原则完全没有立足之地。

自然，我们不是说，被亚洲式的书报检查制度[21]和欧洲的资产阶级所玷污了的写作事业的这种改造，一下子就能完成。我们决不是宣传某种划一的体制或者宣传用几个决定来完成任务。不，在这个领域里是最来不得公式主义的。问题在于使我们全党，使俄国整个觉悟的社会民主主义无产阶级，都认识到这个新任务，明确地提出这个新任务，到处着手完成这个新任务。摆脱了农奴制的书报检查制度的束缚以后，我们不愿意而且也不会去当写作上的资产阶级买卖关系[22]的俘虏。我们要创办自由的报刊而且我们一定会创办起来，所谓自由的报刊是指它不仅摆脱了警察的压迫，而且摆脱了资本，摆脱了名位主义，甚至也摆脱了资产阶级无政府主义的个人主义。

最后这一句话似乎是奇谈怪论或是对读者的嘲弄。怎么！也许某个热烈拥护自由的知识分子会叫喊起来。怎么！你们想使创作这样精致的个人事业服从于集体！你们想使工人们用多数票来解决科学、哲学、美学的问题！你们否认绝对个人的思想创作的绝对自由！

安静些，先生们！第一，这里说的是党的出版物和它应受党的监督。每个人都有自由写他所愿意写的一切，说他所愿意说的一切，不受任何限制。但是每个自由的团体（包括党在内），同样也有自由赶走利用党的招牌来鼓吹反党观点的人。言论和出版应当有充分的自由。但是结社也应当有充分的自由。为了言论自由，我应该给你完全的权利让你随心所欲地叫喊、扯谎和写作。但是，为了结社的自由，你必须给我权利同那些说这说那的人结成联盟或者分手。党是自愿的联盟，假如它不清洗那些宣传反党观点的党员，它就不可避免地会瓦解，首先在思想上瓦解，然后在物质上瓦解。确定党的观点和反党观点的界限的，是党纲，是党的策略决议和党章，最后是国际社会民主党[23]，各国的无产阶级自愿联盟的全部经验，无产阶级经常把某些不十分彻底的、不完全是纯粹马克思主义的、不十分正确的分子或流派吸收到自己党内来，但也经常地定期“清洗”自己的党。拥护资产阶级“批评自由”的先生们，**在**我们党**内**，也要这样做，因为现在我们的党立即会成为群众性的党，现在我们处在急剧向公开组织转变的时刻，现在必然有许多不彻底的人（从马克思主义观点看来），也许甚至有某些基督教徒，也许甚至有某些神秘主义者[24]会参加我们的党。我们有结实的胃，我们是坚如磐石的马克思主义者。我们将消化这些不彻底的人。党内的思想自由和批评自由永远不会使我们忘记人们有结合成叫做党的自由团体的自由。

第二，资产阶级个人主义者先生们，我们应当告诉你们，你们那些关于绝对自由的言论不过是一种伪善而已。在以金钱势力为基础的社会中，在广大劳动者一贫如洗而一小撮富人过着寄生生活的社会中，不可能有实际的和真正的“自由”。作家先生，你能离开你的资产阶级出版家而自由吗？你能离开那些要求你作诲淫的小说和图画、用卖淫来“补充”“神圣”舞台艺术的资产阶级公众而自由吗？要知道这种绝对自由是资产阶级的或者说是无政府主义的空话[25]（因为无政府主义作为世界观是改头换面的资产阶级思想）。生活在社会中却要离开社会而自由，这是不可能的。资产阶级的作家、画家和女演员的自由，不过是他们依赖钱袋、依赖收买和依赖豢养的一种假面具（或一种伪装）罢了。

我们社会主义者揭露这种伪善行为，摘掉这种假招牌，不是为了要有非阶级的文学和艺术（这只有在社会主义的没有阶级的社会中才有可能），而是为了要用真正自由的、**公开**同无产阶级相联系的写作，去对抗伪装自由的、事实上同资产阶级相联系的写作。

这将是自由的写作，因为把一批又一批新生力量吸引到写作队伍中来的，不是私利贪欲，也不是名誉地位，而是社会主义思想和对劳动人民的同情。这将是自由的写作，因为它不是为饱食终日的贵妇人服务，不是为百无聊赖、胖得发愁的“一万个上层分子”服务，而是为千千万万劳动人民，为这些国家的精华、国家的力量、国家的未来服务。这将是自由的写作，它要用社会主义无产阶级的经验和生气勃勃的工作去丰富人类革命思想的最新成就，它要使过去的经验（从原始空想的社会主义发展而成的科学社会主义[26]）和现在的经验（工人同志们当前的斗争）之间经常发生相互作用。

动手干吧，同志们！我们面前摆着一个困难的然而是伟大的和容易收到成效的新任务：组织同社会民主主义工人运动紧密而不可分割地联系着的、广大的、多方面的、多种多样的写作事业。全部社会民主主义出版物都应当成为党的出版物。一切报纸、杂志、出版社等等都应当立即着手改组工作，以便造成这样的局面，使它们都能以这种或那种方式完全参加到这些或那些党组织中去。只有这样，“社会民主主义的”出版物才会名副其实。只有这样，它才能尽到自己的职责。只有这样，它即使在资产阶级社会范围内也能摆脱资产阶级的奴役，同真正先进的、彻底革命的阶级的运动汇合起来。

[注　释]

[1] 本文原载于1905年11月13日《新生活报》第12号。俄文“Литература”一词来源于拉丁文“Iitteratura”一词，为许多西方语言所通用。这是一个多义词，主要含义有：(1) 泛指一切形成文字的东西，即书面著作；(2) 专指一切形式的文学作品，即现代汉语中所说的“文学”，为了同其他著作相区别，在俄语中有时也加限制性的定语，写成“Художественная Литература”（艺术性著作，又译艺术文学）；(3) 某一方面、某一知识领域的出版物的总称。这个词在现代汉语中找不到现成的、意思完全对应的词，在翻译时只能根据它在不同语言环境中的不同含义，分别译作“文献”“著作”“文学”“出版物”“书刊”“读物”等等。“Партийная литература”，从形式来说，这是指党出的报纸、杂志、小册子和传单；从性质来说，是指在政治上、思想上、组织上接受党的领导和监督，同党的观点保持一致，即遵守党的纲领和章程，贯彻党的策略路线的出版物。“Партийная литература”过去译作“党的文学”。“文学”一词在古汉语中固然可以作为哲学、历史、文学等书面著作的通称，但在现代汉语中已有固定的含义，专指语言艺术，因此译作“党的文学”显然是不恰当的。中共中央编译局列宁斯大林著作编译室改译为“党的出版物”是合适的。

[2] 十月革命　这里指1905年10月的全俄政治罢工。这次罢工是1905年到1907年第一次俄国革命中最重要的事件之一。

[3] 社会民主党　这里指俄国社会民主工党。

[4] 非法报刊和合法报刊的区别　1905年以前，俄国进步的革命的报刊，大多处于秘密出版的地下状态。

[5] 这个农奴制专制俄国时代的可悲的遗迹　俄国的农奴制是以封建土地所有制和农民对地主的依附关系为基础的剥削制度。农民被束缚在封建主的土地上，没有人身自由。

[6] 首席大臣　又译作“内阁总理”。这里指谢尔盖·尤里耶维奇·维特（1849—1915）。1892年2月到8月任沙皇政府的交通部部长，1903年任财政部部长，1905年10月就任沙皇政府的首席大臣，1906年4月免职。他是军事封建帝国主义的沙皇俄国利益的维护者。

[7] 伪善的政府还在胡作非为　指沙皇政府1905年10月17日以后胡作非为的情况。

[8]《工人代表苏维埃消息报》　彼得堡工人代表苏维埃的正式机关报。

[9] 畸形的联合、不正常的“同居”和虚假的掩饰是不可避免的　1905年革命以前，当革命的报刊处于非法情况下，一部分进步的或党的写作者，为了公开宣传马克思主义，与一些宣传革命思想很不彻底的杂志进行合作。

[10] 伊索式的笔调　伊索，公元前约6世纪古希腊的寓言作家，奴隶出身。他善于用寓言故事巧妙地讽刺奴隶主贵族。

[11] 思想上的农奴制　即沙皇统治下的封建地主阶级的文化专制主义。

[12] 无产阶级暂时为俄国只争得了一半的自由　本文中还提到“已经完成了一半的革命”，都是指当时无产阶级只争取到言论、集会、出版等的一部分自由。

[13] 沙皇制度　沙皇的“沙”字，是由拉丁文“凯撒”（古罗马皇帝的头衔）一字转化而来。

[14] 古契柯夫　亚历山大·伊万诺维奇·古契柯夫（1862—1936），俄国大资本家、金融界巨头。

[15] 自由派资产阶级　又称自由主义资产阶级，是一个代表资产阶级和一部分资产阶级化的地主的政治派别。他们的政治立场是维护沙皇统治，反对无产阶级革命，主张君主立宪。

[16]《无产者报》　布尔什维克的秘密周报，是根据俄国社会民主工党第三次代表大会的决议创办的党的中央机关报。1905年5月10日举行的党中央委员会全会决定由列宁担任该报的责任编辑。

[17]“老爷式的无政府主义” 当时俄国社会民主工党内的孟什维克，极力反对党的组织章程和民主集中制原则，主张不要无产阶级的组织和纪律，鼓吹“无党性”“绝对自由”等反动思想，鼓吹无政府主义和自由散漫。

[18] 社会民主主义 即社会主义和民主主义的简称。

[19] 写作者一定要参加到各个党组织中去 “Литератор”有文学家、著作家、写作者等含义。这里以译“写作者”为宜。

[20] 奥勃洛摩夫 俄国作家伊·亚·冈察洛夫的长篇小说《奥勃洛摩夫》的主人公，他是一个怠惰成性、害怕变动、终日耽于幻想、对生活抱消极态度的地主。——原书注

[21] 亚洲式的书报检查制度 即下文说的“农奴制的书报检查制度”，均指沙皇统治下专横严酷的审查书报的反动条例和做法。

[22] 写作上的资产阶级买卖关系 指资本主义条件下出版商同写作者的关系是一种买卖关系。

[23] 国际社会民主党 即第二国际（1889—1914），1889 年 7 月 14 日在巴黎国际社会主义者代表大会上成立，是无产阶级社会主义政党的国际组织。第二国际初期在恩格斯的指导和影响下，基本上执行了马克思主义路线。

[24] 神秘主义者 指具有宗教唯心主义世界观的人。

[25] 绝对自由是资产阶级的或者说是无政府主义的空话 资产阶级总是竭力吹嘘自己是艺术“自由”的保护者。

[26] 从原始空想的社会主义发展而成的科学社会主义 原始空想的社会主义，即空想社会主义。

讲　解

列宁的《党的组织和党的出版物》论述了党的宣传工作所必须遵循的基本原则，明确指出党的宣传机构和党所领导的文学艺术创作是党的事业的组成部分。列宁首次提出党的出版物所必须遵循的基本原则，是新历史条件下对马克思主义新闻宣传事业和文艺理论的新发展，具有重要的指导意义。

《党的组织和党的出版物》一文最初发表在布尔什维克的合法报纸《新生活报》第 12 号（1905 年 11 月 13 日）上。20 世纪初，俄国处于资产阶级民主革命的高潮时期。工农革命斗争的暴风骤雨，正像高尔基的《海燕》中所描写的那样："快要爆发了！"为了配合和推进新的革命形势的发展，不仅需要和孟什维克进行政治哲学方面的斗争，而且需要建立党的宣传出版机构，以便同真正先进的、彻底革命的阶级的运动汇合起来。

一、党的出版物所必须遵循的基本原则

列宁在《党的组织和党的出版物》中确立了党的出版物所必须遵循的基本原则：对无产阶级来说，写作事业不是与无产阶级总的事业无关的个人事业，而是党的事业。列宁说："对于社会主义无产阶级，写作事业不能是个人或集团的赚钱工具，而且根本不能是与无产阶级总的事业无关的个人事业。"列宁从党的事业的高度，特别要求党员作家和作者应当和党的利益和观点保持一致，强调党员作家和作者所必须遵守的党性问题，党性是无产阶级革命性的集中表现。"无党性"和"非党性"是"全民性"的欺骗性和虚假性的表现。资产阶级为了维护本阶级的利益和掩饰政治目的，竭力把自己装扮成"全民发生器"代表，宣扬超阶级、超党派的"无党性"思想。无产阶级政党领导的资产阶级民主革命，只不过是为了实现党的最低纲领，可以为资本主义的发展扫清道路，但最终目的是要推翻资产阶级，为实现社会主义革命创造条件。无产阶级必须在资产阶级民主革命中保持自己的独立性，坚持鲜明的党性，批判"无党性"，抵制无政府主义和个人主义思想的侵蚀。列宁尖锐地指出：非党性是资产阶级思想，党性是社会主义思想。他号召觉悟的无产阶级的政党——社会民主党，应该随时同非党性作斗争，坚持不懈地为建立一个原则坚定的、紧密团结的社会主义工人政党而努力。

二、写作事业的政治方向的一致性和写作事业的多样性

党的"写作事业应当成为整个无产阶级事业的**一部分**，成为由整个工人阶级的整个觉悟的

先锋队所开动的一部巨大的社会民主主义机器的'齿轮和螺丝钉'。写作事业应当成为社会民主党有组织的、有计划的、统一的党的工作的一个组成部分"。这是党的出版物所应遵循的基本原则的重要内容，体现整个写作事业的政治方向的一致性。这里主要解决的是党的写作事业和宣传机构在党的整个事业中的地位和作用问题。

党的宣传机构应当成为党的事业的组成部分，接受党的领导，宣传党的观点、政策和政治主张。这是必须坚持的鲜明的政治方向上的一致性。既然党的写作事业是整部革命机器中的齿轮和螺丝钉，那么应把它和党的整个事业的关系摆在适当的位置上，正确处理党的写作事业和无产阶级总的事业的关系。既要反对使党的写作事业脱离党的总的事业的倾向，也要发挥党的写作事业对党的整体革命事业的促进作用。列宁说："德国俗语说：'任何比喻都是有缺陷的。'我把写作事业比作螺丝钉，把生气勃勃的运动比作机器也是有缺陷的。"我们切不可把列宁所谈的党的写作事业和党的总事业的关系，视为一种消极的被动的、机械死板的从属关系。列宁是从整个无产阶级革命运动总的战略和策略的角度来要求党的写作事业的。党的文艺创作事业也是党的写作事业的一部分，列宁关于党的写作事业应当成为党的总事业一部分的思想，同样适合于文艺创作。

党的写作事业的政治方向的一致性应当和写作事业的多样性结合起来，既要强调普遍性，又要关注特殊性。列宁指出："无产阶级的党的事业中写作事业这一部分，不能同无产阶级的党的事业的其他部分刻板地等同起来"，"无可争论，写作事业最不能作机械划一，强求一律，少数服从多数。无可争论，在这个事业中，绝对必须保证有个人创造性和个人爱好的广阔天地，有思想和幻想、形式和内容的广阔天地"。列宁论述了党的宣传工作和写作事业不同于党的其他事业的特点。列宁这里所说的"绝对必须保证有个人创造性和个人爱好的广阔天地，有思想和幻想、形式和内容的广阔天地"，涉及保证创作个性的充分发挥。党性通过创作个性体现出来。要正确理解和处理好党性和创作个性的相互关系：党性是共性，党性寓于个性之中，通过个性表现出来。党的写作事业，必须尊重写作的特点。党领导写作事业，必须认识和把握写作规律。党对写作事业的领导，不能靠行政命令。列宁说："我们决不是宣传某种划一的体制或者宣传用几个决定来完成任务。不，在这个领域里是最来不得公式主义的。"不懂得写作事业的规律和特点，企图用一套"命令主义"和"公式主义"来领导写作事业，结果必然束缚写作事业的发展。为了"组织同社会民主主义工人运动紧密而不可分割地联系着的、广大的、多方面的、多种多样的写作事业"，党在领导写作事业时，必须重视写作事业的特点。否认写作事业的特点和不恰当地夸大这种特点、企图摆脱党对写作事业的领导，都是错误的。

写作是个体的自由劳动。这种自由是有条件的、有界限的、有规范的、相对的，从整体和全局上，是为确定的革命事业服务的。在夺取政权的历史境遇中，需要服务于革命胜利、人民解放的总目标。那种阻碍和破坏革命的自由是有害的。为了维护革命事业的正常发展，列宁在《党的组织和党的出版物》一文中，对资产阶级鼓吹的"创作绝对自由"论，进行了尖锐的批判。

"创作绝对自由"论者主张"结社自由"，认为党的领导会造成个人事业服从于集体，伤害个人的思想创作的绝对自由。列宁批驳说："这里说的是党的出版物和它应受党的监督。"列宁指出，每个人都有自由写他所愿意写的一切，说他所愿意说的一切，不受任何限制。但是每个自由的团体，同样也有自由反对那些利用党的招牌来鼓吹反党观点的人。结社也应当有充分的自由。党内是有思想自由和批评自由的，但是身为党员却鼓吹反党观点，这是党所不能允许的。列宁揭露了资产阶级自由的虚假性和反动性。他认为，世界上只有具体的自由，没有抽象的“绝对自由”。所谓“绝对自由”的言论不过是资产阶级和无政府主义的一种伪善的空话而已。

只有服从党的领导，自觉地站在人民大众和无产阶级的立场上从事写作，才能具有真正的自由。文艺创作也是如此。关键在于优化党的领导。掌握并尊重文艺的特殊规律是党有效地实现对文艺事业的正确领导的关键。我们要遵循列宁的党的出版物的基本原则，充分注重写作事业包括文艺事业的特殊性，加强和改善党的领导，防止和克服横加干涉，废除行政方式，以利于文艺的繁荣和发展。

三、写作事业的党性和人民性的一致性

列宁说，真正的写作事业，“不是为饱食终日的贵妇人服务，不是为百无聊赖、胖得发愁的‘一万个上层分子’服务，而是为千千万万劳动人民，为这些国家的精华、国家的力量、国家的未来服务”。提出自由的写作为千千万万劳动人民服务的思想，是列宁对马克思主义文艺理论的重大发展。列宁的这个思想，被毛泽东进行了创造性系统发挥。《在延安文艺座谈会上的讲话》指出：“为什么人的问题，是一个根本的问题，原则的问题。”[1] 写作是“为千千万万劳动人民”服务，还是为少数剥削阶级的“上等人”服务，这是“真正自由写作”同“伪装自由的、事实上同资产阶级相联系的写作”的根本区别。

写作为千千万万劳动人民服务，是由党的性质决定的。劳动人民是党的群众基础，是历史的主人，是一切物质财富和精神财富的创造者，是推动人类历史前进的基本动力。无产阶级政党所进行的伟大事业，是为千千万万劳动人民的彻底解放。“真正自由的、**公开**同无产阶级相联系的写作”，同样也必须为千千万万劳动人民服务。这种“自由的写作”“要用社会主义无产阶级的经验和生气勃勃的工作去丰富人类革命思想的最新成就”，要用科学社会主义的思想和实践来教育和鼓舞劳动群众。

因为文艺创作也是写作，这里列宁又直接谈到文艺创作，所以“自由的写作”“为千千万万劳动人民”服务也包括自由的文艺创作要为千千万万劳动人民服务的思想。十月革命胜利后，列宁对这一思想又作了进一步发挥。他对德国女革命家蔡特金的谈话中说：艺术是属于人民的。它必须在广大劳动群众的底层有其最深厚的根基。毛泽东在《在延安文艺座谈会上的讲话》中提出文艺是要为最广大的人民群众，首先是为工农兵服务，为工农兵创作和为工农兵所利用的。

列宁强调党性，更注重人民性。他辩证地理解和处理了党性和人民性的相互关系。这种党性是人民性的党性。这种人民性是党性的人民性。可以这么说，人民的革命运动必须置于党的领导之下，党必须接受群众的监督。脱离群众的党性和脱离党性的人民性都是不可取的。我们应当努力把党性和人民性有机地结合起来，反对非党性和非人民性两种错误倾向，开展同或用党性排斥人民性，或用人民性拒绝党性的两条战线的斗争。达到党性和人民性高度统一的境界，是一个政党走向成熟的标志，是实现民主集中制的完美体现，是实现党领导下的人民当家做主的根本保证。

列宁关于党的出版物所必须遵循的基本原则、关于写作事业的政治方向的一致性和写作事

业的多样性、关于写作事业的党性和人民性的一致性的思想是根据当时俄国的历史条件提出来的。真理是具体的，不同时空中真理的存在方式是有差异的。当代中国处于和平发展新时期，我们应当根据自己的需要，吸取《党的组织和党的出版物》中合理的思想，不要生搬套用。但是，对于党员作家，对于革命的写作者，对于那些决心为共产主义事业奋斗的文艺家来说，列宁提出的党性原则，不是把写作视为一种纯粹的个人事业，而是党的事业的一部分等理论，至今具有指导意义。

[注　释]

[1] 毛泽东．毛泽东选集：第3卷．2版．北京：人民出版社，1991：857.

第十四讲
列夫·托尔斯泰是俄国革命的镜子*[1]

（1908年9月11日［24日］）

列宁

把这位伟大艺术家的名字同他显然不理解、显然避开的革命[2]联系在一起，初看起来，会觉得奇怪和勉强。分明不能正确反映现象的东西，怎么能叫做镜子呢？然而我国的革命是一个非常复杂的现象；在直接进行革命、参加革命的群众当中，各社会阶层的许多人也显然不理解正在发生的事情，也避开了事变进程向他们提出的真正具有历史意义的任务。如果我们看到的是一位真正伟大的艺术家，那么他在自己的作品中至少会反映出革命的某些本质的方面。

俄国的合法报刊登满了祝贺托尔斯泰80寿辰的文章、书信和简讯，可是很少注意从俄国革命的性质、革命的动力[3]这个角度去分析他的作品。所有这些报刊都充满了伪善，简直令人作呕。有官方的和自由派的两种伪善。[4]前一种是卖身投靠的无耻文人露骨的伪善，他们昨天还奉命攻击列·托尔斯泰，今天却奉命在托尔斯泰身上寻找爱国主义，力求在欧洲面前遵守礼节。这班无耻文人写了文章有赏钱，这是人人都知道的；他们欺骗不了任何人。自由派的伪善则巧妙得多，因而也有害得多、危险得多。请听《言语报》[5]的那些立宪民主党的巴拉莱金[6]之流吧。他们对托尔斯泰的同情是最充分和最热烈的了。其实，有关这位“伟大的寻神派”[7]的那种装腔作势的言论和冠冕堂皇的空谈不过是十足的虚伪，因为俄国的自由派既不相信托尔斯泰的上帝，也不赞成托尔斯泰对现行制度的批判。他们攀附这个极有声望的名字，是为了增加自己的政治资本，是为了扮演全国反对派领袖的角色。[8]他们极力用吵吵嚷嚷的空谈来**淹没**人们要求对下列问题作直截了当答复的呼声：“托尔斯泰主义”[9]的显著矛盾是由什么造成的，这些矛盾表现了我国革命中的哪些缺陷和弱点？

---

* 列宁．列宁选集：第2卷．3版修订版．北京：人民出版社，2012：241－246.

托尔斯泰的作品、观点、学说、学派中的矛盾的确是显著的。一方面，是一个天才的艺术家，不仅创作了无与伦比的俄国生活的图画，而且创作了世界文学中第一流的作品；另一方面，是一个发狂地信仰基督的地主。一方面，他对社会上的撒谎和虚伪提出了非常有力的、直率的、真诚的抗议；另一方面，是一个“托尔斯泰主义者”，即一个颓唐的、歇斯底里的可怜虫，所谓俄国的知识分子，这种人当众拍着胸脯说：“我卑鄙，我下流，可是我在进行道德上的自我修身；我再也不吃肉了，我现在只吃米粉饼子。”[10]一方面，无情地批判了资本主义的剥削，揭露了政府的暴虐以及法庭和国家管理机关的滑稽剧，暴露了财富的增加和文明的成就同工人群众的穷困、野蛮和痛苦的加剧之间极其深刻的矛盾；另一方面，疯狂地鼓吹“不”用暴力“抵抗邪恶”[11]。一方面，是最清醒的现实主义，撕下了一切假面具；另一方面，鼓吹世界上最卑鄙龌龊的东西之一，即宗教，力求让有道德信念的神父代替有官职的神父，这就是说，培养一种最精巧的因而是特别恶劣的僧侣主义。[12]真可以说：

你又贫穷，你又富饶，
你又强大，你又衰弱，
——俄罗斯母亲！[13]

托尔斯泰处在这样的矛盾中，绝对不能理解工人运动和工人运动在争取社会主义的斗争中所起的作用，而且也绝对不能理解俄国的革命，这是不言而喻的。但是托尔斯泰的观点和学说中的矛盾并不是偶然的，而是19世纪最后30多年俄国实际生活所处的矛盾条件的表现。昨天刚从农奴制度下解放出来[14]的宗法式的农村，简直在遭受资本和国库的洗劫[15]。农民经济和农民生活的旧基础，那些确实保持了许多世纪的旧基础，正在异常迅速地遭到破坏。对托尔斯泰观点中的矛盾，不应该从现代工人运动和现代社会主义的角度去评价（这样评价当然是必要的，然而是不够的），而应该从那种对正在兴起的资本主义的抗议，对群众破产和丧失土地的抗议（俄国有宗法式的农村，就一定会有这种抗议）的角度去评价。作为一个发明救世新术的先知，托尔斯泰是可笑的，所以国内外的那些偏偏想把他学说中最弱的一面变成一种教义的“托尔斯泰主义者”是十分可怜的。作为俄国千百万农民在俄国资产阶级革命快要到来的时候的思想和情绪的表现者，托尔斯泰是伟大的。托尔斯泰富于独创性，因为他的全部观点，总的说来，恰恰表现了我国革命是**农民**资产阶级革命[16]的特点。从这个角度来看，托尔斯泰观点中的矛盾，的确是一面反映农民在我国革命中的历史活动所处的矛盾条件的镜子。一方面，几百年来农奴制的压迫和改革以后几十年来的加速破产，积下了无数的仇恨、愤怒和生死搏斗的决心。要求彻底铲除官办的教会[17]，打倒地主和地主政府，消灭一切旧的土地占有形式和占有制度，清扫土地，建立一种自由平等的小农的社会生活[18]来代替警察式的阶级国家，——这种愿望像一根红线贯穿着农民在我国革命中的每一个历史步骤，而且毫无疑问，托尔斯泰作品的思想内容，与其说符合于抽象的“基督教无政府主义”[19]（这有时被人们看做是他的观点“体系”），不如说更符合于农民的这种愿望。

另一方面，追求新的社会生活方式的农民，是用很不自觉的、宗法式的、宗教狂的态度来看待下列问题的：这种社会生活应当是什么样子，要进行什么样的斗争才能给自己争得自由，在这个斗争中他们能有什么样的领导者，资产阶级和资产阶级知识分子对于农民革命的利益采取什么样的态度，为什么要消灭地主土地占有制就必须用暴力推翻沙皇政权？农民过去的全部生活教会他们憎恨老爷和官吏，但是没有教会而且也不可能教会他们到什么地方去寻找所有这些问题的答案。在我国革命中，有一小部分农民是真正进行过斗争的，并且也为了这个目的多少组织起来了；有极小一部分人曾经拿起武器来打击自己的敌人，消灭沙皇的奴仆和地主的庇护者。大部分农民则是哭泣、祈祷、空谈和梦想，写请愿书和派“请愿代表”。这真是完全符合列夫·尼古拉耶维奇·托尔斯泰的精神！在这种情况下总是有这种事情的，像托尔斯泰那样不问政治，像托尔斯泰那样逃避政治，对政治不感兴趣，对政治不理解，结果只有少数农民跟着觉悟的革命的无产阶级走，大多数农民则成了无原则的、卑躬屈节的资产阶级知识分子的俘虏[20]，而这些被称为立宪民主党人的知识分子[21]，从劳动派[22]的集会中出来跑到斯托雷平[23]的前厅哀告央求，讨价还价，促使讲和，答应调解，最后还是被士兵的皮靴踢了出来。托尔斯泰的思想是我国农民起义的弱点和缺陷的一面镜子，是宗法式农村的软弱和“善于经营的农夫”[24]迟钝胆小的反映。

就拿1905—1906年的士兵起义[25]来说吧。我国革命中的这些战士的社会成分是农民和无产阶级兼而有之。无产阶级占少数；因此军队中的运动，丝毫没有表现出像那些只要一挥手就马上会成为社会民主党人的无产阶级所表现出来的那种全国团结一致的精神和党性觉悟。另一方面，认为士兵起义失败的原因是缺乏军官的领导，这种见解是再错误没有了。相反，从民意党时期以来[26]，革命的巨大进步正好表现在：拿起武器来反对上司的，是那些以自己的独立精神使自由派地主和自由派军官丧魂落魄的“灰色畜生”。士兵对农民的事情非常同情；只要一提起土地，他们的眼睛就会发亮。军队中的权力不止一次落到了士兵群众的手里，但是他们几乎没有坚决地利用这种权力；士兵们动摇不定；过了几天甚至几个小时，在他们杀了某个可恨的军官之后，就把其余拘禁起来的军官释放了，同当局进行谈判，然后站着让人枪毙，躺下让人鞭笞,重新套上枷锁，——这一切都完全符合列夫·尼古拉耶维奇·托尔斯泰的精神！

托尔斯泰反映了强烈的仇恨、已经成熟的对美好生活的向往和摆脱过去的愿望，同时也反映了耽于幻想、缺乏政治素养、革命意志不坚定这种不成熟性。历史条件和经济条件既说明发生群众革命斗争的必然性，也说明他们缺乏斗争的准备，像托尔斯泰那样对邪恶不抵抗；而这种不抵抗是第一次革命运动[27]失败的极重要的原因。

常言道：战败的军队会很好地学习。当然，把革命阶级比做军队，只有在极有限的意义上是正确的。资本主义的发展每时每刻都在改变和加强那些推动千百万农民进行革命民主主义斗争的条件，这些农民由于仇恨地主一农奴主和他们的政府而团结起来了。就是在农民中间，交换的增长、市场统治和货币权力的加强，也正在一步一步排除宗法式的旧东西和宗法式的托尔斯泰思想。但是，最初几年的革命和最初几次群众革命斗争的失败，毫无疑问得到了一种收获，即群众以前那种软弱性和散漫性遭受了致命的打击。分界线更加清楚了。各阶级、各政党彼此划清了界限。在斯托雷平教训的敲打下，在革命社会民主党人坚持不渝的鼓动下，不仅从社会主义无产阶级中，甚至从民主主义的农民群众中，也必然会涌现出锻炼得愈来愈好、能够愈来愈少重犯我国托尔斯泰主义历史罪过的战士！

[注　释]

[1] 这是列宁论述托尔斯泰的第一篇文章，是为纪念托尔斯泰80寿辰而作，初载于1908年9月24日的《无产者报》第35号。本书所选其他四篇列宁论述托尔斯泰的文章，均写于托尔斯泰逝世后的

1910年11月至1911年2月间。

列夫·尼古拉耶维奇·托尔斯泰（1828—1910），是俄国19世纪伟大的批判现实主义作家。出生在雅斯纳雅波良纳村的一个世袭贵族家庭里。1844年入喀山大学学习，先攻东方语文，后学法律。学生时代，他听到别林斯基和赫尔岑的反农奴专制的勇敢的呐喊。俄国批判现实主义的文学创作暴露了官僚地主的贪婪和暴虐以及人民的贫困和无权，引起法律系学生托尔斯泰对黑暗的社会现实的关注和深思。1847年，向校方呈“因健康不佳及家庭原因”要求退学的申请书，返回故里。随后，托尔斯泰家破产。托尔斯泰分到包括雅斯纳雅波良纳在内的几个村子的土地以及各种建筑物并300个农奴。接着，为寻求固定的事业到处奔波，以热切的心情进行多方面的追求和探索。他剖析自我，观察周围事物，记录心理过程，刻画他所熟悉的人物，顽强地习作。1851年去高加索旅行，同年以贵族士官的身份加入沙皇的炮兵部队，后来参加过著名的塞瓦斯托波尔战争。同时正式开始了他的文学创作活动，不久处女作《童年》问世，发表于《现代人》杂志，得到主编涅克拉索夫的好评。涅克拉索夫称赞说：“您的小说和您的天才都引起了我的兴趣。”1856年退役回家。1857年冬，到西欧访问了法、意、德、瑞士等国，初步认识到资本主义文明世界的丑恶、残酷和虚伪。他亲眼看到巴黎广场上一次机器斩首的酷刑；到了离莱茵河不远的琉森之后，他目睹了那些文雅的资产者对矮小的第罗尔人穷歌手的毫无人性的态度……这一切，都使托尔斯泰非常震惊和恼怒。他不再认为资本主义制度有什么优越性，深切感受到资产阶级的“交易所是可怕的”，资产阶级的“共和国是肮脏的”。他根据第罗尔人穷歌手被歧视的故事，写了一篇揭露资产阶级“文明”的丑恶和虚伪的短篇小说《琉森》。不久，他重返祖国，由于同情农奴的悲惨处境，力图改革不合理的农奴经济制度，实现自己的改良计划：将自己庄园的劳役改为租赋；把农奴改为雇工；创办学校，招收农民的孩子念书。为了发展教育事业，1861年，托尔斯泰再度出国巡视考察。在伦敦结识了赫尔岑，和赫尔岑谈话的中心主题是如何把农民从农奴制的束缚下解放出来。在巴黎，托尔斯泰听到关于1861年农奴制度改革的消息。他对这一改革持怀疑态度，认为并不能改变农民的现状。他在给赫尔岑的信中写道：“它的实质，即使一个有点学问的农奴主也看得出，其中除了许诺之外，别无他物。”回国后，托尔斯泰从事于整顿农业的工作。他向农民宣读了1月19日的上谕，分给自己的农民每人三俄亩的份地。农奴制改革后，他被推选为解决地主与农民争端的和平调解人。由于他维护农民的利益，引起官僚和地主的不满。托尔斯泰曾写道：“所有贵族都竭力地切齿痛恨我。在我的周围，四面八方都设下了陷阱。”尼古拉一世设立的最高政治密探机关“御前办公室第三厅”曾指控托尔斯泰“作为和平调解人……对农民们表示了特殊的偏袒”，对他进行监视和搜查，随即撤销他的和平调解人的职务。在任职期间，托尔斯泰更加接近人民，在思想上受到深刻影响。

1863年到1869年，托尔斯泰的文学创作活动进入高潮，相继写出《哥萨克》《波里库希卡》和巨著《战争与和平》。《战争与和平》取材于1812年俄法战争的历史，小说广泛地表现了当时俄国社会各阶级、阶层和集团的生活、心理以及对战争的不同态度。作者以昂扬、炽烈的爱国主义激情，反对拿破仑的侵略，肯定了卫国战争的正义性，表现了俄罗斯人民为保卫祖国而英勇战斗的献身精神和无畏气概。同时鞭笞了以库拉金为代表的宫廷贵族、官僚主义者、升官发财者的贪婪、腐败和虚伪。主要人物彼尔·别竺豪夫和安德列·保尔康斯基多方面地一定程度上反映着作者的政治态度和思想倾向。他们热爱祖国，同情人民，反对上流社会的腐败、残暴和欺骗，但又不愿从根本上推翻它。作者通过宗法式的农民形象普拉东·卡拉达耶夫，宣扬了听天由命的宿命论思想和“不用暴力抵抗邪恶”的宗教观念。这部巨著花费了托尔斯泰六年光阴，在篇幅上超过了原稿的草稿和复稿，涂抹得难以辨认的校样，都说明作者所付出的巨大劳动。《战争与和平》是赞扬俄国人民的英勇气概、爱国精神和光荣事迹的宏伟史诗，它的出现是俄国和世界文学史上的一件大事。冈察洛夫像报道头条新闻似的告诉屠格涅夫：“伯爵，已成为文学界真正的雄狮。”屠格涅夫称赞说：“托尔斯泰由于《战争与和平》的问世已经在我们全部当代作家之中占了首要地位。”福楼拜给屠格涅夫的信中指出：“这是第一流的作品！多么了不起的艺术家，多么了不起的心理学者！”高尔基称《战争与和平》“是19世纪世界文学中最伟大的杰作”，他曾在回忆录中讲到列宁对《战争与和平》的评论。列宁对高尔基说："多么了不起的巨著，多么强有力的人物！老兄，这才是真正的艺术家……在这位伯爵以前文学中还没有出现真正的农民……"

19世纪70年代是俄国社会剧烈变化的时期，资本主义的发展，促使农村日趋破产，迅猛地冲击着旧的基础。由于托尔斯泰长期广泛地接触农民，受到平民知识分子运动和农民暴动的深刻影响，他作品中的民主主义批判的成分逐渐增强。1873年到1877年，他写出了著名的长篇小说《安娜·卡列尼娜》，广泛地反映了19世纪70年代俄国动荡不安的社会生活，表现了农奴制崩溃和资本主义生长时期中俄国的各种矛盾和冲突，揭示出许多重大的社会问题。作者通过描写安娜为争取个人幸福对上流社会所作的反抗，无情地揭露了贵族阶级生活的寄生和腐化，道德的败坏、庸俗和虚伪。还通过表现列文为解决社会矛盾所进行的探索，曲折地表现了作者的政治观点。贵族列文是托尔斯泰的自传性人物，多少反映了作家世界观中的某些方面。列文反对用西欧式的资本主义经营方式来代替俄国的农奴制，力图在保存俄国宗法式农村和土地私有制的基础上改善农民的境况，协调农民和地主的矛盾，幻想走"人人富裕"的独特道路。这种改良主义的方案，根本不能克服农民和地主之间不可调和的阶级矛盾，必然遭到失败，只能使列文陷入悲观失望，求援于"为上帝而生活"的宗教迷信。托尔斯泰力图用这种基督教的"博爱"来反对暴力革命。在19世纪80年代，托尔斯泰主义曾赢得了不少信徒。

19世纪70年代末到90年代初，古老的宗法制俄国由于资本主义的迅速发展而崩溃，托尔斯泰十分关注农民的悲惨命运，进行了广泛紧张的社会探索。他访问教堂、修道院，调查城市贫民区，参观监狱、法厅、新兵收容所，清楚地看到人民群众的痛苦和官僚地主专制制度的黑暗以及官方教会的虚伪和腐朽，托尔斯泰的世界观发生了转变，开始与反动贵族阶级决裂，站到了俄国宗法式农民的立场上来。他的作品表达了千百万农民群众对统治阶级的憎恨和对资本主义的反抗。他成为沙俄黑暗势力的"强烈的抗议者、激忿的揭发者和伟大的批评家"。

19世纪90年代末，托尔斯泰完成了长篇小说《复活》的创作。他作为一个清醒的现实主义作家，通过对玛丝洛娃的悲惨遭遇和对现实生活的生动描写，有力揭露了沙皇专制制度的黑暗和罪恶，特别鞭笞了沙皇专制制度的暴力机关——法庭、监狱、整套法律制度和整个官僚机构残害人民的暴行。《复活》对沙皇专制制度的精神支柱——官方教会的残忍和欺骗也作了无情的揭露。《复活》对沙皇制度的经济基础——贵族的土地私有制的残酷剥削提出了强烈的抗议，对资本主义也作了一定的揭发和批判，表现了农民丧失土地的痛苦和对资本主义的抗议。同时，《复活》露骨地宣扬了托尔斯泰观点、学说中的反动的一面，使他的"勿以暴力抗恶""道德的自我修养"以及"博爱""良心"等反动观念更加明确和定型。小说中的两个主要人物玛丝洛娃和聂赫留朵夫一定程度上都是托尔斯泰主义的传声筒。作者从抽象的"人性论"出发，把聂赫留朵夫公爵写成了一个经过基督教教义的感召，能够诚心"赎罪"，并走上"新生"道路的正面人物。被侮辱被损害的平民妇女玛丝洛娃对玩弄并抛弃了她的贵族老爷充满了仇恨，但作者为了宣扬托尔斯泰主义，却让她在聂赫留朵夫的"忏悔"和"爱"的感动下，"饶恕"了他，使她自己也在精神上得到了"复活"。此外，托尔斯泰笔下的革命者形象，也同样一定程度地表现出托尔斯泰主义的政治倾向。尽管由于历史条件和作者的世界观的局限，《复活》的人物形象和思想内容受到严重影响，但《复活》仍然是批判现实主义的杰作。列宁曾高度评价托尔斯泰，称他是"俄国革命的镜子"。

托尔斯泰对沙皇专制制度和官方教会的批判和揭露，引起了统治阶级的恐惧和仇恨。沙皇政府虽然没有对他采取严厉的惩治，但俄罗斯最高教会机构却开除了托尔斯泰的教籍。托尔斯泰热衷于放弃贵族生活的特权而从事平民化活动。1891年，他分掉他的全部家产，放弃他的全部版权，开始家务劳动，亲躬耕田、割草，帮助穷苦的农民种地……农民称赞说："这是一位用脑子的庄稼人，尽管他是个老爷……"但是，不管托尔斯泰学做农民的样子也好，吃米粉团子也好，都不能掩盖他生活中的那种触目的矛盾。最后，他对他的贵族之家的"舒适的"同时也是龌龊的环境，感到羞惭和痛苦，终于在1910年10月28日晨5时毅然离家出走。路途中因年高体迈染上肺炎，于1910年11月7日晨病逝于阿斯塔波沃车站的站长家里，时年82岁。

[2] 显然避开的革命　指俄国1905年到1907年无产阶级领导的资产阶级性质的民主革命。托尔斯泰敏锐地感觉到在沙皇专制制度压迫下爆发革命是不可避免的。他尽管同情这次革命，表示要承担“为千百万农民作律师的使命”，但他极力反对人民群众以革命的暴力推翻沙皇政权。托尔斯泰在1905年7月31日的日记中写道，“俄国革命应该摧毁现存的秩序，但不是通过暴力，而是消极地，靠着不合作的办法来取得。”还在1905年10月23日的日记中写道，“革命正处于最激烈的时刻。双方在互相残杀，出现了新的、不曾料想到的、以前历次欧洲革命都不曾有过的因素——‘黑帮’，‘爱国者’，这两部分人实际上都愚蠢地、错误地看待了人民，人民是要求不使用暴力的”，并指责搞暴力革命是“令人厌恶”的“轻率”和“幼稚的举动”。

[3] 俄国革命的性质、革命的动力　列宁是这样论述1905年革命的性质和动力的：“俄国革命按社会经济内容来说是资产阶级革命，但是革命的动力却不是自由派资产阶级，而是无产阶级和民主派农民。”（《列宁全集》，2版，第15卷，83页，北京，人民出版社，1988）

[4] 有官方的和自由派的两种伪善　官方指沙皇官僚政府。如御用文人孟尼希科夫之流，在托尔斯泰80寿辰前不久，还放肆地攻击托尔斯泰，祝寿期间却又奉沙皇政府之命撰写一篇令人作呕的吹捧文章。

自由派指自由主义资产阶级或资产阶级自由主义派。这个政治思想派别拥护虚伪的“议会民主”，主张资产阶级改革。1905年革命中，鼓吹向沙皇政府妥协，反对无产阶级革命。它的代表人物们歌颂托尔斯泰作品和思想中诸如“不用暴力抵抗邪恶”等反动落后的部分，目的在于制造对抗无产阶级革命的舆论。

[5]《言语报》　俄国立宪民主党的中央机关报。列宁称它是“我国反革命自由派的正式机关报”。

[6] 立宪民主党的巴拉莱金　立宪民主党是俄国主要的资产阶级政党。列宁领导的十月革命胜利后，立宪民主党人组织反革命暴动，成为人民公敌。

巴拉莱金是俄国讽刺作家萨尔蒂柯夫-谢德林（1826—1889）在随笔集《在温文尔雅的环境中》里描写的一个虚伪善辩、花言巧语的自由主义者形象。

[7]“伟大的寻神派”　指在纪念托尔斯泰80寿辰时，自由派卡尔达舍夫在《言语报》上发表一篇题为《神学家托尔斯泰》的文章，荒谬地称托尔斯泰为“伟大的寻神者”。

[8] 他们……扮演全国反对派领袖的角色　1905年革命形成了一个广泛的反对沙皇政府的统一战线，但是，这个统一战线内部充满着斗争，斗争的中心和实质是无产阶级和资产阶级争夺革命的领导权。

列宁的这句话揭露了当时俄国资产阶级为托尔斯泰“祝寿”的政治目的。他们虚伪地赞颂托尔斯泰是“全世界的良心”“生活的导师”，背地里又大肆攻击托尔斯泰，甚至祈求托尔斯泰速死。这充分暴露了资产阶级自由派所谓“祝寿”的居心和罪恶目的是借助托尔斯泰的世界声誉为自己捞取政治资本，企图扮演全民反对派的领袖角色。

[9]“托尔斯泰主义”　指托尔斯泰在作品、论文和书信里，一方面用俄国宗法式农民的观点去批判农奴制和资本主义，一方面又竭力鼓吹净化了的新宗教、“不用暴力抵抗邪恶”、“道德上的自我修身”等一系列反动说教。

[10]“我卑鄙，我下流……现在只吃米粉饼子”　托尔斯泰不断痛骂自己的生活可耻，并身体力行地走“平民化”道路：穿农民服，从事农业劳动，并停止打猎，改吃素食。他在1884年6月18日的日记里写道：“（我）一直在改变自己的习惯。起得早，多做体力工作。……酒已完全不喝，喝茶时也不把糖放在茶里而只是吮着糖块喝，肉也已经不吃。烟还在抽，但抽得已经比较少。”但是，托尔斯泰如此限制自己过本阶级的生活方式，进行道德上的自我修身，是为了唤醒自己内心的“上帝”，从而改变人心。列宁辛辣地嘲笑了托尔斯泰的这种痴愚行为。

[11]“不”用暴力“抵抗邪恶”　托尔斯泰曾潜心研讨基督教《圣经》里的“福音书”，从那里提炼出自己认为真正符合基督精神的五条戒律：一，不发怒，不杀人；二，不犯奸淫；三，不发誓；四，不

要“以眼还眼”，容忍；五，爱仇敌。这里包含着“不用暴力抵抗邪恶”的思想，又称“非暴力原则”“无抵抗主义”等。

托尔斯泰的不少作品，特别是后期的《复活》和大量的政论，无情地批判了沙皇专制制度和资本主义。但他极力反对用暴力革命推翻反动统治，认为用暴力消灭农奴制度的一切企图，都像是以火灭火，或者以火治水，或者挖一个坑填另一个坑。托尔斯泰的这种思想最明确地表现了他反对暴力革命的实质。

[12] 培养一种最精巧的因而是特别恶劣的僧侣主义　僧侣，指信仰佛教的和尚，泛指以从事宗教活动为职业的人。僧侣主义又称信仰主义，是一种把宗教看作真理的唯一准绳的唯心主义思想。列宁指出，“可以把各处的‘僧侣主义’一词都改为‘信仰主义’，并在注解中加以说明”，“信仰主义是一种以信仰代替知识或一般地赋予信仰以一定意义的学说”。(《列宁全集》，2版，第53卷，316页，北京，人民出版社，1988)

托尔斯泰学说是经过“净化”了的一种新宗教。列宁指出，托尔斯泰“鼓吹净化了的新宗教，即用一种净化了的精制的新毒药来麻醉被压迫群众”。托尔斯泰力图调和各种宗教，摈弃它们的迷信成分，以所谓“理性”与“爱”为基础，创造出“合理”化的宗教箴规。他认为只有新宗教才真正符合基督精神。

[13] 你又贫穷……俄罗斯母亲！　引自俄国19世纪中期革命民主主义诗人尼古拉·阿列尼塞耶维奇·涅克拉索夫（1821—1877）的长篇叙事诗《在俄罗斯谁能快乐而自由》。

[14] 刚从农奴制度下解放出来　1861年前，沙皇俄国的经济是建立在农奴制上面的。直到1861年2月，沙皇亚历山大二世才被迫宣布废除农奴制，实行所谓“农民改革”。农奴制废除后，地主仍然继续压迫农民。农奴制的废除并没有真正地解放农民，也没有改变地主土地占有制度，是对农民又一次的野蛮掠夺和剥削。

[15] 宗法式的农村，简直在遭受资本和国库的洗劫　宗法式的农村即家长式的农村，是农业小生产经济的产物，以生产资料私有制和个体劳动为基础。

俄国农民1861年改革后，为了取得一块“份地”，必须向国库缴纳由国家替他们垫付给地主的赎金及利息，这迫使农民不得不出售养家糊口的粮食，用低廉价格卖给商人换取现钱，或向高利贷者借现钱去缴纳赎金。农民日益穷困和破产。所以列宁说农村“在遭受资本和国库的洗劫”。

[16] 我国革命是农民资产阶级革命　指1905年到1907年俄国第一次革命运动。列宁指出：“当前资产阶级革命的特点是农民革命。”因为“土地问题是俄国资产阶级革命的根本问题，它决定了这个革命的民族特点”。

[17] 官办的教会　俄国沙皇彼得大帝（1672—1725）认为教会是国家机构的组成部分，必须隶属于国家。他在1721年废除大教长，建立宗教院，置于皇权之下，成为官办的教会。宗教院是教会的最高管理机关，它的成员由沙皇任命的大主教组成，但掌握实权的则是沙皇政府的总检察长。官办教会的成立，加强了沙皇的统治。

[18] 建立一种自由平等的小农的社会生活　这里指1905年革命中，农民企图通过“土地国有化”实现土地的平均使用，建立一种自由平等的小农社会。

托尔斯泰在后期的许多作品，如《复活》及一些政论中，提出了消灭旧的地主土地占有制，实行土地国有的主张。他特别醉心于美国资产阶级经济学家亨利·乔治实现土地国有的学说。托尔斯泰认为最大的社会罪恶是土地私有制，社会问题的症结在于大多数人被剥夺了土地所有权。

托尔斯泰企图通过“土地国有化”实现土地国有的思想反映了农民的民主要求和幻想的不成熟及政治上的不觉悟。

[19]“基督教无政府主义”　19世纪中叶带有宗教色彩的资产阶级改良主义的反动思潮。它企图把基督教的教义说成是保护劳动人民的。鼓吹“博爱”，否定暴力革命，宣扬废除一切国家政权，幻想通过实践基督教的教义进行个人道德的自我修养，来改变现存的社会制度。

由于托尔斯泰拼命鼓吹经过净化的新宗教，否定政治斗争，所以他的思想体系属于“基督教无政府主义”。

[20] 结果只有少数农民跟着觉悟的革命的无产阶级走，大多数农民则成了无原则的、卑躬屈节的资产阶级知识分子的俘虏　俄国1905年革命失败的一个重要原因，是大多数农民思想上的局限和弱点。他们不理解无产阶级的领导作用是斗争胜利的根本保证。列宁说：“农民斗争不够顽强，比较分散，不够自觉，往往仍然指望慈父沙皇发善心。”他们还往往相信自由资产阶级关于用和平手段争取土地与自由的许诺，相信关于小私有者可以安居乐业的宣传，从而“驯服地跟着自由派走，而对无产阶级的革命斗争采取回避态度。这是农民（和许多城里人）在革命时期所犯的一个极大错误”。（《列宁选集》，3版修订版，第2卷，271页，北京，人民出版社，2012）

[21] 这些被称为立宪民主党人的知识分子　列宁在这里揭露了自由资产阶级的反革命两面派手法，他们一方面欺骗、拉拢农民，另一方面向沙皇政府无耻献媚。他指出：立宪民主党人“玩弄无聊而不光彩的**把戏**：向右边表示忠诚，表示愿意组阁……向左边表示拥护民主主义。由于玩弄这种把戏，立宪民主党人从右边终于挨了一脚，从左边则恰如其分地获得了人民自由事业的叛徒这一称号”（《列宁全集》，2版，第21卷，289页，北京，人民出版社，1990）。

[22] 劳动派　即劳动团，是小资产阶级民主派集团。1906年4月由第一届国家杜马的农民代表组成。当时，劳动派动摇于立宪民主党和工人民主派（布尔什维克）之间。他们提出废除一切等级限制和民族限制，实行城乡自治机关民主化，实行土地平均使用制。列宁指出：“劳动派，这是代表小业主，主要是小农的利益和观点的党派和集团。”（《列宁全集》，2版，第14卷，105页，北京，人民出版社，1988）

第一次世界大战期间，劳动派采取了沙文主义立场。他们支持资产阶级临时政府，对十月革命采取敌视态度。

[23] 斯托雷平　彼得·阿尔卡季耶维奇·斯托雷平（1862—1911），俄国大地主、反动政客。列宁称他为“头号刽子手”。1906年，他当了内务大臣，从第一届国家杜马被驱散起，当了内阁总理。他在统治期间，实行恐怖政策，残酷镇压革命运动，野蛮屠杀人民群众，历史上称为“斯托雷平反动时期”。1911年被社会革命党人刺死。

[24]“善于经营的农夫”　是俄国批判现实主义作家萨尔蒂柯夫-谢德林的故事集《生活琐事》中的一个宗法式农民的形象。他把一生的精力放在经营家业上。列宁在《俄国资本主义的发展》《我们究竟拒绝什么遗产?》等著作中多次引用过这个典型形象。

[25] 1905—1906年的士兵起义　俄国1905年到1906年革命运动的继续深入发展，和俄国军队在对日战争中屡遭失败，引起士兵强烈不满，发生了多次陆海军士兵反对沙皇统治的起义：1905年6月14日的黑海舰队“波将金”号装甲舰起义，同年10月的喀琅施塔得水兵起义，以及1906年喀琅施塔得和斯维亚堡的陆海军士兵起义等，但都遭到了失败。

[26] 从民意党时期以来　民意党是从民粹派组织“土地和自由社”分裂出来后于1879年成立的秘密团体。它把实行恐怖政策，密谋暗杀专制制度的个别代表人物，当作推翻沙皇专制的主要斗争手段，否定人民群众在历史上的决定作用，夸大个人作用。民意党人进行过一系列暗杀活动。1881年3月1日他们炸死了沙皇亚历山大二世。不久，民意党就被沙皇政府摧毁。此后，民粹派的大多数成员放弃了对沙皇制度的斗争，宣扬同沙皇专制调和与妥协。民粹派分子的斗争，虽然直接或间接地促进了俄国人民的革命觉醒，但是真正唤醒人民的是无产阶级的斗争。19世纪80年代以后，无产阶级登上了俄国解放斗争的舞台，使俄国革命的面貌焕然一新。

[27] 第一次革命运动　指1905年到1907年俄国第一次反对沙皇统治的资产阶级民主革命。

列·尼·托尔斯泰*[1]

(1910年11月16日［29日］)

列宁

列夫·托尔斯泰逝世了。他作为艺术家的世界意义，他作为思想家和说教者的世界声誉，都各自反映了俄国革命的世界意义。

早在农奴制时代，列·尼·托尔斯泰就作为一位伟大的艺术家出现了。他在自己半个多世纪的文学活动中创造了许多天才的作品，在这些作品中，他主要是描写革命以前的旧俄国，即1861年以后仍然处于半农奴制下的俄国，乡村的俄国，地主和农民的俄国。在描写这一阶段的俄国历史生活时，列·托尔斯泰在自己的作品里能提出这么多的重大问题，能达到这样巨大的艺术力量，从而使他的作品在世界文学中占有第一流的地位。由于托尔斯泰的天才描述，一个受农奴主压迫的国家的革命准备时期，成了全人类艺术发展中向前迈进的一步。

甚至在俄国也只有极少数人知道艺术家托尔斯泰。为了使他的伟大作品真正成为**所有人的**财富，就必须进行斗争，为反对那种使千百万人受折磨、服苦役、陷于愚昧和贫穷境地的社会制度而进行斗争，必须进行社会主义革命。

托尔斯泰不仅创造了群众在推翻地主和资本家的压迫并为自己建立人的生活条件后将永远珍视和阅读的艺术作品，而且能够用非凡的力量表达被现存制度所压迫的广大群众的情绪，描绘他们的境况，表现他们自发的反抗和愤怒的情感。托尔斯泰主要是属于1861—1904年这个时代[2]的；他作为艺术家，同时也作为思想家和说教者，在自己的作品里异常突出地体现了整个第一次俄国革命的历史特点，这场革命的力量和弱点。

我国革命的一个主要特点是：它是资本主义在全世界非常高度发展并在俄国比较高度发展的时期的**农民**资产阶级革命。它之所以是资产阶级革命，是因为它的直接任务是推翻沙皇专制

* 列宁．列宁全集：第20卷．2版．北京：人民出版社，1989：19－26.

制度、沙皇君主制度和摧毁地主土地占有制，而不是推翻资产阶级的统治。特别是农民没有意识到这后一项任务，没有意识到后一项任务同更迫切更直接的斗争任务之间的区别。它之所以是农民资产阶级革命，是因为客观条件把改变农民的根本生活条件的问题，把摧毁旧的中世纪土地占有制[3]的问题，把给资本主义“清扫土地”的问题提到了第一位，是因为客观条件把农民群众推上了多少带点独立性的历史行动的舞台。

在托尔斯泰的作品里，表现出来的正是农民群众运动的力量和弱点、它的威力和局限性。他对国家、对警方官办教会的那种强烈的、激愤的而且常常是尖锐无情的抗议，表达了原始的农民民主运动的情绪，在这种原始的农民民主运动中，积聚了由于几世纪以来农奴制的压迫，官吏的专横和掠夺，以及教会的伪善、欺骗和诡诈而迸发出来的极大的愤怒和仇恨。他对土地私有制的坚决反对，表达了处在这样一个历史时期的农民群众的心理状态，在这个历史时期里，旧的中世纪土地占有制，即地主土地占有制和官家的“份地”占有制[4]，完全变成了不可忍受的、阻挡俄国今后发展的障碍，这种旧的土地占有制不可避免地要遭到最剧烈的、无情的破坏。他满怀最深沉的感情和最强烈的愤怒对资本主义进行的不断的揭露，充分表现了宗法制农民的恐惧，因为在他面前出现的是一个看不见的和不可理解的新敌人，这个敌人不知来自什么城市或者什么外国，它破坏了农村生活的一切“基础”，带来了前所未有的破产、贫困、野蛮、卖淫、梅毒以及死于饥饿的惨境这些“原始积累时代”[5]的一切灾难，而这一切灾难又由于库庞先生[6]所创造的最新的掠夺方法被移植到俄国土地上而百倍地加重了。

但是，这位强烈的抗议者、愤怒的揭发者和伟大的批评家，同时也在自己的作品里暴露了他不理解产生俄国所面临的危机的原因和摆脱这个危机的方法，这种不理解只是天真的宗法制农民的特性，而不该是一个受过欧洲式教育的作家的特性。反对农奴制的和警察的国家的斗争，反对君主制度的斗争，在他那里竟变成了对政治的否定，形成了“对邪恶不抵抗”的学说，结果完全避开了1905—1907年的群众革命斗争。一方面反对官办的教会，另一方面却鼓吹净化了的新宗教[7]，即用一种净化了的精制的新毒药来麻醉被压迫群众。否定土地私有制，结果却不去集中全力反对真正的敌人，反对地主土地占有制和它的政权工具即君主制度，而只是发出幻想的、含糊的、无力的叹息。一方面揭露资本主义以及它给群众带来的苦难，另一方面却对国际社会主义无产阶级所领导的全世界解放斗争抱着极其冷漠的态度。

托尔斯泰的观点中的矛盾，不是仅仅他个人思想上的矛盾，而是一些极其复杂的矛盾条件、社会影响和历史传统的反映，这些东西决定了改革**后**和革命**前**这一时期俄国社会各个阶级和各个阶层的心理。

所以，只有从社会民主主义无产阶级的观点出发，才能对托尔斯泰作出正确的评价，因为无产阶级在第一次解决这些矛盾的时候，在革命的时候，已经以自己的政治作用和自己的斗争，证明它适合于担当争取人民自由和争取把群众从剥削制度下解放出来的斗争的领袖，证明它是忘我地忠诚于民主事业的，而且是能够同资产阶级民主派也包括农民民主派的局限性和不彻底性进行斗争的。

请看一看政府的报纸对托尔斯泰的评价。它们流着鳄鱼的眼泪[8]，硬说自己尊崇这位“伟大的作家”，同时又维护“最神圣的”正教院[9]。而最神圣的神父们刚刚干了一桩特别卑鄙龌龊的事情[10]，他们派几个神父到这个濒危的人那里去，目的是欺骗人民，说托尔斯泰“忏悔了”。最神圣的正教院开除了托尔斯泰的教籍[11]。这样倒更好些。当人民将来惩治这些身披袈裟的官吏、信奉基督的宪兵、支持沙皇黑帮[12]匪徒的反犹太大暴行和其他功绩的居心叵测的异端裁判官的时候，对正教院的这一功绩也要加以清算的。

再看一看自由派的报纸对托尔斯泰的评价。它们用一些官方自由主义的、陈腐不堪的教授式的空话来支吾搪塞，说什么“文明人类的呼声”、“世界一致的反响”、“真和善的观念”等等；然而正是因为这些空话，托尔斯泰才痛斥了（而且公正地痛斥了）资产阶级的科学。这些报纸所以**不能**直接而明确地评价托尔斯泰对国家、教会、土地私有制和资本主义的看法，并不是因为书报检查机关妨碍它们这样做，恰恰相反，正是书报检查机关在帮助它们摆脱困境！这是因为托尔斯泰的每一个批评意见，都是给资产阶级自由主义[13]的一记耳光；这是因为托尔斯泰无畏地、公开地、尖锐无情地**提出了**我们这个时代最迫切、最该死的问题，光是这些问题的提出就给了我国自由派（以及自由主义民粹派[14]）政论界千篇一律的空话、陈腐的谬论以及闪烁其词的“文明的”谎言**以当头一棒**。自由派竭力维护托尔斯泰，竭力反对正教院，但同时他们又维护……路标派[15]，认为同路标派“可以进行争论”，但“应当”同他们在一个党内和睦相处，“应当”在写作方面和政治方面同他们一起工作。而路标派现在正受到安东尼·沃伦斯基[16]的亲吻。

自由派强调的是：托尔斯泰是“伟大的良心”。这难道不是《新时报》[17]这类报纸重复过千百遍的废话吗？这难道不是回避托尔斯泰所**提出**的那些民主主义和社会主义的**具体**问题吗？这难道不是强调那种表现托尔斯泰的偏见而不表现他的理智的东西吗？不是强调他的属于过去而不属于未来的东西吗？不是强调他对政治的否定和关于道德上的自我修身的说教而忽略他对一切阶级统治的激烈抗议吗？

托尔斯泰逝世了，革命前的俄国也已成为过去，它的软弱和无力已被这位天才艺术家表现在他的哲学里，描绘在他的作品中。但是在他的遗产里，还有着没有成为过去而是属于未来的东西。俄国无产阶级正在接受这份遗产，研究这份遗产。俄国无产阶级要向被剥削劳动群众阐明托尔斯泰对国家、教会、土地私有制的批判的意义，——这样做不是为了让群众局限于自我修身和对圣洁生活的憧憬，而是让他们振奋起来对沙皇君主制和地主土地占有制进行新的打击，这种君主制和土地占有制在1905年只是受了些轻伤，必须把它们消灭干净。俄国无产阶级要向群众阐明托尔斯泰对资本主义的批判，——这样做不是为了让群众局限于诅咒资本和金钱势力[18]，而是让他们学会在自己的生活和斗争中处处依靠资本主义的技术成就和社会成就，学会把自己团结成一支社会主义战士的百万大军，去推翻资本主义，去创造一个人民不再贫困、人不再剥削人的新社会。

[注　释]

[1] 这篇文章最初发表于1910年11月29日《社会民主党人报》第18号，没有署名，在保存下来的校样上另有一个题目：《列夫·托尔斯泰在俄国革命及俄国社会主义历史中的意义》。但在编入《列宁全集》时改用现在这个标题。

[2] 1861—1904年这个时代　指1861年废除农奴制到1905年俄国第一次革命前的时代。这个时代的特点是在俄国整个政治生活和经济生活中，充满了农奴制的残余，同时又是资本主义崛起的时期。

[3] 中世纪土地占有制　中世纪，在欧洲历史上一般指封建时代，通常指5世纪末到17世纪初这段时间，即从公元476年西罗马帝国灭亡到1640年英国资产阶级革命前夜。

中世纪土地占有制，指封建土地占有制，是一种封建地主占有土地，用来剥削农民（或农奴）的私有制。在俄国即是农奴制。

[4] 官家的“份地”占有制　在俄国农奴制时代，地主从自己占有的土地中划出一小部分给农民耕种，农民必须用自己的牲畜和农具等无偿地给地主劳动，每周在地主的土地上干活三天或更多。地主分给农民，用以剥削农民劳动的这块地叫“份地”。

除沙俄贵族地主占有大量土地外，还有一部分土地是直属国家和宫廷的，在这些土地上服劳役的农民称为“国家农民”或“宫廷农民”，他们从官家领得小块“份地”维持自己的生活。

[5]“原始积累时代”　指资本主义生产方式确立以前，使用暴力强迫小生产者（主要是农民）与生产资料（土地、生产工具等）分离，以及货币资本积累的过程。马克思指出：资本的原始积累是资产阶级“对直接生产者的剥夺，是用最残酷无情的野蛮手段，在最下流、最龌龊、最卑鄙和最可恶的贪欲的驱使下完成的”（《马克思恩格斯全集》，第23卷，830页，北京，人民出版社，1972）。

[6] 库庞先生　最早出现在俄国资产阶级作家格里勃·乌斯宾斯基（1843—1902）的随笔《罪孽深重》（1888年）中，用来借喻资本和资本家。19世纪末，俄国文学作品中广泛采用，作为象征资本和资本家的形象的称呼。

[7] 净化了的新宗教　托尔斯泰在他的作品和论文里，一面激烈地抨击教会的罪恶，一面又在狂热地鼓吹一种“净化了”的新宗教。他在日记里写道：“我已归结到一个伟大的思想……这思想，是创立一种新宗教，基督的宗教，但其教义与神秘意味是经过澄清的。”后来，他在《忏悔录》《我信仰什么》等文章和作品里，一再说他提倡的新宗教的中心是人类爱。他说：“我信上帝，上帝于我即是‘爱’。”“耶稣底两大原则：对于神的敬爱即绝对的完满；对于同类的情爱，即一视同仁，毫无分别。”“暴力必须取消而代之以人与人间自由和爱的团结。”他认为，只要有钱人都信仰上帝，永远感到自己有罪，主动放弃剥削，进行道德上的自我修身，人类便会达到理想的天国。

[8] 鳄鱼的眼泪　据古代西方传说，鳄鱼是一种外形丑恶、十分残暴而又非常伪善狡猾的动物，它在捕捉人鱼畜兽之后，一边贪婪地吞食，一边却假惺惺地流出眼泪。“鳄鱼的眼泪”一语是借喻，指给人造成不幸和灾难，却又对此表示虚假怜悯的伪善者的行径。

[9] 正教院　又译主教公会。

[10] 干了一桩特别卑鄙龌龊的事情　托尔斯泰于1910年10月离家出走，到达阿斯塔波沃车站时，病倒垂危。沙皇政府和主教公会警惕地注视着他的病情变化。安东尼大主教拍电报给托尔斯泰，请求他同教会“和解”。同时，还派遣一个神父赶到车站，希望能同他谈话，企图借此造成托尔斯泰在死前忏悔了，终于回到宗教教会怀抱这样的欺骗性舆论，以利于沙皇和教会的统治。但是电报没有交给托尔斯泰，家属也拒绝神父来到病人床前。托尔斯泰逝世后，主教公会立即召开紧急会议，通过一个“不准为托尔斯泰伯爵祈祷”的决议，下令禁止在教堂里举行宗教追悼仪式。对此，列宁嘲笑他们“干了一桩特别卑鄙龌龊的事情”。

[11] 正教院开除了托尔斯泰的教籍　因为托尔斯泰在他的许多作品和论文里无情揭发、抨击了沙皇政府和教会，特别是他在《复活》中通过对托波罗夫的描写揭露了教会的虚伪，尖锐地讽刺了当时主教公会（正教院）的首脑波别德诺斯泽夫，所以在1910年2月24日被开除教籍。

[12] 黑帮　又译黑色百人团，是沙皇政府为了镇压1905年革命而建立的反革命特务组织，专门干恐怖的罪恶勾当，阴谋杀害革命者，所以称为“黑帮”。

[13] 资产阶级自由主义　是19世纪到20世纪初资产阶级的一种政治思潮。自由主义者把资产阶级的“自由”“民主”等口号，按照资产阶级政权确立以后的要求加以修改和补充，主张个人的活动和发展完全自由，提倡个人权利，实现无拘无束的自由竞争和资本主义剥削自由，拥护有财产限制的选举权和两院制议会，以剥夺劳动人民的政治权利。到了帝国主义时代，资产阶级自由主义以反对马克思主义，破坏无产阶级革命运动为其主旨，成为帝国主义反动势力的有力工具。

[14] 自由主义民粹派　19世纪后期的民粹派。俄国民粹派，在民意党被摧垮后，逐渐失去革命性，和沙皇政府妥协，代表富农阶级利益，疯狂反对马克思主义。

[15] 路标派　俄国一批反动的资产阶级立宪民主党分子。他们在 1909 年因为出版反动论文集《路标》而得名。论文集极力攻击唯物主义世界观，妄图恢复宗教的世界观，否定俄国革命民主主义者的民主传统；反对 1905 年革命运动，肆意污蔑人民群众的解放斗争；赞扬资产阶级的背叛行为，感谢沙皇政府镇压革命，"用刺刀和监狱为我们挡住人民的狂暴"，鼓吹知识分子为沙皇专制效劳。列宁指出："《路标》反映了现代立宪民主主义的无可置疑的本质……立宪民主党就是《路标》党。"（《列宁全集》，2 版，第 19 卷，167 页，北京，人民出版社，1989）"路标派"主要成员是民·别尔嘉也夫、谢·布尔加柯夫、彼·司徒卢威等。

[16] 安东尼·沃伦斯基　安东尼·沃伦斯基（1863—1936），原名赫拉波维茨基，是大主教，黑帮头目，沙皇政府的重要亲信。十月社会主义革命后，和白匪邓尼金勾结，从事反革命复辟活动，后逃亡国外。

[17]《新时报》　从 1868 年到 1917 年 11 月在彼得堡出版的一家反动报纸。1905 年起，成为沙皇黑帮的机关报之一。列宁指责它是一贯向沙皇政府献媚的"卖身求荣的报纸的典型"。

[18] 金钱势力　即资本主义势力。

列·尼·托尔斯泰和现代工人运动*[1]

(1910年11月28日[12月11日])

列宁

几乎俄国所有大城市的工人都已经对列·尼·托尔斯泰的逝世作出了反应，他们用各种方式对这位曾经写了许多最卓越的艺术作品从而置身世界大文豪之列的作家，对这位曾经以巨大的力量、信念和真诚提出许多有关现代政治制度和社会制度的基本特点问题的思想家表明了自己的态度。他们的态度大体上由在报上登载的第三届杜马工人代表所发的电报[2]表明了。

列·托尔斯泰是在农奴制还存在的时候开始自己的文学活动的，但那时的农奴制显然已经是末日临头了。托尔斯泰的主要活动，是在俄国历史的两个转折点之间即1861年和1905年之间的那个时期进行的。在这个时期，俄国整个经济生活（特别是农村经济生活）和整个政治生活中处处可见农奴制的痕迹和它的直接残余。同时，这个时期正好是资本主义从下面蓬勃生长和从上面得到培植的时期。

农奴制的残余表现在什么地方呢？最主要和最明显的表现是：在俄国这个以农业为主的国家中，这个时期的农业是由破产的、贫困的农民经营的，他们用陈旧的和原始的方法，耕种1861年为了地主利益而分割的旧时农奴制的份地。另一方面，农业又是由地主经营的，他们在俄国中部用农民的劳动、农民的木犁和农民的马匹来耕种土地，而农民所得的代价是使用一些“割地”、割草场和饮马场等等。实质上，这还是旧的农奴制经济制度。这个时期的俄国政治制度也彻头彻尾体现了农奴制精神。这既可以从1905年开始初步变动以前的国家制度中看出来，也可以从贵族-土地占有者对于国事具有绝对影响中看出来，还可以从那些主要也是由贵族-土地占有者出身的官吏，特别是高级官吏拥有无限权力中看出来。

---

* 列宁．列宁全集：第20卷．2版．北京：人民出版社，1989：39-41.

这个古老的宗法制的俄国，在1861年以后就开始在世界资本主义的影响下迅速崩溃了。农民忍饥挨饿，大批死亡，遭到前所未有的破产，他们抛弃了土地，跑到城市里去。由于破产农民的“廉价劳动”，铁路和工厂在加紧修建。巨大的金融资本[3]、大规模的工商业在俄国得到了发展。

艺术家托尔斯泰的作品，思想家托尔斯泰的观点反映的正是旧俄国的一切旧“基础”的这种迅速、激烈而急剧地被摧毁。

托尔斯泰非常熟悉乡村的俄国，熟悉地主和农民的生活。他在自己的艺术作品里对这种生活作了世界最优秀的文学作品中才有的十分出色的描绘。乡村俄国一切“旧基础”的这种急剧地被摧毁，使他对周围所发生的事情加强了注意，加深了兴趣，从而使他的整个世界观发生了变化[4]。就出身和所受的教育来说，托尔斯泰属于俄国上层地主贵族，但是他抛弃了这个阶层的一切传统观点，他在自己的后期作品里，对现存一切国家制度、教会制度、社会制度和经济制度作了激烈的批判，而这些制度所赖以建立的基础，就是对群众的奴役，就是群众的贫困化，就是农民以至所有小业主的破产，就是从上到下充斥整个现代生活的暴力和伪善。

托尔斯泰的批判并不新。他所说的，没有不是那些支持劳动者的人早就在他之前很久在欧洲文献和俄国文献中说过的。但是托尔斯泰的批判的特点及其历史意义在于，他的批判是用只有天才艺术家所特有的力量表现了这一时期的俄国，即乡村的、农民的俄国最广大人民群众的观点的急剧转变。托尔斯泰对现存制度的批判同现代工人运动的代表们对这些制度的批判的不同之处，正在于托尔斯泰是用天真的宗法制农民的观点进行批判的，他把农民心理表现在自己的批判中、自己的学说中。托尔斯泰的批判所以这样感情强烈，这样热情奔放，这样有说服力，这样清新、真诚、具有力求“追根究底”找出群众苦难的真正原因的大无畏精神，是因为他的批判真正反映了千百万农民的观点的转变，这些农民刚刚摆脱农奴制获得自由，就发现这种自由不过意味着破产、死于饥饿和城市的“希特罗夫人”[5]流离失所的生活等等新灾难罢了。托尔斯泰如此忠实地反映了农民的情绪，甚至把他们的天真，他们对政治的疏远，他们的神秘主义[6]，他们逃避现实世界的愿望，他们的“对邪恶不抵抗”，以及他们对资本主义和“金钱势力”的无力诅咒，都带到自己的学说中去了。千百万农民的抗议和他们的绝望，就这样在托尔斯泰学说中融为一体。

现代工人运动的代表们认为，他们要抗议的东西是有的，但是没有什么可绝望的。绝望是那些行将灭亡的阶级的特性，而在一切资本主义社会，包括俄国在内，雇佣工人阶级必然是在成长、发展和壮大。绝望是那些不了解产生邪恶的根源、看不见出路和没有能力斗争的人的特性。现代工业无产阶级并不是这样的阶级。

［注　释］

［1］这篇文章最初发表于1910年12月11日布尔什维克的半合法报纸《我们的道路报》第7期上，署名：费·伊林。

［2］第三届杜马工人代表所发的电报　国家杜马是1906年到1917年沙皇俄国的议会。布尔什维克利用杜马的讲坛揭露了沙皇政府的反动政策，并组织了革命力量。这封电报发表在《我们的道路报》第7期。1910年11月7日晨，托尔斯泰在阿斯塔波沃车站病逝时，第三届国家杜马（1907年11月—1912年6月）里的社会民主党的代表发出一封唁电，全文是：“国家杜马社会民主党党团，代表俄国和全世界

无产者，对天才的艺术家的逝世表示沉痛的哀悼。他是和正统的教会习俗进行不调和的斗争的百战百胜的战士，他是横暴和奴役的敌人，他高呼反对死刑，他是受迫害者的朋友。”

［3］金融资本　又译财政资本。在资本主义高度发展阶段，由生产高度集中造成工业垄断，推动银行资本的积累和集中，形成银行垄断。银行垄断组织和工业垄断组织用互相收买对方企业的股票和参加对方董事会的办法，使银行资本和工业资本结合，发展成金融资本。金融资本是帝国主义经济的主要特征之一。

［4］使他的整个世界观发生了变化　在19世纪70年代末到80年代初，托尔斯泰的世界观发生了激烈的变化。他在《忏悔录》（写于1879年到1882年）里叙述了自己思想的转变过程，他说：“我发生了这样的情况：我们圈子里的人——富豪、学者——的生活不仅使我厌恶而且失去了意义”，“我弃绝了我们那个阶层的生活”，“应当过真正的生活，而不是寄生的生活”。后来，他回忆说：“1881年这个时期，对我来说乃是从内心上改变我的整个人生观的一段最为紧张热烈的时期。”

［5］“希特罗夫人”　这个词的俄文是XНТРОВЦЕВ，直译是“夜店住客”。原指莫斯科希特罗夫市场一带开设的小客栈，住客绝大多数是由于农村破产而流落到莫斯科寻找工作谋生的贫苦农民。

［6］神秘主义　指宗教唯心主义世界观，主张人应从神的“启示”中“领悟”到宇宙的“秘密”。

托尔斯泰和无产阶级斗争*[1]

（1910 年 12 月 18 日［31 日］）

列宁

托尔斯泰以巨大的力量和真诚鞭笞了统治阶级，十分鲜明地揭露了现代社会所借以维持的一切制度——教会、法庭、军国主义[2]、“合法”婚姻、资产阶级科学——的内在的虚伪。但是，他的学说同现存制度的掘墓人无产阶级的生活、工作和斗争是完全矛盾的。列夫·托尔斯泰的说教究竟反映了什么人的观点呢？他说的话是代表整个俄罗斯千百万人民群众的，人民群众**已经**憎恨现代生活的主宰者[3]，但是**还**没有达到去同他们进行自觉的、一贯的、坚持到底的、不可调和的斗争的程度。

伟大的俄国革命的历史和结局表明，**介于**觉悟的社会主义无产阶级和旧制度的坚决维护者**之间**的群众，正是这样的。这些群众——主要是农民——在革命中表明，他们对旧制度的仇恨是多么深刻，他们对现存制度带来的一切苦难的感受是多么痛切，他们向往摆脱这些苦难并找到美好生活的自发愿望是多么强烈。

同时，这些群众在革命中也表明，他们的仇恨还不够自觉，他们的斗争还不够彻底，他们对美好生活的追求还只局限在狭小的范围内。

托尔斯泰的学说反映了直到最底层都在掀起汹涌波涛的伟大的人民海洋，既反映了它的一切弱点，也反映了它的一切长处。

俄国工人阶级研究列夫·托尔斯泰的艺术作品，会更清楚地认识自己的敌人；而全体俄国人民分析托尔斯泰的**学说**，一定会明白他们本身的弱点在什么地方，正是这些弱点使他们不能把自己的解放事业进行到底。为了前进，应该明白这一点。

阻碍这一运动前进的，是所有那些把托尔斯泰称为“公众的良心”、“生活的导师”的人。

---

* 列宁．列宁全集：第 20 卷．2 版．北京：人民出版社，1989：71 - 72.

这些说法是自由派故意散布的谎言，他们想利用托尔斯泰学说中与革命相抵触的一面。某些过去的社会民主党人[4]，也跟着自由派重复这种谎言，说托尔斯泰是“生活的导师”。

只有当俄国人民懂得，他们要求得美好的生活，不应该向托尔斯泰学习，而应该向无产阶级这个托尔斯泰所没有了解其意义的、唯一能摧毁托尔斯泰所憎恨的旧世界的阶级学习，只有这个时候，俄国人民才能求得解放。

[注 释]

[1] 此文最初刊载于1910年12月在巴黎出版的布尔什维克机关报《工人报》第2号上。

[2] 军国主义 帝国主义为了准备和发动侵略战争，在国内极力增加军费，扩大军备，扩张军需工业，使国民经济军事化；向人民灌输侵略思想，强迫人民服兵役，实行军事独裁统治，加紧镇压人民革命运动；对外则加紧掠夺殖民地，干涉和破坏别国主权，制造颠覆活动，甚至公开发动侵略战争。这就叫军国主义。列宁指出：“现代军国主义是资本主义的结果。”（《列宁全集》，2版，第17卷，167页，北京，人民出版社，1988）

[3] 现代生活的主宰者 指地主、资产阶级。

[4] 某些过去的社会民主党人 指孟什维克取消派分子巴扎罗夫等人。巴扎罗夫（鲁德涅夫）曾参加过布尔什维克，在斯托雷平反动时期蜕变为孟什维克取消派分子。1910年出版的孟什维克取消派杂志《我们的曙光》第10期上，曾经刊载了巴扎罗夫写的《托尔斯泰和我国知识分子》以及别的文章，鼓吹托尔斯泰是“公众的良心”“生活的导师”等。

列·尼·托尔斯泰和他的时代*[1]

(1911年1月22日［2月4日］)

列宁

列·托尔斯泰所处的时代，他的天才艺术作品和他的学说中非常突出地反映出来的时代，是1861年以后到1905年以前这个时代。诚然，托尔斯泰文学活动开始得要比这个时期早，其结束则要比这个时期晚，但是列·托尔斯泰作为艺术家和思想家，正是在这个时期完全成熟的。这个时期的过渡性质，产生了托尔斯泰作品和“托尔斯泰主义”的**一切**特点。

在《安娜·卡列尼娜》[2]一书中，托尔斯泰借康·列文[3]之口非常清楚地道出了这半个世纪俄国历史所发生的转变。

> “……关于收成、雇用工人等等的谈话，列文知道，这种谈话通常都被认为是很庸俗的……现在在列文看来有些却是重要的话题了。‘也许这在农奴制度下并不重要，或者在英国也不重要。在这两种场合，条件本身是确定了的；可是现在在我们这里，当一切都颠倒过来，而且刚刚开始形成的时候，这些条件将怎样形成的问题，倒是俄国唯一重要的问题了。’——列文想道。”（《托尔斯泰全集》第10卷第137页）

“现在在我们这里，一切都颠倒过来，而且刚刚开始形成”，——很难想象还有比这更能恰当地说明1861—1905年这个时期特征的了。那“颠倒过来”的东西，是每个俄国人都非常了解的，至少也是很熟悉的。这就是农奴制度以及与之相适应的整个“旧秩序”。那“刚刚开始形成”的东西，却是最广大的人民群众完全不熟悉的，陌生的，不了解的。托尔斯泰模模糊糊地看到的这个“刚刚开始形成的”资产阶级制度是一个象英国那样的吓人的怪物。的确是一个

* 列宁．列宁全集：第20卷．2版．北京：人民出版社，1989：100－104.

吓人的怪物，因为关于这个“英国”的社会制度的基本特点，这种制度同资本的统治、同金钱的作用、同交换的出现和发展之间的联系，可以说，托尔斯泰是根本不想弄明白的。他象民粹派[4]一样，闭起眼睛，根本不愿意看到，甚至拒绝去想在俄国“开始形成”的东西正是资产阶级制度。

确实，从俄国整个社会政治活动的迫切任务来看，这个在“英”、德、美、法等国采取了极不相同的形式的制度，即资产阶级制度“将怎样形成”的问题，对于1861—1905年这个时期（甚至现代）来说，即使不是“唯一重要的”问题，那也是极为重要的问题。但是这样明确地、具体地、历史地提出问题，对于托尔斯泰来说，却是一件完全陌生的事情。他总是抽象地发议论，他只承认“永恒的”道德原则和永恒的宗教真理的观点，而没有认识到这种观点仅仅是旧的（“颠倒过来的”）制度，即农奴制度、东方各民族的生活制度在思想上的反映。

在《卢塞恩》[5]（写于1857年）中，列·托尔斯泰宣称：把“文明”认作幸福，是一种“想象出来的知识”，它会“消灭人类天性中那种本能的最幸福的原始的对于善的需要”。托尔斯泰感叹地说：“我们有一个，并且只有一个毫无罪过的指导者，那就是深入我们内心的世界精神。”（《托尔斯泰全集》第2卷第125页）

在《当代的奴隶制》（写于1900年）中，托尔斯泰更热心地重复着这种对世界精神的呼吁，称政治经济学是“假科学”，因为它把“处在最特殊的状况下的小小的英国”当作了“典型”，而没有把“全世界的人们在整个历史时期中的状况”当作典型。这个“全世界”是什么样子，《进步和教育的定义》一文（写于1862年）给我们作了揭示。托尔斯泰引证“整个的所谓东方”（第4卷第162页）来反驳那种说进步是“人类一般规律”的“历史学家”的观点。托尔斯泰说道：“人类前进的一般规律是没有的，静止不动的东方各民族向我们证明了这一点。”

托尔斯泰主义的现实的历史内容，正是这种东方制度的即亚洲式制度[6]的思想体系。因此也就有禁欲主义[7]，也就有不用暴力抵抗邪恶的思想，也就有深沉的悲观主义调子，也就有“一切都是虚无，一切东西都是物质上的虚无”（《论生活的意义》，第52页）的信念，也就有对“精神”、对“万物本源”[8]的信仰，而人对于这个本源不过是一个“被派来进行拯救自己灵魂的事业的”“工作者”等等。托尔斯泰在《克莱采奏鸣曲》[9]里以及在1862年写的一篇文章[10]里，也是笃信这种思想体系的。他在《克莱采奏鸣曲》里说：“妇女的解放不在学校里，不在议会里，而在卧室里。”他在1862年写的那篇文章里说：大学不过是培养了一些“易怒的病态的自由主义者”，这些人是“人民完全不需要的”，他们“无目的地脱离了以前的环境”，“在生活中找不到自己的位置”，等等（第4卷第136—137页）。

悲观主义、不抵抗主义、向“精神”呼吁，是这样一个时代必然要出现的思想体系，在这个时代，整个旧制度已经“颠倒过来”，而群众是在这个旧制度下教养出来的，他们从吃母亲奶的时候起就接受了这个制度的原则、习惯、传统和信仰，他们看不出也不可能看出“开始形成”的新制度是**什么样子**，是**哪些**社会力量在“形成”这种新制度以及怎样“形成”这种新制度，哪些社会力量**能够**消除“变革”时代所特有的无数特别深重的灾难。

1862—1904年这一时期，俄国正处于这样的变革时代，这时旧的东西无可挽回地在大家眼前崩溃了，新的东西则刚刚开始形成，而且形成这些新东西的社会力量，直到1905年才第一次在辽阔的全国范围内、在各种场合的群众性的公开活动中真正表现出来。继俄国1905年的事变之后，正是在东方，在托尔斯泰于1862年所引证的那个“静止不动的”东方，有许多国家也发生了类似的事变。1905 年是“东方的”静止不动状态结束的开端。正因为如此，所以这一年是托尔斯泰主义的历史终点，是那个可能和本该产生托尔斯泰学说的整个时代的终点，而托尔斯泰学说不是什么个人的东西，不是什么反复无常和标新立异的东西，而是由千百万人在相当长的时期内实际所处的一种生活条件产生的思想体系。

托尔斯泰的学说无疑是空想的学说，就其内容来说是反动的（这里是就反动一词的最正确最深刻的含义来说的）。但是决不应该由此得出结论说，这个学说不是社会主义的，这个学说里没有可以为启发先进阶级觉悟提供宝贵材料的批判成分。

有各种各样的社会主义。在一切采用资本主义生产方式的国家里，有一种社会主义，它代表着将代替资产阶级的那个阶级的思想体系，也有另一种社会主义，它是同那些被资产阶级所代替的阶级的思想体系相适应的。例如，封建社会主义[11]就是后一种社会主义，**这种**社会主义的性质，早在 60 多年以前，马克思在评价其他各种社会主义的时候就评价过了。

其次，列·托尔斯泰的空想学说正象许多空想学说体系一样，是具有批判成分的。但是不要忘记马克思的深刻的见解：空想社会主义的批判成分的意义“是同历史的发展成反比的”。正在“形成”新俄国和消除现代社会灾难的那些社会力量的活动愈发展，它们的活动愈具有确定的性质，批判的空想社会主义就会愈迅速地“失去任何实践意义和任何理论根据”。

在 25 年以前，**尽管**托尔斯泰主义具有反动的和空想的特点，但是托尔斯泰学说的批判成分有时实际上还能给某些居民阶层带来好处。比如说，在最近 10 年中，就不可能有这种事情了，因为从上世纪 80 年代到上世纪末，历史的发展已经前进了不少。而在我们今天，当上述许多事变已经结束了“东方的”静止不动的状态**以后**，在我们今天，当“路标派”的自觉的反动思想，即在狭隘的阶级意义和自私自利的阶级意义上的反动思想在自由派资产阶级中间得到这样广泛传播的时候，当这些思想甚至传染了一部分所谓马克思主义者并造成了“取消主义”[12]思潮的时候，在我们今天这样的时候，任何想把托尔斯泰的学说理想化，想袒护或冲淡他的“不抵抗主义”、他的向“精神”的呼吁、他的“道德上的自我修身”的号召、他的关于“良心”和博“爱”的教义、他的禁欲主义和寂静主义[13]的说教等等的企图，都会造成最直接和最严重的危害。

[注　释]

[1] 这篇文章发表于 1911 年 1 月 22 日布尔什维克合法报纸《明星报》第 6 号上，署名：费·伊林。

[2]《安娜·卡列尼娜》　托尔斯泰在 1873 年到 1877 年间写的长篇小说，它以贵族妇女安娜·卡列尼娜和贵族青年列文的各自不同的爱情遭遇为线索，广泛地反映了 19 世纪 70 年代末俄国动荡不安的社会生活，表现了农奴制崩溃和资本主义生长时期俄国社会的各种矛盾和冲突，涉及许多重大的社会政治问题。作者无情地揭露了上层贵族阶级的寄生腐化生活、道德败坏和极端的虚伪，并且探索了俄国的农民问题。但是，在这部作品里仍然宣扬作者的托尔斯泰主义和人性论思想。

[3] 康·列文　即康斯坦丁·列文，是《安娜·卡列尼娜》的男主人公之一，是托尔斯泰式的贵族阶级的理想人物。托尔斯泰通过对列文的生活、性格和行为的描写，表达了他对当时俄国社会生活的思想观点和政治主张。

[4] 民粹派　俄国革命历史上的小资产阶级政治派别。产生于 19 世纪 60 年代至 70 年代。19 世纪 60 年代，彼得堡、莫斯科出现了一批民粹派团体，先在工人和知识分子中进行革命宣传工作。19 世纪 70 年代，他们发动“到民间去”的运动，穿起农民的服装到农村去发动农民进行推翻沙皇制度的斗争。

他们抱着“英雄造时势”的英雄史观，自以为是人民的精华，所以才有“民粹派”之称。

1876年民粹派成立了“土地与自由党”。后来由于斗争策略的分歧，分裂为“民意党”和“土地平分社”。到19世纪八九十年代，民粹派逐渐成为代表富农阶级利益的自由主义民粹派。

［5］《卢塞恩》　托尔斯泰的短篇小说。卢塞恩，地名，位于瑞士中部的卢塞恩湖畔。1857年托尔斯泰在卢塞恩这个城市旅行，看到一个流浪乞食的音乐家，给一群资产阶级绅士演唱了半小时，虽然三次哀求却没有得到任何报酬。这使在场的托尔斯泰极为愤怒。他只用三天时间就写成《卢塞恩》。在这篇作品中，他激烈地揭发和谴责资本主义社会的所谓“文明”，批判资产阶级的“自由”“平等”的虚伪和丑恶，同时也反映了托尔斯泰以“道德上自我修养”来改良社会的反动思想。

［6］东方制度的即亚洲式制度　指当时在亚洲大多数国家存在的政治上的封建君主专制制度、经济上的自给自足的宗法式的经济制度。

［7］禁欲主义　一种唯心主义的宗教伦理学说。它鼓吹“物质欲望”是一切罪恶和痛苦的根源。宣扬压抑人的生活需要和“戒除肉欲”。禁欲主义者鄙视物质生活，要求克制欲望，苦行寡欲，以至靠自我完善而接近于神，以求超脱现实。禁欲主义常和一定的宗教密切结合，客观上掩盖剥削阶级的压迫和剥削，使人民安于奴隶生活，放弃争取解放斗争。

［8］“万物本源”　本源即根源。万物本源即万物产生的根源。唯心主义认为万物是由“精神”产生的，“精神”是“万物本源”。

［9］《克莱采奏鸣曲》　这里是指托尔斯泰在1887年到1889年间写的一部中篇小说。有的中译本把书名译成《克莱采朔拿大》（“朔拿大”是“奏鸣曲”的音译）。

《克莱采奏鸣曲》原是德国作曲家贝多芬（1770—1827）在1803年左右写的一支小提琴和钢琴的奏鸣曲。他把这首器乐合奏组曲献给当时法国的提琴家和作曲家克莱采，故名《克莱采奏鸣曲》。

托尔斯泰在这部中篇小说里，写女主人公曾经和一男子合奏这首曲子，引起丈夫的疑心与嫉妒，遂把她杀死。作者通过主人公贵族瓦·波兹尼雪夫一生的故事，揭露和批判了俄国贵族资产阶级的腐化生活、道德败坏和虚伪的婚姻制度，作品还突出地鼓吹了作者的宗教观点和禁欲主义的说教，以及对妇女解放的否定态度。

列宁在本文里引的几句话，只见于当时民间流行的这部小说的手抄本和油印本里，在其他正式印行的版本里，这些话已被删去。

［10］1862年写的一篇文章　指托尔斯泰发表在自己创办的《雅斯那亚·波里雅那》杂志1862年7月号的教育论文《培养与教育》。

［11］封建社会主义　一种代表没落贵族利益的反动社会主义思潮。由于新兴的资产阶级在政治斗争中打败了封建贵族，因而封建贵族的代表和思想家伪装同情工人，企图拉拢无产阶级和他们一起反对资产阶级，并给自己的理论抹上“社会主义”的油彩。他们指责资本主义使劳动者贫困，力图证明工人情况恶化是因为封建王朝被推翻，把封建社会描写成“贵”和“贱”之间的和谐一致的时代，鼓吹封建专制政权会“拯救世界”并把社会引向“社会主义”。封建社会主义理论，是封建贵族企图利用反资本主义宣传来笼络工人以恢复封建统治的思想工具。《共产党宣言》指出：封建社会主义“半是挽歌，半是谤文，半是过去的回音，半是未来的恫吓；它有时也能用辛辣、俏皮而尖刻的评论刺中资产阶级的心，但是它由于完全不能理解现代历史的进程而总是令人感到可笑”（《马克思恩格斯选集》，3版，第1卷，423页，北京，人民出版社，2012）。

［12］“取消主义”　俄国1905年革命失败后，在斯托雷平反动时期，俄国社会民主工党内的孟什维克机会主义分子取消现有的俄国社会民主工党组织，甚至公然放弃党的策略和纲领，被称为“取消派”。

［13］寂静主义　一种唯心主义宿命论思想，鼓吹清虚无为，诱使人们放弃必要的斗争。

讲 解

1908 年到 1911 年，列宁撰写了一系列评述俄国 19 世纪伟大的批判现实主义作家托尔斯泰的论文。这些论文，用马克思列宁主义的立场、观点和方法，科学地分析和评价了托尔斯泰的思想和创作，揭露和批判了各种反动势力歪曲和诬蔑托尔斯泰的政治企图。这些论文，丰富了马克思主义的一些主要文艺观点，对我们正确评价历史上的作家作品，发展战斗性和科学性相结合的马克思主义的文艺批评，都具有重要的指导意义。

本书选录的列宁论托尔斯泰的五篇文章，均写于托尔斯泰逝世前后，当时俄国正处于斯托雷平反动统治时期。1905 年，俄国发生了无产阶级领导的资产阶级性质的民主革命。这次革命，组织、锻炼了无产阶级的革命队伍，给沙皇统治以沉重打击。它揭开了俄国无产阶级革命的序幕，成为伟大十月革命的预演。1905 年革命失败后，俄国进入最黑暗的时期，沙皇内务大臣斯托雷平窃据权柄，使用反革命暴力，对革命进行残酷镇压，全国布满了绞架，成千上万的革命者惨遭杀害。

在斯托雷平的白色恐怖的威压下，俄国的政治形势动荡，阶级关系出现分化和改组。作为资产阶级政治代表的立宪民主党公开投入内阁总理斯托雷平的怀抱。他们出版《路标》文集，大肆诋毁马克思主义，为反动势力血腥镇压拍手叫好，并无耻地阿谀、感谢沙皇政府“用刺刀和监狱为我们挡住人民的狂暴”。俄国社会民主工党内部也产生了思想混乱，分离出“取消派”和“召回派”。“取消派”主张取消秘密的社会民主工党，只搞合法斗争。“召回派”要求召回国家杜马中的社会民主工党的代表，反对党利用合法手段进行革命活动。“召回派”是变相的“取消派”。“取消派”和“召回派”都是无产阶级革命的“同路人”。他们在阶级斗争的紧要关头，发生动摇、变节和背叛，转而趋附反动势力，倒转矛头，反对列宁领导的布尔什维克的革命路线。

政治领域的阶级斗争必然反映到哲学领域和文学领域中来。在哲学领域中，以波格丹诺夫、巴扎罗夫、尤史凯维奇等为代表的马赫主义者，向马克思主义哲学发动了猖狂的进攻。他们披着马克思主义的外衣反对马克思主义；用所谓凌驾于唯物主义和唯心主义之上的改头换面的唯心主义来代替辩证唯物主义；打着“无党性”的幌子来掩盖他们的哲学的党性，抹杀马克思主义哲学的党性原则；通过肆意歪曲自然科学的最新成就，提倡所谓“中派哲学”。马赫主义为资产阶级和孟什维克的反革命政治路线提供了哲学根据，同时也为他们的动摇、变节和背叛作哲学上的辩护。在文学领域中，颓废主义、悲观主义、神秘主义、未来主义风行一时。一大批时髦的反动作家大肆鼓噪，掀起一股恶毒攻击马克思主义，辱骂无产阶级革命，美化变节叛卖行为的汹汹恶浪。正如高尔基所指出的，从 1907 年到 1917 年是“俄国知识界历史上最丢脸和无耻的十年”。

1905 年革命失败后，俄国面临着向何处去的问题：是坚持革命还是屈服投降，是前进还是后退，是用革命暴力反对反革命暴力、捣毁旧的国家机器、推翻沙皇统治，还是宣扬“不用暴力抵抗邪恶”，束缚革命群众的手脚，使他们放下手中的战斗武器，听任反动派的任意摆布和宰割。这是当时俄国阶级斗争的核心和焦点。列夫·托尔斯泰是世界上负有盛望的著名作家，他的艺术作品具有广泛而深刻的影响，他的托尔斯泰主义也拥有不少信徒。1908 年托尔斯泰的 80 寿辰和 1910 年托尔斯泰的逝世，都在俄国引起强烈的反响。对俄国究竟向何处去的争论，以列宁为首的布尔什维克和资产阶级自由派、孟什维克存在着根本分歧。围绕着对托尔斯泰的评价，这种分歧又集中地表现出来。俄国社会的不同阶级、阶层和政党都通过对托尔斯泰的评价极其鲜明地表明了对俄国革命的不同的阶级立场和政治态度。因此，围绕怎样评价托尔斯泰所进行的这场争论，实质上关系到俄国革命的前途和命运，是当时俄国的阶级斗争和路线斗争的重要组成部分。一切俄国的反对革命的势力都在评价托尔斯泰的热潮中集结并联合起来，利用托尔斯泰主义的反动观点，把托尔斯泰学说的“笃信基督”“道德上的自我修身”“不用暴力抵抗邪恶”化作他们手中的精神武器，与沙皇官方政府的血腥镇压相配合，扼杀人民群众的革命意识，扑灭无产阶级革命的烈火。为了对抗以列宁为首的布尔什维克的革命舆论，俄国一切反动势力，纷纷登台表演，掀起一场反对暴力革命、反对马克思主义的大合唱。

官方的反动文人不久前还奉命咒骂、攻击托尔斯泰，过后不久又改口说他们尊崇这位“伟大的作家”；以立宪民主党为代表的资产阶级自由派，无耻吹捧托尔斯泰是“文明人类的呼声”“世界一致的反响”“真和善的观念”“公众的良心”“生活的导师”……孟什维克取消派声称“整个托尔斯泰”是知识分子的“良心”，说他“经历过现代受过教育的人所特有的分解的一切阶段，而找到了综合”，如此等等。

列宁于 1908 年到 1911 年间写的一系列光辉论文，给一切反动势力利用评价托尔斯泰向马克思主义发起的联合进攻以迎头痛击。

（1）列宁指出一切反动势力“纪念”托尔斯泰完全是伪善和欺骗。

官方政府和官方教会在这位作家离家出走后不久，曾威胁他，声言对他进行“审判”，在这位作家逝世之后，主教公会又立即通过一个“不准为托尔斯泰伯爵祈祷”的决议；接着却唱起托尔斯泰的赞美诗来。列宁嘲讽他们刚刚“干了一桩特别卑鄙龌龊的事情”，又“流着鳄鱼的眼泪”。资产阶级自由派“既不相信托尔斯泰的上帝，也不赞成托尔斯泰对现行制度的批判”，与之相反，正如列宁所指出的那样，正是“托尔斯泰无畏地、公开地、尖锐无情地**提出了**我们这个时代最迫切、最该死的问题，光是这些问题的提出就给了我国自由派（以及自由主义民粹派）政论界千篇一律的空话、陈腐的谬论以及闪烁其词的‘文明的’谎言**以当头一棒**”，“托尔斯泰的每一个批评意见，都是给资产阶级自由主义的一记耳光”。资产阶级自由派鼓噪托尔斯泰是“公众的良心”“生活的导师”是完全虚伪的。

（2）列宁揭露了一切反动势力评价托尔斯泰的险恶阴谋，即为了对抗无产阶级革命，为自己的政治目的服务。

官方政府和教会假惺惺地尊崇这位作家，是为了“维护‘最神圣的’正教院”，利用宗教作为麻醉人民的鸦片烟，以巩固其罪恶统治。资产阶级自由派“攀附这个极有声望的名字，是为了增加自己的政治资本，是为了扮演全国反对派领袖的角色”。所有一切反动势力都想利用托尔斯泰学说中违反革命的那一方面，竭力鼓吹以“笃信基督”“道德上的自我修身”和“不用暴力抵抗邪恶”为主要内容的托尔斯泰主义。他们宣扬的所谓“导师”“良心”“综合”等抽象字眼均指托尔斯泰学说中这些消极、反动的因素。他们大肆吹捧托尔斯泰主义的险恶用心正是毒害人民群众的革命意识，解除无产阶级的思想武器，抵制马克思主义关于无产阶级革命和无产阶级专政的科学理论，对抗暴力革命的红色风暴，以维护反动腐朽的社会制度。

(3) 列宁还自觉地把参与评价托尔斯泰的论战同制造无产阶级革命舆论紧密联系起来。

沙皇俄国的反动势力为了使托尔斯泰为自己的政治利益服务，百般美化托尔斯泰世界观中消极、反动的因素，大肆颂扬反动的托尔斯泰主义；竭力抹杀托尔斯泰创作和作品的历史意义，无视托尔斯泰作品中积极、进步的一面，别有用心地掩盖、抹杀托尔斯泰对当时俄国社会的无情的揭露和愤怒的抗议。

列宁以马克思主义的科学态度，对托尔斯泰的世界观和创作给予全面、公正的评价。一方面，严肃指出并深刻批判了托尔斯泰创作中的消极因素、托尔斯泰主义的反动本质。列宁说："作为一个发明救世新术的先知，托尔斯泰是可笑的，所以国内外的那些偏偏想把他学说中最弱的一面变成一种教义的'托尔斯泰主义者'是十分可怜的。"[1] 另一方面，又充分肯定并热情赞扬托尔斯泰世界观和创作中的积极因素及其对俄国革命的进步意义和作用。列宁指出："俄国工人阶级研究列夫·托尔斯泰的艺术作品，会更清楚地认识自己的敌人；而全体俄国人民分析托尔斯泰的学说，一定会明白他们本身的弱点在什么地方，正是这些弱点使他们不能把自己的解放事业进行到底。"[2] 列宁还指出："俄国无产阶级要向被剥削劳动群众阐明托尔斯泰对国家、教会、土地私有制的批判的意义——这样做不是为了让群众局限于自我修身和对圣洁生活的憧憬，而是让他们振奋起来对沙皇君主制和地主土地占有制进行新的打击……俄国无产阶级要向群众阐明托尔斯泰对资本主义的批判，——这样做不是为了让群众局限于诅咒资本和金钱势力，而是让他们学会在自己的生活和斗争中处处依靠资本主义的技术成就和社会成就，学会把自己团结成一支社会主义战士的百万大军，去推翻资本主义，去创造一个人民不再贫困、人不再剥削人的新社会。"[3] 列宁对托尔斯泰的科学分析，阐明了无产阶级对待文化遗产的批判继承的原则，澄清了评论托尔斯泰中的混乱，揭露并粉碎了各种反动势力歪曲、利用托尔斯泰去宣扬阶级调和、反对暴力革命的政治企图，撕下一切反动势力的伪装，把当时政治思想领域中的激烈斗争引向高潮，成为俄国无产阶级革命的政治号召和舆论动员。

列宁论托尔斯泰的这些论文是当时俄国激烈的阶级斗争的产物。这些论文闪烁着科学世界观的光辉，丰富了马克思主义文艺学的基本原理，为我们运用马克思主义的立场、观点和方法正确地进行文艺批评、科学地评价古典文学遗产，树立了光辉的典范。

一、现实主义创作的广度和深度

革命导师列宁是从辩证唯物论的反映论的观点来分析、评价托尔斯泰的文艺作品的。他称赞这位天才的艺术家创作了一幅"无与伦比的俄国生活的图画"，作为"俄国革命的镜子"，照现出"革命的某些本质的方面"。

（一）现实主义创作反映社会生活的广度

恩格斯曾称赞伟大作家巴尔扎克通过自己的作品勾勒出一幅1816年到1848年这一时期法国社会生活的"中心图画"，指出围绕着这幅中心图画"汇集了法国社会的全部历史"；恩格斯还提出"真实地再现典型环境中的典型人物"的著名论点，作为对现实主义文艺反映社会生活本质的基本要求。列宁通过对托尔斯泰创作的分析和评论，进一步发展了恩格斯的这些著名论点。诚然，列宁作为伟大的无产阶级革命家，为了揭露当时俄国一切反动势力歪曲托尔斯泰的罪恶用心，更紧密地为无产阶级政治服务，完全有必要突出强调托尔斯泰的学说和作品对俄国革命的作用和意义。但是，不应把列宁对托尔斯泰从政治上的评价作狭义的解释。政治生活是整个社会生活的组成部分。因此，托尔斯泰作为“俄国革命的镜子”，首先应当理解为是一面照现托尔斯泰所处的俄国那个时代的镜子。托尔斯泰的创作勾勒了一幅“无与伦比的俄国生活的图画”，极其广阔地反映了俄国的社会生活。

那么，托尔斯泰勾勒出来的无与伦比的俄国社会生活的中心图画是什么呢？这幅中心图画所展现出来的历史内容的主要特点和发展趋势是俄国农奴制崩溃、资本主义崛起。

正如列宁所指出的：“列·托尔斯泰所处的时代，他的天才艺术作品和他的学说中非常突出地反映出来的时代，是1861年以后到1905年以前这个时代。诚然，托尔斯泰文学活动开始得要比这个时期早，其结束则要比这个时期晚，但是列·托尔斯泰作为艺术家和思想家，正是在这个时期完全成熟的。”“在这个时期，俄国整个经济生活（特别是农村经济生活）和整个政治生活中处处可见农奴制的痕迹和它的直接残余。同时，这个时期正好是资本主义从下面蓬勃生长和从上面得到培植的时期。”[4]“在《安娜·卡列尼娜》一书中，托尔斯泰借康·列文之口非常清楚地道出了这半个世纪俄国历史所发生的转变。……‘现在在我们这里，一切都颠倒过来，而且刚刚开始形成’，——很难想象还有比这更恰当地说明1861—1905年这个时期特征的了。”“那‘颠倒过来’的东西”，正是“农奴制度以及与之相适应的整个‘旧秩序’。那‘刚刚开始形成’的东西……正是资产阶级制度”。[5]列宁的这些话是对托尔斯泰所处时代的科学概括。

这个时代的俄国生活的历史特点和历史趋势即农奴制的崩溃和资本主义的崛起，具体表现在：社会基本矛盾的激化，阶级关系的剧烈变动，社会经济结构的改组。而社会基本矛盾的激化主要指三种主要的社会矛盾空前尖锐化：一是农民和贵族地主的矛盾；二是农民和资产者的矛盾；三是贵族地主和资产者的矛盾。恩格斯曾说，一定的思想是从历史潮流中吸取来的，较大的思想深度是从意识到的历史内容中提炼和概括出来的，而历史潮流和历史内容都是由一定历史时期的社会基本矛盾所制约和决定的。不反映社会基本矛盾，便无法表现托尔斯泰所处那个时代的历史潮流和历史内容。他的作品作为一面反映俄国社会生活的镜子，首先应理解为主要是一面反映俄国社会基本矛盾的镜子。

托尔斯泰的作品反映俄国社会基本矛盾是通过塑造人物形象来实现的。正是社会基本矛盾构成托尔斯泰笔下的那些典型人物赖以生存和发展的典型环境，反转来又通过典型人物来揭示当时社会的典型环境，达到反映社会基本矛盾的目的。

与当时俄国社会三种阶级矛盾相适应，托尔斯泰塑造了三种人物形象。

(1)《安娜·卡列尼娜》令人瞩目地塑造了廖宾宁这样一个原始积累时期的典型的资产者形象。

贪婪的榨取和掠夺的欲望像机器上的发条那样拧紧了这个猎取暴利的骑士身上的每一根神经。他是以新经济制度的代表人物的姿态出现在贵族面前的。作品色授魂予地刻画了廖宾宁在经济斗争中贪婪、凶狠、机警、狡诈而又厚颜无耻的阶级本性。他向奥布浪斯基套买森林净挣3万卢布，还要讨价还价，当列文干预后，立即成交，又无耻地说：“我不喜欢锱铢计较。”这时小说写道：“微笑立刻从廖宾宁的脸上消失了，剩下的是鹰一般的、贪欲的、残酷的表情。

他用敏捷的、多骨的手指，解开他的外衣，露出衬衫背心上的青铜纽扣和表链，连忙掏出一个饱满的脏旧的皮夹来。'请收下这个，森林是我的了。'”这出色的细节描写活脱脱地画出了廖宾宁这个“猎取暴利的骑士”的形象。

(2) 托尔斯泰塑造了各式各样的贵族形象，摄魂勾魄地表现出这些贵族的历史命运，刻画了他们在“一切都翻了个身”的社会变革中，在资本主义势力日甚一日的冲击下，在农奴制末日临头的历史关口，或恐惧，或颓唐，或沉沦，或依附于资本主义势力，或进行紧张的探索，寻求摆脱资本主义势力侵袭的出路，或背离自己的阶级，走向“新生”。托尔斯泰塑造了下列几种不同的贵族形象，比较全面地展示了不同贵族的不同趋向：

1) 垂死没落型的贵族形象。

腐化的贵族们过着醉生梦死般的生活，有的债台高筑，依然骄侈淫逸；有的到了穷途末路，但还养着两个情妇；有的荡尽家产，照旧过着挥金如土的生活等等。

2) 屈膝依附型的贵族形象。

奥布浪斯基经受不住资本主义势力的冲击和利诱，甘愿廉价变卖了林产，最后不得不向资产者揖求，为自己谋得一个“南方铁路银行信贷联合办事处委员会”委员的职位。作品描写的奥布浪斯基向金融界巨头波里加立诺夫求助的情节是那个时代具有象征意义的现象，反映了贵族向资本屈膝和靠拢，逐渐被资本主义势力所浸染、征服和取代的历史趋势。

3) 追求和探索型的贵族形象。

康·列文是多少带有自传因素的托尔斯泰式的英雄人物。列文为贵族经济的衰退感到痛苦和烦恼。他否认俄国资本主义发展的历史必然性，妄图维护宗法制的农村秩序，抵抗资本主义势力向俄国的侵入。他同情农奴制重轭下的农民的疾苦，而又不愿放弃贵族地主的土地所有制，但在资本渗透迫使农村破产的形势下，他也无法保持传统的宗法制的农业制度。他不断从新的社会现实所强加于贵族地主身上的窘迫而艰难的处境中寻求出路。列文的思想和行为充满着顽强的追求和探索的精神。他试图改革现有的农业制度，“主张农民和地主同样以股东的资格”参加农业管理，“以人人富裕和满足来代替贫穷；以利害的调和和一致来代替互相敌视”。他认为这是一场“不流血的革命”。托尔斯泰通过描写列文的农业改革和思想探索，一定程度地表达了自己的政治主张和思想观点。然而，俄国的历史发展证明，这种农业改革的方案和列文对宗教信仰的追求都只不过是一种乌托邦式的幻想。

4) 反叛和转化型的贵族形象。

《复活》中的聂赫留朵夫在他赎罪的过程中，通过目睹贵族官场的腐败，接触农民和革命者，一定程度上认识到自己阶级的可悲的历史命运，开始脱离旧的营垒，走向“复活”和“新生”。

托尔斯泰在《安娜·卡列尼娜》一书中生动、深刻地表现了俄国各种贵族面临宗法农奴制崩溃、资本主义发展时期的不同的情绪和态度。

(3) 托尔斯泰塑造了许多农民形象。借农民形象表现他们在农奴制改革后由于深受地主贵族和资本主义势力的双重剥削和压迫所遭受的苦难。

托尔斯泰作为宗法制农民的思想家，同情贫苦农民的惨状，体恤人民的苦痛，为千百万农民挣脱被奴役的地位向罪恶的沙皇专制制度提出愤怒的抗议。列宁曾在《农奴制崩溃五十周年》一文中指出：“在俄国，‘解放’农民的是由地主自己、是专制沙皇的地主政府和他的官吏。这些‘解放者’是**这样**安排的：农民被剥夺得一无所有才获得‘自由’，他们虽不再当地主的奴隶，却仍然受同样一些地主和地主走狗的盘剥。”“世界上没有一个国家的农民象俄国的农民这样，在‘解放’之后还遭到这样的破产、陷于这样的贫困、受到这样的欺侮和这样的凌辱。”[6]列宁还引用托尔斯泰作品中一个庄稼人的话“连放鸡的地方都没有”，揭露“改革”后农民的窘迫和悲惨生活。从托尔斯泰描写农民生活的作品中，我们可以清晰地看到农奴制崩溃与资本主义生长时期俄国社会的广阔画面，看到农民群众对农奴制的诅咒和仇恨，对资本主义势力的震惊和恐惧。

从上面的分析中我们可以看出：托尔斯泰通过塑造三种人物形象，揭示出三种社会矛盾，表现出当时社会基本矛盾的激化、阶级关系的变化和经济结构的改组这些时代的根本特点，从而勾勒出一幅无与伦比的俄国社会生活的“中心图画”，有力地展示了1861年到1905年这一历史时期内，俄国农奴制崩溃、资本主义崛起的历史发展的总趋势。

（二）现实主义创作揭示社会生活的深度

列宁在评价托尔斯泰的创作时指出：作为“一位真正伟大的艺术家”，“他在自己的作品中至少会反映出革命的某些本质的方面”。对列宁的这个著名的论点，应当怎样解释呢？我们应当领会这个著名论点的精神实质。

（1）对列宁的这个著名论点，不应作狭义的解释，因为文艺与生活的关系包含着文艺与革命的关系，所以“至少会反映出革命的某些本质的方面”首先应阐释为至少反映出生活的某些本质的方面。

（2）列宁认为，生活或革命的“本质”是有“某些”方面的，即是说，不是单一的，而是可以分析的。列宁对“本质”的这种理解，对我们把握生活和革命的“本质”具有深刻的思想启示。

（3）列宁对作家和作品反映生活和革命的“本质”，没有提出苛刻的要求。他认为，即使对“一位真正伟大的艺术家”来说，也只能反映出生活和革命的“本质”的“某些”方面，因而不能企望一般作家完整地反映出生活或革命的“本质”或表现出生活和革命的“本质”的一切方面。对文艺反映生活或革命的“本质”应提出切合实际的合理的要求。

然而，托尔斯泰对当时俄国社会生活的揭示是广阔的、多方面的，带有比较完整的特点。列宁曾指出：“他在自己半个多世纪的文学活动中创造了许多天才的作品，在这些作品中，他主要是描写革命以前的旧俄国，即1861年以后仍然处于半农奴制下的俄国……在描写这一阶段的俄国历史生活时，列·托尔斯泰在自己的作品里能提出这么多的重大问题，能达到这样巨大的艺术力量，从而使他的作品在世界文学中占有第一流的地位。”[7]他还指出：托尔斯泰是“曾经以巨大的力量、信念和真诚**提出**许多有关现代政治制度和社会制度的基本特点问题的思想家”，“托尔斯泰以巨大的力量和真诚鞭笞了统治阶级，十分鲜明地揭露了现代社会所借以维持的一切制度——教会、法庭、军国主义、‘合法’婚姻、资产阶级科学——的内在的虚伪”。[8]根据列宁的这些精辟分析，我们不仅从这位世界级大文豪之一的许多最卓越的艺术作品中，看到了俄国农奴制崩溃、资本主义生长这一历史急剧转变时期社会基本矛盾的激化、社会阶级关系的变化和社会经济结构的重组等各种复杂过程，而且从这位天才艺术家以史诗般广阔的规模反映出来的许多迫切的重大问题中，看到了俄国社会生活的某些本质方面。托尔斯泰极其深刻地揭示了十月革命前社会基本矛盾在经济、政治、法律、宗教、道德、教育、妇女等诸多领域中的表现，展现了旧俄国各种社会制度的阶级本质。

（1）托尔斯泰的创作揭露了旧俄国经济制度的本质。

《一个地主的早晨》《战争与和平》《安娜·卡列尼娜》和《复活》等作品都对罪恶的农奴制进行了无情的揭发和愤怒的抗议。作者以深沉的情感和同情的态度表现了农奴制重轭下贫困农民的悲惨的生活，尖锐地指出贵族地主的土地所有制是贫苦农民的痛苦和不幸的根源。《复活》里的聂赫留朵夫终于认识到“农民的真理”：老百姓的赤贫的主要原因是“唯一能够养活他们的土地，都给地主从他们的手里夺去了”，要想改善他们生活的情形，必须“把他们所迫切需要的，原先从他们手里夺去的土地，还给他们”。“土地不能成为什么人的财产，它跟水、空气、阳光一样”，可是，“地主们却跟狗占住马槽一样，自己既不会利用土地，又不肯让会利用土地的人去利用土地”。托尔斯泰同情聂赫留朵夫的紧张的思想探索，因此，聂赫留朵夫的发现实际上代表着作者的主张。这位伟大的旧俄国农奴制度的揭发者曾在《当代的奴隶制度》一文中公然为贫苦农民的非人待遇提出强烈的控诉，反对给农民“戴上镣铐，折磨他们，像对待牲畜一样强迫他们从事劳动，像对待夏天的苍蝇一样随意把他们打死”。

但托尔斯泰却想在保全俄国宗法制统治的基础上实现改良计划。这种乌托邦式的空想是行不通的，不能从根本上解决农民的土地问题，改变农民的贫穷和无权的奴隶地位。

（2）托尔斯泰的创作无情地抨击了旧俄国的政治制度的本质。

他深刻揭露了沙皇俄国的国家机器和官僚机构的腐败和罪恶。《安娜·卡列尼娜》通过描写以卡列宁为代表的官僚集团，以莉蒂亚·伊凡诺夫纳为代表的“慈善事业”集团，和以培脱西·特维斯卡雅公爵夫人为代表的腐化堕落集团的表演，撕下了罩在他们头上的虚伪的面纱，露出了这些丑恶灵魂的腐败、庸俗、欺诈和野心。官场丑闻，触目惊心。贪赃枉法，贿赂成风。卡列宁是沙皇官僚制度的典型的代表人物。“他不是人，他是政府的机器。”他的勃勃野心罩上了文雅的丽服。他的冷漠、机械和麻木披上了理性的盔甲。他的官僚主义的思想方法，文牍主义的规章戒律，达到十分顽固和荒谬的程度。《复活》通过安排营救玛丝洛娃的情节，让聂赫留朵夫以目击者的身份，拜访省长、律师、前国务大臣等，亲眼看到整个沙皇官僚制度的残暴、凶狠和腐化。整个彼得堡政权机构是由“阿谀逢迎”的骗子和“镇压人民”的刽子手所组成的。

但托尔斯泰对沙皇政治制度的揭露“是用天真的宗法制农民的观点进行批判的”。因而，不可避免地带有局限性。

（3）托尔斯泰的创作以农民的义愤揭露了旧俄国的法律制度的本质。

在《复活》中，作者通过玛丝洛娃的悲惨遭遇，尖锐地谴责了沙皇专制的暴力机关——法庭、监狱、法官以及整套法律制度的黑暗、昏聩和伪善，揭露了吃人的政治、法律制度的种种罪行。小说通过玛丝洛娃案件的审判和监狱中大量的冤案，触目惊心地说明了旧俄国司法机关的残忍和荒谬。正如作者所比喻的那样：统治者凌虐人民像对待落网的鱼一样，凡是落网的，统统给拖到岸上来！然后，合乎需要的大鱼给挑出来；小鱼被丢弃在岸上没人管，听凭它腐烂和干枯。法庭官吏是一群荒淫无耻、凶狠而又伪善的魔鬼。他们玩忽职守，草菅人命，使监狱成为无辜的老百姓的地狱。托尔斯泰呼出了人民的声音：“真理跑到狗那儿去啦。”他引用了美国作家托洛的话：“在不公正的任意监禁人们的政府下面，正人君子的真正的去处也是监狱。”他塑造的探索者的形象聂赫留朵夫也作了同样的结论：“对了，眼下在俄国，适合正直的人的，唯一的地方，正是监狱。”而工人，下层人民和革命者那里“才是真正的上流社会”。托尔斯泰通过聂赫留朵夫的巡视和考察清醒地认识到沙皇法律制度的阶级本质："所有这些人的被捕、监禁、流放，其实并不是因为他们侵害了什么正义，或者犯了什么法，只不过因为他们是障碍，妨碍官吏和富人享用他们从老百姓那里搜刮来的财产罢了。""依我的看法，法律只不过是一种工具，用来维持那对我们的阶级有利的，现行的社会制度罢了。"

（4）托尔斯泰无情地揭露了作为沙皇专制制度的精神支柱的官方教会的阶级本质。《复活》描写的监狱教堂举行祈祷仪式的场面，辛辣讽刺了官方教会的伪善和欺骗。托尔斯泰对官方教会的尖锐的揭露和批判激怒了沙皇政府，使它感到恐惧，下令审查机关把小说描写监狱教堂仪式的整个第三十九章砍得只剩下五个字："礼拜开始了。"并且开除了托尔斯泰的教籍。作者虽然提倡一种"净化"的宗教，但他看到官方教会一边虔诚地吟诵着神圣的教规，一边却在用皮鞭打人；一边行刑，一边拿着十字架让受伤的兵士亲吻，愤怒地抨击了官方教会的残酷和伪善。作者提出，官方教会为罪恶的政府的政治压迫披上神圣的外衣，充当维护沙皇统治的工具；实际上是沙皇政府用来与暴力镇压相配合，从思想上麻痹和欺骗人民任其蹂躏和宰割的精神毒药。

此外，托尔斯泰还对旧俄国的道德问题、教育问题、妇女问题、恋爱、婚姻和家庭问题都作了广泛的探索、深刻的揭示。我们从这位天才艺术家所描绘的这幅"无与伦比的俄国生活的图画"里，清晰地看到了农奴制崩溃、资本主义生长时期的俄国社会的历史性转变，认识到旧沙皇俄国社会生活的某些本质方面。

（三）艺术表现的广度和深度取决于艺术认识的深度和广度

列宁赞扬"托尔斯泰非常熟悉乡村的俄国，熟悉地主和农民的生活。他在自己的艺术作品里对这种生活作了世界最优秀的文学作品中才有的十分出色的描绘"[9]。列宁的话深刻地阐明了艺术认识和艺术表现的关系。艺术认识是艺术表现的前提；艺术表现是艺术认识的展示和呈现。艺术认识的深度和广度决定艺术表现的深度和广度。正如列宁所分析的那样，托尔斯泰之所以能够成为天才的艺术家，创作了无与伦比的俄国生活的图画，首先因为他极其熟悉俄国社会的生活。作家只能写他所熟悉、所相信、所为之激动的事物。托尔斯泰不仅极其熟悉他所描写的对象，而且他充满着最深沉的感情和最强烈的愤怒，以巨大的力量、信念和真诚以及勇于追求探索的精神渗透到他所表现的生活、人物和事件中，使他对这种生活、人物和事件描绘得这样出色，堪称世界文学宝库中的杰作。托尔斯泰首先是伟大的农民思想家，同时又是以描写农民生活著称于世的艺术大师。他对俄国社会的纵深剖析和对各领域所作的令人惊服的沉思和探索而凝成的思想成果，都生动和谐地熔铸于他塑造的杰出的艺术形象里和广阔的生活画面中。

列宁指出托尔斯泰创作的最大特点是"最清醒的现实主义"。托尔斯泰发扬和继承了俄国批判现实主义文学的优良传统。他的现实主义之所以"最清醒"，首先在于他的作品"真实"。列宁论托尔斯泰的文章中多次强调并肯定托尔斯泰的创作"以巨大的""真诚"，"对社会上的撒谎和虚伪作了非常有力的……抗议"。正如托尔斯泰自己所说的，"在生活、特别是在艺术方面，只有一件事情是必要的……这便是不能撒谎。生活中的谎言是丑恶的"。艺术里的谎言也会"像粉末一样""毁坏了各种现象之间的一切联系"。卢那察尔斯基认为，托尔斯泰的创作风格主要是真实和朴素。因为"他接近农民的真理……渴望创造真实而严肃的、没有任何粉饰的艺术……照他的意见，朴素才是艺术中至高无上的瑰宝"[10]。托尔斯泰反对俄国颓废主义的创作倾向，嘲笑他们的作品是“卖假药、瞎胡诌”“毫无意义的舞文弄墨”。

托尔斯泰的“最清醒的现实主义”的突出特点是大胆地“撕去一切假面具”。这既反映出托尔斯泰对俄国现实生活的深切体会，又是他用来认识和表现俄国现实生活的重要方法。沙皇专制制度下的一切事物，美和丑、真和假、善和恶、光明与黑暗，都是颠倒的。托尔斯泰从果戈理手中接过讽刺、嘲笑、戏谑等武器，无情地揭露出俄国上层社会“被掩盖在美色的豪华里”的“罪恶”，“被掩盖在诗意和美感的外衣里”的“兽性”。托尔斯泰把冒充伟大的渺小、扮作高尚的卑鄙、饰为进取的寄生和腐败，都撕得粉碎。正如列宁所指出的：“托尔斯泰以巨大的力量和真诚鞭笞了统治阶级，十分鲜明地揭露了现代社会所借以维持的一切制度——教会、法庭、军国主义、‘合法’婚姻、资产阶级科学——的内在的虚伪。”这位思想深邃、目光锐利的作家令人叹服地拨正了统治阶级千百年来借以愚弄人民的邪说和谬论：工厂主说，工人偷东西，托尔斯泰认为恰恰相反，是工厂主“借了压低工资偷工人”；农奴主说，是农民抢劫，托尔斯泰却指出，正是“政府通过它所有的官吏借了抽税不断地抢劫”农民。这是多么深刻的见解！

为了“撕去一切假面具”，达到“最清醒的现实主义”，托尔斯泰让他笔下的主人公或以探索、追求的精神去“寻根问底”；或着力表现被损害的人物的命运，揭示造成不幸和痛苦的根源；或以鲜明的对比手法，画出世上两个彼此悬殊互相尖锐对立的营垒，使真善美和假恶丑交相辉映，相得益彰。

《战争与和平》中的彼尔·别竺豪夫、安德列·包尔康斯基，《安娜·卡列尼娜》中的列文·康斯丹丁·地米特立维奇，都作为探索者的形象，对俄国社会的许多重大的问题作了痛苦而又紧张的思考，一定程度上发现了“农民的真理”，多少体现着作者的观点和态度。托尔斯泰通过表现贵族妇女安娜和平民女性玛丝洛娃的不同遭遇，从各自独特的角度和侧面有力揭发了俄国上流社会的卑鄙、残酷和罪恶。托尔斯泰善于用鲜明的对比手法，尖锐地展示出俄国社会的贫富悬殊和不可调和的阶级对立，豁然画出两个相互敌对的世界：一方面是统治阶级的腐朽寄生的龌龊的世界，他们用假面罩住了罪恶，用官僚主义的法典和制度压制着人民；另一方面是劳动者的苦难的世界，他们忍受着无权和饥饿的痛苦，经受着被欺凌被摆布的命运。作者的对比手法，揭示了那个时代的阶级冲突，展现了两个世界对抗的本质。当聂赫留朵夫表示“悔罪”向玛丝洛娃“求婚”时，她回答道：“你是说打算跟我结婚？那是万万办不到的，我情愿上吊。”“我是犯人，窑姐儿，您呢，是老爷，公爵。您用不着跟我打交道，免得玷辱了您。”“你打算用我来救你自己，你在这个世界里拿我玩乐还不算，又要用我来救你自己，好让你能上天堂！我讨厌你——你那眼镜，你那肮脏的胖脸！去，去！”托尔斯泰在揭露旧俄国的阶级对立以及由于阶级对立造成的不同阶级的思想、情绪、意志、情操和性格等方面，达到了批判现实主义艺术的巅峰。

托尔斯泰创作了“无与伦比的俄国生活的图画”。他的现实主义不但“最清醒”，而且具有史诗般广阔的性质。他的创作壮阔、深邃、精美，力图从时间和空间的结合上展现当时俄国的社会风俗画，表现一系列重大的社会问题，展示农奴制崩溃、资本主义生长时期俄国社会基本矛盾、阶级关系、经济结构的历史性转变。他的现实主义为更深刻更广阔地反映现实生活提供了许多宝贵的启示。他笔下的人物形象精湛卓绝，结构复杂宏伟，情节尖锐曲折，心理描写精深透辟，他以惊人的丰富内容和高超的艺术技巧，充实了批判现实主义的文学宝库。

二、列夫·托尔斯泰是俄国革命的镜子

列宁称赞“列夫·托尔斯泰是俄国革命的镜子”，肯定他的作品“至少会反映出革命的某些本质的方面”。[11]列宁所讲的是从文艺与政治的关系，特别是直接从文艺与革命的关系上来分析、研究和评价托尔斯泰的作品的。为了把这种分析、研究和评价引向深入，列宁十分注意从俄国革命的性质、革命的动力这个角度去分析他的作品。

(一) 托尔斯泰的作品一定程度上反映了俄国革命的性质和特点

列宁指出，“俄国革命按社会经济内容来说是资产阶级革命”[12]，“按其社会内容来说是**资产阶级民主**革命”[13]，俄国“革命的一个主要特点是：它是资本主义在全世界非常高度发展并在俄国比较高度发展的时期的**农民**资产阶级革命。它之所以是资产阶级革命，是因为它的直接任务是推翻沙皇专制制度、沙皇君主制度和摧毁地主土地占有制，而不是推翻资产阶级的统治。……它之所以是农民资产阶级革命，是因为客观条件把改变农民的根本生活条件的问题，把摧毁旧的中世纪土地占有制的问题，把给资本主义‘清扫土地’的问题提到了第一位，是因为客观条件把农民群众推上了多少带点独立性的历史行动的舞台”[14]。

农民资产阶级革命的核心和基本内容是土地问题。俄国农奴制度的残余渗透在社会生活的各个领域。“农奴制的残余表现在什么地方呢？最主要和最明显的表现是：在俄国这个以农业为主的国家中，这个时期的农业是由破产的、贫困的农民经营的，他们用陈旧的和原始的方法，耕种1861年为了地主利益而分割的旧时农奴制的份地。另一方面，农业又是由地主经营的，他们在俄国中部用农民的劳动、农民的木犁和农民的马匹来耕种土地，而农民所得的代价是使用一些‘割地’、割草场和饮马场等等。实质上，这还是旧的农奴制经济制度。这个时期的俄国政治制度也彻头彻尾体现了农奴制精神。这既可以从1905年开始初步变动以前的国家制度中看出来，也可以从贵族-土地占有者对于国事具有绝对影响中看出来，还可以从那些主要也是由贵族-土地占有者出身的官吏，特别是高级官吏拥有无限权力中看出来。”[15]

列宁的论述表明，清除俄国农奴制度的残余以及在各方面的表现是俄国农民资产阶级革命的关键。托尔斯泰虽然不完全理解俄国革命的性质和特点，不主张用革命暴力的手段推翻他所憎恶的沙皇专制制度，但他的创作却极其真实地表现了俄国农民对土地的要求，对地主贵族土地占有制的不满和诅咒，对消除农奴制残余的热切的愿望。事实上，不管他自己是否强烈地意识到这一点，他的学说和作品中的批判的民主主义的思想成分，一定程度上反映着俄国农民资产阶级革命的根源、性质和特点。

托尔斯泰的学说和作品中对俄国农民资产阶级革命的基本问题——土地问题的探索和表现大体上分为两个阶段。

在他的世界观尚未转变到宗法式的农民立场上之前，托尔斯泰主要是以贵族土地所有者的身份，开始敏感到农奴制的腐败的趋向，在保全俄国宗法制农业制度和经营方式的前提下，寻求改良的出路。他反对1861年官方的“农业改革”，认为这种把戏实际上是一种欺骗，虽赐予农民一点份地，却要向他们收取大量的赎金，目的仍然是保护和满足土地所有者的私利。托尔

斯泰曾在给赫尔岑的信中说："这一切都是'老爷们'干的勾当。""即使一个有点学问的农奴主也看得出，其中除了许诺之外别无他物。"但作为贵族的托尔斯泰对解决农奴制问题和农民土地问题的立脚点和着眼点主要不是被剥削者，而是拥有土地和握有权柄的贵族，从道德自我完善的角度，说教和劝诫那些因种种悔恨变得粗暴蛮横的地主们。托尔斯泰痛惜自己阶级的腐败和沉沦，他说："这些人是我所可怜的，也正是为了他们，我才希望解放农民。"

从《战争与和平》到《安娜·卡列尼娜》都表现了作者在解决农民问题上的种种尝试，都反映了作者在消除农奴制残余、探索俄国农业道路问题上的痛苦而又严肃的思考。《战争与和平》中的彼尔·别竺豪夫视腐化而又专横的农奴主和农奴制为"横行世上的恶势力"，主张从专制者的手中拯救"牺牲者"。遵照这种信念，他在基辅的几处领地实行农奴解放，宣布大规模改善农民生活境况的计划。安德列将彼尔的这种设想首先付诸实施：把一处庄园上的300个农奴全部改为自由农，并用租赋制来代替徭役制。托尔斯泰通过塑造他的这些贵族阶级的理想人物，表现了历史变革的趋向，也曲折地表达了宗法式农民改变自己生活地位的要求和愿望。同时，作者还塑造了农民卡拉达耶夫的形象。托尔斯泰从开明的贵族所希望有的那种农民的企求出发，把这个农民的性格写成安于自己的生活地位，屈服于传统的旧秩序，不反对和贵族地主的合作的驯顺、敦厚、浑朴的人。托尔斯泰正需要这样"理想"的农民，既不伤害俄国宗法制的传统，又能服从开明贵族对俄国农业经营和管理的改革。从卡拉达耶夫身上，看不到俄国农民自下而上的革命要求。《安娜·卡列尼娜》表现了俄国农奴制崩溃和资本主义崛起的动荡的时代气氛。由于贵族阶级受到资本主义势力日甚一日的冲击，安闲的平静的贵族社会笼罩着一种惶恐不安的气氛。小说开篇说："奥布浪斯基家里，一切都混乱了。"这是对整个社会的概括。因为作品所表现的时代，用列文的话来说："一切都翻了个身。"托尔斯泰式的英雄人物列文既看到了腐败的农奴制的崩溃的不可挽回之势，又想抵制资本主义对俄国的侵入和冲击，而在维护和保全俄国宗法制传统和不放弃地主土地所有制的条件下，探求俄国独特的农业道路，力图改革俄国农业的经营方式和管理制度。在他看来，资产阶级是可怕的敌人；贵族已腐朽，不配有更好的命运；工人阶级的前途既看不见也不能理解。他只能从"俄国农民"的身上寻找出路，自己也做个农民，"和农民同样以股东的资格参加农业经营"，不过要充当他们的"总裁"；把农民组织起来，分工耕种和管理土地；将收成对半分，以刺激农民的积极性，促进农业的发展；通过与农民的合作实现"人人富裕"，实现一场"不流血的革命"，"先从我们的小小的一县开始，然后及于一省，然后及于俄国，以至遍及全世界"。后来俄国历史的发展证实，托尔斯泰通过他的理想人物列文为俄国农业设计的改革方案只不过是一种空想。

当托尔斯泰的世界观发生转变之后，他开始站在宗法式农民的立场上，用宗法式农民的眼光看待不平等的社会现象，得出了否定贵族地主的土地所有制的结论。

《复活》通过安排聂赫留朵夫到自己的和他姑姑的庄园去处理农产的情节，令人酸楚地表现了农民赤贫和简陋的生活，以沉郁的笔触勾勒了一幅幅惨痛的生活图画，从伛偻的老太婆到四处讨饭的妇女，从没有血色的婴儿到受罚的怀孕的母亲……到处都是"顶糟的生活"。农民受到任意摆布、蹂躏和迫害，忍受着被"搓成绳子"那样的命运。作者笔下的农民认识到土地私有制是"造孽"，明确提出对土地的要求。作者通过聂赫留朵夫这个探求"农民真理"的"忏悔者"之口，阐明了废除土地私有制的进步主张。托尔斯泰清醒地认识到从劳役制到租赋制，只不过是"奴役方式从苛刻到温和的一个变化"罢了，正如他在《当代的奴隶制度》一文中所指出的，"像狱吏给囚徒把锁链从脖子上换到手上，从手上换到脚上，或者是给他解下锁链，但却锁紧牢笼”，并没有从根本上改变农民受压迫被奴役的地位。“老百姓赤贫的主要原因”是“唯一能够养活他们的土地，却给地主从他们的手里夺去了”。“改善他们的生活情形的唯一可靠的方法”是“把他们所迫切需要的、原先从他们手里夺去的土地，还给他们”。聂赫留朵夫终于“认定占有土地是罪恶，所以我情愿交出来”，并从此“明白自己不是主人，而是仆人”。这样，来自农民方面有明确的土地要求，来自贵族方面有情愿交出土地的善行，他们多半像聂赫留朵夫那样通过不断的道德上的“忏悔”“赎罪”和“自我修身”，按照印在“良心上的主的意志”而做出抉择。托尔斯泰学说和作品中的这些思想和主张虽然明显地包含着“不以暴力抵抗邪恶”的消极因素，但正如列宁所指出的，作家以清醒的现实主义，追根究底，“找出群众灾难的真实原因”，揭示了私有财产及统治阶级靠剥削劳动人民而获得财富的不断累积是人民不幸和痛苦的根源，从而真实地反映了消除农奴制、废弃土地私有，解决农民土地问题的历史趋势，一定程度上表现出俄国革命的性质和历史特点。

(二) 托尔斯泰的作品一定程度上表现了俄国革命的力量和弱点

列宁指出：“托尔斯泰的学说反映了直到最底层都在掀起汹涌波涛的伟大的人民海洋，既反映了它的一切弱点，也反映了它的一切长处。”“在托尔斯泰的作品里，表现出来的正是农民群众运动的力量和弱点、它的威力和局限性。”

(1) 托尔斯泰是这样表现俄国革命的力量的。

他对国家、警察和官方办的教会的那种强烈的、激愤的而且常常是尖锐无情的抗议，表达了原始的农民民主的情绪，在这种原始的农民民主要求里积累了农民群众由于几世纪以来农奴制的压迫，官僚的横暴和劫掠，以及教会的伪善、欺骗和诡诈而发出的极大的愤怒和仇恨。他对土地私有制的毅然决然的反对，表达了一个历史时期的农民群众的心理。

“几百年来农奴制的压迫和改革以后几十年来的加速破产，积下了无数的仇恨、愤怒和生死搏斗的决心。要求彻底铲除官办的教会，打倒地主和地主政府，消灭一切旧的土地占有形式和占有制度，清扫土地，建立一种自由平等的小农的社会生活来代替警察式的阶级国家”，“作为俄国千百万农民在俄国资产阶级革命快要到来的时候的思想和情绪的表现者，托尔斯泰是伟大的”。[16] 我们可以把列宁的这些论述归纳为如下几点：

1) 托尔斯泰的作品表现了对沙皇统治的自发的反抗和愤怒的情感，表达了农民民主的情绪、心理和要求。俄国农民曾用“暴动”来回答 1861 年的变革，但遭到了残酷的镇压。此后，俄国农民运动处于低潮和沉寂时期。《复活》塑造的革命者形象都不同程度地表现了对沙皇统治者的仇恨和反抗。由于农村两极分化的加剧，贫苦农民的悲惨生活已经达到了无法忍受的程度。托尔斯泰“对农民境况不佳常感忧虑”。他的作品广泛地展现了破产的俄国农村中贫苦农民的赤贫和简陋的生活，表达了他们对罪恶的农奴制度的不满和摆脱被压迫被剥削地位的愿望。《复活》中一个老人诅咒说：“他们把我们搓成绳子啦。这比当年的农奴的日子还要糟哟。”当聂赫留朵夫表示要无偿地交出土地时，饱经忧患、富有斗争经验的农民根本不相信，他们猜疑并警惕着他们的东家又要施展更阴险狡诈的阴谋。这一事实表明了俄国农村中深刻的阶级对立。

2) 托尔斯泰的作品反映了消除农奴制残余的历史趋势，明确地提出了农民对土地的要求。《复活》里的农民说，“我们所要抱怨的，只是缺少土地”，“少得不够维持生活”。他们认为贵族的土地所有制是“造孽”，是酿成他们生活悲剧的根源。托尔斯泰笔下的贵族人物，从彼尔·别竺豪夫、安德列到列文到聂赫留朵夫都越来越清楚地看到农奴制残余的弊端，看到贵族土地私有制的颓势。聂赫留朵夫终于“认定占有土地是罪恶”，决定无偿地把土地交还给农民。托尔斯泰最后能转到宗法式农民的立场上，表现贵族阶层中分化出来的人们向“农民真理”的靠拢，都深刻地反映了俄国农民革命运动的冲击力量。

3）托尔斯泰的作品表达了俄国农民妄图“建立一种自由平等的小农的社会生活来代替警察式的阶级国家”的政治理想。列宁曾指出，托尔斯泰的学说和作品中有着“属于未来的东西”，即某种空想的社会主义成分。这不仅表现在托尔斯泰塑造的普通农民对民主主义和基督教无政府主义的企望里，表现在托尔斯泰笔下的理想人物列文所设计的贵族和农民协调合作、共同经营农业的方案中，而且表现在托尔斯泰刻画的革命者对未来的政治制度的追求上。农民出身的“革命者”纳巴托夫仅仅幻想有了足够的土地，不再会有贵族和官僚的社会制度，但建立这样的社会制度“不应该摧毁整个大厦，只应该略略变一变这幢他深深喜爱的、美丽的、坚固的、古老的大建筑物的内部装置罢了”。这种以“不摧毁整个大厦”只改变“建筑物的内部装置”而建立起来的“自由平等的小农的社会生活”的政治理想，既表现了俄国农民革命的力量，也反映了它的弱点。

（2）托尔斯泰是这样表现俄国革命的弱点的。

作为俄国宗法式农民思想家的托尔斯泰是俄国宗法式农民的先知，具有他们的一切优点和缺点。由于他在反对黑暗腐败的农奴制和新崛起的资本主义势力的斗争中接近了农民，才使他能够从农民的苦难着眼，对损害、折磨农民的现实制度和传统观念痛加批判，表达宗法式农民对新社会生活方式的追求。但这种批判和追求是从宗法制农民的立场和观点出发的。正如列宁所指出的：“追求新的社会生活方式的农民，是用很不自觉的、宗法式的、宗教狂的态度来看待下列问题的：这种社会生活应当是什么样子，要进行什么样的斗争才能给自己争得自由……农民过去的全部生活教会他们憎恨老爷和官吏，但是没有教会而且也不可能教会他们到什么地方去寻找所有这些问题的答案。”[17] 可见，根据列宁的分析，托尔斯泰所表现的俄国革命的弱点主要表现在两个方面：一是革命农民对所追求的新的社会生活应当是什么样子，并不明了，并不理解。这个问题，我们前面已经论及，这里不再赘述。二是并不明了为了谋求这个自己还不太清楚的新的社会生活，究竟应当采取什么样的斗争手段。

托尔斯泰笔下的农民虽然多半极度憎恶旧秩序，深切感受到现实制度的一切重担，但他们的憎恨不够自觉，他们的斗争不够彻底，表现出一种空谈、诉苦、希望、祷告等消极心理。这种独特的农民式的奥勃洛摩夫性格使他们陷于因循、犹豫、不切实际的妄想之中，不善于把自己组织起来，不善于真正切实改善自己的生活地位。《战争与和平》中的农民卡拉达耶夫是一个对地主顺从屈服、平庸敦厚的典型。《安娜·卡列尼娜》中的农民也缺乏发自内心的强烈的改善自己生活境况的愿望，像普拉东那样的农民，企望“正直地，按照上帝的意旨”，“为了灵魂而活着”。《复活》中的农民，少数人深深埋藏着对地主的仇恨，思想机敏，富有斗争智慧，敢于公开申明与东家相对立的主张，甚至顶撞管家；但多数人还是只限于发出对命运的诅咒和叹息，或敬畏地主的威严，或感戴贵族的恩赐，有的流露出求生的欲望，有的发出悲观和绝望的呻吟和哀鸣。即使从托尔斯泰塑造的农民革命家纳巴托夫的思想和行为里，也看不出农民革命的战斗锋芒，看不到以革命暴力手段捣毁旧世界建立新生活的试练和预演。

至于托尔斯泰的贵族阶级的理想人物列文等人所设计的以阶级合作为前提的乌托邦式农业

改革方案正是与俄国农民革命采取暴力革命手段相抵触的，正是与托尔斯泰的“不用暴力抵抗邪恶”的反动说教相符合的。

列宁曾对托尔斯泰作品中所反映出来的这些俄国革命的弱点作过精辟的分析，深刻地揭示了这位作家的作品中所表现的俄国革命的这些弱点的社会根源。列宁指出：“托尔斯泰的思想是我国农民起义的弱点和缺陷的一面镜子，是宗法式农村的软弱和‘善于经营的农夫’迟钝胆小的反映。”[18]同时说明农民的“耽于幻想、缺乏政治素养、革命意志不坚定”[19]。在列宁看来，托尔斯泰作品中表现的农民和农民革命的弱点，不过是对现实生活中存在着的农民和农民革命的弱点的真实反映。列宁指出：“在我国革命中，有一小部分农民是真正进行过斗争的，并且也为了这个目的多少组织起来了；有极小一部分人曾经拿起武器来打击自己的敌人，消灭沙皇的奴仆和地主的庇护者。大部分农民则是哭泣、祈祷、空谈和梦想，写请愿书和派‘请愿代表’。这真是完全符合列夫·尼古拉耶维奇·托尔斯泰的精神！”[20] 1905 年到 1906 年的士兵起义也是如此。俄国士兵曾举起武器，暂时夺得部分权力，可是杀死几个可恨的军官后，便动摇、妥协了，“同当局进行谈判，然后站着让人枪毙，躺下让人鞭笞，重新套上枷锁，——这一切都完全符合列夫·尼古拉耶维奇·托尔斯泰的精神”[21]。

从上面的分析中可以看出，一方面托尔斯泰深刻揭示了俄国革命的根源、性质和特点，真诚地表达了俄国农民的革命要求，另一方面又狂热鼓吹“不用暴力抵抗邪恶”的反动说教，抵制、取消革命。这样，托尔斯泰便成为“革命”的“不革命”家或“不革命”的“革命”家。

三、列宁对托尔斯泰世界观和创作的分析

列宁从辩证唯物论的反映论观点出发，强调生活对托尔斯泰的作品、观点、学说的决定作用，同时强调世界观和创作的一致性，着重分析了托尔斯泰世界观的转变、矛盾及其根源。

（一）托尔斯泰世界观的转变

列宁指出：“乡村俄国一切‘旧基础’的这种急剧地被摧毁，使他对周围所发生的事情加强了注意，加深了兴趣，从而使他的整个世界观发生了变化。”[22]列宁的这个分析既阐明了托尔斯泰世界观转变的外部条件，同时也揭示了托尔斯泰世界观转变的内在根据。

从外因方面看：19 世纪 80 年代初，宗法制俄国的“旧基础”，在资本主义势力日甚一日地侵袭、渗透和冲击下，无可挽回地在大家眼前崩溃了，资本主义秩序开始确立。俄国社会的这种巨大变革，给托尔斯泰以深刻的震撼和教育，使他有可能看到贵族社会的腐朽和颓败，看到宗法式农民的贫苦和灾难。他对崛起的资本主义不但不理解，而且对当时以原始积累的形态出现的资本主义造成农民和贵族的破产充满着仇恨。贵族阶级没落了，资产阶级使他感到恐惧和仇恨，伟大的农民运动逐渐强化了托尔斯泰学说中的民主主义的思想成分。19 世纪 80 年代初，托尔斯泰最终与地主、贵族阶级决裂，从上层地主贵族的世界观转变为宗法式农民的世界观。

从内因方面看：从出身和所受的教育来说，托尔斯泰是属于俄国上层地主贵族的。但他接近农民，接近俄国民主主义运动，一直以炯炯目光注视着俄国的现实和人民的命运。托尔斯泰

从开始创作活动到他生命的最后一息，几乎60年之久，始终充满了活力，表现出顽强不懈地追求、探索的精神。他参观、访问、调查、研究、综合、分析，逐步积累了批判的民主主义的思想因素，使他的贵族地主阶级的世界观的地盘日趋缩小。面临着农奴制崩溃、资本主义崛起的历史趋势，“任何一个稍微正派一点、稍微动动脑筋、稍微诚实一点的人，都不会去保全这些‘旧基础’，都认为那只是可诅咒的过去的残余”[23]。托尔斯泰在总结自己思想斗争的历程时说：“一八八一年这个时期，对我来说乃是从内心上改变我的整个人生观的一段最为紧张热烈的时期。”[24]为了寻求“宗法式农民的真理”，托尔斯泰虚心地向先辈思想家们学习。当他第一次读完卢梭作品的时候，简直感动和喜欢得战栗起来，此后有一段时期，他身上不再挂十字架，却佩戴一枚小小的卢梭头像。卢梭认为私有财产的制度是社会的祸根；资本主义的文明、科学、艺术、技术的发展不仅没有给人们带来幸福，反而给人们造成赤贫和灾难，同时使社会道德沦丧，伤风败俗，城市更加腐败透顶；只有在淳朴的农民身上，还可以找到公平和优良的古风的遗迹……卢梭的这些思想和托尔斯泰的探索有相通之处。叔本华的哲学助长了托尔斯泰世界观中的悲观主义的成分，但也增强了托尔斯泰辩证思考的能力。书本上没有现成的有效的答案，为了寻求宗法式农民的真理，摆脱贵族的悲观和绝望的情绪，托尔斯泰开始转向农民，逐步抛弃了贵族阶级的“闲散、饕餮、恶毒”的寄生生活，急剧地改变着自己的生活习惯，开始走上“自我完善的道路”。生活地位的某些改变，使托尔斯泰能以宗法式农民的眼光看待俄国现实生活发生的巨大变革。激烈的民主运动的冲击和影响，人民对剥削者、掠夺者的社会体制的愤恨和对资本主义侵袭和渗透的日趋猛烈的反抗，由饥荒引起的人民的灾难、痛苦和不幸……所有这一切因素，都增强了托尔斯泰世界观中批判的民主主义成分，使他逐步抛弃了贵族地主的传统观念，成为俄国宗法式农民的思想家。

托尔斯泰世界观的转变是他的世界观中的两种思想因素相互斗争的过程和积极成果。他的世界观中的贵族的思想因素和农民的思想因素的内在矛盾是俄国社会中的基本矛盾——农民与地主间的矛盾在这位作家意识中的反映。由于主观和客观条件的影响，由于内因和外因的作用，托尔斯泰世界观中的宗法式农民的思想因素不断增长而最终取得胜利，而他的世界观中的贵族地主的思想因素逐渐削弱而遭到排斥，使托尔斯泰从上层地主贵族的世界观转变为宗法式农民的世界观。虽然这位伟大作家的世界观中的内在矛盾并没有消失，又相继出现了宗法式农民世界观中内部所固有的种种新的矛盾，但较之于托尔斯泰转变前的世界观已有质的不同。

当托尔斯泰的世界观转变到宗法式农民的立场上来之后，他能够比较自觉地用农民的眼光观察各种重大的社会问题，从而使他的作品、观点和学说呈现出新的面貌，打上了宗法式农民的鲜明的印记。这种新的思想上的升华或飞跃反映在托尔斯泰对待一系列重大社会问题的态度上，反映在对待私有财产和生产资料私有制的态度上。托尔斯泰明确指出：私有制是世上一切邪恶的根源，战争和刑罚因之而发生，法庭和牢狱因之而筑建，千百万人也因之而死于非命。他呼吁不要再崇拜财产的偶像。只有这样，才能使保卫财产的机构失去作用。少数拥有资产的人如能放弃财产而从事劳动，人们便可以和谐相处。这虽是乌托邦式的幻想，却反映出托尔斯泰对私有财产制度的憎恶和摆脱以及铲除私有财产制度的强烈愿望。反映在对待宗教问题上，托尔斯泰于19世纪80年代初丢下小说的写作，集中精力和时间，专门探索宗教方面的问题。他参观了教堂和修道院，跟神父和主教们谈话，终于得出了对官方教会的极端否定的结论，认为官方教会“是一连串的谎言、残忍和欺骗”[25]。他还在《教条神学批判》这篇论文里，对正教作了辛辣的讽刺和嘲笑，揭露主教们“非常荒谬、自信、不学无术，满身绸缎呢绒，挂着镶着宝石的圣母像……专门在举行这种那种圣礼的幌子下欺骗和掠夺人民”。

特别需要指出的是，托尔斯泰世界观的转变对他的创作态度和创作倾向产生了积极的影响，给他的创作道路和他的作品的面貌带来了根本的变化。从此，托尔斯泰“无法兴致勃勃地为老爷们写作，他们的心是无论怎么也打不动的：他们既有哲学，又有神学，又有美学，他们就用这些东西当做铠甲来抵挡任何必须遵从的真理。……可是只要我一想到，我是正在为阿法纳西或者甚至是为达尼拉和伊格纳特［都是雅斯纳雅·波良纳的农民］以及他们的孩子们写作，那么我就马上会变得精神奋发而渴想写作了”[26]。托尔斯泰在世界观转变后，以农民的眼光看事物，努力发掘农村和农民的题材，追求新的内容，并探索新的表现形式，力求真实、简朴、通俗，表现出文学理论上明显的革新的趋向。托尔斯泰在世界观转变后，几乎不再到贵族地主当中去寻找正面人物了，不再去塑造类似娜塔莎、吉提那样迷人的贵族妇女的形象了，如写也往往是为了表现这类人物外貌的欺骗性。

(二) 托尔斯泰世界观和创作中的矛盾

列宁深刻指出托尔斯泰的世界观所包含着的显著矛盾：“托尔斯泰的作品、观点、学说、学派中的矛盾的确是显著的。一方面，是一个天才的艺术家，不仅创作了无与伦比的俄国生活的图画，而且创作了世界文学中第一流的作品；另一方面，是一个发狂地信仰基督的地主。一方面，他对社会上的撒谎和虚伪提出了非常有力的、直率的、真诚的抗议；另一方面，是一个‘托尔斯泰主义者’，即一个颓唐的、歇斯底里的可怜虫，所谓俄国的知识分子，这种人当众拍着胸脯说：‘我卑鄙，我下流，可是我在进行道德上的自我修身；我再也不吃肉了，我现在只吃米粉饼子。’一方面，无情地批判了资本主义的剥削，揭露了政府的暴虐以及法庭和国家管理机关的滑稽剧，暴露了财富的增加和文明的成就同工人群众的穷困、野蛮和痛苦的加剧之间极其深刻的矛盾；另一方面，疯狂地鼓吹‘不’用暴力‘抵抗邪恶’。一方面，是最清醒的现实主义，撕下了一切假面具；另一方面，鼓吹世界上最卑鄙龌龊的东西之一，即宗教，力求让有道德信念的神父代替有官职的神父，这就是说，培养一种最精巧的因而是特别恶劣的僧侣主义。”[27]

列宁极为精湛地剖析了托尔斯泰世界观和创作中的矛盾，指明了它的好坏、利弊、益害，揭示了托尔斯泰世界观的双重性或两面性：一方面，托尔斯泰是从统治阶级和压迫者身上撕下了一切假面具的无情的暴露者，是对他那个时代所有的政治、宗教、社会制度和经济体制的伟大的批判者，是对社会生活中的种种谎言和伪善的激烈的抗议者；另一方面，他又是“道德上的自我修身”的提倡者，是“最精巧的因而是特别恶劣的僧侣主义”的鼓吹者，是“不用暴力抵抗邪恶”的宣扬者。

列宁指出，托尔斯泰“否定土地私有制，结果却不去集中全力反对真正的敌人，反对地主土地占有制和它的政权工具即君主制度，而只是发出幻想的、含糊的、无力的叹息”[28]。这些“幻想的、含糊的、无力的叹息”主要指“道德上的自我修身”“向精神呼吁”“宿命论”“悲观主义”等等。

抽象的道德说教，充斥于托尔斯泰的全部作品中。托尔斯泰不懂得道德观念是历史的、阶级的范畴。事实上，抽象的超阶级的道德只是一种幻想。作为“永恒的”道德原则的说教者，托尔斯泰狂热提倡“积极的美德”，并力图以艺术形象加以呈现，他把“道德上的自我修身”

有时称为“道德净化”，有时称为“精神上的出浴”，有时称为“灵魂的扫除”。托尔斯泰力图以道德说教为手段，解决社会争端，平息阶级矛盾，调节人与人之间的关系，以维系正常的社会秩序。他天真地认为，只要每个人都做合乎抽象的道德原则的好人，成为思想纯洁的典范，便能在反动、腐败、贪婪、残酷的环境中保持正直、卓绝，忠于高尚传统，思想健全而无所偏袒。托尔斯泰尽管尖锐地揭露和批判过沙皇俄国的专制制度，但他却不把主要的注意力放在对沙皇俄国的专制制度的改变上，而放在社会成员本身的道德方面的自我修养上。《安娜·卡列尼娜》里的列文对统治阶级的虚伪造作、对社会的不公平作了揭发和抗议，但他却不肯与现有的社会和经济制度进行坚决的斗争，反而钻进“道德上的自我修身”的圈子里。《复活》中的聂赫留朵夫经过“道德上的自我修身”，终于认识到侮辱、遗弃玛丝洛娃“有罪”。为了表示“赎罪”，他决定和玛丝洛娃结婚。他从《马太福音》得到启示，精神上“复活”了。玛丝洛娃由于受到良心上的感召，也从堕落中获得了生活的“新生”，又爱上了聂赫留朵夫，只是出于自我牺牲精神，决定嫁给一个被流放的“革命者”，玛丝洛娃也在道德上“复活”了。小说告诉人们：只要侮辱者和被侮辱者、害人者和被害者都进行“道德上的自我修身”，便可以化仇为爱，变敌为友。这是极其有害的思想毒素。《复活》还宣扬聂赫留朵夫这些地主老爷居然可以通过“道德上的自我修身”，“认定占有土地是罪恶”，用不着施以革命手段，可以“情愿交出来”，老百姓欣喜地发出“这敢情是好事”的赞叹声。托尔斯泰把“道德上的自我修身”作为包医社会痼疾、针砭时弊、解除一切苦难的灵丹妙药，这只不过是一种和着蜜糖的砒霜。这种“道德上的自我修身”的说教只能起到调和阶级矛盾，抹杀阶级斗争，维护统治阶级的旧秩序，抵制、反对社会革命的反动作用。

列宁指出：托尔斯泰“一方面反对官办的教会，另一方面却鼓吹净化了的新宗教，即用一种净化了的精制的新毒药来麻醉被压迫群众”，“力求让有道德信念的神父代替有官职的神父”，“培养一种最精巧的因而是特别恶劣的僧侣主义”。

托尔斯泰是宗教改革家。他从小虔信官方的宗教，甚至连打牌、失眠都要祈求上帝。后来，由于他看到官方教会的种种罪恶和伪善，才逐渐地对官方教会崇拜的上帝起了疑心。他开始追求一种经过改造和净化后的基督教，在很大程度上从农民那里借取来一个新的上帝，与官方宗教的上帝相抗衡。这个新的上帝，表现了小私有者和睦共处的虚幻的观念和挚爱的愿望。托尔斯泰提倡这个经过净化的上帝的意图，无非是劝诫人们根据正义来生活，在爱里面生活。他改革后的新宗教，尽管还脱不尽神秘的色彩，但已不拘仪式。托尔斯泰最讨厌官方教会的祈祷把戏，他曾表示“宁愿让恶狗把我的孩子撕成碎片，也不愿叫神父来替他举行妖术式的仪式”。

托尔斯泰在宗教问题上的探索和革新经过漫长的发展过程。

在《战争与和平》中，托尔斯泰模糊地提出“整体”这个观念。“整体”实际上是他心目中的“上帝”的抽象而又神秘的提法。这个“整体”或上帝成为他的小说中的人物追求的崇高的目标，成为衡量一切是非、善恶、美丑的唯一准绳。“整体”是“全民思想”和“生活规律”的代表。触犯“整体”的人，不过是一根可怜的小草罢了。拿破仑尽管统治了列国，但他的自私、骄横和野心与那个主宰人类的“整体”相悖谬，所以他仍然是一个荒唐而可笑的蠢人。多少带有作者自我写照性质的安德列从痛苦和磨难中深切地体验到：贪婪的欲望、对荣誉的渴望、对个人幸福的追求都是不符合“整体”的要求的。农民卡拉达耶夫对“整体”感受最深。在他看来，只有作为“整体”的一个有机的部分，生活才是有意义的。屈从于“整体”的意旨，遵照上帝的训示而行动，这是卡拉达耶夫主义的核心。彼尔·别竺豪夫经过风浪里的试练和战斗中的洗礼，得出这样的结论："应该赞美生活，服从它的规律。"

托尔斯泰认为只有用说教的方法才能拯救人们。服从上帝的意志，可以使世界趋于美和善。真理意味着友好，人们不应该相互斗争。跟上帝和好是人生的目的，这必须用爱和自我牺牲的精神来获取。这些抹杀阶级对立、抵制阶级斗争的带有神秘色彩的种种说教，显然是十分有害的。

在《安娜·卡列尼娜》里，托尔斯泰的理想人物列文，由于受到正直的农民弗克尼奇的影响，居然从对社会问题的探索转向对宗教问题的探索。他试图在宗教中找到使他困惑苦恼的许多问题的答案。由于列文设想的地主和农民之间建立社会协调的乌托邦计划破产，他潜心于宗教，作为无力解决的社会问题的避风港。列文开始"为他的灵魂正直地，按照上帝的意旨活着"。

托尔斯泰把基督教理想化了，将其视为人们精神提高和道德净化的源泉。他号召理智让位于良心，知识从属于信仰，把宗教当作"永恒的真理"，善良正直的人们应争当"皈依上帝"的宗教伦理的典范。在《复活》中，托尔斯泰以尖锐的笔锋、愤怒的情感，撕去了官方教会的虚伪的假面，暴露了统治阶级的精神压迫机构的残忍、欺骗和种种罪恶，把他的现实主义艺术推向高峰。同时，托尔斯泰鼓吹的"净化了的新宗教"也随之达到顶点。托尔斯泰通过描写聂赫留朵夫的"赎罪"和"新生"，表现他对基督教的爱的王国的追求和崇拜。托尔斯泰把《马太福音》中规定的条文，如"你们听见有话说：'以眼还眼，以牙还牙。'只是我告诉你们：不要与恶人作对。有人打你的右脸，连左脸也转过来由他打""只是我告诉你们这听道的人，你们的仇敌，要爱他！恨你们的，要待他好！"……视为上帝的意志，只要人类执行这些法律，便会建立起人间的"天国"，达到"最大的善"。托尔斯泰显然是从抽象的人性出发，把严峻的社会问题化为抽象的道德问题和神秘的宗教问题来处理。他的这些宗教说教只不过是想"让有道德信念的神父代替有官职的神父"，实际上是一剂毒害革命人民意识、麻醉被压迫群众的"新毒药"。

列宁指出：托尔斯泰"一方面，无情地批判了资本主义的剥削，揭露了政府的暴虐以及法庭和国家管理机关的滑稽剧，暴露了财富的增加和文明的成就同工人群众的穷困、野蛮和痛苦的加剧之间极其深刻的矛盾；另一方面，疯狂地鼓吹'不'用暴力'抵抗邪恶'"。列宁还指出："反对农奴制的和警察的国家的斗争，反对君主制度的斗争，在他那里竟变成了对政治的否定，形成了'对邪恶不抵抗'的学说，结果完全避开了1905—1907年的群众革命斗争。"

根据列宁上面的分析，我们不难看到，托尔斯泰正确地揭示了革命的根源，却荒谬地否定了革命的手段；托尔斯泰对沙皇俄国专制制度和资本主义剥削所作的无情的批判，必然引出改变现实的结论，却热烈地鼓吹"不用暴力抵抗邪恶"的反动说教，回避、抵制、反对用革命暴力粉碎反革命暴力，捣毁旧的国家机器；他通过对旧世界的揭露和批判引出革命，又通过否定暴力而取消革命……托尔斯泰的学说徘徊在革命的十字路口上，构成了他的世界观中的革命因素和不革命或反对革命的因素的深刻矛盾。托尔斯泰的革命性实际上是宗法式农民的革命性。他紧紧抓住农民的真理，从农民的利益和愿望出发，竭力攻击腐败的贵族地主和贪婪的资产阶级。他对宗法式农民的消极、落后、怯懦十分敏感，看不到宗法式农民的革命本能、革命潜力以及由农民起义汇成的波涛汹涌的革命浪潮。因此，他不相信任何革命，只主张道德和宗教的革命、非暴力的革命等等这种"不革命的革命"。他的对旧世界的庄严抗议，他对专制制度的批判，掺杂着“不用暴力抵抗邪恶”的庸劣说教。

托尔斯泰对革命的这种矛盾的观点和态度，突出地反映在对1905年到1907年群众革命斗争的关注上。他一方面赞扬这场革命，一方面又回避这场革命，甚至公然反对这场革命施用暴力手段。托尔斯泰不仅不赞同革命的暴力手段，而且也反对建立新政权的革命目标，正如列宁所指出的，他实际上鼓吹一种抽象的“基督教无政府主义”。托尔斯泰认为，现存的秩序是建立在粗暴的暴力基础上的；而生活的理想，则是由人们的团结一致所构成的，这种团结是建立在合乎理性的和谐的基础上的，是被习俗所肯定的。在他看来，为了在人间建立起和睦友爱的“天国”，必须废弃靠野蛮的暴力支持着的作恶多端的政府，消灭政府的唯一手段不是暴力，而是揭露政府的欺骗，使人们普遍认识到政府是不仁慈不道德的机关，从而不约而同地通过拒绝参与政府的活动，使这种暴力机关自行垮台。正如托尔斯泰在《当代奴隶制度》一文中所指出的，“要想使人们摆脱掉恶劣的社会制度，也只有一种方法，即是禁止暴力，铲除灾难的原因，禁止个人的暴力，禁止鼓吹暴力，禁止对暴力进行辩护”，“用暴力消灭奴隶制度的一切企图，都像是以火灭火，或者以火治水”，“凡动刀的，必死在刀下”，正如因酗酒而患病，为了去掉病必须不再饮酒一样，为了摆脱暴力造成的灾难，也应当废弃暴力本身。

托尔斯泰为了“建立一种自由平等的小农的社会生活来代替警察式的阶级国家”，提出了非常天真幼稚的，而且实际上极为荒谬的方法。他狂烈鼓吹“不用暴力抵抗邪恶”的反动说教，对日趋高涨的俄国革命运动无疑是十分有害的。

（三）托尔斯泰世界观和创作中的矛盾的社会阶级根源

列宁指出：“托尔斯泰的观点和学说中的矛盾并不是偶然的，而是19世纪最后30多年俄国实际生活所处的矛盾条件的表现。”[29]“托尔斯泰学说不是什么个人的东西，不是什么反复无常和标新立异的东西，而是由千百万人在相当长的时期内实际所处的一种生活条件产生的思想体系。”“托尔斯泰的观点中的矛盾，不是仅仅他个人思想上的矛盾，而是一些极其复杂的矛盾条件、社会影响和历史传统的反映，这些东西决定了改革**后**和革命**前**这一时期俄国社会各个阶级和各个阶层的心理。”[30]“他的批判是用只有天才艺术家所特有的力量表现了这一时期的俄国，即乡村的、农民的俄国最广大人民群众的观点的急剧转变。”[31]

根据列宁的这些分析，我们看到，托尔斯泰的学说、观点和作品及其表现出来的世界观的矛盾都是当时俄国的“现实生活”“矛盾条件”“社会影响”和“历史传统”的反映。存在决定意识。从1861年到1905年，俄国社会生活动荡、经济结构重组、阶级关系变化，由于农奴制崩溃、资本主义崛起的历史趋势的感召和激发，托尔斯泰作为贵族阶级中敏感的神经，觉察到时代的去向，醒悟到自己的阶级不配有更好的命运，转变到宗法式农民的立场上来，开始以宗法式农民的眼光观察事物，对贵族地主的腐败和资本主义的贪婪，对专制制度、官方教会、法律机关的残酷、虚伪、黑暗、腐化和种种罪行进行了尖锐的批判和愤怒的控诉。所有这些，构成了托尔斯泰世界观中的进步因素。

托尔斯泰作为宗法式农民的思想家，他的世界观及其矛盾并不只是属于他个人的，而是属于他的时代的，属于整个宗法式农民的。托尔斯泰的作品、学说和观点反映了俄国宗法式农民对剥削者和压迫者的愤怒和仇恨，表达了他们渴望改变低下的社会地位和贫苦的生活境况的革命的情绪、愿望和要求，同时也明显地反映出俄国宗法式农民的种种弱点。“托尔斯泰如此忠实地反映了农民的情绪，甚至把他们的天真，他们对政治的疏远，他们的神秘主义，他们逃避现实世界的愿望，他们的‘对邪恶不抵抗’，以及他们对资本主义和‘金钱势力’的无力诅咒，都带到自己的学说中去了。”[32]可见，托尔斯泰作品和思想中的深刻矛盾，说到底，是以千百万宗法式农民的生活条件为基础的。托尔斯泰的世界观内部的双重性恰好反映了宗法式农民本身的双重性和他们对革命的双重性：“托尔斯泰反映了强烈的仇恨、已经成熟的对美好生活的向往和摆脱过去的愿望，同时也反映了耽于幻想、缺乏政治素养、革命意志不坚定这种不成熟性。历史条件和经济条件既说明发生群众革命斗争的必然性，也说明他们缺乏斗争的准备，像托尔斯泰那样对邪恶不抵抗；而这种不抵抗是第一次革命运动失败的极重要的原因。”[33]

列宁不仅从托尔斯泰所处的俄国社会生活条件去阐述托尔斯泰主义的根源，而且还从“社会影响”和“历史传统”等方面论述托尔斯泰主义形成的原因。托尔斯泰的时代，虽然生活已经“都颠倒过来”，但群众是在这个旧制度下教养出来的。列宁曾指出，这些宗法式的农民还在吃母奶的时候便受到旧社会的影响，“接受了这个制度的原则、习惯、传统和信仰，他们看不出也不可能看出‘开始形成’的新制度是**什么样子**，是**哪些**社会力量在‘形成’这种新制度以及怎样‘形成’这种新制度，哪些社会力量**能够**消除‘变革’时代所特有的无数特别深重的灾难”[34]。相反，宗法式农民在这种“安排”给他们带来的破产面前感到困惑不解，于是产生“悲观主义、不抵抗主义、向‘精神’呼吁”等软弱心理，这一切完全符合托尔斯泰主义的精神。亚历山大二世被民意党处死以后，革命陷于低潮，反动势力的残酷镇压，大大削弱了社会上的革命力量，助长了“不抵抗主义”哲学的风行，加强了俄国宗法式农村里某些政治势力企图寻求“拯救”的气氛。托尔斯泰主义正是在这样的历史条件下形成的。东方和亚洲的“历史传统”也对托尔斯泰主义的产生起着重要作用。托尔斯泰经常用“整个的所谓东方”“静止不动”，仿佛在“人类一般规律”之外，来为自己的学说作论证。列宁指出：“托尔斯泰主义的现实的历史内容，正是这种东方制度的即亚洲式制度的思想体系。”1905年的俄国革命使东方的静止状态开始结束，同时成为“托尔斯泰主义的历史终点”[35]。1905年后，俄国无产阶级革命的伟大时代来到了。作为俄国农奴制崩溃、资本主义生长时代的托尔斯泰主义开始成为历史。

列宁对托尔斯泰的世界观的转变、世界观的矛盾及其根源的深刻的分析，为我们用辩证唯物主义和历史唯物主义的观点和方法研究作家的思想和创作，提供了光辉的范例。

四、列宁论托尔斯泰的观点和方法

开展文艺批评和继承文学遗产，两者具有密不可分的联系。继承文学遗产，是通过开展文艺批评来实现的，离开文艺批评，继承文学遗产便成为一句空话；相反，离开对文学遗产的继承，也势必会使文艺批评失去应有的意义和作用。事实上，正确开展文艺批评是正确继承文学遗产的前提。因此，列宁十分尊重开展文艺批评和继承文学遗产的辩证法，在评论托尔斯泰的思想和创作中，力图把开展马克思主义的文艺批评和批判地继承托尔斯泰的文学遗产紧密地结合起来。

（一）开展马克思主义的文艺批评

马克思主义的文艺批评是无产阶级领导文艺的方法之一，是文艺战线进行斗争的方法之一，也是促进文艺繁荣发展的方法之一。

列宁对托尔斯泰的评论，是坚持马克思主义的革命的战斗精神和批判精神的杰出范例。

当时俄国文化、文学艺术界围绕着托尔斯泰所进行的论战，大大超出了文学评论的范围，实际上是一场政治思想战线上的严重斗争，是一次革命力量和反动势力的角逐和较量，关系到当时俄国两种命运的决战。从沙皇政府的反动文人、资产阶级自由派到孟什维克取消派和召回派都毫无例外地通过吹捧托尔斯泰学说中的落后、反动的部分，来表达他们反动的政治主张；通过宣扬以"道德上的自我修身"和"不用暴力抵抗邪恶"等反动说教为主要内容的托尔斯泰主义来毒害人民的革命意志，瓦解群众的战斗意志，解除无产阶级的思想武装，以对抗、抵制俄国革命的红色风暴。一切反动势力，都协力煽起一阵评托尔斯泰"热"，掀起一场颂扬反动的托尔斯泰主义的大合唱，向马克思主义和无产阶级革命猖狂挑衅。是斗争，还是调和；是前进，还是后退；是革命，还是妥协；是用暴力革命摧毁旧的国家机器，还是保全或维护沙皇俄国的专制制度？面临着这种关系到革命的道路和前途的重大问题，需要作出严肃的回答。为了粉碎形形色色的破坏和瓦解无产阶级革命的反动谬论，为了进行无产阶级革命的思想发动和舆论动员，列宁高度自觉地将开展马克思主义的文艺批评同真正先进的、彻底革命的阶级的运动汇合起来，向一切反对马克思主义和无产阶级革命的反动思潮发动了反击。列宁操起带有鲜明的政论特色的文艺评论的武器，廓清了反动势力假手于评价托尔斯泰散布的层层迷雾，消除了反马克思主义者为无产阶级革命和无产阶级专政设置的重重障碍，为无产阶级革命在俄国的胜利发展，吹响了进军号。

列宁对托尔斯泰的评论，是党性和科学性、革命精神和求实精神相结合的光辉典范。列宁运用马克思主义的立场、观点和方法，对托尔斯泰所处的时代，对托尔斯泰时代的社会生活条件、政治经济结构、阶级关系和阶级斗争的形势和趋势，对托尔斯泰的作品反映生活的广度和深度，对托尔斯泰的世界观的转变及其阶级的社会的根源，对托尔斯泰主义产生的土壤和它的反动性、欺骗性和危害性以及它作为一种反动的思想体系的历史的"起点"和"终点"，都进行了令人信服的科学的分析，得出了正确的结论。

列宁不仅十分重视从政治上对托尔斯泰的思想和创作进行透彻的剖析，而且非常注意对托尔斯泰的作品进行艺术上的评论。艺术是通过自己的特点来为一定的政治服务的。这要求文艺评论应当透过对作品的艺术分析作出对作品的政治评价，并力图将对作品的艺术分析和对作品的政治评价有机地结合起来。列宁对托尔斯泰的作品进行政治评价时，非常注意艺术的形象性和注重艺术的情感特点。他把托尔斯泰比作俄国革命的"镜子"；称赞托尔斯泰的创作勾勒了一幅"无与伦比的俄国生活的图画"；引用《安娜·卡列尼娜》里的列文的话"一切都翻了一个身"形象地说明托尔斯泰时代的历史性转变；摄取士兵们"突然发亮"的眼睛，生动传神地形容穿起军装的庄稼汉对土地的深情……这些足以说明列宁十分注意艺术的形象性特点。列宁还非常强调托尔斯泰创作中情感因素的作用。他不止一次地指出托尔斯泰是带着强烈的情感进行创作的，称颂他的作品"对社会上的撒谎和虚伪提出了非常有力的、直率的、真诚的抗议"，"满怀最深沉的感情和最强烈的愤怒对资本主义进行的不断的揭露"，"用非凡的力量表达被现存制度所压迫的广大群众的情绪，描绘他们的境况，表现他们自发的反抗和愤怒的情感"，反映了他们"强烈的仇恨"。因此，列宁称誉托尔斯泰是"千百万农民在俄国资产阶级革命快要到来的时候的思想和情绪的表现者"。可见，列宁对托尔斯泰的评论，不仅是"政治"的，而且是"文艺"的，是真正的马克思主义的文艺评论。

（二）批判地继承托尔斯泰的文学遗产

列宁评论托尔斯泰时指出："俄国无产阶级正在接受这份遗产，研究这份遗产。"[36]马克思主义者对待文化遗产，应采取批判继承、古为今用的正确态度。这既反映了文化发展的客观规律，也体现了无产阶级和人民群众的利益、要求和愿望。对文化遗产，采取只批判不继承、全盘否定的虚无主义态度或者采取只继承不批判、全盘肯定的复古主义的态度都是错误的。

列宁在对待托尔斯泰的文学遗产问题上，曾对以上两种错误倾向作过坚决的斗争。一方面，列宁有力驳斥了资产阶级自由派和孟什维克打着纪念和悼念托尔斯泰的幌子，把托尔斯泰视为圣人，对托尔斯泰全盘肯定的种种谬论，揭穿了这些马克思主义的敌人对托尔斯泰的文学遗产只继承不批判的罪恶用心是通过鼓吹反动的托尔斯泰主义对抗和抵制无产阶级革命。另一方面，列宁还在十月革命以后，批判了以波格丹诺夫为代表的"无产阶级文化派"声称要"扔掉普希金、托尔斯泰和其他一切作家"的只批判不继承，对文化遗产采取全盘否定的虚无主义的错误倾向。

托尔斯泰的思想和创作是复杂的，充满矛盾的。他的学说和作品中既有积极的、进步的内容，也有消极的、反动的因素。是继承托尔斯泰的思想和创作中的积极的、进步的部分，批判其消极的、反动的因素，还是抹杀托尔斯泰的学说和作品中的积极的、进步的部分，宣扬其消极的、反动的毒素？对此，当时俄国的不同阶级有不同的回答。

从沙皇政府的反动文人、资产阶级自由派到孟什维克取消派、召回派都从自己阶级的政治利益和要求出发，竭力抹杀、反对托尔斯泰的学说、观点和作品中的积极的进步的方面，大肆吹捧托尔斯泰的思想和创作中的消极的反动的方面。他们为了保全摇摇欲坠的沙皇专制统治或维护旧秩序，对抗、抵制无产阶级革命，狂热鼓噪以"笃信基督""道德上的自我修身"，特别是"不用暴力抵抗邪恶"为主要内容的反动的托尔斯泰主义。正如列宁批判资产阶级自由派所指出的，自由资产阶级之所以"不能直接而明确地评价托尔斯泰对国家、教会、土地私有制和资本主义的看法"，不能触及或者故意回避托尔斯泰的思想和创作中这些积极的进步的内容，不只是"因为书报检查机关妨碍它们这样做"，而更重要的是由于"托尔斯泰的每一个批评意见，都是给资产阶级自由主义的一记耳光"，是因为"托尔斯泰无畏地、公开地、尖锐无情地提出了我们这个时代最迫切、最该死的问题，光是这些问题的提出就给了我国自由派（以及自由主义民粹派）政论界千篇一律的空话、陈腐的谬论以及闪烁其词的'文明的'谎言以当头一棒"[37]。可见，托尔斯泰观点中的积极的进步的因素同资产阶级自由派的谬论妄说是完全抵触的。他们必然回避、掩盖、抹杀、反对托尔斯泰思想和创作中的积极的进步的内容，而只好居心叵测地诡称托尔斯泰是"伟大的良心"。列宁严厉斥责说："在我们今天这样的时候，任何想把托尔斯泰的学说理想化，想袒护或冲淡他的'不抵抗主义'、他的向'精神'的呼吁、他的'道德上的自我修身'的号召、他的关于'良心'和博'爱'的教义、他的禁欲主义和寂静主义的说教等等的企图，都会造成最直接和最严重的危害。"[38]

列宁用辩证唯物主义和历史唯物主义的观点和方法对托尔斯泰的文学遗产进行了科学的鉴别和分析，肯定其中好的、积极的、进步的、有益的、具有批判的民主主义的思想内容，加以批判地吸收和继承；否定其中坏的、消极的、反动的、有害的、具有麻痹和腐蚀群众的思想意识的精神毒药，并坚决予以扬弃和废止。列宁严肃剖析了托尔斯泰主义的反动实质，指出"作为一个发明救世新术的先知，托尔斯泰是可笑的，所以国内外的那些偏偏想把他学说中最弱的一面变成一种教义的‘托尔斯泰主义者’是十分可怜的”[39]。无产阶级必须抛弃托尔斯泰主义的反动说教，并戳穿一切反动势力利用反动的托尔斯泰主义对抗无产阶级暴力革命的罪恶阴谋。同时，列宁教导俄国人民，不要因为托尔斯泰学说中有着能为资产阶级所利用的反动因素，便拒绝继承这份遗产。他号召无产者应从托尔斯泰的批判的民主主义的思想成分中吸取革命的教训和革命的力量。

列宁对托尔斯泰的分析和评价，具体地、突出地体现了马克思主义对待文化遗产的批判继承、古为今用的要求，为我们树立了正确开展文艺批评、继承文学遗产的榜样。

(三) 列宁论托尔斯泰的观点和方法

列宁评论托尔斯泰时指出：“只有从社会民主主义无产阶级的观点出发，才能对托尔斯泰作出正确的评价。”[40]他极其精确地运用马克思主义的基本观点评论托尔斯泰的思想和创作，具有深刻的方法论的启示。

(1) 列宁用辩证唯物主义的反映论科学地阐明了托尔斯泰的世界观、创作和生活的关系，正确揭示了托尔斯泰的世界观和创作的客观内容和社会根源。

列宁十分注意从托尔斯泰所处时代的社会生活条件去分析他的作品。他认为托尔斯泰的作品是对俄国农奴制崩溃、资本主义生长时期的现实生活的反映，尤其强调当时俄国的政治生活对托尔斯泰创作的重大影响。他非常重视俄国的社会变革、政治经济结构的重组、阶级关系的变化、历史发展的总趋势给托尔斯泰创作带来的深刻变化。托尔斯泰的创作的客观内容和社会根源，归根到底，是由托尔斯泰所处的时代的历史条件决定的，是由托尔斯泰所认识到的社会生活的广度、深度决定的。

文艺反映生活必须通过作家的头脑，经过作家的世界观的折射。列宁十分重视作家的世界观对创作的这种作用。但列宁并没有脱离生活对世界观的决定作用来谈世界观对创作的“决定作用”，相反，在他看来，世界观和创作都是由生活本身决定的，世界观中的思想因素和倾向同创作表现出来的思想因素和倾向是一致的。列宁多次将托尔斯泰的学说、观点、思想、世界观和创作（作品）放在并列位置上，当作同一系列的词或概念来使用。列宁并没有强调世界观和创作的矛盾。在他看来，创作的矛盾或作品的思想内容和倾向的矛盾只不过是作家世界观中的内在矛盾的表现和流露，世界观中的反动的落后的思想因素和作品中的反动的落后的思想内容是一致的；世界观中的进步的积极的思想因素和作品中的进步的积极的思想内容也是一致的；而托尔斯泰的世界观和创作中的这种矛盾，归根结底，仍然是由生活本身的矛盾决定的。

列宁以彻底的辩证唯物论的反映论，深刻地揭示了托尔斯泰世界观和创作中消极反动的思想因素产生的现实的阶级根源和社会根源。列宁面对托尔斯泰的世界观和创作的矛盾的全部复杂性，面对以“笃信基督”“道德上的自我修身”和“不用暴力抵抗邪恶”为中心内容的反动的托尔斯泰主义，并没有采取简单化的态度。列宁认为，为了彻底否定这些思想毒素，必须铲除滋生这些思想毒素的土壤和条件。列宁指出，这些消极的反动的东西的出现不是偶然的：对托尔斯泰所处的时代和历史条件来说，它是俄国现实生活各种复杂的社会矛盾的反映；对俄国的历史传统和社会影响来说，它是东方的亚洲的国家体制的封闭、落后、保守、寂静主义等传统习惯和历史惰性的影响；对俄国革命而言，它是俄国革命的弱点的表现；对宗法式农民而言，它是俄国宗法式农民缺乏进行斗争的准备以及幻想的不成熟、政治素养的缺乏和革命的软弱性的反映，“是宗法式农村的软弱和‘善于经营的农夫’迟钝胆小的反映”，是天真的耽于幻想的农民受到打击后产生的悲观绝望情绪的反映。因此，列宁指出，托尔斯泰主义，包括“悲观主义、不抵抗主义、向‘精神’呼吁，是这样一个时代必然要出现的思想体系”[41]。

列宁以彻底唯物主义的科学态度，对托尔斯泰的思想和创作中的消极因素，给予辩证唯物论的反映论的解释。这对我们如何对待错误的、唯心主义的思想、观点和学说，具有普遍的指导意义和深刻的方法论的启示。

(2) 列宁善于用历史唯物主义观点分析古典的作家和作品。

列宁在批判地继承托尔斯泰的文学遗产时，力图从纵的方面，从历史发展的过程和联系中，把托尔斯泰的学说和作品自觉地放入“一定的历史范围内”，予以一定的历史地位，对它的历史内容和它所产生的历史作用作出准确的历史评价。以此为基础，本着古为今用的原则定其取舍。

列宁指出：“对托尔斯泰观点中的矛盾，不应该从现代工人运动和现代社会主义的角度去评价（这样评价当然是必要的，然而是不够的），而应该从那种对正在兴起的资本主义的抗议，对群众破产和丧失土地的抗议（俄国有宗法式的农村，就一定会有这种抗议）的角度去评价。”[42]这里，列宁深刻指明了对托尔斯泰的历史评价和现实评价的辩证关系。

列宁善于把对托尔斯泰的历史评价和现实评价有机地结合起来。

从历史评价的角度看：列宁首先给托尔斯泰的思想和创作中的进步因素以高度的评价，称赞他是沙皇专制制度的强烈的抗议者、愤怒的揭发者和伟大的批评家，是“曾经以巨大的力量、信念和真诚提出许多有关现代政治制度和社会制度的基本特点问题的思想家”[43]。其次，列宁指出，反动的托尔斯泰主义“危害了1905年的俄国革命”。“由于完全不能理解现代历史的进程”，托尔斯泰对旧世界的批判不时发出“幻想的、含糊的、无力的叹息”，产生悲观和绝望。而“绝望是那些不了解产生邪恶的根源、看不见出路和没有能力斗争的人的特性”[44]。因为托尔斯泰以类似民粹派那样的冷漠态度对资本主义在俄国的崛起“闭起眼睛来，不去考虑”，甚至把资本主义在俄国的发展排除在人类历史发展的一般规律之外，沉迷于封建宗法式小农经济体制的幻想中，从而给他的学说涂抹上一层浓重的封建社会主义的乌托邦色彩。

列宁指出：即使托尔斯泰学说和作品中存在着积极的进步的思想成分，他的思想和创作中存在着批判的民主主义的进步因素，随着历史的发展，无产阶级革命斗争的日趋深入，它的有益的作用也会越来越显得微弱和有限。正如列宁所指出的，“托尔斯泰的空想学说正象许多空想学说体系一样，是具有批判成分的。但是不要忘记马克思的深刻的见解：空想社会主义的批判成分的意义‘是同历史的发展成反比的’”，随着工人阶级，即“正在‘形成’新俄国和消除现代社会灾难的那些社会力量的活动愈发展，它们的活动愈具有确定的性质，批判的空想社会主义就会愈迅速地‘失去任何实践意义和任何理论根据’”。[45]

从现代工人运动和现代社会主义的角度看：列宁指出，“作为一个发明救世新术的先知，托尔斯泰是可笑的”。因为托尔斯泰的“救世新术”，即他的以“不用暴力抵抗邪恶”“道德上的自我修身”为主要内容的反动托尔斯泰主义只能起到抵制无产阶级革命，保全他所憎恶的沙皇专制制度的反动作用。托尔斯泰将严峻的流血的政治问题归结为、转换成一个温和的道德说教问题，这不仅天真幼稚，而且荒唐可笑。所以，列宁从革命利益出发，指出“国内外的那些偏偏想把他学说中最弱的一面变成一种教义的‘托尔斯泰主义者’是十分可怜的”。

但列宁明确指出，“决不应该由此得出结论说，这个学说不是社会主义的，这个学说里没有可以为启发先进阶级觉悟提供宝贵材料的批判成分”，“俄国无产阶级要向被剥削劳动群众阐明托尔斯泰对国家、教会、土地私有制的批判的意义，——这样做不是为了让群众局限于自我修身和对圣洁生活的憧憬，而是让他们振奋起来对沙皇君主制和地主土地占有制进行新的打击”。[46]

列宁对托尔斯泰的历史评价和现实评价相结合的历史唯物主义的观点和方法，为我们批判各种反历史主义的错误倾向提供了理论根据。

(3) 列宁熟练地运用唯物辩证法分析托尔斯泰的思想和创作，批判了各种政治势力评价托尔斯泰时所贩卖的唯心主义形而上学的谬论。

列宁在批判地继承托尔斯泰的文学遗产时，不仅从纵的方面，从历史的发展的过程和联系中，对托尔斯泰的思想和创作的历史内容和它所产生的历史作用作出准确的评价，而且还从横的方面，用辩证分析的方法，对托尔斯泰的学说和作品一分为二，区分出好坏优劣，鉴别出糟粕和精华，决定其扬弃和继承。

列宁首先对托尔斯泰的学说和作品一分为二。正如我们上面所谈的，列宁一方面指出托尔斯泰的学说、思想、世界观和创作的积极的、进步的方面，阐明了托尔斯泰对沙皇政府、官方教会、政治法律制度、农奴制度的尖锐的批判，对资本主义的无情的揭露，对农民和工人的悲惨处境的深切的同情……肯定了这些批判的民主主义的思想因素对俄国革命的积极作用和进步意义。列宁另一方面也阐明了托尔斯泰的学说、思想、世界观和创作中所宣扬的以鼓吹“净化了的新宗教”“道德上的自我修身”“向‘精神’呼吁”“禁欲主义”“寂静主义”，特别是“不用暴力抵抗邪恶”等反动的思想成分为基本内容的托尔斯泰主义对俄国革命的危害。

列宁不仅指明了托尔斯泰的思想和创作的双重性，而且揭示了产生这种双重性的根源。他认为托尔斯泰的世界观和创作中的思想内容和倾向的矛盾的双重性不是凭空产生的，具有深刻的阶级的、政治的、社会的根源。

从阶级根源来看，托尔斯泰作为俄国宗法式农民的思想代表，他的学说和作品既反映了他们的革命的情绪、要求和愿望，也表现了他们的狭隘、保守、软弱和怯懦。列宁认为，俄国宗法式农民中，只有极少数人敢于拿起斗争的武器，向压迫他们的仇敌冲杀，而大多数农民还是耽于幻想，因斗争的残酷和挫折而陷于悲观失望，在祈祷和自我麻醉中忍受着非人的生活的折磨。托尔斯泰主义正是这部分农民思想和情绪的反映。

从政治根源来看，托尔斯泰的学说和创作，既反映了俄国革命的有力的方面，也表现了俄国革命的弱点。托尔斯泰当时面对的俄国革命是以宗法式农民为动力的资产阶级民主革命。俄国宗法式农民作为这次革命的主体和基本动力，他们的思想的积极方面和消极方面，优点和弱点，革命性和妥协性、软弱性都必然在革命过程中反映出来，也必然在托尔斯泰这面“俄国革命的镜子”中展示出来。

从社会根源来看，俄国本来是长期处于停滞状态的所谓“东方国家”，千百年封建君主专制、经济结构的封闭保守和历史传统观念的影响，为托尔斯泰主义的产生提供了合适的土壤。因而，“悲观主义、不抵抗主义、向‘精神’呼吁，是这样一个时代必然要出现的思想体系”。列宁指出，“托尔斯泰主义的现实的历史内容，正是这种东方制度的即亚洲式制度的思想体系”的艺术反映。

列宁坚持“两点论”，用辩证分析的方法研究托尔斯泰的思想和创作，对各种政治势力评价托尔斯泰时所散布的形而上学谬论进行了有力的驳斥。由于各种政治势力抱有不同的政治目的，都不能对托尔斯泰的学说和作品进行全面的辩证分析，总是搞好即好、坏即坏的“一点论”。以波格丹诺夫为首的“无产阶级文化派”把托尔斯泰的文学遗产看得一无是处，全是糟粕，像对待垃圾那样完全“扔掉”；某些资产阶级自由派无视托尔斯泰学说和作品中的有害的毒素，他们从实用主义的立场和观点出发，回避、掩盖、抹杀托尔斯泰学说和作品中对他们不利的部分，竭力吹捧托尔斯泰的思想和创作中对他们有利的部分，以对抗无产阶级革命。孟什维克的取消派和召回派与资产阶级自由派相呼应，也把托尔斯泰的文学遗产中的糟粕当作精华，狂热鼓吹反动的托尔斯泰主义，反对无产阶级用暴力革命摧毁旧的国家机器，建立新的政权。可见，所有这些反动的政治势力，由他们的阶级偏见和阶级利益所决定，不可能掌握革命的辩证法，对托尔斯泰的思想和创作进行全面正确的评价。

(4) 列宁坚持文学的党性原则，用无产阶级的政治观点，阐明托尔斯泰的学说和作品的政治倾向，正确评价它对俄国无产阶级革命的意义和作用。

列宁指明了托尔斯泰学说、思想、观点和作品的政治实质。托尔斯泰在世界观转变后，成为俄国宗法式农民的思想家，他的学说和作品中的政治倾向是体现俄国宗法式农民的利益和要求的。

无产阶级出现以前，农民是俄国的唯一革命的阶级。托尔斯泰作为宗法式农民的思想的代表，总是站在这个先进阶级的立场上，力图用宗法式农民的眼光观察生活中的阶级关系和政治情势。他的学说和作品的政治倾向是通过对俄国当时的不同阶级或政治力量的不同态度表现出来的。

托尔斯泰代表千百万宗法式农民对腐败和日趋崩溃的农奴制的尖锐批判，对没落腐朽的贵族地主阶级的无情的揭露，不仅有利于宗法式农民，而且有利于他所憎恶的资产阶级，因为这种揭露和批判客观上起到为资本主义发展扫清道路的作用。同时，也有利于托尔斯泰根本不了解的无产阶级，因为宗法式农民的自由和解放，无疑会壮大无产阶级革命同盟军的阵容；农奴制的崩溃，加速了资本主义的发展，使社会阶级矛盾更趋简单化、明朗化，有可能使无产阶级经过登上历史舞台的斗争的锻炼，变得更加强大和成熟。托尔斯泰对贵族社会的旧的生产关系和政治制度的批判对无产阶级革命肃清农村的封建主义残余，也具有宝贵的参考价值。可见，托尔斯泰对俄国农奴制的批判，不管从什么意义上说，都是有进步意义的。

托尔斯泰对资本主义的愤怒的控诉和强烈的抗议，对启发俄国的农民和工人的革命思想，对激发俄国无产阶级革命，具有重要的意义。新生长起来的刚刚开始形成的资产阶级制度，对当时俄国的广大农民来说是不熟悉的、陌生的、不了解的。“托尔斯泰模模糊糊地看到的这个‘刚刚开始形成的’资产阶级制度是一个象英国那样的吓人的怪物”，“他象民粹派一样，闭起眼睛，根本不愿意看到，甚至拒绝去想在俄国‘开始形成’的东西正是资产阶级制度”。[47]托尔斯泰由于受到宗法式农民的狭隘眼界和作为贵族的思想残余的局限，几乎全然没有注意到资本主义的优越性和进步性，倒是极其敏锐地觉察到资本主义的贪婪、疯狂的野心和制造种种灾难和不幸的罪恶。对资本主义的憎恶和仇恨，是托尔斯泰的基本社会道德情操。在托尔斯泰看来，资产阶级的全部物质文明和精神文明都不过是用来奴役和剥削人民的精巧的手段。托尔斯泰的学说和作品中渗透着对资产阶级这种“进步”的愤懑和反抗情绪，但缺乏评价这种“进步”的科学态度和历史观点。这可能对群众产生有害的影响。对此，列宁指出，“俄国无产阶级要向群众阐明托尔斯泰对资本主义的批判，——这样做不是为了让群众局限于诅咒资本和金钱势力”，不在于鄙夷地摈弃资本主义的“进步”，“而是让他们学会在自己的生活和斗争中处处依靠资本主义的技术成就和社会成就，学会把自己团结成一支社会主义战士的百万大军，去推翻资本主义”。[48]

列宁认为，在托尔斯泰的遗产里，“有着没有成为过去而是属于未来的东西”[49]。托尔斯泰的作品不仅强烈地表现了宗法式农民对“成为过去”的旧制度旧秩序的愤怒和仇恨，而且朦胧地反映了他们自发地渴望从阶级压迫的重压下解放出来并“在狭小的范围内寻求美好的生活”的憧憬和追求。托尔斯泰写道：“一切好的，为人民需要的作品并不仅是追求过去，而是要指出未来。”（《〈花坛集〉序言》）他认为文艺反映生活时应当揭示人生的理想。这种理想的王国，不可以用暴力来夺取，只能用爱的力量来建造。因此，这种理想不过是基督教社会主义，实质上是把封建宗法制理想化神圣化为封建社会主义。托尔斯泰主义的乌托邦的反动本质，随着无产阶级登上历史舞台和俄国无产阶级革命的发展，越来越显得荒谬和有害。

然而，列宁深刻揭示了托尔斯泰这位伟大的思想家和艺术家“同他显然不了解的、显然避开的革命”之间的内在联系，阐明了托尔斯泰的思想和创作对旧世界的掘墓人无产阶级的革命斗争所具有的重大意义。列宁强调托尔斯泰的艺术作品的认识作用。他指出：“俄国工人阶级研究列夫·托尔斯泰的艺术作品，会更清楚地认识自己的敌人；而全体俄国人民分析托尔斯泰的**学说**，一定会明白他们本身的弱点在什么地方，正是这些弱点使他们不能把自己的解放事业进行到底。为了前进，应该明白这一点。”“只有当俄国人民懂得，他们要求得美好的生活，不应该向托尔斯泰学习，而应该向无产阶级这个托尔斯泰所没有了解其意义的、唯一能摧毁托尔斯泰所憎恨的旧世界的阶级学习，只有这个时候，俄国人民才能求得解放。”[50]

学习列宁评论托尔斯泰的文章，对我们提高用马克思主义的立场、观点和方法分析、研究古典作家作品的能力，树立革命性和科学性相结合的马克思主义学风，批判一切反马克思主义的思潮，都具有普遍的指导意义。

[注　释]

[1] 列宁．列宁选集：第2卷．3版修订版．北京：人民出版社，2012：243.

[2] 列宁．列宁全集．第20卷．2版．北京：人民出版社，1989：72.

[3] 同 [2] 25-26.

[4] 同 [2] 100，39.

[5] 同 [2] 100-101.

[6] 同 [2] 142.

[7] 同 [2] 19.

[8] 同 [2] 39，71.

[9] 同 [2] 40.

[10] 卢那察尔斯基．论俄罗斯古典作家．蒋路，译．北京：人民文学出版社，1958：298.

[11] 同 [1] 241.

[12] 列宁．列宁全集：第15卷．2版．北京：人民出版社，1988：83.

[13] 列宁．列宁全集：第28卷．2版．北京：人民出版社，1990：318.

[14] 同 [2] 20.

[15] 同 [2] 39-40.
[16] 同 [1] 243.
[17] 同 [1] 243-244.
[18] 同 [1] 244.
[19] 同 [1] 245.
[20] 同 [1] 244.
[21] 同 [1] 245.
[22] 同 [2] 40.
[23] 同 [10] 287.
[24] 贝奇柯夫. 托尔斯泰评传. 吴均燮，译. 北京：人民文学出版社，1959：392.
[25] 同 [24] 384.
[26] 同 [24] 416，417.
[27] 同 [1] 242.
[28] 同 [2] 23.
[29] 同 [1] 243.
[30] 同 [1] 103，23.
[31] 同 [1] 41.
[32] 同 [1] 41.
[33] 同 [1] 245.
[34] 同 [2] 102.
[35] 同 [2] 103.
[36] 同 [2] 25.
[37] 同 [2] 24-25.
[38] 同 [2] 104.
[39] 同 [1] 243.
[40] 同 [2] 24.
[41] 同 [2] 102.
[42] 同 [1] 243.
[43] 同 [2] 39.
[44] 同 [2] 41.
[45] 同 [2] 103，103-104.
[46] 同 [2] 103，25.
[47] 同 [2] 101.
[48] 同 [2] 25-26.
[49] 同 [2] 25.
[50] 同 [2] 72.

第十五讲 关于民族问题的批评意见*[1]

（摘录）

列宁

读者看到，《北方真理报》[2]上的那篇文章通过一个实例即通过全国性的语言问题阐明了自由派资产阶级的不彻底性和机会主义，说明了自由派资产阶级在民族问题上有一只手伸给农奴主和警察。谁都知道，除了全国通用的语言问题外，在其他一系列类似的问题上，自由派资产阶级的表现也很阴险、虚伪和愚蠢（甚至从自由派的利益来看也是如此）。

由此可以得出什么结论呢？结论是：**任何**自由派资产阶级的民族主义，都会在工人中起严重的腐蚀作用，都会使自由的事业和无产阶级阶级斗争的事业遭受极大的损失。尤其危险的是，资产阶级的（以及资产阶级-农奴主的）趋向是以“民族文化”的口号**作掩护**的。黑帮和教权派[3]以及**一切**民族的资产者，都在大俄罗斯的、波兰的、犹太的、乌克兰的等等民族文化的幌子下，干反动肮脏的勾当。

如果用马克思主义的观点，即用阶级斗争的观点来观察现代的民族生活，如果把口号同阶级利益和阶级政策加以对照而不是同空洞的“一般原则”、高调和空话加以对照，**那么**事实就是如此。

民族文化的口号是资产阶级的（而且常常是黑帮-教权派的）骗局。我们的口号是民主主义的和全世界工人运动的各民族共同的文化。

于是崩得[4]分子李普曼[5]先生失去克制而大打出手，写了一大段杀气腾腾的话对我大肆攻击：

“凡是对民族问题略知一二的人，都知道各民族共同的（интернациональная）文化并不

* 摘自列宁．列宁选集：第2卷．3版修订版．北京：人民出版社，2012：335－337；344－346.

是非民族的（иннациональная）[6]文化（没有民族形式的文化）；非民族的文化，即既不应当是俄罗斯的，也不应当是犹太的，更不应当是波兰的，而只应当是纯粹的文化，这种非民族的文化是荒谬的；超越民族的思想只有适合工人的语言、适合工人生活的具体民族条件，才能成为工人阶级所亲近的思想；工人对自己的民族文化状况及其发展不应当漠不关心，因为通过民族文化，而且只有通过民族文化，工人才有可能参加'民主主义的和全世界工人运动的各民族共同的文化'。这是大家早已知道的，然而对这一切，弗·伊·[7]却不愿意知道……"

请仔细考虑考虑这个典型的崩得分子用来驳倒我提出的马克思主义的论点的议论吧。崩得分子先生非常自信，俨然以"了解民族问题"的人自居，把常见的资产阶级观点当做"大家早已知道的"真理奉献给我们。

是的，亲爱的崩得分子，各民族共同的文化不是非民族的。谁也没有否认过这一点。谁也没有宣布过什么既不是波兰的，也不是犹太的，更不是俄罗斯等等的"纯粹"文化，可见你说了一大堆废话只不过是想转移读者的注意力，想用空话来掩盖事情的本质。

每个民族文化，都有一些民主主义的和社会主义的即使是不发达的文化**成分**，因为**每个**民族都有被剥削劳动群众，他们的生活条件必然会产生民主主义的和社会主义的意识形态。但是**每个**民族也都有资产阶级的文化（大多数还是黑帮的和教权派的），而且这不仅表现为一些"成分"，而表现为**占统治地位的**文化。因此，笼统说的"民族文化"**就是**地主、神父、资产阶级的文化。崩得分子避而不谈这个对马克思主义者来说是最起码的基本的道理，而"大谈"其空话，这实际上就是**反对**揭露和阐明阶级鸿沟，把阶级鸿沟掩盖起来，使读者看不清楚。**实际上**，崩得分子和资产者的表现一样，因为资产者的整个利益要求散布对超阶级的民族文化的信仰。

我们提出"民主主义的和全世界工人运动的各民族共同的文化"这个口号，**只是从每一个**民族的文化中抽出民主主义和社会主义的成分，我们抽出这些成分**只是**并且**绝对**是为了对抗**每个**民族的资产阶级文化、资产阶级民族主义。任何一个民主主义者，特别是任何一个马克思主义者，都不会否认语言平等，不会否认用母语同"本民族的"资产阶级进行论战、向"本民族的"农民和小市民宣传反教权派的思想或反资产阶级的思想的必要性，这是用不着多说的，但是崩得分子却用这些无可争辩的道理来掩盖争论的问题，也就是掩盖问题的实质。

问题在于：马克思主义者可否直接或间接提出民族文化的口号呢，还是说必须"适应"各地方和各民族的特点，用各种语言宣传工人的**国际主义**口号以**反对**民族文化这一口号。

"民族文化"这个口号的含义，不取决于这位知识分子的诺言或他想"说明"这个口号"是指通过它来推行各民族共同的文化"的善良愿望。这样看问题就是幼稚的主观主义。民族文化这个口号的含义，取决于这个国家同世界各国各阶级的客观相互关系。资产阶级的民族文化就是一个**事实**（而且我还要重说一遍，资产阶级到处都在同地主和神父勾结）。气焰嚣张的资产阶级民族主义麻醉、愚弄和分化工人，使工人听任资产阶级摆布，——这就是当代的基本事实。

谁想为无产阶级服务，谁就应当联合各民族工人，不屈不挠地同**"自己的"**和别人的资产阶级民族主义作斗争。谁拥护民族文化的口号，谁就只能与民族主义市侩为伍，而不能与马克思主义者为伍。

…………

在谈到无产阶级时，这种把整个乌克兰文化同整个大俄罗斯文化对立起来的做法，就是对无产阶级利益的最无耻的背叛，为资产阶级民族主义效劳。

我们要告诉一切民族的社会党人：每一个现代民族中，都有两个民族。每一种民族文化中，都有两种民族文化。一种是普利什凯维奇[8]、古契柯夫和司徒卢威[9]之流的大俄罗斯文化，但是还有一种是以车尔尼雪夫斯基[10]和普列汉诺夫[11]的名字为代表的大俄罗斯文化。乌克兰同德国、法国、英国和犹太人等等一样，也有**这样两种**文化。如果说多数乌克兰工人处于大俄罗斯文化的影响下，那么我们就确凿地知道了，除了大俄罗斯神父的和资产阶级的文化思想外，还有大俄罗斯的民主派和社会民主党[12]的思想在产生影响。乌克兰的**马克思主义者**在同前一种"文化"作斗争时，总是要把后一种文化区别开来，并且要告诉自己的工人们："必须用全力抓住、利用、巩固一切机会，同大俄罗斯的觉悟工人相交往，阅读他们的书刊，了解他们的思想，乌克兰的工人运动的根本利益和大俄罗斯的工人运动的根本利益**都**要求这样做。"

一个乌克兰的马克思主义者对大俄罗斯压迫者的仇恨是**完全合情合理的**，但是如果忘乎所以，**以致**对大俄罗斯工人的无产阶级文化和无产阶级事业也仇恨起来，哪怕只有一点儿，哪怕仅仅采取疏远态度，那么这个马克思主义者也就会滚入资产阶级民族主义的泥潭。如果一个大俄罗斯的马克思主义者哪怕只是一分钟忘记了乌克兰人对于完全平等的要求，或者忘记了他们享有建立独立国家的**权利**，那么他同样也会滚入民族主义的泥潭，并且不仅会滚入资产阶级民族主义的泥潭，而且还会滚入黑帮民族主义的泥潭。

只要大俄罗斯和乌克兰的工人生活在一个国家里，他们就应该一同通过组织上最紧密的统一和打成一片，维护无产阶级运动共同的文化或各民族共同的文化，以绝对宽容的态度对待用何种语言进行宣传的问题和在这种宣传中如何照顾一些纯地方的或纯民族的**特点**问题。这就是马克思主义的绝对要求。任何鼓吹把一个民族的工人同另一个民族的工人分离开来的论调，任何攻击马克思主义的"同化"[13]的言论，任何在涉及无产阶级的问题时把某个民族文化当做整体同另一个据说是整体的民族文化相对立等等的行为，都是**资产阶级**民族主义，应该与之作无情的斗争。

[注　释]

[1] 1913年9月5日列宁在《北方真理报》第29号上发表《自由派和民主派对语言问题的态度》一文，崩得分子李普曼对此进行攻击，机会主义分子列甫·尤尔凯维奇与之呼应。列宁于同年10月到12月撰写《关于民族问题的批评意见》一文，回击了他们的猖狂挑衅。

[2]《北方真理报》　《真理报》的名称之一。《真理报》作为布尔什维克宣传革命真理的思想阵地，多次被沙皇政府查封，不得不多次变换名称以重新出版。

[3] 教权派　利用宗教形式维护和巩固剥削阶级统治的政治派别，主张神权高于君权，借教权维护皇权，把教会和僧侣视为国家的政治和文化生活的主宰。教权派是沙皇政府和资产阶级从精神上奴役和毒害工人阶级和劳动人民的帮凶。

[4] 崩得　即"立陶宛、波兰和俄罗斯犹太工人总联盟"，成立于1897年。1898年集体加入俄国社会民主工党。1903年退出。1906年重新入党。由于坚持民族主义的反动立场，1912年被清除出党。十月革命后，崩得分子开始分化。1921年3月，崩得自行解散，部分成员转而加入布尔什维克。

[5] 李普曼　真名普·耳·格尔什（1882—?），崩得的主要代表人物。1911年入崩得中央，任崩得《时报》编辑。第一次世界大战期间支持沙皇政府的大国沙文主义政策。

［6］Интер——在……之间；ин——非；интернациональный ——各民族间的，国际的；иннациональный——非民族的，非国民的，无民族的，无国民的。——原书注

［7］弗·伊· 指弗拉基米尔·伊里奇·列宁。

［8］普利什凯维奇 弗拉基米尔·米特洛凡诺维奇·普利什凯维奇（1870—1920），大地主，俄国反动组织“俄罗斯人民同盟”创始者，反动黑帮首领之一。十月革命后帝国主义武装干涉时期，成为国内反革命叛乱势力的罪魁之一。

［9］司徒卢威 彼得·别隆加尔道维奇·司徒卢威（1870—1944），俄国资产阶级经济学家、政论家和哲学家。他是立宪民主党的核心人物、“合法马克思主义”的主要代表。十月革命后，充当邓尼金和弗兰格尔叛乱政府的要员，后逃亡国外。

［10］车尔尼雪夫斯基 尼古拉·加甫利洛维奇·车尔尼雪夫斯基（1828—1889），是19世纪俄国革命民主主义的伟大的先驱者。他不仅是卓越的革命民主主义战士、思想家、理论家，而且是杰出的美学家、文艺批评家和作家。1856年，车尔尼雪夫斯基成为《现代人》杂志的政治评论栏的负责人，通过政治和文学评论，向反动腐朽的沙皇专制和农奴制进行了英勇无畏的斗争。车尔尼雪夫斯基作为革命民主主义的思想领袖遭到了沙皇政府的残酷迫害。这位具有坚韧性格的革命家在监狱、苦役和流放中度过了20余年饱经忧患的岁月。

车尔尼雪夫斯基的美学代表作是他的学位论文《艺术对现实的美学关系》。他的文学代表作是他的杰出的长篇《怎么办?》。

［11］普列汉诺夫 格奥尔基·瓦连廷诺维奇·普列汉诺夫（1856—1918）。普列汉诺夫的活动可分为三个阶段：1875年到1883年是民粹主义者；1883年到1903年是马克思主义者；1903年后开始右转，变成了孟什维克的领袖人物。1883年，创建“劳动解放社”。由于赫尔岑、别林斯基、车尔尼雪夫斯基和杜勃罗留波夫的民主革命思想的深刻影响，普列汉诺夫接受了科学的社会主义。他成为马克思主义者后，利用自己的智慧和文学才能，曾出色地论证和捍卫了马克思主义的基本原理，促进了马克思主义在俄国的传播，是当时著名的马克思主义的理论家和宣传家。普列汉诺夫写下了一系列反对机会主义、马赫主义和民粹主义的理论论著。他在艺术和美学方面的主要代表作是《没有地址的信》《艺术与社会生活》。

［12］社会民主党 即俄国社会民主工党（布）所代表的无产阶级革命派。

［13］“同化” 指民族同化的思想。民族同化指某一民族逐渐失去其民族特点而演化为另一民族。同化形式有二：一是通过民族压迫所进行的强制同化；二是由于长期同居一地、相互影响、彼此变通所形成的自然同化。

讲 解

列宁在《关于民族问题的批评意见》一文中批判了资产阶级和机会主义者鼓吹超阶级的“民族文化”的反动谬论，对民族文化问题作了辩证唯物主义和历史唯物主义的考察。列宁关于“两种民族文化”的学说，对我们用阶级和阶级斗争的观点、方法，正确分析、评价阶级社会中的民族文化，积极开展两种民族文化的斗争，批判继承民族文化遗产，具有重要的指导意义。

20世纪初，民族问题作为西欧和俄国阶级斗争的焦点之一，已经上升到显著地位，解决民族问题成为无产阶级革命的当务之急。从俄国民族斗争的实际出发，确定马克思主义关于民族问题的理论、原则和政策，澄清资产阶级和机会主义者在民族问题上所散布的谬论和制造的混乱，是俄国无产阶级革命面临的重要课题。列宁提出的关于“两种民族文化”的学说是当时国内外、党内外阶级斗争尖锐化的产物。

列宁撰写《关于民族问题的批评意见》时，既是第一次世界大战的前夜，也是俄国社会主义革命的前夜。

从国际方面看：欧洲上空笼罩着侵略战争的阴云。帝国主义国家为了摆脱政治、经济危机，加速了战争机器的运转，蓄意进行一场绞杀弱小民族、重新瓜分势力范围、争夺世界霸权的世界大战。各国的统治阶级为了自身的利益，也对人民进行欺骗、恫吓，将工人阶级驱赶到战场上自相残杀。帝国主义者为了掩盖这场战争的罪恶目的，竭力制造社会舆论，大肆鼓噪大国沙文主义和资产阶级民族主义，把这场疯狂的掠夺和血腥的屠杀美化为“保卫祖国”的圣战，诱骗人们相信参加这场战争是为了“拯救民族”“效忠祖国”。为了戳穿帝国主义发动战争的阴谋诡计，激化帝国主义国家内部的社会矛盾，维护工人阶级的战斗团结，保存和发展无产阶级的革命力量，列宁清醒地认识到，必须给这股大国沙文主义和资产阶级民族主义的反动思潮以迎头痛击。

从国内方面看：俄国大地上滚动着革命斗争的烽烟。斯托雷平的白色恐怖时期已经过去，革命开始从低潮转为高潮。在真正的列宁主义政党的领导下，各民族的工人运动风起云涌、空前高涨，推翻沙皇腐朽的专制帝国的统治，捣毁各族人民的监狱，已经成为俄国各族人民的共同目标。民族斗争实质上仍然是阶级斗争。反动的当权者及其帮办们总是力图掩盖、抹杀民族斗争的阶级实质。他们故意把民族斗争说成脱尽阶级内容的纯粹、抽象的不同人种之间的纷争，激起狭隘的民族意识和民族感情，制造各族工人之间的分裂和仇恨，诱骗各族工人彼此扭打，两败俱伤，以达到“分而治之”的罪恶目的。要想推翻沙皇专制制度，全俄国的工人阶级必须不分民族地团结起来，组成浩浩荡荡的革命大军。为此，必须批判大俄罗斯主义和资产阶级民族主义的反动谬论，正确阐明民族斗争和阶级斗争的关系，制定马克思主义关于民族问题的理论和策略。

国内外政治战线上的斗争必然反映到思想文化领域中来；党外的斗争也必然反映到党内

来。与政治上鼓吹大国沙文主义、资产阶级民族主义和大俄罗斯主义的反动理论相策应，资产阶级在思想领域提出“民族文化”的反动口号。党内的机会主义代表人物崩得分子与之相配合，时而鼓吹“统一的民族文化”，以此掩盖民族文化的阶级内容，用抽象的“民族文化”消融工人阶级的革命意识；时而宣扬“民族文化自治”，从思想上筑起隔离各族工人的藩篱，用狭隘的民族意识禁锢工人阶级的头脑，使之成为屈服于“分而治之”的顺民。可见，阐明马克思主义对民族问题的原则立场，对无产阶级革命来说，已经成为一个极其重要而又十分迫切的课题。

为了给革命高潮的到来作好思想、理论准备，列宁撰写了《关于民族问题的批评意见》一文，集中批判了资产阶级“民族文化”这一反动口号。

一、“民族文化”口号的欺骗性和反动性

列宁指出：“民族文化的口号是资产阶级的（而且常常是黑帮-教权派的）骗局。”“**任何**自由派资产阶级的民族主义，都会在工人中起严重的腐蚀作用，都会使自由的事业和无产阶级阶级斗争的事业遭受极大的损失。尤其危险的是，资产阶级的（以及资产阶级-农奴主的）趋向是以‘民族文化’的口号**作掩护**的。黑帮和教权派以及**一切**民族的资产者，都在大俄罗斯的、波兰的、犹太的、乌克兰的等等民族文化的幌子下，干反动肮脏的勾当。”列宁这些论述极其深刻地揭露了资产阶级民族主义和“民族文化”的思潮对工人阶级的欺骗、腐蚀作用和危害革命事业的反动本质。

马克思、恩格斯曾指出，资产阶级惯于用本阶级的利益冒充全民的利益，力图“赋予自己的思想以普遍性的形式，把它们描绘成唯一合乎理性的、有普遍意义的思想”[1]，把自己打扮成全民思想的代表。崩得分子也是这样做的。他们拼命鼓吹的“统一的民族文化”只不过是被他们加以抽象化、赋予“普遍性形式”的资产阶级文化。列宁指出：“笼统说的‘民族文化’**就是**地主、神父、资产阶级的文化。”崩得分子推崇“整体的”“统一的民族文化”，实际上是宣扬披着“整体的”“统一的民族文化”外衣的“地主、神父、资产阶级的文化”，是用空洞的字眼来掩盖这种文化的阶级实质，用这种被他们化装了的资产阶级文化冒充整个的统一的民族文化。这是一种欺骗。

崩得分子这种狡诈行为在哲学上，是用形而上学的诡辩论反对革命的辩证法。列宁指出：“‘民族文化自治’这个口号以各个民族在文化上统一的幻觉来欺骗工人，而实际上在每个民族中现在占主要地位的是地主、资产阶级的或小资产阶级的‘文化’。”[2]马克思主义承认民族文化中有“占主要地位”的和“占统治地位”的文化，但“占主要地位”和“占统治地位”的民族文化不等同于“整体的”“统一的民族文化”；除“占主要地位”和“占统治地位”的文化外，还有居于次要地位和被统治地位的文化。与形而上学的诡辩论相反，辩证法认为“整体”和“统一”不是不包含着差别和矛盾的单纯的抽象物，而是充满着对立和斗争的复杂的集合体。事实上，阶级社会中的民族内部，特别是资本主义社会中的民族内部，根本不存在什么“统一的”“整体的”抽象的超阶级的民族文化。因为任何一个民族的内部都是由不同阶级的社会成员构成的。剥削阶级和被剥削阶级、统治阶级和被统治阶级的政治、经济斗争必然反映到人们的思想意识中来，形成两种根本对立的文化，即占统治地位的剥削阶级的民族文化和处于

被统治地位的被剥削阶级的民族文化。

列宁反对冒牌的马克思主义者们用“空洞的‘一般原则’、高调和空话”来看待民族文化问题，主张从对现实的阶级关系进行历史唯物主义的科学分析中，揭示这一思潮产生的社会根源。列宁深刻地指出，“民族文化”这个口号的出现不能归结为某些依赖于资产阶级的知识分子的个人的意志、冲动和愿望，而是取决于这个国家同世界各国各阶级的客观相互关系。列宁指出，“这个思潮的根源同大国民族的地主资本家老爷们的利益有着极其密切的联系”[3]，因为“资产者的整个利益要求散布对超阶级的民族文化的信仰”，“资产阶级的（以及资产阶级-农奴主的）趋向”正是“以‘民族文化’的口号**作掩护**”的，他们正是打着“民族文化”的幌子，“麻醉、愚弄和分化工人”，“干反动肮脏的勾当”。事实上，俄罗斯的地主、神父和资产者总是假借推崇“民族文化”的名义，策划、施展着险恶的阴谋。他们或者通过鼓吹“整体的”“统一的民族文化”的口号，推行占统治地位的大俄罗斯地主资产阶级的文化，从思想上奴役各族工人阶级和劳动人民，使各族工人阶级和劳动人民的思想意识都被“统一”到沙皇专制制度所允许的限度中和范围内，从而受制、就范于统治阶级的“整体”文化，忍受资产阶级思想对工人阶级的毒害和腐蚀；或者通过宣扬“民族文化自治”，妄图长期从思想上分离各族工人阶级，向他们灌输狭隘的民族意识，割断他们与革命运动和革命思潮的联系，使各族工人长期处于分散落后的不觉悟状态，用“民族文化自治”作为抵制马克思主义传播、拒绝对革命无产者进行思想发动和舆论动员的挡箭牌，对抗无产阶级革命的红色风暴。因此，列宁指出，我们的任务是同占统治地位的、黑帮的和资产阶级的民族文化作斗争，努力用国际主义精神同别国的工人结成紧密的联盟，来培育那些在俄国民主主义运动中产生的幼苗，积蓄革命力量，以迎接革命高潮的到来。

二、列宁关于“两种民族文化”的理论

列宁指出：“每一种民族文化中，都有两种民族文化。”不仅有体现地主资产阶级的利益和愿望的民族文化，而且也“都有一些民主主义的和社会主义的即使是不发达的文化**成分**，因为**每个**民族都有被剥削劳动群众，他们的生活条件必然会产生民主主义的和社会主义的意识形态”。

阶级社会中之所以存在“两种民族文化”，是因为民族的内部是划分为阶级的，民族文化必然打上阶级的烙印。既然不存在纯粹的、单一的、超阶级的民族，那么所谓“整体的”、绝对“统一的民族文化”也只能是谎言和呓语。

列宁指出，在分析阶级社会中的各种社会现象时，必须善于“把被压迫阶级、被剥削劳动者的利益，同笼统说的民族利益这样一种意味着统治阶级利益的一般概念，明确地区分开来”[4]。对“民族文化”问题也是如此。他严格地划清了体现劳动群众利益的“即使是不发达的文化**成分**”同实际上体现统治阶级利益的所谓“一般概念”的文化即所谓“整体的”“统一的民族文化”之间的原则界限。

“两种民族文化”不是天上掉下来的，也不是思想家们的头脑中所固有的。列宁用科学的唯物史观和辩证唯物论的反映论相结合的观点揭示了产生“两种民族文化”的社会根源，指出“两种民族文化”的出现取决于不同阶级的“生活条件”。马克思主义的唯物史观告诉我们，社

会存在决定社会意识。辩证唯物论的反映论认为：“一定的文化是一定社会的政治和经济在观念形态上的反映。”[5]阶级社会中的阶级矛盾和阶级斗争必然渗透到文化领域，形成“两种文化”的差别和对立。这是文化思想史上的基本事实。

列宁的“两种民族文化”的理论阐明了“两种文化”的地位和作用是不均衡的。马克思、恩格斯曾指出：“统治阶级的思想在每一时代都是占统治地位的思想。……一个阶级是社会上占统治地位的**物质**力量，同时也是社会上占统治地位的**精神**力量。支配着物质生产资料的阶级，同时也支配着精神生产的资料，因此，那些没有精神生产资料的人的思想，一般地是受统治阶级支配的。”[6]列宁继承并发展了马克思、恩格斯的这个论点。资本主义社会中，作为统治阶级的资产阶级的思想和文化是占统治地位的物质关系在观念形态上的要求和表现，因而必然是占统治地位的思想和文化。俄国代表统治阶级利益的“‘民族文化’**就是**地主、神父、资产阶级的文化”，这种文化“不仅表现为一些‘成分’，而表现为**占统治地位的**文化”。沙皇专制政权施展强制和欺骗手段，向被统治阶级灌输统治阶级的思想，以扩大、巩固自己的文化思想阵地。由于被剥削阶级处于贫穷和无权的地位，他们的思想文化难于公开传播和自由发展，往往遭到统治阶级的禁锢和摧残。

统治阶级对被统治阶级的经济剥削和政治压迫必然带来统治阶级对被统治阶级的精神奴役。然而，尽管被统治阶级的思想处于受支配的地位，其文化却是构成整个社会文化的基础。劳动群众是历史的主人、实践的主体，不仅是社会物质财富的创造者，而且是社会精神财富的创造者。被剥削阶级的文化始终作为整个社会文化的根基和源泉产生着不可磨灭的历史作用，甚至对统治阶级的某些思想家、艺术家发生着不可忽视的影响。

对此，高尔基作过精辟的分析。他说，人民不仅是创造一切物质价值的力量，也是精神价值所从出的唯一永不枯竭的源泉，无论就时间、就美和创作天才来说，人民总是第一名的哲学家和诗人：他们创作了一切伟大的诗歌、大地上一切悲剧和悲剧中最宏伟的悲剧——世界文化史。[7]劳动人民创造了自己的宗教，创造了自己的“护守神普罗密修斯这个庄严的形象”。阶级社会里，虽然“精神上受桎梏的人民再也不能达到从前的史诗创作的高度，但他们还是继续过着自己的深刻的内心生活，创作了而且还在创作成千成万的故事、歌谣、谚语，有时竟能够创造出浮士德等等的形象……各国伟大诗人的优秀作品都是从民间集体创作的宝藏中吸取滋养，自古以来这宝藏曾提供了一切诗的根据、一切有名的形象和典型”，“嫉妒成性的奥赛罗，意志薄弱的哈姆莱脱，淫佚放荡的唐·璜——所有这些典型，人民已经先于莎士比亚和拜伦创造出来”，“米尔顿，但丁，密茨凯维支，歌德，席勒等人的创作力登峰造极之日，正是当民间集体创作鼓舞他们之时，他们从无比深刻、无限多彩、有力而聪明的民间歌谣这源泉吸取灵感”。[8]

人民变革现实的伟大实践产生英雄，创造出光辉的业绩，成为艺术家们讴歌的对象。高尔基指出，“任何时代任何地方都是人民创造英雄”，“所有英雄人物都是以集体能力的负荷者、群众欲望的表达者之姿态出现在我们眼前”，因此，从根本上说，“艺术乃是人民的事业，而且是为人民而存在的，人民培养艺术，以自己的心血脑髓来滋润它，把自己的不朽的、伟大的、天真烂漫的心灵都献给艺术”。[9]

从高尔基这些论述中我们看到，尽管统治阶级的思想和文化占据着统治地位，但被统治阶级的思想和文化拥有最丰富的生活源泉、最广泛的群众基础，根植在劳动人民的心坎里，具有无限的生命力，对整个社会文化的存在和发展产生着极为深刻的影响。

列宁的关于“两种民族文化”的理论论述了“两种民族文化”的不同内容和性质，“**每个**

民族文化，都有一些民主主义的和社会主义的即使是不发达的文化**成分**，因为**每个**民族都有被剥削劳动群众，他们的生活条件必然会产生民主主义的和社会主义的意识形态”，“**从每一个**民族的文化中抽出民主主义和社会主义的成分”“**只是**并且**绝对**是为了对抗**每个**民族的资产阶级文化、资产阶级民族主义”。

资本主义社会中，资产阶级文化是维护统治阶级利益的资本主义文化；工人阶级文化是维护被剥削阶级利益的多少具有民主主义和社会主义因素和成分的进步文化。两者具有不同的性质和内容。“两种民族文化”在性质和内容上的差异必然引起它们之间的对立和斗争。这是文化思想史上的基本事实。作为观念形态的文艺作品是一定阶级的艺术家对一定的阶级社会中的现实生活的反映的产物。无论是作为创作主体的人还是作为文艺描写对象的人，都不能完全摆脱阶级关系，因此不能不使文艺作品或隐或显、或弱或强地打上阶级的烙印，带有政治的色彩。不同阶级的作家、艺术家、思想家的作品自然会表现出不同阶级的政治思想倾向。例如，茅盾曾对我国的《诗经》作过如下的分析。

在《诗经》中，显然有不同的两类诗篇，这是儒家亦不讳言的。一类是前人所谓“变风”“变雅”，另一类是全部的“颂”、小部分的“风”以及大部分的“雅”。这两类诗篇，从内容看，首先在“为谁而作”这一点上，是显然不同的。前者或为“劳者歌其事”“饥者歌其食”，或为奴隶们的反抗的呼声、小官吏苦于行役的悲叹，或倾诉久戍士兵的思家之情，或抒写旷夫怨女的爱恋，或为爱国者（有名的或无名的）对于荒淫失道的君主和贵族的讽谏或揭发——总之，这些诗歌，是“为事”“为人”，“有所为”而作，其“事”关联到最大多数人的命运，其“人”是被压迫、被损害者，而其“所为”则是告诉（或暗示）读者（在那时该是听众）：现状如此，不能再拖下去了。至于后一类的诗篇呢，在“为谁服务”这一点上，也是很明显的。它们或者是奴隶主颂扬自己祖宗的“盛德”和“武功”，或者是夸耀奴隶主的“政绩”如何好，奴隶们如何感恩戴德，或者是叙述生产成绩，那也无非是夸耀、歌颂奴隶主的圣明。这些诗篇，有不小一部分是领主或贵族们在祭祀和宴会的时候用以媚神或娱乐自己的。[10]

可见，《诗经》中，有的作品反映着统治阶级的生活，表现奴隶主的思想和愿望，流露出不健康乃至有害的思想倾向；有的诗歌却描绘了劳动人民的生活，抒发了奴隶们的思想和愿望，具有一定的进步的民主的情绪和倾向。

然而，进步的民主的文化成分，不仅表现在劳动群众自己创造的精神产品中，而且也表现在出身于剥削阶级的某些进步的艺术家、思想家的作品和著作中。以俄罗斯民族的“两种文化”而论，既有“普利什凯维奇、古契柯夫和司徒卢威之流的大俄罗斯文化，但是还有一种是以车尔尼雪夫斯基和普列汉诺夫的名字为代表的大俄罗斯文化”。普利什凯维奇之流作为当时俄国黑帮和教权派的代表人物，他们的思想体现着地主、神父、资产阶级的利益。车尔尼雪夫斯基和早期的普列汉诺夫则与之相反。他们的著作和作品中充满着民主主义的和社会主义的文化成分，体现着工人阶级和劳动人民的利益和愿望。

车尔尼雪夫斯基是一位在反对农奴制及其残余的激烈斗争中锻炼出来的具有革命民主主义思想的精神战士。他通过《现代人》杂志，无情揭露农奴制的黑暗和罪恶，愤怒抨击沙皇官场的腐败和丑恶，为促进社会变革而进行战斗的呐喊。他的长篇小说《怎么办?》通过塑造他理想中的“新人”拉赫美托夫、薇拉等艺术形象，回答了那个时代所提出的问题，呼吁对社会进行革命改造，表达了广大农民的要求和愿望。作品以乐观主义的笔调，传达出革命高潮即将来临的气息，预示了俄国革命的光明美好的未来。车尔尼雪夫斯基是俄罗斯文化思想史上的伟大人物，马克思称他为“俄国的伟大学者和批评家”[11]，恩格斯称他为“伟大的思想家”[12]。列宁评价车尔尼雪夫斯基时说：“但就在那时，俄国已经出现了站在农民方面的革命家，他们十分了解臭名远扬的‘农民改革’的狭隘贫乏、它的农奴制性质。当时这些为数极少的革命家是以尼·加·车尔尼雪夫斯基为首的。”[13]

出身于剥削阶级的艺术家和思想家之所以能够创造出具有一定进步意义的文化成果，是由一定的社会历史条件决定的。

一种情况是当剥削阶级处于上升期，在它夺取政权的前后一段时间里，由于“它的利益在开始时的确同其余一切非统治阶级的共同利益还有更多的联系，在当时存在的那些关系的压力下还不能够发展为特殊阶级的特殊利益”，因而，剥削阶级营垒中的某些人物可能以“全社会的代表出现”，“把自己的利益说成是社会全体成员的共同利益”[14]，赋予自己的思想以普遍性的形式。这些思想在一定程度上能够体现被剥削阶级的利益和愿望。如文艺复兴时期和启蒙运动时期，反宗教、反封建、反神权、反君权的著作和作品，客观上符合人民的意愿，顺乎历史的潮流，起到了动员群众、改变现实的进步作用。

另一种情况是，“在阶级斗争接近决战的时期，统治阶级内部的、整个旧社会内部的瓦解过程……甚至使得统治阶级中的一小部分人脱离统治阶级而归附于革命的阶级，即掌握着未来的阶级”[15]。如托尔斯泰，虽出身于俄国上层地主贵族，但面临着农民运动对日趋崩溃的农奴制的冲击，他看到了自己的阶级不配有更好的命运，开始抛弃他所属阶级的一切传统观念，转而“用天真的宗法制农民的观点”来批判俄国的现存制度，终于使他成为“俄国革命的镜子”。

此外，还由于某些深刻的社会原因，使得统治阶级中的一部分作家，游离或者失去了本阶级的生活条件，被排挤或沦落到社会的底层，接触了黑暗的现实和苦难的人民，形成并扩大了他们世界观中的民主主义、人道主义因素。他们世界观中的这种新的因素和思想感情上的某些变化，赋予他们的著作和作品以一定的人民性和进步性。

三、正确对待“两种文化”遗产，积极开展“两种文化”斗争

列宁的“两种文化”的理论，对我们正确对待“两种文化”遗产，积极开展“两种文化”斗争，具有重要的指导意义。

列宁的“两种文化”理论告诉我们，阶级社会中不存在着“整体的”“统一的民族文化”。民族内部人们所处的经济、政治地位不同，民族内部存在着阶级矛盾和阶级斗争，必然使民族文化一分为二，形成代表统治阶级利益和要求的占统治地位的地主、神父、资产阶级的文化，和体现被剥削阶级的利益和愿望的工人阶级和劳动人民的文化。这“两种文化”存在着差别和对立，具有完全不同的内容和性质。因此，无产阶级要建设自己的精神文明，必须正确对待这两种不同的文化遗产。一方面要继承历史上一切先进的文化遗产，另一方面要扬弃历史上一切反动腐朽的文化。总之，要对文化遗产进行分析和鉴别，剔除糟粕，吸取精华。只批判不继承的“全盘否定”和只继承不批判的“全盘肯定”都是不妥当的，采取虚无主义和复古主义、国粹主义的态度都是错误的。

由于“两种文化”既相互斗争又相互渗透，即使是在一种文化遗产中也难免出现良莠并

陈、瑜瑕互见的复杂情况。如统治阶级的文化尽管从整体、全局和总的思想体系方面来说是虚伪的反动的，但往往包含有某些合理的内核。出身剥削阶级的艺术家和思想家由于接受劳动人民的影响，也可能从某一侧面或角度创造出能够体现被剥削阶级的利益和愿望的作品和著作。被统治阶级的和从统治阶级转到劳动人民一边的艺术家和思想家所创造的文化，尽管从整体、全局和总的思想体系方面来说基本上是进步的、革命的，但由于统治阶级思想的侵蚀和影响，也往往掺杂着某些落后的乃至有害的杂质。如托尔斯泰的世界观转变后，他虽然成为俄国宗法式农民的思想家，但他的精神世界中还没有涤净旧有的贵族思想的灰尘和霉菌，这驱使他通过作品顽强地表现以“不用暴力抵抗邪恶”“道德上的自我修身”为中心内容的基督教社会主义。对前者，不能只见糟粕，不见精华，防止批判时全盘否定；对后者，也不能只见精华，不见糟粕，防止继承时兼收并蓄。我们要从建设无产阶级新文化的需要出发，用严谨的科学态度，对“两种文化”遗产加以鉴别和分析，“检查它们对待人民的态度如何，在历史上有无进步意义，而分别采取不同态度”[16]。

为了积极开展“两种文化”的斗争，列宁并没有囿于某一民族的狭隘范围去谈论“两种文化”问题，而是从无产阶级的国际主义的高度，把民族文化问题同无产阶级解放全人类的伟大历史使命紧密联系起来。

列宁批判资产阶级“民族文化”的口号时明确指出：“我们的口号是民主主义的和全世界工人运动的各民族共同的文化。”他指明：资产阶级的民族主义和无产阶级的国际主义——这是两个不可调和的敌对口号，它们同整个资本主义世界的两大阶级营垒相适应，代表着民族问题上的两种政策（也是两种世界观）。崩得分子坚持“民族文化”的口号和政策，实际上是与资产阶级策应，为统治阶级效劳，充当反动势力分裂、毒害劳动人民的帮凶。“民族文化”的口号不过是出卖无产阶级利益的遮羞布。正如列宁所指出的：“气焰嚣张的资产阶级民族主义麻醉、愚弄和分化工人，使工人听任资产阶级摆布。”为了健全和发展无产阶级的革命意志，壮大和发展无产阶级的革命队伍，加强和巩固无产阶级的战斗团结，列宁主张积极开展“两种文化”的斗争，强调“**从每一个**民族的文化中抽出民主主义和社会主义的成分，我们抽出这些成分**只是**并且**绝对**是为了对抗**每个**民族的资产阶级文化、资产阶级民族主义”。宣传“民主主义的和全世界工人运动的各民族共同的文化”这一口号时，“必须‘适应’各地方和各民族的特点”。唯有尊重和服从不同民族的特点和习惯，并借助于工人阶级的组织上最密切的统一体和融合体，才能更有效地去宣扬和捍卫“无产阶级运动共同的文化或各民族共同的文化”。为此，列宁呼吁马克思主义者首先应当“用母语同‘本民族的’资产阶级进行论战、向‘本民族的’农民和小市民宣传反教权派的思想或反资产阶级的思想的必要性”。这是无产阶级革命事业的需要。因此，列宁指出：“任何鼓吹把一个民族的工人同另一个民族的工人分离开来的论调，任何攻击马克思主义的‘同化’的言论，任何在涉及无产阶级的问题时把某个民族文化当做整体同另一个据说是整体的民族文化相对立等等的行为，都是**资产阶级**民族主义，应该与之作无情的斗争。”

[注　释]

[1] 马克思，恩格斯．马克思恩格斯选集：第1卷．3版．北京：人民出版社，2012：180.

[2] 列宁．列宁全集：第23卷．2版．北京：人民出版社，1990：215.

[3] 列宁．列宁选集：第 2 卷．3 版修订版．北京：人民出版社，2012：449.
[4] 列宁．列宁全集：第 39 卷．2 版．北京：人民出版社，1986：161.
[5] 毛泽东．毛泽东选集：第 2 卷．2 版．北京：人民出版社，1991：694.
[6] 马克思，恩格斯．马克思恩格斯全集：第 3 卷．北京：人民出版社，1960：52.
[7] 高尔基．俄国文学史．缪灵珠，译．上海：上海译文出版社，1979：506－507.
[8] 同 [7] 514，515.
[9] 同 [7] 516，517，518.
[10] 茅盾．茅盾评论文集（下）．北京：人民文学出版社，1978：5.
[11] 马克思．资本论：第 1 卷．北京：人民出版社，1975：17.
[12] 马克思，恩格斯．马克思恩格斯全集：第 22 卷．北京：人民出版社，1965：497.
[13] 列宁．列宁全集：第 20 卷．2 版．北京：人民出版社，1989：175.
[14] 同 [1] 180.
[15] 同 [1] 410.
[16] 毛泽东．毛泽东选集：第 3 卷．2 版．北京：人民出版社，1991：869.

第十六讲 青年团的任务*

（在俄国共产主义
青年团第三次全国代表大会上的演说）[1]
（1920年10月2日）
（摘录）

列宁

这样就向我们提出一个问题：为了学习共产主义，我们应该怎样把这一切结合起来？从旧学校和旧的科学中，我们应当吸取一些什么？旧学校总是说，它要造就知识全面的人，它教的是一般科学。我们知道，这完全是撒谎，因为过去整个社会赖以生存和维持的基础，就是把人分成阶级，分成剥削者和被压迫者。自然，贯穿着阶级精神的旧学校，也就只能向资产阶级的子女传授知识。这种学校里的每一句话，都是根据资产阶级的利益捏造出来的。在这样的学校里，与其说是教育工农的年青一代，倒不如说是对他们进行符合资产阶级的利益的训练。教育这些青年的目的，就是训练对资产阶级有用的奴仆，使之既能替资产阶级创造利润，又不会惊扰资产阶级的安宁和悠闲。因此在否定旧学校的时候，我们给自己提出的任务是：从这种学校中只吸取我们实行真正共产主义教育所必需的东西。

这里我要谈谈经常听到的人们对旧学校的斥责与非难，从这些话中，往往会得出完全不正确的结论。有人说，旧学校是死读书的学校，实行强迫纪律的学校，死记硬背的学校。这说得对，但是，要善于把旧学校中的坏东西同对我们有益的东西区别开来，要善于从旧学校中挑选出共产主义所必需的东西。

旧学校是死读书的学校，它迫使人们学一大堆无用的、累赘的、死的知识，这种知识塞满了青年一代的头脑，把他们变成一个模子倒出来的官吏。但是，如果你们试图从这里得出结论说，不掌握人类积累起来的知识就能成为共产主义者，那你们就犯了极大的错误。如果以为不必领会共产主义本身借以产生的全部知识，只要领会共产主义的口号，领会共产主义科学的结论就足够了，那是错误的。共产主义是从人类知识的总和中产生出来的，马克思主义就是这方

* 摘自列宁．列宁选集：第4卷．3版修订版．北京：人民出版社，2012：283-286.

面的典范。

你们读过和听说过：主要由马克思创立的共产主义理论，共产主义科学，即马克思主义学说，已经不仅仅是19世纪一位社会主义者——虽说是天才的社会主义者——的个人著述，而成为全世界千百万无产者的学说；他们已经运用这个学说在同资本主义作斗争。如果你们要问，为什么马克思的学说能够掌握最革命阶级的千百万人的心灵，那你们只能得到一个回答：这是因为马克思依靠了人类在资本主义制度下所获得的全部知识的坚固基础；马克思研究了人类社会发展的规律，认识到资本主义的发展必然导致共产主义，而主要的是他完全依据对资本主义社会所作的最确切、最缜密和最深刻的研究，借助于充分掌握以往的科学所提供的全部知识而证实了这个结论。凡是人类社会所创造的一切，他都有批判地重新加以探讨，任何一点也没有忽略过去。凡是人类思想所建树的一切，他都放在工人运动中检验过，重新加以探讨，加以批判，从而得出了那些被资产阶级狭隘性所限制或被资产阶级偏见束缚住的人所不能得出的结论。

例如，当我们谈到无产阶级文化的时候，就必须注意这一点。应当明确地认识到，只有确切地了解人类全部发展过程所创造的文化，只有对这种文化加以改造，才能建设无产阶级的文化，没有这样的认识，我们就不能完成这项任务。无产阶级文化并不是从天上掉下来的，也不是那些自命为无产阶级文化专家的人杜撰出来的[2]。如果硬说是这样，那完全是一派胡言。无产阶级文化应当是人类在资本主义社会、地主社会和官僚社会压迫下创造出来的全部知识合乎规律的发展。条条大道小路一向通往，而且还会通往无产阶级文化，正如马克思改造过的政治经济学[3]向我们指明人类社会必然走到哪一步，指明必然过渡到阶级斗争，过渡到开始无产阶级革命。

当我们听到有些青年以及某些维护新教育制度的人常常非难旧学校，说它是死记硬背的学校时，我们就告诉他们，我们应当吸取旧学校中的好东西。我们不应当吸取旧学校的这样一种做法，即用无边无际的、九分无用一分歪曲了的知识来充塞青年的头脑，但是这并不等于说，我们可以只学共产主义的结论，只背共产主义的口号。这样是建立不了共产主义的。只有了解人类创造的一切财富以丰富自己的头脑，才能成为共产主义者。

我们不需要死记硬背，但是我们需要用对基本事实的了解来发展和增进每个学习者的思考力，因为不把学到的全部知识融会贯通，共产主义就会变成空中楼阁，就会成为一块空招牌，共产主义者也只会是一些吹牛家。你们不仅应该掌握知识，而且应该用批判的态度来掌握这些知识，不是用一堆无用的垃圾来充塞自己的头脑，而是用对一切事实的了解来丰富自己的头脑，没有这种了解就不可能成为一个现代有学识的人。如果一个共产主义者不下一番极认真、极艰苦而巨大的工夫，不弄清他必须用批判的态度来对待的事实，便想根据自己学到的共产主义的现成结论来炫耀一番，这样的共产主义者是很可悲的。这种不求甚解的态度是极端有害的。要是知道自己懂得太少，那就要设法使自己懂得多一些，但是如果有人说自己是共产主义者，同时又认为自己根本不需要任何扎实的知识，那他就根本不能成为共产主义者。

[注　释]

[1] 俄国共产主义青年团于1918年10月29日成立，1920年10月2日至10日在莫斯科举行第三次全国代表大会，与会的代表共600名左右。列宁出席了大会，并作了《青年团的任务》的讲演。这篇著

名的演说最早刊载于1920年10月5日、6日、7日《真理报》上。

[2] 自命……杜撰出来的　这是针对以波格丹诺夫为代表的"无产阶级文化派"说的。列宁指出无产阶级文化协会领导人波格丹诺夫、普列特涅夫等人的错误是，"臆造自己的特殊的文化，把自己关在与世隔绝的组织中"（《列宁选集》，3版修订版，第4卷，299页，北京，人民出版社，2012）。他们否定马克思主义，贩卖马赫主义，吹嘘只有建立在马赫主义哲学基础上的"无产阶级文化"才是"社会主义胜利的伟大武器"。他们否定一切文化遗产，宣称"要从现代生活的轮船上扔掉"普希金、托尔斯泰和其他一切作家，要把那些旧的艺术形式撕毁、粉碎，从地面上消灭干净，说什么"继承是不需要的"。他们鼓吹"在与世隔绝的"实验室里，制造"不朽"的与"特殊"的文化。列宁对用这种捏造的"特殊的文化"冒充新文化，是十分厌恶的。列宁说："为什么只因为那是'新'的，就要把新的东西当作供人信奉的神一样来崇拜呢？那是荒谬的，绝对是荒谬的。"（蔡特金：《列宁印象记》，收入《列宁论文学与艺术》，434页，北京，人民文学出版社，1983）列宁还指出"无产阶级文化派""把教育人民委员部和无产阶级文化协会的工作范围截然分开，或者在教育人民委员部机构中实行无产阶级文化协会的'自治'等等"（《列宁选集》，3版修订版，第4卷，299页，北京，人民出版社，2012），他们反对把无产阶级文化协会置于苏维埃政权的领导之下。他们对待文化遗产的极左理论，目的是独霸文化领域，使无产阶级文化协会脱离党的监督和领导。

[3] 马克思改造过的政治经济学　列宁说，马克思"运用唯物主义辩证法从根本上来修改整个政治经济学"（《列宁全集》，2版，第24卷，276页，北京，人民出版社，1990）。马克思批判地吸收了古典政治经济学的科学部分，把生产关系作为政治经济学的研究对象，把经济基础与上层建筑联系起来加以考察，揭示了剩余价值是利润的来源、是资本家财富的来源，从而彻底揭露了资本主义剥削的实质和阶级矛盾，提出了无产阶级推翻资本主义和建立社会主义、共产主义的历史任务。

关于无产阶级文化*[1]

(1920年10月)

1

决议草案

(10月8日)

列宁

从10月8日的《消息报》[2]上可以看出，卢那察尔斯基[3]同志在无产阶级文化协会[4]代表大会上说的话，跟昨天我同他商定的**正相反**[5]。

必须立即给无产阶级文化协会代表大会起草一项决议草案，经中央通过后提交**这届**大会通过。今天就必须以中央名义把决议草案提交教育人民委员部部务委员会和无产阶级文化协会代表大会通过，因为代表大会今天就要闭幕了。

决 议 草 案

1. 苏维埃工农共和国的整个教育事业，无论在一般的政治教育方面或者具体的艺术方面，都必须贯彻无产阶级阶级斗争的精神，这一斗争是为了顺利实现无产阶级专政的目的，即推翻资产阶级、消灭阶级、消灭一切人剥削人的现象。

2. 因此，无产阶级，通过它的先锋队共产党和所有无产阶级组织，应当作为最积极最主要的力量参与整个国民教育事业。

3. 现代历史的全部经验，特别是《共产党宣言》发表后半个多世纪以来世界各国无产阶级的革命斗争，都无可争辩地证明，只有马克思主义的世界观才正确地反映了革命无产阶级的利益、观点和文化。

4. 马克思主义这一革命无产阶级的意识形态赢得了世界历史性的意义，是因为它并没有抛弃资产阶级时代最宝贵的成就，相反却吸收和改造了两千多年来人类思想和文化发展中一切

---

* 列宁．列宁选集：第4卷．3版修订版．北京：人民出版社，2012：298-300.

有价值的东西。只有在这个基础上，按照这个方向，在无产阶级专政（这是无产阶级反对一切剥削的最后的斗争）的实际经验的鼓舞下继续进行工作，才能认为是发展真正的无产阶级文化。

5. 全俄无产阶级文化协会代表大会坚持这一原则观点，最坚决地反对一切在理论上是错误的、在实践上是有害的做法，如臆造自己的特殊的文化[6]，把自己关在与世隔绝的组织中，把教育人民委员部和无产阶级文化协会的工作范围截然分开，或者在教育人民委员部机构中实行无产阶级文化协会的“自治”等等。相反，代表大会认定，无产阶级文化协会的一切组织必须无条件地把自己完全看做教育人民委员部机关系统中的辅助机构，并且在苏维埃政权（特别是教育人民委员部）和俄国共产党的总的领导下，把自己的任务当做无产阶级专政任务的一部分来完成。

* * *

卢那察尔斯基同志说，别人把他的意思曲解了。因此这个决议就**更是**十分必要的了。

[注　释]

[1] 这是列宁为无产阶级文化协会第一次代表大会起草的决议草案，写于 1920 年 10 月 8 日，最早发表在《红色处女地》杂志 1926 年第 3 期上。

[2]《消息报》　《全俄工人、农民、哥萨克和红军代表苏维埃中央执行委员会和莫斯科工人和红军代表苏维埃消息报》的简称。1917 年 10 月起先后在彼得格勒和莫斯科出版，同年 11 月 9 日起为苏维埃政权的正式机关报。

[3] 卢那察尔斯基　安那托里·瓦西里耶维奇·卢那察尔斯基（1875—1933），19 世纪 90 年代初期积极参加俄国工人运动，1897 年加入俄国社会民主工党，1903 年俄国社会民主工党第二次代表大会以后成为布尔什维克。1904 年 8 月在日内瓦和列宁会见。曾先后担任布尔什维克《前进报》《无产者报》和《新生活报》的编辑。1905 年俄国第一次革命失败后，接受波格丹诺夫的影响，一度背离了马克思主义，参加“前进派”的宗派反党集团，宣传马克思主义与宗教合流，并撰写了鼓吹马赫主义哲学的《关于马克思主义哲学概论》。经过列宁的耐心帮助，退出“前进派”，重新站到布尔什维克的立场。第一次世界大战期间，曾站在国际主义的立场上，反对过普列汉诺夫的护国主义思想。在俄国社会民主工党（布）第六次代表大会上又加入了布尔什维克党。从 1917 年到 1929 年，曾任教育人民委员、苏共中央学术委员会主席、科学院院士等职。在 1920 年全俄无产阶级文化协会第一次代表大会中支持波格丹诺夫为首的机会主义文化路线，错误地主张无产阶级文化协会在教育人民委员部内享有完全的自治。1933 年在赴任苏联驻西班牙首任全权大使的途中病逝。卢那察尔斯基是俄国知名的政论家、戏剧家和文艺评论家。他的主要著作有《浮士德与城》《解放了的堂·吉诃德》及许多有关文艺理论问题的专著。

[4] 无产阶级文化协会　成立于 1917 年 9 月。在十月革命前夕的历史条件下，该会曾公开宣布不接受克伦斯基临时政府的革命教育部的管辖，所以当革命取得决定性胜利后不久，许多工人抱着建设无产阶级文化的目的，纷纷加入该会。1919 年该会迅速发展而遍及全国。正是在这种形势下，阶级异己分子乘机涌入，马赫主义者波格丹诺夫乘机篡夺了该会的领导权。

亚历山大·亚历山大罗维奇·波格丹诺夫（1873—1928），笔名马林诺夫斯基。早年参加俄国社会民主工党，一度任“布尔什维克委员会常务局”委员。他把持无产阶级文化协会的领导权，拒绝接受党和苏维埃政权的领导，要求“独立”“自治”，并提出用“实验室方式”建立“纯无产阶级文化”。他在哲学上宣传马赫主义；在文艺上鼓吹未来主义。列宁曾多次批判过他的机会主义路线，指出他的哲学“没有一点马克思的**方法**、辩证方法以及唯物主义世界观的迹象”（《列宁选集》，3 版修订版，第 2 卷，223 页，北京，人民出版社，2012）。根据列宁的批示和俄共（布）中央的决议，1920 年该协会划归教育人民委员部和地方机关管辖，波格丹诺夫离开该会。波格丹诺夫于 1928 年逝世。

［5］跟昨天我同他商定的**正相反**　1920 年 10 月 5 日至 12 日，全俄无产阶级文化协会在莫斯科举行首次代表大会，列宁曾指示卢那察尔斯基一定要把协会置于教育人民委员部领导之下。但卢那察尔斯基却在 7 日的讲话中公然违背列宁的指示，重弹文化协会要享有特殊地位和最充分自由的论调。关于这件事，后来卢那察尔斯基在他的《回忆列宁》一书中曾谈道："弗拉基米尔・伊里奇要求我把无产阶级文化协会紧紧拉到国家这方面来，同时他还采取种种措施拉它靠近党。我在代表大会上的讲话，已经把意思表达得相当走样和调和了……他（列宁）把我叫了去，狠狠地斥责了一顿。"

［6］臆造自己的特殊的文化　波格丹诺夫之流的"无产阶级文化派"提出只要关在实验室里，就可以创造出无产阶级的特殊文化。列宁批评说，这不是创造无产阶级文化，而是臆造资产阶级文化。

讲 解

列宁在《青年团的任务》和《关于无产阶级文化》这两篇论著中，论述了对旧文化的批判继承、书本知识与社会实践相结合以及如何创造无产阶级新文化等一系列问题。由于这两篇论著产生于同一背景之下，故我们不妨贯通起来作综合的讲解。

1920 年，列宁领导俄国人民粉碎了国内外敌人的颠覆活动，开始转向对经济的恢复和发展工作。苏维埃面临着巨大的历史转折。在这种情况下，政治、经济领域中的斗争必然在文化领域中表现出来。

俄国无产阶级为了发展经济、巩固政权，必须加强对上层建筑和意识形态领域的领导和建设。各式各样的反动势力和异己力量也纠合起来，转向文化领域，破坏、瓦解无产阶级的思想舆论阵地。贵族资产阶级从外面利用它们文化上的优势，向无产阶级文化进行抨击；而以波格丹诺夫为代表的反对派控制无产阶级文化协会，打着革命的旗号，与反动的文化势力相策应、相配合，从内部对建设无产阶级文化进行扰乱和破坏。特别是以波格丹诺夫为代表的所谓"无产阶级文化派"具有很大的欺骗性和迷惑作用。他和他的同伙们哲学上是变相的马赫主义者，推崇唯心论的经验批判主义，文化艺术方面信奉未来主义、颓废主义，对古代文化采取虚无主义的态度，主张打倒一切文化遗产，割断历史，脱离社会斗争实践和广大劳动群众的需要，鼓吹以"实验室方式"搞所谓的无产阶级特殊文化。列宁指出，他们是在无产阶级的幌子下，偷贩着资产阶级的文化观点。他们先后组成的"召回派""最终通牒派"和所谓"前进派"都带有极左派的浓烈色彩和文化上冒险主义的明显特征。所有这些与资产阶级的政治需要和文化政策相适应的虚伪的无产阶级的派别活动实际上阻碍、反对和破坏建设无产阶级的新文化。

为了给社会主义的经济建设廓清道路，列宁从正论和驳论的结合上，批判了所谓"无产阶级文化派"的"左"倾错误和反动论点；论述了批判继承历史文化遗产，培养和造就用科学知识武装起来的无产阶级事业的接班人，创建无产阶级新文化的迫切性和重要性。

一、批判地继承历史文化遗产

列宁指出，无产阶级文化应当是历史上全部知识合乎规律的发展。无产阶级应当是历史上的一切文化遗产的批判者和继承者。他以科学的审慎的态度，对过去时代的旧文化加以鉴别区分，一方面指出，资本主义文化的虚伪性和欺骗性具有麻痹束缚和毒害青年的作用；另一方面指出，人类文化遗产中存在着许多有价值的先进的有益的思想成分，必须积极地吸取和借鉴，告诫青年们只有了解人类创造的一切财富以丰富自己的头脑，才能成为共产主义者。因此，他认为必须对人类社会所创造的一切，都应用批判的审慎的态度加以选择和吸取，一点也不要忽略过去。"无产阶级文化并不是从天上掉下来的，也不是那些自命为无产阶级文化专家的人杜撰出来的。如果硬说是这样，那完全是一派胡言。”正如马克思所指出的：“人们自己创造自己的历史，但是他们并不是随心所欲地创造，并不是在他们自己选定的条件下创造，而是在直接碰到的、既定的、从过去承继下来的条件下创造。”[1]

为了批判地继承历史文化遗产，必须开展两方面的斗争。既反对右的倾向，也反对“左”的倾向；既反对文化国粹主义的倾向，也反对文化虚无主义的倾向；既反对不加分析地肯定一切的倾向，也反对笼统地全盘否定一切的倾向。列宁是全面地正确地科学地对待历史文化遗产的典范。他既批判旧文化的虚伪性和腐朽性，同时又针对已经产生了消极影响和危害作用的“无产阶级文化派”的极左思潮进行了认真的梳理和尖锐的批评。

“无产阶级文化派”以貌似革命和激进的态度，鼓噪废弃一切历史文化遗产，胡说什么要“从现代生活的轮船上扔掉普希金、托尔斯泰和其他一切作家”，“把那些旧的艺术形式撕毁、粉碎、从地面上消灭干净”。他们这种拒绝和抛弃一切历史文化遗产的文化虚无主义的言论和行为，实际上是为了给继承和创建无产阶级新文化设置障碍，客观上从内部帮助贵族资产阶级维护在文化领域的统治，阻挠无产阶级占领思想舆论阵地。

列宁认为，只有批判地继承人类创造的全部优秀的文化遗产，才能使无产阶级自己充实和聪明起来，才能利用前人所积累起来的有益的“思想材料”建立起自己的上层建筑。只有无产阶级才能作为一切历史文化遗产的真正的继承者和发扬光大者。

二、培养和造就共产主义事业的接班人

列宁的《青年团的任务》着重从文化视角对热心和追求共产主义事业的一代青年们提出历史使命。他在这篇著名的演说中对青年们寄予厚望。他们长期所受到的旧教育所灌输的旧的思想意识和价值观念不利于自己的成长。为了使这些新的一代能肩负起新的历史使命，必须消除旧思想对他们的束缚和奴役，应当用无产阶级的全新的世界观武装他们的头脑，使他们成为共产主义事业的接班人。

列宁教导青年们全面认清旧教育的利弊益害、旧教育所传授的知识的真伪是非。列宁指出：“贯串着阶级精神的旧学校，也就只能向资产阶级的子女传授知识。这种学校里的每一句话，都是根据资产阶级的利益捏造出来的。”这些奴化青年的旧的教育思想的核心和宗旨“是训练对资产阶级有用的奴仆，使之既能替资产阶级创造利润，又不会惊扰资产阶级的安宁和悠闲”。因此，为共产主义事业奋斗的青年一代存在着一个怎样正确认识旧教育的问题，存在着摆脱和消除旧教育所带来的影响和毒害的问题，存在着怎样从这种教育中吸取我们实行真正共产主义教育所必需的东西的问题。

从阶级实质上抨击旧的教育制度、教育思想并不说明列宁对旧学校采取完全否定的态度，与之相反，列宁非常重视吸取和继承前人创造的一切精神财富和文化遗产，他号召青年们要积极地审慎地审视旧文化，从中挑选并创造出为共产主义所必需的思想成分，劝告青年们只有了解人类创造的一切财富以丰富自己的头脑，才能成为共产主义者。

为了培养和造就共产主义事业的接班人，列宁提醒并明确指出必须解决学习书面知识和增强实际知识、批判继承旧知识和谋求创建新知识的关系问题。

应当把学习书本知识和增强实际知识、提高实践能力结合起来。列宁所强调的实质上是坚

持和倡导理论联系实际的原则。他认为旧教育是没有活力的。“旧学校是死读书的学校，它迫使人们学一大堆无用的、累赘的、死的知识，这种知识塞满了青年一代的头脑。”列宁主张应当在掌握人类积累起来的知识的同时，参加实践斗争，用批判的眼光来对待事物，特别关心新事物的萌芽，使自己能具备现代有学识的人所必备的一切。“不是用一堆无用的垃圾来充塞自己的头脑，而是用对一切事实的了解来丰富自己的头脑。”他告诫青年不要做空头的政治家，“只学共产主义的结论，只背共产主义的口号”，“是建立不了共产主义的”。

应当把批判继承旧知识和吸取创造新知识看作同一件事情。认清旧教育的实质，揭露旧学校对青年们的奴役和毒害是必要的，但同时必须善于从旧文化遗产中挑选出为共产主义事业所必需的有益的东西，并学着马克思主义创始人的榜样，应当以科学的态度，总结革命斗争实践的新鲜经验，研究社会的发展规律，了解资本主义走向社会主义、共产主义的历史必然性，对革命所面临的问题作最确切、最缜密、最深刻的研究，唯有这样，才能有新的发现和新的创造，才能像马克思那样，通过辛勤的探索“得出了那些被资产阶级狭隘性所限制或被资产阶级偏见束缚住的人所不能得出的结论”。

三、创建无产阶级的新文化

列宁认为，了解、改造旧文化是创建无产阶级新文化的必要前提。任何一种新文化的产生和出现都不是凭空的，而是利用和改造前人所积累下来的思想材料，以此为基础，赋予适应新时代和新的历史要求的新的内容和新的性质，成为文化自身的历史延伸。它既是旧文化在新历史条件下的活化，又是新文化在新历史条件下的催生。对浩繁的历史文化遗产必须加以审视、鉴别、选取，为创建全新性质的无产阶级的新文化奠定思想材料方面的基础。

历史上的一切剥削阶级，由于它们都具有以私有制为共同特征的社会文化关系，尽管有时也出自自己阶级的需要，对旧有的文化遗产作一定程度的改造和利用，但决不会也不可能从根本上改变和消除旧有文化的私有制性质和特征。无产阶级文化是以公有制的经济基础和社会关系为依托的，它的内容、性质、功能和发展趋势与旧文化有天壤之别。它必须对旧文化进行革命的科学的改造，对历史上的思想遗产作出最公正的评价，从自身的阶级利益和富有远见的革命胸怀出发，取其精华，去其糟粕，既选用有益有价值的思想遗产，同时又摈弃有害的陈腐的文化传统，从而得出资产阶级被狭隘性或偏见束缚所不能得出的科学结论。正如列宁所指出的：“只有确切地了解人类全部发展过程所创造的文化，只有对这种文化加以改造，才能建设无产阶级的文化。”

列宁对旧有的文化遗产既批判又继承、既审视又改造的思想和论点是完整的、全面的、科学的，对创建无产阶级新文化具有重要的指导意义。

列宁在《关于无产阶级文化》一文中对“无产阶级文化派”的文化虚无主义的政策和态度进行了有力的批判。这种批判是必要的、有说服力的，为创建无产阶级新文化扫清了思想障碍，并有针对性地正面提出了并纲领性地阐明和确定了创建无产阶级新文化的正确主张。

(1) 无产阶级创造自己的新文化，必须在自己的政党的领导下进行。

为了创建无产阶级新文化，在批判地继承前人所积累的思想成果的同时，应该坚决地同为人剥削人的现象作论证作辩护的旧的文化传统势力和传统思想作不协调的斗争，而“没有铁一般的在斗争中锻炼出来的党，没有为本阶级一切正直的人们所信赖的党，没有善于考察群众情绪和影响群众情绪的党，要顺利地进行这种斗争是不可能的”[2]。

(2) 无产阶级创建自己的新文化，必须以马克思主义的世界观作指导。

因为，只有马克思主义的世界观才正确地反映了革命无产阶级的利益、观点和文化。马克思主义的思想体系已经、正在和必将取得历史性的伟大胜利。它用历史唯物主义的观点和方法考察包括文艺在内的文化的发展规律。无产阶级文化的产生是人类史和文化史不断向前推进的必然的逻辑结果。从某种意义上说，创建无产阶级新文化，既要以马克思主义世界观为指导，同时也意味着从文化视角建设马克思主义世界观，即意味着马克思主义文化的自我建设。简言之，创建无产阶级新文化实质上也是发展和完善马克思主义的新文化。

(3) 创建无产阶级新文化必须经过艰苦曲折的斗争，特别是揭露和抨击打着“创新”的旗号反对、阻挠、抵制真正的“创新”的图谋以及一切错误的文化观念和政策。

列宁着重批判了“无产阶级文化派”所鼓吹的所谓“特殊文化”，指出它们所宣扬的适应资产阶级需要的文化观念和政策，尽管打着“创新”的幌子，向我们吹来一阵令人炫目的迷雾，然而并不能掩盖真理，也不能扰乱无产阶级的清醒的神经，为了创建无产阶级新文化，必须无情揭露以旧充新，以“假新”冒充和抵制、消解“真新”的种种错误企图。

列宁关于创建无产阶级新文化的正确主张，反映了新时代的历史要求，体现了广大无产阶级的利益，揭示了人类文化发展的客观规律。

[注　释]

[1] 马克思，恩格斯．马克思恩格斯选集：第1卷．3版．北京：人民出版社，2012：669.

[2] 列宁．列宁全集：第39卷．2版．北京：人民出版社，1986：24.

第十七讲
在延安文艺座谈会上的讲话*[1]

（一九四二年五月）

毛泽东

引　言

（一九四二年五月二日）

同志们！今天邀集大家来开座谈会，目的是要和大家交换意见，研究文艺工作和一般革命工作的关系，求得革命文艺的正确发展，求得革命文艺对其他革命工作的更好的协助，借以打倒我们民族的敌人，完成民族解放的任务。

在我们为中国人民解放的斗争中，有各种的战线，就中也可以说有文武两个战线，这就是文化战线和军事战线。我们要战胜敌人，首先要依靠手里拿枪的军队。但是仅仅有这种军队是不够的，我们还要有文化的军队，这是团结自己、战胜敌人必不可少的一支军队。“五四”[2]以来，这支文化军队就在中国形成，帮助了中国革命，使中国的封建文化[3]和适应帝国主义侵略的买办文化[4]的地盘逐渐缩小，其力量逐渐削弱。到了现在，中国反动派只能提出所谓“以数量对质量”的办法来和新文化对抗，就是说，反动派有的是钱，虽然拿不出好东西，但是可以拼命出得多。在“五四”以来的文化战线上，文学和艺术是一个重要的有成绩的部门。革命的文学艺术运动，在十年内战时期有了大的发展。这个运动和当时的革命战争，在总的方向上是一致的，但在实际工作上却没有互相结合起来，这是因为当时的反动派把这两支兄弟军队从中隔断了的缘故。抗日战争爆发以后，革命的文艺工作者来到延安和各个抗日根据地的多起来了，这是很好的事。但是到了根据地，并不是说就已经和根据地的人民群众完全结合了。我们

---

* 毛泽东．毛泽东选集：第3卷．2版．北京：人民出版社，1991：847-877.

要把革命工作向前推进，就要使这两者完全结合起来。我们今天开会，就是要使文艺很好地成为整个革命机器的一个组成部分，作为团结人民、教育人民、打击敌人、消灭敌人的有力的武器，帮助人民同心同德地和敌人作斗争。为了这个目的，有些什么问题应该解决的呢？我以为有这样一些问题，即文艺工作者的立场问题，态度问题，工作对象问题，工作问题和学习问题。

立场问题。我们是站在无产阶级的和人民大众的立场。对于共产党员来说，也就是要站在党的立场，站在党性和党的政策的立场。在这个问题上，我们的文艺工作者中是否还有认识不正确或者认识不明确的呢？我看是有的。许多同志常常失掉了自己的正确的立场。

态度问题。随着立场，就发生我们对于各种具体事物所采取的具体态度。比如说，歌颂呢，还是暴露呢？这就是态度问题。究竟哪种态度是我们需要的？我说两种都需要，问题是在对什么人。有三种人，一种是敌人，一种是统一战线中的同盟者，一种是自己人，这第三种人就是人民群众及其先锋队。对于这三种人需要有三种态度。对于敌人，对于日本帝国主义和一切人民的敌人，革命文艺工作者的任务是在暴露他们的残暴和欺骗，并指出他们必然要失败的趋势，鼓励抗日军民同心同德，坚决地打倒他们。对于统一战线中各种不同的同盟者，我们的态度应该是有联合，有批评，有各种不同的联合，有各种不同的批评。他们的抗战，我们是赞成的；如果有成绩，我们也是赞扬的。但是如果抗战不积极，我们就应该批评。如果有人要反共反人民，要一天一天走上反动的道路，那我们就要坚决反对。至于对人民群众，对人民的劳动和斗争，对人民的军队，人民的政党，我们当然应该赞扬。人民也有缺点的。无产阶级中还有许多人保留着小资产阶级的思想，农民和城市小资产阶级都有落后的思想，这些就是他们在斗争中的负担。我们应该长期地耐心地教育他们，帮助他们摆脱背上的包袱，同自己的缺点错误作斗争，使他们能够大踏步地前进。他们在斗争中已经改造或正在改造自己，我们的文艺应该描写他们的这个改造过程。只要不是坚持错误的人，我们就不应该只看到片面就去错误地讥笑他们，甚至敌视他们。我们所写的东西，应该是使他们团结，使他们进步，使他们同心同德，向前奋斗，去掉落后的东西，发扬革命的东西，而决不是相反。

工作对象问题，就是文艺作品给谁看的问题。在陕甘宁边区[5]，在华北华中各抗日根据地，这个问题和在国民党统治区不同，和在抗战以前的上海更不同。在上海时期，革命文艺作品的接受者是以一部分学生、职员、店员为主。在抗战以后的国民党统治区，范围曾有过一些扩大，但基本上也还是以这些人为主，因为那里的政府把工农兵和革命文艺互相隔绝了。在我们的根据地就完全不同。文艺作品在根据地的接受者，是工农兵以及革命的干部。根据地也有学生，但这些学生和旧式学生也不相同，他们不是过去的干部，就是未来的干部。各种干部，部队的战士，工厂的工人，农村的农民，他们识了字，就要看书、看报，不识字的，也要看戏、看画、唱歌、听音乐，他们就是我们文艺作品的接受者。即拿干部说，你们不要以为这部分人数目少，这比在国民党统治区出一本书的读者多得多。在那里，一本书一版平常只有两千册，三版也才六千册；但是根据地的干部，单是在延安能看书的就有一万多。而且这些干部许多都是久经锻炼的革命家，他们是从全国各地来的，他们也要到各地去工作，所以对于这些人做教育工作，是有重大意义的。我们的文艺工作者，应该向他们好好做工作。

既然文艺工作的对象是工农兵及其干部，就发生一个了解他们熟悉他们的问题。而为要了解他们，熟悉他们，为要在党政机关，在农村，在工厂，在八路军新四军里面，了解各种人，熟悉各种人，了解各种事情，熟悉各种事情，就需要做很多的工作。我们的文艺工作者需要做自己的文艺工作，但是这个了解人熟悉人的工作却是第一位的工作。我们的文艺工作者对于这些，以前是一种什么情形呢？我说以前是不熟，不懂，英雄无用武之地。什么是不熟？人不熟。文艺工作者同自己的描写对象和作品接受者不熟，或者简直生疏得很。我们的文艺工作者不熟悉工人，不熟悉农民，不熟悉士兵，也不熟悉他们的干部。什么是不懂？语言不懂，就是说，对于人民群众的丰富的生动的语言，缺乏充分的知识。许多文艺工作者由于自己脱离群众、生活空虚，当然也就不熟悉人民的语言，因此他们的作品不但显得语言无味，而且里面常常夹着一些生造出来的和人民的语言相对立的不三不四的词句。许多同志爱说“大众化”[6]，但是什么叫做大众化呢？就是我们的文艺工作者的思想感情和工农兵大众的思想感情打成一片。而要打成一片，就应当认真学习群众的语言。如果连群众的语言都有许多不懂，还讲什么文艺创造呢？英雄无用武之地，就是说，你的一套大道理，群众不赏识。在群众面前把你的资格摆得越老，越像个“英雄”，越要出卖这一套，群众就越不买你的账。你要群众了解你，你要和群众打成一片，就得下决心，经过长期的甚至是痛苦的磨练。在这里，我可以说一说我自己感情变化的经验。我是个学生出身的人，在学校养成了一种学生习惯，在一大群肩不能挑手不能提的学生面前做一点劳动的事，比如自己挑行李吧，也觉得不像样子。那时，我觉得世界上干净的人只有知识分子，工人农民总是比较脏的。知识分子的衣服，别人的我可以穿，以为是干净的；工人农民的衣服，我就不愿意穿，以为是脏的。革命了，同工人农民和革命军的战士在一起了，我逐渐熟悉他们，他们也逐渐熟悉了我。这时，只是在这时，我才根本地改变了资产阶级学校所教给我的那种资产阶级的和小资产阶级的感情。这时，拿未曾改造的知识分子和工人农民比较，就觉得知识分子不干净了，最干净的还是工人农民，尽管他们手是黑的，脚上有牛屎，还是比资产阶级和小资产阶级知识分子都干净。这就叫做感情起了变化，由一个阶级变到另一个阶级。我们知识分子出身的文艺工作者，要使自己的作品为群众所欢迎，就得把自己的思想感情来一个变化，来一番改造。没有这个变化，没有这个改造，什么事情都是做不好的，都是格格不入的。

最后一个问题是学习，我的意思是说学习马克思列宁主义和学习社会。一个自命为马克思主义的革命作家，尤其是党员作家，必须有马克思列宁主义的知识。但是现在有些同志，却缺少马克思主义的基本观点。比如说，马克思主义的一个基本观点，就是存在决定意识，就是阶级斗争和民族斗争的客观现实决定我们的思想感情。但是我们有些同志却把这个问题弄颠倒了，说什么一切应该从“爱”出发。就说爱吧，在阶级社会里，也只有阶级的爱，但是这些同志却要追求什么超阶级的爱，抽象的爱，以及抽象的自由、抽象的真理、抽象的人性等等。这是表明这些同志是受了资产阶级的很深的影响。应该很彻底地清算这种影响，很虚心地学习马克思列宁主义。文艺工作者应该学习文艺创作，这是对的，但是马克思列宁主义是一切革命者都应该学习的科学，文艺工作者不能是例外。文艺工作者要学习社会，这就是说，要研究社会上的各个阶级，研究它们的相互关系和各自状况，研究它们的面貌和它们的心理。只有把这些弄清楚了，我们的文艺才能有丰富的内容和正确的方向。

今天我就只提出这几个问题，当作引子，希望大家在这些问题及其他有关的问题上发表意见。

结　论

（一九四二年五月二十三日）

同志们！我们这个会在一个月里开了三次。大家为了追求真理，进行了热烈的争论，有党的和非党的同志几十个人讲了话，把问题展开了，并且具体化了。我认为这是对整个文学艺术运动很有益处的。

我们讨论问题，应当从实际出发，不是从定义出发。如果我们按照教科书，找到什么是文学、什么是艺术的定义，然后按照它们来规定今天文艺运动的方针，来评判今天所发生的各种见解和争论，这种方法是不正确的。我们是马克思主义者，马克思主义叫我们看问题不要从抽象的定义出发，而要从客观存在的事实出发，从分析这些事实中找出方针、政策、办法来。我们现在讨论文艺工作，也应该这样做。

现在的事实是什么呢？事实就是：中国的已经进行了五年的抗日战争；全世界的反法西斯战争；中国大地主大资产阶级在抗日战争中的动摇和对于人民的高压政策；"五四"以来的革命文艺运动——这个运动在二十三年中对于革命的伟大贡献以及它的许多缺点；八路军新四军的抗日民主根据地，在这些根据地里面大批文艺工作者和八路军新四军以及工人农民的结合；根据地的文艺工作者和国民党统治区的文艺工作者的环境和任务的区别；目前在延安和各抗日根据地的文艺工作中已经发生的争论问题。——这些就是实际存在的不可否认的事实，我们就要在这些事实的基础上考虑我们的问题。

那末，什么是我们的问题的中心呢？我以为，我们的问题基本上是一个为群众的问题和一个如何为群众的问题。不解决这两个问题，或这两个问题解决得不适当，就会使得我们的文艺工作者和自己的环境、任务不协调，就使得我们的文艺工作者从外部从内部碰到一连串的问题。我的结论，就以这两个问题为中心，同时也讲到一些与此有关的其他问题。

一

第一个问题：我们的文艺是为什么人的？

这个问题，本来是马克思主义者特别是列宁所早已解决了的。列宁还在一九〇五年就已着重指出过，我们的文艺应当"为千千万万劳动人民服务"[7]。在我们各个抗日根据地从事文学艺术工作的同志中，这个问题似乎是已经解决了，不需要再讲的了。其实不然。很多同志对这个问题并没有得到明确的解决。因此，在他们的情绪中，在他们的作品中，在他们的行动中，在他们对于文艺方针问题的意见中，就不免或多或少地发生和群众的需要不相符合，和实际斗争的需要不相符合的情形。当然，现在和共产党、八路军、新四军在一起从事于伟大解放斗争的大批的文化人、文学家、艺术家以及一般文艺工作者，虽然其中也可能有些人是暂时的投机分子，但是绝大多数却都是在为着共同事业努力工作着。依靠这些同志，我们的整个文学工作，戏剧工作，音乐工作，美术工作，都有了很大的成绩。这些文艺工作者，有许多是抗战以后开始工作的；有许多在抗战以前就做了多时的革命工作，经历过许多辛苦，并用他们的工作和作品影响了广大群众的。但是为什么还说即使这些同志中也有对于文艺是为什么人的问题没有明确解决的呢？难道他们还有主张革命文艺不是为着人民大众而是为着剥削者压迫者的吗？

诚然，为着剥削者压迫者的文艺是有的。文艺是为地主阶级的，这是封建主义的文艺。中国封建时代统治阶级的文学艺术，就是这种东西。直到今天，这种文艺在中国还有颇大的势力。文艺是为资产阶级的，这是资产阶级的文艺。像鲁迅所批评的梁实秋[8]一类人，他们虽然在口头上提出什么文艺是超阶级的，但是他们在实际上是主张资产阶级的文艺，反对无产阶级的文艺的。文艺是为帝国主义者的，周作人[9]、张资平[10]这批人就是这样，这叫做汉奸文艺。在我们，文艺不是为上述种种人，而是为人民的。我们曾说，现阶段的中国新文化，是无产阶级领导的人民大众的反帝反封建的文化。真正人民大众的东西，现在一定是无产阶级领导的。资产阶级领导的东西，不可能属于人民大众。新文化中的新文学新艺术，自然也是这样。对于中国和外国过去时代所遗留下来的丰富的文学艺术遗产和优良的文学艺术传统，我们是要继承的，但是目的仍然是为了人民大众。对于过去时代的文艺形式，我们也并不拒绝利用，但这些旧形式到了我们手里，给了改造，加进了新内容，也就变成革命的为人民服务的东西了。

那末，什么是人民大众呢？最广大的人民，占全人口百分之九十以上的人民，是工人、农民、兵士和城市小资产阶级。所以我们的文艺，第一是为工人的，这是领导革命的阶级。第二是为农民的，他们是革命中最广大最坚决的同盟军。第三是为武装起来了的工人农民即八路军、新四军和其他人民武装队伍的，这是革命战争的主力。第四是为城市小资产阶级劳动群众和知识分子的，他们也是革命的同盟者，他们是能够长期地和我们合作的。这四种人，就是中华民族的最大部分，就是最广大的人民大众。

我们的文艺，应该为着上面说的四种人。我们要为这四种人服务，就必须站在无产阶级的立场上，而不能站在小资产阶级的立场上。在今天，坚持个人主义的小资产阶级立场的作家是不可能真正地为革命的工农兵群众服务的，他们的兴趣，主要是放在少数小资产阶级知识分子上面。而我们现在有一部分同志对于文艺为什么人的问题不能正确解决的关键，正在这里。我这样说，不是说在理论上。在理论上，或者说在口头上，我们队伍中没有一个人把工农兵群众看得比小资产阶级知识分子还不重要的。我是说在实际上，在行动上。在实际上，在行动上，他们是否对小资产阶级知识分子比对工农兵还更看得重要些呢？我以为是这样。有许多同志比较地注重研究小资产阶级知识分子，分析他们的心理，着重地去表现他们，原谅并辩护他们的缺点，而不是引导他们和自己一道去接近工农兵群众，去参加工农兵群众的实际斗争，去表现工农兵群众，去教育工农兵群众。有许多同志，因为他们自己是从小资产阶级出身，自己是知识分子，于是就只在知识分子的队伍中找朋友，把自己的注意力放在研究和描写知识分子上面。这种研究和描写如果是站在无产阶级立场上的，那是应该的。但他们并不是，或者不完全是。他们是站在小资产阶级立场，他们是把自己的作品当作小资产阶级的自我表现来创作的，我们在相当多的文学艺术作品中看见这种东西。他们在许多时候，对于小资产阶级出身的知识分子寄予满腔的同情，连他们的缺点也给以同情甚至鼓吹。对于工农兵群众，则缺乏接近，缺乏了解，缺乏研究，缺乏知心朋友，不善于描写他们；倘若描写，也是衣服是劳动人民，面孔却是小资产阶级知识分子。他们在某些方面也爱工农兵，也爱工农兵出身的干部，但有些时候不爱，有些地方不爱，不爱他们的感情，不爱他们的姿态，不爱他们的萌芽状态的文艺（墙报、壁画、民歌、民间故事等）。他们有时也爱这些东西，那是为着猎奇，为着装饰自己的作品，甚至是为着追求其中落后的东西而爱的。有时就公开地鄙弃它们，而偏爱小资产阶级知识分子的乃至资产阶级的东西。这些同志的立足点还是在小资产阶级知识分子方面，或者换句文雅的话说，他们的灵魂深处还是一个小资产阶级知识分子的王国。这样，为什么人的问题他们就还是没有解决，或者没有明确地解决。这不光是讲初来延安不久的人，就是到过前方，在根据地、八路军、新四军做过几年工作的人，也有许多是没有彻底解决的。要彻底地解决这个问题，非有十年八年的长时间不可。但是时间无论怎样长，我们却必须解决它，必须明确地彻底地解决它。我们的文艺工作者一定要完成这个任务，一定要把立足点移过来，一定要在深入工农兵群众、深入实际斗争的过程中，在学习马克思主义和学习社会的过程中，逐渐地移过来，移到工农兵这方面来，移到无产阶级这方面来。只有这样，我们才能有真正为工农兵的文艺，真正无产阶级的文艺。

为什么人的问题，是一个根本的问题，原则的问题。过去有些同志间的争论、分歧、对立和不团结，并不是在这个根本的原则的问题上，而是在一些比较次要的甚至是无原则的问题上。而对于这个原则问题，争论的双方倒是没有什么分歧，倒是几乎一致的，都有某种程度的轻视工农兵、脱离群众的倾向。我说某种程度，因为一般地说，这些同志的轻视工农兵、脱离群众，和国民党的轻视工农兵、脱离群众，是不同的；但是无论如何，这个倾向是有的。这个根本问题不解决，其他许多问题也就不易解决。比如说文艺界的宗派主义吧，这也是原则问题，但是要去掉宗派主义，也只有把为工农，为八路军、新四军，到群众中去的口号提出来，并加以切实的实行，才能达到目的，否则宗派主义问题是断然不能解决的。鲁迅曾说："联合战线是以有共同目的为必要条件的。……我们战线不能统一，就证明我们的目的不能一致，或者只为了小团体，或者还其实只为了个人。如果目的都在工农大众，那当然战线也就统一了。"这个问题那时上海有，现在重庆也有。在那些地方，这个问题很难彻底解决，因为那些地方的统治者压迫革命文艺家，不让他们有到工农兵群众中去的自由。在我们这里，情形就完全两样。我们鼓励革命文艺家积极地亲近工农兵，给他们以到群众中去的完全自由，给他们以创作真正革命文艺的完全自由。所以这个问题在我们这里，是接近于解决的了。接近于解决不等于完全的彻底的解决；我们说要学习马克思主义和学习社会，就是为着完全地彻底地解决这个问题。我们说的马克思主义，是要在群众生活群众斗争里实际发生作用的活的马克思主义，不是口头上的马克思主义。把口头上的马克思主义变成为实际生活里的马克思主义，就不会有宗派主义了。不但宗派主义的问题可以解决，其他的许多问题也都可以解决了。

二

为什么人服务的问题解决了，接着的问题就是如何去服务。用同志们的话来说，就是：努力于提高呢，还是努力于普及呢？

有些同志，在过去，是相当地或是严重地轻视了和忽视了普及，他们不适当地太强调了提高。提高是应该强调的，但是片面地孤立地强调提高，强调到不适当的程度，那就错了。我在前面说的没有明确地解决为什么人的问题的事实，在这一点上也表现出来了。并且，因为没有弄清楚为什么人，他们所说的普及和提高就都没有正确的标准，当然更找不到两者的正确关系。我们的文艺，既然基本上是为工农兵，那末所谓普及，也就是向工农兵普及，所谓提高，也就是从工农兵提高。用什么东西向他们普及呢？用封建地主阶级所需要、所便于接受的东西吗？用资产阶级所需要、所便于接受的东西吗？用小资产阶级知识分子所需要、所便于接受的东西吗？都不行，只有用工农兵自己所需要、所便于接受的东西。因此在教育工农兵的任务之前，就先有一个学习工农兵的任务。提高的问题更是如此。提高要有一个基础。比如一桶水，不是从地上去提高，难道是从空中去提高吗？那末所谓文艺的提高，是从什么基础上去提高呢？从封建阶级的基础吗？从资产阶级的基础吗？从小资产阶级知识分子的基础吗？都不是，只能是从工农兵群众的基础上去提高。也不是把工农兵提到封建阶级、资产阶级、小资产阶级知识分子的"高度"去，而是沿着工农兵自己前进的方向去提高，沿着无产阶级前进的方向去提高。而这里也就提出了学习工农兵的任务。只有从工农兵出发，我们对于普及和提高才能有正确的了解，也才能找到普及和提高的正确关系。

一切种类的文学艺术的源泉究竟是从何而来的呢？作为观念形态的文艺作品，都是一定的社会生活在人类头脑中的反映的产物。革命的文艺，则是人民生活在革命作家头脑中的反映的产物。人民生活中本来存在着文学艺术原料的矿藏，这是自然形态的东西，是粗糙的东西，但也是最生动、最丰富、最基本的东西；在这点上说，它们使一切文学艺术相形见绌，它们是一切文学艺术的取之不尽、用之不竭的唯一的源泉。这是唯一的源泉，因为只能有这样的源泉，此外不能有第二个源泉。有人说，书本上的文艺作品，古代的和外国的文艺作品，不也是源泉吗？实际上，过去的文艺作品不是源而是流，是古人和外国人根据他们彼时彼地所得到的人民生活中的文学艺术原料创造出来的东西。我们必须继承一切优秀的文学艺术遗产，批判地吸收其中一切有益的东西，作为我们从此时此地的人民生活中的文学艺术原料创造作品时候的借鉴。有这个借鉴和没有这个借鉴是不同的，这里有文野之分，粗细之分，高低之分，快慢之分。所以我们决不可拒绝继承和借鉴古人和外国人，哪怕是封建阶级和资产阶级的东西。但是继承和借鉴决不可以变成替代自己的创造，这是决不能替代的。文学艺术中对于古人和外国人的毫无批判的硬搬和模仿，乃是最没有出息的最害人的文学教条主义和艺术教条主义。中国的革命的文学家艺术家，有出息的文学家艺术家，必须到群众中去，必须长期地无条件地全心全意地到工农兵群众中去，到火热的斗争中去，到唯一的最广大最丰富的源泉中去，观察、体验、研究、分析一切人，一切阶级，一切群众，一切生动的生活形式和斗争形式，一切文学和艺术的原始材料，然后才有可能进入创作过程。否则你的劳动就没有对象，你就只能做鲁迅在他的遗嘱里所谆谆嘱咐他的儿子万不可做的那种空头文学家，或空头艺术家。

人类的社会生活虽是文学艺术的唯一源泉，虽是较之后者有不可比拟的生动丰富的内容，但是人民还是不满足于前者而要求后者。这是为什么呢？因为虽然两者都是美，但是文艺作品中反映出来的生活却可以而且应该比普通的实际生活更高，更强烈，更有集中性，更典型，更理想，因此就更带普遍性。革命的文艺，应当根据实际生活创造出各种各样的人物来，帮助群众推动历史的前进。例如一方面是人们受饿、受冻、受压迫，一方面是人剥削人、人压迫人，这个事实到处存在着，人们也看得很平淡；文艺就把这种日常的现象集中起来，把其中的矛盾和斗争典型化，造成文学作品或艺术作品，就能使人民群众惊醒起来，感奋起来，推动人民群众走向团结和斗争，实行改造自己的环境。如果没有这样的文艺，那末这个任务就不能完成，或者不能有力地迅速地完成。

什么是文艺工作中的普及和提高呢？这两种任务的关系是怎样的呢？普及的东西比较简单浅显，因此也比较容易为目前广大人民群众所迅速接受。高级的作品比较细致，因此也比较难于生产，并且往往比较难于在目前广大人民群众中迅速流传。现在工农兵面前的问题，是他们正在和敌人作残酷的流血斗争，而他们由于长时期的封建阶级和资产阶级的统治，不识字，无文化，所以他们迫切要求一个普遍的启蒙运动[11]，迫切要求得到他们所急需的和容易接受的文化知识和文艺作品，去提高他们的斗争热情和胜利信心，加强他们的团结，便于他们同心同德地去和敌人作斗争。对于他们，第一步需要还不是"锦上添花"，而是"雪中送炭"。所以在目前条件下，普及工作的任务更为迫切。轻视和忽视普及工作的态度是错误的。

但是，普及工作和提高工作是不能截然分开的。不但一部分优秀的作品现在也有普及的可能，而且广大群众的文化水平也是在不断地提高着。普及工作若是永远停止在一个水平上，一月两月三月，一年两年三年，总是一样的货色，一样的"小放牛"[12]，一样的"人、手、口、刀、牛、羊"，那末，教育者和被教育者岂不都是半斤八两？这种普及工作还有什么意义呢？人民要求普及，跟着也就要求提高，要求逐年逐月地提高。在这里，普及是人民的普及，提高也是人民的提高。而这种提高，不是从空中提高，不是关门提高，而是在普及基础上的提高。这种提高，为普及所决定，同时又给普及以指导。就中国范围来说，革命和革命文化的发展不是平衡的，而是逐渐推广的。一处普及了，并且在普及的基础上提高了，别处还没有开始普及。因此一处由普及而提高的好经验可以应用于别处，使别处的普及工作和提高工作得到指导，少走许多弯路。就国际范围来说，外国的好经验，尤其是苏联的经验，也有指导我们的作用。所以，我们的提高，是在普及基础上的提高；我们的普及，是在提高指导下的普及。正因为这样，我们所说的普及工作不但不是妨碍提高，而且是给目前的范围有限的提高工作以基础，也是给将来的范围大为广阔的提高工作准备必要的条件。

除了直接为群众所需要的提高以外，还有一种间接为群众所需要的提高，这就是干部所需要的提高。干部是群众中的先进分子，他们所受的教育一般都比群众所受的多些；比较高级的文学艺术，对于他们是完全必要的，忽视这一点是错误的。为干部，也完全是为群众，因为只有经过干部才能去教育群众、指导群众。如果违背了这个目的，如果我们给予干部的并不能帮助干部去教育群众、指导群众，那末，我们的提高工作就是无的放矢，就是离开了为人民大众的根本原则。

总起来说，人民生活中的文学艺术的原料，经过革命作家的创造性的劳动而形成观念形态上的为人民大众的文学艺术。在这中间，既有从初级的文艺基础上发展起来的、为被提高了的群众所需要、或首先为群众中的干部所需要的高级的文艺，又有反转来在这种高级的文艺指导之下的、往往为今日最广大群众所最先需要的初级的文艺。无论高级的或初级的，我们的文学艺术都是为人民大众的，首先是为工农兵的，为工农兵而创作，为工农兵所利用的。

我们既然解决了提高和普及的关系问题，则专门家和普及工作者的关系问题也就可以随着解决了。我们的专门家不但是为了干部，主要地还是为了群众。我们的文学专门家应该注意群众的墙报，注意军队和农村中的通讯文学。我们的戏剧专门家应该注意军队和农村中的小剧团。我们的音乐专门家应该注意群众的歌唱。我们的美术专门家应该注意群众的美术。一切这些同志都应该和在群众中做文艺普及工作的同志们发生密切的联系，一方面帮助他们，指导他们，一方面又向他们学习，从他们吸收由群众中来的养料，把自己充实起来，丰富起来，使自己的专门不致成为脱离群众、脱离实际、毫无内容、毫无生气的空中楼阁。我们应该尊重专门家，专门家对于我们的事业是很可宝贵的。但是我们应该告诉他们说，一切革命的文学家艺术家只有联系群众，表现群众，把自己当作群众的忠实的代言人，他们的工作才有意义。只有代表群众才能教育群众，只有做群众的学生才能做群众的先生。如果把自己看作群众的主人，看作高踞于“下等人”头上的贵族，那末，不管他们有多大的才能，也是群众所不需要的，他们的工作是没有前途的。

我们的这种态度是不是功利主义的？唯物主义者并不一般地反对功利主义，但是反对封建阶级的、资产阶级的、小资产阶级的功利主义，反对那种口头上反对功利主义、实际上抱着最自私最短视的功利主义的伪善者。世界上没有什么超功利主义，在阶级社会里，不是这一阶级的功利主义，就是那一阶级的功利主义。我们是无产阶级的革命的功利主义者，我们是以占全人口百分之九十以上的最广大群众的目前利益和将来利益的统一为出发点的，所以我们是以最广和最远为目标的革命的功利主义者，而不是只看到局部和目前的狭隘的功利主义者。例如，某种作品，只为少数人所偏爱，而为多数人所不需要，甚至对多数人有害，硬要拿来上市，拿来向群众宣传，以求其个人的或狭隘集团的功利，还要责备群众的功利主义，这就不但侮辱群众，也太无自知之明了。任何一种东西，必须能使人民群众得到真实的利益，才是好的东西。就算你的是“阳春白雪”吧，这暂时既然是少数人享用的东西，群众还是在那里唱“下里巴人”[13]，那末，你不去提高它，只顾骂人，那就怎样骂也是空的。现在是“阳春白雪”和“下里巴人”统一的问题，是提高和普及统一的问题。不统一，任何专门家的最高级的艺术也不免成为最狭隘的功利主义；要说这也是清高，那只是自封为清高，群众是不会批准的。

在为工农兵和怎样为工农兵的基本方针问题解决之后，其他的问题，例如，写光明和写黑暗的问题，团结问题等，便都一齐解决了。如果大家同意这个基本方针，则我们的文学艺术工作者，我们的文学艺术学校，文学艺术刊物，文学艺术团体和一切文学艺术活动，就应该依照这个方针去做。离开这个方针就是错误的；和这个方针有些不相符合的，就须加以适当的修正。

三

我们的文艺既然是为人民大众的，那末，我们就可以进而讨论一个党内关系问题，党的文艺工作和党的整个工作的关系问题，和另一个党外关系的问题，党的文艺工作和非党的文艺工作的关系问题——文艺界统一战线问题。

先说第一个问题。在现在世界上，一切文化或文学艺术都是属于一定的阶级，属于一定的政治路线的。为艺术的艺术[14]，超阶级的艺术，和政治并行或互相独立的艺术，实际上是不存在的。无产阶级的文学艺术是无产阶级整个革命事业的一部分，如同列宁所说，是整个革命机器中的“齿轮和螺丝钉”。因此，党的文艺工作，在党的整个革命工作中的位置，是确定了的，摆好了的；是服从党在一定革命时期内所规定的革命任务的。反对这种摆法，一定要走到二元论或多元论[15]，而其实质就像托洛茨基[16]那样：“政治——马克思主义的；艺术——资产阶级的。”我们不赞成把文艺的重要性过分强调到错误的程度，但也不赞成把文艺的重要性估计不足。文艺是从属于政治的，但又反转来给予伟大的影响于政治。革命文艺是整个革命事业的一部分，是齿轮和螺丝钉，和别的更重要的部分比较起来，自然有轻重缓急第一第二之分，但它是对于整个机器不可缺少的齿轮和螺丝钉，对于整个革命事业不可缺少的一部分。如果连最广义最普通的文学艺术也没有，那革命运动就不能进行，就不能胜利。不认识这一点，是不对的。还有，我们所说的文艺服从于政治，这政治是指阶级的政治、群众的政治，不是所谓少数政治家的政治。政治，不论革命的和反革命的，都是阶级对阶级的斗争，不是少数个人的行为。革命的思想斗争和艺术斗争，必须服从于政治的斗争，因为只有经过政治，阶级和群众的需要才能集中地表现出来。革命的政治家们，懂得革命的政治科学或政治艺术的政治专门家们，他们只是千千万万的群众政治家的领袖，他们的任务在于把群众政治家的意见集中起来，加以提炼，再使之回到群众中去，为群众所接受，所实践，而不是闭门造车，自作聪明，只此一家，别无分店的那种贵族式的所谓“政治家”，——这是无产阶级政治家同腐朽了的资产阶级政治家的原则区别。正因为这样，我们的文艺的政治性和真实性才能够完全一致。不认识这一点，把无产阶级的政治和政治家庸俗化，是不对的。

再说文艺界的统一战线问题。文艺服从于政治，今天中国政治的第一个根本问题是抗日，因此党的文艺工作者首先应该在抗日这一点上和党外的一切文学家艺术家（从党的同情分子、小资产阶级的文艺家到一切赞成抗日的资产阶级地主阶级的文艺家）团结起来。其次，应该在民主一点上团结起来；在这一点上，有一部分抗日的文艺家就不赞成，因此团结的范围就不免要小一些。再其次，应该在文艺界的特殊问题——艺术方法艺术作风一点上团结起来；我们是主张社会主义的现实主义的，又有一部分人不赞成，这个团结的范围会更小些。在一个问题上有团结，在另一个问题上就有斗争，有批评。各个问题是彼此分开而又联系着的，因而就在产生团结的问题比如抗日的问题上也同时有斗争，有批评。在一个统一战线里面，只有团结而无斗争，或者只有斗争而无团结，实行如过去某些同志所实行过的右倾的投降主义、尾巴主义，或者"左"倾的排外主义、宗派主义，都是错误的政策。政治上如此，艺术上也是如此。

在文艺界统一战线的各种力量里面，小资产阶级文艺家在中国是一个重要的力量。他们的思想和作品都有很多缺点，但是他们比较地倾向于革命，比较地接近于劳动人民。因此，帮助他们克服缺点，争取他们到为劳动人民服务的战线上来，是一个特别重要的任务。

四

文艺界的主要的斗争方法之一，是文艺批评。文艺批评应该发展，过去在这方面工作做得很不够，同志们指出这一点是对的。文艺批评是一个复杂的问题，需要许多专门的研究。我这里只着重谈一个基本的批评标准问题。此外，对于有些同志所提出的一些个别的问题和一些不正确的观点，也来略为说一说我的意见。

文艺批评有两个标准，一个是政治标准，一个是艺术标准。按照政治标准来说，一切利于抗日和团结的，鼓励群众同心同德的，反对倒退、促成进步的东西，便都是好的；而一切不利于抗日和团结的，鼓动群众离心离德的，反对进步、拉着人们倒退的东西，便都是坏的。这里所说的好坏，究竟是看动机（主观愿望），还是看效果（社会实践）呢？唯心论者是强调动机否认效果的，机械唯物论者是强调效果否认动机的，我们和这两者相反，我们是辩证唯物主义的动机和效果的统一论者。为大众的动机和被大众欢迎的效果，是分不开的，必须使二者统一起来。为个人的和狭隘集团的动机是不好的，有为大众的动机但无被大众欢迎、对大众有益的效果，也是不好的。检验一个作家的主观愿望即其动机是否正确，是否善良，不是看他的宣言，而是看他的行为（主要是作品）在社会大众中产生的效果。社会实践及其效果是检验主观愿望或动机的标准。我们的文艺批评是不要宗派主义的，在团结抗日的大原则下，我们应该容许包含各种各色政治态度的文艺作品的存在。但是我们的批评又是坚持原则立场的，对于一切包含反民族、反科学、反大众和反共的观点的文艺作品必须给以严格的批判和驳斥；因为这些所谓文艺，其动机，其效果，都是破坏团结抗日的。按照艺术标准来说，一切艺术性较高的，是好的，或较好的；艺术性较低的，则是坏的，或较坏的。这种分别，当然也要看社会效果。文艺家几乎没有不以为自己的作品是美的，我们的批评，也应该容许各种各色艺术品的自由竞争；但是按照艺术科学的标准给以正确的批判，使较低级的艺术逐渐提高成为较高级的艺术，使不适合广大群众斗争要求的艺术改变到适合广大群众斗争要求的艺术，也是完全必要的。

又是政治标准，又是艺术标准，这两者的关系怎么样呢？政治并不等于艺术，一般的宇宙观也并不等于艺术创作和艺术批评的方法。我们不但否认抽象的绝对不变的政治标准，也否认抽象的绝对不变的艺术标准，各个阶级社会中的各个阶级都有不同的政治标准和不同的艺术标准。但是任何阶级社会中的任何阶级，总是以政治标准放在第一位，以艺术标准放在第二位的。资产阶级对于无产阶级的文学艺术作品，不管其艺术成就怎样高，总是排斥的。无产阶级对于过去时代的文学艺术作品，也必须首先检查它们对待人民的态度如何，在历史上有无进步意义，而分别采取不同态度。有些政治上根本反动的东西，也可能有某种艺术性。内容愈反动的作品而又愈带艺术性，就愈能毒害人民，就愈应该排斥。处于没落时期的一切剥削阶级的文艺的共同特点，就是其反动的政治内容和其艺术的形式之间所存在的矛盾。我们的要求则是政治和艺术的统一，内容和形式的统一，革命的政治内容和尽可能完美的艺术形式的统一。缺乏艺术性的艺术品，无论政治上怎样进步，也是没有力量的。因此，我们既反对政治观点错误的艺术品，也反对只有正确的政治观点而没有艺术力量的所谓"标语口号式"的倾向。我们应该进行文艺问题上的两条战线斗争。

这两种倾向，在我们的许多同志的思想中是存在着的。许多同志有忽视艺术的倾向，因此应该注意艺术的提高。但是现在更成为问题的，我以为还是在政治方面。有些同志缺乏基本的政治常识，所以发生了各种糊涂观念。让我举一些延安的例子。

"人性论"。有没有人性这种东西？当然有的。但是只有具体的人性，没有抽象的人性。在阶级社会里就是只有带着阶级性的人性，而没有什么超阶级的人性。我们主张无产阶级的人性，人民大众的人性，而地主阶级资产阶级则主张地主阶级资产阶级的人性，不过他们口头上不这样说，却说成为唯一的人性。有些小资产阶级知识分子所鼓吹的人性，也是脱离人民大众或者反对人民大众的，他们的所谓人性实质上不过是资产阶级的个人主义，因此在他们眼中，无产阶级的人性就不合于人性。现在延安有些人们所主张的作为所谓文艺理论基础的"人性论"，就是这样讲，这是完全错误的。

"文艺的基本出发点是爱，是人类之爱。"爱可以是出发点，但是还有一个基本出发点。爱是观念的东西，是客观实践的产物。我们根本上不是从观念出发，而是从客观实践出发。我们的知识分子出身的文艺工作者爱无产阶级，是社会使他们感觉到和无产阶级有共同的命运的结果。我们恨日本帝国主义，是日本帝国主义压迫我们的结果。世上决没有无缘无故的爱，也没有无缘无故的恨。至于所谓"人类之爱"，自从人类分化成为阶级以后，就没有过这种统一的爱。过去的一切统治阶级喜欢提倡这个东西，许多所谓圣人贤人也喜欢提倡这个东西，但是无论谁都没有真正实行过，因为它在阶级社会里是不可能实行的。真正的人类之爱是会有的，那是在全世界消灭了阶级之后。阶级使社会分化为许多对立体，阶级消灭后，那时就有了整个的人类之爱，但是现在还没有。我们不能爱敌人，不能爱社会的丑恶现象，我们的目的是消灭这些东西。这是人们的常识，难道我们的文艺工作者还有不懂得的吗？

"从来的文艺作品都是写光明和黑暗并重，一半对一半。"这里包含着许多糊涂观念。文艺作品并不是从来都这样。许多小资产阶级作家并没有找到过光明，他们的作品就只是暴露黑暗，被称为"暴露文学"，还有简直是专门宣传悲观厌世的。相反地，苏联在社会主义建设时期的文学就是以写光明为主。他们也写工作中的缺点，也写反面的人物，但是这种描写只能成为整个光明的陪衬，并不是所谓"一半对一半"。反动时期的资产阶级文艺家把革命群众写成暴徒，把他们自己写成神圣，所谓光明和黑暗是颠倒的。只有真正革命的文艺家才能正确地解决歌颂和暴露的问题。一切危害人民群众的黑暗势力必须暴露之，一切人民群众的革命斗争必须歌颂之，这就是革命文艺家的基本任务。

"从来文艺的任务就在于暴露。"这种讲法和前一种一样，都是缺乏历史科学知识的见解。从来的文艺并不单在于暴露，前面已经讲过。对于革命的文艺家，暴露的对象，只能是侵略者、剥削者、压迫者及其在人民中所遗留的恶劣影响，而不能是人民大众。人民大众也是有缺点的，这些缺点应当用人民内部的批评和自我批评来克服，而进行这种批评和自我批评也是文艺的最重要任务之一。但这不应该说是什么"暴露人民"。对于人民，基本上是一个教育和提高他们的问题。除非是反革命文艺家，才有所谓人民是“天生愚蠢的”，革命群众是“专制暴徒”之类的描写。

“还是杂文时代，还要鲁迅笔法。”鲁迅处在黑暗势力统治下面，没有言论自由，所以用冷嘲热讽的杂文形式作战，鲁迅是完全正确的。我们也需要尖锐地嘲笑法西斯主义、中国的反动派和一切危害人民的事物，但在给革命文艺家以充分民主自由、仅仅不给反革命分子以民主自由的陕甘宁边区和敌后的各抗日根据地，杂文形式就不应该简单地和鲁迅的一样。我们可以大声疾呼，而不要隐晦曲折，使人民大众不易看懂。如果不是对于人民的敌人，而是对于人民自己，那末，“杂文时代”的鲁迅，也不曾嘲笑和攻击革命人民和革命政党，杂文的写法也和对于敌人的完全两样。对于人民的缺点是需要批评的，我们在前面已经说过了，但必须是真正站在人民的立场上，用保护人民、教育人民的满腔热情来说话。如果把同志当作敌人来对待，就是使自己站在敌人的立场上去了。我们是否废除讽刺？不是的，讽刺是永远需要的。但是有几种讽刺：有对付敌人的，有对付同盟者的，有对付自己队伍的，态度各有不同。我们并不一般地反对讽刺，但是必须废除讽刺的乱用。

“我是不歌功颂德的；歌颂光明者其作品未必伟大，刻画黑暗者其作品未必渺小。”你是资产阶级文艺家，你就不歌颂无产阶级而歌颂资产阶级；你是无产阶级文艺家，你就不歌颂资产阶级而歌颂无产阶级和劳动人民：二者必居其一。歌颂资产阶级光明者其作品未必伟大，刻画资产阶级黑暗者其作品未必渺小，歌颂无产阶级光明者其作品未必不伟大，刻画无产阶级所谓“黑暗”者其作品必定渺小，这难道不是文艺史上的事实吗？对于人民，这个人类世界历史的创造者，为什么不应该歌颂呢？无产阶级，共产党，新民主主义，社会主义，为什么不应该歌颂呢？也有这样的一种人，他们对于人民的事业并无热情，对于无产阶级及其先锋队的战斗和胜利，抱着冷眼旁观的态度，他们所感到兴趣而要不疲倦地歌颂的只有他自己，或者加上他所经营的小集团里的几个角色。这种小资产阶级的个人主义者，当然不愿意歌颂革命人民的功德，鼓舞革命人民的斗争勇气和胜利信心。这样的人不过是革命队伍中的蠹虫，革命人民实在不需要这样的“歌者”。

“不是立场问题；立场是对的，心是好的，意思是懂得的，只是表现不好，结果反而起了坏作用。”关于动机和效果的辩证唯物主义观点，我在前面已经讲过了。现在要问：效果问题是不是立场问题？一个人做事只凭动机，不问效果，等于一个医生只顾开药方，病人吃死了多少他是不管的。又如一个党，只顾发宣言，实行不实行是不管的。试问这种立场也是正确的吗？这样的心，也是好的吗？事前顾及事后的效果，当然可能发生错误，但是已经有了事实证明效果坏，还是照老样子做，这样的心也是好的吗？我们判断一个党、一个医生，要看实践，要看效果；判断一个作家，也是这样。真正的好心，必须顾及效果，总结经验，研究方法，在创作上就叫做表现的手法。真正的好心，必须对于自己工作的缺点错误有完全诚意的自我批评，决心改正这些缺点错误。共产党人的自我批评方法，就是这样采取的。只有这种立场，才是正确的立场。同时也只有在这种严肃的负责的实践过程中，才能一步一步地懂得正确的立场是什么东西，才能一步一步地掌握正确的立场。如果不在实践中向这个方向前进，只是自以为是，说是“懂得”，其实并没有懂得。

“提倡学习马克思主义就是重复辩证唯物论的创作方法的错误，就要妨害创作情绪。”学习马克思主义，是要我们用辩证唯物论和历史唯物论的观点去观察世界，观察社会，观察文学艺术，并不是要我们在文学艺术作品中写哲学讲义。马克思主义只能包括而不能代替文艺创作中的现实主义，正如它只能包括而不能代替物理科学中的原子论、电子论一样。空洞干燥的教条公式是要破坏创作情绪的，但是它不但破坏创作情绪，而且首先破坏了马克思主义。教条主义的“马克思主义”并不是马克思主义，而是反马克思主义的。那末，马克思主义就不破坏创作情绪了吗？要破坏的，它决定地要破坏那些封建的、资产阶级的、小资产阶级的、自由主义的、个人主义的、虚无主义[17]的、为艺术而艺术的、贵族式的、颓废的、悲观的以及其他种种非人民大众非无产阶级的创作情绪。对于无产阶级文艺家，这些情绪应不应该破坏呢？我以为是应该的，应该彻底地破坏它们，而在破坏的同时，就可以建设起新东西来。

五

我们延安文艺界中存在着上述种种问题，这是说明一个什么事实呢？说明这样一个事实，就是文艺界中还严重地存在着作风不正的东西，同志们中间还有很多的唯心论、教条主义、空想、空谈、轻视实践、脱离群众等等的缺点，需要有一个切实的严肃的整风运动。

我们有许多同志还不大清楚无产阶级和小资产阶级的区别。有许多党员，在组织上入了党，思想上并没有完全入党，甚至完全没有入党。这种思想上没有入党的人，头脑里还装着许多剥削阶级的脏东西，根本不知道什么是无产阶级思想，什么是共产主义，什么是党。他们想：什么无产阶级思想，还不是那一套？他们哪里知道要得到这一套并不容易，有些人就是一辈子也没有共产党员的气味，只有离开党完事。因此我们的党，我们的队伍，虽然其中的大部分是纯洁的，但是为要领导革命运动更好地发展，更快地完成，就必须从思想上组织上认真地整顿一番。而为要从组织上整顿，首先需要在思想上整顿，需要展开一个无产阶级对非无产阶级的思想斗争。延安文艺界现在已经展开了思想斗争，这是很必要的。小资产阶级出身的人们总是经过种种方法，也经过文学艺术的方法，顽强地表现他们自己，宣传他们自己的主张，要求人们按照小资产阶级知识分子的面貌来改造党，改造世界。在这种情形下，我们的工作，就是要向他们大喝一声，说：“同志”们，你们那一套是不行的，无产阶级是不能迁就你们的，依了你们，实际上就是依了大地主大资产阶级，就有亡党亡国的危险。只能依谁呢？只能依照无产阶级先锋队的面貌改造党，改造世界。我们希望文艺界的同志们认识这一场大论战的严重性，积极起来参加这个斗争，使每个同志都健全起来，使我们的整个队伍在思想上和组织上都真正统一起来，巩固起来。

因为思想上有许多问题，我们有许多同志也就不大能真正区别革命根据地和国民党统治区，并由此弄出许多错误。同志们很多是从上海亭子间[18]来的；从亭子间到革命根据地，不但是经历了两种地区，而且是经历了两个历史时代。一个是大地主大资产阶级统治的半封建半殖民地的社会，一个是无产阶级领导的革命的新民主主义的社会。到了革命根据地，就是到了中国历史几千年来空前未有的人民大众当权的时代。我们周围的人物，我们宣传的对象，完全不同了。过去的时代，已经一去不复返了。因此，我们必须和新的群众相结合，不能有任何迟疑。如果同志们在新的群众中间，还是像我上次说的“不熟，不懂，英雄无用武之地”，那末，不但下乡要发生困难，不下乡，就在延安，也要发生困难的。有的同志想：我还是为“大后方”[19]的读者写作吧，又熟悉，又有“全国意义”。这个想法，是完全不正确的。“大后方”也是要变的，“大后方”的读者，不需要从革命根据地的作家听那些早已听厌了的老故事，他们希望革命根据地的作家告诉他们新的人物，新的世界。所以愈是为革命根据地的群众而写的作品，才愈有全国意义。法捷耶夫的《毁灭》[20]，只写了一支很小的游击队，它并没有想去投合旧世界读者的口味，但是却产生了全世界的影响，至少在中国，像大家所知道的，产生了很大的影响。中国是向前的，不是向后的，领导中国前进的是革命的根据地，不是任何落后倒退的地方。同志们在整风中间，首先要认识这一个根本问题。

既然必须和新的群众的时代相结合，就必须彻底解决个人和群众的关系问题。鲁迅的两句诗，“横眉冷对千夫指，俯首甘为孺子牛”[21]，应该成为我们的座右铭。“千夫”在这里就是说敌人，对于无论什么凶恶的敌人我们决不屈服。“孺子”在这里就是说无产阶级和人民大众。一切共产党员，一切革命家，一切革命的文艺工作者，都应该学鲁迅的榜样，做无产阶级和人民大众的“牛”，鞠躬尽瘁，死而后已。知识分子要和群众结合，要为群众服务，需要一个互相认识的过程。这个过程可能而且一定会发生许多痛苦，许多磨擦，但是只要大家有决心，这些要求是能够达到的。

今天我所讲的，只是我们文艺运动中的一些根本方向问题，还有许多具体问题需要今后继续研究。我相信，同志们是有决心走这个方向的。我相信，同志们在整风过程中间，在今后长期的学习和工作中间，一定能够改造自己和自己作品的面貌，一定能够创造出许多为人民大众所热烈欢迎的优秀的作品，一定能够把革命根据地的文艺运动和全中国的文艺运动推进到一个光辉的新阶段。

[注 释]

[1]《在延安文艺座谈会上的讲话》　这是毛泽东于1942年5月2日至23日在延安召开的文艺座谈会上的讲话。该讲话分两部分，第一部分《引言》作于5月2日，第二部分《结论》作于5月23日。全文发表于1943年10月19日《解放日报》。

[2]“五四”　指1919年5月4日爆发的中国人民反帝、反封建的伟大革命运动。这一革命运动简称为五四运动，在中国历史上划出了一个由旧民主主义革命发展为新民主主义革命的新时代。

[3] 封建文化　宣传封建思想和封建道德观念，反映封建的政治、经济，为地主阶级利益服务的文化。

[4] 买办文化　买办也叫“康白度”，在殖民地半殖民地的国家中，替外国资本家在本国市场上服务的中间人和经理人。

[5] 陕甘宁边区　陕甘宁边区原为1931年以后，在陕北革命游击战争中逐步发展起来的革命根据地。中央红军长征到达陕北后，成为中共中央所在地、革命的中心根据地。

[6]“大众化”　这个口号是在20世纪30年代左翼文艺运动时期提出的。当时围绕着这个口号，曾经发生过不同意见的论争。鲁迅发表了《文艺的大众化》一文，主张根据不同读者的水平，写作通俗易懂的作品，以利于普及和同反动文艺进行斗争。与鲁迅的主张相反，有人则把大众化看作“和大众的无知斗争”，实际上把大众化的口号变成了“化大众”的口号。

[7]“为千千万万劳动人民服务”　这句话见于列宁的《党的组织和党的出版物》。

[8] 梁实秋　“新月派”的主要成员。他曾留学美国，回国后致力于资产阶级文艺思想的宣传，提倡超阶级的文学艺术。

[9] 周作人　周作人（1885—1967），现代散文家，原名櫆寿，又名启明，浙江绍兴人。青年时代留学日本。五四运动时任北京大学等校教授，并从事文学写作活动。早期作小品散文，力主平和冲淡，恬静闲适。后来思想日趋消极。20世纪30年代曾和林语堂一起鼓吹“闲适幽默”小品。抗日战争时期曾任伪华北政务委员会教育总署督办。

［10］张资平　现代作家，早年留学日本，回国后专写黄色小说。鲁迅在《张资平的“小说学”》一文中，把他的小说概括为“三角恋爱”。日本侵占上海后，投靠日伪，沦为汉奸文人。

［11］启蒙运动　启蒙运动一般指18世纪欧洲资产阶级为了从封建阶级手里夺取政权而造舆论的思想文化运动。这个思想文化运动的代表人物有法国的伏尔泰、卢梭、狄德罗，德国的莱辛等。他们倡导“人权”“自由”“平等”“博爱”等资产阶级革命的口号。

［12］“小放牛”　一出流行于中国民间的小歌舞剧。全剧只有两个角色，男角是牧童，女角是乡村小姑娘，以互相对答的方式表现剧的内容。抗日战争初期，有人利用这一歌剧形式，变换歌词内容，宣传抗日，一时颇为流行。

［13］“阳春白雪”“下里巴人”　《阳春白雪》和《下里巴人》，都是公元前3世纪前后楚国的歌曲。《阳春白雪》是供少数人欣赏的较高级的歌曲；《下里巴人》是流传很广的民间歌曲。

［14］为艺术的艺术　是资产阶级的文艺观点，它最早是由法国作家戈蒂耶提出来的。这一理论认定，作家、艺术家从事创作，除了对艺术本身——“美”的追求以外，无其他目的。这一理论否定艺术的社会作用。

［15］二元论或多元论　哲学上的“元”指世界的本原。二元论认为，世界的本原有两个，即精神和物质，二者都是各自独立的实体。多元论认为，世界的本原有许多个。多元论有唯物与唯心之分。

［16］托洛茨基　托洛茨基（1879—1940），1903年起他与孟什维克一起反对列宁和布尔什维克党，1912年组织反党的八月联盟。1917年8月加入布尔什维克党并任党中央委员。十月革命胜利后，他反对列宁的革命路线。列宁逝世后，他组成“托洛茨基-季诺维也夫反党联盟”，反对以斯大林为首的联共（布）中央委员会，1927年被清除出党。

［17］虚无主义　19世纪60年代流行于俄国的一种社会思潮，它代表激进的小资产阶级思想。虚无主义者否定他们所认为的一切旧事物，否定现存的一切权威、道德观念和传统习惯，主张个人有绝对的自由。我们通常所说的虚无主义，是指对任何事物不加分析，持一概怀疑和否定的态度。虚无主义也被用来指不作具体分析而轻易否定文化遗产、否定民族文化传统的思想。

［18］亭子间　上海楼房中的一种小房间，位置在房子后部的楼梯中侧，狭小黑暗，因此租金低廉。在旧社会，贫苦的文艺作家、知识分子和小职员，多居于此。

［19］“大后方”　在抗日战争时期，抗日前线是华北、华东、华中、华南，人们通常把国民党统治的、没有被日寇占领的西南、西北叫作“大后方”。

［20］法捷耶夫的《毁灭》　法捷耶夫（1901—1956），苏联著名作家，生于革命知识分子家庭。1918年加入俄共（布），1939年当选为党的中央委员。在国内战争时期，他曾在远东地区参加过游击战争。1921年开始从事文学创作活动。著有小说《泛滥》《逆流》《毁灭》等，均以国内战争为题材。他20世纪30年代起担任苏联作家协会的领导工作，其间，曾写出特写集《在封锁日子里的列宁格勒》，叙述卫国战争时期列宁格勒（今圣彼得堡）保卫者的英勇事迹。1945年发表长篇小说《青年近卫军》，描写卫国战争时期克拉斯诺顿城共青团地下组织的英勇斗争。

［21］“横眉冷对千夫指，俯首甘为孺子牛”　见鲁迅《集外集·自嘲》，写于1932年10月12日。

讲　解

毛泽东的《在延安文艺座谈会上的讲话》(以下简称《讲话》)，作为马克思主义的普遍真理与中国革命文艺运动的具体实践相结合的产物，是一部具有划时代意义的马克思主义文艺理论的重要文献。《讲话》首创性地对一系列重大的文艺理论问题进行了全面、完整、深度、系统的阐述，是马克思主义文艺理论中国化的典范，是对马克思、恩格斯和列宁的文艺思想的历史性超越。毛泽东发表《讲话》时，第二次世界大战尚未结束。中国国统区的反动势力黑暗、专制、腐败愈演愈烈，为了强化对人民的统治，实行白色恐怖和高压政策，千千万万倾向革命的青年奔赴红色革命根据地延安。他们的思想与革命的要求存在着种种不相适应的情况。为了抗日战争的胜利，实现民族解放，求得文艺工作与革命事业的密切合作，必须对倾向于革命的知识分子进行革命教育。《讲话》实际上是文艺界整风运动的组成部分，是文艺整风运动的历史文献。

一、关于文艺与人民的关系

《讲话》明确指出："为什么人的问题，是一个根本的问题，原则的问题。""我们的文学艺术都是为人民大众的，首先是为工农兵的，为工农兵而创作，为工农兵所利用的。"文艺为什么人服务，关系到文艺的方向和性质、功能和作用。

"为群众"和"如何为群众"这样两个密切联系着的基本问题，体现着宗旨和手段、目标和途径的辩证统一。无宗旨的手段和无目标的途径是盲目的，是没有意义的，而没有手段的宗旨和缺乏途径的目标是空洞的，是无法实现的。当时的历史使命和政治任务是赢得抗日战争胜利，实现民族解放。《讲话》指出，革命文艺应当为大多数人民服务，即为工农兵服务。因为工农兵占有90%以上的人口的大多数，是党的基本群众，是历史主体，是革命的动力。把工农兵作为文艺的表现对象和服务对象，使文艺拥有最广大、最鲜明的人民性，从而具有划时代的开创意义。真理是具体的。只有把文艺与人民的关系放到所处的历史环境中，才能得到正确的科学的解释。当时，作为红色革命根据地的延安，开创了一个人民当家做主的新时代。

《讲话》第一次鲜明地、系统地提出文艺为工农兵服务，为大多数人服务，具有首创性和超越性。马克思曾倡导文艺家"歌颂倔强的、叱咤风云的和革命的无产者"[1]，恩格斯强烈呼吁："工人阶级对压迫他们的周围环境所进行的叛逆的反抗，他们为恢复自己做人的地位所作的令人震撼的努力，不管是半自觉的或是自觉的，都属于历史，因而也应当在现实主义领域内占有一席之地。"[2]列宁曾号召革命文艺应当为千千万万的劳动人民服务。《讲话》创造性地继承和发展了马克思主义经典作家主张文艺为人民服务的思想，从理论和实践的结合上，更加系统深刻地解决了大多数人民群众在文艺中的主体地位问题。《讲话》明确指出人民应当拥有与政治权利相适应的文艺权利，理应成为文艺的主人。只有把人民群众描写为历史的主人和历史发展的动力，才能实现人民群众在文艺领域中的翻身和解放。文艺家要努力向作为历史主体和革命主体的工农兵学习，从群众的生活中吸收养料，把自己充实起来、丰富起来，使自己的作品不要脱离群众、脱离实际、毫无内容、成为毫无生气的空中楼阁。我们应该尊重专门家，但是一切革命的文学家艺术家只有联系群众，表现群众，把自己当作群众的忠实的代言人，他们的工作才有意义。不管他们有多大的才能，如果群众不需要，他们的工作是没有前途的。革命的文艺家应当深入生活，发挥创造性的精神劳动，通过文艺创作，去表现“新的人物，新的世界”。

二、关于文艺与生活的关系

毛泽东指出：“作为观念形态的文艺作品，都是一定的社会生活在人类头脑中的反映的产物。革命的文艺，则是人民生活在革命作家头脑中的反映的产物。”社会生活是文艺作品的唯一源泉，文艺作品是反映社会生活的观念形态。马克思主义经典作家一贯重视文艺真实地反映社会生活，马克思主义认为物质生活的生产方式制约着整个社会生活、政治生活和精神生活的过程。不是人们的意识决定人们的存在，相反，是人们的社会存在决定人们的意识。精神与物质的关系，表现为物质第一性，意识第二性，说明物质决定精神，意识反映存在。马克思主义主张革命的能动的反映论，离开社会生活，不可能产生艺术反映。古今中外的文学作品都反映了一定时代的社会风貌。即便是神话也是以一定的社会生活为依据的幻化的反映。恩格斯称赞巴尔扎克的《人间喜剧》为人们提供了一部法国“社会”特别是巴黎“上流社会”的卓越的现实主义历史。《讲话》认为社会生活是文艺的唯一源泉。人民生活中本来存在着文学艺术原料的矿藏，这是自然形态的东西，是粗糙的东西，但也是最生动、最丰富、最基本的东西；在这点上说，它们使一切文学艺术相形见绌，它们是一切文学艺术的取之不尽、用之不竭的唯一的源泉。这是唯一的源泉，因为只能有这样的源泉，此外不能有第二个源泉。可以这样说，社会生活是母源，是一切源泉的源泉。这是对文艺与社会生活关系的彻底的唯物主义分析。书本上的古今中外的文艺作品都是所属时代的一定的社会生活的反映，都是根据人民生活中的文学艺术原料创造出来的东西，因而实际上是“流”，而不是“源”。对“流”理应参照和借鉴，但不能代替自己的创造。“文学艺术中对于古人和外国人的毫无批判的硬搬和模仿，乃是最没有出息的最害人的文学教条主义和艺术教条主义。中国的革命的文学家艺术家，有出息的文学家艺术家，必须到群众中去，必须长期地无条件地全心全意地到工农兵群众中去，到火热的斗争中去，到唯一的最广大最丰富的源泉中去，观察、体验、研究、分析一切人，一切阶级，一切群众，一切生动的生活形式和斗争形式，一切文学和艺术的原始材料，然后才有可能进入创作过程。”文艺创作从群众中来，也回到社会中去。文艺家表现社会生活，是为了改变社会生活，通过具有变革精神的作品，发挥文艺的革命性的功能和作用，“帮助群众推动历史的前进”。

三、关于文艺与政治的关系

毛泽东指出:“在现在世界上，一切文化或文学艺术都是属于一定的阶级，属于一定的政治路线的。为艺术的艺术，超阶级的艺术，和政治并行或互相独立的艺术，实际上是不存在的。无产阶级的文学艺术是无产阶级整个革命事业的一部分，……党的文艺工作，在党的整个革命工作中的位置，是确定了的，摆好了的；是服从党在一定革命时期内所规定的革命任务的。”《讲话》对政治的内涵有确切的界定。这种政治实际上不是指人民的民主的政治。“我们所说的文艺服从于政治，这政治是指阶级的政治、群众的政治，不是所谓少数政治家的政治。政治，不论革命的和反革命的，都是阶级对阶级的斗争，不是少数个人的行为。革命的思想斗争和艺术斗争，必须服从于政治的斗争，因为只有经过政治，阶级和群众的需要才能集中地表现出来。革命的政治家们，懂得革命的政治科学或政治艺术的政治专门家们，他们只是千千万万的群众政治家的领袖，他们的任务在于把群众政治家的意见集中起来，加以提炼，再使之回到群众中去，为群众所接受，所实践，而不是闭门造车，自作聪明，只此一家，别无分店的那种贵族式的所谓‘政治家’，——这是无产阶级政治家同腐朽了的资产阶级政治家的原则区别。正因为这样，我们的文艺的政治性和真实性才能够完全一致。不认识这一点，把无产阶级的政治和政治家庸俗化，是不对的。”只有人民的民主的政治才能使文艺的倾向性和真实性达到和谐统一。这个思想是深刻的。

强调文艺与政治的关系，实际上是注重文艺的政治作用和政治功能，提倡一种革命的功利主义。《讲话》宣称:“我们是无产阶级的革命的功利主义者，我们是以占全人口百分之九十以上的最广大群众的目前利益和将来利益的统一为出发点的，所以我们是以最广和最远为目标的革命的功利主义者，而不是只看到局部和目前的狭隘的功利主义者。例如，某种作品，只为少数人所偏爱，而为多数人所不需要，甚至对多数人有害……以求其个人的或狭隘集团的功利，还要责备群众的功利主义……任何一种东西，必须能使人民群众得到真实的利益，才是好的东西。”革命的功利主义体现一种为人民服务的全新的价值观。坚持人民的民主的革命的功利主义，必须反对超功利主义，反对空洞的、偏私的、短视的、伪善的功利主义。应当维护为人民服务和为政治服务的统一性和一致性。为人民服务，包含为人民的政治服务，为政治服务也是为人民服务，不为人民的政治服务，谈不上为人民服务。人民的解放首先是人民的政治解放。在国难深重和民族危机的历史条件下，面对亡国灭种、求生图存的残酷现实，文艺为人民服务，首先和必须为人民的民族解放事业的政治服务，不为当时赢得抗日战争胜利这个历史使命服务，便谈不上为人民服务。这不仅是具有历史合理性的，而且是完全正确的。

四、关于文艺与审美的关系

《讲话》阐明，作为文艺源泉的生动丰富的人类社会生活和作家艺术家创造出来的作品都要是美的。“但是人民还是不满足于前者而要求后者。这是为什么呢？因为虽然两者都是美，但是文艺作品中反映出来的生活却可以而且应该比普通的实际生活更高，更强烈，更有集中性，更典型，更理想，因此就更带普遍性。革命的文艺，应当根据实际生活创造出各种各样的人物来，帮助群众推动历史的前进。例如一方面是人们受饿、受冻、受压迫，一方面是人剥削人、人压迫人，这个事实到处存在着，人们也看得很平淡；文艺就把这种日常的现象集中起来，把其中的矛盾和斗争典型化，造成文学作品或艺术作品，就能使人民群众惊醒起来，感奋起来，推动人民群众走向团结和斗争，实行改造自己的环境。”《讲话》遵循现实主义的美学原则，强调审美创造活动必须运用典型化的方法，对现实生活加以提炼、概括和集中，使艺术美高于生活美。毛泽东熟练地运用马克思主义的观点和方法，既唯物又辩证地阐发了生活美和艺术美的相互关系，比黑格尔辩证而不唯物和车尔尼雪夫斯基唯物而不辩证的美学思想高出一筹。

《讲话》对审美创造活动和审美意识的论述表现出一些突出的特点。《讲话》所倡导的审美创造活动体现现实主义的典型化原则，对表现对象进行艺术概括，使之更高、更集中、更理想、更带有普遍性。《讲话》强调审美性和为人民服务、为人民的政治服务的一致性，并使之成为实施的有效手段。《讲话》把审美的规律意识和变革意识融通起来，主张作家艺术家从事审美创造活动的目的是“使人民群众惊醒起来，感奋起来，推动人民群众走向团结和斗争，实行改造自己的环境”，“帮助群众推动历史的前进”。在当时的历史背景下，作家艺术家的审美创造活动，应当有助于激发人民群众的历史主动性和历史创造性，推动抗日战争的胜利，实现民族解放的伟业。

五、关于文艺与批评的关系

《讲话》指出，“文艺界的主要的斗争方法之一，是文艺批评”。

其实，文艺批评是促进文艺繁荣发展的手段，也是文艺工作者明辨是非、追求真理、修正错误的举措之一。批评是有标准的。抗日战争时期的文艺批评有两个标准：“一个是政治标准，一个是艺术标准。按照政治标准来说，一切利于抗日和团结的，鼓励群众同心同德的，反对倒退、促成进步的东西，便都是好的；而一切不利于抗日和团结的，鼓动群众离心离德的，反对进步、拉着人们倒退的东西，便都是坏的。这里所说的好坏，究竟是看动机（主观愿望），还是看效果（社会实践）呢？唯心论者是强调动机否认效果的，机械唯物论者是强调效果否认动机的，我们和这两者相反，我们是辩证唯物主义的动机和效果的统一论者。”检验一个作家的主观愿望即其动机是否正确、是否善良，不是看他的宣言，而是看他的行为（主要是作品）在社会大众中产生的效果。

如何理解两个标准的关系呢？政治并不等于艺术，一般的宇宙观也并不等于艺术创作和艺术批评的方法。我们不但否认抽象的绝对不变的政治标准，也否认抽象的绝对不变的艺术标准，各个阶级都有不同的政治标准和不同的艺术标准。但是任何阶级，总是把政治标准放在第一位，把艺术标准放在第二位。我们的要求则是政治和艺术的统一，内容和形式的统一，革命的政治内容和尽可能完美的艺术形式的统一。

《讲话》中所论述的文艺批评观是科学的、辩证的、系统的。

从阶级观点阐发了文艺批评的性质和功能。在国难当头、民族危机、救亡图存的历史条件下，把政治标准放在第一位，同时在第二位的意义上，强调艺术标准。我们所追求的政治标准和艺术标准的统一是有重点的、有差别的统一。政治标准是第一位的。这种标准是具体的，是人民大众的，是无产阶级的，世界上不存在抽象的政治标准和艺术标准。资产阶级对于无产阶级的文学艺术作品，不管其艺术成就怎样高，总是排斥的。有些政治上反动的东西，也可能有某种艺术性，内容反动的作品而又愈带艺术性，愈能毒害人民。处于没落时期的一切剥削阶级的文艺的共同特点，表现为反动的内容和其艺术的形式之间所存在的矛盾。这个思想是深刻的。在第二位的意义上，强调艺术标准，追求作品的艺术性。既反对没有艺术性的政治性，也反对没有艺术性的政治性。缺乏艺术性的艺术品，无论政治上怎样进步，也是没有力量的。既反对政治观点错误的艺术品，也反对只有正确的政治观点而没有艺术力量的所谓“标语口号式”的倾向。

《讲话》还指出，“对于过去时代的文学艺术作品，也必须首先检查它们对待人民的态度如何，在历史上有无进步意义，而分别采取不同态度”。历史是现在的过去，现在是历史的延续。对历史作品的评价同样适用于今天。文艺批评除了政治标准和艺术标准之外，还存在人民标准和历史标准。对文艺要进行综合考察和评判：政治上的好坏，艺术上的优劣，对人民的态度如何，在历史上有无进步意义。这里，存在着文艺批评的四种标准，即政治标准、艺术标准、人民标准和历史标准；存在着文艺批评的四种因素，即政治因素、艺术因素、人民因素和历史因素；存在着文艺批评的四大观点，即政治观点、艺术观点、人民观点和历史观点。可见，《讲话》中存在着由四种标准构成的文艺评价体系和批评系统。其实，侧重于对文艺进行历史评价、人民评价、政治评价、艺术评价都是可以的。突出政治评价，也离不开作品中的人民因素、历史因素和艺术因素。全面地、完整地、系统地研究批评体系中各种标准和各种因素之间的相互关系，与在相关标准和因素的联系中凸显某种批评标准都是有益的。批评体系的结构性关系，一定会随着历史的发展而产生相应的嬗变。

六、关于继承与创造的关系

社会生活是“泉”，中外的文艺作品是“流”。“流”是第二位的东西，但在第二位的意义上，同样是重要的、不可或缺的。“对于中国和外国过去时代所遗留下来的丰富的文学艺术遗产和优良的文学艺术传统，我们是要继承的，但是目的仍然是为了人民大众。对于过去时代的文艺形式，我们也并不拒绝利用，但这些旧形式到了我们手里，给了改造，加进了新内容，也就变成革命的为人民服务的东西了。”

继承，存在着一个文化的性质和领导权问题。“现阶段的中国新文化，是无产阶级领导的人民大众的反帝反封建的文化。真正人民大众的东西，现在一定是无产阶级领导的。资产阶级领导的东西，不可能属于人民大众。新文化中的新文学新艺术，自然也是这样。”

继承，必须考虑不同国家和地域的人民生活的差别性问题。古代的和外国的文艺作品，是古人和外国人根据他们彼时彼地所得到的人民生活中的文学艺术原料创造出来的东西。我们必须继承一切优秀的文学艺术遗产，批判地吸收其中一切有益的东西，作为我们用此时此地的人民生活中的文学艺术原料创造作品时候的借鉴。有这个借鉴和没有这个借鉴是不同的。

继承，需要进行鉴别和挑选。应当注意在中国古代和外国的文化遗产中，“有文野之分，粗细之分，高低之分，快慢之分”。继承，是为了创造。我们决不可拒绝继承和借鉴古人和外国人，哪怕是封建阶级和资产阶级的东西。但是“继承和借鉴决不可以变成替代自己的创造，这是决不能替代的”。文学艺术中对古人和外国人的毫无批判的硬搬和模仿，乃是最没有出息的最害人的文学教条主义和艺术教条主义。应当反对各种形式和不同程度的唯欧美的马首是瞻的媚外主义，抵制文艺的洋教条主义。有出息的中国的革命的文学家艺术家，应当努力谙熟和体验中国的现实生活，表现人民大众的生活形式和斗争形式，创造出具有中国作风和中国气派的文艺作品。

七、关于普及与提高的关系

普及和提高的问题是解决“为人民服务”的一个重要问题。解决这个问题的基本原则是在普及基础上提高，在提高指导下普及。

《讲话》明确地指出了普及和提高的方向——无论普及还是提高都是为了人民大众，为了工农兵。普及是向工农兵普及，提高是沿着工农兵自己前进的方向去提高，沿着无产阶级前进的方向去提高。

这个普及和提高的方向关涉到中国革命的兴衰成败。作为表现对象和服务对象的工农兵群众占全国人口的90%以上，提高工农兵的变革精神和思想文化素质，对改变中国的面貌至关重要。普及和提高运动实质上是一个以教育工农兵为主旨的思想启蒙运动。这个思想启蒙运动提高工农的文化水平，使人民的军队成为有文化的军队。有文化的军队有助于取得抗日战争的胜利，是实现民族解放的重要保证。

普及和提高都需要依靠人民文艺的专门家。《讲话》充分肯定了文艺专门家的地位和作用，指出他们是普及和提高的主体。专门家要重视群众的创作。一方面帮助他们，指导他们，一方面又向他们学习，从他们当中吸收养料，把自己充实起来，丰富起来，“使自己的专门不致成为脱离群众、脱离实际、毫无内容、毫无生气的空中楼阁”。我们应该尊重专门家，但是一切革命的文学家艺术家只有联系群众，表现群众，把自己当作群众的忠实的代言人，他们的工作才有意义。不要把自己看作群众的主人，看作高踞于“下等人”头上的贵族。如果这样，无论他们有多大的才能，也是群众所不需要的，他们的工作也是没有前途的。“普及的东西比较简单浅显，因此也比较容易为目前广大人民群众所迅速接受。高级的作品比较细致，因此也比较难于生产，并且往往比较难于在目前广大人民群众中迅速流传。”当时工农兵面前的问题，是他们正在和敌人作残酷的流血斗争，而他们由于长时期受封建阶级和资产阶级的统治，文化水平较低，所以他们迫切要求一个普遍的启蒙运动，迫切要求得到他们所急需的和容易接受的文化知识和文艺作品，去提高他们的斗争热情和胜利信心，便于他们同心同德地去和敌人作斗争。对于他们，第一步需要还不是“锦上添花”，而是“雪中送炭”。这是从中国革命的需要和接受对象的特点作出的切合实际的判断。但是，普及工作和提高工作是不能截然分开的，应当把“阳春白雪”和“下里巴人”统一起来。不但一部分优秀的作品现在也有普及的可能，而且广大群众的文化水平也是在不断地提高着的。普及工作若是永远停止在一个水平上，那就没什么意义了。“人民要求普及，跟着也要求提高，要求逐年逐月地提高。在这里，普及是人民的普及，提高也是人民的提高。而这种提高，不是从空中提高，不是关门提高，而是在普及基础上的提高。这种提高，为普及所决定，同时又给普及以指导。……所以，我们的提高，是在普及基础上的提高；我们的普及，是在提高指导下的普及。正因为这样，我们所说的普及工作不但不是妨碍提高，而且是给目前的范围有限的提高工作以基础，也是给将来的范围大为广阔的提高工作准备必要的条件。”

八、关于文艺与文艺家的关系

文艺与文艺家的关系是非常重要的。要正确认识二者之间的关系，应明白两点。第一，这个关系关涉到文艺的性质和功能。没有思想进步的先进的文艺家，是不会有思想进步和先进的文艺的。只有文艺家树立了正确的革命的世界观、人生观、价值观、文艺观，才能创作出精品力作。第二，队伍是关键。毛泽东为了培育和建设一支革命的文艺队伍，解决他们的世界观、文艺观与创作的矛盾，提出了一些富有战略意义的举措，力倡文艺工作者学习社会，学习马克思主义。

关于学习社会。观察和熟悉社会生活中的人是进入创作过程的前提。《讲话》指出：“了解人熟悉人的工作却是第一位的工作。”具有革命要求的知识分子从上海的亭子间来到延安红色革命根据地，与革命运动和工农兵群众存在着不相适应的情况。他们的生活方式、思想感情、艺术趣味甚至和广大群众格格不入。文艺工作者同自己的描写对象和作品接受者不熟，或者简直生疏得很。不熟悉工农兵，不熟悉他们的生活和心理，不懂人民群众的丰富的生动的语言。文艺工作者脱离群众、生活空虚。毛泽东指出，作家艺术家要大众化。大众化的基本要求是文艺工作者的思想感情和工农兵大众的思想感情打成一片。要打成一片，就应当认真学习群众的生活和语言，否则会感到“英雄无用武之地”。知识分子出身的文艺工作者，要使自己的作品为群众所欢迎，就要经过长期的甚至是痛苦的磨炼，使自己的思想感情来一个变化，来一番改造。只有熟悉表现对象和服务对象，才能生动深刻地描写对象。文艺工作者要学习社会，要研究社会上的各个阶级的相互关系和状况，研究其面貌和其心理。只有这样，文艺才能有丰富的内容和正确的方向。毛泽东还指出，有些作品对农民的描写，很不到位。衣服是劳动人民，面孔却是小资产阶级知识分子。他们有时也爱工农兵，只不过是为着猎奇，为着装饰自己的作品，甚至是为着追求其中落后的东西。有时还公开地鄙弃他们，而偏爱小资产阶级知识分子的乃至资产阶级及其东西。他们的作品多半是小资产阶级内心世界的“自我表现”。换句文雅的话说，“他们的灵魂深处还是一个小资产阶级知识分子的王国”。具有真诚地自觉地为工农兵服务的作家艺术家，才能创作真正的革命的工农兵文艺。

关于学习马克思主义。马克思主义是观察世界的伟大工具。学习马克思主义对提高作品的真实性和深刻性具有特别重要的意义。一些知识分子并不认同这个道理，反而抵制马克思主义。我们所说的马克思主义不是教条的、僵化的、空洞的、虚假的马克思主义，而是生活中活生生的马克思主义，并且这种马克思主义只能包括而不能代替文艺创作中的现实主义。空洞干燥的教条公式是会破坏创作情绪的，而且首先破坏了马克思主义。错误的文艺思潮和不健康的创作情绪也消解了真正的马克思主义。真正的马克思主义对那些反马克思主义的、为艺术而艺术的、贵族式的、颓废的、悲观的以及其他种种非人民大众非无产阶级的创作情绪是必须加以消除的。毛泽东真诚耐心地帮助一些受到错误观念影响的作家艺术家消除一些糊涂认识，通过规劝和疏导，端正他们的创作方向。

有人崇尚“人性论”。《讲话》认为只有具体的人性，没有抽象的人性。在阶级社会里只有带着阶级性的人性，而没有什么超阶级的人性。我们主张无产阶级的人性、人民大众的人性。有些小资产阶级知识分子所鼓吹的人性，实质上是脱离人民大众的个人主义的人性。

有人主张“普遍的爱”。《讲话》指出，马克思主义的一个基本观点，是主张存在决定意识，认为是阶级斗争和民族斗争的客观现实决定我们的思想感情。不能把这个问题弄颠倒了，说什么一切应该从“爱”出发。这个说法是空洞的、虚伪的。阶级社会里，没有什么超阶级的爱、抽象的爱，以及抽象的自由、抽象的真理、抽象的人性等等。爱是观念的东西，是客观实践的产物。我们不是从观念出发，而是从客观实践出发。我们的知识分子出身的文艺工作者爱无产阶级，是社会使他们感觉到和无产阶级有共同的命运的结果。我们恨日本帝国主义，是日本帝国主义压迫我们的结果。世上绝没有无缘无故的爱，也没有无缘无故的恨。至于所谓“人类之爱”，自从人类分化成为阶级以后，从来没有过这种统一的爱。过去的一切统治阶级喜欢提倡这个东西，许多所谓圣人贤人也喜欢提倡这个东西，但是无论谁都没有真正实行过，因为它在阶级社会里是不可能实行的。真正的人类之爱是会有的，那是在全世界消灭了阶级之后，但是现在还没有。

有人宣扬“从来的文艺作品都是写光明和黑暗并重，一半对一半”。《讲话》认为歌颂和暴露两种都需要。但在红色根据地的延安，黑暗只是光明的陪衬。这是由实现民族解放的历史任务决定的。为了抗日战争的胜利，需要团结一致、万众一心，提升革命主体的亲和力、凝聚力、战斗力。反动时期的资产阶级文艺家把革命群众写成暴徒，把他们自己写成神圣，所谓光明和黑暗是颠倒的。只有真正革命的文艺家才能正确地解决歌颂和暴露的问题。危害人民群众的黑暗势力必须暴露之，人民群众的革命斗争必须歌颂之，这是革命文艺家的基本任务。从来的文艺并不单在于暴露。革命文艺作品暴露的对象只能是侵略者、剥削者、压迫者及其在人民中所遗留的恶劣影响，暴露他们的残暴和欺骗，并指出他们必然要失败的趋势。人民大众也是有缺点的，这些缺点应当用人民内部的批评和自我批评来克服，而进行这种批评和自我批评也是文艺的最重要任务之一。但这不应该说是什么“暴露人民”。对于人民，基本上是一个教育和提高的态度。

有人说：“还是杂文时代，还要鲁迅笔法。”当时的鲁迅处在黑暗势力统治下面，没有言论自由，所以用冷嘲热讽的杂文形式作战，他是完全正确的。我们也需要尖锐地嘲笑法西斯主义、反动派和一切危害人民的事物，但在陕甘宁边区和敌后的各抗日根据地，杂文形式不应该简单地和鲁迅的一样。我们可以大声疾呼，而不要隐晦曲折，使人民大众不易看懂。对于人民，即使“杂文时代”的鲁迅，也不曾嘲笑和攻击革命人民和革命政党。对于人民的缺点是需要批评的，但必须是真正站在人民的立场上，从保护人民、教育人民的出发点来批评。讽刺是永远需要的，但是必须废除讽刺的乱用。

有人说：“我是不歌功颂德的；歌颂光明者其作品未必伟大，刻画黑暗者其作品未必渺小。”应当说，“歌颂资产阶级光明者其作品未必伟大，刻画资产阶级黑暗者其作品未必渺小，歌颂无产阶级光明者其作品未必不伟大，刻画无产阶级所谓‘黑暗’者其作品必定渺小”。这是文艺史上的事实。过去的时代，已经一去不复返了。我们必须和新的群众相结合，不能有任何迟疑。一切革命的文艺工作者，都应该学鲁迅的榜样，鞠躬尽瘁，死而后已。

《讲话》集中地、系统地体现了毛泽东文艺思想。毛泽东文艺思想是马克思主义与中国革命文艺实践相结合的产物。《讲话》对延安革命根据地的文艺运动和文艺经验进行了科学的总结，自觉地、熟练地运用辩证唯物论和历史唯物论的观点去观察世界，观察社会，观察文学艺术，对艺术规律进行了深刻系统的揭示。《讲话》是马克思主义文艺理论中国化的范本，不仅起到了不可磨灭的历史作用，而且对中国当代文艺的发展，也具有重要的指导意义。

[注　释]

[1] 马克思，恩格斯．马克思恩格斯全集：第4卷．北京：人民出版社，1958：224.
[2] 马克思，恩格斯．马克思恩格斯选集：第4卷．3版．北京：人民出版社，2012：590.

第十八讲 在中国文学艺术工作者第四次代表大会上的祝词*

（一九七九年十月三十日）

邓小平

各位代表，各位同志：

今天，我国各民族的文学家、戏剧家、美术家、音乐家、表演艺术家、电影工作者和其他文艺工作者的代表欢聚一堂，共同总结三十年来文艺工作的基本经验，发扬成绩，克服缺点，商讨在新的历史时期如何繁荣文艺事业，这是一件有重要历史意义的事情。我代表中共中央、国务院，向大会表示热烈的祝贺！

参加这次大会的，有“五四”时期就投入新文化运动的老一辈文艺家；有“五四”以后，在我国革命的不同阶段，为人民解放事业做出贡献的文艺家；有建国以后成长起来的文艺家；也有在同林彪、“四人帮”的斗争中涌现出来的文艺家。参加这次大会的，还有台湾同胞、港澳同胞中的文艺家。这次大会，标志着全国文艺工作者的空前团结。

文化大革命前的十七年，我们的文艺路线基本上是正确的，文艺工作的成绩是显著的。所谓“黑线专政”[1]，完全是林彪、“四人帮”的诬蔑。在林彪、“四人帮”猖獗作乱的十年里，大批优秀作品遭到禁锢，广大文艺工作者受到诬陷和迫害。在那个时期，文艺界的许多同志和朋友，正气凛然地对他们进行了抵制和斗争。在我们党和人民战胜林彪、“四人帮”的斗争中，文艺工作者做出了令人钦佩的、不可磨灭的贡献。我在这里，向大家表示亲切的慰问。

粉碎“四人帮”以后，在党中央的领导下，文艺界已经和正在落实党的知识分子政策，过去受到人民欢迎的一大批文艺作品重新和人民见面。文艺工作者心情舒畅，创作热情高涨。短短几年里，通过清算林彪、“四人帮”的罪行和谬论，已经出现了许多优秀的小说、诗歌、戏剧、电影、曲艺、报告文学以及音乐、舞蹈、摄影、美术等作品。这些作品，对于打破林彪、

---

* 邓小平．邓小平文选：第2卷．2版．北京：人民出版社，1994：207－214.

"四人帮"设置的精神枷锁，肃清他们的流毒和影响，对于解放思想，振奋精神，鼓舞人民同心同德，向四个现代化进军，起了积极的作用。回顾三年来的工作，我认为，文艺界是很有成绩的部门之一。文艺工作者理应受到党和人民的信赖、爱护和尊敬。斗争风雨的严峻考验证明，从总体来看，我们的文艺队伍是好的。有这样一支文艺队伍，我们党和人民是感到十分高兴的。

代表们，同志们!

我们的国家已经进入社会主义现代化建设的新时期。我们要在大幅度提高社会生产力的同时，改革和完善社会主义的经济制度和政治制度，发展高度的社会主义民主和完备的社会主义法制。我们要在建设高度物质文明的同时，提高全民族的科学文化水平，发展高尚的丰富多彩的文化生活，建设高度的社会主义精神文明。

同心同德地实现四个现代化，是今后一个相当长的时期内全国人民压倒一切的中心任务，是决定祖国命运的千秋大业。各条战线上的群众和干部，都要做解放思想的促进派，安定团结的促进派，维护祖国统一的促进派，实现四个现代化的促进派。对实现四个现代化是有利还是有害，应当成为衡量一切工作的最根本的是非标准。文艺工作者，要同教育工作者、理论工作者、新闻工作者、政治工作者以及其他有关同志相互合作，在意识形态领域中，同各种妨害四个现代化的思想习惯进行长期的、有效的斗争。要批判剥削阶级思想和小生产守旧狭隘心理的影响，批判无政府主义、极端个人主义，克服官僚主义。要恢复和发扬我们党和人民的革命传统，培养和树立优良的道德风尚，为建设高度发展的社会主义精神文明做出积极的贡献。

在这个崇高的事业中，文艺发展的天地十分广阔。不论是对于满足人民精神生活多方面的需要，对于培养社会主义新人，对于提高整个社会的思想、文化、道德水平，文艺工作都负有其他部门所不能代替的重要责任。

我们的文艺属于人民。我们的人民勤劳勇敢，坚韧不拔，有智慧，有理想，热爱祖国，热爱社会主义，顾大局，守纪律。几千年来，特别是五四运动以后的半个多世纪来，他们满怀信心，艰苦奋斗，排除一切阻力，一次又一次地写下了我国历史上光辉灿烂的篇章。任何强大的敌人都没有把他们压倒。任何严重的困难都没有把他们挡住。文艺创作必须充分表现我们人民的优秀品质，赞美人民在革命和建设中、在同各种敌人和各种困难的斗争中所取得的伟大胜利。

我们的文艺，应当在描写和培养社会主义新人方面付出更大的努力，取得更丰硕的成果。要塑造四个现代化建设的创业者，表现他们那种有革命理想和科学态度、有高尚情操和创造能力、有宽阔眼界和求实精神的崭新面貌。要通过这些新人的形象，来激发广大群众的社会主义积极性，推动他们从事四个现代化建设的历史性创造活动。

我们的社会主义文艺，要通过有血有肉、生动感人的艺术形象，真实地反映丰富的社会生活，反映人们在各种社会关系中的本质，表现时代前进的要求和历史发展的趋势，并且努力用社会主义思想教育人民，给他们以积极进取、奋发图强的精神。

我国历史悠久，地域辽阔，人口众多，不同民族、不同职业、不同年龄、不同经历和不同教育程度的人们，有多样的生活习俗、文化传统和艺术爱好。雄伟和细腻，严肃和诙谐，抒情和哲理，只要能够使人们得到教育和启发，得到娱乐和美的享受，都应当在我们的文艺园地里占有自己的位置。英雄人物的业绩和普通人们的劳动、斗争和悲欢离合，现代人的生活和古代人的生活，都应当在文艺中得到反映。我国古代的和外国的文艺作品、表演艺术中一切进步的和优秀的东西，都应当借鉴和学习。

我们要继续坚持毛泽东同志提出的文艺为最广大的人民群众、首先为工农兵服务的方向，坚持百花齐放、推陈出新、洋为中用、古为今用的方针，在艺术创作上提倡不同形式和风格的自由发展，在艺术理论上提倡不同观点和学派的自由讨论。列宁说过，在文学事业中，“绝对必须保证有个人创造性和个人爱好的广阔天地，有思想和幻想、形式和内容的广阔天地”。围绕着实现四个现代化的共同目标，文艺的路子要越走越宽，在正确的创作思想的指导下，文艺题材和表现手法要日益丰富多彩，敢于创新。要防止和克服单调刻板、机械划一的公式化概念化倾向。

对人民负责的文艺工作者，要始终不渝地面向广大群众，在艺术上精益求精，力戒粗制滥造，认真严肃地考虑自己作品的社会效果，力求把最好的精神食粮贡献给人民。林彪、“四人帮”过去用反动的、腐朽的剥削阶级思想腐蚀人们灵魂，毒化社会空气，使我们的革命传统和优良风尚遭到极大的破坏。我们的文艺工作者，要通过自己的创作提高人民的精神境界，继续同林彪、“四人帮”的恶劣影响进行坚决斗争。对于来自“左”的和右的，总想用各种形式搞动乱，破坏安定团结局面，违背绝大多数人利益和意愿的错误倾向，要保持清醒的头脑；要运用文艺创作，同意识形态领域的其他工作紧密配合，造成全社会范围的强大舆论，引导人民提高觉悟，认识这些倾向的危害性，团结起来，抵制、谴责和反对这些错误倾向。

文艺工作者要努力学习马列主义、毛泽东思想，提高自己认识生活、分析生活、透过现象抓住事物本质的能力。我们希望，文艺工作者中间有越来越多的同志成为名副其实的人类灵魂工程师。要教育人民，必须自己先受教育。要给人民以营养，必须自己先吸收营养。由谁来教育文艺工作者，给他们以营养呢？马克思主义的回答只能是：人民。人民是文艺工作者的母亲。一切进步文艺工作者的艺术生命，就在于他们同人民之间的血肉联系。忘记、忽略或是割断这种联系，艺术生命就会枯竭。人民需要艺术，艺术更需要人民。自觉地在人民的生活中汲取题材、主题、情节、语言、诗情和画意，用人民创造历史的奋发精神来哺育自己，这就是我们社会主义文艺事业兴旺发达的根本道路。我们相信，我们的文艺工作者一定会坚定不移地沿着这条道路不断前进。

文艺工作者还要不断丰富和提高自己的艺术表现能力。所有文艺工作者，都应当认真钻研、吸收、融化和发展古今中外艺术技巧中一切好的东西，创造出具有民族风格和时代特色的完美的艺术形式。只有不畏艰难、勤学苦练、勇于探索的文艺工作者，才能攀登上艺术的高峰。

我们衷心祝愿文艺队伍更加团结壮大。不论是专业的或是业余的文艺工作者，一切社会主义的和爱国的文艺工作者，一切维护祖国统一的文艺工作者，都要更好地互相帮助、互相学习，把全部精力集中于文艺的创作、研究或评论。作品的思想成就和艺术成就，应当由人民来评定。虚心倾听各方面的批评，接受有益的意见，常常是艺术家不断进步、不断提高的动力。在文艺队伍内部，在各种类、各流派的文艺工作者之间，在从事创作与从事文艺批评的同志之间，在文艺家与广大读者之间，都要提倡同志式的、友好的讨论，提倡摆事实、讲道理。允许批评，允许反批评；要坚持真理，修正错误。

老一代文艺工作者，在发现和培养青年文艺工作者方面负有重要的责任。青年文艺工作者年富力强，思想敏锐，是我们文艺事业的未来。应当热情帮助并严格要求他们，使他们既不脱离生活，又能在思想上、艺术上不断进步。中年文艺工作者是我们文艺队伍的骨干力量，要充分发挥他们的作用。

必须十分重视文艺人才的培养。在一个九亿多人口的大国里，杰出的文艺家实在太少了。这种状况与我们的时代很不相称。我们不仅要从思想上，而且要从工作制度上创造有利于杰出人才涌现和成长的必要条件。

各级党委都要领导好文艺工作。党对文艺工作的领导，不是发号施令，不是要求文学艺术从属于临时的、具体的、直接的政治任务，而是根据文学艺术的特征和发展规律，帮助文艺工作者获得条件来不断繁荣文学艺术事业，提高文学艺术水平，创作出无愧于我们伟大人民、伟大时代的优秀的文学艺术作品和表演艺术成果。当前，要着重帮助文艺工作者继续解放思想，打破林彪、“四人帮”设置的精神枷锁，坚持正确的政治方向，从各个方面，包括物质条件方面，保证文艺工作者充分发挥自己的聪明才智。我们提倡领导者同文艺工作者平等地交换意见；党员作家应当以自己的创作成就起模范作用，团结和吸引广大文艺工作者一道前进。衙门作风必须抛弃。在文艺创作、文艺批评领域的行政命令必须废止。如果把这类东西看作是坚持党的领导，其结果，只能走向事情的反面。要坚持辩证唯物主义的思想路线，从三十年来文艺发展的历史中，分析正反两方面的经验，摆脱各种条条框框的束缚，根据我国历史新时期的特点，研究新情况，解决新问题。林彪、“四人帮”那一套荒谬做法，破坏了党对文艺工作的领导，扼杀了文艺的生机。文艺这种复杂的精神劳动，非常需要文艺家发挥个人的创造精神。写什么和怎样写，只能由文艺家在艺术实践中去探索和逐步求得解决。在这方面，不要横加干涉。

各位代表，各位同志！

毛泽东同志早在开国的时候就指出：“随着经济建设的高潮的到来，不可避免地将要出现一个文化建设的高潮。”经过艰苦的斗争，克服重重困难，我们粉碎了“四人帮”，扫除了前进道路上的最大障碍。现在，我们可以满怀信心地说，这种形势的出现已经为期不远；真正实现百花齐放、百家争鸣这个马克思主义方针的条件，也在日益成熟。我国文学艺术蓬勃繁荣、争奇斗艳的新阶段，必将通过广大文艺工作者的辛勤劳动，展现在我们面前。

这次大会，是全国文艺工作者在新长征中的第一次盛会。同志们是带着自己的丰硕成果来出席大会的。我们相信，大会以后，同志们一定会拿出越来越多、越来越好的艺术成果，向祖国和人民汇报。

谨祝大会完满成功！

[注　释]

[1]“黑线专政”　最先是林彪、江青一伙用来诬蔑中华人民共和国成立后 17 年文艺工作的用语。后来，林彪、江青一伙又把“黑线专政”论扩展到教育、出版、体育、卫生、公安工作和党的组织、宣传、统一战线工作以及其他党政工作中。这种颠倒是非的荒谬估计，是“文化大革命”的主要论点之一，给各条战线的工作带来了灾难性的后果。

讲　解

《在中国文学艺术工作者第四次代表大会上的祝词》（以下简称《祝词》）是新时期有中国特色的社会主义和中国化的马克思主义文艺理论的重要的科学文献，集中地、完整地体现了邓小平的文艺思想。

中共十一届三中全会后，在"解放思想，实事求是，团结一致向前看"的正确方针指引下，我们的党和国家实现了伟大的历史转折。党中央领导全国人民进行了一次具有划时代意义的思想解放运动，进入了改革开放，以经济建设为中心的历史发展的新时期。

改革开放和思想解放运动，拨乱反正，正本清源，激励了理论创新的活力，全国出现了欣欣向荣的新气象。同时，也出现了鱼龙混杂的情况。"文化大革命"给社会造成的严重创伤和积重难返的各种弊端，由于某些思想僵化的人和旧的习惯势力的阻挠不能得到彻底改变。还有一些势力对社会主义制度的信心产生了动摇。文艺思想界也是如此。面对这种纷繁复杂的情势，为了发挥文艺界对推动实现现代化的社会转型的历史作用，一方面要创造性地坚守社会主义的方向和基本原则，另一方面要廓清思想解放过程中的思想混乱，最大限度地解放艺术生产力。邓小平的《祝词》是一个划时代的具有里程碑意义的历史文献。

一、文艺属于人民

中共十一届三中全会后，提出用"文艺为人民服务，为社会主义服务"的口号取代"文艺为政治服务"的口号。这种改变适应了新时期历史变革和社会转型的现实需要。"文艺为政治服务"的口号对文艺促进抗日战争和人民解放战争的胜利起到了积极作用，具有一定的历史合理性。进入和平发展时期后，应以经济建设为中心。这是一个伟大的历史转折，文艺的指导思想和方针政策也应当作出战略性的重大调整。"文艺为人民服务，为社会主义服务"的核心内涵是实现民族复兴、实现四个现代化。是否推动现代化的历史进程，是衡量"文艺为人民服务，为社会主义服务"程度的根本标志。文艺属于人民，人民是历史的创造者。"我们的人民勤劳勇敢，坚忍不拔，有智慧，有理想，热爱祖国，热爱社会主义……几千年来，特别是五四运动以后的半个多世纪来，他们满怀信心，艰苦奋斗，排除一切阻力，一次又一次地写下了我国历史上光辉灿烂的篇章……文艺创作必须充分表现我们人民的优秀品质，赞美人民在革命和建设中，在同各种敌人和各种困难的斗争中所取得的伟大胜利。"人民的生活是创作的源泉，人民是文艺工作者的哺育者，人民是文艺的最有权威的评判者，人民的命运和作家艺术家的人生和创作道路休戚相关，人民的历史性创造活动是推动文艺发展繁荣的根本动力。文艺属于人民。

二、文艺方向的一致性和文艺的多样性

任何文艺都是具有政治方向和价值取向的。新时期文艺的根本目标和价值诉求是推动和促进实现四个现代化的历史进程。实现四个现代化是体现和落实“文艺为人民服务，为社会主义服务”的基本点和着重点，也是完成历史变革和社会转型的战略使命。这是新时期中国文艺必须共同遵循的大方向。文艺还是一种复杂的创造性的个体精神劳动，必须崇尚和遵从艺术规律。邓小平引用了列宁的话：在文学事业中，“绝对必须保证有个人创造性和个人爱好的广阔天地，有思想和幻想、形式和内容的广阔天地”。围绕实现现代化的共同目标，鼓励文艺探索和文艺创新。防止和克服单调刻板、机械划一公式化概念化倾向。文艺既有方向的一致性，又有题材、种类、风格、流派、个性、技巧和写法的多样性，应当把文艺方向的一致性和文艺的多样性有机地融合起来，使文艺既有共同的目标，又生机蓬勃，更加绚丽多姿和丰富多彩，满足人们不同的文化需求和文艺爱好。“雄伟和细腻，严肃和诙谐，抒情和哲理，只要能够使人们得到教育和启发，得到娱乐和美的享受，都应当在我们的文艺园地里占有自己的位置。”不能把文艺方向的一致性曲解为舆论一律，也不能用文艺的多样性淡化、模糊和消解文艺方向的一致性。我们的文艺应当遵循“为人民服务，为社会主义服务”、为实现现代化服务的大方向，拓宽发展道路，不断走向繁荣昌盛。

三、努力塑造社会主义新人形象

《祝词》特别强调塑造社会主义新人形象的重要意义。“我们的文艺，应当在描写和培养社会主义新人方面付出更大的努力，取得更丰硕的成果。要塑造四个现代化建设的创业者，表现他们那种有革命理想和科学态度、有高尚情操和创造能力、有宽阔眼界和求实精神的崭新面貌。要通过这些新人的形象，来激发广大群众的社会主义积极性，推动他们从事四个现代化建设的历史性创造活动。”这里指明了社会主义新人形象的高尚品格和优秀品质以及塑造社会主义新人形象所能起到的历史作用和社会功能。

人的问题是文学的灵魂和核心。文学的创作主体、表现对象和服务对象，都是人。可见，文艺的基本问题是和人的关系问题，特别是和塑造新人的关系问题。作家争做新人、塑造新人，有助于培育新人。

从表现对象说，文学要解决描写什么人的问题。文学可以表现各式样的人物，但马克思主义文艺理论更倡导塑造新人形象。马克思主义文艺理论拥有一套关于新人形象的理论。马克思主义运用社会历史结构理论分析作家作品的同时，也特别强调对文学活动进行人学分析。其主张努力塑造新人形象。我们通常说，人民是历史发展的动力。其实，那些具有创造精神和实践能力的人才是历史发展的根本动力。这些人的主体是劳动者、建设者、创业者、新人和英雄人物。

塑造新人形象，对推动历史的发展、提升人的综合素质、建设社会主义新文艺，都具有十分重要的作用。

第一，塑造新人形象对历史发展的作用。通过塑造社会主义新人形象，可推动实现现代化的历史进程，以改变旧环境、创建新世界。新人形象实际上是历史发展和社会进步的助推器，他们是引领当代中国从几千年的小生产封建宗法制农耕社会向高度文明的现代化社会过渡和转型的动力源。一个新人形象可以代表一个时代。每个时代都具有高举变革旗帜的标志性人物。

第二，塑造新人形象对人的解放和提高人的综合素质的作用。新人形象不仅是先进生产力和生产关系的代表，同时是先进的世界观、人生观和价值观的代表，是先进的思想文化和高尚的伦理道德情操的代表。榜样的力量是无穷的。塑造新人形象对完善人格、提高人的综合素质，具有重要作用，对实现人的解放具有积极意义。

第三，塑造新人形象对建设社会主义新文艺的作用。强调和倡导塑造社会主义新人形象，是由社会主义文艺的性质和功能决定的。塑造新人形象，能从正面集中地、充分地、有效地表现真善美，提升正能量，体现核心价值体系，唱响主旋律，凸显坚定的信仰、伟大的理想。因此，大力塑造新人形象，关涉到社会主义文艺的性质和功能。同时作家艺术家自己要立志做新人，这样才能提升塑造新人的自觉意识，才能有助于培养社会主义的一代新人，从而有利于促进社会的全面进步和人的全面自由发展。

四、社会主义文艺发展的根本道路

在《祝词》中，邓小平指明了社会主义文艺发展的根本道路。文艺工作者的艺术生命在于同人民群众的血肉联系。忘记、忽略、割断这种血肉联系，艺术生命就会枯竭。人民需要艺术，艺术更需要人民。作家艺术家应当自觉地在人民的生活中吸取题材、主题、情节、语言、诗情和画意的营养，用人民创造历史的奋发精神来哺育自己，这是我们社会主义文艺事业兴旺发达的根本道路。

走好走正社会主义文艺发展的根本道路，需要文艺工作者从如下几个方面学习和历练。

第一，学习马克思主义。提高自己的思想水平，增强自己运用马克思主义的世界观和方法论认识生活、分析生活，透过现象洞察事物本质的能力，提升作品的思想深度，使自己成长为名副其实的人类灵魂的工程师。

第二，学习社会。谙熟生活，以社会为师，接受社会生活的教育，读懂现实生活这本大书，把握社会生活的底蕴和历史发展的规律。我们的社会主义文艺，要真实地、深刻地反映丰富的社会生活，表现人民在各种社会关系中的本质，揭示时代前进的要求和历史发展的趋势。

第三，学习人民。人民是文艺工作者的母亲。作家艺术家要敬重和爱戴母亲，做母亲的忠实儿子，从母亲那里接受哺育，吸取营养。要教育人民，必须自己先受教育，要给人民以营养，必须自己先吸收营养。人民和人民的社会生活是创作的永不枯竭的源泉。人民是艺术的最有权威的评判者。文艺工作者应当与人民同呼吸、共命运，永远与人民站在一起，意气风发地沿着社会主义文艺发展的根本道路，豪情满怀地向表现人民生活的广度和深度进军。

第十九讲
在文艺工作座谈会上的讲话*

（摘录）

（2014 年 10 月 15 日）

习近平

第三个问题：坚持以人民为中心的创作导向

…………

人民的需要是文艺存在的根本价值所在。能不能搞出优秀作品，最根本的决定于是否能为人民抒写、为人民抒情、为人民抒怀。一切轰动当时、传之后世的文艺作品，反映的都是时代要求和人民心声。我国久传不息的名篇佳作都充满着对人民命运的悲悯、对人民悲欢的关切，以精湛的艺术彰显了深厚的人民情怀。《古诗源》[1]收集的反映远古狩猎活动的《弹歌》，《诗经》[2]中反映农夫艰辛劳作的《七月》、反映士兵征战生活的《采薇》、反映青年爱情生活的《关雎》，探索宇宙奥秘的《天问》[3]，反映游牧生活的《敕勒歌》，歌颂女性英姿的《木兰诗》等，都是从人民生活中产生的。屈原的"长太息以掩涕兮，哀民生之多艰"，杜甫的"安得广厦千万间，大庇天下寒士俱欢颜"、"朱门酒肉臭，路有冻死骨"，李绅的"谁知盘中餐，粒粒皆辛苦"，郑板桥的"些小吾曹州县吏，一枝一叶总关情"，等等，也都是深刻反映人民心声的作品和佳句。世界上最早的文学作品《吉尔伽美什》[4]史诗，反映了两河流域上古人民探求自然规律和生死奥秘的心境和情感。《荷马史诗》[5]赞美了人民勇敢、正义、无私、勤劳等品质。《神曲》[6]、《十日谈》[7]、《巨人传》[8]等作品的主要内容是反对中世纪的禁欲主义、蒙昧主义，反映人民对精神解放的热切期待。因此，文艺只有植根现实生活、紧跟时代潮流，才能发展繁

* 习近平．在文艺工作座谈会上的讲话．人民日报，2015-10-15（2）．

荣；只有顺应人民意愿、反映人民关切，才能充满活力。

人民不是抽象的符号，而是一个一个具体的人，有血有肉，有情感，有爱恨，有梦想，也有内心的冲突和挣扎。不能以自己的个人感受代替人民的感受，而是要虚心向人民学习、向生活学习，从人民的伟大实践和丰富多彩的生活中汲取营养，不断进行生活和艺术的积累，不断进行美的发现和美的创造。要始终把人民的冷暖、人民的幸福放在心中，把人民的喜怒哀乐倾注在自己的笔端，讴歌奋斗人生，刻画最美人物，坚定人们对美好生活的憧憬和信心。

说到这里，我就想起了一件事情。1982 年，我到河北正定县去工作前夕，一些熟人来为我送行，其中就有八一厂的作家、编剧王愿坚。他对我说，你到农村去，要像柳青那样，深入到农民群众中去，同农民群众打成一片。柳青为了深入农民生活，1952 年曾经任陕西长安县县委副书记，后来辞去了县委副书记职务、保留常委职务，并定居在那儿的皇甫村，蹲点 14 年，集中精力创作《创业史》。因为他对陕西关中农民生活有深入了解，所以笔下的人物才那样栩栩如生。柳青熟知乡亲们的喜怒哀乐，中央出台一项涉及农村农民的政策，他脑子里立即就能想象出农民群众是高兴还是不高兴。

第三，文艺要热爱人民。有没有感情，对谁有感情，决定着文艺创作的命运。如果不爱人民，那就谈不上为人民创作。鲁迅就对人民充满了热爱，表露他这一心迹最有名的诗句就是“横眉冷对千夫指，俯首甘为孺子牛”。我在河北正定工作时结识的作家贾大山，也是一位热爱人民的作家。他去世后，我写了一篇文章悼念他。他给我印象最深的就是忧国忧民情怀，“处江湖之远则忧其君”。文艺工作者要想有成就，就必须自觉与人民同呼吸、共命运、心连心，欢乐着人民的欢乐，忧患着人民的忧患，做人民的孺子牛。这是唯一正确的道路，也是作家艺术家最大的幸福。

热爱人民不是一句口号，要有深刻的理性认识和具体的实践行动。对人民，要爱得真挚、爱得彻底、爱得持久，就要深深懂得人民是历史创造者的道理，深入群众、深入生活，诚心诚意做人民的小学生。我讲要深入生活，有些同志人是下去了，但只是走马观花、蜻蜓点水，并没有带着心，并没有动真情。要解决好“为了谁、依靠谁、我是谁”这个问题，拆除“心”的围墙，不仅要“身入”，更要“心入”、“情入”。

文艺的一切创新，归根到底都直接或间接来源于人民。“世事洞明皆学问，人情练达即文章。”艺术可以放飞想象的翅膀，但一定要脚踩坚实的大地。文艺创作方法有一百条、一千条，但最根本、最关键、最牢靠的办法是扎根人民、扎根生活。曹雪芹如果没对当时的社会生活做过全景式的观察和显微镜式的剖析，就不可能完成《红楼梦》这种百科全书式巨著的写作。鲁迅如果不熟悉辛亥革命前后底层民众的处境和心情，就不可能塑造出祥林嫂、闰土、阿 Q、孔乙己等那些栩栩如生的人物。

关在象牙塔里不会有持久的文艺灵感和创作激情。有一位苏联诗人形容作家坐在屋里挖空心思写不出东西的窘态是“把手指甲都绞出了水来”。我们要走进生活深处，在人民中体悟生活本质、吃透生活底蕴。只有把生活咀嚼透了，完全消化了，才能变成深刻的情节和动人的形象，创作出来的作品才能激荡人心。正所谓“闭门觅句非诗法，只是征行自有诗”[9]。一切创作技巧和手段最终都是为内容服务的，都是为了更鲜明、更独特、更透彻地说人说事说理。背离了这个原则，技巧和手段就毫无价值了，甚至还会产生负面效应。

当然，生活中并非到处都是莺歌燕舞、花团锦簇，社会上还有许多不如人意之处、还存在一些丑恶现象。对这些现象不是不要反映，而是要解决好如何反映的问题。古人云，“乐而不淫，哀而不伤”[10]，“发乎情，止乎礼义”。文艺创作如果只是单纯记述现状、原始展示丑恶，而没有对光明的歌颂、对理想的抒发、对道德的引导，就不能鼓舞人民前进。应该用现实主义精神和浪漫主义情怀观照现实生活，用光明驱散黑暗，用美善战胜丑恶，让人们看到美好、看到希望、看到梦想就在前方。

一部好的作品，应该是经得起人民评价、专家评价、市场检验的作品，应该是把社会效益放在首位，同时也应该是社会效益和经济效益相统一的作品。在发展社会主义市场经济的条件下，许多文化产品要通过市场实现价值，当然不能完全不考虑经济效益。然而，同社会效益相比，经济效益是第二位的，当两个效益、两种价值发生矛盾时，经济效益要服从社会效益，市场价值要服从社会价值。文艺不能当市场的奴隶，不要沾满了铜臭气。优秀的文艺作品，最好是既能在思想上、艺术上取得成功，又能在市场上受到欢迎。要坚守文艺的审美理想、保持文艺的独立价值，合理设置反映市场接受程度的发行量、收视率、点击率、票房收入等量化指标，既不能忽视和否定这些指标，又不能把这些指标绝对化，被市场牵着鼻子走。

有的同志说，天是世界的天，地是中国的地，只有眼睛向着人类最先进的方面注目，同时真诚直面当下中国人的生存现实，我们才能为人类提供中国经验，我们的文艺才能为世界贡献特殊的声响和色彩。说的是有道理的。中华民族5000多年的文明进步，近代以来中国人民争取民族独立、人民解放的浴血斗争，中国共产党领导人民进行的革命、建设、改革的伟大历程，古老中国的深刻变化和13亿中国人民极为丰富的生产生活，为文艺创作提供了极为肥沃的土壤，值得写的东西太多了。只要我们与人民同在，就一定能从祖国大地母亲那里获得无穷的力量。

第四个问题：中国精神是社会主义文艺的灵魂

这段时间，我集中强调了培育和践行社会主义核心价值观问题。今年2月，中央政治局专门就培育和弘扬社会主义核心价值观进行集体学习，我作了讲话，对全社会提了要求。五四青年节，我到北京大学去，对大学师生讲了这个问题。5月底，我在上海考察工作时，对领导干部弘扬和践行社会主义核心价值观提了要求。六一儿童节前夕，我在北京海淀区民族小学同师生们座谈时讲了这个问题。6月上旬，我在两院院士大会上对院士们也提了这方面要求。9月教师节前一天，我到北京师范大学同师生座谈，再次强调了这个问题。今天，我也要对文艺界提出这方面要求，因为文艺在培育和弘扬社会主义核心价值观方面具有独特作用。

每个时代都有每个时代的精神。我曾经讲过，实现中国梦必须走中国道路、弘扬中国精神、凝聚中国力量。核心价值观是一个民族赖以维系的精神纽带，是一个国家共同的思想道德基础。如果没有共同的核心价值观，一个民族、一个国家就会魂无定所、行无依归。为什么中华民族能够在几千年的历史长河中生生不息、薪火相传、顽强发展呢？很重要的一个原因就是中华民族有一脉相承的精神追求、精神特质、精神脉络。

改革开放以来，我国经济发展很快，人民生活水平提高也很快。同时，我国社会正处在思想大活跃、观念大碰撞、文化大交融的时代，出现了不少问题。其中比较突出的一个问题就是一些人价值观缺失，观念没有善恶，行为没有底线，什么违反党纪国法的事情都敢干，什么缺德的勾当都敢做，没有国家观念、集体观念、家庭观念，不讲对错，不问是非，不知美丑，不辨香臭，浑浑噩噩，穷奢极欲。现在社会上出现的种种问题病根都在这里。这方面的问题如果得不到有效解决，改革开放和社会主义现代化建设就难以顺利推进。

我们始终强调，两个文明都搞好才是中国特色社会主义。邓小平同志早就告诫我们：风气如果坏下去，经济搞成功又有什么意义？会在另一方面变质！因此，我们要在全社会大力弘扬和践行社会主义核心价值观，使之像空气一样无处不在、无时不有，成为全体人民的共同价值追求，成为我们生而为中国人的独特精神支柱，成为百姓日用而不觉的行为准则。要号召全社会行动起来，通过教育引导、舆论宣传、文化熏陶、实践养成、制度保障等，使社会主义核心价值观内化为人们的精神追求、外化为人们的自觉行动。

文艺是铸造灵魂的工程，文艺工作者是灵魂的工程师。好的文艺作品就应该像蓝天上的阳光、春季里的清风一样，能够启迪思想、温润心灵、陶冶人生，能够扫除颓废萎靡之风。“凡作传世之文者，必先有可以传世之心。”[11]广大文艺工作者要高扬社会主义核心价值观的旗帜，充分认识肩上的责任，把社会主义核心价值观生动活泼、活灵活现地体现在文艺创作之中，用栩栩如生的作品形象告诉人们什么是应该肯定和赞扬的，什么是必须反对和否定的，做到春风化雨、润物无声。同时，文艺界知名人士很多，社会影响力不小，大家不仅要在文艺创作上追求卓越，而且要在思想道德修养上追求卓越，更应身体力行践行社会主义核心价值观，努力做到言为士则、行为世范。

在社会主义核心价值观中，最深层、最根本、最永恒的是爱国主义。爱国主义是常写常新的主题。拥有家国情怀的作品，最能感召中华儿女团结奋斗。范仲淹的“先天下之忧而忧，后天下之乐而乐”，陆游的“王师北定中原日，家祭无忘告乃翁”、“位卑未敢忘忧国”、“夜阑卧听风吹雨，铁马冰河入梦来”，文天祥的“人生自古谁无死，留取丹心照汗青”，林则徐的“苟利国家生死以，岂因祸福避趋之”，岳飞的《满江红》，方志敏的《可爱的中国》，等等，都以全部热情为祖国放歌抒怀。我们当代文艺更要把爱国主义作为文艺创作的主旋律，引导人民树立和坚持正确的历史观、民族观、国家观、文化观，增强做中国人的骨气和底气。

追求真善美是文艺的永恒价值。艺术的最高境界就是让人动心，让人们的灵魂经受洗礼，让人们发现自然的美、生活的美、心灵的美。一首短短的《游子吟》[12]之所以流传千年，就在于它生动讴歌了伟大的母爱。苏东坡称赞韩愈“文起八代之衰，而道济天下之溺”[13]，讲的是从司马迁之后到韩愈，算起来文章衰弱了八代。韩愈的文章起来了，凭什么呢？就是“道”，就是文以载道。我们要通过文艺作品传递真善美，传递向上向善的价值观，引导人们增强道德判断力和道德荣誉感，向往和追求讲道德、尊道德、守道德的生活。只要中华民族一代接着一代追求真善美的道德境界，我们的民族就永远健康向上、永远充满希望。

文艺创作不仅要有当代生活的底蕴，而且要有文化传统的血脉。“求木之长者，必固其根本；欲流之远者，必浚其泉源。”中华优秀传统文化是中华民族的精神命脉，是涵养社会主义核心价值观的重要源泉，也是我们在世界文化激荡中站稳脚跟的坚实根基。增强文化自觉和文化自信，是坚定道路自信、理论自信、制度自信的题中应有之义。如果“以洋为尊”、“以洋为美”、“唯洋是从”，把作品在国外获奖作为最高追求，跟在别人后面亦步亦趋、东施效颦，热衷于“去思想化”、“去价值化”、“去历史化”、“去中国化”、“去主流化”那一套，绝对是没有前途的！事实上，外国人也跑到我们这里寻找素材、寻找灵感，好莱坞拍摄的《功夫熊猫》、《花木兰》等影片不就是取材于我们的文化资源吗？

中华民族在长期实践中培育和形成了独特的思想理念和道德规范，有崇仁爱、重民本、守诚信、讲辩证、尚和合、求大同等思想，有自强不息、敬业乐群、扶正扬善、扶危济困、见义勇为、孝老爱亲等传统美德。中华优秀传统文化中很多思想理念和道德规范，不论过去还是现在，都有其永不褪色的价值。我们要结合新的时代条件传承和弘扬中华优秀传统文化，传承和弘扬中华美学精神。中华美学讲求托物言志、寓理于情，讲求言简意赅、凝练节制，讲求形神兼备、意境深远，强调知、情、意、行相统一。我们要坚守中华文化立场、传承中华文化基因，展现中华审美风范。

传承中华文化，绝不是简单复古，也不是盲目排外，而是古为今用、洋为中用，辩证取舍、推陈出新，摒弃消极因素，继承积极思想，“以古人之规矩，开自己之生面”，实现中华文化的创造性转化和创新性发展。

当然，我们强调弘扬社会主义核心价值观，继承和发扬中华民族优秀传统文化，坚持和弘扬中国精神，并不排斥学习借鉴世界优秀文化成果。我们社会主义文艺要繁荣发展起来，必须认真学习借鉴世界各国人民创造的优秀文艺。只有坚持洋为中用、开拓创新，做到中西合璧、融会贯通，我国文艺才能更好发展繁荣起来。其实，现代以来，我国文艺和世界文艺的交流互鉴就一直在进行着。白话文、芭蕾舞、管弦乐、油画、电影、话剧、现代小说、现代诗歌等都是借鉴国外又进行民族创造的成果。鲁迅等进步作家当年就大量翻译介绍国外进步文学作品。新中国成立后，我们学习借鉴苏联文艺，如普列汉诺夫的艺术理论、斯坦尼斯拉夫斯基表演体系，苏联的芭蕾舞、电影等，苏联著名舞蹈家乌兰诺娃以及一些苏联著名演员、导演当年都来过中国访问。这种学习借鉴对建国初期我国社会主义文艺发展起到了促进作用。改革开放之后，我国文艺对世界文艺的学习借鉴就更广泛了。现在，情况也一样，很多艺术形式是国外兴起的，如说唱表演、街舞等，但只要人民群众喜欢，我们就要用，并赋予其健康向上的内容。

当今世界是开放的世界，艺术也要在国际市场上竞争，没有竞争就没有生命力。比如电影领域，经过市场竞争，国外影片并没有把我们的国产影片打垮，反而刺激了国产影片提高质量和水平，在市场竞争中发展起来了，具有了更强的竞争力。

第五个问题：加强和改进党对文艺工作的领导

党的领导是社会主义文艺发展的根本保证。党的根本宗旨是全心全意为人民服务，文艺的根本宗旨也是为人民创作。把握了这个立足点，党和文艺的关系就能得到正确处理，就能准确把握党性和人民性的关系、政治立场和创作自由的关系。

加强和改进党对文艺工作的领导，要把握住两条：一是要紧紧依靠广大文艺工作者，二是要尊重和遵循文艺规律。各级党委要从建设社会主义文化强国的高度，增强文化自觉和文化自信，把文艺工作纳入重要议事日程，贯彻好党的文艺方针政策，把握文艺发展正确方向。要选好配强文艺单位领导班子，把那些德才兼备、能同文艺工作者打成一片的干部放到文艺工作领导岗位上来。要尊重文艺工作者的创作个性和创造性劳动，政治上充分信任，创作上热情支持，营造有利于文艺创作的良好环境。要诚心诚意同文艺工作者交朋友，关心他们的工作和生活，倾听他们心声和心愿。要重视文艺阵地建设和管理，坚持守土有责，绝不给有害的文艺作品提供传播渠道。各级宣传文化部门要在党委领导下，切实加强对文艺工作的指导和扶持，加强对文艺工作者的引导和团结，为推动文艺繁荣发展作出积极贡献。文联、作协要充分发挥优势，加强行业服务、行业管理、行业自律，真正成为文艺工作者之家。

现在，文艺工作的对象、方式、手段、机制出现了许多新情况、新特点，文艺创作生产的格局、人民群众的审美要求发生了很大变化，文艺产品传播方式和群众接受欣赏习惯发生了很大变化。对传统文艺创作生产和传播，我们有一套相对成熟的体制机制和管理措施，而对新的文艺形态，我们还缺乏有效的管理方式方法。这方面，我们必须跟上节拍，下功夫研究解决。要通过深化改革、完善政策、健全体制，形成不断出精品、出人才的生动局面。

要高度重视和切实加强文艺评论工作。文艺批评是文艺创作的一面镜子、一剂良药，是引导创作、多出精品、提高审美、引领风尚的重要力量。文艺批评要的就是批评，不能都是表扬甚至庸俗吹捧、阿谀奉承，不能套用西方理论来剪裁中国人的审美，更不能用简单的商业标准取代艺术标准，把文艺作品完全等同于普通商品，信奉“红包厚度等于评论高度”。文艺批评褒贬甄别功能弱化，缺乏战斗力、说服力，不利于文艺健康发展。

真理越辩越明。一点批评精神都没有，都是表扬和自我表扬、吹捧和自我吹捧、造势和自我造势相结合，那就不是文艺批评了！金无足赤、人无完人，天下哪有十全十美的东西呢？良药苦口利于病，忠言逆耳利于行。有了真正的批评，我们的文艺作品才能越来越好。文艺批评就要褒优贬劣、激浊扬清，像鲁迅所说的那样，批评家要做“剜烂苹果”的工作，“把烂的剜掉，把好的留下来吃”。不能因为彼此是朋友，低头不见抬头见，抹不开面子，就不敢批评。作家艺术家要敢于面对批评自己作品短处的批评家，以敬重之心待之，乐于接受批评。要以马克思主义文艺理论为指导，继承创新中国古代文艺批评理论优秀遗产，批判借鉴现代西方文艺理论，打磨好批评这把“利器”，把好文艺批评的方向盘，运用历史的、人民的、艺术的、美学的观点评判和鉴赏作品，在艺术质量和水平上敢于实事求是，对各种不良文艺作品、现象、思潮敢于表明态度，在大是大非问题上敢于表明立场，倡导说真话、讲道理，营造开展文艺批评的良好氛围。

同志们！“等闲识得东风面，万紫千红总是春。”党中央对文艺工作和文艺工作者寄予厚望。希望文艺战线和广大文艺工作者不辜负时代召唤、不辜负人民期待，创造出更好更多的文艺精品，为推动文化大发展大繁荣、建设社会主义文化强国作出新的更大的贡献！

（新华社北京10月14日电）

[注　释]

[1]《古诗源》　清人沈德潜所编的一部唐以前的历代诗歌选集，共14卷，选诗700余首。先秦至隋的著名诗篇（《诗经》《楚辞》除外）大多选录在内，另外还辑录了不少民歌谣谚，内容丰富，具有资料价值。

沈德潜（1673—1769），清代著名诗选家。字确士，长洲（今江苏苏州）人。乾隆进士，授编修，累官内阁学士、礼部侍郎。少有才学，以论诗、选诗闻名。近70岁时中进士，因为乾隆皇帝校《御制诗集》受赏识，被称为“江南老名士”。

[2]《诗经》　中国古代诗歌开端，最早的一部诗歌总集，收集了西周初年至春秋中叶（前11世纪至前6世纪）的诗歌，共311篇，其中六篇为笙诗，即只有标题，没有内容，称为笙诗六篇（南陔、白华、华黍、由庚、崇丘、由仪），反映了周初至周晚期约500年间的社会面貌。《诗经》的作者佚名，绝大部分已经无法考证，传为尹吉甫采集、孔子编订。《诗经》在先秦时期称为《诗》，或取其整数称《诗三百》。西汉时被尊为儒家经典，始称《诗经》，并沿用至今。在内容上分为《风》《雅》《颂》三个部分。

《风》是周代各地的歌谣；《雅》是周人的正声雅乐，又分《小雅》和《大雅》；《颂》是周王庭和贵族宗庙祭祀的乐歌，又分为《周颂》《鲁颂》和《商颂》。孔子曾概括《诗经》宗旨为“无邪”，并教育弟子读《诗经》以作为立言、立行的标准。先秦诸子中，引用《诗经》者颇多，如孟子、荀子、墨子、庄子、韩非子等人在说理论证时，多引述《诗经》中的句子以增强说服力。至汉武帝时，《诗经》被儒家奉为经典，成为“六经”及“五经”之一。《诗经》内容丰富，反映了劳动与爱情、战争与徭役、压迫与反抗、风俗与婚姻、祭祖与宴会，甚至天象、地貌、动物、植物等方方面面，是周代社会生活的一面镜子。

[3]《天问》　中国战国时期诗人屈原创作的一首长诗。此诗从天地离分、阴阳变化、日月星辰等自然现象，一直问到神话传说乃至圣贤凶顽和治乱兴衰等历史故事，表现了作者对某些传统观念的大胆怀疑，以及追求真理的探索精神，具有浓厚的道家色彩。

[4]《吉尔伽美什》　古代两河流域的文学作品。起于民间流传故事，约公元前2000年定型成文。在亚述古都尼尼微的亚述巴尼拔国王（前7世纪）的“图书馆”中被发现，为12块楔形文字泥版（后在巴比伦、乌鲁克等古代城市遗址中也出土了刻写史诗片段的泥版）。主要描写传说中的英雄乌鲁克王吉尔伽美什建立奇功伟业和寻求长生不死的种种经历，歌颂了英雄对恶势力的反抗精神。

[5]《荷马史诗》　相传是由古希腊盲诗人荷马创作的两部长篇史诗——《伊利亚特》和《奥德赛》的统称，由他根据民间流传的短歌综合编写而成。《荷马史诗》集古希腊口述文学之大成，是古希腊最伟大的作品，也是西方文学中最伟大的作品之一。西方学者将其作为史料去研究公元前11世纪到公元前9世纪的社会和迈锡尼文明。《荷马史诗》具有文学艺术上的重要价值，它在历史、地理、考古学和民俗学方面也提供给后世很多值得研究的东西。

[6]《神曲》　意大利著名诗人但丁创作的长诗。通过与地狱、炼狱以及天堂中各种著名人物的对话，反映出中古文化领域的成就和一些重大的问题，带有“百科全书”性质，从中也可隐约窥见文艺复兴时期人文主义思想的曙光。全诗为三部分：《地狱》《炼狱》和《天堂》，以长诗的形式，叙述了但丁在“人生的中途”所做的一个梦，以此来谴责教会的统治，但仍然未摆脱基督教神学的观点。在这部长达14 000余行的史诗中，但丁坚决反对中世纪的蒙昧主义，表达了执着地追求真理的思想，对欧洲后世的诗歌创作有极其深远的影响。《神曲》原名《喜剧》，薄伽丘在《但丁传》中为了表示对诗人的崇敬，给这部作品冠以“神圣的”称谓。后来的版本便以《神圣的喜剧》为书名。中译本通称《神曲》。

[7]《十日谈》　意大利作家乔万尼·薄伽丘创作的长篇小说。该作品讲述1348年，意大利佛罗伦萨瘟疫流行，10名男女在乡村一所别墅里避难。他们终日游玩欢宴，每人每天讲一个故事，共住了10天讲了百个故事，这些故事批判教会，嘲笑教会传授黑暗和罪恶。

[8]《巨人传》　法国文艺复兴时期著名小说家和人文主义学者拉伯雷花了20多年时间写成的长篇讽刺小说。这部作品表面看来无非是笑谈、游戏文学、胡说八道，但在有关宗教、政治形势和经济生活方面，却显示出极其高深的哲理和惊人的奥妙。小说共分五部，取材于法国民间传说故事。其中第一部写卡冈都亚奇异的出生和成长经历。他因接受经院式的教育而变得愚钝，后来接受人文主义教育才使身心得以全面发展。他在约翰修士的帮助下打败了侵略者，并建立了德兼美修道院来报答约翰修士。第二部写卡冈都亚的儿子庞大固埃的出生与接受教育的经历，他在巴黎求学时遇到巴汝奇，后在巴汝奇帮助下，战胜了入侵的迪普索德人。

[9]“闭门觅句非诗法，只是征行自有诗”　出自宋代杨万里《下横山滩头望金华山》。意思是：关上门在屋里冥思苦想不是写诗的办法，只有到外面多旅行，才能够自然有好诗。说明创作要多深入到生活当中。

[10]“乐而不淫，哀而不伤”　快乐而不是没有节制的，悲哀而不至于过于悲伤。语出《论语·八佾》：“子曰：《关雎》乐而不淫，哀而不伤。”

[11]“凡作传世之文者，必先有可以传世之心。”　出自清代李渔《闲情偶寄·词曲》：“凡作传世之文者，必先有可以传世之心，而后鬼神效灵，予以生花之笔，撰为倒峡之词，使人人赞美，百世流芳。”

意为要写出能流传于世间的文章，作者必须首先具有能够流传于世间的立意。

[12]《游子吟》　唐代诗人孟郊创作的一首五言诗。这是一首母爱的颂歌。全诗共六句30字，采用白描的手法，通过回忆一个看似平常的临行前缝衣的场景，凸显并歌颂了母爱的伟大与无私，表达了诗人对母爱的感激以及对母亲深深的爱与尊敬之情。此诗情感真挚自然，虽无藻绘与雕饰，然而清新流畅，淳朴素淡的语言中蕴含着浓郁醇美的诗味，千百年来广为传诵。

[13]“文起八代之衰，而道济天下之溺”　苏东坡句。出自他的千古名篇《潮州韩文公庙碑》。北宋元祐五年（1090），潮州人在城南为韩愈建新庙；元祐七年，苏东坡应潮州知州王涤之请而撰写了这篇碑文。这句从文、道两个角度高度评价韩愈的话，成为千古名句。宋人黄震说：“《韩文公庙碑》，非东坡不能为此，非韩公不足以当此，千古奇观也。”为什么“非东坡不能为此”？因为苏东坡的这篇文章，虽说多少也有一般碑传文字褒扬过甚之嫌，但充分肯定韩愈振兴儒学之功，盛赞他“文起八代之衰”，歌颂他在潮州的政绩，概括他坎坷不平的一生，叙述潮州百姓对他的爱戴和怀念。文章气势磅礴，风格雄浑。

讲　解

改革开放以来，当代中国经历了前所未有的伟大变革，实现了跨越性的历史发展，发生了翻天覆地的变化。中国人民豪迈地进入新时代。文艺事业与社会进步相适应，取得了大繁荣、大发展。创作、评论和研究的新经验和新成果需要认真总结。新的历史条件下，也出现了一些新情况和新问题。由于市场经济的影响，追求经济利益的意图强化，文艺的不适度商品化和功利化突显，需要强调文艺的审美属性和社会效益；把文艺当作谋求资本、金钱和财富的手段，助长了极端的个体的利己主义和自由主义，需要强调集体主义和爱国主义精神；文艺的多元化促进了文艺的繁荣，同时也产生了一定程度的混乱，淡化了文艺的主流意识，需要唱响主旋律，提升正能量；面对人欲横流、道德滑坡和一些现实生活中的腐化丑陋现象，需要强调真善美，实施社会主义核心价值体系，以求得文艺和社会的健康发展。习近平《在文艺工作座谈会上的讲话》，运用中国化的马克思主义的观点，对新时代历史条件下当代中国文艺界出现的新情况和新问题，给予了带有全局性和前瞻性的创造性的科学总结。这个讲话，是中国化的马克思主义文艺理论的新发展，对新时代新文艺的繁荣具有方向性和战略性的指导作用。这是一个纲领性的历史文献，具有划时代和里程碑的意义。

一、加强以人民为中心的创作导向

习近平讲话首要强调文艺与新时代人民的关系。可以说，他的讲话是对毛泽东提出的文艺为人民服务和如何为人民服务问题的历史性的新发展。树立以人民为中心的创作导向，强化和优化文艺和人民的血肉联系，关涉到文艺发展的根本道路。人民的需要是文艺存在的根本价值和最高价值，这是文艺的灵魂和生命之所在。衡量是否为优秀作品的根本标志是能否为人民抒写、为人民抒情、为人民抒怀。传世之作应当反映时代的要求和人民的心声。我国久传不息的名篇佳作都充满着对人民命运的悲悯、对人民悲欢的关切，以精湛的艺术彰显了深厚的人民情怀。文艺工作者要想有所成就，必须自觉地与人民同呼吸、共命运、心连心，欢乐着人民的欢乐，忧患着人民的忧患，做人民的孺子牛。这是唯一正确的道路，也是作家艺术家的最大幸福。

为了人民，必须热爱人民。热爱人民应当具有深刻的理性认识和具体的实践行动。对人民，要爱得真挚、爱得彻底、爱得持久，人民是历史的主人，是历史发展的动力，是历史前进的创造者。文艺创新，归根到底来源于人民。推动社会进步和促进文艺创新的方法有一百条、一千条，但最根本、最关键、最牢靠的是深入人民、扎根生活。作家艺术家应当自觉地、诚心诚意地描写和歌颂人民群众的创造历史的伟大实践活动。要“带着心”“动真情”地深入人民，扎根生活，拆除“心”的围墙，不仅要“身入”，更要“心入”“情入”。要彻底解决好“为了谁、依靠谁、我是谁”这个根本问题。

为人民服务是文艺的宗旨。新的历史条件下产生了一些新情况和新问题。从理论和实践上解决好文艺和市场的关系是一个迫切而又突出的问题。马克思说文艺是一种特殊的精神生产，但又要受普通生产规律的支配。既要遵循一般生产的普遍规律，又要考虑文艺作为特殊生产的艺术规律。作为一般生产，必然存在生产和消费的关系。文艺有商品属性，通过市场可以也应当获取一定的经济效益，但文艺毕竟是一种特殊的精神生产，主要是通过被欣赏满足人们的精神需要。长期以来，存在着艺术创作和艺术生产的二重化矛盾，应当追求文艺的商品属性和审美属性、市场规律和审美规律、经济效益和社会效益的有机统一，也可以或向文艺的社会效益或向文艺的经济效益合理地倾斜。现在的问题是，文艺的极端商品化、极端功利化和极端世俗化愈演愈烈，把创作和表演视为嗜金夺银的买卖关系和商业行为。文艺几乎沦为赚钱牟利的工具。通过文艺的生产和消费，追求利益的最大化，几乎成为一种时尚。针对这种情况，习近平指出："在发展社会主义市场经济的条件下，许多文化产品要通过市场实现价值，当然不能完全不考虑经济效益。然而，同社会效益相比，经济效益是第二位的，当两个效益、两种价值发生矛盾时，经济效益要服从社会效益，市场价值要服从社会价值。文艺不能当市场的奴隶，不要沾满了铜臭气。优秀的文艺作品，最好是既能在思想上、艺术上取得成功，又能在市场上受到欢迎。要坚守文艺的审美理想、保持文艺的独立价值，合理设置反映市场接受程度的发行量、收视率、点击率、票房收入等量化指标，既不能忽视和否定这些指标，又不能把这些指标绝对化，被市场牵着鼻子走。"

"生活中并非到处都是莺歌燕舞、花团锦簇，社会上还有许多不如人意之处、还存在一些丑恶现象"，污染和腐蚀人们的心灵。"文艺创作如果只是单纯记述现状、原始展示丑恶，而没有对光明的歌颂、对理想的抒发、对道德的引导，就不可能鼓舞人民前进。应该用现实主义精神和浪漫主义情怀观照现实生活，用光明驱散黑暗，用美善战胜丑恶，让人们看到美好、看到希望"，达到惩恶扬善的目的。归根到底，要处理好歌颂真善美和揭露假恶丑的关系。只有弘扬真善美，提升正能量，才能推动社会的全面进步，提高人的综合素质和促进人的全面自由发展。真善美不仅是艺术普遍永恒的母源性标准，而且全面深刻地体现艺术的本质和功能，统摄文艺创作、文艺批评、文艺研究的全方面和全过程。从创作对象方面说，文艺尤其要选择和表现社会生活中的真善美的人物和事件；从服务对象方面说，文艺承担着推动和促进建构真善美的社会和培育真善美的人的神圣职责；从作为创作主体的作家艺术家、作为评论主体的批评家、作为研究主体的理论家来说，只有树立真善美的坚定信念，追求和赞扬真善美，誓做真善美的人，才能有助于文学艺术实现建构真善美的社会和培育真善美的人的历史使命。简言之，只有文艺工作者是真善美的人，才能有利于表现真善美的人，有利于为社会培育和造就真善美的人。从真和善、美的关系而论，真是美善的基础。不真的善是伪善，不真的美是虚美。从真与意识形态的关系而论，不真的意识形态是虚假的，甚至是有害的。从真与人生和社会的关系而论，不真的人生和社会是虚假的，甚至是有害的。因此，真实是艺术的生命。求真、向善、尚美，是作家、艺术家、评论家和理论家的基本素质。真是对人生真谛和社会真理的叩问，善是对真提出的道德要求，美是真和善相得益彰迸发出来的灿烂光辉。

现实生活中，既存在着真善美，同时也存在着假恶丑。真善美和假恶丑是一个问题的两个方面。任何社会都有正面和负面，都有光明面和阴暗面，这是很正常的。作家艺术家可以歌颂真善美，可以暴露假恶丑，也可以表现真善美和假恶丑的矛盾、冲突和搏斗。应当鼓励作家艺术家正面表现社会生活和先进模范、英雄人物的真善美，推动社会的全面进步和人的全面自由发展，也提倡作家艺术家反映现实生活中的假恶丑，以引起疗救的注意，有利于社会治理和精神文明建设。

真是艺术的生命。真是善和美的基础。诚然，艺术需要虚构和想象，把生活真实转化为心理真实和情感真实。但这种高于生活真实的艺术真实应当更深刻地反映社会的真理和人生的真谛。假是滋生"丑"和"恶"的温床。虚假的东西是苍白的，是没有力量的，甚至是有害的。鲁迅先生曾坚决反对"瞒"和"骗"的文艺，并告诫作家们，如果社会阅历不深，观察不够，那是无法创作出伟大的艺术品来的。

艺术应当表现真善美，揭露和批判假恶丑也是为了弘扬真善美；艺术应当表现光明面，揭露和批判阴暗面也是为了扩大光明面。笼统地不加分析地反对写阴暗面是不正确的。但对写阴暗面理应提出更高的要求，确立必要的原则和规范。诸如：不满足于罗列和展览假恶丑的表面现象，应当努力揭示滋生阴暗面的土壤和根源；坚定理想和信念，防止和克服阴暗心理；增强批判力度；给人以改变的希望，鼓起人们变革的勇气。应该反对造假的文艺，确立真意识，建构真的人生和真的社会。

真善美既是评价艺术的尺度和标准，也体现艺术的本质、功能、价值和作用。文艺是铸造灵魂的工程。"好的文艺作品就应该像蓝天上的阳光、春季里的清风一样，能够启迪思想、温润心灵、陶冶人生，能够扫除颓废萎靡之风。"文艺弘扬真善美，提升正能量，关键在于文艺队伍，关键在于作家、评论家、理论家树立和坚定真善美的信念，诚实热情，德艺双馨，做真善美的人。

应当树立和加强以人民为中心的创作导向，努力塑造社会主义新人形象。"文学是人学"，写人的问题是文学的灵魂和核心。文艺的基本问题是和人的关系问题。文艺工作者应当是"灵魂的工程师"。只有作家争做新人，塑造新人，才能有助于培育新人。我们通常说，人民是历史发展的动力。这些人的主体是劳动者、建设者、创业者、新人和英雄人物。真正意义上的新人的根本标志是能够改变旧环境和创建新环境。他们是具有"实践理性"和"实践力量"的人，是通过社会变革的伟大实践改天换地，实现人生理想和社会理想的一代新人。塑造新人形象，对推动历史的发展、提升人的综合素质、建设社会主义新文艺，都具有十分重要的作用。榜样的力量是无穷的。塑造新人形象对完善人格，提高人的综合素质，具有重要作用，对实现人的解放具有积极意义。

二、担当新时代的历史使命

习近平说："一个时代有一个时代的文艺，一个时代有一个时代的精神。任何一个时代的经典文艺作品，都是那个时代社会生活和精神的写照，都具有那个时代的烙印和特征。任何一个时代的文艺，只有同国家和民族紧紧维系、休戚与共，才能发出振聋发聩的声音。反映时代是文艺工作者的使命。广大文艺工作者要把握时代脉搏，承担时代使命，聆听时代声音，勇于回答时代课题。"[1]

当代中国向现代化前进的时代变迁、历史变革、社会转型，圆中华民族的伟大复兴的中国梦，是新时代给当代中国的作家、艺术家、评论家、理论家提供的历史机遇，赋予他们的光荣时代使命。中国当代的人文知识分子作为具有现代意识的智者，不应当是现代化事业的局外人和旁观者，而应当是具有爱国志向和积极进取精神的参与者和见证者。顺应、描写和推动现代化的历史进程是中国当代艺术家的历史使命。某种程度上讲，文艺是引领人民前进的灯火和鼓吹时代变迁的号角。“天是世界的天，地是中国的地，只有眼睛向着人类最先进的方面注目，同时真诚直面当下中国人的生存现实，我们才能为人类提供中国经验，我们的文艺才能为世界贡献特殊的声响和色彩。”“中华民族5000多年的文明进步，近代以来中国人民争取民族独立、人民解放的浴血斗争，中国共产党领导人民进行的革命、建设、改革的伟大历程，古老中国的深刻变化和13亿中国人民极为丰富的生产生活，为文艺创作提供了极为肥沃的土壤，值得写的东西太多了。只要我们与人民同在，一定能从祖国大地母亲那里获得无穷的力量。”同时更应当反映当代中国现代化历史进程中整个社会的全景式的总体风貌和发展趋势。处于变革时代的中国，理应涌现出大作家，用大手笔，书写“大真实”。有志向、有抱负、有理想的艺术家应当扮演历史“书记官”的光荣角色，像文学大师巴尔扎克和托尔斯泰那样，深刻表现当代中国的社会转型和历史变革。

一个时代有一个时代的价值观。“我们要在全社会大力弘扬和践行社会主义核心价值观，使之像空气一样无处不在、无时不有，成为全体人民的共同价值追求，成为我们生而为中国人的独特精神支柱，成为百姓日用而不觉的行为准则。要号召全社会行动起来，通过教育引导、舆论宣传、文化熏陶、实践养成、制度保障等，使社会主义核心价值观内化为人们的精神追求、外化为人们的自觉行动。”“广大文艺工作者要高扬社会主义核心价值观的旗帜，充分认识肩上的责任，把社会主义核心价值观生动活泼、活灵活现地体现在文艺创作之中。”“在社会主义核心价值观中，最深层、最根本、最永恒的是爱国主义。爱国主义是常写常新的主题。拥有家国情怀的作品，最能感召中华儿女团结奋斗。……我们当代文艺更要把爱国主义作为文艺创作的主旋律，引导人民树立和坚持正确的历史观、民族观、国家观、文化观，增强做中国人的骨气和底气。”当代中国作家的时代角色和历史使命是既要当好灵魂的工程师，又要像巴尔扎克和托尔斯泰那样，当好人类历史的书记官，为当代中国现代化的历史进程立传，为人民立言立德，为建设者、创业者、英雄人物和新人形象塑像，为普通百姓的生活开新天。当代中国作家应当效法巴尔扎克和托尔斯泰，全景式和全过程地表现当代中国的时代变迁、历史变革和社会转型，这是当代中国正在进行的前无古人的伟大事业。

“追求真善美是文艺的永恒价值。艺术的最高境界是让人动心，让人们的灵魂经受洗礼，让人们发现自然的美、生活的美、心灵的美。”文以载道，我们要通过文艺作品传递真善美，传递向上向善的价值观，引导人们增强道德判断力和道德荣誉感，向往和追求讲道德、尊道德、守道德的生活。崇高美可以理解为对优美的补充。我们不仅需要柔曼和谐的优美和明媚清纯的秀美，同样需要阳刚、风骨、伟岸和壮美，凸显中华民族的高超、强健、雄悍和不可战胜的力量。实现现代化的伟大壮举，是前所未有的宏伟事业，也应成为中国当代文学艺术的“宏大叙事”。任何开创性的历史新篇章都要经历千辛万苦的过程，都需要付出艰苦卓绝的奋斗。实现中华民族的伟大复兴，需要几代开路人和创业者以爱国主义和理想主义为基调、为主旋律的献身精神、牺牲精神、崇高精神和悲剧精神。中国当代文艺创作所塑造的先进典型和英雄人物都应当具有一种中国化的“普罗米修斯情结”。中国古代哲人力倡“天行健，君子以自强不息”“地势坤，君子以厚德载物”，内养“充实而有光辉”的“浩然之气”，外显威武不屈、不畏强暴的英雄气概。这种追求崇高精神的文化传统理应得到承接和弘扬。他们以硬汉和伟人的崇高精神，独标风范，激浊扬清，扫荡生活中的鄙俗气和市侩作风，构建崇高的社会风尚，培育崇高的人性美、人情美和人格美。“只要中华民族一代接着一代追求真善美的道德境界，我们的民族就永远健康向上、永远充满希望。”

三、弘扬中华美学精神

习近平指出：“中华民族在长期实践中培育和形成了独特的思想理念和道德规范，有崇仁爱、重民本、守诚信、讲辩证、尚和合、求大同等思想，有自强不息、敬业乐群、扶正扬善、扶危济困、见义勇为、孝老爱亲等传统美德。中华优秀传统文化中很多思想理念和道德规范，不论过去还是现在，都有其永不褪色的价值。我们要结合新的时代条件传承和弘扬中华优秀传统文化，传承和弘扬中华美学精神。中华美学讲求托物言志、寓理于情，讲求言简意赅、凝练节制，讲求形神兼备、意境深远，强调知、情、意、行相统一。我们要坚守中华文化立场、传承中华文化基因，展现中华审美风范。”中华民族在长期社会实践中，经过精神积淀，历史地形成的人文精神、社会风尚、传统美德和道德规范，是非常宝贵独特的思想品格和文化基因，理应通过文艺传承和弘扬。这些特征讲究志情统一、形神统一、中和统一、意境统一、知情意行统一的文化和美学观念，在世界上独树一帜，标志着中国人民的优美的、和谐的、静好的和深沉的精神世界。

“传承中华文化，绝不是简单复古，也不是盲目排外，而是古为今用、洋为中用，辩证取舍、推陈出新，摒弃消极因素，继承积极思想，‘以古人之规矩，开自己之生面’，实现中华文化的创造性转化和创新性发展。”我们强调弘扬中华民族优秀传统文化，坚守改革开放和勇于创新的中国精神和中华美学精神，并不排斥学习借鉴世界优秀文化成果。“我们的社会主义文艺要繁荣发展起来，必须认真学习借鉴世界各国人民创造的优秀文艺。只有坚持洋为中用、开拓创新，做到中西合璧、融会贯通，我国文艺才能更好发展繁荣起来。”其实，现代以来，我国文艺和世界文艺的交流互鉴一直在进行着，并取得了借鉴国外又进行民族创造的丰硕成果。鲁迅等进步作家当年曾大量翻译介绍国外进步文学作品和文学理论。中华人民共和国成立后，我们学习借鉴苏联文艺，如普列汉诺夫的艺术理论、斯坦尼斯拉夫斯基的表演体系。这种学习借鉴对我国社会主义文艺发展起到了促进作用。改革开放之后，我国文艺对世界文艺的学习借鉴更加广泛，并赋予其健康向上的内容。

习近平指出：“文艺创作不仅要有当代生活的底蕴，而且要有文化传统的血脉。‘求木之长者，必固其根本；欲流之远者，必浚其泉源。’中华优秀传统文化是中华民族的精神命脉，是涵养社会主义核心价值观的重要源泉，也是我们在世界文化激荡中站稳脚跟的坚实根基。增强文化自觉和文化自信，是坚定道路自信、理论自信、制度自信的题中应有之义。如果‘以洋为尊’、‘以洋为美’、‘唯洋是从’，把作品在国外获奖作为最高追求，跟在别人后面亦步亦趋、东施效颦，热衷于‘去思想化’、‘去价值化’、‘去历史化’、‘去中国化’、‘去主流化’那一套，绝对是没有前途的！”

弘扬中华美学精神必须抵制崇洋媚外主义。我们应当是人类一切优秀文化遗产的批判继承者和发扬光大者。狭隘的封闭的民族主义会堵塞通向真理的道路。当代中国文论界有选择地承接和吸纳了西方现当代文论的有益养分，使传统的中国文论产生了结构性的优化，得到了重塑和新变。这是必须充分肯定的。毋庸讳言，西方现当代文论中国化的过程中，也存在一些值得深入研究的问题。以后现代主义为主调的各式各样的非理性主义的文艺思潮和文艺观念，对作为发展中国家的当代中国来说，表现出明显的时空错位，并非完全适合当代中国的国情和文情。这些文论思想过于精英化和书斋化，脱离实际，脱离群众，多半停留于语言层面。这些社会文化思潮“化中国”的谋略和企图大大超越了“中国化”的改制和重塑。这些以反中心、反权威、反统一、反深度、反价值、反理性为特征的所谓“片面深刻的真理”，如果走向极端化，会对培育人民的思想文化素质和推进现代化的历史进程，产生一定负面作用。因循守旧、故步自封是没有出路的。但崇洋媚外，唯西方的马首是瞻，丧失文论的独立性和话语权，将会危及中国文化的魂魄。有志气、有骨气的中国当代的文艺家和理论家，应当更加尊重和珍惜中国经验和中国精神，本着“以我为主”的原则，吸纳中西文论的精华，交汇融通，优化组合，择善而从，推动中国特色的文学艺术和文艺理论的新发展。

荣登艺术高峰的伟大作品往往能反映和呈现一个历史阶段的整体风貌，能够体现思想性和艺术性的完美融合、真善美的完美融合，能够体现历史的观点、人民的观点、艺术的观点和美学的观点的完美融合。文艺的批评标准可以蕴含和折射文艺的性质和功能。综上所论，可以提炼出一部作品达到艺术高峰的水准的衡量标准：能够反映时代精神和历史精神，揭示社会生活本质和历史发展趋势；能够提高人民的综合素质和文明程度，表达人民的愿望，体现人文精神和人文关爱；具有强大震撼力和穿透力的思想深度；具有高雅的艺术格调和杰出的审美品位；如此等等。有诗云：“没有比人更高的山。”攀登艺术高峰，关键在队伍。有理想、有志气、有信仰的文艺工作者应当自觉地意识到自身的历史使命，肩负起时代赋予的神圣职责。攀登艺术高峰需要培育拥有攀登艺术高峰能力的大师级作家。他们扮演着人类历史的书记官和灵魂的工程师的双重角色。马克思说：“在科学上没有平坦的大道，只有不畏劳苦沿着陡峭山路攀登的人，才有希望达到光辉的顶点。”[2]他们成长为文坛巨匠，需要承受时代变革的洗礼，需要接受人民的哺育，需要经过艰苦生活的砥砺，需要练好内功，提升自身的艺术修养。

四、发挥文艺批评的积极作用

习近平说：“要高度重视和切实加强文艺评论工作。文艺批评是文艺创作的一面镜子、一剂良药，是引导创作、多出精品、提高审美、引领风尚的重要力量。”文艺批评不能都是表扬甚至庸俗吹捧、阿谀奉承，不能套用西方理论来剪裁中国人的审美，更不能用简单的商业标准取代艺术标准。这样会导致文艺批评的褒贬甄别功能弱化，缺乏战斗力、说服力，不利于文艺健康发展。

真理越辩越明。如果一点批评精神都没有，都是表扬和自我表扬、吹捧和自我吹捧、造势和自我造势相结合，那么就失去了文艺批评的功能。文艺批评要褒优贬劣、激浊扬清，像鲁迅所说的那样，批评家要浇花除草，更要惯做“剜烂苹果”的工作。应当杜绝“红包批评”和“人情批评”。“要以马克思主义文艺理论为指导，继承创新中国古代文艺批评理论优秀遗产，批判借鉴现代西方文艺理论，打磨好批评这把‘利器’，把好文艺批评的方向盘，运用历史的、人民的、艺术的、美学的观点评判和鉴赏作品，在艺术质量和水平上敢于实事求是，对各种不良文艺作品、现象、思潮敢于表明态度，在大是大非问题上敢于表明立场，倡导说真话、讲道理，营造开展文艺批评的良好氛围。”

习近平提出的“运用历史的、人民的、艺术的、美学的观点评判和鉴赏作品”的批评理论和恩格斯主张“用美学的和历史的观点”评价作品的批评标准以及毛泽东的“政治标准第一，艺术标准第二”的批评标准、考察历史上的文艺要看对人民的态度如何和对历史有无进步意义的论述，一脉相通，且更全面、更完整、更简约、更鲜明，是对恩格斯和毛泽东的批评理论和批评标准的历史性超越。习近平倡导的文艺批评的“四大观点”，是马克思主义文艺批评理论的新发展，这“四大观点”作为文艺批评理论的基本原则，对从事文艺批评具有重要的指导意义。

批评标准和文艺观念是具有深层联系的。批评标准体现和折射文艺观念。文艺批评标准作为运动着的美学和文艺观念实际上反映着文艺的本质。对文艺怎么看，决定文艺怎么评。文艺是什么，决定文艺做什么。“四大观点”实际反映着文艺的本质，即文艺的本质是社会历史本质、人学本质和审美本质的有机统一。

从历史的观点看文艺。运用历史的观点来评价文艺，关注文艺的历史内容，把作品放到一定的历史范围内、历史条件下、历史背景下、历史过程中、历史结构里加以审视和评论。我们提倡的社会历史学的观点实质上是马克思主义的历史唯物主义的观点。社会历史是文艺的根基和源泉。文艺是一定历史条件和环境中的现实生活的产物。社会历史结构决定、影响和制约作家作品的文化思想结构。文艺的性质、功能、价值、思想内容都植根于所属时代现实生活的土壤之中。文学结构受历史结构的决定和制约。特定时代的社会历史环境中产生的作家作品，必然反映出特定的社会历史风貌，是被主体化了的、被情感化了的、被虚构化了的、被形象化了的社会史、风俗史、思想文化史。文学艺术是社会历史的一面镜子。从这个镜面上所反映出来的首先应当是那些主要的基本的社会关系。文艺表现社会历史变革。一般而言，文学应当表现和促进社会环境的变革。“人们总是通过每一个人追求他自己的、自觉预期的目的来创造他们的历史。”[3] 更为重要的是，文学应当反映和推动社会历史的转折。人民的、民族的、国家的大环境的变革，需要历史变迁和社会转型，即一个旧时代转换为一个新时代。这种改变大环境的伟大变革实际上是遵循历史发展的客观规律进行的。

从人民的观点看文艺。“文学是人学。”人是社会历史的人，社会历史是人的社会历史。因此，不能把人学观点同社会历史观点割裂开来。应当这样表述：当我们运用社会历史观点的时候，实际上也是运用社会历史的人的观点；反之亦然。文艺批评的人民的观点应当有助于关注人的生态，提高人的素质，体现人文关爱，弘扬人文精神，实现人的解放和人的全面自由发展。人民是文艺的主体。人民是文艺表现和服务的主体。文艺属于人民，文艺为了人民。这是文艺的根本宗旨。文艺应当表现人文精神。文学作为人学，表现人的生活和命运一直是文学的永恒主题。人的生存和发展，培育着一种积极向上的人文精神。这种人文精神又是人的生存和发展的驱动力。为了人的美好的生存和理想的发展，文学应当表现一种奋发有为的、健康的、富有蓬勃生命力的人文精神。

关于艺术的观点和美学的观点。这两种观点是比较接近的和相互联系的，体现对文艺本身的要求。文艺要有表现高格调的艺术精神和美学精神。这两种观点相应的功能是追求高质量的艺术水平和审美品位。不应当孤立地强调表现艺术精神和美学精神、艺术水平和审美品位，必须和表现上述所说的历史精神和时代精神、人文精神和人文关爱结合起来。换言之，追求艺术精神和美学精神是为了更加出色地弘扬历史精神和时代精神、人文精神和人文关爱。在对待艺术属性和审美学观点属性的问题上，存在着两种倾向。一是唯艺术、纯审美、纯形式的倾向，这种倾向由于对艺术的内部元素的偏爱，一定程度上表现出脱离生活和大众的艺术至上主义、形式主义和纯审美主义，显得过于精英化；另一种倾向是忽视或降低对作品的艺术水平和审美品位的追求，粗制滥造、冗长乏味、以量代质，可能流于低俗化或鄙俗化。

市场经济条件下，处理好审美和功利的关系是非常重要和迫切的问题。在审美和功利的关系问题上，只看到对立，忽视统一，或只看到统一，忽视对立，都是片面的，都是违反辩证法的。市场经济条件下，审美和功利的矛盾和冲突变得更加凸显。被强化和泛化了的市场经济加速了文艺商品化进程，使一些主张和推崇纯审美、纯形式、纯艺术的文化精英和书斋学者感到迷茫和困惑。应当解决好“美的规律”和“市场规律”的关系。应当全面地、辩证地理解和处理文艺作为文艺创作的作品和文艺作为文艺生产的产品之间既对立又统一的相互关系。应当以发展、开放和包容的心态和政策来对待审美和功利的关系问题。应当正确理解和处理人生观、价值观、文艺观与功利观、金钱观和利益观之间的关系问题。应当引导作家艺术家创作出与我们伟大的变革时代相称的具有划时代意义和里程碑式的史诗般的精品力作，努力提高艺术质量，攀登艺术高峰。马克思主义在本质上是批判的。应当自觉地掌握唯物辩证法，树立综合创新的思维方式，进行批判的辩证的文艺批评，从而发挥文艺批评的有效性和正能量，通过提升文艺的审美品位和思想文化水准，推动现代化的历史进程。

习近平关于文艺工作的讲话，是马克思主义文艺理论当代中国化的历史性的新发展，是新时代的中国文艺经验和文艺规律的科学总结，对当代中国的文艺创作、文艺批评和文艺理论研究，具有纲领性的指导意义。

[注　释]

[1] 习近平．在中国文联十大、中国作协九大开幕式上的讲话．北京：人民出版社，2016：7.

[2] 马克思，恩格斯．马克思恩格斯全集：第33卷．北京：人民出版社，1973：434.

[3] 马克思，恩格斯．马克思恩格斯选集：第4卷．3版．北京：人民出版社，2012：254.

第五版后记

《马克思主义文艺论著选讲》从出版迄今，已经整整30个年头了。此间，我们的学术思想和文艺观念努力紧跟时代前进的脚步，与时俱进。马克思主义文艺学与其他文学理论都伴随着改革开放和思想解放的春风，取得了历史性的发展。为了适应文艺发展形势的新需要，对这本书的多次修订，都借鉴了学界同人的研究成果，当然也融入了我们对马克思主义文艺学的新的理解和新的思考。

经过文艺学学术思想多年的不断反复和各种“转向”，马克思主义文艺学在迎接各种文艺理论、文艺批评和文艺思潮的冲击和挑战中寻求自身的生存和发展的道路。事实已经和正在表明，马克思主义文艺学作为马克思主义学术思想的一个有机的组成部分，从宏观上和整体上，特别是从科学方法论的意义上，仍然保持着学理上的优势，显示出蓬勃的生气和活力。明智的学者们不断发出“重读马克思”和“回到马克思”的呼吁。马克思主义文艺学对一般意义上的文学研究，具有方法论意义上的指导意义。况且，注重对马克思主义文艺学的“原典”或“经典”的文本的发掘和阐释，永远是文艺理论研究的基础性工作，对深化和优化当代国内外社会主义文化思潮和文艺思潮的探讨是颇有助益的。

本书所面对的读者主要是青年大学生和青年文学爱好者。本书以解读和阐释的形式，介绍和讲述马克思主义文艺学的基本理论和文艺观念，注重对马克思主义文艺学的一些重要思想的原典价值和本来意义的理解，对丰富和培育一代新人的基础理论和基本知识会起到重要的启蒙作用。这种带有普及性的教学和研究工作，对引导他们运用马克思主义的观点和方法观察复杂多变的文艺现象，进而培育他们形成正确的世界观、人生观、价值观和文艺观具有不可忽视的积极作用。

我们的学力有限，但定会艰苦跋涉，开拓奋进。衷心感谢一切支持和帮助过我们的人。

编著者

2011年3月

第六版后记

《马克思主义文艺论著选讲》已经37岁了。这本教材是集体智慧的结晶。最近几年，我的学术伙伴相继离开了我们，因此，这次改编只好由我来承担了。永远怀念我的挚友！

某种意义上说，马克思主义被边缘化的情况并没有得到彻底的克服。但信仰马克思主义的学者们在“坚守”。马克思主义文艺理论由于学理上的综合优势，仍然保持着蓬勃的生命力。真理会永远发光。近来学术界发出“回到马克思”和“重读原典”的呼吁。马克思主义文艺理论的发展态势正在出现转机，向可喜的方面转化。马克思主义文艺论著的经典文本不仅可以起到“启蒙作用”，而且是马克思主义文艺理论研究的基础，是发展马克思主义文艺理论“守正创新”的重要思想资源。马克思主义文艺理论一定会在应对各种理论观点、批评模式、文艺思潮的挑战和对话中使自身变得更加丰富和深刻起来，获得新的质态。马克思主义文艺论著对培养青年人正确科学的思维方式和文艺观念将继续起到重要作用。

讲解属于解释学的范畴，尽可能地忠于原典，切近原典所蕴含的本意，符合马克思主义经典作家论述的精神实质。这是很难的，讲解和解释不可能不带有一定的主观色彩。马克思和恩格斯实际上都是论述者心目中所理解的马克思和恩格斯。尽管如此，本书仍尽可能地避免随意发挥的主观色彩，力求切近和发掘原典的真正含义和基本精神。

我们将矢志不渝地、创造性地坚守和发展马克思主义文艺理论。衷心感谢一切支持和帮助过我们的人。

陆贵山

2019年元月

图书在版编目（CIP）数据

马克思主义文艺论著选讲/陆贵山编著．—6 版．—北京：中国人民大学出版社，2019.8
新编 21 世纪中国语言文学系列教材
ISBN 978-7-300-27217-7

Ⅰ.①马… Ⅱ.①陆… Ⅲ.①文艺理论-马列著作研究-高等学校-教材 Ⅳ.①A811.691

中国版本图书馆 CIP 数据核字（2019）第 161387 号

全国优秀教材二等奖
普通高等教育“十一五”国家级规划教材
新编 21 世纪中国语言文学系列教材
马克思主义文艺论著选讲（第六版）
陆贵山 编著
Makesizhuyi Wenyi Lunzhu Xuanjiang

出版发行	中国人民大学出版社		
社　　址	北京中关村大街 31 号	**邮政编码**	100080
电　　话	010－62511242（总编室）		010－62511770（质管部）
	010－82501766（邮购部）		010－62514148（门市部）
	010－62515195（发行公司）		010－62515275（盗版举报）
网　　址	http://www.crup.com.cn		
经　　销	新华书店		
印　　刷	北京宏伟双华印刷有限公司	**版　　次**	1982 年 9 月第 1 版
规　　格	185 mm×260 mm　16 开本		2019 年 8 月第 6 版
印　　张	25.25	**印　　次**	2023 年12月第 6 次印刷
字　　数	644 000	**定　　价**	59.90 元

关联课程教材推荐

ISBN	书名	作者	单价
978-7-300-24346-7	文学理论实用教程（第二版）	杨守森　周　波	34.00 元
978-7-300-16758-9	西方文论概览	杨慧林　耿幼壮	49.00 元
978-7-300-08052-9	西方文艺理论史——从柏拉图到尼采	章安祺　等	35.00 元
978-7-300-12114-7	西方文艺理论史精读文献（第三版）	章安祺	48.00 元
978-7-300-14072-8	新编马克思主义文论	冯宪光	38.00 元
978-7-300-24495-2	新编文学理论（第二版）	童庆炳	45.00 元
978-7-300-27216-0	新编西方文论教程（第二版）	杨守森　孙书文	48.00 元
978-7-300-20878-7	中文学科论文写作（第二版）	卢卓群　普丽华	39.00 元

配套教学资源支持

尊敬的老师：

衷心感谢您选择使用人大版教材！相关的配套教学资源，请到中国人民大学出版社网站（www.crup.com.cn）免费下载，或是直接与我们联系。

样书申请及课件处理，请联系：
龚洪训
电话：010-62515637
电子邮件：6130616@qq.com

选题策划及出版，请联系：
刘　静
电话：010-62513587
电子邮件：12918646@qq.com

地址：北京市海淀区中关村大街 31 号
邮编：100080